दासबोध

दासबोध

समर्थ स्वामी रामदास

GYAN

Published by

Gyan Publishing House
5, Ansari Road
Daryaganj, New Delhi-110002
Phone: 011-47034999, 9811692060
E-mail: books@gyanbooks.com

Distribution Network
gyanbooks.com
India, USA, Canada, UK, Australia

ISBN: 978-93-7169-108-6 (PB)

First Published, 1800

2nd Impression 2025

Printed at: Gyan Press, Delhi.

दासबोध

Author: **समर्थ स्वामी रामदासजी**

हिन्दी
दासबोध

रचयिता

श्री समर्थ स्वामी रामदासजी

(छत्रपति शिवाजी महाराजके गुरु)

हिन्दी दासबोध

जन्म सं० १६६५ } श्री समर्थ स्वामी रामदास { निर्वाण सं० १७३८

प्रस्तावना

इधर पाँच छः सौ वर्षोंमें भारतमें जो अनेक बड़े-बड़े साधु और महात्मा हो गये हैं, उनमें श्री स्वामी समर्थ रामदासजीका आसन निर्विवाद रूपसे बहुत ऊँचा है। इधर उत्तर भारतमें तो केवल कुछ शिक्षित और भक्त लोग ही श्री समर्थके नाम और महत्वसे परिचित हैं, पर महाराष्ट्र देशमें श्री समर्थके नाम और गुणोंसे बच्चा-बच्चा भी भली भाँति परिचित है। इतना ही नहीं, वे उस प्रान्तमें देवताके तुल्य और हनुमानजीका अवतार माने जाते हैं। अभी हालमें (अप्रैल १९३२) आपके जन्म-स्थान जाम्बगाँवमें आपका एक मन्दिर बनाया गया है और उसमें आपकी मूर्ति स्थापित की गई है। जब इस मूर्तिकी स्थापना और प्राण-प्रतिष्ठाका समय आया, तब पण्डितोंने कहा था कि श्री समर्थ देवता नहीं, बल्कि मनुष्य थे; इसलिए मनुष्यकी मूर्तिकी प्राण-प्रतिष्ठा देवताओंकी मूर्तियोंकी प्राण-प्रतिष्ठाके समान नहीं की जा सकती। पर जब उन पण्डितोंसे कहा गया कि श्री समर्थ मनुष्य नहीं थे, बल्कि हनुमानजीके अवतार थे और सारे दक्षिणमें वे इसी रूपमें माने जाते हैं, तब वे निरुत्तर हो गये और उन्होंने मानों रामदासजीके रूपमें स्वयं हनुमानजीकी मूर्ति प्रतिष्ठित करके सब काम विधिवत् सम्पन्न किये। यह एक घटना ही इस बातका बड़ा प्रमाण है कि श्री समर्थ दक्षिणमें देवताके तुल्य माने और पूजे जाते हैं।

श्री समर्थ केवल दिग्गज विद्वान् और बहुत बड़े महात्मा ही नहीं थे, बल्कि बहुत बड़े समयदर्शी और राजनीतिज्ञ भी थे। श्री शिवाजी महाराजने जो इतने बड़े महाराष्ट्र साम्राज्यकी स्थापना की थी, उसका बहुत कुछ श्रेय श्री समर्थको ही प्राप्त है। साधारणतः यही माना जाता है और इस बातके अनेक प्रमाण भी हैं कि श्री शिवाजीने अपने प्रायः सभी बड़े-बड़े काम इन्हीं श्री समर्थके उपदेश और प्रेरणासे किये थे। कुछ लोग तो यहाँ तक कहा करते हैं कि हिन्दू-पद-पादशाहीके वास्तविक संस्थापक श्री समर्थ ही थे और शिवाजी तो केवल उनके आज्ञानुवर्ती और निमित्त मात्र थे। स्वयं शिवाजी महाराजमें जो अनेक बहुत बड़े-बड़े गुण थे, उनका महत्व पूर्ण रूपसे स्वीकृत करते हुए भी हमें यह कहनेमें कोई सङ्कोच नहीं है कि उनके कार्योंका सूत्र श्री समर्थके ही हाथमें रहता था। और इस दृष्टिसे हम यह भी कह सकते हैं कि श्री समर्थने सारे महाराष्ट्र प्रान्तमें और उसके द्वारा सारे

भारतमें बहुत बड़ी राष्ट्रीय जाग्रति उत्पन्न की थी; और जो भारत बहुत दिनोंसे विदेशियोंके अधीन चला आ रहा था, उसमें उन्होंने स्वराज्यकी केवल भावना ही नहीं उत्पन्न की थी, बल्कि वस्तुतः स्वराज्यकी और वह भी ऐसे स्वराज्यकी स्थापना कराई थी जो बहुतसे अंशोंमें राम-राज्यके समान माना जाता है। यह मत स्व० जस्टिस रानडे और श्री राजवाडे सरीखे उद्भट विद्वानोंका है और इसलिए इसकी सत्यतामें किसी प्रकारका सन्देह नहीं किया जा सकता। अब यदि ऐसे महापुरुषोंको लोग हिन्दू संस्कृति तथा सभ्यताके त्राताके अतिरिक्त श्री हनुमानजीका अवतार भी मानें तो यह कोई आश्चर्यकी बात नहीं है।

जन्म और बाल्यावस्था

आधुनिक हैदराबाद रियासतमें औरङ्गाबाद जिलेमें आबण्ड नामका एक परगना है जिसमें जाम्ब नामका एक पुराना गाँव है। इसी जाम्ब गाँवमें श्री समर्थ स्वामी रामदासजीका जन्म हुआ था। यह गाँव था तो पुराना, पर बीचमें उजड़ गया था और उसे श्री समर्थके ही वंशके मूल पुरुष श्रीकृष्णाजी पन्तने फिरसे बसाया था और तबसे वे और उनके वंशके लोग ही उस गाँवके मुखिया होते आये थे। श्री समर्थ इन श्रीकृष्णाजीकी इक्कीसवीं पीढ़ीमें थे।

श्री समर्थके पिताका नाम सूर्याजी पन्त और माताका नाम राणूबाई था। सूर्याजी पन्त और उनकी स्त्री राणूबाई दोनों ही अत्यन्त सुशील, धार्मिक तथा भगवद्भक्त थे। सूर्याजी पन्त बाल्यावस्थासे ही बड़े भावुक भक्त और विरक्त थे। उनके इष्टदेव सूर्य भगवान थे। कहते हैं कि उन्होंने ३६ वर्षों तक सूर्यकी कठिन उपासना और अनुष्ठान किया था और सूर्यने ही उन्हें प्रसन्न होकर वर दिया था कि तुम्हें दो पुत्र होंगे। इसीके अनुसार सम्वत् १६६२ (सन् १६०५) में राणूबाईके गर्भसे पहला पुत्र उत्पन्न हुआ जिसका नाम गङ्गाधर रखा गया और जो आगे चलकर श्रेष्ठ स्वामी रामदासके नामसे प्रसिद्ध महात्मा हुए। इसके उपरान्त सम्वत् १६६५ (अप्रैल सन् १६०८) में चैत्र शुक्ला ९ (रामनवमी) को दोपहरके समय अर्थात् ठीक भगवान श्रीरामचन्द्रजीके जन्मके समय उन्हें एक दूसरा पुत्र हुआ जिसका नाम उन्होंने नारायण रखा। यही नारायण हमारे श्री समर्थ स्वामी रामदासजी हैं। कहते हैं कि इन्हीं शिशु नारायणको इनके माता-पिता उस समयके प्रसिद्ध महापुरुष एकनाथजी महाराजके पास लेकर गये थे और एकनाथ-

जीने आशीर्वाद दिया था कि यह बालक हनुमानजीके अंशसे उत्पन्न हुआ है, यह बहुत बड़ा महापुरुष होगा और अपने देशका अनेक संकटोंसे उद्धार करेगा।

श्री समर्थ बाल्यावस्थासे ही बहुत अधिक चञ्चल और तीव्रबुद्धि थे। वृक्षों, छतों और दीवारों आदि पर चढ़ने और बहुतसे लड़कोंको साथ लेकर चारों ओर उपद्रव करने और तैरने आदिमें ही उनका अधिकांश समय बीतता था। कुशाग्र-बुद्धि इतने थे कि प्रत्येक बात और पाठ बहुत जल्दी सीख लेते थे। पाँच ही वर्ष-की अवस्थामें इनका यज्ञोपवीत संस्कार हो गया था और उसी समय इनकी तथा इनके बड़े भाईकी शिक्षाके लिए एक वैदिक ब्राह्मणकी नियुक्ति हुई थी। उसी अवसर पर इनके पिता सूर्याजी पन्तका परलोकवास हो गया और इन दोनों भाइयोंके पालन-पोषण तथा शिक्षा-दीक्षा आदिका सारा भार इनकी माता राणूबाई पर आ पड़ा। माता राणूबाईकी सुशीलता और धार्मिकताने दोनों भाइयोंको साधु और महापुरुष बनानेमें बहुत बड़ी सहायता दी।

वर-प्राप्ति

कहते हैं कि जिस समय श्री समर्थ या नारायण सात वर्षके थे, उसी समय उनके मनमें यह अभिलाषा उत्पन्न हुई थी कि हनुमानजी ही मेरे गुरु हों और मुझे सब कर्तव्य-कर्म सिखलावें। मनमें यह विचार उत्पन्न होते ही वे अपने गाँवके हनुमानजीके मन्दिरमें जा पहुँचे और वहीं बैठकर हनुमानजीका ध्यान करने लगे। उन्होंने निश्चय कर लिया था कि जब तक हनुमानजीके दर्शन न होंगे, तब तक मैं न तो यहाँसे उठूँगा और न अन्न-जल ग्रहण करूँगा। कहते हैं कि उनका यह दृढ़ निश्चय देखकर हनुमानजीने प्रकट होकर उन्हें दर्शन दिए। केवल स्वयं ही दर्शन नहीं दिये, बल्कि भगवान रामचन्द्रजीके भी उन्हें दर्शन कराये। रामचन्द्रजीने उन्हें उपदेश दिया कि धर्म और समाजकी दशा बहुत बिगड़ती चली जा रही है, तुम दोनोंका सुधार और उद्धार करो; यवनों द्वारा पद-दलित देशमें स्वराज्यकी स्थापना करो और इस प्रकार लोकका कल्याण करो। यह भी कहा जाता है कि स्वयं रामचन्द्रजीने ही उस समय उनका नाम बदलकर रामदास रखा था।

गृह-त्याग

जब नारायण या रामदासकी अवस्था बारह वर्षकी हुई, तब माताको उनके

विवाहकी चिन्ता हुई। अपने विवाहकी चर्चा सुनकर रामदास घरसे भाग गये और जब वह विवाह रुक गया, तब वे फिर घर आये। उनका यह ढंग देखकर माताको बहुत चिन्ता हुई और उन्होंने एक दिन एकान्तमें बैठकर रामदासको विवाह करनेके लिए बहुत समझाया। रामदासने कहा कि मेरे बड़े भाईने तो विवाह कर ही लिया है, उससे वंश तो चलेगा ही; फिर मेरे विवाहकी क्या आवश्यकता है? पर माताने नहीं माना और उनसे विवाहके लिए बहुत आग्रह करते हुए कहा कि तुम्हें मेरी शपथ है, जब तक अन्तरपट पकड़नेकी रस्म न हो जाय, तब तक तुम विवाह करनेसे इन्कार न करना। रामदासको विवश होकर माताका यह आदेश मानना पड़ा। उनके विवाहकी सब तैयारियाँ होने लगीं और निश्चित समय पर बरात आसन नामक गाँवमें गई। वहाँ अन्तरपट पकड़ने तकके सब कृत्य निर्विघ्न हो गये। इसके उपरान्त जब उस देशकी रीतिके अनुसार सब ब्राह्मणोंने उच्च स्वरसे कहा—"शिवमङ्गल सावधान" तब रामदासने उन ब्राह्मणों-से इस पदका अर्थ पूछा। उन्होंने कहा कि तुम्हारे पैरोंमें अब गृहस्थीकी बेड़ी पड़ रही है, इसलिए तुम सावधान हो जाओ। समर्थने सोचा कि मैं तो यथा-साध्य सावधान रहता ही हूँ, फिर भी जब ये ब्राह्मण मुझसे सावधान होनेके लिए कह रहे हैं, तब अवश्य ही इसका कोई विशेष अर्थ है, अतः मुझे इन लोगों-के कहनेके अनुसार सावधान हो जाना चाहिए। उन्होंने यह भी सोचा कि माता-ने मुझे आज्ञा दी थी कि जब तक अन्तरपट पकड़नेकी रस्म न हो जाय, तब तक मैं विवाहमें कोई आपत्ति न करूँ। सो वह रस्म हो जानेके कारण माताकी वह आज्ञा भी पूरी हो गई, अब मुझे इन ब्राह्मणोंके कहनेके अनुसार सावधान हो जाना चाहिए और अपने आपको गृहस्थीके इस बन्धनमें न पड़ने देना चाहिए। इतना सोचते ही वे विवाह-मण्डपसे भाग खड़े हुए। कुछ लोगोंने उनका पीछा भी किया, पर वे पकड़े न जा सके और निकल गये।

तपस्या

चार पाँच दिन तक अपने गाँवके आस-पास कहीं छिपे रहनेके बाद रामदास उस छोटी अवस्थामें ही नासिककी ओर चल पड़े और गोदावरी नदीके तट पर पञ्चवटीमें पहुँचे। वहाँ पास ही टाकली नामक एक गाँव था जिसमें एक गुफा थी। उसी गुफामें रहकर वे भगवद्भजन और तपस्या करने लगे। वे नित्य प्रभातके

समय उठते और शौच आदिसे निवृत्त होकर गोदावरीमें स्नान करने जाते। वहाँ वे कमर भर पानीमें रहकर दोपहर तक जप करते। कभी कभी मछलियाँ उनके पैरमें काटती थीं, पर वे अपने ध्यानमें इतने मग्न रहते थे कि उन्हें खबर ही न होती थी। दोपहरके बाद वे पञ्चवटीमें ही मधुकरी माँगकर और भगवान रामचन्द्रको नैवेद्य लगाकर भोजन करते थे और तब अपनी गुफामें पहुँचकर फिर जप और ध्यानमें मग्न हो जाते थे। इस प्रकार लगातार बारह वर्षों तक कठोर तपस्या करने और नित्य दो दो पहर जलमें खड़े रहनेके कारण उनके शरीरका निचला भाग गलकर सफेद हो गया था। पर हाँ, उनका मनोनिग्रह तथा धारणा शक्ति बहुत अधिक बढ़ गई थी और उनका सारा शरीर तेजका पुञ्ज हो गया था।

कहते हैं कि टाकलीके पास कोशावर नामका एक गाँव था जहाँका एक धनी अग्निहोत्री क्षय रोगसे मर गया था। लोग उसका शव श्मशानकी ओर ले जा रहे थे। पीछे-पीछे उसकी स्त्री भी शृङ्गार करके सती होनेके लिए आ रही थी। उसके नमस्कार करने पर समर्थने उसे आशीर्वाद दिया कि तुम सौभाग्यवती रहो और तुम्हारे आठ पुत्र हों। पर जब उन्हें पता चला कि यह अभी विधवा हुई है, तब उन्होंने भगवानका ध्यान करके उस शव पर गोदावरीका जल छिड़का जिससे वह अग्निहोत्री जी उठा। रामदासने आशीर्वाद दिया कि तुम्हें आठके अतिरिक्त दो और पुत्र होंगे। तदनुसार उसे दस पुत्र हुए। उन्होंने अपना पहला पुत्र रामदास-को अर्पित कर दिया जो बादमें उनका प्रधान शिष्य उद्धव गोस्वामी हुआ।

तीर्थ-यात्रा

बारह वर्षों तक कठोर तपस्या कर चुकनेके उपरान्त श्री समर्थने सोचा कि अब देशाटन और तीर्थयात्रा करनी चाहिए। इसमें धार्मिक दृष्टिसे पुण्य भी होगा और लौकिक दृष्टिसे भिन्न-भिन्न देशों और उनके निवासियोंकी दशा जाननेका भी अवसर मिलेगा। इसके अनुसार वे काशी, प्रयाग, अयोध्या, मथुरा, वृन्दावन, प्रभास, द्वारका आदि होते हुए श्रीनगर (काश्मीर) गये। वहाँसे वे बदरीनाथ, केदारनाथ तथा मानस-सरोवर गये। वहाँके अनेक विकट तथा मनोहर प्राकृतिक स्थानोंको देखकर वे जगन्नाथजी गये और वहाँसे रामेश्वर होते हुए लंका पहुँचे और लौटते समय दक्षिणके अनेक तीर्थोंमें होते हुए गोकर्ण, महाबलेश्वर, पम्पा, परशुराम क्षेत्र और पंढरपुर आदि होते हुए फिर पञ्चवटीमें अपने स्थान पर आ

पहुँचे। श्री समर्थ जहाँ जाते थे, वहाँ वे प्रायः भगवान रामचन्द्र या हनुमानजी-का कोई मन्दिर और मठ स्थापित करते थे और उसकी व्यवस्थाका भार किसी योग्य पुरुषको सौंप देते थे। इस तरह उन्होंने सारे भारतमें लगभग सात सौ मठ तथा मन्दिर आदि बनवाये थे। साथ ही वे प्रत्येक स्थानके साधु-महात्माओंसे भी मिलते थे, उनके सत्सङ्गसे स्वयं लाभ उठाते थे और अपने सत्सङ्गसे उन्हें लाभ पहुँचाते थे। पञ्चवटीमें लौट आने पर उन्होंने वहाँके रामचन्द्रजीके मन्दिरमें भगवानके दर्शन करके अपनी बारह वर्षोंकी तीर्थ-यात्राका सारा फल भगवानके चरणोंमें अर्पित कर दिया। और यह उनके निस्पृह तथा निष्काम होनेका एक बहुत बड़ा प्रमाण है।

बारह वर्षोंकी इस तीर्थ-यात्रामें श्री समर्थको अपने देश तथा धर्मकी तत्कालीन दुरवस्थाका बहुत अच्छा ज्ञान हो गया था। उन्होंने देश-देशान्तरमें भ्रमण करके अच्छी तरह समझ लिया था कि हिन्दू-धर्म तथा हिन्दू जातिकी दिन पर दिन बहुत अधिक अवनति होती जा रही है। अतः उन्होंने सोचा कि इस अवसर पर लोगोंको निवृत्ति मार्गसे हटाकर प्रवृत्ति मार्गकी ओर ले जानेकी आवश्यकता है। देश तथा धर्मकी उन्नति तभी हो सकती है जब लोग अपने स्वार्थका ध्यान छोड़कर अपने देश तथा धर्मके उद्धार और रक्षाके लिए कर्मवीरोंकी भाँति कार्य-क्षेत्रमें प्रविष्ट हों। अतः उन्होंने यही निश्चय किया कि लोगोंको ऐसे भक्ति-मार्गकी ओर ले जाना चाहिए जो उन्हें कर्म-मार्ग पर आरूढ़ कर सके।

इसी अवसर पर वे एक बार पैठन ग्राममें एकनाथ महाराजकी समाधिके दर्शन करने गये थे। वहाँ उन्हें किसीसे समाचार मिला कि उनकी माता पुत्र-वियोगके कारण बहुत ही दुःखी है और रोती-रोती प्रायः अन्धी हो गई है। वहाँसे उनका जन्म-स्थान जाम्ब बहुत पास था; अतः वे अपनी माता और बड़े भाईके दर्शन करनेके लिए वहाँ पहुँचे। अपने घरके द्वार पर जाकर उन्होंने जोरसे आवाज लगाई—"जय जय श्री रघुवीर समर्थ"। उनकी माताने अन्दरसे अपनी बड़ी बहूसे कहा कि जाओ, साधुको कुछ भिक्षा दे आओ। जब समर्थकी भावज उन्हें भिक्षा देने आई, तब वह उन्हें बिलकुल न पहचान सकी। समर्थने कहा कि यह साधु ऐसा नहीं है जो केवल भिक्षा लेकर लौट जाय। अबकी बार माताने अपने पुत्रको आवाज पहचान ली और वह रोती हुई दरवाजे पर दौड़ आई और बोली—

"अरे बेटा नारायण, तू कितना बड़ा हो गया है ? हाय ! मुझे तो आँखोंसे कुछ दिखाई ही नहीं देता । मैं तुझे कैसे देखूँ ।" श्री समर्थने पहले तो माताके चरणोंमें सिर रखकर उन्हें प्रणाम किया और तब उनके सिर पर हाथ फेरा जिससे उनकी आँखोंमें फिर ज्योति आ गई । माताने बड़े प्रेमसे पुत्र को गले लगाकर कहा—"बेटा, यह तो तूने किसी अच्छे भूतको अपने वशमें कर लिया है ।" श्री समर्थने कहा—"माता जी, मैंने वही भूत सिद्ध किया है जो अयोध्यामें आनन्द करता था और जो गोकुलमें अनेक प्रकारकी लीलाएँ करता था । इसी भूतने रावण और कंसका वध किया था और देवताओंको बन्धनसे छुड़ाया था । मैंने समस्त महाभूतोंके प्राणभूतको वश किया है ।"

माता और पुत्रमें इसी तरह कुछ देर तक बातें होती रहीं । इतनेमें समर्थके बड़े भाई भी बाहरसे आ गये । समर्थने उनके चरणों पर सिर रखकर उन्हें प्रणाम किया । उन्होंने भी बहुत प्रेमसे समर्थको गले लगाया । सारे घरमें आनन्द ही आनन्द छा गया । माताका विशेष आग्रह देखकर समर्थ कई दिन तक वहाँ रहे । इस बीचमें उन्होंने घर छोड़नेसे अब तककी अपनी सारी कथा कह सुनाई । वे समय समय पर लोगोंको अनेक प्रकारके उत्तमोत्तम उपदेश भी दिया करते थे । उनका उत्कट अध्यात्म-ज्ञान और चरम सीमाकी साधुता देखकर लोगोंके आश्चर्य तथा आनन्दका ठिकाना न रहा । कुछ दिनों बाद जब वे वहाँसे चलने लगे, तब उनकी माता और घरके दूसरे लोग रोने लगे । उस समय श्री समर्थने अपनी माताको आत्मबोधकी वही बातें बतलाईं जो कपिल मुनिने अपनी माता देवहूतिको बतलाई थीं, और कहा कि देवकार्यके लिए मेरा इस समय यहाँसे चला जाना बहुत ही आवश्यक है; तुम भगवान रामचन्द्रका स्मरण करो, उसीसे तुम्हें शान्ति और समाधान होगा ।

श्री समर्थने पहले ही घूम घूमकर धर्म-प्रचार और लोक-कल्याण करना निश्चित कर लिया था; अतः वे जाम्ब गाँवसे चलकर पहले पंचवटी और तब टाकली गये और वहाँसे कृष्णा नदीके उद्गम महाबलेश्वर क्षेत्रमें गये । वहाँ चार महीने रहकर उन्होंने लोगोंको कीर्तनके द्वारा धर्मोपदेश दिया और अपने हाथसे रामचन्द्रकी एक मूर्ति स्थापित की । वहाँसे कृष्णा और वेणा नदीके संगम पर माहुली क्षेत्रमें पहुँचकर कुछ दिनों तक ईश्वरका चिन्तन और धर्मोपदेश किया । कृष्णा

नदीके तट पर उन्होंने अनेक मठोंकी स्थापना की और बड़े बड़े विद्वानों तथा साधुओंको अध्यात्मका तत्त्व बतलाया। मठोंका संचालन करनेके लिए वे अपने शिष्योंमेंसे योग्य तथा निस्पृह व्यक्तियोंको नियुक्त कर दिया करते थे और स्वयं लोक-कल्याणके लिए आगे निकल जाते थे। इस प्रकार उनके शिष्यों और अनुयायियोंकी संख्या दिन पर दिन बहुत बढ़ने लगी और महाराष्ट्रमें चारों ओर उनकी बहुत अधिक कीर्ति फैल गई। सारे देशसे बड़े-बड़े साधु और महापुरुष आ आकर श्री समर्थके पास एकत्र होने लगे। इसी बीचमें जब वे एक बार वाई क्षेत्रमें थे, तब बहुतसे साधुओं और महात्माओंने स्वामी रामदासकी अद्भुत सामर्थ्य देखकर उन्हें "समर्थ" कहना आरम्भ किया; और तभीसे वे लोकमें समर्थके नामसे प्रसिद्ध हुए।

शिवाजीकी दीक्षा

यद्यपि समर्थने सारे भारतमें सात सौ मठ स्थापित किये थे, पर उनका मुख्य निवास-स्थान चाफल था, जहाँ सारे भारतके मठोंके व्यवस्थापक बारी बारीसे अपने निश्चित समय पर आकर अपने अपने मठकी सारी व्यवस्था सुनाया करते थे और भविष्यके सम्बन्धमें आदेश लेते थे। समर्थके समय सारे भारतमें जो बहुतसे साधु महात्मा थे, वे भी समर्थकी अद्भुत सामर्थ्य सुनकर उनके पास आया करते थे और उनकी अध्यात्म-चर्चासे लाभ उठाते थे। उन दिनों महात्मा तुकारामकी भी बहुत अधिक कीर्ति फैली हुई थी; अतः महाराज शिवाजी उन्हें अपना गुरु बनाना चाहते थे। जब शिवाजीने तुकारामसे प्रार्थना की कि आप मुझे अपना शिष्य बना लें, तब उन्होंने उत्तर दिया था कि इस समय मेरे देखनेमें जितने सन्त और साधु हैं, उनमें श्री समर्थ सबसे श्रेष्ठ हैं। अतः यदि आप किसीको गुरु बनाना चाहते हों तो उन्हींको अपना गुरु बनाइए। समर्थके महत्वका यह भी एक बहुत बड़ा प्रमाण है।

और भी अनेक लोगोंसे समर्थकी इतनी अधिक कीर्ति सुनकर शिवाजीने उन्हींको अपना गुरु बनाना निश्चित किया। पर श्री समर्थ कभी एक स्थान पर अधिक समय तक नहीं ठहरते थे, अतः उनके दर्शन करना ही बहुत कठिन था। तो भी बहुत कुछ ढूँढ़ने पर अन्तमें एक जङ्गलमें गूलरके पेड़के नीचे शिवाजीको श्री समर्थके दर्शन हो ही गये। उस समय श्री समर्थ वही पत्र पढ़ रहे थे जो

कुछ दिनों पहले शिवाजीने उनको सेवामें भेजा था। वहीं श्री समर्थने मन्त्रोपदेश देकर शिवाजीको अपना शिष्य बनाया। श्री समर्थके समान योग्य और दूरदर्शी गुरुके मिलने पर शिवाजीमें मानों दूना बल और चौगुना उत्साह आ गया और तबसे वे अपने गुरुके आज्ञानुसार चलकर स्वतन्त्रताकी स्थापना और लोकोपकारके काम और भी दृढ़तासे करने लगे। भिन्न-भिन्न स्थानोंमें श्री समर्थके जो बहुतसे मठ, शिष्य और अनुयायी आदि थे, उनसे भी शिवाजीको अपने कार्यमें बहुत अधिक सहायता मिलने लगी। श्री समर्थ कभी तो चाफलमें रहते, कभी ईश्वर-चिन्तन करनेके लिए पहाड़ों और जंगलोंमें चले जाते और कभी अपने शिष्योंको साथ लेकर धर्म-प्रचार करनेके लिए चारों ओर घूमा करते थे। श्री समर्थका यह दृढ़ विश्वास था कि लोगोंमें धर्म-भाव तथा आत्म-गौरवका ह्रास हो जानेके कारण ही देशकी इतनी अधिक अवनति हुई है; और यदि लोगोंमें फिरसे यथेष्ट धर्म-प्रचार और जाग्रति उत्पन्न कर दी जाय तो इस दुर्दशाका बहुत शीघ्र अन्त हो सकता है। अपने जीवन भर उन्होंने सदा इसी विचारके अनुसार सब काम किये और महाराज शिवाजीसे भी ऐसे ही ऐसे काम कराये। और यही कारण है कि श्री समर्थ और श्री शिवाजी महाराज थोड़े ही समयमें इतना अधिक कार्य कर सके।

जिस प्रकार श्री समर्थका मुख्य निवासस्थान चाफल था, उसी प्रकार उनके सहस्रों शिष्य सन्तों और साधुओंमें मुख्य कल्याण स्वामी थे। इनका पहला नाम अम्बाजी था और ये करवीरके सूबेदार पाराजी पन्तके भानजे थे। इनको माता इन्हें और इनके छोटे भाईको लेकर श्री समर्थके शरणमें आई थी। अम्बाजीको विशेष शिक्षित, चतुर और योग्य देखकर श्री समर्थने अपना शिष्य और लेखक बना लिया था और प्रायः इन्हें अपने साथ ही रखा करते थे। इन्हें शिष्य बनानेसे पहले श्री समर्थने एक बार इनकी बहुत विकट परीक्षा भी ली थी और उस परीक्षामें उत्तीर्ण होने पर इन्हें अपना शिष्य बनाकर लेखकके पद पर नियुक्त किया था। श्री समर्थके सभी ग्रन्थ इन कल्याण स्वामीके ही लिखे हुए हैं। श्री समर्थ लोगोंको उपदेश देते समय अथवा कीर्तन आदिमें पद्यमें जो कुछ कहते थे, वे सब कल्याण स्वामी बराबर लिखा करते थे।

सन् १६६५ को बात है। एक बार श्री समर्थ सतारामें अपने शिष्योंके साथ भिक्षा माँगने निकले और घूमते फिरते सतारेके किलेमें जा पहुँचे। वहाँ द्वार पर

उन्होंने "जय जय श्री रघुवीर समर्थ" का जयघोष किया। उस समय शिवाजी महाराज उस किलेमें ही थे। उन्होंने सोचा कि ऐसे सुयोग्य और सत्पात्र गुरुकी झोलीमें डालनेके लिए कुछ उपयुक्त भिक्षा चाहिए। अतः उन्होंने उसी समय अपने लेखकसे एक दानपत्र लिखवाया और बाहर आकर वही दानपत्र गुरुकी झोलीमें भिक्षा-स्वरूप डाल दिया। श्री समर्थने पूछा—यह क्या ? शिवाजीने कहा—भिक्षा है। श्रीसमर्थने वह पत्र उठाकर पढ़ा तो उसमें लिखा था कि "मैंने आज तक जो राज्य स्थापित किया है, वह सब गुरुदेवके चरणोंमें अर्पित है।" शिवाजीकी यह गुरु-भक्ति देखकर समर्थ हुए तो बहुत प्रसन्न, पर उन्होंने पूछा—"राज्य तो तुमने मुझे दे दिया, अब तुम क्या करोगे?" शिवाजीने कहा—"आपकी सेवा करूँगा"। कहते हैं कि उस समय शिवाजीने श्री समर्थकी झोली अपने कन्धे पर रखकर और गुरुदेवके पीछे पीछे चलकर नगरमें भिक्षा माँगी और श्री समर्थके भोजन कर चुकने पर उसीमेंसे उनका प्रसाद स्वयं भी खाया। इसके बाद श्री समर्थने उनसे कहा कि मैं यह राज्य लेकर क्या करूँगा! राज्य करना तो क्षत्रियोंका काम है। तुम सुचारु रूपसे राज्य-प्रबन्ध करके प्रजाको सुखी करो, यही मेरी सबसे बड़ी सेवा है। इसके उपरान्त श्री समर्थने उन्हें रामचन्द्रजीकी उस समय-को कथा सुनाई जब कि उन्होंने गुरु वशिष्ठको अपना सारा राज्य दक्षिणामें दे दिया था और वशिष्ठजीने उन्हें प्रजा-पालनका उपदेश दिया था। अन्तमें आपने यह भी कहा कि मेरी ओरसे प्रधान अमात्यके रूपमें तुम्हीं इस राज्यका सञ्चालन करो। शिवाजीने कहा—"अच्छा, आप अपनी पादुका मुझे प्रदान करें। मैं उसीको सिंहासन पर स्थापित करके आपके अमात्यकी भाँति राज्यके सब काम करूँगा।" सबको यह सूचित करनेके लिए कि यह राज्य श्री समर्थ स्वामी रामदासजीका है, शिवाजीने उसी दिनसे अपने राष्ट्रीय झण्डेका रङ्ग भी वह भगवा रंग कर दिया जिस रङ्गके वस्त्र श्री समर्थ पहनते थे।

सन् १६८० में जब शिवाजी महाराजकी मृत्यु हो गई, तब श्री समर्थ बहुत दुःखी हुए। वस्तुतः श्री समर्थ और शिवाजी दोनों एक दूसरेके पूरक अङ्ग थे। यद्यपि श्री समर्थ बहुत बड़े विरक्त थे, तो भी शिवाजी सरीखे सुयोग्य शासकका वियोग उनके लिए परम दुःखद हुआ। उनका स्वधर्म तथा स्वराज्यकी स्थापनाका जो मुख्य उद्देश्य था, उस उद्देश्यका एक बहुत बड़ा साधक अब नहीं रह गया

था; अतः उन्होंने शिवाजीके परलोकवासके बाद बाहर निकलना बिलकुल छोड़ दिया और बराबर एक कोठरीमें ही रहकर भगवद्भजन करने लगे। शम्भाजीके राज्याभिषेकमें भी वे नहीं गये; अपने एक शिष्यको ही उन्होंने भेज दिया। शम्भाजीके अनुचित कृत्योंको देखकर उन्हें ठीक मार्ग पर लानेके लिए श्री समर्थने उन्हें एक बहुत ही उपदेशपूर्ण पत्र लिखा था, परन्तु शम्भाजी पर उस पत्रका कोई प्रभाव नहीं हुआ। उस पत्रमें श्री समर्थने शम्भाजीको और और बातोंके साथ यह भी उपदेश दिया था कि सब महाराष्ट्रोंको एकत्र करो और महाराष्ट्र धर्मका प्रचार करो। मतलब यही था कि सारे देशमें स्वराज्यकी स्थापना करो और स्वधर्मकी सब प्रकारसे रक्षा करो। पर ये दोनों काम करनेवाले शिवाजी महाराज चले गये थे और हिन्दुओंके भाग्यमें अनेक प्रकारकी दुर्दशाएँ बदी थीं, इसलिए शम्भाजी पर श्री समर्थके सुन्दर उपदेशोंका कुछ भी प्रभाव न पड़ा।

निर्वाण

श्री शिवाजीके परलोकवासके उपरान्त श्री समर्थको कुछ-कुछ ऐसा जान पड़ने लगा कि अब हमारा अन्तकाल भी बहुत समीप है। सन् १६८१ में वे रामनवमीके अवसर पर चाफल गये और वहाँका उक्त पर्वका कृत्य समाप्त करके फिर सज्जनगढ़ लौट आये। इसके बाद उन्होंने अन्नका बिलकुल त्याग कर दिया और कई महीनों तक केवल दूध पीकर रहे। इससे दिन पर दिन उनका शरीर क्षीण होने लगा। उन्होंने विचार किया कि देखना चाहिए कि हमारे शिष्योंमेंसे कोई हमारे निर्वाणका दिन भी जानता है या नहीं। उन्होंने एक श्लोकका आधा चरण कहा, जिसका अभिप्राय यह था कि रघुकुल-तिलकका समय बहुत समीप आ गया है; इसलिए खूब भजन करना चाहिए। इस पर उद्धव गोस्वामीने तुरन्त ही उस आधे श्लोककी पूर्ति कर दी जिसका अभिप्राय यह था कि नवमीका दिन स्मरण रखना चाहिए और जल्दी कार्य सिद्ध करना चाहिए। इस पर श्री समर्थ बहुत प्रसन्न हुए। सब शिष्य मिलकर भजन करने लगे। प्रतिपदाके दिनसे ही श्री समर्थने दूध पीना भी बिलकुल छोड़ दिया और निराहार रहने लगे। अष्टमीवाले दिन रात भर भजन होता रहा। श्री समर्थने भगवान रामचन्द्रसे प्रार्थना की कि मेरे सम्प्रदायकी रक्षा करें और तब अपने सम्प्रदायके सम्बन्धकी सब व्यवस्था ठीक करके भगवानके चरणोंमें मन लगाया। इस प्रकार भगवान रामचन्द्रका

भजन करते और सुनते हुए माघ बदी नवमीको वे यह असार संसार छोड़कर परलोक सिधारे।

कहते हैं कि जिस समय समर्थका स्वर्गारोहण होने लगा, उस समय उनके सब शिष्य रोने लगे। समर्थने कहा कि क्या इतने दिनों तक तुम लोगोंने मेरे साथ रहकर रोना ही सीखा है? लोगोंने कहा कि यह सगुण मूर्ति हम लोगोंके सामनेसे चली जा रही है; अब हम लोग किसके साथ भजन और बातचीत करेंगे! समर्थने उत्तर दिया था कि मेरे बाद जो लोग मुझसे बातचीत करना चाहें, वे मेरा दासबोध नामक ग्रंथ पढ़ें।

अद्भुत कृत्य

प्रत्येक साधु, महात्मा और महापुरुषके सम्बन्धमें उनके अनुयायियोंमें अनेक प्रकारके अद्भुत कृत्योंकी प्रसिद्धि होती है। इनमेंसे कुछ तो वास्तविक होते हैं और कुछ उनके भक्तों द्वारा पीछेसे गढ़ लिए जाते हैं। श्री समर्थ भी बहुत बड़े महात्मा थे, अतः उनके बहुतसे कृत्योंका ऐसा होना अनिवार्य है जो लोगोंको बहुत अद्भुत और आश्चर्यजनक जान पड़ें। जनतामें उनके इस प्रकारके जो अद्भुत कृत्य या करामातें प्रसिद्ध हैं वे बहुत अधिक हैं और उनका पूरा वर्णन करनेके लिए एक स्वतन्त्र पुस्तक चाहिए। अतः यहाँ हम उनमेंसे एक दो कृत्य पाठकोंके मनोविनोदके लिए दे देते हैं।

सज्जनगढ़का किला बनवानेके समय एक दिन महाराज शिवाजीके मनमें इस बातका कुछ अभिमान-सा हुआ कि मेरे द्वारा नित्य हजारों आदमियोंका पालन होता है। उसी अवसर पर श्री समर्थ भी वहाँ जा पहुँचे। शिवाजीसे बातें करते करते श्री समर्थने पत्थरके एक टुकड़ेकी ओर सङ्केत करके एक बेलदारसे उसे तोड़नेके लिए कहा। जब वह पत्थर तोड़ा गया, तब उसके अन्दरसे थोड़ा-सा पानी और एक जीता हुआ मेंढ़क निकला। श्री समर्थने वह मेंढ़क शिवाजीको दिखलाकर कहा—"तुम बहुत शक्तिशाली हो। तुम्हारे सिवा जीवोंका पालन और कौन कर सकता है!" शिवाजी अपनी भूल समझ गये और उन्होंने मन ही मन बहुत लज्जित होकर अपने मिथ्या अभिमानके लिए श्री समर्थसे क्षमा माँगी।

सन् १६७८ में एक बार श्री समर्थके यहाँ एक साथ ही सैकड़ों आदमी आ पहुँचे। उस समय उनके मठमें चावल बहुत ही कम, प्रायः नहींके समान था। जब

शिष्योंने श्री समर्थका ध्यान इस ओर आकृष्ट किया, तब उन्होंने कहा कि कोई हर्जकी बात नहीं है। तुरन्त ही उन्होंने मराठीमें कुछ श्लोक बनाये और अपने कुछ शिष्योंको देकर कहा कि यही श्लोक पढ़ते हुए जाओ और भिक्षा माँग लाओ। उस दिन थोड़े ही समयमें उन शिष्योंको भिक्षामें इतना अधिक अन्न मिला जो हजारों आदमियोंके लिए भी यथेष्ट था। उस समय शिवाजीने अपने मनमें समझा कि बहुत बड़े राजाकी शक्तिकी अपेक्षा भी श्री समर्थकी वाणीमें कहीं अधिक सामर्थ्य है। महाराष्ट्र प्रदेशमें वे श्लोक बहुत अधिक प्रसिद्ध हैं और अब तक सैकड़ों हजारों भिक्षुक वही श्लोक पढ़ते हुए भिक्षा माँगने निकलते हैं और श्रद्धालु तथा भावुक गृहस्थ प्रायः उन्हें यथेष्ट भिक्षा देते हैं।

रचनाएँ

श्री समर्थ केवल बहुत बड़े महात्मा और साधु ही नहीं थे, बल्कि बहुत बड़े विद्वान, कवि, राजनीतिज्ञ और अनुभवी भी थे। श्री समर्थको कितने अधिक विषयोंका और कितना अधिक ज्ञान था, इसका परिचय पाठकोंको इस दासबोधके पढ़नेसे ही मिल जायगा। कहा जाता है कि यह ग्रन्थ उन्होंने शिवाजी महाराजके लिए बनाया था; पर यदि विचारपूर्वक देखा जाय तो यह सारे संसारके लिए परम उपयोगी तथा कल्याणकारी है। यदि विषयोंके विचारसे देखा जाय तो हम कह सकते हैं कि यह एक प्रकारका विश्वकोष ही है। यद्यपि यह ग्रंथ मुख्यतः अध्यात्म सम्बन्धी है, पर इसमें परलोक साधनके साथ साथ इहलोकके साधनके भी बहुतसे अच्छे अच्छे उपाय बतलाये गये हैं। मनुष्यको इस संसारमें आकर किस प्रकार रहना चाहिए और अपने आचार-विचार तथा व्यवहार आदि कैसे रखने चाहिएँ, इसका इस ग्रन्थमें बहुत अच्छा दिग्दर्शन कराया गया है। इसका विषय-क्षेत्र बहुत ही विस्तृत है, जैसा कि इसकी विषय-सूची देखनेसे पता चल सकता है। सब प्रकारकी स्तुतियों, परीक्षाओं, भक्तियों, लक्षणों और गुणोंके निरूपणके सिवा इसमें यहाँ तक बतलाया गया है कि मनुष्योंको कैसे पढ़ना और कैसे लिखना चाहिए और निद्राके समय साधारणतः मनुष्योंकी क्या क्या अवस्थाएँ होती हैं। श्री समर्थका विषय-ज्ञान तो अगाध-सा जान पड़ता है। जिस विषयको उठाते हैं, उसे पराकाष्ठा तक पहुँचाकर छोड़ते हैं। एक ही वस्तु अथवा वर्गके नामों या विभागोंका जब कहीं कोई प्रकरण आता है, तो पढ़नेवाला मंत्र-मुग्ध और

तल्लीन-सा हो जाता है। वह समझ लेता है कि श्री समर्थ कोई सामान्य और लौकिक मनुष्य नहीं थे, बल्कि असाधारण और अलौकिक महापुरुष या अवतार थे। वे बहुज्ञ, बहुश्रुत और बहुदर्शी ही नहीं जान पड़ते, बल्कि सर्वज्ञ जान पड़ते है। यद्यपि उन्होंने बहुत ही छोटी अवस्थामें घर-गृहस्थीका परित्याग कर दिया था, पर फिर भी सारे भारतमें घूम घूमकर और सभी बातोंका बहुत सूक्ष्म दृष्टिसे निरीक्षण करके उन्होंने प्रयाः सभी सांसारिक बातोंका जितना अधिक और विस्तृत ज्ञान प्राप्त किया था, वह कभी कोई साधारण मनुष्य नहीं प्राप्त कर सकता। उनकी और रचनाओंमें तो यहाँ तक बतलाया गया है कि मकान कैसे बनाना चाहिए और बाग कैसे लगाना चाहिए। भारतवर्ष और भारतवासियोंसे सम्बन्ध रखनेवाला शायद ही कोई ऐसा अभागा विषय होगा जिस पर श्री समर्थने कुछ उत्तम विचार न प्रकट किये हों या कुछ उत्तम उपदेश न दिये हों। ऐसी दशामें यदि हम यह कहें कि मनुष्य केवल समर्थकी रचनाएँ पढ़कर ही वास्तविक अर्थमें मनुष्य बन सकता है, तो इसमें कोई अत्युक्ति न होगी।

श्री समर्थने एक इसी दासबोधकी रचना नहीं की थी, बल्कि और भी छोटे-मोटे बहुतसे ग्रन्थोंकी रचना की थी। ग्रन्थ-रचनाके विषयमें हम समर्थकी कुछ कुछ तुलना भक्तशिरोमणि सुकवि सूरदासजीसे कर सकते हैं। जिस प्रकार सूरदास-जीने अपना सारा जीवन भक्ति-विषयक कविताएँ करने और पद्य रचनेमें बिताया था, प्रायः उसी प्रकार श्री समर्थ भी सदा पद्य-रचना ही किया करते थे। उनकी रचनाएँ जितने अधिक विषयों पर हैं, उनकी संख्या भी उतनी ही अधिक है। श्री समर्थके शिष्य अनन्त कविने तो कहा है कि श्री समर्थने रचनाओं और ग्रन्थोंका एक समुद्र ही प्रस्तुत कर दिया था। अभी तक निश्चित रूपसे यह नहीं कहा जा सकता कि श्री समर्थने कितने ग्रन्थों अथवा कविताओं आदिकी रचना की थी; क्योंकि प्रायः उनकी नई रचनाएँ और नये ग्रन्थ मिलते ही चलते हैं। बहुत सम्भव है कि उनमेंसे कुछ रचनाएँ ऐसे दूसरे लोगोंकी हों, जिन्होंने उन्हें अधिक लोकप्रिय बनानेके लिए उनमें श्री समर्थका नाम दे दिया हो; पर फिर भी इसमें सन्देह नहीं कि अब तक उनकी रचनाओंका पूरा पूरा पता नहीं लगा है। यद्यपि उनकी रचनाओंके कई संग्रह प्रकाशित हो चुके हैं, पर फिर भी वे पूर्ण नहीं कहे जा सकते। "हरि अनन्त हरि-कथा अनन्ता" की भाँति जान पड़ता है कि जिस प्रकार स्वयं श्री

समर्थमें अनन्त गुण थे, उसी प्रकार उनकी रचनाएँ भी अनन्तप्राय हैं। श्री समर्थ द्वारा रचित एक रामायण भी है जिसका आकार इस दासबोधसे दूना है। इसके अतिरिक्त अब तक समर्थके जिन ग्रंथोंका पता चला है, उनकी नामावली इस प्रकार है—मनके श्लोक, चौदह शतक, जनस्वभाव, गोसावी, पंच-समाधि, जुनाट पुरुष, मानसपूजा, जुना दासबोध, पंचीकरण योग, चतुर्थ योगमान, मानपंचक, पंचमान, रामगीता, कृतनिर्वाह, चतुःसमासी, अक्षरपदसंग्रह, सप्त-समासी, रामकृष्ण स्तव इत्यादि। इनके सिवा कई और ग्रंथ तथा बहुतसे फुटकर श्लोक, पद्य, भजन और आरतियाँ आदि भी हैं।

दासबोधके सम्बन्धमें हम एक बात और कह देना चाहते हैं। यह निश्चित रूपसे नहीं कहा जा सकता कि इस ग्रंथकी रचना कब आरम्भ हुई और कब इसकी इति श्री हुई। इस ग्रंथके छठे दशकमें एक स्थान पर कहा गया है कि इस समय तक कलियुगके ४७६० वर्ष बीत चुके। इससे सूचित होता है कि उस समय संवत १७१६ या सन् १७३० था। कुछ लोगोंका मत है कि श्री समर्थने अपने निर्वाण कालके कुछ ही पहले इसकी रचनाका काम समाप्त किया था। इसकी रचना-प्रणालीके सम्बन्धमें भी मतभेद है। कुछ लोग कहते हैं कि श्री समर्थ जिस समय जङ्गलों या पहाड़ोंमें एकान्तमें बैठते थे, उस समय इसके समास लिखा करते थे। पर हमारी समझमें श्री समर्थ जन-समुदायको अपने सामने एकत्र देखकर कथा या उपदेशके रूपमें जो कुछ कहते थे, दासबोधमें उन्हीं सबका संग्रह है। सम्भव है कि इसका कुछ अंश अलग-अलग समयोंमें और भिन्न-भिन्न अवसरों पर लिखा गया हो और अन्तमें सबका एक स्थान पर संग्रह कर लिया गया हो। इस सम्बन्धमें एक बात यह भी ध्यान रखनेके योग्य है कि इसके आरम्भके आठ दशकों तक तो एक प्रकारका निश्चित क्रम है, पर उसके बाद कोई निश्चित क्रम नहीं है और अनेक विषय आगे पीछे बिना किसी निश्चित क्रमके आये हैं।

इसमें सन्देह नहीं कि दासबोध मुख्यतः अध्यात्म-सम्बन्धी ग्रंथ है और इसमें यही प्रतिपादित किया गया है कि मनुष्यको समस्त सांसारिक विषयोंका परित्याग करके अपनी दृष्टि और विचारोंका इतना अधिक विस्तार करना चाहिए कि अपने समेत सारा संसार ब्रह्ममय दिखाई पड़ने लगे—स्वयं अपनी आत्मामें, लोगोंकी आत्मामें और उस विश्वात्मामें किसी प्रकारका भेद न रह जाय। आध्यात्मिक

विचारोंकी यही चरम सीमा और यही परम लक्ष्य है। इस प्रकारका भाव स्वयं अपने लिए भी और समस्त संसारके लिए भी परम कल्याणकारक होता है और इसी लिए अध्यात्म-सम्बन्धी अन्यान्य अनेक ग्रंथोंकी भाँति दासबोधमें भी इसी पर सबसे ज्यादा जोर दिया गया है। जब मनुष्य यह समझने लगता है कि जैसी मेरी आत्मा है, वैसी ही जीव मात्रकी आत्मा है और हम सबमें वही एक परमात्मा या विश्वात्मा निवास करता है, तब वह किसीके साथ राग, द्वेष या वैमनस्य आदि नहीं रख सकता और न किसीको कोई हानि ही पहुँचा सकता है। यही कारण है कि इस ग्रंथमें श्री समर्थने अनेक स्थानों पर बहुत दृढ़तापूर्वक यह उपदेश दिया है कि सब लोगोंको सुखी, प्रसन्न और संतुष्ट रखना चाहिए। आपने साथ ही साथ यह भी कहा है कि सब प्राणियों और जीवोंको सुखी करनेसे ही परमात्मा प्रसन्न होता है। जन या जनतामें ही जनार्दन है और सबको पहले उसी जनता रूपी जनार्दनकी पूजा और सेवा करनी चाहिए। लोक-कल्याणका कैसा सुन्दर आदर्श है! यदि इस आदर्श पर ठीक तरहसे लक्ष्य रखा जाय तो फिर संसारमें कहीं दुःख, कष्ट, संकट, संघर्ष, अनर्थ या पाप आदिके लिए स्थान ही न रह जाय; इस पृथ्वी पर ही स्वर्गके दर्शन होने लगें, अनायास ही सारे संसारमें राम-राज्यकी स्थापना हो जाय। धन्य हैं वे महापुरुष जो इस आदर्श पर ध्यान रखकर जीवन-निर्वाह करते हैं। और जो महापुरुष लोगोंके सामने इस प्रकारके आदर्श रखते हों, उनकी धन्यताका तो कहना ही क्या है!

परन्तु यह आध्यामिक आदर्श बहुत ऊँचा है और सब लोग इस आदर्श तक न तो पहुँच ही सकते हैं और न इसके अनुसार काम ही कर सकते हैं। और जो थोड़ेसे लोग ऐसे आदर्श तक पहुँच सकते हैं या इनके अनुसार काम कर सकते हैं, उनके लिए भी एक और बातकी जरूरत होती है। और वह है भक्ति। भारतीय विचारशीलोंने बहुत कुछ सोच विचार कर अन्तमें यही निश्चित किया था कि मनुष्यको सत्यके मार्ग पर लगाये रखनेके लिए, सदा आस्तिक और सच्चरित्र रखनेके लिए, यदि सबसे अधिक किसी चीजसे सहायता मिल सकती है तो वह भक्तिसे ही मिल सकती है। भक्ति ही मनुष्यमें सबसे अधिक गुणोंकी स्थापना कर सकती है और संसारको अनेक प्रकारके अनर्थोंसे बचा सकती है। श्री समर्थकी सूक्ष्म दृष्टिसे भला इतनी बड़ी बात कैसे छूट सकती थी! इस लिए उन्होंने धर्म-मार्गमें

भक्तिको बहुत बड़ा स्थान दिया है। उन्होंने जन-साधारणके लिए तो भक्तिकी व्यवस्था दी ही है, पर साथ ही ऐसे लोगोंके लिए भी भक्तिकी आवश्यकता बतलाई है जो संसारसे सब प्रकारसे विरक्त होकर उनके उच्च आदर्श तक पहुँच गये हों। उनकी आज्ञा है कि जो लोग परमात्मा तक पहुँच गये हों, उन्हें भी भक्ति-मार्गका कभी त्याग नहीं करना चाहिए, बल्कि सदा उस पर आरूढ़ रहना चाहिए। मनुष्य मात्रको सन्मार्गमें लगाये रखनेवाले इस दूसरे साधनका भी श्री समर्थने जो विवेचन और प्रतिपादन किया है, वह भी उनकी लोक-कल्याणकारिणी बुद्धिका एक अच्छा नमूना है।

संसारके सभी लोग विरक्त, त्यागी और वीतराग नहीं हो सकते; अधिकांश लोगोंको संसारमें रहकर घर-गृहस्थीके कामोंमें ही जीवन बिताना पड़ेगा। ऐसे लोगोंके लिए श्री समर्थका यह आदेश है कि वे गृहस्थाश्रममें रहकर ही परमार्थका अधिकसे अधिक साधन करें। उन्होंने इस गृहस्थाश्रमका बहुत अधिक महत्व बतलाया है और इहलोक तथा परलोकके साधनका मुख्य आधार कहा है। इससे सिद्ध है कि श्री समर्थ कभी यह नहीं चाहते थे कि सभी लोग घर-बार छोड़कर सिर मुँड़ा लें; क्योंकि न तो सब लोग साधुओंका-सा आचरण ही कर सकते हैं और न सब लोगोंके त्यागी होनेसे संसारका काम ही चल सकता है। जो बने हुए साधु और महात्मा लोगोंको चारों ओर ठगते फिरते हैं, उनसे भी श्री समर्थने सबको बहुत सचेत कर दिया है। उन्होंने ऐसे पाखण्डियोंके बहुतसे लक्षण बतलाये हैं और सबको ऐसे पाखण्ड तथा पाखण्डियोंसे बचनेका उपदेश दिया है। एक सच्चा साधु और महात्मा इसके सिवा और कर ही क्या सकता है?

एक सच्चे हिन्दूके समान श्री समर्थने वर्णाश्रम धर्म पर अपनी पूरी आस्था प्रकट की है। यदि सच पूछिये तो इस सम्बन्धमें उन्होंने अपने जीवनमें बहुत कुछ कार्य भी किया है। पर फिर भी वे इस वर्णाश्रम संस्थाके वैसे अन्धभक्त नहीं हुए जैसे अन्धभक्त आजकलके बहुतसे सनातनी कहलानेवाले लोग होते हैं। उन्होंने ब्राह्मणोंको सबसे अधिक पूज्य अवश्य कहा है, पर साथ ही साथ यह भी कहा है कि भगवान जात-पाँत कुछ भी नहीं देखते। वे केवल भावके भूखे हैं। और ये दोनों बातें एक ही साथ एक साँसमें कही गई हैं। इस प्रकार आपने मनुष्य मात्रके साम्यकी भी स्थापना की है। वस्तुतः जो मनुष्य दूसरे मनुष्योंको

अपनेसे छोटा, नीच, तुच्छ या हीन समझता हो, वह स्वयं कभी मनुष्य हो ही नहीं सकता। गौरव अपने आपको दूसरेसे बड़ा समझनेमें नहीं है, बल्कि अपने आपको सबसे छोटा समझने और भूले हुए लोगोंका हाथ पकड़कर और उन्हें गले लगाकर ठीक मार्ग पर लगानेमें ही मनुष्यकी महत्ता है। जनताको लोक-कल्याणका यह प्रशस्त मार्ग दिखलानेमें भी समर्थ नहीं चूके हैं।

संसारमें रहनेवालोंके लिए लोकमतका आदर करना बहुत ही आवश्यक होता है। जो लोकमतको तुच्छ समझता और उपेक्षाकी दृष्टिसे देखता है, वह बहुधा उद्दंड और स्वेच्छाचारी हो जाता है और समाज पर अनेक प्रकारके अत्याचार करने लगता है। यदि ये सब बातें न हों तो भी उसके द्वारा समाजका कुछ न कुछ अपकार अवश्य होता है। अतः समर्थकी यह भी आज्ञा है कि लोकमतके विरुद्ध कभी कोई काम न करना चाहिए। उन्होंने तो यहाँ तक कहा है कि लोकमतके विरुद्ध आचरण करना ही सबसे बड़ा पाखण्ड है और पाखण्ड सदा सभी अवस्थाओंमें त्याज्य है।

मतलब यह कि श्री समर्थने आचार और वचार दोनोंकी ही शुद्धता पर बहुत जोर दिया है। मनुष्यको जन्मसे मरण पर्यन्त अपना आचार और विचार दोनों कैसे रखने चाहिएँ, यही इस दासबोधमें बतलाया गया है और बहुत ही विशद रूपसे बतलाया गया है। ज्ञानकी सबसे अधिक महिमा बतलाई गई है, क्योंकि आचार और विचार दोनोंकी शुद्धि उसीसें होती है। और इस ज्ञानकी प्राप्तिका उपाय उन्होंने सद्‌गुरुकी प्राप्ति और सेवा बतलाया है। बात भी बहुत ठीक है। लोग अनेक प्रकारके ज्ञान प्राप्त करते हैं, पर समर्थ उन ज्ञानोंको ज्ञान नहीं मानते। और यदि विचारपूर्वक देखा जाय तो वह ज्ञान है ही किस कामका जिससे इहलोक और परलोक दोनों न सुधरें? प्रायः कहा जाता है कि आधुनिक पाश्चात्य जातियोंने ज्ञानका भाण्डार बहुत अधिक बढ़ाया है—उसकी अनेक प्रकारसे वृद्धि की है। पर उस ज्ञानका उपयोग कैसे कामोंमें होता है? एक दूसरेको काटने, मारने, लूटने और दबानेमें ही न? तो फिर ऐसे ज्ञानसे मानव-जातिका उपकार हुआ या अपकार? यदि अपकार हुआ तो ऐसे ज्ञानकी आवश्यकता ही क्या है? ऐसे ज्ञानके होनेसे तो न होना कहीं अच्छा है। फिर कुछ ज्ञान ऐसा भी होता है जो लोकोपकारके लिए उपयोगी हो सकता है। लोग इस प्रकारका ज्ञान साधारण शिक्षकों और पुस्तकों आदिसे प्राप्त कर लेते हैं, पर फिर भी उसका ठीक-ठीक उपयोग करना

नहीं जानते। इसलिए श्री समर्थने कहा है कि सच्चा और वास्तविक ज्ञान वही है जो इहलोक और परलोकके साधनमें पूर्ण रूपसे सहायक हो। इसके सिवा और जितना ज्ञान है, वह सब अज्ञानकी कोटिमें रखने लायक है। और फिर ऐसे ज्ञानका वास्तविक उपयोग तभी हो सकता है, जब वह सद्गुरुसे प्राप्त किया जाय। अब चाहे प्राचीनोंकी दृष्टिसे देखिए और चाहे अर्वाचीनोंकी दृष्टिसे, चाहे पौर्वात्य दृष्टिसे देखिए और चाहे पाश्चात्योंकी दृष्टिसे, सद्गुरुकी आवश्यकता हर प्रकारसे सिद्ध होती है। और समर्थकी आज्ञा है कि ऐसा ही सद्गुरु ढूँढ़ना चाहिए, उसकी शरणमें जाना चाहिए, उससे ज्ञान प्राप्त करना चाहिए, अपने दैनिक जीवनके व्यवहारोंमें उस ज्ञानका उपयोग करना चाहिए और संसारके सब लोगोंमें उस ज्ञानका प्रचार करना चाहिए।

साधारणतः धार्मिक आचार्य और समाज-सुधारक राजनीतिसे अनभिज्ञ हुआ करते हैं, अथवा कमसे कम राजनीतिके साथ कोई सम्पर्क नहीं रखते। पर श्री समर्थमें यह बात नहीं थी। वे राजनीतिके भी बहुत बड़े ज्ञाता थे और लोगोंको समय समय पर राजनीतिके गूढ़ तत्त्वोंका उपदेश देते रहते थे। इस दासबोधमें भी दो तीन समासोंमें राजनीति-सम्बन्धी अनेक ऐसी बातें बतलाई गई हैं जो सभी कालों, सभी देशों और सभी जातियोंके लिए समान रूपसे उपयोगी रही हैं और भविष्यमें भी रहेंगी। श्री समर्थको राजनीतिक विषयको हाथमें लेनेकी आवश्यकता कदाचित् देशकी उस समयकी दुरवस्थाके कारण पड़ी थी। उन्होंने धर्म-प्रचार और लोक-कल्याणका कार्य आरम्भ करनेसे पहले सारे भारतमें भ्रमण किया था और उसका कोना-कोना छान डाला था। अतः सारे देश और समाजकी हीन अवस्था उनके लिए करतलगत हो रही थी। ऐसी अवस्थामें यदि वे राजनीतिकी ओर ध्यान न देते तो उनका उद्देश्य कभी पूर्ण रूपसे सिद्ध ही नहीं हो सकता था। संयोगसे उन्हें छत्रपति महाराज शिवाजीके समान योग्य शिष्य और कार्यकर्ता मिल गये थे, अतः उन्हें राजनीतिक तत्त्वों पर और भी गूढ़ विचार करनेका बहुत अच्छा अवसर मिला था। बल्कि हम कह सकते हैं कि उन्हें इस बातकी बहुत बड़ी आवश्यकता आ पड़ी थी। यदि इन सब बातोंका विचार करते हुए हम श्री समर्थको राजनीतिमें भी अन्यान्य विषयोंकी ही भाँति परम दक्ष तथा निपुण पाते हैं, तो यह कोई आश्चर्यकी बात नहीं है।

तात्पर्य यह है कि चाहे जिस दृष्टिसे देखिए, श्री समर्थ छोटे-बड़े सभी विषयोंके उद्भट विद्वान और परम ज्ञाता थे। वे सभी विद्याओं और कलाओंसे पूर्ण थे। और संसारमें इसी प्रकारके पूर्ण पुरुष देवता और अवतार माने जाते हैं। ऐसे ही महापुरुषोंके उपदेश और शिक्षाएँ छोटे-बड़े, शिक्षित-अशिक्षित, स्त्री-पुरुष और बाल-वृद्ध सबके कामकी होती हैं। श्री समर्थके इन उपदेशों और शिक्षाओं आदिका महत्व इसलिए और भी अधिक हो जाता है कि वे बहुत ही तौली हुई और विचारपूर्ण हैं और उनमेंकी अधिकांश बातें स्वयं श्री समर्थकी अनुभव की हुई हैं।

श्री समर्थ स्वयं सदा पुण्य मार्ग पर चलते थे और दूसरोंको भी चलाते थे, अनीति और अन्यायका सदा दमन करते थे, निष्काम भावसे सबकी सेवा करते थे, सबकी ऐहिक तथा पारलौकिक उन्नति करते थे, एकान्तमें रहकर बड़े-बड़े गूढ़ प्रश्नों पर विचार करते थे और सबके सामने वे विचार उपदेश-रूपमें रखते थे। वे जो कुछ कहते थे, उसीके अनुसार आचरण करते थे; और जो कुछ स्वयं करते थे, वही करनेका औरोंको उपदेश देते थे। उनका सारा जीवन संसारके उपकार और जनताके कल्याण करनेमें ही बीता था। उनकी गणना संसारके प्रसिद्ध महापुरुषोंमें की जाती है। श्री समर्थ स्वामी रामदास सचमुच सभी विषयोंमें समर्थ और रामके सच्चे दास थे। ऐसे महापुरुषके गुणोंका कीर्तन करनेमें इन पंक्तियोंका तुच्छ लेखक अपने आपको नितान्त अयोग्य तथा असमर्थ समझता है। बल्कि ऊपर जो थोड़ी-सी बातें कही गई हैं, उन्हें भी वह अपनी धृष्टता ही समझता है। अतः यह विषय यही कहकर समाप्त किया जाता है कि पाठक स्वयं ही रत्नोंके इस सागरमें अवगाहन करें और अपनी रुचि तथा सामर्थ्यके अनुसार इसमेंसे रत्न निकालकर अपने आपको अलंकृत तथा कृतकृत्य करें।

रक्षा-बन्धन
सं० १९८९ }

रामचन्द्र वर्मा

अनुक्रमणिका

❀ श्रीः ❀

हिन्दी दासबोध

पहला दशक

पहला समास

ग्रन्थारम्भ-निरूपण

श्रोता पूछते हैं कि यह कौन ग्रंथ है, इसमें क्या-क्या बातें कही गई हैं और इसे सुननेसे क्या लाभ होता है। इसका उत्तर यह है कि इसका नाम दासबोध है, इसमें गुरु और शिष्यका संवाद है और इसमें भक्ति-मार्गका विस्तृत वर्णन है। इसमें नवधा भक्ति और ज्ञानका वर्णन है, वैराग्यके लक्षण कहे गये हैं और प्रायः अध्यात्मका निरूपण किया गया है। इस ग्रन्थका यह मतलब है कि भक्तिकी सहायतासे मनुष्य अवश्य ही ईश्वरको प्राप्त करता है। इसमें मुख्यतः भक्ति, शुद्ध ज्ञान, आत्मस्थिति, शुद्ध उपदेश, सायुज्य मुक्ति, मोक्ष-प्राप्ति, ईश्वरके शुद्ध स्वरूप, विदेह-स्थिति, अलिप्तता, मुख्य देवता या ईश्वर, अच्छे भक्त, जीव और शिव (जीवात्मा और परमात्मा), मुख्य ब्रह्म और नाना मतों आदिका निश्चय या निरूपण किया गया है। इसमें मुख्य उपासना, नाना प्रकारके कवित्व और चातुर्यके लक्षण कहे गये हैं। मायाकी उत्पत्ति और पंचभूतोंके लक्षण बतलाये गये हैं; और बतलाया गया है कि कर्त्ता कौन है। इसमें नाना प्रकारके संशयों और शंकाओंका निवारण किया गया है और अनेक प्रकारके प्रश्नोंका उत्तर दिया गया है। इस प्रकारकी जो बहुतसी बातें इस ग्रंथमें बतलाई गई हैं, उन सबका वर्णन यहाँ नहीं हो सकता। पूरा दासबोध दशकोंमें विभक्त किया है और हर एक दशकका विषय उसी दशकके आरंभमें बतला दिया गया है। इसमें उपनिषद्, वेदान्त, श्रुति आदि

अनेक ग्रंथोंके मत दिये गये हैं; और शास्त्रोंके प्रमाण सहित आत्म-प्रतीति या अपने अनुभवकी बातें बतलाई गई हैं। इसमें अनेक ग्रंथोंके मत हैं जो मिथ्या नहीं कहे जा सकते; तथापि वे बातें अब अनुभवकी सहायतासे प्रत्यक्ष कर दी गई हैं। यदि मत्सरके कारण कोई इसकी बातोंको मिथ्या कहे, तो वह मानों समस्त धर्मग्रंथोंके मतों और ईश्वरीय वाक्योंका उच्छेद या खण्डन करेगा। शिव गीता, राम गीता, गुरु गीता, गर्भ गीता, उत्तर गीता, अवधूत गीता, वेद, वेदांत, भगवद्गीता, ब्रह्म गीता, हंस गीता, पाण्डव गीता, गणेश गीता, यम गीता, समस्त उपनिषद्, भागवत आदि अनेक ग्रंथोंके मत इसमें दिये गये हैं। वे सब वास्तवमें भगवद्वाक्य हैं और बिलकुल ठीक हैं। ऐसा कौन पतित है जो भगवद्-वचनमें अविश्वास करे? इसमें जो बातें कही गई हैं, वे भगवद्-वाक्य ही हैं, उनसे रहित या भिन्न नहीं हैं। जो बिना पूरा ग्रंथ देखे झूठ-मूठ इसपर दोष लगावे, वह दुरात्मा और दुरभिमानी केवल मत्सरके कारण ही दोष लगावेगा। अभिमानसे मत्सर और मत्सरसे तिरस्कार उत्पन्न होता है और तब क्रोधका भाव प्रबल हो उठता है। यह प्रत्यक्ष है कि ऐसा मनुष्य काम और क्रोधसे विचलित हो गया है और अहंभावने उसकी बुद्धि पलट दी है। जो व्यक्ति काम और क्रोधसे पीड़ित हो, वह कैसे अच्छा कहा जा सकता है? अमृत-पान करने पर भी राहु मर गया। परंतु अब इन बातोंको जाने दो। जो जैसा अधिकारी होगा, वह इससे वैसा लाभ उठावेगा। परंतु अभिमान छोड़ देना सबसे उत्तम है। पहले श्रोताने पूछा था कि इस ग्रंथमें कौन-कौन-सी बातें कही गई हैं; इसलिए वे सब बातें संक्षेपमें बतला दी गईं।

अब इसे श्रवण करनेका फल सुनिए। इसको श्रवण करते ही तुरंत आचरण बदल जाता है और संशयका समूल नाश हो जाता है। सुगम मार्ग दिखाई पड़ने लगता है और दुर्गम साधनकी आवश्यकता नहीं रह जाती। सायुज्य मुक्तिका रहस्य खुल जाता है; अज्ञान, दुःख और भ्रांतिका नाश हो जाता है और शीघ्र ही ज्ञान प्राप्त होता है। यही इस ग्रंथको सुननेका फल है। जो वैराग्य योगियोंको भी बड़े भाग्यसे मिलता है, वह तुरंत उत्पन्न होता है और विवेकके साथ-साथ उपयुक्त चातुर्य भी प्राप्त होता है। जो लोग भ्रांत, अवगुणी और बुरे लक्षणोंवाले होते हैं, वे भी अच्छे लक्षणोंसे युक्त हो जाते हैं; और धूर्तों, तार्किकों तथा विचक्षणोंको समयका ज्ञान होने लगता है। आलसी भी कर्मण्य हो जाते हैं और पापी

पश्चात्ताप करने लगते हैं। भक्ति-मार्गकी निन्दा करनेवाले उसकी स्तुति करने लगते हैं। संसारके बंधनमें पड़े हुए लोग मोक्षकी कामना करने लगते हैं; मूर्ख भी दक्ष हो जाते हैं और भक्ति-मार्ग पर चलकर अभक्त भी मोक्ष प्राप्त करते हैं। इससे अनेक दोषोंका नाश होता है और पतित लोग पावन हो जाते हैं। श्रवण मात्रसे प्राणीको उत्तम गति प्राप्त होती है। इसे सुननेसे शारीरिक बुद्धिके अनेक भ्रम और संदेह तथा संसारके अनेक प्रकारके उद्वेग नष्ट हो जाते हैं। अधोगतिका अंत हो जाता है और उनको शांति तथा समाधान मिलता है। जिसका जैसा भाव होता है, उसे वैसा ही लाभ भी होता है। जो मनमें मत्सर रखकर प्रश्न करता है, उसे मत्सरकी ही प्राप्ति होती है।

दूसरा समास

गणेश-स्तुति

गण-नायक, सर्व-सिद्धि-फलदायक, अज्ञान और भ्रांतिका नाश करनेवाले बोधरूप गणेशजीको नमस्कार है। आप कृपाकर मेरे हृदयमें विराजें, सदा वहीं वास करें और मुझ वाक्शून्यसे कुछ कहलावें। आपकी कृपासे जन्म-जन्मांतरकी भ्रांतिका नाश होता है और विश्वभक्षक काल भी दासत्व करने लगता है। आपकी कृपाका प्रवाह होते ही बेचारे विघ्न काँपने लगते हैं और आपका नाम लेनेसे ही वे तितर-बितर हो जाते हैं। इसीसे आपका नाम विघ्नहर है। आप हम अनाथोंके नाथ हैं, हरिसे हर तक सभी देवता आपकी वंदना करते हैं। मंगलनिधिका वंदन करके जो कार्य किये जाते हैं, उसमें सभी सिद्धियाँ प्राप्त होती हैं और विघ्न-बाधाएँ मार्गमें नहीं आतीं। आपका ध्यान करते ही परम समाधान होता है। सब अङ्गोंको छोड़-कर मन केवल आँखोंमें आ बसता है। बाकी सब अङ्ग पंगु हो जाते हैं। आपका सगुण रूप भी बहुत ही सुन्दर है। आपके नृत्य करते ही सब देवता स्तब्ध हो जाते हैं। वे सदा आनंदसे मत्त होकर घूमते रहते हैं और हर्षसे सुप्रसन्न-वदन रहते हैं। आपका भव्य रूप और भीम मूर्त्ति महा प्रचण्ड है; विस्तीर्ण और उन्नत मस्तक सिन्दूरसे चर्चित है। गण्डस्थलसे नाना प्रकारकी सुगंधियाँ निकलती हैं और भ्रमर वहाँ आकर गुञ्जारते हैं। सूँड सरल और कुछ मुड़ा हुआ है, अभिनव कपोल शोभित हैं, अधर लम्बा है जिसमेंसे क्षण-क्षण पर तीक्ष्ण मद टपकता है।

चौदहों विद्याओंके स्वामी छोटी-छोटी आँखें हिला रहे हैं और कोमल तथा लचीले कान फड़फड़ा रहे हैं। रत्न-जटित मुकुट झलझला रहा है जिस पर अनेक प्रकारके रंग चमक रहे हैं। कुंडलोंमें जड़े हुए नीलम चमक रहे हैं। दृढ़ और शुभ्र दाँतोंमें सोनेके जड़ाऊ कड़े पड़े हैं जिनके नीचे छोटे-छोटे स्वर्णपत्र चमक रहे हैं। तोंद थलथला रही है और उसपर साँपका पट्टा पड़ा हुआ है। क्षुद्र-घंटिका मंद-मंद झनकार कर रही है। चतुर्भुज लम्बोदर स्वरूप है। कमरमें पीताम्बर है। तोंदपर साँपका फन फड़क रहा है जो फुफकार रहा है। वह फन हिलाता और जीभ लपलपाता है, नाभि-कमलपर कुंडली मारकर बैठा हुआ है और टक लगाकर देख रहा है। अनेक प्रकारके फूलोंकी माला गलेमें पड़ी हुई उस नाग तक लटक रही हैं। हृदय-कमल पर रत्न-जटित पदक है। फरश और कमल शोभित हैं और तीक्ष्ण अंकुश चमक रहा है। एक हाथमें गोल मोदक है जिसपर आपकी बहुत प्रीति है। नट लोग अपनी नाट्यकला दिखलाते हुए अनेक प्रकारसे नृत्य कर रहे हैं। ताल और मृदङ्ग आदि बज रहे हैं। चारों ओर नृत्यकालमें होनेवाली प्रतिध्वनि हो रही है। उन्हें क्षणभर भी स्थिरता नहीं है और वे चपलतामें अग्रगण्य हैं। सजी हुई और अच्छे लक्षणोंसे युक्त मूर्ति सुंदरताकी खान है। नूपुर झुनझुन बज रहे हैं और पैजनीकी झनकार हो रही है। घुँघरुओंसे दोनों पैर सुशोभित हैं। गणेशजीके कारण शिवजीकी सभाकी शोभा बढ़ गई है और दिव्य अम्बरकी छटा छाई हुई है। आपके साथ साहित्यमें निपुण आठ नायिकाएँ भी हैं। ऐसे सर्वाङ्ग-सुन्दर और सब विद्याओंमें अग्रगण्य गणेशजीको मेरा साष्टाङ्ग नमस्कार है।

गणेशजीके ध्यानका वर्णन करते ही भ्रांत लोगोंकी मति भी प्रकाशित हो जाती है और उनका गुणानुवाद करनेवाले पर सरस्वती प्रसन्न होती है। जिनकी वंदना ब्रह्मा आदि तक करते हों, उनके सामने बेचारा मनुष्य क्या चीज है! अतः मंदमति लोगोंको गणेशजीका चिंतन करना चाहिए। जो लोग मूर्ख, बुरे लक्षणोंसे युक्त और हीनोंसे भी हीन होते हैं, वे भी सब विषयोंमें दक्ष तथा प्रवीण हो जाते हैं। वे परम समर्थ हैं और सभी मनोरथ पूर्ण करनेवाले हैं। यह अनुभवसिद्ध है कि उनका भजन करनेसे सब कार्य सिद्ध होते हैं। कलियुगमें चंडी और विनायक ही मुख्य देवता कहे गये हैं। ऐसे मंगलमूर्ति गणेशजीका मैंने परमार्थकी कामना करते हुए यथामति स्तवन किया है।

तीसरा समास

शारदा-स्तुति

अब मैं वेदमाता, ब्रह्मसुता, शब्दमूला, वाग्देवता महामाया श्री शारदाकी वन्दना करता हूँ। जो मुखसे शब्द निकलवाती हैं, अपारवाणी कहलाती हैं और जो निःशब्दके मनका भाव भी विदित कराती है; जो योगियोंकी समाधि, दृढ़निश्चयी लोगोंकी दृढ़ता है और जो विद्या होनेके कारण अविद्याको नष्ट करती है, जो महापुरुषोंकी तुरीया अथवा चतुर्थावस्थामें परम निकट रहनेवाली माया है और जिसके लिए साधु लोग बड़े-बड़े कार्योंमें प्रवृत्त होते हैं; जो महान् लोगोंकी शान्ति, ईश्वरकी निज शक्ति, ज्ञानियोंकी विरक्ति और निराशाकी भी शोभा है; जो अनन्त ब्रह्माण्डोंकी रचना करती और विनोदमें ही उन्हें नष्ट करती है और जो स्वयं आदिपुरुषकी आड़में खड़ी रहती है; जो केवल प्रत्यक्ष देखनेसे ही दिखाई पड़ती है और विचार करनेसे अदृश्य हो जाती है और ब्रह्मा आदि भी जिसका पार नहीं पाते; जो जगतके सभी नाटकोंकी भीतरी कला है, जो निर्मल स्फूर्ति है और जिससे आत्मानंद तथा ज्ञान-शक्ति प्राप्त होती है; जो लावण्य स्वरूपकी शोभा है, जो पर-ब्रह्म सूर्यकी शोभा है और जो शब्दोंसे बना-बनाया संसार नष्ट कर सकती है; जो मोक्ष देनेवाली लक्ष्मी और महामंगला है; जो सत्रहवीं जीवन-कला, मनुष्यको अमर करनेवाली, ब्रह्मरंध्रसे निकलनेवाली अमृतकी धार, सत्वशीला, सुशीलता और लावण्यकी खान है; जो अव्यक्त पुरुषकी, परब्रह्मकी व्यक्तता है, जो विस्तारसे बढ़ी हुई इच्छाशक्ति है, जो कलिकालका नियन्त्रण करनेवाली और सद्गुरुकी कृपा है; जो परमार्थ मार्गका विचार, सार और असारका निर्णय करनेवाली और शब्द-बलसे ही भव-सिंधुके पार पहुँचानेवाली है। इस प्रकार एक माता शारदाने अनेक वेष धारण किये हैं। वह स्वयं-सिद्ध होकर अन्तःकरणमें चार प्रकारसे (परा, पश्यन्ती, मध्यमा और वैखरी) प्रकट होती है। परा, पश्यन्ती और मध्यमा इन तीन वाचाओंके द्वारा मनमें जो बात आती है, वह चौथी वाचा वैखरीके द्वारा प्रकट कराती है। इसीलिए कहते हैं कि जो कुछ कर्तृत्व होता है, वह शारदाके कारण ही होता है। जो ब्रह्मा आदिकी जननी, हरि और हरको उत्पन्न करनेवाली है और जिसके विस्तारसे सारी सृष्टि और तीनों लोक हुए हैं, जो

परमार्थका मूल और केवल सद्विद्या ही है और जो शान्त, निर्मल, निश्चल तथा स्वरूप स्थिति है; जो योगियोंके ध्यान, साधकोंके चिन्तन और सिद्धोंके अन्तः-करणमें समाधि रूपसे स्थित है; जो निर्गुणकी पहचान, अनुभवका लक्षण और सभी घटोंमें पूर्ण रूपसे व्याप्त है, शास्त्र, पुराण, वेद और श्रुति जिसका अखंड स्तवन करते हैं और प्राणि-मात्र अनेक प्रकारसे जिसकी स्तुति करते हैं; जो वेदों तथा शास्त्रोंकी महिमा और निरुपमोंकी उपमा है और जिसके कारण पर-मात्माको लोग परमात्मा कहते हैं, जो अनेक प्रकारकी विद्याओं, कलाओं, सिद्धियों और अनेक प्रकारके निश्चयोंकी बुद्धि और सूक्ष्म वस्तुओंका शुद्ध ज्ञान-स्वरूप है, जो हरिभक्तोंकी स्वयं भक्ति, अन्तर्निष्ठोंकी अन्तर स्थिति, जीवन्मुक्तोंकी मुक्ति और सायुज्यता है; जो अनन्त माया और वैष्णवी है, जिसकी लीलाका कुछ भी पता नहीं चलता और बड़े-बड़े लोगोंको ज्ञानके अभिमानमें फँसाती है। आँखोंसे जो कुछ दिखाई पड़ता है, शब्दोंके द्वारा जो कुछ जाना जाता है और मनमें जिन सब बातोंका अनुभव होता है, वह सब जिसके रूप हैं। अनुभवी लोग इस बातका अभिप्राय जानते हैं कि स्तवन, भजन और भक्ति भाव सभीमें बिना मायाके कहीं ठिकाना नहीं लगता। इसीलिए जो बड़ोंसे भी बड़ी और ईश्वरकी भी ईश्वर हैं, उन्हें स्वयं उन्हींके अंशमें (अर्थात् मायाके ही रूपमें) मेरा नमस्कार है।

चौथा समास

सद्गुरु-स्तुति

सद्गुरुका वर्णन नहीं हो सकता। जिसे माया भी स्पर्श न कर सकती हो, उसका स्वरूप भला मेरे समान अज्ञानीको कहाँसे विदित हो सकता है! जिसके सम्बन्धमें श्रुति "नेति-नेति" कहती है (अर्थात् जिसका अन्त श्रुतिको भी नहीं मिलता) उस तक मुझ मूर्खकी मति भला कैसे पहुँच सकती है! वह मेरी समझके बाहर है; इसलिए उस गुरुदेवके चरणोंमें मेरा दूरसे नमस्कार है। हे गुरुदेव! मुझे वह शक्ति दो जिससे मैं तुम्हारा पार पा सकूँ। मुझे आपके स्तवनकी दुराशा थी; पर अब मायासे होनेवाला भरोसा नहीं रह गया। अतः हे सद्गुरु स्वामी! तुम जैसे हो, वैसे ही रहो। मैं मायाके बलसे

उसका स्तवन करना चाहता था, पर जब स्वयं माया ही लज्जित हो गई, तब मैं क्या कर सकता हूँ। वास्तविक परमात्मा नहीं मिलता; इसी लिए प्रतिमा स्थापित करनी पड़ती है। बस इसी प्रकार मैं भी मायाके योगसे ही सद्गुरुकी महिमाका वर्णन करूँगा। जिस प्रकार अपने भावके अनुसार मनमें देवताका ध्यान किया जाता है, उसी प्रकार मैं भी सद्गुरुका स्तवन करूँगा। हे सद्गुरुराज! तुम्हारी जय हो। हे विश्वम्भर, विश्वबीज, परम पुरुष, मोक्षध्वज, दीनबन्धु! तुम्हारी जय हो। तुम्हारे अभय रूपी हाथोंसे यह माया उसी प्रकार नष्ट हो जाती है जिस प्रकार सूर्यके प्रकाशसे अंधकार नष्ट हो जाता है। सूर्यसे अंधकार अवश्य नष्ट होता है, पर हमारे स्वामी सद्गुरुकी यह बात नहीं है। वे जन्म और मृत्यु तथा अज्ञानका जड़से ही नाश कर देते हैं। जिस प्रकार सोना कभी लोहा नहीं हो सकता, उसी प्रकार सद्गुरुका दास कभी सन्देहमें नहीं पड़ सकता। गङ्गामें जो नदी मिलती है, वह भी गङ्गा ही हो जाती है। फिर नदी किसी प्रकार गङ्गासे अलग नहीं हो सकती। पर जब तक वह नदी गंगामें नहीं मिलती; तबतक वह "नदी" ही कहलाती है, गंगा नहीं कहलाती। पर शिष्यकी वह बात नहीं है। वह पूर्ण रूपसे स्वामी ही हो जाता है। पारस किसी पदार्थको अपने समान पारस नहीं कर सकता; सोना कभी लोहेका रूप नहीं बदल सकता; पर सद्गुरुका भक्त अपने उपदेशसे बहुतसे लोगोंको सद्गुरु बना देता है। शिष्यको गुरुत्व प्राप्त हो जाता है, पर पारससे बनाये हुए सोनेसे कोई चीज सोना नहीं बनाई जा सकती; इसलिए पारसके साथ गुरुकी उपमा ठीक नहीं बैठती। यदि सागरसे उपमा दी जाय तो वह बहुत ही खारा है। यदि क्षीर-सागरसे उपमा दी जाय तो उसका भी कल्पान्तमें नाश हो जाता है। यदि मेरुसे उपमा दी जाय तो वह जड़ और कठोर पाषाण है। पर सद्गुरुकी वह बात नहीं है। वे दीनोंके लिए बहुत कोमल हैं। यदि आकाशसे उपमा दी जाय तो सद्गुरुका रूप आकाशसे भी अधिक सूक्ष्म तथा निर्गुण है। इसलिए यदि सद्गुरुकी आकाशसे उपमा दी जाय तो वह भी हीन ही ठहरती है। यदि धीरतामें पृथ्वीके साथ उपमा दी जाय तो वह भी कल्पान्तमें नष्ट हो जायगी। अतः धीरताकी उपमाके लिए वसुन्धरा भी हीन ही है। यदि सूर्यसे उपमा दें तो उसका प्रकाश ही कितना है! शास्त्र उसकी मर्यादा बतलाते हैं; पर सद्गुरु अमर्याद हैं। इससे सूर्य भी उपमाके योग्य नहीं है।

सद्गुरु ज्ञानका बहुत अधिक प्रकाश करनेवाले हैं; अतः यदि शेषनागसे उनकी उपमा दी जाय तो वह भी भार ढोनेवाले हैं। यदि जलसे उपमा दें तो वह भी कालान्तरमें सूख जाता है। पर सद्गुरु निश्चल हैं; वे कभी जा नहीं सकते। यदि सद्गुरुकी उपमा अमृतसे दी जाय तो अमर लोग भी मृत्युके मार्गका अवलम्बन करते हैं। पर सद्गुरुकी कृपा सचमुच अमर करनेवाली है। यदि सद्गुरुको कल्पतरु कहें तो भी ठीक नहीं; क्योंकि सद्गुरुका रूप कल्पनातीत है। तो भला कल्पवृक्षकी उपमा कौन ग्रहण करेगा? जहाँ मनमें चिन्ता ही नहीं है, वहाँ चिन्तामणिको भला कौन पूछेगा? जो निष्काम है, उसे कामधेनुके दूधसे क्या मतलब! यदि सद्गुरुको लक्ष्मीवान् कहें, तो लक्ष्मी भी नष्ट हो जानेवाली चीज है। और फिर मोहलक्ष्मी सदा स्वयं सद्गुरुके द्वारपर खड़ी रहती है। स्वर्गलोक तथा इन्द्रकी सम्पत्तिका भी कालान्तरमें नाश हो जाता है, पर सद्गुरुकी कृपा सदा बनी रहती है। ब्रह्मा, विष्णु और महेश आदि समय पाकर नष्ट हो जाते हैं; एक सद्गुरुके चरण ही सदा अविनश्वर रहते हैं। फिर भला उनकी उपमा किससे दी जाय? सारी सृष्टि ही नष्ट हो जाती है। उसके सामने पंचभौतिक वस्तुओंका कुछ वश ही नहीं चलता। इसलिए मैं तो सद्गुरुका वर्णन यही कहकर करता हूँ कि सद्गुरुका वर्णन हो ही नहीं सकता। मनकी भीतरी दशा केवल अन्तर्निष्ठ या अनुभव करनेवाले लोग ही जान सकते हैं।

पाँचवाँ समास

सज्जन-वन्दना

अब मैं उन सज्जनोंकी वन्दना करता हूँ जो परमार्थके अधिष्ठान या आधार हैं और जिनके द्वारा लोगोंपर गूढ़ ज्ञान प्रकट होता है। जो वस्तु (ब्रह्म) परम दुर्लभ है और कभी मिल नहीं सकती, वह सन्तोंकी सङ्गतिसे सुलभ हो जाती है। वह वस्तु (ब्रह्म) रहती तो प्रकट ही है, पर किसीको दिखाई नहीं पड़ती; अनेक प्रकारके उपाय और प्रयत्न करनेपर भी वह नहीं मिलती। उसके सामने परीक्षा करनेवाले स्तब्ध हो गए, आँखोंवाले अन्धे हो गये और अपनी ही वस्तुको देखते हुए भी धोखा खा गये। वह वस्तु दीपकसे भी नहीं दिखाई पड़ती और अनेक प्रकारके प्रकाशोंमें भी तथा आँखोंमें अंजन लगाने पर भी दिखाई नहीं पड़ती।

सोलहों कलाओंसे पूर्ण चन्द्रमा और तीव्र कला-राशि सूर्य भी वह वस्तु नहीं दिखला सकता। जिस सूर्यके प्रकाशसे रोएँ तक दिखाई पड़ता है, अणु, रेणु, आदि अनेक प्रकारके सूक्ष्म प्रकाश दिखाई देते हैं, चिरे हुए बालका अगला भाग भी दिखाई देता है, वह सूर्यका प्रकाश भी वह वस्तु नहीं दिखा सकता। पर सज्जनोंकी कृपासे साधकोंको वह वस्तु भी दिखाई पड़ने लगती है। जहाँ आक्षेपोंका अन्त हो जाता है, प्रयत्न व्यर्थ हो जाते हैं, तर्क मन्द पड़ जाते हैं, अपनी वस्तुके सम्बन्धमें तर्क करते हुए जहाँ जहाँ विवेकका भी वश नहीं चलता, शब्द लड़खड़ाते हैं और मनकी पहुँच नहीं हो सकती, सहस्र-मुखी और परम वाचाल शेषनाग भी जिसका वर्णन करते करते थक गये हैं, वह भी नहीं बतला सकते कि वह वस्तु क्या है। जिन वेदोंने सब कुछ प्रकाशित किया है और जिनके बाहर कुछ भी नहीं है, वे भी किसीको वह वस्तु नहीं दिखा सकते। वही वस्तु सत्संग और स्वानुभवसे समझमें आने लगती है। भला ऐसा कौन है जो वचनों द्वारा उसकी महिमा बतला सकता हो! इस मायाकी कला विचित्र है; पर यह भी उस वस्तुकी पहचान नहीं बतला सकती। पर सन्त लोग उसी मायातीत अनंतका मार्ग बतला सकते हैं। जिस वस्तुका वर्णन नहीं हो सकता, वह यही संतोंका स्वरूप है। इसलिए वचनोंकी आवश्यकता नहीं। सन्त आनन्दके स्थल, सच्चे सुखके स्वरूप और अनेक प्रकारके सन्तोषोंके मूल हैं। सन्त स्वयं विश्रान्तिकी भी विश्रान्ति और तृप्तिकी भी तृप्ति हैं। यहाँ तक कि वही भक्तिका परिणाम हैं। सन्त लोग धर्मके धर्मक्षेत्र, स्वरूपके सत्पात्र और पुण्यकी पवित्र भूमि हैं। वे समाधिके मन्दिर, विवेकके भांडार और सायुज्य मुक्तिके मातृगृह या अधिष्ठान हैं। वे सत्यके निश्चय, सार्थककी जय, प्राप्तिके समय और सिद्ध-स्वरूप हैं। वे ऐसे धनवान और सम्पन्न हैं जो मोक्ष-श्रीसे अलंकृत हैं। इन्होंने असंख्य दरिद्र जीवोंको राजा बना दिया है। जो दूसरे लोग बहुत समर्थ, उदार तथा अत्यन्त दान-शूर हैं, वे किसीको यह ज्ञान नहीं दे सकते। बहुतसे चक्रवर्ती महाराज हो गये हैं और आगे भी होंगे; पर वे भी किसीको यह सायुज्य मुक्ति नहीं दे सकते। सन्त और सज्जन ऐसा दान देते हैं जो तीनों लोकोंमें और कहीं नहीं मिल सकता। भला ऐसे सन्तोंकी महिमाका वर्णन किस प्रकार किया जा सकता है। जो पर-ब्रह्म त्रैलोक्यसे न्यारा है, जो वेदों तथा श्रुतियोंसे भी नहीं जाना जा

सकता, वह परब्रह्म इन सन्तोंकी बातोंसे हृदयमें प्रकट होता है। सन्तोंकी ऐसी ही महिमा है। उनकी जितनी उपमा दी जाय, सब थोड़ी है। उनके द्वारा स्वयं परमात्मा प्रकट होता है।

छठा समास

श्रोताओंकी वन्दना

अब उन श्रोताओंकी वन्दना करता हूँ जो भक्त, ज्ञानी, संत, सज्जन, विरक्त, योगी, गुण-सम्पन्न और सत्यवादी हैं। इनमेंसे कोई सत्वगुणके सागर, कोई बुद्धिके आगर और कोई अनेक प्रकारके शब्द-रत्नोंकी खान हैं। अनेक प्रकारके अर्थ-रूपी अमृतका भोग करनेवाले, अवसर पड़नेपर वक्ताओंके भी वक्ता और अनेक प्रकारके संशयोंका नाश करनेवाले दृढ़-निश्चयी हैं। ये अपार धारणावाले, ईश्वरके अवतार और प्रत्यक्ष बैठे हुए देवता हैं। अथवा यह शान्त-स्वरूप; सात्विक ऋषी-श्वरोंकी मण्डली है जिससे सभा-स्थल परम सुशोभित है। इनके हृदयमें परमात्मा और मुख पर सरस्वती विलास करती हैं और साहित्य-विषयक बातें करनेमें ये साक्षात् बृहस्पति हैं। ये पवित्रतामें अग्निके समान और स्फूर्ति-किरणोंके सूर्य हैं। इनकी ज्ञान-दृष्टिके सामने ब्रह्माण्ड कोई चीज नहीं है। ये अखण्ड सावधान, कालोंका ज्ञान रखनेवाले, सदा अभिमान-शून्य रहनेवाले और आत्मज्ञानी हैं। ऐसी कोई चीज नहीं है जो इनकी दृष्टिमें न आई हो। इनके मनमें पदार्थ मात्रका ज्ञान है। इन्हें जो कुछ स्मरण कराया जाता है, वह सब पहलेसे ही उन्हें ज्ञात है। पर ये गुणग्राही हैं; अतः निःशंक होकर कहता हूँ। भला कौन-सी ऐसी चीज है, जिसका भाग्यवान् लोग सेवन नहीं करते ? वे भाग्यवान् सदा अच्छे-अच्छे अन्न खाते हैं, पर फिर भी स्वाद बदलनेके विचारसे कभी रूखा-सूखा अन्न भी खा ही लेते हैं। मेरे प्राकृत वचन भी इनके लिए उसी रूखे-सूखे अन्नके समान हैं। अपनी शक्ति और भावके अनुसार ईश्वरकी पूजा की जाती है। यह कहीं कहीं कहा है कि ईश्वरकी पूजा ही न की जाय। मेरी वाक्‌शक्ति बहुत दुर्बल है और श्रोता स्वयं परमेश्वर हैं। अतः लड़खड़ाती हुई वाचासे ही इनका पूजन करना चाहता हूँ।

मुझमें विद्वत्ता, कला-चातुर्य, काव्य-प्रबन्धकी शक्ति, भक्ति, ज्ञान या वैराग्य

आदि कुछ भी नहीं है। वचनोंकी मधुरता भी नहीं है। बस, इसी प्रकारकी मेरी बातें हैं। पर ईश्वर भावका भोक्ता कहा गया है; अतः मैं स्वच्छन्दभावसे कुछ कहता हूँ। हे श्रोताओं, आप जगदीशकी मूर्ति हैं। आपके सामने मेरी विद्या कुछ भी नहीं है। मैं बुद्धिहीन और अल्पमति आपके सामने धृष्टता करता हूँ। संसारमें समर्थका पुत्र चाहे कितना ही मूर्ख क्यों न हो, तो भी उसमें कुछ सामर्थ्य होती ही है। यही समझकर आप सन्तोंके सामने धृष्टता करता हूँ। भयानक बाघों और सिंहोंको देखकर लोग भयभीत होते हैं; पर उनकी सन्तान निःशंक होकर उनके सामने खेलती है। इसी प्रकार मैं भी आप सन्तोंका सेवक हूँ और आप लोगोंसे कुछ कहता हूँ। आप लोग मेरी धृष्टता पर ध्यान न देंगे। अपना आदमी जो कुछ कहता है, उसका समर्थन करना ही पड़ता है। अतः मेरी बातोंमें जो न्यूनता हो, उसकी पूर्ति आप लोग कर लें। यह तो प्रीतिका लक्षण है जो मन स्वभावतः कर लेता है। इसी प्रकार आप सन्त और सज्जन लोग विश्वके माता-पिता हैं। मेरा भाव जानकर जो उचित हो वह करें। अन्तमें यह दासानुदास यही कहता है कि आप लोग आगे कथामें ध्यान दें।

सातवाँ समास

कवीश्वर-वन्दना

अब मैं कवीश्वरकी वंदना करता हूँ, जो शब्द-सृष्टिके ईश्वर बल्कि स्वयं परमेश्वर और वेदोंके अवतार हैं। ये सरस्वतीके वास-स्थान हैं अथवा नाना कलाओंके जीवन हैं या सचमुच नाना शब्दोंके भुवन हैं। ये पुरुषार्थके वैभव हैं अथवा जगदीश्वरके महत्व हैं और अनेक प्रकारकी लीलाओं तथा सत्कीर्त्तियोंके स्तवका निर्माण करनेवाले कवि हैं। ये शब्द-रत्नोंके सागर अथवा मोतियोंके उत्पन्न करनेवाले सरोवर अथवा नाना प्रकारकी बुद्धिके आगर हैं। या तो ये अध्यात्म-सम्बन्धी ग्रन्थोंकी खान या बोलते हुए चिन्तामणि हैं अथवा श्रोताओंके लिए अनेक कामधेनुओंके दूधकी धाराएँ हैं। या तो ये कल्पनाके कल्पतरु या मोक्षके मुख्य आधार या सायुज्य मुक्तिका विस्तार करनेवाले और उसीके अनेक रूप हैं। या तो ये परलोकके स्वयं स्वार्थ या योगियोंके गुप्त पन्थ या नाना ज्ञानियोंके परमार्थ रूपमें प्रकट हुए हैं। या तो ये निरञ्जनकी पहचान, निर्गुणके लक्षण या मायासे भिन्न

परमात्माके चिह्न हैं। या तो ये श्रुतियोंके भीतरी भाव या परमेश्वरका अलभ्य लाभ हैं; और या स्वयं आत्मबोध इन्हीं कवियोंके रूपमें प्रकट हुआ है।

कवि लोग सचमुच मोक्ष चाहनेवालोंके लिए अञ्जन, साधकोंके साधन और सिद्धोंके समाधान हैं। वे स्वधर्मके आश्रय, मनका मनोजय और धार्मिकोंकी विनय तथा उन्हें विनयकी शिक्षा देनेवाले हैं। वे वैराग्यके संरक्षण, भक्तिके भूषण और नाना स्वधर्मोंके रक्षण हैं। वे प्रेमियोंकी प्रेमस्थिति, ध्यानस्थोंकी ध्यानमूर्ति और उपासकोंकी बढ़ती हुई कीर्ति हैं। वे अनेक साधनोंके मूल और अनेक प्रयत्नोंके फल हैं और केवल उन्हींकी कृपासे अनेक कार्य सिद्ध हो जाते हैं। पहले कविका वाग्विलास होता है और तब कानोंमें उसका रस प्रविष्ट होता है। कवितामें कविका ही मत प्रकट होता है। कवि लोग ही विद्वानोंकी विद्वत्ता, समर्थकोंकी सत्ता और विचक्षणोंकी कुशलता हैं। वे सृष्टिके भूषण, लक्ष्मीके शृंगार और समस्त सिद्धियोंके निर्धार हैं। वे सभाके मण्डन, भाग्यके भूषण और अनेक सुखोंके संरक्षण हैं। वही देवताओंके रूप बनाते हैं, ऋषियोंका महत्व और अनेक शास्त्रोंकी सामर्थ्य बतलाते हैं। यदि कवि न होते तो जगतका उद्धार किसी प्रकार न होता। इसीलिए कवि समस्त सृष्टिके आधार हैं। बिना कवियों या कवीश्वरोंके अनेक प्रकारकी विद्याओंका ज्ञान हो ही नहीं सकता। सारी सर्वज्ञता कवियोंसे ही प्राप्त होती है। प्राचीन कालमें वाल्मीकि और व्यास आदि अनेक कवि हो गये हैं जिससे सब लोगोंको विवेक प्राप्त हुआ है। पहले काव्योंकी रचना हो चुकी थी; इसीलिए पण्डितोंको विद्वत्ता और परम योग्यता प्राप्त हुई। पहले जो ऐसे अनेक बड़े-बड़े कवि हो गये हैं, जो इस समय हैं अथवा जो आगे होनेवाले हैं, उन सबको मैं नमस्कार करता हूँ। वे सब प्रकारके चातुर्यकी मूर्ति अथवा साक्षात् बृहस्पति हैं जिनके मुखसे वेद और श्रुतियाँ बोलती हैं। वे परोपकारके अनेक उपाय बतलाते हैं और अन्तमें सब संशयोंका नाश करते हैं। वे या तो अमृतके मेघ हैं या नौ रसोंके स्रोत हैं या अनेक प्रकारके सुखोंके उमड़े हुए सरोवर हैं। ये अनेक वस्तुओंके विचारसे परिपूर्ण विवेकके भांडार हैं जो मनुष्योंके लिए प्रकट हुए हैं। अथवा ये अनेक पदार्थों से कहीं बढ़कर आदि-शक्तिकी धरोहर हैं जो पूर्व-संचित भाग्यसे प्राप्त हुए हैं। या ये अक्षय आनन्दसे भरी हुई सुखोंकी नौकाएँ हैं जो नाना प्रयोगोंके लिए सांसारिक लोगोंके काममें आ रही हैं। ये निरञ्जनकी सम्पत्ति हैं या विराट्की

योग-स्थिति हैं, या भक्तिकी फलश्रुति इनके रूपमें फलवती हुई है। या ये ईश्वरकी ऐसी स्तुति हैं जो आकाशसे भी बढ़कर हैं, क्योंकि कवियोंकी प्रबन्ध-रचना ब्रह्माण्डसे भी बड़ी होती है। अब इस विषयको यहीं समाप्त करता हूँ। कवीश्वर लोग जगतके आधार हैं, इसलिए उन्हें मेरा साष्टाङ्ग नमस्कार है।

आठवाँ समास

सभा-वन्दना

अब मैं इस सकल सभाकी वन्दना करता हूँ जिसे मुक्ति सुलभ है और जिसमें जगदीश्वर स्वयं उपस्थित रहता है। कहा है—

नाहं वसामि वैकुंठे योगिनां हृदये न वा।
मद्भक्ता यत्र गायन्ति तत्र तिष्ठामि नारद॥

अर्थात् भगवान् कहते हैं कि न तो मैं वैकुंठमें ही रहता हूँ और न योगियोंके हृदयमें ही। हे नारद, जहाँ मेरे भक्त लोग गान करते हैं, मैं वहीं रहता हूँ। इसलिए वही सभा श्रेष्ठ और वैकुण्ठ है जिसमें भक्त लोग गान करते हैं, जिसमें ईश्वरके नामका घोष और जयजयकारकी गर्जना होती है, जहाँ निरन्तर प्रेमी भक्तोंके गायन भगवत्कथा (हरिकीर्तन) और वेदों, आख्यानों तथा पुराणोंका श्रवण होता रहता है; जहाँ परमेश्वरका गुणानुवाद या अनेक निरूपणोंकी बात-चीत होती है और अध्यात्म-विद्याके भेदों और अभेदोंका विवेचन होता है, जहाँ अनेक प्रकारके समाधान होते हैं, नाना शंकाओंकी निवृत्ति होती है और वाग्विलाससे चित्तमें ध्यानकी मूर्ति बैठती है; जिसमें प्रेमी और भावुक भक्त, गम्भीर और सात्विक सभ्य, रम्य-रसाल गायक, निष्ठावान्, कर्मशील, आचारशील, दानशील, धर्मशील, पवित्र और पुण्यशील, शुद्ध हृदयवाले कृपालु, योगी, वीतरागी, उदास, नियमसे रहनेवाले निग्रही, तपस्वी, विरक्त, निस्पृह, अरण्यवासी, दंडधारी, जटाधारी, नाथ-पन्थी, मुद्राधारी, बाल-ब्रह्मचारी, योगीश्वर, पुरश्चरण और तपस्या करनेवाले, तीर्थवासी मनस्वी, महायोगी और लोकसेवक, जनताके अनुसार चलनेवाले, सिद्ध, साधु और साधक, मन्त्र-यन्त्र-शोधक, एकनिष्ठ उपासक, गुणग्राही, सन्त, सज्जन, विद्वान्, वेदज्ञ, शास्त्रज्ञ, महात्मा, प्रबुद्ध, सर्वज्ञ, समाधान और शुद्धि करनेवाले, योगी, विद्वान्, ऋषीश्वर, उत्कट तार्किक, कवीश्वर,

मनोजयके मुनीश्वर और दिगम्बर, ब्रह्मज्ञानी, आत्मज्ञानी, तत्त्वज्ञानी, पिंडज्ञानी, योगाभ्यासी, योगज्ञानी, उदासी, पण्डित, पौराणिक, विद्वान्, वैदिक, भट्ट, पाठक, यजुर्वेदी, उत्तम और बड़े श्रोत्रिय, याज्ञिक, अग्निहोत्री, वैद्य और पंचाक्षरी, परोपकारी, भूत, भविष्य तथा वर्तमान तीनों कालोंका ज्ञान रखनेवाले, बहुश्रुत, निरभिमान, निरपेक्ष, शान्ति, दया और क्षमाशील, पवित्र तथा सत्वशील, शुद्ध हृदयवाले, ज्ञानशील और ईश्वर, पुरुष आदि सभानायक उपस्थित हैं, जिनमें नित्य और अनित्यका विवेक है, उस सभाकी अलौकिक महिमाका वर्णन कैसे हो सकता है ? जहाँ परमार्थी लोगोंके द्वारा कथा-श्रवणके उपाय होते रहते हैं, वहाँ लोगोंके तरणका उपाय सहज ही हो जाता है। जहाँ उत्तम गुणियोंकी मण्डली है, जहाँ सत्य और धैर्य आदि उत्तम गुणोंवाले लोग रहते हैं और जहाँ सदा सुख ही सुख रहता है, जहाँ विद्यापात्र, कलापात्र, विशेष गुणोंके सत्पात्र, भगवानके प्रीतिपात्र एकत्र होते हैं; जहाँ प्रवृत्तिवाले और निवृत्तिवाले, प्रपंची और परमार्थी गृहस्थ और वानप्रस्थ, संन्यासी, वृद्ध, तरुण और बालक, पुरुष और स्त्रियाँ सभी मिलकर अखंड रूपसे अन्तर्यामी भगवानका ध्यान करते हैं। ये जो सब परमेश्वरके भक्त हैं और जिनसे अकस्मात् समाधान होता है, उन सबका मैं अभिवन्दन करता हूँ। उस सभाको मेरा नमस्कार है जिसमें नित्य और निरन्तर भगवानका कीर्त्तन होता है। अनेक ग्रंथोंमें बड़े लोगोंने कहा है कि जहाँ भगवान-की मूर्ति होती है, वहीं उत्तम गति मिलती है। कलियुगमें कीर्त्तन ही सबसे बढ़कर है; और जहाँ वह कीर्त्तन हो, वही सभा श्रेष्ठ है। वहाँ कथा सुननेसे अनेक प्रकारके कष्ट और सन्देह नष्ट होते हैं।

नवाँ समास

परमार्थ-वन्दना

अब मैं उस परमार्थकी वन्दना करता हूँ जो साधकोंका मुख्य स्वार्थ है। यह योग सभी योगोंसे बढ़कर है। है तो यह परम सुगम, पर उन लोगोंके लिए बहुत दुर्गम है जो सत्समागमका मर्म नहीं जानते। अनेक साधनोंका फल तो उधार मिलनेवाली चीज है, पर यह ब्रह्मका नगद साक्षात्कार है। इसीसे वेदों और शास्त्रोंका सार ज्ञात होता है। यह परमार्थ चारों ओर फैला हुआ होने पर भी कहीं

अणु मात्र भी नहीं दिखाई देता। लोग संसारसे उदासीन हो जाने पर भी एक ही ओर देखते रहनेके कारण कुछ देख नहीं सकते। आकाश-मार्गके जो गुप्त पन्थ हैं, उन्हें केवल समर्थ योगी ही जानते हैं। दूसरोंके लिए वे पन्थ बहुत ही गुप्त हैं और सहसा उनका पता नहीं चलता। यह परमार्थ सारका भी सार और अखण्ड, अक्षय तथा अपार है। चोर इसे किसी प्रकार चुरा नहीं सकते। उसे न तो राजाका, न अग्निका और न आपत्तिका कोई भय है। परब्रह्म अपने स्थानसे नहीं हटता; अपनी जगह नहीं छोड़ता; कालान्तरमें नहीं टलता; सदा जहाँका तहाँ रहता है। यह ऐसी बड़ी अमानत है जो न कभी लौटाई जा सकती है, न कभी घटती-बढ़ती है। न वह कभी छीजती है, न अदृश्य होती है, पर गुरुके अंजन दिये बिना वह दिखाई भी नहीं देती। पहले जो समर्थ योगी हो गये हैं, उनका भी यह मुख्य स्वार्थ था। यह परम गुह्य है; इसी लिए इसे परमार्थ कहते हैं। जिसने ध्यानपूर्वक ढूँढा और देखा, उसीको यह अर्थ प्राप्त हुआ। औरोंके लिए वर्तमान रहने पर भी जन्म-जन्मान्तरके लिए अलभ्य हो गया है। इस परमार्थकी अपूर्वता यह है कि इसके लिये जन्म और मृत्यु कोई बात ही नहीं है और इसके द्वारा सायुज्यताकी पदवी तुरन्त ही मिल जाती है। इसके द्वारा विवेकसे माया बाहर निकल जाती है, सार और असारका ज्ञान होता है और मनमें परब्रह्मका ज्ञान होता है। जहाँ उस ब्रह्मका ज्ञान हुआ और उसमें यह ब्रह्माण्ड लीन हुआ, तहाँ पञ्चभूतोंका खेल तुच्छ जान पड़ता है। ज्योंही विवेकसे शुद्ध आत्मा आती है, त्योंही प्रपञ्च और माया झूठी जान पड़ने लगती है। ज्योंही अन्तःकरणमें ब्रह्म स्थित होता है, त्योंही सन्देह मानों ब्रह्माण्डके बाहर चला जाता है और अदृश्य पदार्थ पुराने, जर्जर और बिगड़े हुए जान पड़ते हैं।

जो इस प्रकारका परमार्थ करता है, स्वयं उसीका स्वार्थ सिद्ध होता है। श्रेष्ठोंसे भी श्रेष्ठ इस परमार्थका कहाँ तक और क्या वर्णन किया जाय! इस परमार्थसे ब्रह्मा आदिको भी विश्राम मिलता है और योगियोंको परब्रह्ममें तन्मयता प्राप्त होती है। सिद्ध, साधु और महानुभाव लोगोंके लिए परमार्थ विश्राम-स्थान है और अन्तमें सतोगुणी जड़ जीवोंके लिए भी यह सत्संगके द्वारा सुलभ हो जाता है। यह परमार्थ ही जन्मको सार्थक करनेवाला, संसारसे तारनेवाला और धार्मिकोंको परलोक दिखानेवाला है। यह तपस्वियोंका आश्रय, साधकोंका आधा

और भवसागरके पार ले जानेवाला है। परमार्थी मानों राज्यको धारण करनेवाला है; और जिसमें परमार्थ नहीं वह भिखारी है। इसकी उपमा किससे दी जाय! अनन्त जन्मोंका पुण्य संचित होने पर ही परमार्थका साधन होता है; और स्वयं परमात्माका अनुभव होता है। जिसने परमार्थको पहचाना, उसने अपना जन्म सार्थक कर लिया। और नहीं तो उस पापीने कुलका क्षय करनेके लिए ही जन्म लिया। जो बिना भगवानको प्राप्त किए संसारके काम करता है, उस मूर्खका कभी मुँह भी नहीं देखना चाहिए। अच्छे लोगोंको उचित है कि परमार्थकी सिद्धि करते हुए अपना शरीर सार्थक करें और ईश्वरकी भक्ति करके अपने पूर्वजोंका उद्धार करें।

दसवाँ समास

नर-देह-वन्दना

धन्य है यह नर-देह! जरा इसकी अपूर्वता देखिए। इसके द्वारा परमार्थके उद्देश्यसे जो कुछ किया जाता है उस सबकी सिद्धि होती है। इस नर-देहके ही द्वारा कुछ लोग भक्तिमें लगे हैं और कुछ लोग परम वीत-राग होकर गिरि-कन्दराओंमें रहते हैं। कुछ लोग तीर्थाटन करते, कुछ पुरश्चरण करते और कुछ निष्ठावान होकर अखण्ड नाम-स्मरण करते हैं। कोई तपस्या करता है, कोई बहुत कड़ा योगाभ्यासी होता है और कोई अध्ययन करके वेदों और शास्त्रोंका परम पण्डित होता है। किसीने हठ योग किया और अपने शरीरको बहुत पीड़ा पहुँचाई और किसीने भावके बलसे ईश्वरकी प्राप्ति की। कोई प्रसिद्ध महापुरुष हुआ, कोई विख्यात भक्त हुआ और कोई सिद्ध होकर अकस्मात् आकाशमें विचरने लगा। कोई तो तेजमें मिलकर स्वयं तेज ही हो गया, कोई जलमें मिल गया और कोई देखते-देखते वायुके समान अदृश्य हो गया। कोई एकसे अनेक हो जाते हैं, कोई देखते-देखते गायब हो जाते हैं, और कोई बैठे-बैठे अनेक स्थानों और समुद्रोंमें भ्रमण करते हैं। कोई प्रेत पर जा बैठते हैं, कोई अचेतनको चलाते हैं और कोई तपोबलसे मुरदेको जिलाते हैं। कोई अग्निको मन्द करते हैं, कोई लोगोंकी प्राण-वायु रोकते हैं। ऐसे लाखों सिद्ध हठ-निग्रही और कृतबुद्धि हो गये हैं जिन्हें नाना सिद्धियाँ प्राप्त हुई हैं। ऐसे अनेक प्रकारके सिद्ध हुए

हैं जिन्हें मनोसिद्धि, वाचासिद्धि, अल्पसिद्धि और सर्वसिद्धि प्राप्त हुई है। कोई नवधा भक्तिके राजमार्गसे चले और परमार्थके साधक हुए और कोई योगी गुप्त मार्गसे चलकर ब्रह्म-भुवनमें पहुँचे। कोई वैकुंठ गये, कोई सत्यलोकमें रह गये और कोई शिव-रूप होकर कैलासमें जा बैठे। कोई इन्द्रलोकमें जाकर इन्द्र हुए, कोई पितृ-लोकमें जा मिले; कोई नक्षत्रोंमें जा बैठे तो कोई क्षीर-सागरमें। सलोकता, समीपता, स्वरूपता और सायुज्यता इन चारों प्रकारकी मुक्तियोंका वे मनमाना भोग करते हैं। ऐसे अनन्त सिद्ध साधु और सन्त अपने हित में लगे हैं। जिस नर-देहकी इस प्रकारकी प्रसिद्धि है, उसका किस प्रकार वर्णन किया जाय! इस नर-देहके द्वारा ही बहुतसे लोग अनेक प्रकारके साधनों और सारासार विचारसे युक्त हुए हैं। इस नर-देहकी कृपासे बहुतोंने उत्तम पद पाया और अभिमान छोड़कर आत्मानन्दसे सुखी हुए। नर-देहसे ही सबने उत्तम गति प्राप्त की है और समस्त संशयोंका समूल नाश किया है। सभी जगह कहा गया है कि पशु-देहसे गति नहीं होती; इसलिए नर-देहसे ही परलोककी प्राप्ति होती है। सन्त, महन्त, ऋषि, मुनि, सिद्ध, साधु, समाधानी, भक्त, मुक्त, ब्रह्मज्ञानी, विरक्त, योगी, तपस्वी, तत्वज्ञानी, योगाभ्यासी, ब्रह्मचारी, दिगम्बर, संन्यासी, षड्दर्शनी, तापस सब इसी नर-देह से हुए हैं। इसीलिए नर-देह सब देहोंसे श्रेष्ठ और बड़ा है जिससे यम-यातनाका अरिष्ट दूर होता है। नर-देह स्वाधीन है और सहसा पराधीन नहीं होता; पर इसे परोपकारमें लगाकर संसारमें कीर्ति प्राप्त करनी चाहिए। घोड़े, गौ, बैल, भैंस, आदि पशुओं, स्त्रियों और दासियोंको यदि कोई कृपाकर छोड़ भी देगा तो उन्हें कोई न कोई पकड़ लेगा। पर नर-देहकी यह बात नहीं है। वह अपनी इच्छासे चाहे रहे और चाहे जाय। पर दूसरा कोई इसे बन्धनमें नहीं रख सकता। नर-देह यदि पंगु हो तो काममें नहीं आता और यदि लूला हो तो उससे परोपकार नहीं होता। यदि वह अन्धा हो तो निरर्थक है और यदि बहरा हो तो उससे निरूपण नहीं हो सकता। यदि गूँगा हुआ तो वह शङ्का आदि नहीं कर सकता; और यदि अशक्त, रोगी या अपाहिज हुआ तो भी व्यर्थ है। यदि वह मूर्ख हो या फेफड़ेकी तरह रोगी हो तो भी वह अवश्य ही निरर्थक है।

जिस नर-देहमें ये सब त्रुटियाँ न हों और जो सब प्रकारसे ठीक हो, उसे तुरन्त परमार्थका पथ ग्रहण करना चाहिए। जो लोग सर्वाङ्ग-पूर्ण नर-देह पाकर

भी परमार्थका विचार भूल जाते हैं, वे मूर्ख माया-जालमें कैसे फँसे हुए हैं! मिट्टीके बने हुए घरको इन लोगोंने निश्चित रूपसे अपना मान रखा है; पर उन्हें नहीं मालूम कि घर बहुतोंका है। चूहा, छिपकली, मक्खी, मकड़ी, च्यूँटे, च्यूँटियाँ, बिच्छू, साँप, गिलहरी, भौंरे, बर्रे, बिल्ली, कुत्ते, नेवले, पिस्सू, खटमल, झींगुर, कनखजूरे आदि सभी जीव इसे अपना ही घर समझते हैं। इसी प्रकार बहुतसे कीड़े हैं जिनका वर्णन कहाँ तक किया जाय। सभी कहते हैं कि अवश्य ही यह घर हमारा है। पशु कहते हैं—मेरा घर है; दासियाँ और घरकी स्त्रियाँ कहती हैं—हमारा घर है। मेहमान कहते हैं कि हमारा घर है; मित्र कहते हैं कि हमारा है और गाँवमें रहनेवाले उसे अपना बतलाते हैं। चोर कहते हैं कि हमारा घर है, राजाके नौकर-चाकर कहते हैं कि हमारा है और अग्नि कहती है कि यह मेरा घर है; मैं इसे भस्म करूँगी। इस प्रकार सभी इसे अपना बतलाते हैं और ये मूर्ख मनुष्य भी इसे अपना ही बतलाते हैं और अन्तमें आपत्ति आने पर घरकी कौन कहे, स्वयं देश छोड़कर भाग जाते हैं, गाँव उजड़ जाते हैं और उनमें जंगली जानवर आकर रहने लगते हैं। वस्तुतः यह घर कीड़े-मकोड़ों, नेवलों और चूहों आदिका है। बेचारे मूर्ख प्राणी तो उसे छोड़ ही जाते हैं। अपने अनुभवसे जानो कि घरकी यही मिथ्या स्थिति है। यह जीवन दो दिनोंका है। जहाँ कहीं हो, रहकर बिताना चाहिए।

यदि हम देहको अपना कहें तो इसका निर्माण भी बहुतोंके लिये हुआ है। जूएँ प्राणीके सिरमें अपना घर बनाकर उसका मस्तक खाती हैं। रोम-रन्ध्रोंमें कीड़े पड़े खाते हैं; घाव होने पर उसमें कीड़े पड़ते हैं और प्राणियोंके पेटमें भी अनेक जन्तु होते हैं। दाँतों, कानों और आँखोंमें कीड़े पड़ते हैं और शरीरका माँस खाते हैं। मच्छड़ खून पीते हैं और किलनियाँ माँसमें घुसती हैं और पिस्सू काटकर भागते हैं। बर्रे और भौंरे काटते हैं, जोंक खून चूसती हैं और साँप, बिच्छू आदि डसते हैं। जन्म भर शरीरकी रक्षा की और अकस्मात् उसे बाघ उठा ले गया या भेड़िया खा गया। चूहे और बिल्लियाँ काटती हैं, कुत्ते और घोड़े माँस नोचते हैं, भालू और बन्दर मार डालते हैं। ऊँट काट खाते हैं, हाथी चीर डालते हैं और बैल अचानक सींगोंसे मार डालते हैं। चोर लाठियाँ बरसाते हैं और भूत डराकर मार डालते हैं। यही इस शरीरकी स्थिति है। है तो यह शरीर बहुतोंका, पर मूर्ख

समझते हैं कि हमारा है। पर आगे चलकर तापत्रय नामक समास में बतलाया गया है कि यह शरीर अनेक प्रकारके जीवोंका खाद्य है। यदि यह शरीर परमार्थमें लगाय जाय, तब तो यह सार्थक होता है; और नहीं तो अनेक प्रकारके आघातोंके कारण व्यर्थ ही मृत्यु-पथमें चला जाता है। जो प्रपंची और मूर्ख हैं, वे परमार्थका सुख क्या जानें ! ऐसे मूर्खोंके कुछ लक्षण आगे बतलाये गये हैं।

दूसरा दशक

पहला समास

मूर्ख-लक्षण

हे एकदन्त, त्रिनयन गजानन ! आपको नमस्कार है। आप भक्तोंको कृपाकी दृष्टिसे देखें। हे वेद-माता और ब्रह्म-सुता शारदा, आपको भी नमस्कार करता हूँ। आप कृपाकर मेरे हृदयमें स्फूर्ति-रूपमें निवास कीजिए। अब सद्गुरुके चरणोंकी वन्दना तथा रघुनाथका स्मरण करके मूर्खका लक्षण इसलिए बतलाता हूँ जिसमें लोग उनका त्याग करें। मूर्ख दो प्रकारके होते हैं; एक साधारण और दूसरा पढ़ा-लिखा। दोनोंके लक्षण विचित्र हैं। श्रोताओंको वे लक्षण भली-भाँति समझ लेने चाहिए। पढ़े-लिखे मूर्खोंके लक्षण अगले समासमें बतलाये गये हैं। विचक्षण श्रोता सावधान होकर सुनें। लक्षण तो अपार हैं, पर उनमेंसे कुछ लक्षण तत्पर होकर सुनिए। पहले उनके लक्षण सुनिए जो प्रपंची हैं; जिन्हें आत्मज्ञान नहीं है और जो केवल अज्ञान हैं।

एक मूर्ख वह होता है जो उन्हींसे विरोध करता है जिनके उदरसे जन्म लेता है और पत्नीको ही मित्र मानता हो। एक मूर्ख वह है जो अपने सारे गोत्रको छोड़कर केवल स्त्रीके अधीन होकर रहता हो और उसे मनकी गुप्त बात बतलाता हो। एक मूर्ख वह हैं जो पराई स्त्रीसे प्रेम करता हो या ससुरके घरमें रहता हो या बिना कुछ देखे किसी कन्यासे विवाह करता हो। एक मूर्ख वह है जो समर्थके सामने अभिमान करता हो, अपने आपको उसके बराबर समझता हो और बिना शक्ति रहते हुए अधिकार जतलाता हो। एक मूर्ख वह है जो आप ही अपनी प्रशंसा करता हो, स्वदेशमें रहकर विपत्ति भोगता हो या अपने बड़ोंकी कीर्ति बखानता हो। एक मूर्ख वह है जो अकारण हँसता हो, अच्छी बात बतलाने पर न समझता हो

और बहुतोंका वैरी हो। एक मूर्ख वह है जो अपने आदमियोंसे तो दूर रहता हो और पराए आदमियोंसे मित्रता करता हो या रातके समय दूसरोंकी निन्दा करता हो। एक मूर्ख वह है जो बहुतोंके जागते रहने पर भी उनके बीचमें सोता हो और दूसरेके घर जाकर बहुत खाता हो। एक मूर्ख वह है जो अपने मान या अपमानकी बातें स्वयं ही सबसे कहता फिरता हो अथवा जिसके मनमें सात प्रकारके व्यसन (द्यूत, वेश्यागमन, चोरी, चुगली, पर-स्त्री-गमन, लघुपक्षी-क्रीड़ा, और किन्नरी गायन) रहते हों। एक मूर्ख वह है जो स्वयं प्रयत्न करना छोड़ दे और निश्चिन्त होकर दूसरोंके भरोसे बैठा रहे अथवा अलहदीपनमें ही सन्तुष्ट रहे। एक मूर्ख वह है जो घरमें तो बहुत-सी बातें सोचता हो, पर सभामें बोलनेसे लजाता हो। एक मूर्ख वह है जो अपनेसे श्रेष्ठ लोगोंके साथ मित्रता या बराबरीका संबंध स्थापित करता हो अथवा दिया हुआ उपदेश न सुनता हो। एक मूर्ख वह है जो ऐसे लोगोंको उपदेश देता हो जो उसकी बात ही न सुनते हों, जो बड़ोंके सामने अपना ज्ञान छाँटता हो या श्रेष्ठ लोगोंको धोखेमें डालता हो। एक मूर्ख वह है जो विषय-वासनामें निर्लज्ज हो गया हो अथवा मर्यादाका उल्लंघन करके सब काम करता हो। एक मूर्ख वह है जो रोगी होनेपर भी औषधिका सेवन न करता हो, कभी पथ्य या संयम न करता हो और सहजमें मिलनेवाले अच्छे पदार्थको ग्रहण न करता हो। एक मूर्ख वह है जो बिना किसी संगी-साथीके अकेला विदेश जाता हो, बिना समझे बूझे अनजान आदमीके साथ हो लेता हो या बढ़ी हुई नदीमें कूद पड़ता हो। एक मूर्ख वह है जो ऐसी जगह बहुत कम आता-जाता हो जहाँ उसका बहुत मान हो या जो अपने मान-अपमानका ध्यान न रखता हो। एक मूर्ख वह है जो अपने धनवान सेवकके आश्रयमें जा रहता हो और जो सदा दुःखी रहता हो। एक मूर्ख वह है जो कारण आदिका विचार न करके बिना अपराधके दण्ड देता हो या ज़रा-सी बातमें कंजुसी करता हो। एक मूर्ख वह है जो देवताओं और पितरोंको न मानता हो, शक्ति न होते हुए भी बहुत बढ़-बढ़कर बातें करता हो और बहुत बकवाद करता हो। एक मूर्ख वह है जो घरके लोगोंको तो खाने दौड़ता हो, पर बाहर बिलकुल सीधा-सादा और बेचारा बना रहता हो। एक मूर्ख वह है जो नीच जातिके लोगोंकी संगत करता हो, पराई स्त्रीके साथ एकान्तमें बातें करता हो या रास्ता चलते-चलते खाता हो। एक मूर्ख वह है जो परोपकार न करता हो, दूसरेके

उपकारका बदला अपकारसे देता हो और जो काम कम करता हो, पर बातें बहुत बघारता हो। एक मूर्ख वह है जो क्रोधी, पेटू या आलसी हो, मलीन और कुटिल हो और जिसमें धैर्य न हो। एक मूर्ख वह है जो विद्या, वैभव, धन, पुरुषार्थ, सामर्थ्य या मान आदि कुछ भी न होनेपर झूठा अभिमान करता हो। एक मूर्ख वह है जो क्षुद्र, झूठा, कपटी, बकवादी, कुकर्मी और उद्धत हो या बहुत अधिक सोता हो। एक मूर्ख वह है जो ऊँचे स्थान पर चढ़कर कपड़े पहनता हो, बाहर चौरास्ते पर जाकर बैठता हो और सदा नंगा ही दिखाई पड़ता हो। एक मूर्ख वह है जो वैधृति और व्यतिपात आदि बुरे मुहूर्त्तोंमें यात्रा करता हो और अपशकुनोंसे अपना घात करता हो। एक मूर्ख वह है जो क्रोध, अपमान या कुबुद्धिके कारण स्वयं अपनी हत्या करता हो और जिसमें दृढ़ बुद्धि न हो। एक मूर्ख वह है जो अपने प्रिय लोगोंको दुखी करता हो, सुखी करनेवाला शब्द भी मुँहसे न निकालता हो और नीचोंकी बड़ाई या वन्दना करता हो। एक मूर्ख वह है जो अपनी रक्षाका तो बहुत यत्न करता हो, पर अपने शरणागतोंकी ओर कुछ भी ध्यान न देता हो अथवा लक्ष्मीका बहुत अधिक भरोसा करता हो। एक मूर्ख वह है जो स्त्री और पुत्रको ही सब कुछ मान बैठा हो और ईश्वरको भूल गया हो। एक मूर्ख वह है जो यह नहीं जानता कि जो जैसा करता है, वह वैसा ही भरता है। एक मूर्ख वह है जो यह समझता हो कि स्त्रियोंको पुरुषोंसे अठगुनी काम-वासना होती है और इसीलिए जिसने अनेक विवाह किए हों। एक मूर्ख वह है जो दुर्जनोंके कहने पर मर्यादाका उल्लंघन करता हो और जो किसी होती हुई बातको देखकर भी उस पर ध्यान न देता हो। एक मूर्ख वह है जो माता, पिता, ब्राह्मण, स्वामी, देवता, गुरु आदिका द्रोही हो। एक मूर्ख वह है जो दूसरेको दुःखी देखकर सुख होता हो, दूसरेको सुखी देखकर दुःखी होता हो या गई हुई वस्तुके लिए शोक करता हो। एक मूर्ख वह है जो बिना बोलाए बोलता हो, बिना पूछे साक्षी देता हो और निन्दनीय वस्तु ग्रहण करता हो। एक मूर्ख वह है जो दूसरोंका अपमान करनेवाली बातें करता हो, ठीक रास्ता छोड़कर बेरास्ते चलता हो अथवा कुकर्मी लोगोंके साथ मित्रता करता हो। एक मूर्ख वह है जो कभी सत्य या मर्यादाका विचार न रखता हो, सदा परिहास करता हो और दूसरोंके परिहास करने पर लड़नेको तैयार होता हो। एक मूर्ख वह है जो व्यर्थ ही होड़ लगाता हो, व्यर्थ

बकवाद करता हो अथवा जो सदा मुँह बन्द किए बैठा रहता हो और कभी कुछ बोलता ही न हो। एक मूर्ख वह है जो न तो वस्त्र ही अच्छे पहने हो और न जिसे शास्त्रोंका ही ज्ञान हो, पर फिर भी जो सभामें सबसे ऊँचे स्थान पर जाकर बैठता हो या जो अपने गोत्रवालोंका विश्वास करता हो। एक मूर्ख वह है जो चोरोंसे अपनी जान-पहचान बतलाता हो, देखी हुई वस्तु दोबारा देखनेको माँगता हो और क्रोधमें स्वयं अपना ही अनहित कर बैठता हो। एक मूर्ख वह है जो बराबर हीन लोगोंके साथ बातचीत करता हो या बाएँ हाथसे भोजन करता हो। एक मूर्ख वह है जो बड़े लोगोंके साथ मत्सर रखता हो, अलभ्य वस्तु प्राप्त करना चाहता हो या स्वयं अपने घरकी ही चीजें चुराता हो। एक मूर्ख वह है जो जगदीश्वरको छोड़कर मनुष्योंका भरोसा रखता हो या जो अपना जीवन सार्थक न करके व्यर्थ ही गँवाता हो। एक मूर्ख वह है जो सांसारिक दुःखोंसे दुःखी होकर ईश्वरको गालियाँ देता हो या अपने मित्रकी हीनता लोगोंको बतलाता हो। एक मूर्ख वह है जो थोड़ेसे अन्यायके लिए भी क्षमा न कर सकता हो; सदा तेजी दिखलाता हो या विश्वासघात करता हो। एक मूर्ख वह है जो समर्थ लोगोंके चित्तसे उतर गया हो, जिसमें सभाकी शोभा नष्ट होती हो और जो क्षण-क्षणपर रङ्ग बदलता हो। एक मूर्ख वह है जो पुराने नौकरोंको निकाल-कर उनकी जगह नये नौकर रखता हो या जिसकी सभा बिना अध्यक्षकी हो। एक मूर्ख वह है जो अन्यायसे द्रव्य एकत्र करता हो या धर्म, नीति तथा न्यायका विचार छोड़कर अपने साथियोंसे अलग रहता हो। एक मूर्ख वह है जो घरकी सुन्दर स्त्रीको छोड़कर सदा दूसरी स्त्रियोंके फेरमें पड़ा रहता हो और बहुतोंकी जूठन अङ्गीकार करता हो। एक मूर्ख वह है जो अपना धन दूसरोंके पास रखता हो और दूसरोंका धन स्वयं लेना चाहता हो या छोटे लोगोंके साथ लेन-देन रखता हो। एक मूर्ख वह है जो अतिथिको कष्ट देता हो, बुरे ग्राम या स्थानोंमें रहता हो और सदा चिन्तित रहता हो। एक मूर्ख वह है जो उस स्थानपर जाकर बैठता हो जहाँ दो आदमी बातें करते हों या दोनों हाथोंसे सिर खुजलाता हो। एक मूर्ख वह है जो पानीमें कुल्ला करता हो, पैरसे पैर खुजलाता हो या हीन कुलकी सेवा करता हो। एक मूर्ख वह है जो स्त्रियों और बच्चोंको मुँह लगाता हो, पागलोंके पास बैठता हो और अपनी मर्यादाका विचार

छोड़कर कुत्ता पालता हो। एक मूर्ख वह है जो पराई स्त्रीसे लड़ाई-झगड़ा करता हो, मूक पशुओंको अचानक या छिपकर मारता हो और मूर्खोंके साथ रहता हो। एक मूर्ख वह है जो चुपचाप खड़ा हुआ लड़ाई-झगड़ा देखता हो और सचको छोड़कर झूठका आदर करता हो। एक मूर्ख वह है जो धन पाकर अपनी पुरानी दशा भूल जाता हो और देवताओं तथा ब्राह्मणों पर अधिकार जमाना चाहता हो। एक मूर्ख वह है जो अपना काम पड़ने पर तो बहुत अधिक नम्र बन जाता हो, पर दूसरोंका कोई काम न करता हो। एक मूर्ख वह है जो पढ़नेमें अक्षर छोड़ देता हो या अपनी ओरसे मिला देता हो और पढ़ते समय पुस्तक पर दृष्टि न रखता हो। एक मूर्ख वह है जो न तो स्वयं पुस्तक पढ़ता हो और न दूसरेको पढ़नेको देता हो और उसे केवल बस्तेमें बाँधकर रख छोड़ता हो।

बस, यही सब मूर्खोंके लक्षण हैं जिन्हें सुनकर मनुष्य चतुर हो सकता है। समझदार आदमी सदा इस तरहकी बातें मन लगाकर सुना करते हैं। मूर्खोंके लक्षण तो अपार हैं, पर यहाँ थोड़ेसे लक्षण अपनी समझके अनुसार लोगोंके परित्यागके लिये दे दिये गये हैं। श्रोतागण मुझे क्षमा करें। उत्तम लक्षण ग्रहण करने चाहिए और मूर्खोंके लक्षण छोड़ देने चाहिए। अगले समासमें उत्तम लक्षण बतलाये गये हैं।

दूसरा समास

उत्तम लक्षण

श्रोता लोग सावधान हो जायँ, अब मैं उत्तम गुणोंका वर्णन करता हूँ जिनसे मनुष्य सर्वज्ञ हो सकता है। बिना पूछे या समझे किसी रास्तेमें आगे न बढ़ना चाहिए, फलको बिना पहचाने हुए खाना न चाहिए और कोई पड़ी हुई चीज एकाएक न उठानी चाहिए। बहुत विवाद नहीं करना चाहिए, मनमें कपट नहीं रखना चाहिए और बिना समझे-बूझे कुलहीन स्त्रीके साथ विवाह नहीं करना चाहिए। बिना किसीके पूछे कोई बात मुँहसे न निकालनी चाहिए और न बिना समझे-बूझे कोई काम करना चाहिए और न मर्यादाके बिना कोई काम करना चाहिए। जहाँ प्रीति न हो, वहाँ रूठना न चाहिए, चोरसे उसका नाम या पता-ठिकाना न पूछना चाहिए और रातमें रास्ता नहीं चलना चाहिए। नम्रता न

छोड़नी चाहिए, पापसे द्रव्य न एकत्र करना चाहिए और कभी पुण्य-मार्ग न छोड़ना चाहिए। किसीकी निन्दा या किसीके साथ द्वेष न करना चाहिए, बुरे लोगोंका सङ्ग न करना चाहिए और जबरदस्ती किसीका धन या स्त्री न छीननी चाहिए। एकता न तोड़नी चाहिए और विद्याका अध्ययन न छोड़ना चाहिए। मुँहजोरसे झगड़ना न चाहिए, वाचालसे बात न करनी चाहिए और सन्तोंका साथ न छोड़ना चाहिए। बहुत अधिक क्रोध या खेद न करना चाहिए; और यदि कोई अच्छी बात बतलावे, तो बुरा न मानना चाहिए। जरा-जरा-सी बात पर रूठना न चाहिए, अपने पुरुषार्थका मिथ्या वर्णन न करना चाहिए और पराक्रमकी झूठी डींग न हाँकनी चाहिए। कभी अपनी कही हुई बात न भूलनी चाहिए, अवसर पड़ने पर सामर्थ्य दिखलानेसे न चूकना चाहिए और बिना कोई काम किये पहलेसे नहीं कहना चाहिए। आलस्यमें सुख न मानो, चुगली पर ध्यान न दो और बिना समझे कोई काम न करो। शरीरको बहुत आराम-तलब न बनाओ, प्रयत्न करना कभी न छोड़ो और कष्टसे मत घबराओ। सभामें लज्जा मत करो, व्यर्थ बकवाद न करो और होड़ या बाजी मत लगाओ। बहुत चिन्ता न करो, आलसी मत बनो और पराई स्त्रीको पापकी दृष्टिसे न देखो। किसीका एहसान न लो; और यदि कोई तुम्हारे साथ उपकार करे, तो तुम भी उसका बदला चुका दो, और न तो किसीको कष्ट दो और न किसीके साथ विश्वासघात करो। अशुद्ध या गन्दे न रहो, मैले वस्त्र न पहनो और यदि कोई कहीं जाता हो, तो यह मत पूछो कि तुम कहाँ जा रहे हो। व्यापकता या लोगोंके साथ मेल-जोल मत छोड़ो, पराधीन न बनो और अपना बोझ किसी दूसरे पर मत लादो। बिना लिखा-पढ़ीके लेन-देन न करो, हीन व्यक्तिसे उधार मत लो और बिना साक्षी साथ लिये राजाके दरबार या न्यायालयमें न जाओ। झूठी बात पर ध्यान न दो, सभामें झूठी बात न कहो और जहाँ तुम्हारा आदर न हो, वहाँ मत बोलो। किसीसे मत्सर या डाह न करो; जब तक कोई अन्याय न करे, तब तक उसे कष्ट मत दो और बलके अभिमानमें किसीके साथ अनीति या अन्याय न करो। न बहुत अधिक खाओ और न बहुत अधिक सोओ और चुगलखोरके पास बहुत समय तक न रहो। अपने आदमीसे गवाही न दिलाओ, अपनी कीर्तिका बखान न करो और स्वयं ही बात कहकर हँसने मत लगो। धूम्रपान मत करो,

मादक द्रव्योंका सेवन न करो और बहुत अधिक बढ़-बढ़कर बातें करनेवालेसे मित्रता न करो। कभी निकम्मे मत रहो, नीच उत्तर मत सहो और बिना काम या परिश्रम किये अपने बड़ोंका भी अन्न मत खाओ। मुँहसे गाली-गलौज न निकालो, दूसरेको देखकर न हँसो और किसी अकुलीनके सम्बन्धमें अपने मनमें बुरे विचार न लाओ। किसीकी चीज मत चुराओ, बहुत कंजूसी न करो और अपने प्रिय व्यक्तियोंके साथ कभी कलह मत करो। किसीका घात न करो, झूठी गवाही मत दो और कभी मिथ्या व्यवहार न करो। चोरी, चुगली या पर-स्त्री-गमन न करो और किसीके पीछे उसकी निन्दा न करो। समय पर धैर्य न छोड़ो, सत्वगुणका परित्याग न करो और यदि शत्रु शरणमें आ जाय तो उसे दंड मत दो। थोड़ा-सा धन पाकर उन्मत्त न हो जाओ; ईश्वरकी भक्ति करनेमें लज्जा न करो और पवित्र व्यक्तियोंमें मर्यादा छोड़कर कोई काम न करो। मूर्खके साथ सम्बन्ध न रखो, अँधेरेमें हाथ न डालो और घबराहटमें अपनी चीज न भूलो। स्नान और सन्ध्या-वन्दन न छोड़ो, कुलका आचार न तोड़ो और आलसी बनकर अनाचार न करो। हरि-कथा न छोड़ो, निरूपण न छोड़ो और प्रपंचमें पड़कर परमार्थका नाश न करो। देवताकी मानी हुई मनौती न तोड़ो, अपना धर्म न छोड़ो और बिना सोचे समझे व्यर्थ हठ न करो। निष्ठुरता या जीव-हत्या न करो और वर्षा होती हुई देखकर अथवा बुरे समयमें कहीं मत जाओ। सभाको देखकर मत घबराओ, समयपर उत्तर देनेसे न चूको और किसीके धिक्कारनेपर अधीर मत हो। बिना गुरु किये न रहो, नीच जातिके व्यक्तिको गुरु न बनाओ और वैभवमें भूलकर जीवनको नित्य या शाश्वत न मान बैठो। सत्य मार्ग न छोड़ो, असत्य मार्गपर न जाओ और कभी मिथ्या अभिमान न करो। अपकीर्तिसे पीछा छुड़ाओ, सत्कीर्ति बढ़ाओ और विवेकपूर्वक सत्य-मार्गपर दृढ़तासे जमे रहो। जो लोग उत्तम गुण ग्रहण नहीं करते, वे बुरे लक्षणोंवाले होते हैं। उनके लक्षण अगले समासमें बतलाये जाते हैं।

तीसरा समास

कुविद्याके लक्षण

अब कुविद्याके लक्षण सुनो, जो बहुत बुरे लक्षण हैं। वे इसलिए बतलाये

जाते हैं कि लोग उनका त्याग करें। कुविद्याके लक्षणोंसे युक्त मनुष्य इस संसारमें आकर केवल हानि ही करते हैं। कुविद्यावाला आदमी कठिन अवसर आनेपर घबरा जाता है, क्योंकि उसमें बहुत अधिक अवगुण होते हैं। कहा है—

दम्भो दर्पोऽभिमानश्च क्रोधः पारुष्यमेव च।
अज्ञानं चाभिजातस्य पार्थ सम्पदमासुरीम्॥

काम, क्रोध, मद, मत्सर, लोभ, दम्भ, तिरस्कार, गर्व, ऐंठ, अहंकार, द्वेष, विवाद, विकल्प, आशा, ममता, तृष्णा, कल्पना, चिन्ता, अहम्मन्यता, कामना, भावना, असूया या ईर्ष्या, अविद्या, इच्छा, वासना, अतृप्ति, आसक्ति, इच्छा, वांछा, चिकित्सा, निन्दा, अनीति, दुष्टता, सदा रहनेवाली मत्तता, ज्ञानका अभिमान, अवज्ञा, विपत्ति, आपदा, दुर्वृत्ति, दुर्वासना, स्पर्धा, घबड़ाहट, जल्दीबाजी या उतावलापन, बकवाद, झगड़ालूपन और ओछापन आदि कुविद्याकी परम व्यथाएँ हैं। कुविद्यावाला व्यक्ति कुरूप, कुलक्षणोंसे युक्त और बहुत अधिक अशक्त, दुर्जन, दरिद्र तथा कृपण रहता है। वह बहुत अधिक आलसी, बहुत खानेवाला, दुर्बल, क्रोधी, तुच्छ और झूठा होता है। वह मूर्ख, उग्र स्वभाववाला, पागल, वाचाल और बहुत झूठा तथा बकवादी होता है। वह न कुछ जानता है, न सुनता है, न उसे कुछ आता है और न वह कुछ सीखता है। न तो वह कुछ करता है और न सीखनेकी दृष्टिसे कोई बात देखता है। वह अज्ञानी और अविश्वसनीय, धोखेबाज और दोषी तथा अभक्त होता है और भक्तोंको देख नहीं सकता। वह पापी, निन्दक, कपटी, घातक, दुःखी और हिंसक होता है। वह हीन, कृत्रिमी या ढोंगी, रोगी, कुकर्मी, कृपण और अधर्मी होता है और उसके मनमें बुरी वासनाएँ बनी रहती हैं। वह शरीरसे हीन होने पर भी अकड़ दिखलाता है, अप्रमाणिक होनेपर भी बहुत बढ़-बढ़कर बातें करता है, मूर्ख और दुष्ट होने पर भी विवेककी बड़ी-बड़ी बातें करता है। वह क्षुद्र, उन्मत्त, निकम्मा, आवारा और कायर होनेपर भी बहुत पराक्रम जतलाता है। वह नीच, अभिमानी, विषयासक्त, नष्ट, द्वेषी और भ्रष्ट होता है। वह अभिमानी, निर्लज्ज, ऋण-ग्रस्त, खल, दम्भी और अनर्गल बातें करनेवाला होता है। वह बुरा, विकारी, झूठा, किसीका उपकार न करनेवाला और बुरे लक्षणोंसे युक्त होता है और सबको धिक्कारता रहता है। वह अल्प मतिवाला, विवाद करनेवाला, दीन बनकर मर्म भेदन करने-

वाला होता है और बुरे शब्दोंसे दूसरोंको कष्ट पहुँचाता है। उसकी बातें कठोर, कर्कश, कपट तथा सन्देहसे पूर्ण, दुखी करनेवाली और तीव्र होती हैं और वह क्रूर, निष्ठुर तथा दुरात्मा होता है। वह बहुत ही हीन तथा तुच्छ बातें करता है, लोगोंकी चुगली खाता और निन्दा करता है, अशुभ बातें कहता है, कहकर बदल जाता है, द्वेषपूर्ण तथा मिथ्या बातें कहता है और व्यर्थकी बातें कहकर दूसरोंको धिक्कारता है। वह कपटी, कुटिल, मनमें गाँठ रखनेवाला, कुढ़नेवाला, कुचर, टालमटोल करनेवाला, नष्ट, कोपी, कुधन तथा उद्दंड होता है। वह क्रोधी, तामसी, अविचारी, पापी, अनर्थ करनेवाला और अपस्मार रोगसे पीड़ित होता है और उसके शरीरमें भूतोंका संचार होता है। वह अपनी, स्त्रियोंकी, गौओं और ब्राह्मणोंकी तथा माता-पिताकी हत्या तक कर सकनेवाला, महापापी, पतित, हीन, कुपात्र, कुतर्की, मित्रद्रोही, विश्वासघातक, कृतघ्न, तल्पकी, विमाता या गुरुजनोंकी स्त्रियोंके साथ सम्भोग करनेवाला, नारकी, अघोर कर्म करनेवाला और बकवादी होता है। वह केवल सन्देह करके लड़ाई-झगड़ा और कलह करता है; अधर्मी, अनारी, शोक-संग्रही, चुगुलखोर, व्यसनी तथा विग्रही होता है और लोगों पर अपना दबाव रखना चाहता है। वह दुष्ट, बदनाम, मलीन, दूसरोंका भला न देख सकनेवाला, कृपण, हठी, दुराग्रही, स्वार्थी, लोभी और कौड़ी-कौड़ीके लिए जान देनेवाला होता है और दूसरोंको नहीं देख सकता। वह शठ, मूर्ख, कातर, लुच्चा, ठग, उत्पाती, पाखण्डी, चोर और अपहरण करनेवाला होता है। वह ढीठ, कठोर, स्वेच्छाचारी, बड़बड़ करनेवाला, बुरी तरहसे हँसनेवाला, ओछा, उद्धत, लंपट, भ्रष्ट आचरण और बुरी बुद्धिवाला होता है। वह हत्यारा, लुटेरा, डाकू, जान खानेवाला, ठग, मूर्ख, पर-स्त्री-गमन करनेवाला, धोखा देनेवाला और चेटकी होता है। वह निःशंक, निर्लज्ज, झगड़ालू, लंठ, नीच, उद्धत, घमंडी, निरक्षर, नटखट और विकारी होता है। वह अधीर, ईर्ष्यालू, अनाचारी, अन्धा, पंगु, खाँसीका रोगी, लूला, बहरा, दमेसे पीड़ित होता है और फिर भी घमंड नहीं छोड़ता। वह विद्या, वैभव, कुल, लक्ष्मी, शक्ति, सामर्थ्य, भाग्य, आदिसे हीन और भिखारी होता है। वह बल, कला, मुद्रा, दीक्षा, लक्षण, लावण्य, अङ्ग, युक्ति, बुद्धि, आचार, विचार, क्रिया, सत्व, विवेक आदिसे हीन और संशयी होता है। वह भक्ति-भाव, ज्ञान, वैराग्य, शान्ति और क्षमा आदि सभी बातोंसे रहित होता है।

वह समय, प्रसंग, प्रयत्न, अध्ययन, आर्जव, मैत्री आदि कुछ भी नहीं जानता और अभागा होता है। जो व्यक्ति इस प्रकारके अनेक विचारों और कुलक्षणोंका भाँडार हो, उसे श्रोता लोग कुविद्यावाला समझ लें। कुविद्याके ये लक्षण सुनकर उनका त्याग कर देना चाहिए। अभिमान या हठपूर्वक उन्हें ग्रहण किये रहना विहित या अच्छा नहीं है।

चौथा समास

भक्ति-निरूपण

एक तो यह मानव-शरीर ही बहुतसे सुकृतोंका फल है; तिस पर भी यदि भाग्य प्रबल हो, तभी मनुष्य अच्छे मार्गमें लगता है। नर-देहमें ब्राह्मण सबसे बढ़कर है। पर ब्राह्मण भी सन्ध्या, स्नान, उपासना और भगवद्भजन आदि तभी कर सकता है जब पूर्व-जन्ममें उसने बहुत पुण्य किये हों। भगवद्भक्ति तो उत्तम है ही; तिसपर भी यदि सत्समागम हो जाय तो जीवन सार्थक हो जाता है; और इसीको परम लाभ समझना चाहिए। प्रेमपूर्ण सद्भाव, भक्तोंके समुदाय और हरि-कथाके महोत्सवसे भक्ति बहुत बढ़ जाती है। नर-देह पाकर जीवन अवश्य सार्थक करना चाहिए, जिससे परम दुर्लभ परलोक प्राप्त हो। विधिपूर्वक ब्राह्मणोंको कर्म अथवा दया, दान और धर्म अथवा सुगम भगवद्भजन करना चाहिए। संसारका अनुताप देखते हुए सबका परित्याग अथवा भक्ति-योग करना चाहिए और नहीं तो साधुजनोंका सङ्ग करना चाहिए। अनेक शास्त्रोंका अध्ययन और तीर्थाटन, अथवा पापोंका नाश करनेके लिए पुरश्चरण करना चाहिए। अथवा परोपकार, ज्ञानका विचार और विवेकपूर्वक सारासारका निरूपण करना चाहिए। वेदोंकी आज्ञाका पालन और कर्मकाण्ड तथा उपासना करनी चाहिए जिससे मनुष्य ज्ञानका अधिकारी होता है। शरीर, वचन, मन, पत्र, पुष्प, फल, जल आदि जिससे हो सके, ईश्वरका भजन करके जन्म सार्थक करना चाहिए। जन्म लेनेका फल ही यह है कि कोई न कोई सत्कर्म करके उसे सफल करना चाहिए। यदि वह सफल न किया जाय तो निष्फल हो जाता है और मनुष्य भूमिका भार बन जाता है। नर-देहके लिए यही उचित है कि वह कुछ न कुछ आत्महित करे और यथा-शक्ति अपना मन तथा धन अच्छे काममें लगावे। जो इन सब बातोंकी ओर

ध्यान न दे, उसे मृतप्राय ही समझना चाहिए और उसने जन्म धारण करके व्यर्थ ही अपनी माताको कष्ट दिया।

जो लोग स्नान, सन्ध्या, भजन, देवार्चन, मन्त्र, जप, ध्यान, मानस-पूजा, भक्ति, प्रेम, निष्ठा और नियम आदिका पालन नहीं करते, न देवताको मानते हैं और न धर्म, अतिथि या अभ्यागतको ही मानते हैं, जिनमें न सद्बुद्धि ही होती है और न गुण ही, जो न कभी हरि-कथा ही सुनते हैं और न कभी अध्यात्मका निरूपण ही सुनते हैं; न भक्तोंकी संगति करते हैं और न अपने चित्तकी वृत्ति ही शुद्ध रखते हैं, जो झूठे अभिमानके कारण कैवल्यकी प्राप्ति नहीं करते, न नीति जानते हैं और न न्याय, न पुण्यके काम ही करते हैं, जो परलोकका साधन या युक्त तथा अयुक्त क्रियाओंका विचार नहीं करते, जिनके पास न विद्या है, न वैभव, न चातुर्य, न कला और न कौशल, न सरस्वतीका रमणीक विलास, न शान्ति, न क्षमा, न दीक्षा, न मैत्री और न शुभाशुभ साधन ही, जिनमें न तो पवित्रता है और न जिनका कोई धर्म है, न आचार है और न विचार, न इस लोककी और न परलोककी चिन्ता है, जिनका व्यवहार मनमाना है, जिनमें कर्म, उपासना, ज्ञान, वैराग्य, योग, धैर्य आदि कुछ भी नहीं है, जिनमें उपरति, त्याग, समता, सुलक्षण और परमेश्वरका आदर या प्रीति नहीं है, जो दूसरोंके गुणोंको देखकर सन्तुष्ट नहीं होते तथा परोपकारसे सुखी नहीं होते और जिनके हृदयमें ईश्वरकी भक्तिका लेश भी नहीं है, वे लोग जीते जी ही प्रेत या मृतकके समान हैं। पवित्र लोगोंको उनके साथ भाषण भी न करना चाहिए। जिन लोगोंके पास पूर्व-जन्मकी संचित की हुई यथेष्ठ पुण्य-सामग्री होती है, वही लोग भगवद्भक्ति कर सकते हैं। जो जैसा करता है, वह वैसा फल पाता है।

पाँचवाँ समास

रजोगुण-निरूपण

यह शरीर वास्तवमें सत्व, रज और तम इन तीन गुणोंसे युक्त होता है। इनमेंसे सत्व गुण उत्तम है और उसीसे भगवद्भक्ति होती है। रजोगुणसे पुनरावृत्ति होती है; अर्थात् फिर जन्म धारण करके इस संसारमें आना पड़ता है और तमोगुणसे मनुष्यकी अधोगति होती है। कहा है—

उर्ध्वं गच्छन्ति सत्वस्था मध्ये तिष्ठन्ति राजसाः ।
जघन्य गुणवृत्तिस्था अधो गच्छन्ति तामसाः ॥

इनके भी शुद्ध और शबल दो भेद हैं। इनमें जो शुद्ध है, वह निर्मल है; और जो शबल है. वह बाधक है। शुद्ध और शबल दोनोंके लक्षण सावधान होकर सुनिए। शुद्धको परमार्थी और शबलको सांसारिक समझना चाहिए। जो लोग शबल वृत्तिवाले या सांसारिक होते हैं, उनमें भी ये तीनों गुण रहते हैं। उनमेंसे जब एक बलवान होता है, तब बाकी दोनों नहीं रह जाते। रज, तम और सत्वसे ही जीवनका निर्वाह होता है। अब हम यह बतलाते हैं कि रजोगुणसे क्या क्या बातें होती हैं। अब चतुर लोग सावधान होकर सुनें कि जिस समय शरीरमें रजोगुण आता है, उस समय मनुष्यका व्यवहार किस प्रकारका हो जाता है।

जिस गुणसे मनुष्य अपने मनमें यह समझने लगता है कि यह घर-गृहस्थी और सब कुछ तो मेरा है; इसमें ईश्वर कौन होता है और कहाँसे बड़ा बनकर आ जाता है, वह रजोगुण है। जो केवल अपने माता, पिता, पत्नी, पुत्र, पुत्र-वधू और कन्याकी ही चिन्ता करता है, वह रजोगुणी है। ऐसा मनुष्य यही चाहता है कि हम अच्छा खायँ, अच्छा पहनें और अच्छी-अच्छी चीजोंका व्यवहार करें तथा दूसरोंकी चीजों पर अधिकार करें। वह सोचता है कि कहाँका धर्म, कहाँका दान, कहाँका जप और कहाँका ध्यान। वह पाप और पुण्यका विचार नहीं करता। वह तीर्थ, व्रत, अतिथि अभ्यागत आदिको कुछ नहीं समझता और उसके मनमें अनाचारकी ही बातें उठती हैं। वह धन-धान्य सञ्चित करना चाहता है; द्रव्यमें ही उसका मन आसक्त रहता है और वह अत्यन्त कृपण होता है। वह अपनेको सबसे अधिक तरुण, सुन्दर, बलवान, चतुर और बड़ा समझता है। वह समझता है कि देश मेरा है, गाँव मेरा है, मकान मेरा है, जगह मेरी है। वह सोचता है कि चाहे दूसरोंका सर्वस्व नष्ट हो जाय, पर मेरा भला हो। उसके मनमें कपट, मत्सर, तिरस्कार और काम आदिका विकार उत्पन्न होता रहता है। अपने बालकों पर उसकी ममता होती है, अपनी स्त्री उसे बहुत प्यारी लगती है और अपने सब आदमी उसे अच्छे लगते हैं। जिस समय मनमें आप्त जनोंकी चिन्ता प्रबल हो उस समय समझ लेना चाहिए कि रजोगुण शीघ्रतासे शरीरमें प्रवेश कर रहा है। जिसे सदा इस बातकी चिन्ता रहे कि संसारके इन बड़े-बड़े

कष्टोंसे कैसे निस्तार होगा, वह रजोगुणी है। उसे पहले भोगे हुए कष्टोंका बार-बार ध्यान होता है और उनके लिए दुःख होता है। दूसरोंका वैभव देखकर उसके मनमें लालच उत्पन्न होता है और वह आशाओंके कारण दुःखी होता है। रजोगुणके कारण सामने आनेवाली हर एक चीज पानेकी इच्छा होती है और उन चीजोंके न मिलनेसे दुःख होता है। विनोद और परिहासमें उसका मन लगता है, वह शृङ्गारिक गीत गाता है और राग-रंग आदि उसको अच्छा लगता है। वह चुगली, चवाव और निन्दा करके झगड़ा खड़ा करता है और सदा हास्य-विनोद करता रहता है। वह बहुत बड़ा आलसी होता है और सदा मनोविनोदके खेल खेलता रहता है। वह कलावन्तों, बहुरूपियों और नटों आदिके खेल देखना पसन्द करता है और अनेक प्रकारके खेल करनेवालोंको धन दान करता है। धन पर उसकी बहुत अधिक प्रीति होती है, उसके मनमें ग्राम्य-मनोवृत्ति बनी रहती है और नीचोंकी सङ्गति उसे अच्छी लगती है। उसके मनमें चोरीके विचार उठते हैं, वह दूसरोंको तुच्छ ठहरानेवाली बातें करना चाहता है और नित्य-नियम आदिमें उसका मन नहीं लगता। वह देवताओंके काम करनेसे लज्जित होता है, पर उदरके लिए अनेक प्रकारके कष्ट सहता है और प्रपञ्च उसे अच्छे लगते हैं। उसे सुन्दर और मीठे भोजन बहुत अच्छे लगते हैं, वह बड़े यत्नसे अपने शरीरका पोषण करता है और उपवास नहीं कर सकता। उसे शृङ्गारिक बातें अच्छी लगती हैं, भक्ति और वैराग्य अच्छा नहीं लगता और कलाका सौन्दर्य भला लगता है। परमात्माको वह कुछ नहीं समझता, समस्त सांसारिक पदार्थों पर उसका प्रेम रहता है और वह जबरदस्ती अपने आपको जन्म-मरणके फेरमें डालता है।

इस प्रकार यह रजोगुण मोहमें फँसाकर बार-बार जन्म और मरण कराता है। ऐसे प्रपंची रजोगुणको ही शबल समझना चाहिए। यह दारुण दुःखोंका भोग कराता है। जब तक यह रजोगुण नहीं छूटता, तब तक सांसारिक बन्धन भी नहीं टूटता, प्रपंचोंमें वासना लगी रहती है। फिर इससे छूटनेका उपाय क्या है? बस इसका एक ही उपाय भगवद्भक्ति है। यदि किसी प्रकार विरक्ति न हो सकती हो तो भी यथाशक्ति ईश्वरका भजन करना चाहिए। शरीर, वचन और मनसे पत्र, पुष्प, फल और जल से जो कुछ हो सके वह हृदयसे ईश्वरको अर्पण करके जीवन सार्थक करना चाहिए। जहाँ तक हो सके दान-पुण्य करना

चाहिए, ईश्वरमें अनन्य भक्ति रखनी और सुख-दुःख सभी दशाओंमें केवल ईश्वरका चिन्तन करना चाहिए। यह समझकर भगवानमें पूरा भाव रखना चाहिए कि आदिमें भी एक ईश्वर ही था और अन्तमें भी एक ईश्वर ही रहेगा और बीचमें यह माया आकर लग गई है। बस, यही शबल रजोगुण है जिसका यहाँ संक्षेपमें वर्णन किया गया है; और जिस रजोगुणसे परमार्थ हो सकता हो, वह शुद्ध रजोगुण है। उसके लक्षण सत्वगुणमें होंगे और वही रजोगुण भजनका मूल है। रजोगुणके ये सब लक्षण श्रोता लोग समझ गये होंगे। अब आगे तमोगुणका वर्णन किया जाता है।

छठा समास

तमोगुण-निरूपण

ऊपर रजोगुणके लक्षण उसकी क्रियाओंके सहित बतला दिये गये हैं। अब तमोगुणके लक्षण बतलाये जाते हैं। जब संसारमें किसी प्रकारका दुःख उपस्थित होने पर मनमें खेद या अद्भुत क्रोध उत्पन्न हो, तब समझना चाहिए कि तमोगुणका उदय हुआ है। इस तमोगुणके कारण मनमें क्रोध उत्पन्न होते ही मनुष्य माता, पिता, भाई, बहन और स्त्रीको कुछ भी नहीं समझता और उन सबकी ताड़ना करता है। उस समय वह यही सोचता है कि हम दूसरोंके प्राण ले लें, स्वयं अपने प्राण दे दें; और उसे प्राणोंका मोह नहीं रह जाता। वह क्रोधसे पागल होकर पिशाचोंके समान हो जाता है और किसी तरह नहीं मानता। वह शस्त्रसे स्वयं अपनी हत्या करना चाहता है और दूसरोंके भी प्राण लेना चाहता है। वह केवल युद्धका ही दृश्य देखना चाहता है और वहीं जाना चाहता है जहाँ रण हो। उसके मनमें बहुत अधिक भ्रान्ति उत्पन्न होती है; किया हुआ निश्चय टूट जाता है और उसे बहुत अधिक सोना अच्छा लगता है। मीठे और कड़ुएका विचार छोड़कर वह खूब खाना चाहता है और अत्यन्त मूढ़ हो जाता है। यदि उसका कोई प्रिय व्यक्ति मर जाता है, तो वह उसके लिए जान देने और अपनी हत्या करने पर उतारू हो जाता है। वह कीड़े-मकोड़ों और जीव-जन्तुओंकी हत्या करना चाहता है और उसमें दया बहुत ही कम रह जाती है अथवा बिलकुल ही नहीं रह जाती। वह धनके लिए स्त्री, बालक, ब्राह्मण और गौ तककी हत्या करना चाहता है। किसी प्रकार-

की बाधा या खराबी होने पर तमोगुणके कारण विष खाने और दूसरोंके प्राण लेने-की इच्छा होती है। इस गुणके कारण मनुष्य मनमें कपट रखकर दूसरोंका नाश करना चाहता है और सदा मत्त तथा उद्धत बना रहता है। वह चाहता है कि खूब कलह और लड़ाई-झगड़ा हो और उसके मनमें द्वेष उत्पन्न होता है। वह युद्ध-का ही दृश्य देखता और उसीकी बातें सुनना चाहता है और स्वयं युद्ध करना और मरना तथा मारना चाहता है। वह मत्सरके कारण भक्तका नाश करना, मन्दिरोंको तोड़ना और फल देनेवाले वृक्षोंको काटना चाहता है। उसे सत्कर्म अच्छे नहीं लगते, अनेक प्रकारके दोष ही अच्छे लगते हैं और उसके मनमें पापका भय नहीं रहता। वह ब्रह्म-वृत्तिका उच्छेद करना और प्राणी मात्रको कष्ट देना चाहता है और प्रमादपूर्ण बातें करना उसे अच्छा लगता है। वह मत्सरके कारण अग्नि, शस्त्र, भौतिक पदार्थों और विष आदिके द्वारा जीवोंका नाश करना चाहता है। वह दूसरोंके कष्टोंसे सन्तुष्ट होता है, निष्ठुरताके काम करना चाहता है और सांसारिक झंझटोंसे नहीं घबराता। वह दूसरोंमें लड़ाई-झगड़ा लगाकर स्वयं तमाशा देखना चाहता है और मनमें कुबुद्धि ही धारण करता है। वह संपत्ति मिलने पर जीवोंको कष्ट देता है और किसी पर उसे दया नहीं आती। उसे भक्ति-भाव, तीर्थ, देवता, वेद और शास्त्रमेंसे कुछ भी अच्छा नहीं लगता। उसको स्नान, सन्ध्या आदिका नियम नहीं रहता, वह अपने धर्मसे भ्रष्ट हुआ सा जान पड़ता है और न करने योग्य काम करता है। वह अपने बड़े भाई, पिता या माताकी बातें नहीं मानता और बहुत जल्दी क्रोध कर बैठता है। वह बिना कुछ किये बिलकुल मुफ्तमें खाना और रहना चाहता है, आलसी बनकर बैठा रहना चाहता है और उसे कुछ भी नहीं सूझता। वह पीठमें छेद कर और उसमें अँकुसी लगाकर उसके सहारे लटकना चाहता है, दहकते हुए अंगारोंके कुंडमें पैठना चाहता है और काठके यन्त्रसे अपनी जीभ छेदना चाहता है। वह सिर पर जलता हुआ खप्पर रखता है, अपने अङ्गोंको मशालकी तरह जलाता है और शस्त्रसे स्वयं ही अपने अङ्ग काटता है। वह देवताओंके चरणोंपर अपना सिर चढ़ाता है अथवा उन्हें अङ्ग अर्पण करता है या ऊँचे स्थानसे नीचे कूदता है। वह निग्रहपूर्वक धरना देता है या अपने आपको टाँग देता है अथवा देव-मन्दिरोंके द्वारपर प्राण देता है। तमोगुणसे मनुष्य निराहार व्रत करता है, पञ्चाग्नि तापता है, धूम्र-पान करता

है या अपने आपको जमीनमें गाड़ लेता है। वह सकाम होकर अनुष्ठान करता है, वायुको रोक रखता है अथवा देवताके नामपर चुपचाप पड़ा रहता है। वह नख और केश बढ़ाता है, हाथ बराबर ऊपर उठाये रखता है अथवा बिलकुल न बोलनेका व्रत करता है। वह अनेक प्रकारके निग्रहोंके द्वारा अपने शरीरको पीड़ित करता है, शरीरको अनेक प्रकारके कष्ट देकर तड़पाता है और क्रोध करके देवताओं-को दबाना चाहता है। वह देवताओंकी निन्दा करता है, आशाबद्ध या अघोरी होता है और सन्तोंका सङ्ग नहीं करता।

इस तमोगुणका यदि पूरा पूरा वर्णन किया जाय तो बहुत अधिक विस्तार हो जाय। इसलिए यहाँ उसके थोड़ेसे लक्षण बतला दिये गये हैं जिसमें लोग उनका परित्याग करें। यह तमोगुण पतनका कारण होता है और इसे मोक्ष-प्राप्तिका लक्षण न समझना चाहिए। किये हुए समस्त कर्मोंका फल अवश्य प्राप्त होगा और इससे जीवनके दुःखोंका मूल नष्ट नहीं होता। जन्म और मरणका अन्त करनेके लिये तो केवल सत्व-गुणका ही अवलम्बन करना चाहिए। उस सत्वगुणका निरूपण अगले समासमें किया गया है।

सातवाँ समास

सत्व-गुण-निरूपण

ऊपर तमोगुणका वर्णन किया गया है जो दारुण दुःख देनेवाला है। अब उस सत्व-गुणके लक्षण सुनिये जो परम दुर्लभ है। यह सत्वगुण भजनका आधार, योगियोंका सहारा और दुःखोंके मूल इस संसारसे पार ले जानेवाला है; जिससे उत्तम गति प्राप्त होती है, ईश्वर तक पहुँचनेका मार्ग दिखाई पड़ता है और सायुज्य मुक्ति प्राप्त होती है; जो भक्तोंका आधार है, संसार सागरसे पार उतरनेका सहारा है और मोक्ष रूपी लक्ष्मी प्राप्त करानेवाला है; जो परमार्थका मंडन और महन्तोंका भूषण है तथा जिसके द्वारा रज तथा तमका नाश होता है; जो परम सुखकारी और आनन्दकी लहर है और जो जन्म तथा मृत्युका निवारण कर देता है; जो अज्ञानका नाशक और पुण्य-का मूल स्थान है और जिससे परलोकका मार्ग मिलता है। जब यह गुण मनुष्यके शरीरमें उत्पन्न होता है, तब उसकी क्रियाओंके लक्षण नीचे लिखे अनुसार होते हैं।

सत्व-गुणमें ईश्वरके प्रति अधिक प्रेम होता है, सब प्रकारके प्रपंच केवल लौकिक

जान पड़ते हैं और विवेक सदा पास बना रहता है। संसारके सब दुःख भूल जाते हैं, भक्तिका विमल मार्ग दिखाई पड़ने लगता है और मनुष्य ईश्वरका भजन करने लगता है। परमार्थमें ही मन लगता है, भक्ति-भाव अच्छा जान पड़ने लगता है और मनुष्य परोपकार करनेके लिए आतुर होता है। वह स्नान, सन्ध्या आदिके द्वारा पुण्यशील बनता है, उसका हृदय निर्मल हो जाता है और शरीर तथा वस्त्र उज्ज्वल हो जाते हैं। वह यजन-याजन, अध्ययन और दान-पुण्य करने लगता है। उसे अध्यात्मका निरूपण अच्छा लगता है, हरि-कथा भली जान पड़ती है और अच्छे-अच्छे कार्य होने लगते हैं। वह घोड़े, हाथी, गौ, भूमि और अनेक प्रकारके रत्न दान करता है। वह धन, वस्त्र, अन्न और जल दान करता है और ब्राह्मणोंको सन्तुष्ट करता है। वह कार्तिक-स्नान तथा माघ-स्नान और निष्काम होकर व्रत, उद्यापन, दान, तीर्थ-यात्रा और उपवास करता है। वह हजार हजार और लाख लाख ब्राह्मणों तथा साधुओंको भोजन कराता है और अनेक प्रकारके दान देता है। सत्व-गुणके कारण ये सब कार्य निष्काम भावसे और रजोगुणके कारण किसी प्रकार-की कामना रखकर किये जाते हैं। वह तीर्थों और मन्दिरोंके लिए भूमि दान करता है और वापी, सरोवर, मन्दिर तथा शिखर आदि बनवाता है। वह देव-स्थानोंके पास धर्मशाला, सीढ़ियाँ, दीपमाला और तुलसी तथा पीपल आदिके चौरे बनवाता है। वह वन, उपवन, पुष्प-वाटिकाएँ आदि लगवाता है और कुएँ तथा तालाब बनवाता है और तपस्वियोंको सन्तुष्ट करता है। वह नदी आदिके तटपर लोगोंके सन्ध्या-वन्दन आदिके लिए मठ और तहखाने बनवाता है, नदियोंके किनारे सीढ़ियाँ बनवाता है और देवताओंके मन्दिरोंके पास भांडारगृह बनवाता है। वह देव-मन्दिरोंमें नन्दादीप लगाता है और वहाँ अलंकार तथा आभूषण आदि रखता है। वहाँ घड़ियाल, मृदंग, ताल, दमामे, नगाड़े, नरसिंहे आदि अच्छे अच्छे बाजे रखवाता है। वह देवालयोंमें अच्छी और सुन्दर सामग्री रखवाता है और हरिभजनमें सदा तत्पर रहता है। वह मन्दिरोंमें छत्र, पालकियाँ, तम्बूरे, झंडे, निशान, चँवर और सूर्यपान आदि पदार्थ रखवाता है। वह वृन्दावन तथा तुलसी-वन लगाने, रंग-माला बनवाने और सम्मार्जन आदि करनेमें बहुत प्रीति रखता है। वह मन्दिरोंमें अनेक प्रकारके सुन्दर उपकरण, मंडप, चँदवे और आसन आदि अर्पित करता है। वह देवताओंके लिए अच्छे-अच्छे खाद्य-पदार्थ, अनेक प्रकारके नैवेद्य

और सुन्दर ताजे फल आदि अर्पित करता है। वह भक्तिमें इतना मग्न हो जाता है कि उसे नीच दासता भी अच्छी लगती है और स्वयं देव-मन्दिरोंके द्वार पर झाड़ू देता है। वह पर्वों तथा महोत्सवोंमें बहुत उत्साहसे सम्मिलित होता है और काया, वाचा तथा मनसे देवताओंको सब कुछ अर्पित कर देता है। वह हरि-कथा सुननेके लिए सदा तत्पर रहता है और चन्दन, माला, बुक्का आदि सुगंधित द्रव्य लिए हुए सदा वहाँ खड़ा रहता है।

इस प्रकार जिन नरों और नारियोंमें सत्व-गुण होता है, वे यथा-शक्ति सब सामग्री लेकर देवताओंके मन्दिरके द्वारपर पहुँचते हैं। जिसमें सत्व-गुण होता है, वह अपने बड़े-बड़े काम छोड़कर देवताओंके पास भक्तिपूर्वक बहुत जल्दी पहुँचता है। वह अपना बड़प्पन दूर फेंक देता है और नीच कृत्य अंगीकार करके देव-मन्दिरोंके द्वार पर सदा खड़ा रहता है। वह देवताओंके उद्देश्यसे उपवास करता है, ताम्बूल तथा भोजन आदि सब छोड़ देता है और नित्य नियम तथा जप ध्यान आदिमें लगा रहता है। वह किसीसे कठोर वचन नहीं कहता, बहुत नियम-पूर्वक रहता है और योगियोंको सन्तुष्ट करता है। वह अभिमान छोड़कर निष्काम भावसे कीर्त्तन करता है और सात्विक प्रेमके कारण उसे स्वेद और रोमाञ्चका स्फुरण हो जाता है। उसके मनमें देवताओंका ध्यान रहता है, नेत्र अश्रुपूर्ण रहते हैं और वह अपने शरीरकी सुध-बुध भूल जाता है। हरि-कथामें उसकी बहुत ही प्रीति रहती है, उसके प्रति कभी उसके मनमें कोई बुरा भाव नहीं आता और आदिसे अन्त तक उसका प्रेम बराबर बढ़ता ही जाता है। उसके मुख पर ईश्वरका नाम और हाथमें करताल रहता है, वह परमात्माका गुणानुवाद करता हुआ नाचता है और साधुओंके पैरोंकी धूल अपने मस्तक पर लगाता है। उसमें तनिक भी अभिमान नहीं रह जाता। विषयोंके प्रति बहुत अधिक वैराग्य हो जाता है और माया उसे मिथ्या जान पड़ती है। वह समझता है कि सांसारिक झंझटोंमें फँसना व्यर्थ है और उनसे बचनेका उपाय करता है। संसार उसे बहुत कष्टदायक जान पड़ता है और उसके मनमें यह ज्ञान उत्पन्न होता है कि अब मुझे ईश्वरका कुछ भजन करना चाहिए। वह अपने आश्रममें रहकर बहुत ही भक्तिपूर्वक नित्य-नियम करता है और सदा राममें प्रीति रखता है। सब विषयोंसे उसका मन हट जाता है, वह परमार्थके बहुत निकट पहुँच जाता है और विपत्ति

आने पर धैर्य रखता है। वह सदा उदासीन रहता है, सब प्रकारके भोग उसे बुरे जान पड़ते हैं और केवल भगवद्भजनका ही ज्ञान रहता है। पदार्थोंमें उसका मन नहीं लगता और उसके मनमें पूर्ण भक्तिसे भगवानका स्मरण बना रहता है। चाहे लोग उसे बुरा कहें, पर वह सबसे प्रेम करता है और मनमें परमार्थके प्रति निश्चय रखता है। वह मनमें अपने स्वरूपके सम्बन्धमें तर्क और चिन्तन करता है और बुरे सन्देहोंका निवारण करता है। उसके मनमें यह इच्छा होती है कि मैं अपना शरीर किसी अच्छे काममें लगाऊँ। जिसके मनमें शान्ति, क्षमा, दया, और निश्चय उत्पन्न हो, समझ लेना चाहिए कि उसके मनमें सत्व-गुणका आविर्भाव हुआ है। जो आये हुए अतिथियों और अभ्यागतोंको अपने यहाँसे भूखा न जाने देता हो और यथा-शक्ति उन्हें दान देता हो वह सत्वगुणी है। यदि कोई तपस्वी या वैरागी, दीन वचन कहता हुआ उसके आश्रममें आता है, तो वह उसे अपने यहाँ स्थान देता है। यदि उसके आश्रममें अन्नकी कमी हो तो भी कभी किसी-को विमुख नहीं जाने देता और सदा उन्हें अपनी शक्तिके अनुसार कुछ न कुछ देता है। वह अपनी रसना-शक्तिको जीत लेता है, उसकी वासना तृप्त रहती है और उसे कोई कामना नहीं होती। जो होना होता है, वह होता ही रहता है और अनेक प्रकारकी विपत्तियाँ आती ही रहती हैं, पर उसका चित्त कभी विचलित नहीं होता। वह केवल भगवानके लिये सब सुख छोड़ देता है और शरीरको कुछ भी नहीं समझता। चाहे शरीरमें किसी प्रकारकी पीड़ा हो, भूख और प्याससे उसका सारा शरीर गल गया हो, पर भगवानके प्रति उसका निश्चय फिर भी बना ही रहता है। विषयोंके प्रति वासना होने पर भी उसका चित्त विचलित नहीं होता और धैर्य नहीं छूटता। श्रवण, मनन और निदिध्यासनसे उसका समाधान हो जाता है और उसे शुद्ध आत्मज्ञान प्राप्त हो जाता है। जिसे अहंकार न हो, निराशा न हो और जिसमें कृपाका निवास हो, वह सत्वगुणी है। वह सबसे नम्रतापूर्वक बातें करता है, मर्यादाका विचार रखकर सब व्यवहार करता है और सबको सन्तुष्ट रखता है। वह सबसे सद्भाव रखता है, किसीसे विरोध नहीं रखता और परोपकारके लिए ही जीवन-निर्वाह करता है। वह अपना कार्य छोड़-कर दूसरेका कार्य सिद्ध करता है और मरने पर कीर्ति छोड़ जाता है। वह दूसरोंके गुण और दोष देखकर भी उन्हें अपने मनमें स्थान नहीं देता और उसी

प्रकार उसे बाहर निकाल फेंकता है जिस प्रकार समुद्र कोई बाहरी चीज आने पर बाहर फेंक देता है। वह दूसरोंकी कही हुई नीच बात सह लेता है और उसका उत्तर नहीं देता और क्रोध आने पर उसका संवरण करता है। यदि उसके बिना कोई अपराध किये ही दूसरा व्यक्ति उसे अनेक प्रकारके कष्ट देता है, तो उसे भी वह चुपचाप सह लेता है। वह परोपकारके लिए अनेक प्रकारके शारीरिक कष्ट सहता है, दुर्जनोंसे भी अच्छा व्यवहार करता है और निन्दकोंका भी उपकार करता है। यदि उसका मन किसी बुरी बातकी ओर जाता है तो वह विवेकपूर्वक उसे रोकता है और इन्द्रियोंका दमन करता है। वह सत् क्रियाओंका आचरण करता है, असत् क्रियाओंका परित्याग करता है और भक्तिका मार्ग अवलम्बन करता है। उसे प्रातःस्नान, पुराणोंका श्रवण और अनेक मन्त्रोंके द्वारा देवताओं-का अर्चन करना अच्छा लगता है। वह पर्व-काल आनेपर बहुत प्रेमपूर्वक वसन्त-पूजाके लिए तत्पर रहता है और जयन्तियोंमें उसका बहुत प्रेम होता है। वह विदेशमें मरे हुए लोगोंका अन्तिम संस्कार करता अथवा जाकर उसमें सम्मिलित होता है। यदि कोई किसीको मारता हो तो वह जाकर मारनेवालेको रोकता है और बँधे हुए जीवोंको बन्धनसे मुक्त करता है। शिव पर लखौरी या लाख-लाख बेलपत्र चढ़ाता है, उनपर अभिषेक करता है, नामके स्मरण पर विश्वास रखता है और देव-दर्शनके समय चित्त शान्त रखता है। वह सन्तोंको दूरसे देखकर उनकी ओर दौड़ता है, उनके दर्शनोंसे परम सुखी होता है और भक्तिपूर्वक उन्हें नमस्कार करता है। जिस पर सन्तोंकी कृपा होती है, उसके वंशका उद्धार हो जाता है। ऐसा सत्वगुणी पुरुष ईश्वरका अंश होता है। वह लोगोंको सन्मार्ग दिखलाता है, उन्हें हरि-भजनमें लगाता है और अज्ञानोंको ज्ञान देता है। उसे पुण्य-कार्य, प्रदक्षिणा और नमस्कार आदि प्रिय होते हैं और बहुत सी अच्छी-अच्छी बातें ज्ञात होती हैं। वह भक्ति-भावसे अच्छे-अच्छे ग्रन्थ संग्रह करता है और धातुकी मूर्त्तियोंका अनेक प्रकारसे पूजन करता है। वह पूजनके अच्छे-अच्छे उपकरण, माला, वेष्टन, आसन और पवित्र उज्ज्वल वसन संग्रह करता है। वह दूसरोंकी पीड़ासे दुःखी होता है और दूसरोंको सन्तुष्ट देखकर सुखी होता है तथा दूसरोंका वैराग्य-भाव देखकर प्रसन्न होता है। वह दूसरोंके भूषणसे अपना भूषण और दूसरोंके दूषणसे अपना दूषण मानता है और दूसरोंके दुःखसे दुःखी होता है।

अब बहुतसे लक्षण हो गये। तात्पर्य यह कि जिसका मन देवताओं और धर्मके काममें लगता हो और जो बिना किसी कामनाके भगवानका भजन करता हो, वही सत्वगुणी है। इस प्रकारका सात्विक सत्वगुण संसार-सागरसे तारनेवाला है और इससे ज्ञान-मार्गका विवेक उत्पन्न होता है। इसी सत्व-गुणसे भगवानकी भक्ति, ज्ञान और सायुज्य मुक्तिकी प्राप्ति होती है। सत्व-गुणकी इस प्रकारकी स्थिति यथा-मति संक्षेपमें बतलाई गई है। अब आगे श्रोता लोग सावधान होकर सुनें।

आठवाँ समास

सद्विद्या-निरूपण

अब सद्विद्याके लक्षण सुनिए। ये परम शुद्ध और उत्तम लक्षण हैं। इनका विचार करनेसे मनुष्य सद्विद्यासे युक्त हो जाता है। जो मनुष्य सद्विद्यासे युक्त होता है, उसमें बहुतसे अच्छे लक्षण होते हैं। उन गुणोंको सुननेसे परम सन्तोष होता है। वह पुरुष भावुक, सात्त्विक, प्रेमपूर्ण, शान्ति, क्षमा तथा दयाशील, शालीन और तत्पर होता है तथा उसके वचन अमृतके समान होते हैं। वह परम सुन्दर, चतुर, सबल, वीर, सम्पन्न और उदार होता है। वह परम ज्ञाता तथा भक्त, महापंडित और विरक्त, महातपस्वी और अतिशय शान्त होता है। वह अच्छा वक्ता होता है और किसी प्रकारकी आशा नहीं रखता; सर्वज्ञ होने पर भी आदर-पूर्वक अच्छे ग्रन्थोंका श्रवण करता है और श्रेष्ठ होने पर भी सबसे नम्रता दिख-लाता है। यदि वह राजा हो तो भी अत्यन्त धार्मिक, शूर और विवेक-युक्त होता है और तरुण होनेपर भी नियमपूर्वक आचरण करता है। वह बड़ोंकी बतलाई हुई बातों तथा कुलकी चालके अनुसार आचरण करता है और युक्ताहारी, निर्विकार, उत्तम चिकित्सक, परोपकारी और यशस्वी होता है। वह अच्छा कार्य-कर्त्ता, निर-भिमान, गायक और विष्णुका भक्त होता है और वैभव होनेपर भी भगवद्जनोंका बहुत सत्कार करता है। वह तत्वज्ञ, उदासीन, बहुश्रुत, सज्जन, मन्त्री, गुणशील, नीतिमान, साधु, पवित्र, पुण्यशील, शुद्ध हृदयवाला, धर्मात्मा, कृपालु, कर्मनिष्ठ, धर्मनिष्ठ, निर्मल, निर्लोभ और अनुतापी होता है। वह परमार्थमें प्रीति रखता है और सन्मार्ग, सत्क्रिया, धारणा, धृति, श्रुति, स्मृति, लीला, युक्ति, मति तथा परीक्षामें उसकी रुचि रहती है। वह दक्ष, कुशल, योग्य, तार्किक, सत्यशील,

साहित्यका ज्ञाता, नियमों तथा भेदोंका जाननेवाला, कुशल, चपल और चमत्कारिक होता है। वह आदर, सम्मान और तारतम्य जानता है; प्रयोग, समय, प्रसंग तथा कार्य-कारणके लक्षण जानता है और विचक्षण बोलनेवाला होता है। वह सावधान, उद्योगी और साधक होता है तथा वेदों और शास्त्रोंका अनुशीलन करता है और निश्चयात्मक ज्ञान तथा विज्ञानका बोध करानेवाला होता है। वह पुरश्चरण करनेवाला, तीर्थवासी, दृढ़व्रती, शारीरिक कष्ट सहनेवाला, उपासक और निग्रही होता है। वह सत्य, शुभ तथा कोमल बातें करता है, अपनी बातका पक्का होता है और सदा सुखद बातें कहता है। उसकी सब वासनाएँ तृप्त हुई रहती हैं और वह गम्भीर, योगी, भव्य, सुप्रसन्न, वीतराग, सौम्य, सात्विक, शुद्ध-मार्गी, निष्कपट, निर्व्यसनी, चतुर, संगीतज्ञ, गुणग्राही, किसीकी अपेक्षा न रखनेवाला, लोकसंग्रही या सबसे मित्रता रखने तथा नम्रतापूर्वक बोलनेवाला होता है और प्राणीमात्रसे सखा भाव रखता है। वह द्रव्य, दारा, न्याय, अन्तःकरण, प्रवृत्ति और निवृत्ति सबसे पवित्र तथा निःसंग होता है। वह मित्र भावसे दूसरोंका हित करता है, मीठे वचनोंसे दूसरोंका शोक हरता है, अपनी शक्तिसे दूसरोंकी रक्षा करता है और अपने पुरुषार्थसे सारे संसारका मित्र बना रहता है। वह संशयका विच्छेद करनेवाला, विशाल वक्ता, शंकाओंका समाधान करनेमें चतुर और अच्छा श्रोता होता है और कथा-निरूपणमें शब्दोंका ठीक-ठीक अर्थ करता है। वह अनुचित विवाद छोड़कर उत्तम वाद करता है, संग-रहित और निरुपाधि होता है, दुराशा-रहित, अक्रोधी, निर्दोष और निर्मत्सरी होता है। वह विमल ज्ञानी, निश्चयात्मक समाधान और भजन करनेवाला, सिद्ध, साधक और रक्षक होता है। वह सुख, सन्तोष, आनन्द, हास्य और एकताका रूप तथा आत्मरूप होता है (अर्थात् सबको अपने समान समझता है)। वह भाग्यवान, विजयी और रूप, गुण, आचार, क्रिया और विचारसे युक्त और स्थिरचित्त होता है। वह यश, कीर्ति, शक्ति, सामर्थ्य और वीर्यसे युक्त होता है, उसे देवताओंसे वर प्राप्त होता है और वह सत्यशील तथा सुकृत होता है। वह विद्या, कला, लक्ष्मी और शुभ लक्षणोंसे युक्त, कुलीन, पवित्र, बलवान और दयालु होता है। वह युक्ति और गुणोंसे युक्त, श्रेष्ठ, बुद्धिमान, बहुत धीर, दीक्षावान, सदा सन्तुष्ट रहनेवाला, नस्पृह और वीतराग होता है।

ये सब उत्तम गुण सद्विद्याके लक्षण हैं और यहाँ संक्षेपमें इनका इसलिए वर्णन किया गया है कि लोग इनका अभ्यास करें और इन्हें प्राप्त करनेका प्रयत्न करें। रूप और लावण्य अभ्याससे नहीं प्राप्त किया जा सकता। ये स्वाभाविक गुण किसी उपायसे नहीं प्राप्त किये जा सकते। इसलिए ऐसे गुण प्राप्त करनेका प्रयत्न करना चाहिए जो अभ्याससे प्राप्त किये जा सकते हों। यों तो सद्विद्या सबसे अच्छी चीज है और वह सबके पास होनी चाहिए; पर विरक्त लोगोंको तो इसे प्राप्त करनेका अवश्य ही पूरा अभ्यास करना चाहिए।

नवाँ समास

विरक्तोंके लक्षण

अब विरक्तोंके लक्षण सुनो। वे कौनसे गुण हैं जिनसे शरीरमें योगियोंकी शक्ति आवे; जिनसे विरक्तोंकी सत्कीर्त्ति बढ़े, उनकी सार्थकता हो, उनकी महिमा बढ़े, परमार्थकी सिद्धि हो, आनन्दकी लहरें उत्पन्न हों और विवेकपूर्ण वैराग्यकी वृद्धि हो? वे कौनसे गुण हैं जिनसे सुख उत्पन्न हो, सद्विद्या प्राप्त हो, भाग्यश्री प्रबल हो और मोक्ष प्राप्त हो, जिनसे मनोरथ और सब कामनाएँ पूर्ण हों और मधुर बातें कहनेके लिए मुख पर सरस्वती स्थित रहे! श्रोता लोग ये लक्षण सुनें और दृढ़तापूर्वक अपने हृदयमें धारण करें, तब भूमंडलमें उनकी प्रसिद्धि होगी। विरक्तोंमें विवेक होना चाहिए, उन्हें आत्मज्ञान बढ़ाना चाहिए और विषयों या इन्द्रियोंका दमन करनेके लिए धैर्यसे काम लेना चाहिए। उन्हें साधन-मार्ग पर रहना चाहिए, लोगोंको ईश्वर-भजनमें लगाना चाहिए और विशेष रूपसे ब्रह्मज्ञान प्रकट करना चाहिए। उन्हें भक्ति बढ़ानी और शान्ति दिखलानी चाहिए और बलपूर्वक अपना विराग बढ़ाना चाहिए। उन्हें सत्क्रियाएँ प्रतिष्ठित करनी चाहिएँ, निवृत्ति बढ़ानी चाहिए और दृढ़तापूर्वक सब प्रकारकी आशाओंका परित्याग करना चाहिए। विरक्तको धर्मकी स्थापना करनी चाहिए, नीतिका अवलंबन करना चाहिए और आदरपूर्वक क्षमा-भाव ग्रहण करना चाहिए। उसे परमार्थ उज्ज्वल करना चाहिए, खूब मनन और विचार करना चाहिए और अपने पास सन्मार्ग तथा सत्वगुण रखना चाहिए। उसे भावुकोंको ठीक मार्ग पर रखना चाहिए, प्रेमियोंको सन्तुष्ट करना चाहिए और शरणमें आये हुए सीधे तथा

भोले लोगोंकी उपेक्षा न करनी चाहिए। उसे परम दक्ष तथा अन्तःकरणको साक्षी देनेवाला होना चाहिए और सदा परमार्थका पक्ष लेना चाहिए। उसे अभ्यास या अध्ययन तथा उद्योग करना चाहिए और गिरे हुए परमार्थको अपने वक्तृत्वके द्वारा फिरसे खड़ा करना चाहिए। उसे विमल ज्ञानकी बातें कहनी चाहिएँ, वैराग्यकी स्तुति करनी चाहिए और निश्चित रूपसे सबका समाधान करना चाहिए। उसे पर्वों पर उत्सव करने चाहिएँ, भक्तोंके मेले लगाने चाहिएँ और प्रयत्नपूर्वक उपासना मार्गके अनेक प्रकारके कृत्य करने चाहिएँ। उसे हरिकीर्त्तन और परमार्थ-निरूपणकी व्यवस्था करनी चाहिए और निन्दक दुर्जनोंको भक्तिमार्ग पर लाना चाहिए। उसे बहुतसे लोगोंका परोपकार, सज्जनताका जीर्णोद्धार और प्रयत्नपूर्वक पुण्य मार्गका विस्तार करना चाहिए। उसे पवित्रतापूर्वक स्नान, सन्ध्या, जप, ध्यान, तीर्थ-यात्रा, भगवद्भजन और नित्य-नियम करना चाहिए और अन्तःकरण शुद्ध रखना चाहिए। उसे दृढ़ निश्चय धारण करना चाहिए, संसारको सुखपूर्ण बनाना चाहिए और अपने संसर्ग मात्रसे विश्व भरके लोगोंका उद्धार करना चाहिए। उसे धीर, उदार और निरूपणके विषयमें तत्पर होना चाहिए। उसे सावधान रहना और शुद्ध मार्ग पर चलना चाहिए और सत्कर्म करते हुए कीर्त्तिके साथ जीवन व्यतीत करना चाहिए। उसे दूसरे विरक्तोंको ढूँढ़ना, साधुओंको पहचानना और सन्तों, योगियों तथा सज्जनोंको अपना मित्र बनाना चाहिए। उसे पुरश्चरण और तीर्थाटन करना चाहिए और भिन्न-भिन्न स्थानोंको परम रमणीक बनाना चाहिए। उसे सांसारिक कार्योंमें सम्मिलित होते हुए भी उदासीन वृत्ति न छोड़नी चाहिए और किसी विषयमें दुराशा न उत्पन्न होने देनी चाहिए। उसे अपने अन्तःकरण पर निष्ठा या विश्वास रखना चाहिए, क्रिया-भ्रष्ट न होना चाहिए और पराधीन होकर तुच्छ न बनना चाहिए। उसे समय देखना और प्रसङ्ग समझना चाहिए और सब प्रकारसे चतुर होना चाहिए। उसे एकदेशीय न होना चाहिए, सब विषयोंका अध्ययन करना चाहिए और प्रत्येक विषयका पूरा पूरा ज्ञान रखना चाहिए, उसे हरि-कथाका निरूपण, सगुण भजन, ब्रह्म-ज्ञान, पिण्ड-ज्ञान, तत्व-ज्ञान आदि सब कुछ जानना चाहिए। उसे कर्म मार्ग, उपासना मार्ग, ज्ञान मार्ग, सिद्धान्त मार्ग, प्रवृत्ति मार्ग, निवृत्ति मार्ग, प्रेमपूर्ण स्थिति, उदासीन स्थिति, योग स्थिति, ध्यान स्थिति, विदेह स्थिति, सहज स्थिति आदि सब कुछ जानना

चाहिए। उसे हठ-योगके ध्वनि, लक्ष, मुद्रा, आसन आदि प्रयोग, मन्त्र, यन्त्र, विधि-विधान आदि ज्ञान होना चाहिए और अनेक मतोंका विधान समझना चाहिए। उसे संसारके सब लोगोंका मित्र, स्वतन्त्र और अनेक गुणोंसे युक्त होना चाहिए और सांसारिक मायाके फेरमें पड़े हुए लोगोंकी दृष्टिमें विचित्र होना चाहिए। उसे पूर्ण विरक्त, हरि-भक्त और अलिप्त रूपसे नित्यमुक्त होना चाहिए। उसे शास्त्रोंका अध्ययन करना चाहिए, मिथ्या मतोंका खण्डन करके उन पर विजय प्राप्त करनी चाहिए और मोक्षकी इच्छा रखनेवालोंको शुद्ध मार्ग पर लाना चाहिए। उसे लोगोंको शुद्ध मार्गकी बातें बतलानी चाहिएँ, संशयोंका नाश करना चाहिए और सारे संसारके लोगोंको अपना बनाना चाहिए। उसे निन्दकोंकी भी वन्दना और साधकोंका प्रबोध करना चाहिए और सांसारिक बन्धनमें पड़े हुए लोगोंको मोक्षका मार्ग बतलाकर चैतन्य करना चाहिए। उसे अच्छे गुणोंका ग्रहण और बुरे गुणोंका त्याग करना चाहिए और अपने विवेकके बलसे अनेक प्रकारके अपायों या बुरी बातोंका नाश करना चाहिए।

इन सब उत्तम लक्षणोंको एकाग्र होकर सुनना चाहिए और विरक्त पुरुषोंको इनकी उपेक्षा न करनी चाहिए। इतनी बातें सहज रूपसे कह दी गई हैं। इनमें जो अच्छी लगें वे ग्रहण कर लेनी चाहिएँ। हमने बहुत-सी बातें कही हैं, इससे श्रोताओंको उदास न होना चाहिए। यदि ये उत्तम लक्षण ग्रहण न किये जायँ तो बुरे लक्षण उत्पन्न हो जाते हैं और आदमी पढ़ा-लिखा मूर्ख बन जाता है। ऐसे पढ़े-लिखे मूर्खोंके लक्षण अगले समासमें बतलाये गये हैं। श्रोता लोग सावधान होकर सुनें।

दसवाँ समास

पठित मूर्खोंके लक्षण

ऊपर जो लक्षण बतलाये गये हैं, उनसे मूर्खोंमें भी चतुरता आ जाती है। अब उन लोगोंके लक्षण बतलाये जाते हैं जो सयाने और समझदार होकर भी मूर्ख होते हैं। ऐसे लोगोंको पढ़ा-लिखा मूर्ख कहते हैं। इससे श्रोता लोग दुःखी न हों। अवगुणोंका परित्याग करनेसे सुख प्राप्त होता है। पढ़ा-लिखा मूर्ख वह होता है जो बहुश्रुत और विद्वान तो होता है और बहुत अच्छी तरह ब्रह्म-ज्ञान बतलाता है, पर फिर भी मनमें दुराशा और अभिमान रखता है। ऐसा व्यक्ति मुक्तिका प्रतिपादन

करता हुआ भी सगुण भक्तिका खंडन या उच्छेद करता है और अपने धर्म तथा साधनोंकी निन्दा करता है। अपने ज्ञानके आवेशमें वह सबको दोषी या खराब बतलाता है और प्राणी मात्रके दोष ढूँढ़ता है। यदि उसके शिष्यसे कोई अवज्ञा हो जाय या उसपर कोई संकट आ पड़े तो वह अपने कठोर शब्दोंसे उसे और भी दुःखी कर देता है। वह रजोगुणी, कपटी, कुटिल अन्तःकरणवाला और धनवानोंकी स्तुति करनेवाला होता है। वह बिना किसी ग्रन्थको पूरी तरहसे देखे ही उसके दोष बतलाने लगता है; और यदि उससे गुणकी कोई बात कही जाय तो उसमें भी अवगुण ही ढूँढ़ता है। वह लक्षण सुनकर मनमें बुरा मानता है, मत्सरके कारण झगड़ा करता है और नीति तथा न्यायकी जगह उद्धत व्यवहार करता है। वह अपने ज्ञानके अभिमानमें हठ या दुराग्रह करता है, क्रोधको रोक नहीं सकता और उसके कार्यों तथा बातोंमें अन्तर होता है। वह बिना अधिकारके वक्ता बनना और उपदेश देना चाहता है और उसके वचन कठोर होते हैं। यदि वह श्रोता होता है तो अपनी बहुश्रुतता और वाचालतासे वक्ताके दोष बतलाता है। वह दूसरोंके तो दोष बतलाता है, पर उसे यह पता नहीं होता कि ये सब दोष स्वयं मुझमें वर्त्तमान हैं। वह चाहे अध्ययन करके सब विद्याओंका ज्ञान भी प्राप्त कर ले, पर अपने ज्ञानसे लोगोंको सन्तुष्ट नहीं कर सकता। वह उसी प्रकार मायाके फेरमें फँसता है जिस प्रकार स्पर्श-सुखके लोभसे हाथी ऊनकी डोरीसे बँधता है या जिस प्रकार फूलोंके रसके लोभसे भौंरा मृत्यु-मुखमें पड़ता है। वह स्त्रियोंके साथ रहता है, उन्हींको ब्रह्म-ज्ञान बतलाता है और निन्दनीय वस्तु अङ्गीकार करता है। वह अपने मनमें उन्हीं बातोंको दृढ़तापूर्वक धारण करता है जिनसे मनुष्य तुच्छ बनता है और अपने शरीरको ही सब कुछ समझता है। वह श्रीपति या भगवानको छोड़कर मनुष्योंकी स्तुति करता है अथवा जो उसके सामने आ जाय, उसकी कीर्तिका वर्णन करने लगता है। वह स्त्रियोंके अवयवों और अनेक प्रकारके नाटकों तथा हाव-भाव आदिका वर्णन करता है अथवा ईश्वरको भूल जाता है। वह अपने वैभवके अभिमानमें जीव मात्रको तुच्छ समझता है और पाखण्ड-पूर्ण मतकी स्थापना करता है। यदि कोई व्यक्ति विद्वान, वीतराग, ब्रह्मज्ञानी और महायोगी होने पर भी संसारको उसका भविष्य बतलाने लगे तो वह भी पढ़ा-लिखा मूर्ख होता है। पढ़ा-लिखा मूर्ख कोई बात सुनकर मनमें उसके दोषोंका ही

विवेचन करता है और दूसरोंकी अच्छी बातोंको देखकर मत्सर करता है। वह भक्तिका साधन या भजन नहीं करता और न उसमें वैराग्य ही होता है। जो बिना क्रियाके ही ब्रह्म-ज्ञान छाँटता है, वह भी पढ़ा-लिखा मूर्ख होता है। वह तीर्थ, क्षेत्र, वेदों और शास्त्रों आदिको नहीं मानता और पवित्र कुलमें भी जन्म लेकर अपवित्र होता है। जो केवल अपना आदर करनेवालेसे प्रेम करता है, बिना किसीकी कीर्ति देखे ही उसकी स्तुति करता है और तुरन्त ही उनकी निन्दा करता हुआ अनादर भी करने लगता है, वह भी पढ़ा-लिखा मूर्ख होता है। जिसका नियम ही यह हो कि पिछली बातें तो कुछ और अगली बातें कुछ और हों और जो कहता कुछ और करता कुछ और हो, वह भी पढ़ा-लिखा मूर्ख है। जो प्रपंच या मायाका तो आदर करता है और परमार्थका अनादर करता है और जो जान-बूझकर भी अन्धकारमें फँसता है वह भी पढ़ा-लिखा मूर्ख होता है। पढ़ा-लिखा मूर्ख यथार्थ बातको छोड़कर केवल दूसरोंको प्रसन्न करनेवाली बातें कहता है और पराधीनतामें जीवन बिताता है। वह ऊपरसे दिखलानेके लिए ढोंग रचता है, न करने योग्य काम करता है और उचित मार्गसे हट जाने पर भी हठ करता है। वह दिन रात अच्छी-अच्छी बातें सुनने पर भी अवगुण नहीं छोड़ता और यह नहीं जानता कि मेरी भलाई किस बातमें है। कथा-निरूपणमें अच्छे-अच्छे श्रोताओं-के आकर बैठने पर उनके सम्बन्धकी क्षुद्र बातें और उनके दोष बतलाने लगता है। यदि उसका शिष्य अनधिकारी होता है और उसकी अवज्ञा करता है तो भी वह उससे आशा रखता है। यदि कथा-श्रवणके समय किसीसे कोई दोष हो जाय तो वह क्रोधपूर्वक चिड़चिड़ाने लगता है। वह अपने वैभवके अभिमानमें सद्गुरुकी उपेक्षा करता है अथवा अपनी गुरु-परम्परा छिपाता है। वह ज्ञानका उपदेश करके अपना मतलब निकालता है, कृपणोंके समान धन-संग्रह करता है और धन-संग्रहके लिए पारमार्थका उपयोग करता है। वह दूसरोंको तो अच्छे उपदेश देता है, पर स्वयं उसके अनुसार आचरण नहीं करता और फिर भी सदा ब्रह्म-ज्ञान ही बघारता है और गोस्वामी कहलाकर भी पराधीन रहता है। वह भक्ति-मार्गका नाश करता है और स्वयं अपनी ही हानि करनेवाले काम करता है। यदि उसके हाथसे गृहस्थी आदि सब कुछ निकल जाय तो भी उसमें परमार्थ-का लेश नहीं होता अथवा वह ब्राह्मणों तथा देवताओंका द्वेषी होता है।

पढ़े-लिखे मूर्खोंके ये लक्षण या अवगुण इसलिए यहाँ बतलाये गये हैं कि लोग इनका परित्याग करें। यदि इनमें कोई त्रुटि रह गई हो तो विचक्षण लोग इसके लिए मुझे क्षमा करें। जो लोग इस संसारमें सुख मानते हैं वे परम मूर्खों-से भी बढ़कर मूर्ख हैं। इस संसारके दुःखोंसे बढ़कर और कोई दुःख नहीं है। अगले समासमें संसारके इन्हीं सब दुःखोंका निरूपण किया गया है और यह बतलाया गया है कि गर्भमें आने और जन्म धारण करने पर मनुष्योंको कैसे-कैसे दारुण दुःख भोगने पड़ते हैं।

तीसरा दशक

स्वगुण-परीक्षा

पहला समास

जन्म-दुःख-निरूपण

जन्म ही दुःखका अंकुर या मूल, शोकका सागर और भयका अचल पर्वत है। जन्म ही कर्मोंका ढाँचा, पातकोंकी खान और कालकी नित्य नई होनेवाली यातना है। जन्म ही कुविद्याका फल, लोभका कमल और ज्ञानहीन भ्रान्ति उत्पन्न करने-वाला परदा है। जन्म ही जीवके लिए बन्धन, मृत्युका कारण और लोगोंको व्यर्थ फँसानेवाला है। जन्म ही सुखका विस्मरण, चिन्ताका आगार और वासनाके रूपमें विस्तृत है। जन्म ही जीवकी अपदशा, कल्पनाका लक्षण और ममतारूपी डाकिनी-का जंजाल है। जन्म ही मायाका कपट-जाल, क्रोधका शौर्य और मोक्षमें बाधा देनेवाला विघ्न है। जन्म ही जीवका ममत्व, अहंताका गुण और ईश्वरका विस्मरण करानेवाला है। जन्म ही विषयोंका प्रेम, दुराशाकी बेड़ी और काल द्वारा खाई जानेवाली ककड़ी है। जन्म ही विषम काल, बुरा या विकट समय और अत्यन्त घृणित नरकमें पतन है। यदि इसका मूल देखा जाय तो उसके समान बुरा या अमंगल और कोई पदार्थ नहीं है। रजस्वलाके रजसे इसका जन्म होता है। रजस्वलाका अत्यन्त दोष जो रज है उसीका यह पुतला है। फिर वहाँ निर्मलताकी क्या बात हो सकती है? रजस्वलाके रजके एकत्र होनेसे जो एक बुलबुला बनता है, उसीसे यह शरीर उत्पन्न होता है। ऊपरसे देखनेमें यह बहुत

सुन्दर होता है, पर अंदरसे नरककी गठड़ी है। मानों ऐसे चर्मकुंडका ढकना है जिसे कभी खोलना ही नहीं चाहिए। कुंड धोनेसे शुद्ध हो जाता है; पर यह शरीर नित्य प्रति धोया जाता है, तो भी इसमें दुर्गन्ध ही आती है और यह शुद्ध नहीं होता। अस्थि-पंजर खड़ा किया, उसमें शिराएँ और नाड़ियाँ लगा दीं और उसकी सन्धियोंमें मेद-मांस भर दिया। बस, शरीर बन गया। जिस अशुद्ध रक्तका नाम भी शुद्ध नहीं है, वही इस शरीरमें भरा हुआ है। तिसपर अनेक प्रकारके रोग और दुःख भी उसीमें बसते हैं। यह गन्दी वस्तुओंसे भरा हुआ नरकका भांडार है और इसमें दुर्गन्धित मल-मूत्र भरा पड़ा है। इसके अन्दर अनेक प्रकारके कीड़े मकोड़े और आँतें भरी हैं और जगह-जगह दुर्गन्ध-युक्त वस्तुओंकी पोटलियाँ बँधी रखी हैं। सारे शरीरमें सिर सबसे अच्छा समझा जाता है, पर उसमें भी नाक और मुँहसे थूक और कफ बहता है। कानके बहनेसे जो दुर्गन्धि निकलती है, वह सही नहीं जाती। आँखों और नाकमें मल जम जाता है और प्रातःकाल मुँहमेंसे मलके समान गंध निकलती है। जिस मुँहमें लार, थूक, मल, पित्त और कफ भरा रहता है, उसीको चन्द्रमाके समान मुख-कमल कहते हैं। इधर मुँहमें तो यह गन्दगी भरी है और उधर पेटमें विष्ठा भरी है। यह बात बिलकुल प्रत्यक्ष है और संसारमें प्रत्यक्षके लिए प्रमाणकी आवश्यकता नहीं होती। पेटमें तो दिव्य अन्न डाला जाता है; पर उसका कुछ अंश विष्ठा हो जाता है और कुछ वमन। भागीरथीका जो जल पीया जाता है, वह लघु-शङ्का बन जाता है। इस प्रकार यह मल, मूत्र और वमन ही इस शरीरका जीवन है, और इसमें कोई सन्देह नहीं कि इन्हींसे शरीर बढ़ता है। यदि पेटमें मल, मूत्र और वमन न होता तो सब लोग मर जाते। चाहे राजा हो या रंक, विष्ठा सबके पेटमें है। इस शरीरकी ऐसी व्यवस्था है कि यदि सफाई करनेके लिए इसके अन्दरकी गन्दगी निकाल दी जाय तो यह शरीर ही न रह जाय। जब अच्छे होने-के समय शरीरकी यह दशा है तो फिर दुर्दशा होने पर उसका जो हाल होता है, वह कहा ही नहीं जा सकता। अनेक प्रकारकी विपत्तियाँ सहकर इसे नौ मास तक कारागारमें बन्द रहना पड़ता है, नवो द्वार रुके रहते हैं और उसमें वायुका कहींसे प्रवेश नहीं होता। वहीं वमन और नरकके रस जठराग्निके द्वारा तपते हैं और उसीमें अस्थि और मांस खौलता रहता है। जब बिना त्वचाका गर्भ खौलता

है, तब माताको कै करनेकी इच्छा होती है और कटु तथा तीक्ष्ण रसोंके कारण उस बालकके सब अङ्ग तप जाते हैं। जहाँ यह चमड़ेकी पोटली बँधी रहती है, वहां विष्ठाकी भी थैली रहती है और वहींसे वङ्कनालके द्वारा गर्भस्थ बालकको रस पहुँचता है। वहाँ विष्ठा, मूत्र, वमन, पित्त और नाक तथा मुँहसे निकलनेवाले जन्तुओंके कारण बालक बहुत ही घबराता है।

बस इसी प्रकारके कारागारमें प्राणी बड़े कष्टमें पड़ा रहता है और बहुत ही दुःखी होकर भगवानसे प्रार्थना करता है कि अब यहाँसे मेरा छुटकारा करो। यदि इस बार तुम मुझे यहाँसे निकाल दोगे तो मैं अपना वास्तविक हित करूँगा और ऐसा प्रयत्न करूँगा जिससे इस गर्भवासका अन्त हो जाय और मुझे फिर यहाँ न आना पड़े। जब इस प्रकार दुःखी होकर प्रतिज्ञा की जाती है, तब जन्मका समय आता है। उस समय माता प्रसवकी पीड़ासे रोने लगती है। गर्भमें तो बालककी नाक और मुँह माससे बन्द रहता है और वह केवल मस्तकके द्वारा साँस लेता है। पर जन्मके समय वह मस्तकवाला द्वार भी बन्द हो जाता है जिससे प्राणी व्याकुल होकर चारो ओर छटपटाने लगता है। श्वास बन्द होनेसे उसे बहुत कष्ट होता है और मार्ग न दिखाई पड़नेसे वह और भी दुःखी होता है। इसी व्याकुलतामें यदि कहीं वह माताकी योनिमें ही अटक जाता है तो लोग कहते हैं कि इसे काटकर निकालो। तब लोग उसके हाथ पैर काटकर उसे बाहर निकालते हैं अथवा मुँह, नाक, पेट जो कुछ सामने आता है, वही काट डालते हैं। इस प्रकार टुकड़े टुकड़े करनेसे बालक मर जाता है और माता भी मर जाती है। इस प्रकार पहले तो वह गर्भमें दारुण दुःख भोगता है और तब स्वयं भी मरता है और माताके भी प्राण लेता है। यदि सौभाग्यसे किसी तरह योनिका मार्ग मिल गया तो कन्धा या गला अड़ जाता है। तब लोग उस संकुचित मार्गसे बलपूर्वक उसे खींचकर निकालते हैं जिससे कभी कभी बालकके प्राण निकल जाते हैं। मरनेसे पहले ही बालक बेहोश हो जाता है और उसे पहलेकी सब बातें भूल जाती हैं।

गर्भमें रहने पर तो बालक "सोऽहं सोऽहं" कहता है; अर्थात् मैं वही ब्रह्म हूँ पर बाहर निकलते ही कहने लगता है—"कोऽहं कोऽहं" अर्थात् मैं कौन हूँ। इस प्रकार गर्भमें बहुतसे कष्ट भोगने पड़ते हैं। गर्भके कष्ट भोगकर वह बहुत

कठिनतासे बाहर निकलता है और यहाँ आते ही गर्भ-वासके सब कष्ट भूल जाता है। उसकी वृत्ति बिलकुल शून्य हो जाती है, उसे कुछ भी याद नहीं रहता और अज्ञानसे जो भ्रान्ति उत्पन्न होती है, उसीको वह सुख मान बैठता है। देह-विकार पाते ही वह माया-जालमें ऐसा फँसता है कि उसे सब सुख-दुःख भूल जाते हैं।

प्राणी मात्रको गर्भमें इसी प्रकारके दुःख होते हैं, इसी लिए हम कहते हैं कि परमात्माकी शरणमें जाना चाहिए। जो परमात्माका भक्त होता है, वह अपने ज्ञान-बलसे जन्मसे ही मुक्त और सदा विरक्त रहता है।

गर्भमें जो विपत्तियाँ होती हैं, उनका यथामति यहाँ निरूपण किया गया है। श्रोता लोग सावधान होकर आगेकी बातें सुनें।

दूसरा समास

जीवन-काल

यह संसार दुःखका मूल है। पहले बतलाया जा चुका है कि गर्भावस्थामें कितना अधिक कष्ट होता है। पर गर्भावस्थामें होनेवाला दुःख बालक भूल जाता है और दिनपर दिन बड़ा होने लगता है। बाल्यावस्थामें त्वचा कोमल होती है, अतः जरा-सा कष्ट होते ही वह व्याकुल हो जाता है। उस समय उसमें अपना सुख-दुःख बतलानेके लिए वाचा नहीं होती। यदि उसके शरीरको किसी प्रकारका कष्ट होता है अथवा उसे भूख लगती है, तो वह बहुत रोता है। पर उसके मनकी बात कोई समझ नहीं सकता। माता ऊपरसे उसे पुचकारती है, पर वह यह नहीं समझती कि बालकके अन्तरमें क्या पीड़ा हो रही है; और बालकको दुःख होता रहता है, वह बराबर हिचकियाँ लेता हुआ रोता है, माता उसे गोदमें लेकर चुप कराना चाहती है, पर उसकी व्यथा नहीं जानती और वह अन्दर ही अन्दर व्याकुल होता है। अनेक प्रकारकी व्याधियाँ उत्पन्न होती हैं जिनसे दुःखी होकर वह छटपटाता है, रोता है, गिरता है और आगसे जल जाता है। वह अपने शरीरकी रक्षा नहीं कर सकता। तरह तरहकी खराबियाँ होती हैं और कभी-कभी किसी आकस्मिक दुर्घटनाके कारण उसका कोई अवयव जाता रहता है। यदि पूर्व-जन्मके पुण्योंके कारण किसी प्रकार ये सब आपत्तियाँ टल जाती हैं तो वह दिन पर दिन माताको पहचानने लगता है। यदि वह क्षण

भर माताको न देखे तो दुःखी होकर रोने लगता है। उस समय उसके लिए माताके समान और कोई नहीं होता। वह बराबर आशा रखकर उसकी प्रतीक्षा करता रहता है, उसके बिना कभी रह नहीं सकता और कुछ-कुछ स्मरण-शक्ति उत्पन्न होने पर पल भरके लिए भी उसका वियोग नहीं सह सकता। चाहे ब्रह्मा आदि देवता आवें और चाहे लक्ष्मी आकर उसे समझावे, पर वह अपनी माताके बिना कभी शान्त नहीं होता। उसकी माता चाहे कितनी ही कुरूप, कुलक्षणी अथवा अभागिनी क्यों न हो, तो भी उसके लिए भूमण्डलकी कोई स्त्री उसके बराबर नहीं हो सकती। माताके बिना वह बहुत ही दीन-हीन जान पड़ता है। यदि माता क्रोधमें आकर उसे ढकेल देती है तो भी वह रोकर उसीसे लिपट जाता है। वह माताके पास रहकर ही सुख पाता है, उससे अलग होते ही व्याकुल होता है। उस समय माता पर उसकी अतिशय प्रीति होती है। इस बीचमें ही यदि उसकी माता मर जाती है तो वह अनाथ हो जाता है और दुःखी होकर माँ माँ कहकर रोने लगता है। जब उसे माता नहीं दिखाई देती, तब वह दीन भावसे लोगोंकी ओर देखने लगता है और उसे माताके आनेकी आशा बनी रहती है। जब पहले किसी पर उसे माताका धोखा होता है और तब उसे पता चलता है कि यह मेरी माता नहीं है, तब वह दीनतापूर्वक उदास हो जाता है। माताके वियोगसे वह बहुत दुःखी होता है और उसका शरीर बहुत क्षीण हो जाता है। यदि माता किसी प्रकार जीवित रहती है और बच्चेके पास रहती है तो दिन पर दिन उसकी बाल्यावस्था दूर होने लगती है। वह दिन पर दिन सयाना होने लगता है और धीरे धीरे उसे माताकी आवश्यकता कम होने लगती है।

अब उसे खेलकी लगन लगती है। वह लड़कोंकी टोली जमा करता है और होती रहनेवाली बातोंसे दुःखी या प्रसन्न होता है। माता-पिता मन लगाकर उसे जो अच्छी बातें सिखलाते हैं, उनसे वह परम दुःखी होता है और लड़कोंकी संगतिका उसे जो चसका पड़ जाता है, वह नहीं छूटता। वह लड़कोंमें खेलता रहता है और उसे माता-पिताका स्मरण नहीं होता। पर वहाँ भी उसे अचानक दुःख प्राप्त होता है। कभी दाँत टूटते हैं, कभी आँख फूटती है, कभी पैर टूटनेसे लुला हो जाता है। सारा मजा बिगड़ जाता है और दुर्दशा होती है। कभी चेचक निकलती है, कभी सिरमें दर्द होता है, कभी ज्वर होता है और कभी पेटमें

शूल होता है और कभी वायु-गोला हो जाता है। कभी भूत-प्रेत लगते हैं और कभी किसी जल-देवता या जिन्नका आक्रमण होता है जिससे माता-पिता व्याकुल होते हैं। वे कहते हैं कि न जाने इसे दुष्ट वेताल या ब्रह्म लगा है या यह कोई उतारा या टोटका लाँघ गया है। कोई कहता है कि अमुक भूत या प्रेत है; और कोई कहता है कि यह सब झूठ है, इसे ब्रह्म-राक्षस लगा है। कोई कहता है कि इसे किसीने कुछ कर दिया है और कोई कहता है कि इसकी छठीकी पूजामें कुछ भूल हो गई है। कोई कहता है कि यह सब कर्मका भोग है। इस प्रकार उसे तरह तरहके रोग होते हैं और अच्छे अच्छे वैद्य तथा झाड़-फूँक करनेवाले बुलाये जाते हैं। कोई कहता है कि यह न बचेगा; और कोई कहता है कि यह नहीं मरेगा; केवल पापोंके कारण यातनाएँ भोग रहा है। जब वह गर्भके दुःख भूल जाता है, तब उसे त्रिविध ताप सताने लगते हैं और संसारके दुःखोंसे वह बहुत अधिक पीड़ित होता है। यदि इतने पर भी वह किसी प्रकार बच जाता है तो वह किसी तरह मार-पीटकर सयाना किया जाता है और सांसारिक कार्योंके लिए योग्य बनाया जाता है।

इसके उपरान्त माता-पिता प्रेमके कारण बहुत ठाटसे उसका विवाह करते हैं और अपना सारा वैभव दिखलाकर बहूका मुँह देखते हैं। बरातका ठाट-बाट देखकर लड़का बहुत प्रसन्न होता है और उसका मन ससुरालकी ओर लगने लगता है। उसके माता-पिता चाहे जैसी दशामें रहें, पर वह ससुरालमें बहुत ठाटसे जाता है। यदि इसके लिए उसके पास धन न हो तो वह ब्याज पर ऋण भी लेता है। अब उसका मन ससुरालमें जा लगता है। बेचारे माँ-बाप यों ही पड़े रह जाते हैं; मानों माँ-बाप केवल कष्ट सहनेके लिए ही थे। जब बहू घरमें आती है, तब वह परम प्रसन्न और उत्साहपूर्ण हो जाता है और समझता है कि मेरे समान दूसरा कोई है ही नहीं। स्त्री न दिखाई पड़ने पर उसे माँ-बाप और भाई-बहिन सभी अप्रिय लगते हैं और अविद्याके कारण वह केवल स्त्रीमें ही रत रहता है। स्त्रीके साथ सम्भोग न होने पर ही उसका प्रेम उसके प्रति इतना बढ़ जाता है और जब वह स्त्री सम्भोगके योग्य हो जाती है, तब तो वह मर्यादाका उल्लंघन ही करने लगता है। दोनों परस्पर खूब प्रेम बढ़ाते और कामके फेरमें पड़ जाते हैं। यदि कोई एक दूसरेको क्षण भर भी न देखे तो उतावला हो जाता

है। प्रिय स्त्री उसका मन अपने वशमें कर लेती है। कोमल तथा मंजुल शब्द, मर्यादा, लज्जा, मुख-कमल, तिरछी चितवन, सब केवल ग्राम्य-मनोवृत्तिके कपट-जाल हैं। इनके कारण प्रेमकी उमंग सँभाली नहीं जाती, शरीरकी व्याकुलता रोकी नहीं जाती, किसी दूसरे काममें मन नहीं लगता और मन उदास बना रहता है। जब आदमी किसी कामसे घरके बाहर जाता है, तब उसका मन घरमें लगा रहता है और दम पर दम मनमें कामिनीका ध्यान आता है। स्त्री यह कहकर कि तुम्हीं तो मेरे प्राण और जीवन हो, अपना प्रेम दिखलाती और चित्त चुरा लेती है। जिस प्रकार कपटी और घातक लोग घनिष्ठता बढ़ाकर गलेमें फाँसी लगाकर प्राण लेते हैं, उसी प्रकार स्त्री, पुत्र आदि अपने मोहमें फँसाकर प्राण लेते हैं। आयुष्य-की समाप्ति पर मनुष्यको यही जान पड़ता है कि वह कामिनीमें प्रेम लगाता है; और यदि इस बात पर उससे कोई नाराज होता है, तो उसे मनमें बहुत बुरा लगता है, वह पत्नीका पक्ष लेकर माता-पिताको नीच उत्तर देता है और तिरस्कार-पूर्ण बातें कहकर उनसे अलग हो जाता है। वह स्त्रीके कारण लज्जा और मित्रता सब छोड़ देता है और अपने सभी लोगोंके साथ बिगाड़ कर लेता है। वह स्त्रीके लिए अपना शरीर बेचकर दूसरेका दास बनता है और स्त्रीके लिए विवेक तकका परित्याग कर देता है। वह स्त्रीके लिए लम्पटता, अति नम्रता और पराधीनता तक स्वीकृत करता है। वह स्त्रीके लिए लोभी बनता है और धर्म, कर्म तथा तीर्थ-यात्रा आदि सभी छोड़ देता है। स्त्रीके फेरमें पड़कर वह शुभ अशुभका कोई विचार नहीं करता और अनन्य भावसे अपना तन, मन, धन सब उसको अर्पित कर देता है। वह स्त्रीके लिए अपना परमार्थ नष्ट करता है, अपना वास्त-विक हित छोड़ देता है, ईश्वरके सामने दोषी बनता है और काम-वासनामें फँसता है। वह स्त्रीके लिए भक्ति तथा वैराग्य छोड़ देता है और सायुज्य मुक्तिको भी तुच्छ समझ लेता है। वह स्त्रीके लिए ब्रह्माण्डको तुच्छ समझता है और उसे स्वयं अपने हितचिन्तक भी दुष्ट जान पड़ते हैं। जिस समय स्त्रीके साथ उसका इतना अधिक प्रेम हो जाता है और वह सब कुछ छोड़ बैठता है, उस समय अकस्मात् उसकी स्त्री मर जाती है। उस समय उसके मनमें बहुत अधिक शोक होता है, हृदय-पर बहुत बड़ा आघात होता है। वह कहता है कि मेरे साथ बहुत बड़ा घात हुआ और मेरी सारी गृहस्थी चौपट हो गई! वह दुःखी होकर कहता

है कि मेरी परम प्रिय स्त्रीने मेरा साथ छोड़ दिया—अचानक मेरा घर चौपट हो गया; अतः अब मैं मायाका परित्याग करता हूँ। वह स्त्रीके शवको गोदमें लेकर छाती और पेट पीटता है और लज्जा छोड़कर सबके सामने उसके गुणोंका वर्णन करता है। वह दुःखी होकर जोर-जोरसे रोता, चिल्लाता और कहता है कि मेरा घर चौपट हो गया; अब मैं इस गृहस्थीके जंजालमें न पड़ूँगा। उस समय उसका मन बवंडरकी तरह चारों ओर घूमता है; सब बातोंसे उसका मन ऊब जाता है और उसी दुःखमें वह योगी या महात्मा हो जाता है; और यदि घर छोड़कर कहीं निकल नहीं जाता तो फिर दूसरा विवाह कर लेता है और दूसरी स्त्रीमें भी उसी प्रकार अत्यन्त मग्न हो जाता है। वह दूसरी स्त्रीके फेरमें पड़कर किस प्रकार आनन्द मनाने लगता है, यह श्रोता लोग अगले समासमें मन लगाकर सुनें।

तीसरा समास

दूसरा विवाह और बाल-बच्चे

दूसरा विवाह होने पर पुराना दुःख भूल जाता है और वह फिर गृहस्थीमें सुख मानकर रहने लगता है। अब वह अत्यन्त कृपण हो जाता है; यहाँ तक कि पेट भर अन्न भी नहीं खाता और पैसे-पैसेके लिए प्राण देने लगता है। वह कल्पान्तमें भी अपना पैसा खर्च नहीं करना चाहता और बराबर संचय पर संचय करता चलता है। फिर भला उसके हृदयमें सद्-वासना कहाँसे रह सकती है! वह स्वयं तो कोई धर्मकार्य करता ही नहीं, दूसरोंको भी धर्म-कार्य करनेसे रोकता है और सदा साधुओंकी निन्दा करता है। वह तीर्थ, व्रत, अतिथि, अभ्यागत आदिको कुछ भी नहीं समझता और च्यूँटियोंके मुँहसे भी दाने छीनकर संचय करता है। वह कोई पुण्य नहीं करता और न किसी दूसरेको पुण्य करते हुए देख सकता है। दूसरोंका पुण्य करना भी उसे अच्छा नहीं लगता; इसलिए वह उनका उपहास करता है। वह देवताओं और भक्तोंका उच्छेद करता है, अपने शारीरिक बलसे सबको कष्ट पहुँचाता है और अपने निष्ठुर शब्दोंसे प्राणी मात्रका हृदय बेधता है। वह नीति छोड़कर अनीतिका व्यवहार करने लगता है और सदा अभिमानसे फूला रहता है। वह अपने पूर्वजोंको भी धोखा देता है और उनके श्राद्ध आदि कुछ भी नहीं करता; और कुल-देवताको भी ठगता है। वह ब्राह्मण-

भोजन करानेकी जगह मेहमानीमें आये हुए अपने सालेको ही भोजन कराके सन्तुष्ट होता है। उसे न तो हरि-कथा और न देवता अच्छे लगते हैं और वह स्नान, सन्ध्या आदिको व्यर्थ बतलाता है। केवल धन संचय करना चाहता है, विश्वास-घात करता है और यौवनके मदमें उन्मत्त हो जाता है। पूर्ण युवावस्था होनेके कारण वह धैर्य नहीं धारण कर सकता और ऐसे ऐसे महापाप करता है जो कभी न करने चाहिएँ। कहीं उसकी नई स्त्रीकी अवस्था कम हुई तो वह धैर्य नहीं कर सकता और विषय-वासनामें पड़कर पर-स्त्रीगामी हो जाता है। वह माँ या बहिनका विचार नहीं करता और पर-स्त्री-गमन करके पापी होता है। इसके लिए उसे राजाके यहाँसे दंड भी मिलता है, पर वह किसी तरह वह पाप नहीं छोड़ता। पराई स्त्रीको देखते ही उसके मनमें काम-वासना उठती है और वह न करने योग्य काम करके दुःखी होता है। वह शुभ और अशुभका विचार छोड़कर बड़े-बड़े पाप करता है जिससे उसका शरीर दोषों या रोगों और दुःखोंसे भर जाता है। सारे शरीरमें रोग भर जाते हैं, उसे क्षय रोग हो जाता है और वह जल्दी ही अपने किये हुए पापोंका फल भोगने लगता है। उसके सभी अंगोंमें रोग हो जाते हैं, नाक बैठ जाती है और उसके सब अच्छे लक्षण चले जाते तथा उनके स्थान पर बुरे लक्षण आ जाते हैं। शरीर क्षीण हो जाता है, अनेक प्रकारके रोग उत्पन्न होते हैं, युवावस्थाको शक्ति नष्ट हो जाती है और उसके सब अंग शिथिल हो जाते हैं। सारे शरीरमें पीड़ाएँ होती हैं, शरीरकी दुर्दशा हो जाती है और शक्ति न रहनेसे वह थर-थर काँपने लगता है। हाथ, पैर आदि गल या झड़ जाते हैं, सब अंगोंमें कीड़े पड़ जाते हैं और उसे देखकर सब छोटे बड़े उस पर थूकने लगते हैं। उसे बहुत दस्त आने लगते हैं जिससे चारो ओर बहुत ही बुरी गन्ध फैलती है और उसकी बहुत ही दुर्दशा होती है। वह कहता है कि हे ईश्वर, अब मुझे मौत दो। मुझे बहुत कष्ट हो चुका। मैंने बहुत अधिक पाप किये हैं। वह मारे दुःखके फूट फूटकर रोता है और अपने शरीरकी ओर देख देखकर दीनतापूर्ण बातें कहता और तड़पता है। उसे अनेक कष्ट होते हैं, अनेक दुर्दशाएँ होती हैं और चोर आकर उसका सब माल उठा ले जाते हैं। न उसका यह लोक बनता है और न परलोक; उसके भाग्यकी दशा विचित्र हो जाती है और वह स्वयं ही दुःखी होकर अपने मल-मूत्रमें पड़ा रहता है।

अन्तमें जब उसके पापका भोग पूरा हो जाता है, तब उसका रोग दिन पर दिन कम होने लगता है। वैद्य उसे औषध देते हैं और उसका उपचार होता है। वह मरता मरता बच जाता है। लोग कहते हैं कि इसका नया जन्म हुआ और यह फिरसे आकर हम लोगोंमें मिला है। इसके बाद दूसरी स्त्रीको अपने घर लाता है और फिरसे घर-गृहस्थी जमाता है। अब वह पहलेसे और भी अधिक स्वार्थी हो जाता है। कुछ धन-सम्पत्ति प्राप्त करता है और सब चीजें एकत्र करता है। पर सन्तान नहीं होती, इससे समझता है कि मेरे घर और कुलका नाश हो गया। पुत्र न होनेके कारण दुःखी होता है और उसकी स्त्रीको सब लोग बाँझ कहते हैं। वह सोचता है कि लड़का न हो तो लड़की ही हो जिससे बाँझका नाम तो मिटे। अतः सन्तानके लिए अनेक प्रकारके उद्योग करता है, बहुतसे देवताओंकी मन्नत मानता है; तीर्थ, व्रत और उपवास करता है। विषयका सुखभोग तो गया, अब वह स्त्रीके वन्ध्यात्वसे दुःखी रहता है। किसी प्रकार कुल-देवता प्रसन्न होते हैं और सन्तान होती है। अब स्त्री और पुरुष दोनोंकी उस लड़के पर बहुत अधिक प्रीति होती है और दोनों क्षण भर भी उसे नहीं भूलते। यदि उसे जरा-सा भी कुछ हो जाता है तो दोनों जोर-जोरसे रोने लगते हैं। जब वे इस प्रकार दुःखी रहते हैं, और अनेक देवताओंका पूजन आदि करते रहते हैं, तब वह लड़का भी पूर्व पापोंके कारण अचानक मर जाता है। इससे दोनों बहुत दुःखी होते हैं। सारे घरमें अँधेरा-सा छा जाता है और वे कहते हैं कि ईश्वरने हमें बाँझ बनाकर क्यों रखा। अब हमें द्रव्य लेकर क्या करना है। द्रव्य चला जाय, पर सन्तान हो। यदि सन्तानके लिए हमारा सर्वस्व चला जाय तो भी हर्ज नहीं। जब बाँझ-पन दूर हुआ, तब लोग कहते हैं कि इस स्त्रीको तो सन्तान जीती ही नहीं। वे दुःखी होकर रोते हैं और सोचते हैं कि यह अपवाद किस प्रकार दूर हो। वे रोते हुए कहते हैं कि हमारी कुलकी बेल क्यों कट गई। हे ईश्वर, अब तो हमारा वंश ही नष्ट हो गया। कुल-देवी हम पर क्यों रुष्ट हैं! हमारे वंशका दीपक क्यों बुझ गया! यदि इस बार हम लड़केका मुँह देखें तो हम प्रसन्नताके साथ जलते हुए अंगारों पर चलेंगे और कुल-देवीके पास पहुँचकर गलेकी हड्डी भी छेदेंगे। हे माता कुलदेवी, हम तुम्हारी पूजा करेंगे; लड़केका नाम नरकू और चिरकुट रखेंगे और उसे नथ पहनावेंगे। तुम मेरा मनोरथ पूर्ण करो।

बहुतसे देवी-देवताओंकी मन्नतें मानते हैं, साधू और गोशाईं ढूँढ़ते हैं और बहुत अधिक कष्टदायक पदार्थ गटागट निगलते चले जाते हैं। वे भूतोंको दूर करनेके यत्न करते हैं और अपने ऊपर देवी देवताओंको बुलाते हैं और ब्राह्मणको केले, नारियल तथा आम देते हैं। जारण, मारण आदि अनेक प्रकारके अनुचित कार्य करते हैं, सन्तानके लिए अनेक प्रकारके तन्त्र-मन्त्र और प्रयोग करते हैं, तो भी दुर्भाग्यसे उन्हें पुत्र नहीं होता। टोना करनेके लिए वृक्षोंके नीचे जाकर स्नान करते हैं जिससे फले-फूले वृक्ष सूख जाते हैं। इस प्रकार वे पुत्रकी कामनासे अनेक प्रकारके दोष करते हैं। इस प्रकार सब सुख और वैभव छोड़कर जब उपाय करते करते लाचार हो जाते हैं, तब कहीं जाकर कुल-देवी प्रसन्न होती हैं। मनोरथ पूर्ण होता है और स्त्री तथा पुरुष दोनों बहुत प्रसन्न होते हैं। अब आगे जो कुछ होगा, वह अगले समासमें बतलाया जायगा। श्रोता लोग सावधान होकर सुनें।

चौथा समास

गृहस्थीकी झंझटोंसे घबराकर विदेश जाना

जहाँ घरमें बहुतसे लड़के-बाले हुए, तहाँ लक्ष्मी घरसे निकल जाती है। कुछ खानेको नहीं मिलता और भीख माँगने लगते हैं। बहुतसे बच्चे हो जाते हैं। कोई रेंगता है और कोई पेटमें रहता है। लड़कों और लड़कियोंसे घर भर जाता है। दिन पर दिन खर्च बढ़ता जाता है और आमदनी घटती जाती है। लड़की विवाहके योग्य हो जाती है, पर उसके विवाहके लिए पासमें धन नहीं होता। पहले माँ-बाप सम्पन्न थे और उनके पास यथेष्ट धन था, इससे लोगोंमें उनकी प्रतिष्ठा और मान बहुत अधिक हो गया था। अब लोगोंमें पहलेवाला भरम तो बना रहता है, पर घरमें पहलेकी-सी सम्पत्ति नहीं होती। वे दिन पर दिन अन्दर ही अन्दर दरिद्र हो जाते हैं। घर-गृहस्थीकी झंझटें बहुत बढ़ जाती हैं और पासमें पूँजी नहीं रह जाती। इससे स्त्री और पुरुष दोनोंको बहुत अधिक चिन्ता होती है। लड़कियाँ ब्याहनेके योग्य हो जाती हैं और लड़कोंको देखनेके लिए लड़कीवाले आने लगते हैं। चिन्ता होती है कि अब इनका विवाह होना चाहिए। यदि लड़के-लड़कियाँ बिना ब्याही रह जायँ तो लोक-लज्जा आ घेरती है। लोग कहने लगते हैं कि यदि पासमें धन नहीं था तो इतनी दरिद्र सन्तानोंको

उत्पन्न करनेकी ही क्या आवश्यकता थी। सोचते हैं कि लोकमें निन्दा तो होगी ही, बड़ोंका नाम भी डूब जायगा। अब विवाहके खर्चके लिए ऋण कौन देगा! पहलेका लिया हुआ ऋण तो अभी तक चुकाया ही नहीं गया। इससे प्राणीको बहुत अधिक चिन्ता होती है। वह अन्न खाता है और अन्न उसीको खाये जाता है। वह सदा चिन्तित रहता है। सारी प्रतिष्ठा नष्ट हो जाती है, सब चीजें रेहन हो जाती हैं और दिवालेकी नौबत आ जाती है। कुछ जोड़-तोड़ लगाकर, घरकी गौ, भैंस और बछड़े आदि बेंचता है और कुछ इधर-उधरसे उधार लेता है। इस प्रकार ऋण लेकर लोकमें झूठी शान दिखलाता है। सब लोग कहते हैं कि इसने अपने बड़ोंका नाम रख लिया। इस प्रकार ऋण बहुत बढ़ जाता है और चारों ओरसे तगादा करनेवाले महाजन आकर घेरते हैं। अब वह घबड़ाकर विदेश चला जाता है। साल दो साल परदेशमें लुक-छिपकर रहता है। नीच-सेवा स्वीकार करता है, और बहुत अधिक शारीरिक कष्ट भोगता है। वहाँ वह कुछ धन एकत्र करता है, पर उसका मन घरके लोगोंमें लगा रहता है; इसलिए मालिकसे छुट्टी लेकर घर लौटता है। उधर स्त्री और बच्चे बहुत कष्ट भोगते हैं और उसकी प्रतीक्षा करते हुए कहते हैं कि इतने दिन कहाँ लगे! हे ईश्वर, अब हम लोग क्या करें! अब हम लोग क्या खायँ और कहाँ तक उपवास करें। परमात्माने ऐसे आदमीके साथ हमारा संयोग क्यों कराया। सब लोग अपना-अपना सुख देखते हैं, उसका दुःख कोई नहीं देखता। और जब अन्तमें उसकी सारी शक्ति नष्ट हो जाती है, तब कोई उसके काम नहीं आता। इस प्रकार प्रतीक्षा करते-करते किसी दिन वह अचानक आ जाता है, तब लड़के-बाले यह कहते हुए दौड़ते हैं कि बाबूजी बहुत थक गये हैं। स्त्री उसे देखकर बहुत प्रसन्न होती है और कहती है कि अब हमारी गरीबी दूर हो गई। वह स्त्रीके हाथमें गठड़ी दे देता है। सब लड़कोंको बहुत आनन्द होता है। वे कहते हैं कि हमारे बाबूजी आ गये। हमारे लिए कपड़े और टोपियाँ लाये हैं। इस प्रकार चार दिन सब लोग खूब आनन्द मनाते हुए तरह-तरहकी बातें करते हैं और कहते हैं कि यह धन खर्च हो जाने पर फिर हमें कष्ट भोगना पड़ेगा। इसलिए जो धन लाये हैं, वह यहीं रहने दें और ये फिर धन कमाने विदेश चले जाँय। जब तक यह धन समाप्त हो, तब तक और कमा लावें। यही सबकी इच्छा

होती है। सब लोग सुखके ही साथी होते हैं। अत्यन्त प्रिय स्त्री भी सुखकी ही साथी होती है। विदेशमें अनेक कष्ट सहकर वह घरमें विश्राम करनेके लिए आया था। अभी उसने साँस भी नहीं लिया था कि फिर विदेश चलनेकी तैयारी होने लगी। फिर ज्योतिषी ढूँढ़े जाने लगे और मुहूर्त्तकी चिन्ता हुई। पर उसका मन घरमें लगा रहता है और परदेश जानेको जी नहीं चाहता। तो भी लाचार होकर कुछ खाने-पीनेकी चीजें बाँधता है और बच्चोंको प्रेमपूर्ण दृष्टिसे देखता हुआ चल पड़ता है। स्त्रीको देखता है और उसके वियोगका ध्यान करके दुःखी होता है; पर दुर्भाग्यसे उन्हें छोड़ना ही पड़ता है। उसका गला भर आता है और प्रेमके आवेशमें वह अपने आपको सँभाल नहीं सकता। पर अन्तमें लड़के-बालों और पिताका वियोग हो ही जाता है। सब सोचते हैं कि यदि भाग्यमें होगा तो फिर भेंट होगी। नहीं तो यही अन्तिम भेंट है। यह कहकर वह चल पड़ता है और घूम घूमकर पीछेकी ओर देखता है। वियोगका दुःख उससे सहा नहीं जाता पर फिर भी कुछ बस नहीं चलता। गाँव बहुत पीछे छूट जाता है और संसारकी झंझटोंके कारण चित्त बहुत उद्विग्न होता हैं। वह मोहके कारण प्रपंचमें फँसकर बहुत दुःखी होता है। उस समय उसे अपनी माता याद आती है और वह कहता है कि माँ, तुम धन्य हो! तुमने मेरे लिए बहुत कष्ट सहे! पर मैं बड़ा ही मूर्ख हूँ। यदि आज वह होती तो मुझे कभी न छोड़ती। वियोग होते ही वह रोने लगती। वह पेटकी आग—माताका प्रेम कुछ और ही होता है। पुत्र चाहे कितना ही दरिद्र और भिखारी क्यों न हो, पर माता बराबर उसको अंगीकार करती है। उसे दुःखी देखकर उसका मन बहुत ही दुःखी होता है। वह सोचता है कि घर-गृहस्थी सब कुछ मिल जाती है, पर माता फिर नहीं मिलती जिससे यह शरीर उत्पन्न हुआ है। चाहे वह कितनी ही कर्कशा क्यों न हो, पर फिर भी वह माता ही है। स्त्रियाँ हजार भी हों, तो उनसे क्या होता है! परन्तु मैं कामके विकारमें फँसकर सब भूल गया। इसी एक काम-वासनाके वशमें होकर मैंने अपने प्रिय लोगोंके साथ झगड़ा मोल लिया और अपने मित्रोंको बुरा समझ लिया। वे गृहस्थ धन्य हैं जो अपने माता-पिताकी सेवा करते हैं और अपने लोगोंके प्रति अपना मन निष्ठुर नहीं करते। स्त्री और बाल-बच्चोंका संग तो जन्म भर रहेगा, पर माँ-बाप फिर कैसे मिलेंगे! यद्यपि ये सब

बातें मैं पहले भी सुना करता था, पर उस समय मुझे अक्ल न आई और रति-सुखमें ही मेरा मन डूब गया। जो स्त्री-पुत्र मुझे इस समय मित्र जान पड़ते हैं, वे सब दुष्ट हैं और केवल वैभवके लिए मेरे साथ लगे हैं। इनके सामने खाली हाथ जानेमें लज्जा होती है। अब चाहे जैसे हो, द्रव्य लेकर इनके पास जाऊँ। खाली हाथ जानेसे स्वभावतः दुःख होगा। इस प्रकारकी बातें सोचकर वह मनमें बहुत दुःखी होता है और चिन्ताके महासागरमें डूब जाता है। जो शरीर अपना है, उसे वह पराया कर देता है और कुटुम्बके लिए संसार भरके अनुचित कृत्य करके ईश्वरके सामने दोषी बनता है। केवल कामवासनाके फेरमें पड़कर वह अपना सारा जन्म व्यर्थ गँवा देता है और अन्तमें सब कुछ छोड़कर इस संसारसे अकेला ही चल बसता है। मनमें इस प्रकारके विचार उठने पर वह क्षण भरके लिए बहुत उदास हो जाता है और फिर शीघ्र ही मायाके उसी झमेलेमें फँस जाता है। लड़के-लड़कियोंका मनमें स्मरण होने पर वह दुःखी होता है और कहता है कि मेरे बाल-बच्चे मुझसे छूट गये। अब तक उसे जो दुःख और कष्ट हुए थे, उन सबकी याद आनेपर जोर जोरसे रोने लगता है। वह अरण्य-रोदन करता है और उसे कोई समझाने-बुझाने नहीं आता। इसलिए वह फिर मन ही मन सोचने लगता है कि अब रोनेसे क्या होगा। जो सिर पड़ा है, उसे भोगना चाहिए। इस प्रकारकी बातें करके वह धैर्य धारण करता है। इस प्रकार दुःखसे व्याकुल होकर वह विदेश जाता है। वहाँ जानेपर जो कुछ होता है, वह सावधान होकर सुनें।

पाँचवाँ समास

तीसरा विवाह और बुढ़ापेके कष्ट

वह प्राणी फिर विदेश जाकर अपने काम धन्धेमें लगता है और अनेक प्रकारके परिश्रम करता तथा कष्ट भोगता है। इस दुस्तर संसारके लिए वह बड़े-बड़े कष्ट उठाता है और दो चार वर्षमें कुछ धन एकत्र करता है। तब वह फिर अपने घर आता है। वहाँ आकर देखता है कि देशमें अवर्षण हुआ है। पानी बिल्कुल नहीं बरसा जिसके कारण लोगोंको बहुत कष्ट है। किसीके गाल बैठ गये हैं, किसीकी आँखें धँस गई हैं और कोई दीनता पूर्वक बातें करते समय काँपता है। वह

अकस्मात् अपनी आँखोंसे देखता है कि उसके बाल-बच्चोंमेंसे कोई दीन भावसे बैठा है, किसीका शरीर फूल गया है और कोई मर गया है। वह बहुत दुःखी होता है। उसका गला भर आता है और वह बहुत ही दीनतापूर्वक रोने लगता है। उसे देखकर बाल-बच्चे कुछ होशमें आते हैं और "बाबू जी, बाबू जी, कुछ खानेको दो" कहकर उसकी ओर झपटते हैं। वे उसकी गठड़ी आदि खोलकर देखते हैं और उसमें जो कुछ निकलता है, वही खाने लगते हैं। कुछ उनके मुँहमें रहता है और कुछ हाथमें और उसी दशामें उनके प्राण निकल जाते हैं। वह जल्दी जल्दी सबके सामने खानेको रखता है। खाते-खाते ही उनमेंसे कुछ मर जाते हैं और कुछ बादमें अजीर्णके कारण प्राण खोते हैं। इस प्रकार घरके बहुतसे लोग मर जाते हैं, केवल दो एक बच्चे बच रहते हैं; पर वे भी अपनी माताके बिना दीन-हीन हो जाते हैं। जब ऐसे अवर्षणके कारण सारा घर नष्ट हो जाता है, तब फिर देशमें सुभिक्ष या सुकाल होता है। लड़कोंको देखने-भालनेवाला कोई नहीं होता और उसे स्वयं ही भोजन बनाना पड़ता है जिससे वह बहुत दुःखी होता है। लोगोंके बहुत दबाव डालनेपर वह फिर विवाह करता है और बचा हुआ सारा द्रव्य उसीमें खर्च कर देता है। वह फिर विदेश जाता है और वहाँसे द्रव्य कमा-कर लाता है। घरमें देखता है कि उसकी स्त्री अपने सौतेले लड़कोंसे बराबर कलह करती है। वह स्त्री युवती होती है और पुत्र उसे देख नहीं सकते। उधर पति वृद्ध होकर अशक्त हो जाता है। लड़के सदा लड़ते-झगड़ते रहते हैं। कोई किसीकी नहीं सुनता और वह अपनी स्त्री ही पर अधिक प्रीति रखता है। उसके मनमें सन्देह उत्पन्न होता है और चित्त शान्त नहीं होता, इसलिए वह पञ्चायत जोड़ता है। पंच जो बँटवारा करते हैं, उसे पुत्र नहीं मानते; इसलिए निपटारा तो होता नहीं, उलटे नया झगड़ा खड़ा हो जाता है। बाप-बेटोंमें लड़ाई होती है और लड़के बापको मारते हैं जिससे स्त्री रोने लगती है। शोर सुनकर बहुतसे लोग इकट्ठे होते और तमाशा देखते हैं और कहते हैं "वाह! लड़के खूब बापके काम आये! जिनके वास्ते इतनी मन्नतें मानी गईं, इतने प्रयत्न किये गए; देखो वही पुत्र अपने पिताको मार रहे हैं।" सब लोग यह देखकर आश्चर्य करते हैं कि कैसा घोर पापपूर्ण कलियुग आ गया और किसी तरह वह लड़ाई-झगड़ा बन्द कराते हैं। फिर सब पञ्च मिलकर बराबर बराबर बँटवारा करते हैं, तब कहीं जाकर बाप-बेटोंका झगड़ा

निपटता है। वे बापको अलग करके उसके लिए एक झोंपड़ा या छोटा-सा मकान बनवा देते हैं। तब स्त्रीमें स्वार्थका भाव उत्पन्न होता है। स्त्री युवती होती है और पुरुष वृद्ध होता है। दोनोंका सम्बन्ध होने पर जो खेद होता है, उसीको वह आनन्द मान लेते हैं। उस वृद्धको सुन्दर, गुणी और चतुर स्त्री मिलती है; इसलिए वह कहता है कि इस बुढ़ापेमें मेरा भाग्य बहुत अच्छा है। वह सब दुःख भूलकर प्रसन्न होता है। तब देशमें बलवा होता है और नये राजाका राज्य स्थापित होता है। अकस्मात् चढ़ाई होती है और लोग उसकी स्त्रीको कैद करके ले जाते हैं। साथ ही उसके घरकी सब चीजें भी चली जाती हैं। उसे बहुत अधिक दुःख होता है और वह अपनी सुन्दरी और गुणवती स्त्रीका स्मरण करके जोर जोरसे रोने और चिल्लाने लगता है। इतनेमें खबर आती है कि तुम्हारी स्त्रीको लोगोंने भ्रष्ट कर डाला, जिससे वह शोक करता हुआ पृथ्वी पर गिर पड़ता है। वह मूर्छित होकर इधर उधर लोटने लगता है, उसकी आँखोंसे आँसुओंकी धारा बहने लगती है और स्त्रीका ध्यान आते ही वह दुःखकी अग्निमें जलने लगता है। वह कहता है कि मैंने जो कुछ धन कमाया, वह सब विवाहमें खर्च हो गया और दुराचारी मेरी स्त्रीको भी पकड़ ले गये। मैं भी बुड्ढा हो गया। लड़के मुझसे अलग हो गये। हे ईश्वर, मेरा भाग्य फूट गया। अब न धन है, न स्त्री है, न रहनेकी जगह है, न शक्ति है। हे ईश्वर, अब तेरे सिवा मेरा और कोई नहीं है। पहले तो उसने देवताओंका आराधन नहीं किया और वैभव देखकर भूल गया; और अन्तमें बुढ़ापा आने पर पछताने लगा। शरीर सूख जाता है, सब अङ्ग सूख जाते हैं, वात और पित्तका जोर बढ़ता है और कफसे गला रुँध जाता है। जीभ लड़खड़ाती हैं, कफसे गलेमें घरघराहट होती है। मुँहसे दुर्गन्ध निकलती है और नाकसे कफ बहता है। गरदन हिलने लगती है, आँखोंसे पानी बहता है। इस प्रकार बुढ़ापेमें तरह तरहकी दुर्दशाएँ होती हैं। दाँत टूटनेसे मुँह पोपला हो जाता है और मुँहसे दुर्गन्धित लार टपकने लगती है। आँखोंसे दिखाई नहीं देता, कानोंसे सुनाई नहीं पड़ता और दम फूलनेके कारण जोर से बोला नहीं जाता। पैरोंकी शक्ति जाती रहती है, उससे बैठा नहीं जाता और गुदासे मुँहकी तरह शब्द निकलने लगता है। भूख सही नहीं जाती और समय पर भोजन नहीं मिलता। और यदि भोजन मिलता भी है, तो दाँत न होनेके कारण चबाया और खाया नहीं जाता। पित्तके कोपके कारण अन्न नहीं पचता, खाते ही कै हो जाती अथवा मल

द्वारसे ज्योंका त्यों निकल जाता है। विष्ठा, मूत्र, कफ और थूकसे आस-पासकी जमीन गन्दी हो जाती है। लोग उससे दूर रहकर भी दुर्गन्धके कारण साँस नहीं ले सकते। अनेक प्रकारके दुःख और रोग होते हैं। बुढ़ापेके कारण बुद्धि ठिकाने नहीं रहती, पर फिर भी मनुष्यकी अवधि पूरी नहीं होती। पलकों और भौंहोंके बाल पककर गिर जाते हैं और सारे शरीरका मांस जगह जगहसे चिरकुटकी तरह झूलने लगता है। सारा शरीर पराधीन हो जाता है। ठठरी भर बाकी रह जाती है। लोग कहते हैं कि न जाने यह मरता क्यों नहीं। जिन लोगोंको उसने जन्म देकर पाला-पोसा था, वे ही उसके विरुद्ध हो जाते हैं और अन्तमें प्राणीके लिए विषम समय आ उपस्थित होता है। जवानी और ताकत चली जाती है और गृहस्थी चौपट हो जाती है। शरीर और सम्पत्तिका नाश हो जाता है। जन्म भर वह अपने लिए जो कुछ करता है, वह सब व्यर्थ हो जाता है और अन्तमें कैसा विषम समय आ उपस्थित होता है। वह सुखके लिए कितना प्रयत्न करता है, पर अन्तमें वह बहुत ही दुःखी होता है। और फिर जो यम-यातना भोगनी पड़ती है, वह अलग।

जन्म समस्त दुःखोंका मूल है और इसमें दुःखके अंगार लगते हैं। इसलिए जन्म पाकर जहाँ तक जल्दी हो, अपना सच्चा हित कर लेना चाहिए। वृद्धावस्था सबके लिए दारुण कष्टदायक होती है, इसलिए सबको भगवानकी शरणमें जाना चाहिए। पहले गर्भमें आने पर जो पछतावा होता था, वही पछतावा वृद्ध होने और अन्तकाल आने पर फिर होता है। फिर दूसरे जन्ममें माताके उदरमें आना पड़ता है और इस दुस्तर संसारमें फँसना पड़ता है। बिना भगवानका भजन किये इस आवागमनका अन्त नहीं होता और आगे बतलाये हुए तीनों ताप फिर भोगने पड़ते हैं।

छठा समास

त्रिविध तापोंके लक्षण

अब त्रिविध तापोंके लक्षण बतलाये जाते हैं। श्रोता लोग एकाग्र चित्तसे यह निरूपण सुनें। जिस प्रकार आर्त्त मनुष्य मनमाना पदार्थ पाकर सन्तुष्ट होता है, उसी प्रकार तीनों तापोंसे कष्ट पानेवाला मनुष्य सन्तोंकी संगत पाकर शान्त होता है। भूखेको अन्न मिलने पर, प्यासेको पानी मिलने पर और बन्दीको बन्धन-से मुक्त होनेपर सुख मिलता है। बाढ़में डूबता हुआ मनुष्य किनारे लगनेसे और

स्वप्नमें दुःख पानेवाला मनुष्य जागनेसे सुखी होता है। मरते हुएको जीव-दान मिलनेसे और संकटमें पड़े हुएको उस संकटका निवारण होने पर सुख मिलता है। रोगीको अनुभूत और शुद्ध औषध तथा आरोग्य प्राप्त होने पर सुख मिलता है। इसी प्रकार जो त्रिविध तापोंसे पीड़ित होकर संसारमें बहुत दुःखी होता है, वह सत्संगके कारण परमार्थका अधिकारी होता है। अब यह बतलाया जाता है कि ये त्रिविध ताप कौन और कैसे हैं। कहा है—

देहेन्द्रियप्राणेन सुखं दुःखं च प्राप्यते।
इममाध्यात्मिकं तापं जायते दुःख देहिनां॥
सर्वभूतेन संयोगात् सुखं दुःखं च जायते।
द्वितीयतापसन्तापः सत्यं चैवाधिभौतिकः॥
शुभाशुभेन कर्मणा देहान्ते यमःयातना।
स्वर्गनरकादिभोक्तव्यमिदं चैवाधिदैविकम्॥

पहला ताप आध्यात्मिक, दूसरा आधिभौतिक और तीसरा आधिदैविक होता है। आध्यात्मिक ताप कौन हैं और उनके क्या लक्षण हैं और आधिभौतिकके कौनसे लक्षण हैं? आधिदैविक ताप कैसा है और उसमें क्या होता है, यह भी विशद रूपसे विस्तारपूर्वक बतलाइये। इस पर वक्ता—"जी हाँ, अच्छी बात है", कहकर इनका निरूपण करता है। अब पहले आध्यात्मिक तापकी सब बातें सावधान होकर सुनिये।

इन्द्रियों और मनके योगसे हम जिन सुखों और दुःखोंका अनुभव करते हैं, उन्हींका नाम आध्यात्मिक ताप है। जो दुःख शरीर, इन्द्रिय या मनके कारण उत्पन्न हों, वे त्रिविध तापोंमेंसे आध्यात्मिक ताप कहलाते हैं। अब विशद रूपसे यह बतलाना चाहिए कि शरीर, इन्द्रियों और मनसे क्या क्या दुःख होते हैं। खुजली, खसरा, फुन्सी, नकसीर, चेचक और मोतीझरा आदि शरीरके विकार आध्यात्मिक ताप कहलाते हैं। कँखौरी, बालतोड़, चकत्ता, जहरबाद और दुःसह कष्ट देनेवाली बवासीर, उँगलीकी गाँठ परका फोड़ा, घेघा, दुष्ट खुजली, मसूड़ोंका फूलना, दाँतोंमें दर्द होना, साधारण फोड़ा होना या शरीर सूज जाना, वात-रोग, चिलक, दाद, पेट फूलना या बढ़ जाना, तालू बैठना, कान बहना आदि आध्यात्मिक ताप हैं। श्वेत और गलित कुष्ट, पांडु रोग और सबसे बढ़कर

कष्ट देनेवाला क्षय रोग, गठिया, वात, छोटे बच्चोंको दूध न पचना, वायुगोला, हाथ-पैरकी ऐंठन और सिरका चक्कर आध्यात्मिक ताप हैं। मल-मूत्र आदि गन्दी चीजें लाँघनेसे होनेवाले रोग, पेटका शूल, अधकपारी, कमर और गरदनका दर्द, पीठ, ग्रीवा, मुख और सन्धियोंकी पीड़ा, आँव, पेटका दर्द, वमन, कमल, मुहाँसे, नाकका फोड़ा, विदेशका पानी लगना आदि आध्यात्मिक ताप हैं। जल-शोष, जूड़ी, आँखोंके सामने अँधेरा दिखाई पड़ना, ज्वर, रोमांच, सरदी, गरमी, प्यास, भूख और नींद लगना, दस्त आना और विषय-वासनाके कारण होनेवाली दुर्दशा आध्यात्मिक ताप हैं। आलसी, मूर्ख और बदनाम होना, मनमें भय उत्पन्न होना, बातोंको भूल जाना और दिन-रात बुरी-बुरी चिन्ताएँ होना, मूत्रावरोध, प्रमेह, रक्त-पित्त, रक्त-प्रमेह, पेटमें गोटे पड़ना, मरोड़, दस्त पेशाबमें जलन, पाखाना रुक जाना और ऐसा कष्ट होना जिसका ठीक-ठीक पता न चले, आध्यात्मिक ताप हैं। आँतें उतरनेसे होनेवाली पीड़ा, पेटसे कीड़े, आँव और रक्त पड़ना, अन्नका ज्योंका त्यों पेटसे निकल जाना, पेट फूलना या अफरना, बल पड़ना, नस चढ़ना, हिचकी आना, गलेमें ग्रास अटक जाना, पित्तके कारण कै होना, जीभमें काँटे पड़ना, सरदी खाँसी, दमा या श्वास, सूखी खाँसी, कफ आदि आध्यात्मिक ताप हैं। किसीके सेन्दूर खिलानेसे घबराहट या कष्ट होना, गलेमें फोड़ा होना, गलसुण्डी होना, जीभका गलना, मुँहसे दुर्गन्ध निकलना, दाँत टूटना या दाँतोंमें कीड़े लगना, पथरी, नाक फूटना, कंठमाला, अचानक आँखका फूटना, स्वयं अपनी उँगली काट लेना, ऐंठन होना, चिलक उठना, दाँत उखड़ना, होंठ और जीभका रगड़ खाना या दाँतोंसे कट जाना, कान, आँख आदिकी पीड़ा और अनेक प्रकारकी दुःखी करनेवाली पीड़ाएँ होना, गर्भान्ध और नपुंसक होना, आँखोंमें फूली, ढेढ़र, मोतियाबिन्द आदि होना या आँखोंके ठीक रहते भी दिखाई न देना, रतौंधी, चिन्तित तथा दुःखी रहना और पागल होना आध्यात्मिक ताप हैं। गूँगा, बहरा, जन्मसे होंठ कटा हुआ, विकृत मस्तिष्क, पंगु, कुबड़ा, लँगड़ा, ऐंचा, काना, भूरी आँखोंवाला, लँगड़ाकर चलनेवाला, छः उँगलियोंवाला, घेघेवाला और कुरूप होना आध्यात्मिक ताप हैं। बड़े दाँतोंवाला, पोपला, लम्बी या चिपटी नाकवाला, बूचा, बकवादी, बहुत दुबला या बहुत मोटा होना, हकलाना, तुतलाना, निर्बल, रोगी, कुटिल या धूर्त्त,

ईर्ष्यालु, मुक्खड़, क्रोधी, सन्तापी, पश्चात्ताप करनेवाला, कामी, तिरस्कृत, पापी, अवगुणी और विकारी होना आध्यात्मिक ताप हैं। भूल जाना, अकड़ या ऐंठ जाना, लचकना, गरदन अकड़ना, सूजन और सन्धि-रोग आदि आध्यात्मिक ताप हैं। गर्भका बिना बढ़े हुए पेटमें ही रह जाना, गर्भ अटक जाना या गर्भपात होना, स्तन पक जाना, सन्निपात, संसारके झगड़े, अपमृत्यु और संताप आध्यात्मिक ताप हैं। नाखूनमें विष होना, फोड़ा, कुपथ्यके कारण रोग होना, अचानक दाँत बैठ जाना, बरौनियोंका झड़ना, भौंहोंकी सूजन, आँखोंको फुन्सियाँ, चश्मा लगानेकी आवश्यकता होना, त्वचा पर काले या नीले दाग होना, बहुत तिल होना, सफेद चकत्ते पड़ना, लहसुन, बतौरी या मसा होना, बराबर भ्रम या सन्देह बना रहना, शरीरमें अनेक प्रकारकी सूजन या गुल्म होना, शरीरसे दुर्गन्ध निकलना, लार टपकना आध्यात्मिक ताप हैं। अनेक प्रकारकी चिन्ताएँ या मनस्ताप होना, बिना किसी रोगके ही विकलता होना, वृद्धावस्थाकी आपत्तियाँ, बराबर रोगी रहना, शरीरका सदा क्षीण रहना, अनेक प्रकारकी व्याधियाँ और दुःख होना, सब प्रकारके शारीरिक भोग होना और प्राणीका शोकमें विकल होना आध्यात्मिक ताप हैं। इस प्रकार ये सब आध्यात्मिक ताप पूर्वजन्ममें किये हुए पापोंके फलस्वरूप होते हैं। यह संसार अपार दुःखोंका सागर है। उन दुःखोंका पूरा पूरा वर्णन नहीं हो सकता। हम अधिक क्या कहें श्रोता लोग इतने संकेतसे ही समझ लें। आगे आधिभौतिक तापोंका वर्णन किया जाता है।

सातवाँ समास

आधिभौतिक ताप

पहले आध्यात्मिक तापोंके लक्षण बतलाये गये हैं। अब आधिभौतिक तापोंके लक्षण बतलाये जाते हैं। कहा है—

> सर्वभूतेन संयोगात् सुखं दुःखं च जायते।
> द्वितीयतापसन्तापः सत्यं चैवाधिभौतिकः॥

समस्त चर और अचर भूतोंके संयोगसे जो सुख दुःख उत्पन्न होते हैं और जिनके कारण मनमें कष्ट होता है, उनको आधिभौतिक ताप कहते हैं। तो भी इनके लक्षणोंका इसलिए स्पष्ट रूपसे निरूपण किया जाता है कि तीनों तापोंका

स्वरूप लोग अच्छी तरह समझ लें। ठोकर लगनेसे पैर टूटना, काँटा चुभना, शस्त्रकी चोट लगना, फाँस या शीशा चुभना, दाह उत्पन्न करनेवाली पत्ती या कीड़े मकोड़े आदिका स्पर्श, बर्रे आदिका काटना, मक्खी, घोड़-मक्खी, मधुमक्खी, च्यूँटी, मच्छड़ आदिका काटना, शरीरमें जोंकका चिपटना, पिस्सू, कीड़े-मकोड़े खटमल, भौंरे, किलनी आदिसे कष्ट मिलना आधिभौतिक ताप हैं। कनखजूरे, साँप, बिच्छू, चीते, सूअर, भेड़िये, साँभर, नीलगाय, अरने, भैंसे, भालू, जंगली हाथीसे मिलनेवाला कष्ट और डाकिनी आदिका होनेवाला उपद्रव, पानीमें मगरका खींच ले जाना, अचानक पानीमें डूब जाना अथवा पानीके अन्दरकी पालमें जा पड़ना आधिभौतिक ताप हैं। अनेक प्रकारके जहरीले साँपों और अजगरों, मगरों और जलचर तथा अनेक वनचर प्राणियोंसे मिलनेवाला कष्ट आधिभौतिक ताप है। घोड़े, बैल, गधे, कुत्ते, सूअर, गीदड़, बिल्ली आदि दुष्ट जन्तुओंसे मिलनेवाला कष्ट आधिभौतिक ताप है। इस प्रकारके अनेक कर्कश, भयानक तथा दुःखदायक जीवोंसे जो अनेक प्रकारके दारुण दुःख प्राप्त होते हैं; वे सब आधिभौतिक ताप हैं। दीवार या छतके ऊपरसे गिर पड़ना या चट्टानों और तहखानोंके नीचे दब जाना, वृक्षोंका टूटकर ऊपर गिरना, किसीका शाप या टोना-टोटका लगना या पागल हो जाना आधिभौतिक ताप हैं। यदि कोई परेशान करे या भ्रष्ट करे या पकड़ ले जाय तो वह भी आधिभौतिक ताप है। यदि कोई जहर दे, दोष या कलङ्क लगावे अथवा जालमें फँसावे तो वह भी आधिभौतिक ताप है। किसी जहरीले पौधेसे स्पर्श हो जाय, शरीरमें भिलावाँ आदि लग जाय या धुएँसे विकलता हो तो वह भी आधिभौतिक ताप है। जलते हुए अंगार पर पैर पड़ जाना, पत्थरके नीचे हाथ दब जाना, दौड़नेमें ठोकर लगनेसे गिर पड़ना, वापी, कूप, सरोवर, गड्ढे या नदीके ऊँचे किनारे परसे गिर पड़ना, किले या वृक्ष आदि परसे गिरकर कष्ट पाना, सरदीसे होंठ, हाथ, पैर, तलवे आदिका फटना अथवा पानी और कीचड़में चलनेसे पैरोंमें अनेक प्रकारके रोग होना आधिभौतिक ताप हैं। खाने पीनेके समय गरम चीजसे मुँह या जीभ जलना और दाँत किरकिराना आधिभौतिक ताप है। बाल्यावस्थामें दूसरोंकी गाली, झिड़की आदि सुनना, मार खाना, अन्न-वस्त्र आदिके लिए तरसना आधिभौतिक ताप हैं। ससुरालमें स्त्रियोंको जो गालियाँ आदि सुननी या मार खानी पड़ती है या गरम चिमटे आदिसे जो उनका

शरीर दागा जाता है, वह भी आधिभौतिक ताप है। भूल होने पर जो कान उमेठा जाता है, आँखोंमें हींग डाली जाती है, सदा डाँट-डपट की जाती है; वह आधिभौतिक ताप है। दुष्ट लोग जो स्त्रियोंको तरह-तरहकी मार मारते हैं और उनको मैकेसे दूर ले जाकर उनकी जो दुर्दशा की जाती है, वह आधिभौतिक ताप है। नाक, कान आदिका छेदा जाना, जबरदस्ती गोदना गोदा जाना, कोई काम बिगड़ने पर जलती चीजसे दागा जाना आधिभौतिक ताप है। कुछ लोग स्त्रियोंको जबरदस्ती पकड़कर ले जाते हैं और उनको नीच जातिके लोगोंके हाथ बेंच या सौंप देते हैं और वहाँ वे दुर्दशा भोगकर मर जाती हैं। उनके लिए यह भी आधिभौतिक ताप है। अनेक प्रकारके रोग होने पर जो तरह-तरहकी कड़वी दवाइयाँ पीनी पड़ती हैं, वह भी आधिभौतिक ताप है। झाड़-फूँक करनेवाले जो अनेक कष्ट देते हैं, अनेक प्रकारकी बेलों और पौधोंके कडवे रस और खराब काढ़े आदि पीनेसे जो कष्ट होता है, वह भी आधिभौतिक ताप है। जो जुलाब दिया जाता है और कै कराई जाती है, कठोर पथ्य बतलाया जाता है और अनुपानमें भूल हो जाने पर जो कष्ट होता है वह आधिभौतिक ताप है। फसद खोलकर शरीरका रक्त निकालने और गरम लोहेसे दागनेसे जो कष्ट होता है, वह भी आधिभौतिक ताप है। पुरवा और भिलावाँ आदि लगानेसे तथा इसी प्रकारके और कष्टदायक उपायोंसे नसें तोड़ी जाती हैं और जोंकें लगाई जाती हैं, वह भी आधिभौतिक ताप है। इस प्रकार बहुतसे रोग और उनके बहुतसे इलाज होते हैं जो यदि कहे जायँ तो अपार और अगाध हों। उनसे प्राणीको जो दुःख होता है, उसे आधिभौतिक ताप कहते हैं। जब उपचारके लिए झाड़-फूँक करनेवाले बुलाये जाते हैं, तब वे धूआँ देकर रोगीको पीड़ित करते हैं और अनेक प्रकारकी यातनाएँ पहुँचाते हैं। इसे भी आधिभौतिक ताप कहते हैं। चोर और डाकू चोरी करके और डाके डालकर लोगोंको जो यातनाएँ देते हैं, वे यातनाएँ भी आधिभौतिक ताप हैं। आग लगनेसे जो घरकी बहुतसी सामग्री जल जाती है, उसके कारण प्राणी बहुत विकल होता है और अपनी हानिसे बहुत दुःखी होता है, इसे भी आधिभौतिक ताप कहते हैं। इस प्रकार आग लगनेसे सुन्दर मन्दिर, अनेक प्रकारके रत्नोंके भांडार, सुन्दर और दिव्य वस्त्र, अनेक धान्य और पदार्थ, पशु, पात्र, सामग्री और मनुष्य आदि भस्म हो जाते हैं। धान्य और फसल तथा ईख आदि अकस्मात जल जाती है। इस

प्रकार स्वयं आग लगनेसे या दूसरोंके लगानेसे बहुत हानि होती है। उस हानिके कारण मनुष्यको जो दुःख होता है उसका नाम आधिभौतिक ताप है। इस प्रकार आग लगनेसे अनेक प्रकारकी हानियाँ होती हैं जिनके कारण चित्त बहुत दुःखी होता है। यह सब आधिभौतिक ताप हैं। बहुत-सी चीजें खो जाती हैं, कहीं भूल जाती हैं, गिर या नष्ट हो जाती हैं, लापता हो जाती हैं, टूट-फूट जाती हैं या किसी प्रकार अप्राप्य हो जाती हैं। इनके कारण होनेवाला दुःख आधिभौतिक ताप है। प्राणी स्थान-भ्रष्ट हो जाते हैं, पशु आदि खो जाते हैं, लड़की-लड़के खो जाते हैं, चोर या दावेदार अचानक आकर संहार करते हैं घर लूट लेते हैं, और गौ, बछड़े आदि ले जाते हैं, फसल और फलवाले वृक्ष काट लेते हैं, खेतमें नमक डालकर फसल खराब कर देते हैं या इस प्रकारके जो और अनेक आघात करते हैं, उन सबका नाम आधिभौतिक ताप है। चालबाजों, उठाईगीरों, कीमिया बनानेवालों, जादूगरों, ठगों और नौसरियोंके धन हरण करनेसे जो कष्ट होता है, वह भी आधिभौतिक ताप है। गिरहकट लोग गिरह काटकर धन ले लेते हैं, अनेक प्रकारके अलंकार आदि ले लेते हैं, बहुत-सी चीजें चूहे आदि उठा ले जाते हैं, बिजली गिरती है, पाला पड़ता है, लोग भारी वर्षामें पड़ जाते हैं या बाढ़ आनेसे डूब जाते हैं; पानीके भँवर, मोड़ या धारामें पड़ जाते हैं, बहते हुए बिच्छू, कनखजूरे, अजगर, आदिके बीचमें पड़ जाते हैं, बहते हुए किसी चट्टान या उजाड़ टापूमें जा लगते हैं या डूबते-डूबते बच जाते हैं। ये सब आधिभौतिक ताप हैं। किसीको अपने मनके अनुसार गृहस्थी नहीं मिलती; कुरूप, कर्कशा और क्रूर स्त्री मिलती है, कन्या विधवा हो जाती है या लड़का मूर्ख निकल जाता है; भूत, पिशाच आ लगते हैं, कोई खराब हवा लग जाती है, मन्त्र-प्रयोग आदिमें भूल हो जानेके कारण पागल हो जाते हैं; कोई ब्रह्म या भूत आ लगता है और बहुत दुःख देता है; शनैश्चरकी साढ़ेसातीका भय आ लगता है, अनेक क्रूर ग्रह आ पड़ते हैं; काल-तिथि, घात-चन्द्र, मारकेश और घात-नक्षत्र आदिका योग होता है। इन सबके कारण जो कष्ट होता है वह आधिभौतिक ताप है। छींक, पिंगला, छिपकली और अशुभ पक्षियों आदिके अपशकुनके कारण जो चिन्ता होती है, वह भी आधिभौतिक ताप है। धूर्त रम्मालों, भड्डरियों और अयोग्य ज्योतिषियोंके अशुभ भविष्य बतलाने पर मनमें जो खटका होता है अथवा बुरे

स्वप्न देखनेसे जो चिन्ता होती है, गीदड़ों और कुत्तोंके रोने, शरीर पर छिपकलीके आ गिरने अथवा इसी प्रकारके और अपशकुनोंके कारण जो चिन्ता होती है वह भी आधिभौतिक ताप है। घरसे बाहर निकलने पर अपशकुन या विघ्न होते हैं जिनसे मन दुःखी होता है, प्राणी बन्दी होकर अनेक प्रकारके कष्ट भोगता है, राजदण्ड मिलनेके कारण उसकी कमरमें रस्सी बाँधी जाती है और उसे कोड़े लगाये जाते हैं और तपे हुए तवे पर बैठा देते हैं। यह सब आधिभौतिक ताप हैं। उसे कोड़ों और बरगदकी जटाओं आदिसे मारते हैं और अनेक प्रकारके कष्ट देते हैं। उसकी गुदामें मेख ठोंक देते हैं या बारूद भरे हुए पीपेमें उसे बन्द करके उसमें आग लगा देते हैं, उसके हाथ-पैर आदि कसकर चारों ओरसे खींचते हैं और उसे डंडोंसे मारते हैं या मुक्कों और घुटनों आदिसे मारते हैं। लात, थप्पड़ और गोबरसे भी मारते हैं। कानोंमें कङ्कड़ भरकर पत्थरोंसे मारते हैं। इसी प्रकार और भी अनेक प्रकारकी मार मारते हैं। टाँग देते हैं, मुश्कें कस देते हैं, बेड़ियाँ डाल देते हैं, वृक्षके तनेमें चारों ओर घुमाकर बाँध देते हैं और चारों ओर पहरा देते हैं। ये सब आधिभौतिक ताप हैं। नाकमें कोई तीक्ष्ण पानी या चूनेका पानी भर देते हैं, नमक, राई, गुड़का पानी भर देते हैं और इस प्रकारकी अनेक यातनाएँ देते हैं। जलमें डुबा देते हैं, हाथके सामने बाँध देते हैं, कान, नाक, हाथ, पैर, जीभ, होंठ आदि काट लेते हैं, तीरसे मारते हैं, सूली पर चढ़ाते हैं, आँखें तथा अण्डकोष निकाल देते हैं, हर एक नाखूनमें सूई गड़ा देते हैं, ऐसी दुर्दशा करते हैं जिससे उसका वजन दिन पर दिन घटता जाता है, पहाड़ी परसे नीचे गिरा देते हैं या तोपके मुँह पर रखकर उड़ा देते हैं, कानोंमें खूँटे ठोंक देते हैं, गुदामें मेख ठोंकते हैं या खाल खींच लेते हैं, सिरसे पैर तककी सारी खाल उधेड़ते हैं, बोटी-बोटी नुचवाते हैं, गलेमें सँड़सी लगाकर दबाते हैं, आँख, कान, नाक, आदिमें सीसा भर देते हैं, विष देते हैं, सिर काट डालते हैं और दीवार या नींवमें चुनवा देते हैं। ये सब आधि-भौतिक ताप हैं। पाजामेके अन्दर गिरगिट रखकर उसे सब ओरसे बन्द कर देते हैं, भूखे और क्रुद्ध बिल्लेके साथ एक कोठरीमें बन्द कर देते हैं, फाँसी दे देते हैं अथवा इसी प्रकारकी अनेक पीड़ाएँ पहुँचाते हैं। कुत्ते, बाघ, भूत-प्रेत या घड़ियालके द्वारा प्राण लेते हैं, शस्त्रसे अथवा बिजली गिराकर मार डालते हैं, नसें

खींच लेते हैं और शरीरमें पलीता लगाकर उसे जलाते हैं। इस प्रकारकी जो अनेक विपत्तियाँ मनुष्य पर आती हैं, वे सब आधिभौतिक ताप हैं। मनुष्यकी धन-वैभव, महत्त्व, पशु और पदार्थकी जो हानियाँ होती हैं, वे सब आधिभौतिक ताप हैं। बचपनमें माता-पिताका मरना, युवावस्थामें स्त्रीका मरना और वृद्धावस्थामें सन्तानका मरना आधिभौतिक ताप हैं। दुःख, दरिद्रता, ऋण, घर छोड़कर भाग जाना, लुट जाना, आपत्तियोंमें पड़ना, खानेको कुत्सित अन्न मिलना, महामारी आदि होना, युद्धमें हार और प्रिय जनोंका क्षय आधिभौतिक ताप हैं। कठिन समय और अकाल पड़ना, शंकित होना, बुरा समय आना, उद्वेग या चिन्ता होना, कोल्हूमें पेरा जाना, चरखीमें कसा जाना, पहियोंके नीचे दबाया जाना; अनेक प्रकारकी अग्नियोंमें जलाया जाना, अनेक शस्त्रोंसे वेधा जाना, अनेक प्रकारके जन्तुओंसे खाया जाना, अनेक प्रकारके बन्धनों या कैदोंमें पड़ना, अनेक प्रकारके बुरे स्थानोंमें रहकर कष्ट पाना, अनेक प्रकारके अपमानोंसे लज्जित होना और अनेक प्रकारके शोकोंसे सन्तप्त होना ये सब आधिभौतिक ताप हैं।

इस प्रकार ऐसे और बहुतसे आधिभौतिक ताप हैं जो दुःखके पहाड़ हैं और जिनका पूरा-पूरा वर्णन नहीं हो सकता। पर श्रोताओंको इतनेसे ही समझ लेना चाहिए कि आधिभौतिक ताप कितने प्रकारके और कैसे होते हैं।

आठवाँ समास

आधिदैविक ताप

पहले आध्यात्मिक और तब उसके बाद आधिभौतिक तापोंका वर्णन किया गया है। अब बतलाया जाता है कि आधिदैविक ताप कौनसे हैं। श्रोता लोग सावधान होकर सुनें। कहा है—

शुभाशुभेन कर्मणा देहान्ते यमयातना।
स्वर्गनरकादि भोक्तव्यमिदं चैवाधिदैविकं॥

मनुष्य अपने शुभ और अशुभ कर्मोंके कारण मरने पर जो यम-यातना और स्वर्ग, नरक आदिका भोग करता है, उसे आधिदैविक ताप कहते हैं। वह मदान्ध होकर अविवेकसे अनेक प्रकारके दोष और पातक करता है जो अन्तमें दुःखदायक होते और यम-यातनाका भोग कराते हैं। शारीरिक, आर्थिक, मानसिक या राज-बल

आदि सामर्थ्योंसे जो लोग न करने योग्य काम करते हैं और नीतिका विचार छोड़कर अनुचित कृत्य करते हैं, उन्हें अन्तमें यम-यातना भोगनी पड़ती है। वे स्वार्थके कारण अपनी आँखें बन्द कर लेते हैं और मनमें अनेक प्रकारकी अभिलाषाएँ और बुद्धियाँ धारण करके दूसरोंकी वृत्ति, भूमि, द्रव्य, स्त्री और पदार्थ आदि छीन लेते हैं। वे मदान्ध और उन्मत्त होकर जीव-घात और कुटुम्ब-घात आदि अनुचित क्रियाएँ करते हैं और इसीलिए यम-यातनाएँ भोगते हैं। मर्यादाके विरुद्ध आचरण करनेसे ग्रामाधिपति ग्रामको और नीति तथा न्यायका परित्याग करने पर देशाधिपति देशको दंड देता है। देशाधिपतिको राजा दंड देता है और राजाको ईश्वर दंड देता है। जो राजा नीति और न्यायके अनुसार आचरण नहीं करता, वह यम-यातना भोगता है। जो राजा अनीतिके कारण अपना ही स्वार्थ देखता है, वह पापी होता है। इसीलिए कहते हैं कि राजा अन्तमें नरक भोगता है। जब राजा राज-नीति छोड़ देता है, तब यम उसे पीड़ा देते हैं; और यदि यम नीति छोड़ता है, तो देवता लोग उस पर आक्रमण करते हैं। ईश्वरने ऐसी मर्यादा बना रखी है; इसलिए नीतिपूर्वक व्यवहार करना चाहिए। नीति और न्याय छोड़ने पर यम-यातना भोगनी पड़ती है। यमको देव अर्थात् ईश्वर प्रेरणा करता है; इसीलिए उसके दिये हुए कष्टको आधिदैविक ताप कहते हैं। यह यम-यातनाका तीसरा ताप बहुत ही भीषण है। शास्त्रोंमें यम-दंड या यम-यातनाके अनेक प्रकार बतलाये गये हैं और उनका भोग अवश्य ही करना पड़ता है। इसीका नाम आधिदैविक सन्ताप है। शास्त्रोंमें यम-यातनाके कष्ट विशद रूपसे बतलाये गये हैं और वे शरीरमें अनेक प्रकारके प्रमाद उत्पन्न करते हैं। स्वर्गमें पाप और पुण्यके अनेक कलेवर होते हैं और प्राणीको उन्हीं कलेवरोंमें डालकर अनेक प्रकारके पापों और पुण्योंका भोग कराया जाता है। शास्त्रोंमें कहा है कि पुण्य करनेसे अनेक प्रकारके विलास प्राप्त होते हैं और दोष या पाप करनेसे कठोर यातनाएँ भोगनी पड़ती हैं। शास्त्रोंकी इन बातोंपर अविश्वास नहीं करना चाहिए। जो लोग वेदोंकी आज्ञाके अनुसार नहीं चलते और ईश्वरकी भक्ति नहीं करते, उन्हें यम यातना पहुँचाते हैं और उसी यातनाको आधिदैविक ताप कहते हैं।

अक्षोभ नामक नरकमें बहुतसे उद्दंड जीव तथा पुराने कीड़े रव-रव शब्द करते हैं; उसीमें पापी लोग हाथ-पैर बाँधकर डाल दिये जाते हैं। इसीका नाम

आधिदैविक ताप है। वहाँ घोड़ेकी शकलका एक ऐसा कुंड है जिसका पेट बहुत बड़ा और मुँह बहुत छोटा है। उसीमें दुर्गन्धि और वमन भरा है। उसीको कुम्भीपाक कहते हैं। पापीको तपी हुई भूमि पर रखकर तपाते हैं, जलते हुए खम्भेके साथ बाँध देते हैं और अनेक प्रकारके गरम चिमटोंसे दागते हैं। इसीका नाम आधिदैविक ताप है। यमके दंडकी बड़ी-बड़ी मारें पड़ती हैं और वहाँ यातनाकी अपार सामग्री है। वहाँ पापी लोग जो भोग भोगते हैं, उसीको आधिदैविक ताप कहते हैं। इस पृथ्वी पर जो अनेक प्रकारकी मारें पड़ती हैं, यमकी यातना उनकी अपेक्षा कहीं अधिक कठोर होती है, वहाँकी मारमें कभी विश्राम ही नहीं होता। यमके दूत चारो ओरसे खींचते हैं, झकझोरते, तानते और मारते हैं। न प्राणी उठ सकता है, न बैठ सकता है, न रो सकता है, न लेट सकता है, बराबर यातना पर यातना मिलती है। वह जोर-जोरसे रोता और हिचकियाँ लेता है, धक्कम-धक्केसे घबरा जाता है, सूखकर ठठरी हो जाता है और बहुत कष्ट पाता है। उसे कठोरतापूर्ण बातें कहकर कठोरतापूर्वक मारते हैं और अनेक प्रकारकी यातनाएँ देते हैं जिनसे पापी लोग बहुत त्रस्त होते हैं। इसीका नाम आधिदैविक ताप है।

पहले जो राज-दंड बतलाये गये हैं, उनकी अपेक्षा यह यम-दंड और भी अधिक कठोर है। वहाँकी यातना बहुत ही प्रचंड, भीषण और दारुण है। आध्यात्मिक और आधिभौतिक दोनों तापोंसे आधिदैविक ताप कहीं उग्र है। यहाँ उसका संकेत मात्र कर दिया गया है।

नवाँ समास

मृत्यु-निरूपण

यह संसार सदैव तैयार सवारकी तरह मृत्युकी ओर जा रहा है। मृत्युसे कोई नहीं बचता। मृत्यु हर समय इस शरीरको हरण करनेकी प्रतीक्षामें रहती है। नित्य कालकी संगति लगी रहती है और होनहारका पता नहीं चलता। कर्मके अनुसार प्राणी देश-विदेशमें मरता है। ज्योंही संचित कर्मोंका भोग समाप्त होता है, त्योंही क्षण भरका भी अवकाश नहीं मिलता। पलक मारते ही यहाँसे चल देना पड़ता है। अचानक कालके दूत आ पहुँचते हैं और मारते हुए मृत्यु-पथ पर ले चलते हैं। मृत्युका वार होने पर कोई सहारा नहीं मिलता और आगे-पीछे सभी

पर उसका प्रहार होता है। मृत्यु या काल ऐसी बढ़िया लाठी है जो बड़े-बड़े बलवानोंके मस्तक पर भी अवश्य ही पड़ती है। न तो कोई राजा-महाराजा और न कोई बड़ा बलवान ही उससे बच सकता है।

मृत्यु यह नहीं देखती कि अमुक आदमी क्रूर, जुझार या संग्राम-भूमिमें वीरतापूर्वक युद्ध करनेवाला है। न वह यही देखती है कि अमुक आदमी क्रोधी, प्रतापी, उग्र रूपवाला, महा खल, बलवान, धनवान, सर्व-गुण-संपन्न, विख्यात, श्रीमान्, अद्भुत पराक्रमी, भूपति, चक्रवर्ती, करामाती, अनेक प्रकारकी युक्तियाँ जाननेवाला, हयपति, गजपति, नरपति, प्रसिद्ध राजा, सब लोगोंमें श्रेष्ठ, राजनीतिज्ञ, अच्छा वेतन पानेवाला, तहसील वसूल करनेवाला, व्यवसायी, बहुत बड़ा राजा, मुद्राधारी, व्यापारी, किसीकी नारी या राजकन्या है। मृत्यु न तो कार्य और कारण अथवा वर्ण और अवर्णका ही भेद जानती है और न किसीको कर्मनिष्ठ ब्राह्मण समझकर ही उस पर दया करती है। वह यह नहीं देखती कि अमुक व्यक्ति व्युत्पन्न या बुद्धिमान, सभ्य, सब प्रकारसे विद्वान, धूर्त, बहुश्रुत, बहुत अच्छा पंडित, पौराणिक, वैदिक, याज्ञिक, ज्यौतिषी, अग्निहोत्री, श्रोत्रिय, यन्त्र-मन्त्र आदिका ज्ञाता, समस्त शास्त्रोंका ज्ञाता, शास्त्रज्ञ, वेदज्ञ या सर्वज्ञ है। वह यह नहीं देखती कि अमुक व्यक्तिके प्राण लेनेसे ब्रह्महत्या, गोहत्या, स्त्री-हत्या या बालहत्या होगी। वह यह नहीं देखती कि अमुक व्यक्ति राग या तालका ज्ञाता है अथवा तत्त्वज्ञानी, तत्त्ववेत्ता, योगाभ्यासी, संन्यासी या योग आदिके बलसे कालको धोखा दे सकनेवाला है। वह यह नहीं देखती कि अमुक व्यक्ति सावधान, सिद्ध, प्रसिद्ध वैद्य, तान्त्रिक, गोस्वामी, तपस्वी, मनस्वी, उदासीन, ऋषीश्वर, कवीश्वर, दिगम्बर, समाधिस्थ, हठयोगी, राजयोगी, वीतराग, ब्रह्मचारी, जटाधारी, निराहारी, योगीश्वर, सन्त, महन्त, गुप्त हो जानेवाला, स्वाधीन या पराधीन है। वह समस्त जीवोंको खा जाती है। इस संसारमें कोई मृत्युके मार्ग पर आ लगा है, कोई आधा रास्ता पार कर चुका है और कोई वृद्धावस्थाके कारण उस मार्गके अंत तक पहुँच चुका है। मृत्यु न तो बालक और युवाका भेद करती है और न यही देखती है कि यह आदमी उत्तम लक्षणोंवाला, विचक्षण, बहुत अच्छा वक्ता, बहुतसे लोगोंका आधार या पालन करनेवाला, उदार, सब प्रकारसे चतुर, पुण्यात्मा, ईश्वरका भक्त या विशेष सत्कर्म करनेवाला है।

अस्तु; ये सब बातें हो चुकीं। यह देखो कि मृत्युसे कौन बचा है। मृत्युके पथ पर आगे-पीछे सभीको जाना पड़ता है। उद्भिज, स्वेदज, अंडज और जरायुज चारो प्रकारके जीव, परा, पश्यन्ती, मध्यमा और वैखरी चारो प्रकारकी वाणियाँ, जीवोंकी चौरासी लाख योनियाँ सभी मृत्युको प्राप्त होती हैं; और उनमें जितने प्राणी जन्म लेते हैं, वे सभी मरते हैं। मृत्युके भयसे चाहे कोई कहीं भाग जाय, तो भी मृत्यु कभी नहीं छोड़ती। चाहे कुछ करो, मृत्युको किसी प्रकार धोखा नहीं दिया जा सकता। मृत्यु न तो देखती है कि यह स्वदेशी है, न देखती है कि विदेशी या निरन्तर उपवास करनेवाला है। वह हरि, हर या ईश्वरके अवतार आदि बड़े-बड़े लोगोंको भी नहीं छोड़ती। श्रोता लोग नाराज न हों। सभी लोग जानते हैं कि यह मृत्युलोक है। यहाँ जो प्राणी जन्म लेता है, वह अवश्य मरता है। इसमें सन्देह करनेकी कोई बात नहीं है। इसका नाम ही मृत्यु-लोक विख्यात है और यह बात बड़े-छोटे सभी जानते हैं। पर यदि कोई सन्देह भी करे तो क्या यह मृत्यु-लोक न रहेगा? यहाँ जो उत्पन्न होगा, वह नष्ट भी अवश्य होगा। इन सब बातोंको जानकर लोगोंको उचित है कि यहाँ आकर अपना जन्म सार्थक करें और मरनेके उपरान्त भी इस लोकमें कीर्ति रूपमें बने रहें। जितने छोटे और बड़े प्राणी हैं, उन सबकी मृत्यु निश्चित है। यदि कोई इसके विपरीत कुछ कहे तो वह कभी न मानना चाहिए। बड़े-बड़े वैभववाले, बड़ी-बड़ी आयुष्यवाले, अगाध महिमावाले, अनेक पराक्रमी, कपटी, संग्राम-शूर, बलवान, बहुत समय देखनेवाले, कुलीन, राजा-महाराजा, पालक, चालक, युक्तियोंके तार्किक, विद्याके सागर, बलके पर्वत, धनके कुवेर, पुरुषार्थ और विक्रमवाले, ठाट-बाटसे काम करनेवाले, शस्त्रधारी, परोपकारी, धर्म-रक्षक, प्रतापी, सत्कीर्त्तिवाले, नीति जाननेवाले, राजा, मतवादी, कार्यवादी और विवादी आदि सभी चले गये। बड़े बड़े पण्डित, शब्दों पर झगड़नेवाले वैयाकरणी, अनेक मतोंपर वाद-विवाद करनेवाले बड़े-बड़े तपस्वी, संन्यासी, सारासारका विचार करनेवाले, संसारी, वेषधारी और दूसरे अनेक प्रकारके लोग तरह तरहके ढंग और रूप दिखलाकर चले गये। अनेक ब्राह्मण-समुदाय और अनेक आचार्य चले गये। इस प्रकार सभी चले गये। हाँ, एक वही लोग रह गये जो आत्मज्ञानी थे और जाकर आत्म-स्वरूपमें मिल गये।

दसवाँ समास

वैराग्य-निरूपण

यह संसार एक बहुत बढ़ी हुई नदीके समान है जिसमें अनन्त जलचर हैं और जहरीले काल-सर्प डसनेके लिए दौड़ते हैं। आशा, ममता और शरीरका प्रेम-रूपी घड़ियाल लोगोंको अपनी ओर खींचकर दुःख और संकटमें डालते हैं। अहंकार रूपी मगर मनुष्योंको ले जाकर पातालमें डुबा देता है, जहाँसे वह फिर निकल ही नहीं सकता। वह काम-रूपी मगरके चंगुलसे नहीं निकलने पाता, तिरस्कार उसके पीछे लगा रहता है और मद तथा मत्सरके कारण भ्रममें पड़ा रहता है। वासना रूपी नागिन उसके गले पड़ी रहती है और समय-समय पर अपनी भयानक जीभ निकालकर विष उगलती रहती है। मनुष्य अपने सिर पर गृहस्थीका बोझ लादे हुए "मेरा, मेरा" कहता रहता है और डूबते रहने पर भी उस बोझको कुलके अभिमानके कारण नहीं छोड़ता। वह भ्रान्तिके अन्धकारमें पड़ता रहता है, अभिमान रूपी चोर उसे लूट लेता है और अहंता रूपी भूत-बाधा उसे आ घेरती है। इसी प्रकारके बहुतसे भँवरोंमें पड़े हुए लोग इस बढ़ी हुई नदीमें बहते चले जाते हैं। पर जो लोग उस संकटके समय भक्तिपूर्वक भगवान-को पुकारते हैं, उनके लिए भगवान दौड़े आते हैं और उन्हें उस पार ले जाते हैं। और जो बेचारे भक्तिसे रहित होते हैं, वे बराबर उसमें बहे चले जाते हैं।

भगवान केवल भक्ति-भावके भूखे हैं। वे भक्ति देखकर भूल जाते हैं और संकटसे भक्तकी रक्षा करते हैं। जिसे भगवानका प्रेम होता है, उसकी भगवान भी चिन्ता करते हैं और अपने दासके समस्त सांसारिक दुःख दूर करते हैं। जो लोग ईश्वरके समीप पहुँच जाते हैं, वे आत्मानन्दका भोग करते हैं। ऐसे लोग धन्य हैं। जिसका जैसा भाव होता है, उसके लिए ईश्वर भी वैसा ही होता है; क्योंकि वह प्राणी मात्रके मनका भाव जानता है। यदि किसीका भाव माया अथवा छलसे युक्त होता है तो उसके लिए ईश्वर भी बहुत बड़ा ठग बन जाता है। उसका कौतुक विलक्षण है। वह जैसेको तैसा है। जो जिस तरह उसका भजन करता है, वह उसे वैसी ही शान्ति देता है। यदि किसीका भाव कुछ भी कम होता है तो वह स्वयं ही उससे दूर हो जाता है। जो जैसा होता है, दर्पण में उसका

प्रतिबिम्ब भी वैसा ही दिखाई देता है। अतः उसका मुख्य सूत्र या कुञ्जी स्वयं सबके पास होती है। इधर हम जो कुछ जैसा करते हैं, उधर वह भी वैसा ही हो जाता है। यदि हम आँखें खोलकर उसकी ओर देखें तो वह भी हमें अच्छी तरह देखने लगता है। यदि भौंहें चढ़ाकर देखें तो वह भी क्रुद्ध हो उठता है और हमें हँसते हुए देखकर वह भी प्रसन्न होता है। भावका जैसा प्रतिबिम्ब पड़ता है, परमात्मा भी वैसा हो जाता है। जो जिस प्रकार उसे भजता है, उसे वह उसी प्रकार प्राप्त होता है। भक्ति-भावकी सहायतासे ही लोग परमार्थके मार्गसे होते हुए भक्तिके बाजारमें पहुँचते हैं, जहाँ सज्जनोंके साथ मोक्षका चौहट्टा (चारों ओर फैला हुआ बाजार) लगता है। जो लोग भक्तिपूर्वक ईश्वरका भजन करते हैं, वे ईश्वरके समक्ष पावन हो जाते हैं और अपने भावके बलसे अपने पूर्वजों तकका उद्धार कर डालते हैं। वे स्वयं भी तर जाते हैं और दूसरोंको भी तारते हैं, और उनकी कीर्ति सुनकर अभक्त लोग भी भावुक और भक्त बन जाते हैं। जो लोग इस प्रकार ईश्वरका भजन करते हैं, उनकी माताएँ धन्य हैं और उन्होंने अपना जन्म सार्थक किया है। जो लोग भगवानको प्रिय हैं, मैं उनकी बड़ाई कहाँ तक करूँ! उन्हें परमात्मा स्वयं सहारा देकर सब दुःखोंसे पार उतारता है। बहुतसे जन्म हो चुकनेके उपरान्त अन्तमें यह नर-देह प्राप्त होता है, जो जन्म-मरण या आवागमनका अन्त करके ईश्वरसे मिलाता है। इसीलिए वे भक्त लोग धन्य हैं जो ईश्वर-रूपी धन या कोषका संचय करते हैं। मानो उनके अनन्त जन्मोंका पुण्य यहाँ आकर फल देता है। यह आयुष्य रत्नोंका संदूक है जिसमें भजन-रूपी सुन्दर रत्न भरे हुए हैं। यह आयुष्य ईश्वरको अर्पित करके खूब आनन्दकी लूट मचाओ। यद्यपि ईश्वरके भक्तों-के पास धन-वैभव नहीं होता, तथापि वे ब्रह्मा आदिसे भी श्रेष्ठ होते हैं, क्योंकि वे सदा निराशाके आनन्दसे ही सन्तुष्ट रहते हैं। जो लोग केवल ईश्वरके सहारे रहकर संसारकी ओरसे निराश हो जाते हैं, उन भक्तोंको जगदीश ही सब प्रकारसे सँभालता है। उन्हें संसारके दुःख ही परम सुखोंके समान जान पड़ते हैं। पर जो पढ़े-लिखे मूर्ख होते हैं, वे संसारके सुखोंमें ही भूले रहते हैं। जो ईश्वरसे पूर्ण प्रेम करते हैं, वे आनन्दका सुख भोगते हैं। उनका आत्मानन्दवाला अक्षय कोष अलौकिक है। वे अक्षय सुखसे सुखी होते हैं, संसारके दुःख भूल जाते हैं, विषयोंसे पराङ्मुख हो जाते हैं और ईश्वरके रंगमें रँग जाते हैं। ऐसे लोग

नर-देहके द्वारा ईश्वरकी प्राप्ति करते हैं; और जो लोग अभक्त होते हैं, उनका नर-देह मानों व्यर्थ जाता है। जिस तरह अचानक कोई बहुत बड़ी सम्पत्ति पाकर उसे कौड़ियोंके मोल दे देता है, उसी प्रकार अभक्त लोग अपना अमूल्य जन्म गँवा देते हैं। जिस प्रकार कोई बहुत तपोंके फल-स्वरूप पारस-पत्थर पाकर भी उसका उपयोग करना न जानता हो, उसी प्रकार अभक्त लोग इस संसारमें आकर और यह शरीर पाकर भी उसे सार्थक करना नहीं जानते और माया-जालमें फँसे रहकर यहाँसे अकेले हाथ झाड़ते हुए चले जाते हैं। इसी नर-देहके द्वारा ही बहुतसे लोगोंने उत्तम गति पाई है। पर कुछ बेचारे आवागमनके ही फेरमें पड़े रहते हैं; अतः सन्तोंकी संगति करके यह नर-देह सार्थक कर लेना चाहिए; क्योंकि पहले नीच योनियोंमें बहुतसे दुःख झेले जा चुके हैं। कोई नहीं जानता कि कौन समय कैसा आवेगा। जिस प्रकार पक्षी दसों दिशाओंमें उड़ जाते हैं उसी प्रकार न जाने किस समय यह सारा वैभव और पुत्र-कलत्र आदि कहाँ चले जायँगे। यहाँ एक घड़ीका भी ठिकाना नहीं है। सारा जन्म व्यर्थ बीत गया है, और इस बार मृत्यु होते ही फिर आगे वही नीच योनि तैयार है। कुत्ते और सूअर आदिकी नीच योनियोंमें अनेक कष्ट भोगने पड़ते हैं। उनमें प्राप्त होनेपर भला कहीं उत्तम गति मिल सकती है? पहले गर्भवासमें अनेक कष्ट भोगे जा चुके हैं और बड़ी कठिनतासे तुम्हारी उन कष्टोंसे मुक्ति हुई है। वे सब दुःख स्वयं जीवने ही भोगे थे। उस समय वहाँ स्त्री-पुत्र आदि कोई साथ नहीं था। और आगे भी फिर वहाँ अकेले ही जाना पड़ेगा। कहाँकी माता, कहाँके पिता, कहाँकी बहिन और कहाँका भाई! कहाँके मित्र और कहाँके स्त्री-पुत्र-कलत्र आदि! इन सबको तुम झूठा समझो। ये सब केवल सुखके साथी हैं। ये दुःखमें कभी तुम्हारा साथ देनेवाले नहीं। कहाँकी गृहस्थी और कहाँका कुल! इन सबके लिए तुम क्यों व्याकुल होते हो? धन-धान्य और लक्ष्मी सभी अनित्य हैं। कहाँका घर और कहाँकी गृहस्थी! किसके लिए व्यर्थ परिश्रम करते हो? जन्म भर बोझ ढोते रहोगे और अन्तमें सब यहीं छोड़ जाओगे। कहाँका यौवन और कहाँका वैभव! कहाँका हाव-भाव और कहाँका आनन्द! ये सभी मायाकी बातें हैं। यदि तुम इसी समय मर जाओ तो रघुनाथको न पा सकोगे, क्योंकि तुम बराबर "मेरा, मेरा" ही करते रहे हो। तुम अनेक जन्म भोग चुके हो और तुम्हें ऐसे लाखों माता, पिता, स्त्री, कन्या और पुत्र आदि मिल चुके हैं। ये

सब कर्म-योगसे मिले हैं और इन्होंने एक स्थानमें जन्म लिया है। अरे, पढ़े-लिखे मूर्ख! उन्हें तुमने अपना मान रखा है? जब स्वयं तुम्हारा शरीर ही तुम्हारा नहीं है, तब औरोंकी क्या गिनती है! इसलिए अब भक्तिपूर्वक केवल भगवानका ध्यान करो। यह दुष्ट पेट भरनेके लिए अनेक नीचोंकी सेवा करनी पड़ती है और अनेक प्रकारसे उनकी स्तुति आदि करनी पड़ती है। जो तुम्हें पेटके लिए अन्न देता है, उसके लिए तो तुम अपना यह शरीर तक बेच देते हो, पर जिस ईश्वरने तुम्हें जन्म दिया है, उसे क्यों भूल जाते हो? जिस ईश्वरको दिन-रात सब जीवोंकी चिन्ता लगी रहती है, जिसके अधिकारसे मेघ वर्षा करता है, समुद्र अपनी मर्यादा धारण किये रहता है, शेषनाग पृथ्वीको धारण किये रहते हैं, सूर्य प्रकट होता है और जो अपनी सत्ता मात्रसे यह सारी सृष्टि चला रहा है, वह देवाधिदेव बहुत कृपालु है। उसका कौशल या लीला कोई नहीं जान सकता। जो अपनी कृपालुताके कारण समस्त जीवोंका पालन और रक्षा करता है, उस सर्वात्मा श्रीरामको छोड़कर जो प्राणी विषय-वासना ग्रहण करते हैं, वे दुरात्मा तथा अधम हैं और अपने किये-का फल पाते हैं। रामको छोड़कर जो आशा की जाती है, उस सबको तुम निराशा या व्यर्थ ही समझो। "मेरा, मेरा" कहते रहनेसे तो केवल कष्ट ही होता है। जो कष्ट भोगना चाहता हो, वह भले ही विषयोंकी चिन्ता करे। विषय-वासनाकी पूर्ति न होनेसे जीव विकल हो जाता है। आनन्द-घन रामको छोड़कर जो विषयोंमें अपना मन लगाये रहता है, उस विषयासक्तका समाधान कैसे हो सकता है? जो केवल सुख ही सुख चाहता हो, उसे रघुनाथजीका भजन करना चाहिए और अपने समस्त कुटुम्बियोंको छोड़ देना चाहिए जो दुःखके मूल हैं। वासनाके फेरमें पड़नेसे ही सारे अपकार और दुःख होते हैं, इसलिए केवल वही सुखी होता है जो विषय-वासनाओंका परित्याग करता है। जो सुख विषयोंके कारण उत्पन्न होते हैं, वही परम दुःखदायी होते हैं। उनका यह नियम ही है कि पहले तो वे मीठे और अच्छे लगते हैं और उनके अन्तमें शोक होता है। जिस प्रकार काँटेका चारा निग-लनेमें पहले मछलीको सुख होता है, पर खींचे जाने पर उसका गला फट जाता है, अथवा चारा देखकर दौड़ता हुआ हिरन जालमें फँस जाता है, ठीक उसी प्रकार विषय-सुखकी मिठास भी कष्टदायक है। चाहे वह सुख मीठा क्यों न मालूम हो, पर वह होता है बहुत ही कटु। इसलिए कहते हैं कि रघुनाथसे प्रीति करो।

यह सुनकर भक्त कहता है—हे स्वामी! यह बतलाओ कि यह जन्म किस प्रकार सार्थक हो सकता है और किस प्रकार यम-लोकसे रक्षा हो सकती है? परमात्मा कहाँ है और वह मुझे किस प्रकार मिल सकता है और किस प्रकार दुःखके मूलक इस संसारसे छुटकारा हो सकता है? हे कृपामूर्ति, मुझे ऐसा उपाय बतलाओ जिससे इस अधोगतिका अन्त हो और निश्चित् रूपसे भगवानकी प्राप्ति हो।

वक्ता कहता है—एकनिष्ठ होकर भगवानका भजन करना चाहिए, उसीसे सहजमें समाधान हो सकता है। भक्त पूछता है—पर वह भगवद्भजन किस प्रकार होना चाहिए और मन कहाँ रखा जाना चाहिये? मुझे भगवद्भजनके लक्षण बतलाइए। उदास होकर भक्तने यह प्रश्न किया और गुरुके पैर दृढ़तासे पकड़ लिये। उसका गला भर आया और दुःखके कारण उसकी आँखोंसे आँसू बहने लगे। शिष्यकी यह अनन्यता देखकर सद्गुरुने उसके सद्भावसे प्रसन्न होकर कहा—अब अगले समासमें स्वानन्द उमड़ पड़ेगा।

चौथा दशक

नवधा-भक्ति

पहला समास

श्रवण-भक्ति

हे गणनाथ, तुम्हारी जय हो! तुम विद्या-वैभवमें समर्थ हो। तुम्हीं मुझसे अध्यात्म-विद्याका परमार्थ कहलाओ। हे वेद-जननी शारदा, तुम्हें नमस्कार है। तुम्हींसे सब सिद्धियाँ प्राप्त होती हैं और मनमें मननके लिये स्फूर्ति होती है। अब मैं सद्गुरुका स्मरण करता हूँ जो सब श्रेष्ठोंसे अधिक श्रेष्ठ हैं और जिनकी कृपासे ज्ञानका विचार उत्पन्न होता है। श्रोताओंने यह अच्छा प्रश्न किया है कि भगवद्भजन किस प्रकार किया जाय। इसीसे मैं अनेक ग्रन्थोंके आधार पर कुछ कहता हूँ। श्रोता लोग सावधान होकर सुनें। सत्-शास्त्रोंमें जो कुछ कहा गया है, वह मैं बतलाता हूँ। इसे सुनकर श्रोता लोग पवित्र हों। कहा है—

श्रवणं कीर्त्तनं विष्णोः स्मरणं पादसेवनम्।
अर्चनं वन्दनं दास्यं सख्यमात्मनिवेदनम्॥

इस प्रकार भजन या भक्तिके ये नौ भेद बतलाये गये हैं। आगे इन्हींकी व्याख्या की जाती है। श्रोताओंको ध्यानपूर्वक सुनना चाहिये। प्रथम भजन या भक्ति यह है कि हरि-कथा, पुराण और अनेक प्रकारके अध्यात्म-निरूपणोंका श्रवण करना चाहिए। कर्म-मार्ग, उपासना-मार्ग, ज्ञान-मार्ग, सिद्धान्त-मार्ग, गुरुको भक्तिका मार्ग, योग-मार्ग और वैराग्य-मार्गकी बातें सुननी चाहिएँ। अनेक प्रकारके व्रतों, तीर्थों और दानोंकी महिमा सुननी चाहिए। अनेक प्रकारके माहात्म्य और स्थानों, मन्त्र-साधनों, तपों तथा पुरश्चरणों आदिके फल सुनने चाहिएँ। यह सुनना चाहिये कि दुग्धाहारी, निराहारी, फलाहारी, पर्णाहारी, तृणाहारी और नाना आहारी कैसे होते हैं; उष्णवास, जलवास, शीतवास, अरण्यवास, भूगर्भवास और आकाशवास कैसा होता है; जप करनेवाले, तपस्या करनेवाले, तापस, योगी, निग्रही, हठयोगी, शक्तिमार्गी और अघोरयोगी कैसे होते हैं। यह भी सुनना चाहिए कि अनेक प्रकारकी मुद्राएँ, आसन, चमत्कार, लक्ष्य-स्थान, पिंडज्ञान और तत्त्वज्ञान कैसे होते हैं, अनेक प्रकारके पिण्डों या सृष्टियोंकी रचनाएँ कैसे होती हैं और भूगोलकी रचना कैसे होती है, चंद्र-सूर्य और तारा-मण्डल, ग्रह-मण्डल, मेघ-मण्डल, इक्कीस स्वर्ग और सात पाताल कैसे होते हैं। ब्रह्मा, विष्णु, महेश, इन्द्र, देवर्षियों, वायु, वरुण और कुबेरके स्थान कैसे हैं, नौ खंड चौदहों भुवन और आठों दिग्पालोंके स्थान कैसे हैं, अनेक प्रकारके घने वन और उपवन कैसे हैं। यह भी सुनना चाहिए कि गण, गन्धर्व, विद्याधर, यक्ष, किन्नर, नारद, तुम्बरु और अष्ट नायकोंके संगीत और विचार कैसे हैं, राग, ताल, नृत्य, वाद्य, अमृत-सिद्धि-योग और प्रसंगका ज्ञान कैसे होता है; चौदह विद्याएँ, चौसठ कलाएँ, सामुद्रिकके लक्षण, मनुष्यके बत्तीस लक्षण और अनेक प्रकारकी दूसरी कलाएँ कैसी होती हैं; मन्त्र, औषधें, टोटके, सिद्धियाँ, अनेक प्रकारकी लताएँ और औषधियाँ, धातुएँ, रसायनकी, क्रियाएँ आदि कैसी होती हैं और नाड़ीका ज्ञान किस प्रकार होता है। यह भी सुनना चाहिए कि किस दोषसे कौन-सा रोग होता है और किस रोगके लिए कौन-सा प्रयोग करना चाहिए और किस प्रयोगके लिए कौन-सा योग ठीक होता है। यह भी सुनना चाहिए कि रौरव और कुम्भीपाक आदि नरक कैसे हैं; यम-लोकमें कैसी कैसी यातनाएँ होती हैं; स्वर्गमें कैसे कैसे सुख और नरकोंमें कैसे कैसे दुःख होते हैं, नौ प्रकारकी भक्तियाँ और चार प्रकारकी मुक्तियाँ कैसी होती हैं और

उत्तम गति कैसे प्राप्त होती है, पिंडों और ब्रह्मांडोंकी रचना कैसी होती है, अनेक प्रकारके तत्त्वोंका विवेचन कैसा होता है और सारासार विचार क्या हैं। यह समझनेके लिए अनेक प्रकारके मत जानने चाहिएँ कि सायुज्य मुक्ति और मोक्ष कैसे मिलता है; अनेक प्रकारके मतोंका पता लगाना चाहिए; यह सुनना चाहिए कि वेदों, शास्त्रों और पुराणोंमें क्या लिखा है; महावाक्योंके विवरण सुनने चाहिएँ और तनुचतुष्टय (स्थूल, सूक्ष्म, कारण और महाकारण ये चार प्रकारके शरीर) का रहस्य समझना चाहिए। इस प्रकार ये सब बातें सुन लेनी चाहिएँ और फिर उनमें जो कुछ सार हो, वह ग्रहण कर लेना चाहिए और जो अ-सार हो, उसका त्याग कर देना चाहिए। बस इसीका नाम श्रवण-भक्ति है। सगुण परमात्माके चरित्र सुनने चाहिएँ अथवा अध्यात्म-ज्ञानके द्वारा यह जानना चाहिए कि निर्गुण ब्रह्म क्या है। बस श्रवण-भक्तिके यही लक्षण हैं। सगुण ईश्वरके चरित्र और निर्गुण ब्रह्मके तत्त्व तथा मन्त्र दोनों ही परम पवित्र हैं और इनका श्रवण करना चाहिए। जयन्तियाँ, उपवास, अनेक प्रकारके साधन, मन्त्र, यन्त्र, जप, ध्यान, कीर्ति, स्तुति, स्तवन, भजन आदिका अनेक प्रकारसे श्रवण करना चाहिए। इस प्रकार सगुण परमात्माके गुणों और निर्गुण ब्रह्मके अध्यात्म निरूपणकी बातें सुननी चाहिएँ और विभिन्नताको छोड़कर भक्तिका मूल ढूँढ़ना चाहिए। श्रवण-भक्तिका यह निरूपण श्रोताओंकी समझमें आ गया होगा। अब आगे कीर्तन-भक्तिके लक्षण बतलाये जाते हैं।

दूसरा समास

कीर्तन-भक्ति

श्रोताओंने पूछा था कि भगवद्भजन क्या है। इसलिए नौ प्रकारकी भक्तियाँ बतलाई गई थीं। उनमेंसे पहली श्रवण-भक्तिका निरूपण हो चुका है। अब दूसरी कीर्तन-भक्तिकी बातें सुनिये। परमात्माके सगुण अथवा स्थूल रूपसे सम्बन्ध रखनेवाली हरिकथाएँ सुननी चाहिएँ और अपनी अखण्ड वाणीसे भगवानकी कीर्तिका विस्तार करना चाहिए। बहुतसे ग्रन्थ पढ़ने चाहिएँ, उनकी सब बातें कण्ठ करनी चाहिएँ और निरन्तर भगवानको कथाएँ कहनी चाहिएँ। स्वयं अपने सुख और स्वार्थके लिए हरि-कथा कहनी चाहिए और कभी बिना हरि-कथाके न रहना चाहिए।

नित्य नये उत्साहसे हरि-कथाका विस्तार करनेमें उद्योगशील रहना चाहिए और सारे ब्रह्मांडको हरि-कीर्तनसे भर देना चाहिए। अत्यन्त हार्दिक प्रेमके साथ सदा हरि-कीर्तनमें लगे रहना चाहिए। भगवानको कीर्तन प्रिय है और उससे अपना भी समाधान होता है। कलियुगमें हरि-कीर्तनसे ही लोगोंका उद्धार होता है। भगवान-के अनेक प्रकारके विचित्र ध्यान करने चाहिएँ, उनके अलंकारों और भूषणोंका वर्णन करना चाहिए और अन्तःकरणमें उनकी मूर्ति स्थापित करके उनकी कथाएँ कहनी चाहिएँ। बहुत रुचिपूर्वक परमात्माके यश, कीर्ति, प्रताप और महिमाका वर्णन करना चाहिए जिससे भक्तोंकी आत्मा सन्तुष्ट होती है। करताल लेकर कथाएँ कहनी चाहिएँ, उनका अन्वय और गूढ व्याख्या करनी चाहिए, परमात्माके नामोंका घोष करना चाहिए, अनेक प्रकारके प्रसंगोंका वर्णन करना चाहिए, उनके सम्बन्धके गीत गाने चाहिएँ, ग्रन्थोंके पाठान्तर बतलाने चाहिएँ और उनका निरू-पण करना चाहिए। ताल और मृदंगके साथ हरि-कीर्तन, संगीत और नृत्य करना चाहिए और अनेक प्रकारकी कथाओंके अनुसन्धानका तार टूटने ही न देना चाहिए। कीर्तनके आनन्दमें गद्गद होकर खूब कथाएँ करनी चाहिएँ और श्रोताओंके श्रवण-पुट आनन्दसे भर देने चाहिएँ। कम्प, रोमांच, स्फुरण और प्रेमाश्रुके साथ भजन गाने चाहिएँ और देवताओंके द्वार पर साष्टांग नमस्कार करना चाहिए। समयानु-सार पद, दोहे, श्लोक, प्रबन्ध, मुद्रा आदि अनेक छन्दोंमें वीरश्री तथा विनोदकी बातें कहनी चाहिएँ। नौ रसोंसे सम्बन्ध रखनेवाले तथा शृङ्गार-रसपूर्ण गद्य और पद्य कहने चाहिएँ और शास्त्रोंके आधार पर अनेक प्रकारकी प्रास्ताविक बातें कहनी चाहिएँ। भक्ति, ज्ञान और वैराग्यके लक्षण बतलाने चाहिएँ; नीति, न्याय और स्वधर्मकी रक्षाके उपाय बतलाने चाहिएँ और साधन-मार्ग तथा अध्यात्मका भली भाँति निरूपण करना चाहिए। प्रसंगके अनुसार हरि-कथाएँ कहनी चाहिएँ, सगुणके उपासकोंके सामने सगुण ब्रह्मकी कीर्त्तिका वर्णन करना चाहिए और निर्गुण-की उपासना करनेवालोंके सामने अध्यात्म-विद्याकी बातें कहनी चाहिएँ। पूर्व पक्षका त्याग करके नियमपूर्वक सिद्धान्तका निरूपण करना चाहिए और सदा व्यवस्थित रीतिसे सब बातें कहनी चाहिएँ। वेदोंका पारायण करना चाहिए और लोगोंके सामने पुराणोंकी कथाएँ कहनी चाहिएँ और माया तथा ब्रह्मका पूरा विवरण बतलाना चाहिए। ब्राह्मणत्वकी आदरपूर्वक रक्षा करनी चाहिए और भजनके

द्वारा उपासनाकी रक्षा करनी चाहिए और गुरु-परम्परा बराबर बनाये रखनी चाहिए। वैराग्य और ज्ञानके लक्षणोंकी रक्षा करनी चाहिए। परम दक्ष और विचक्षण लोगोंको सभी बातें सँभालनी पड़ती हैं। कोई ऐसी बात न कहनी चाहिए जिससे कीर्तन सुननेवालोंके मनमें सन्देह उत्पन्न हो, सत्यके सम्बन्धमें उनका समाधान न हो अथवा नीति और न्यायके साधनमें बाधा पड़े। सगुण ब्रह्मकी कथा कहना ही कीर्तन है। यदि अद्वैतका निरूपण किया जाय तो भी उसके सगुण पक्षकी बराबर रक्षा करते चलना चाहिए। वक्तृत्वके लिए अधिकारकी आवश्यकता होती है। अल्पज्ञ लोग ठीक-ठीक उत्तर नहीं दे सकते। वक्ताको आचारवान् और अनुभवी होना चाहिए। सभी पक्षोंकी रक्षा करते हुए ज्ञानकी बातें कहनी चाहिएँ जिससे प्राणी मात्रको वेदका ज्ञान प्राप्त हो और वे उत्तम मार्गमें लगें। सब प्रकारके वाद-विवाद छोड़कर परमात्माके गुणोंका कीर्तना करना चाहिए। इसीका नाम भजन है और यही दूसरी भगवद्भक्ति है। कीर्तनके द्वारा बहुत बड़े-बड़े दोष नष्ट हो जाते हैं और इसमें सन्देह नहीं कि उससे उत्तम गति और भगवानकी भक्ति प्राप्त होती है। कीर्तनसे वाणी पवित्र होती है और मनुष्यमें सत्पात्रता आती है। हरि-कीर्तनसे प्राणी मात्र सुशील होते हैं। कीर्तनसे व्यग्रता या चंचलता नष्ट होती है, मनमें निश्चय उत्पन्न होता है और श्रोता तथा वक्ता दोनोंका सन्देह नष्ट होता है। ब्रह्माके पुत्र नारद सदा हरि-कीर्तन करते रहते हैं, इसी लिए लोग नारदको नारायण कहते हैं। कीर्तनकी महिमा अगाध है और उससे परमात्मा सन्तुष्ट होता है। हरि-कीर्तनमें समस्त तीर्थों और जगदात्माका निवास होता है।

तीसरा समास

स्मरण-भक्ति

पहले कीर्तनका निरूपण किया गया है जो सब लोगोंको पावन करनेवाला है। अब विष्णु-स्मरण नामकी तीसरी भक्तिकी बातें सुनिये। इसमें ईश्वरका स्मरण करना चाहिए और बराबर उसका नाम जपते रहना चाहिए। नामका स्मरण करनेसे समाधान होता है। नित्य नियमपूर्वक सबेरे, दोपहर और सन्ध्याको तथा सदा सर्वदा नामका स्मरण करते रहना चाहिए। सुख, दुःख, उद्वेग

और चिन्ताके समय और परम आनन्दकी अवस्थामें बराबर नामका स्मरण करते रहना चाहिए; नामके स्मरणके बिना कभी न रहना चाहिए। हर्ष और विषादके समय, पर्वके समय, पश्चात्ताप, विश्राम और निद्राके समय बराबर नाम स्मरण करना चाहिए। संकटके समय, गृहस्थीकी अनेक प्रकारकी झंझटोंके समय, विपत्तिके समय, चलते समय, बातें और काम-धंधा करते समय, खाने-पीने, सुख करने और नाना प्रकारके उपभोगके समय परमात्माका नाम कभी भूलना नहीं चाहिए। चाहे सम्पत्ति हो और चाहे विपत्ति, कालकी गति चाहे जैसी हो, नाम-स्मरणकी स्थिति कभी छोड़नी नहीं चाहिए। वैभव, सामर्थ्य और सत्ता, अनेक प्रकारके पदार्थों और उत्कृष्ट सौभाग्यका भोग करते समय नामका स्मरण कभी न छोड़ना चाहिए। चाहे पहले अच्छी दशा रही हो और बादमें बुरी दशा आई हो, और चाहे पहले बुरी दशा रही हो और बादमें अच्छी दशा आई हो, चाहे जैसा प्रसंग आ पड़े, पर नामका स्मरण कभी न छोड़ना चाहिए। नाम-स्मरणसे संकटोंका नाश होता है, विघ्न दूर होते हैं और उत्तम पदकी प्राप्ति होती है। नाम पर निष्ठा रखनेसे भूत-पिशाचकी सब बाधाएँ, ब्रह्मग्रह, ब्रह्म-राक्षस, मन्त्र-साधनमें होनेवाले दोषोंसे उत्पन्न उन्माद तथा अनेक प्रकारके खेद नष्ट होते हैं। नामसे विष-बाधा तथा सब प्रकारके रोग आदि दूर होते हैं और अन्तमें उत्तम गति प्राप्त होती हैं। बाल्यावस्था, युवावस्था, कठिन अवस्था, वृद्धावस्था और अन्तिम अवस्था आदि सभी अवस्थाओंमें नामका स्मरण करते रहना चाहिए। नामकी महिमा शंकर जानते हैं, इसीलिए वे लोगोंको राम-नामका उपदेश देते हैं। राम-नामके कारण ही वाराणसी मुक्ति-क्षेत्र कहलाती है। राम-नामका उलटा जप करके भी वाल्मीकि तर गये और उन्होंने सौ करोड़ श्लोकोंमें पहलेसे ही रघुनाथजीके चरित्रका वर्णन कर डाला। हरिनामसे प्रह्लाद तर गये, अनेक प्रकारके आघातों और संकटोंसे बचे। नारायणका नाम जपनेसे अजामिल भी पावन हो गया। नामके प्रभावसे पत्थर पानी पर तैरे, असंख्य भक्तोंका उद्धार हुआ और बड़े-बड़े पापी भी परम पवित्र हो गये।

परमेश्वरके अनन्त नाम हैं। नित्य नियमपूर्वक उनका स्मरण करके लोग तर जाते हैं। नामका स्मरण करनेसे यमकी यातना नहीं होती। हजारों नामोंमेंसे कोई एक नाम लेने पर भी जीवन सार्थक हो जाता है और नामका स्मरण करनेसे

मनुष्य पुण्य-श्लोक बन जाता है। यदि प्राणी और कुछ भी न करे और मुखसे केवल राम-नामका जप करे, तो भी चक्रपाणि सन्तुष्ट होकर अपने भक्तको सँभाल लेते हैं। जो निरन्तर नामका स्मरण करता रहे, उसे पुण्य-शरीर समझना चाहिए। रामके नामसे बहुत बड़े-बड़े दोषोंके पहाड़ भी नष्ट हो जाते हैं। नामकी महिमा अगाध है; उसका पूरा-पूरा वर्णन नहीं हो सकता। नामसे बहुतोंका उद्धार हुआ है। स्वयं चन्द्रमौलि महादेवजी भी उसी नामके कारण हलाहलके प्रभावसे बच गये। नाम जपनेका अधिकार चारों वर्णोंको है। नाम किसीको छोटा या बड़ा नहीं समझता। नामके प्रभावसे जड़ और मूढ़ भी भव-सागरसे पार हो जाते हैं। इसीलिए कहा जाता है कि नामका अखंड स्मरण करना चाहिए और मनमें भगवानके रूपका ध्यान करना चाहिए। इस प्रकार यहाँ इस तीसरी भक्तिका निरूपण किया गया है।

चौथा समास

पाद-सेवन-भक्ति

पहले नाम-स्मरणका निरूपण किया गया है। अब चौथी भक्ति पाद-सेवनकी बातें सुनिये। पाद-सेवनका मतलब यह है कि सद्गति प्राप्त करनेके लिए काया, वचन और मनसे सद्‌गुरुके चरणोंका सेवन किया जाय। जन्म और मरणके कष्टोंका अन्त करनेके लिए सद्‌गुरुके चरणोंमें अनन्य भक्ति भाव रखना ही पाद-सेवन कहलाता है। विना सद्‌गुरुकी कृपाके इस भव-सागरसे पार होनेका और कोई उपाय नहीं है; इसलिए लौ लगाकर सद्‌गुरुके चरणोंका सेवन करना चाहिए। सद्‌गुरु सारासारकी सब बातें बतलाकर और हृदयमें ब्रह्मका निर्धारण कराके उसके दर्शन करा देता है। वह ब्रह्म ऐसी वस्तु है जो न तो आँखोंसे दिखाई पड़ती है, न मनमें जिसका अनुमान हो सकता है और न विना संग-त्याग किये उसका अनुभव हो सकता है। यदि उसका अनुभव करना चाहें तो संग-त्याग नहीं होता और बिना संग-त्यागके अनुभव नहीं होता। उसका कुछ-कुछ ज्ञान स्वयं अनुभवसे ही होता है; और लोगोंके लिए वह कोरी कथा है। संग-त्याग, निवेदन, विदेह-स्थिति, अलिप्तता, सहज स्थिति, उन्मनी और विज्ञान ये सातों एक-रूप हैं। इनके सिवा उसके कुछ और नाम भी हैं जिन्हें समाधानके संकेत-वचन कहना चाहिए। उन सब बातोंका ज्ञान पाद-सेवनसे हो जाता है। वेद, वेदोंका रहस्य, वेदान्त, सिद्ध,

सिद्ध-भावका रहस्य, सिद्धान्त, अनुभव, अनुभवकी बात, अनुभवका फल और सत्य-वस्तु, ब्रह्म आदि बहुत-सी ऐसी चीजें हैं जिनसे अनुभव या ज्ञान प्राप्त होता है और यह अनुभव अथवा ज्ञान सन्तोंको संगतिसे प्राप्त होता है। अतः इस चौथी भक्ति सन्तोंके पाद-सेवनसे वह गुप्त परब्रह्म मनुष्य पर प्रकट हो जाता है। वह परब्रह्म प्रकट होने पर भी छिपा हुआ है और छिपा हुआ होने पर भी प्रकट है। और यह गुरुकी चरण-सेवाका मार्ग उस छिपे हुए और प्रकट दोनोंसे अलग है। यह है तो मार्ग, पर अन्तरिक्ष या आकाशकी तरह शून्य है जिससे सभी बातें पूर्व पक्षके समान अनिश्चित या सन्दिग्ध हैं और उस अलक्षको देखने जाते हैं तो वह दिखाई नहीं देता। जिसे लक्षसे लखते या देखते हैं और ध्यानसे जिसका ध्यान करते हैं, उस पर-ब्रह्मका ज्ञान, शास्त्र-प्रतीति, गुरु-प्रतीति और आत्म-प्रतीति इन तीनों प्रकारकी प्रतीतियोंसे स्वयं हो जाना चाहिए। ये बातें अनुभवके द्वारा और सारासारका विचार करने पर ज्ञात हो जाती हैं और सत्संगसे सत्य बातका पता लग जाता है। यदि सत्य देखने लगें तो असत्य बातका पता लग जाता है। यदि सत्य देखने लगें तो असत्य नहीं रह जाता और यदि असत्य देखने लगें तो सत्य नहीं रह जाता। सत्य और असत्यका देखना देखनेवाले पर ही निर्भर करता है। देखनेवाला जिस चीजको देखता है, उसी चीजके समान जब वह स्वयं भी हो जाता है, तभी वह अच्छी तरहसे उसको देख सकता है और उसका समाधान हो सकता है। जितने प्रकारके समाधान हैं, वे सब सद्गुरुसे ही प्राप्त होते हैं। सद्गुरुके बिना कभी सन्मार्ग नहीं मिल सकता। अनेक प्रकारके प्रयोग, साधन, परिश्रम, उद्योग और विद्याभ्यास अथवा और किसी प्रकारके अभ्याससे वह मार्ग नहीं मिल सकता, क्योंकि वह केवल गुरु-गम्य है अर्थात् केवल गुरुके द्वारा ही मिल सकता है। जो बात अभ्याससे नहीं प्राप्त हो सकती और साधन द्वारा जिसकी सिद्धि नहीं हो सकती, वह भला बिना सद्गुरुके कैसे प्राप्त हो सकती है! अतः ज्ञान-मार्ग पर चलनेके लिए सत्संग करना चाहिए। बिना सत्संगके उसका नाम भी न लेना चाहिए। सद्गुरुके चरणोंकी सेवा करनेका ही नाम पाद-सेवन है और इस चौथी भक्ति पाद-सेवनके यही लक्षण हैं। यह ठीक है कि देवता, ब्राह्मण, महानुभाव, सत्पात्र और भजनमें दृढ़ भक्ति रखनी चाहिए। परन्तु ये सब लोकाचारकी और कहने-सुननेकी बातें हैं। वास्तवमें सद्गुरुके चरणोंका सेवन

ही सच्चा पाद-सेवन है। यह पाद-सेवन नामक चौथी भक्ति तीनों लोकोंको पवित्र करती है और इसीसे साधकको सायुज्य मुक्ति प्राप्त होती है। इसलिए यह चौथी भक्ति दूसरी बड़ी-बड़ी भक्तियोंसे भी बड़ी है और इसके द्वारा बहुतसे प्राणी भव-सागरसे पार हो जाते हैं।

पाँचवाँ समास

अर्चन-भक्ति

ऊपर चौथी भक्तिके लक्षण बतलाये गये हैं। अब सावधान होकर पाँचवीं भक्ति अर्चनकी बातें सुनिये। अर्चनका मतलब यह है कि शास्त्रमें कहे हुए विधानोंके अनुसार देवताओंका पूजन और अर्चन करना चाहिए। अनेक प्रकारके आसनों, उपकरणों, वस्त्रों, अलंकारों, आभूषणों आदिके द्वारा मानस पूजा करना और मनमें मूर्तिका ध्यान करना ही पाँचवीं भक्ति है। देवता, ब्राह्मण, अग्नि, साधु, सन्त, अतीत, यति, महानुभाव, गायत्री, धातु, पत्थर और मिट्टीकी मूर्ति, चित्रमें लिखित मूर्ति, सत्पात्र, अपने घरके देवता, सप्त-अंकित और नव-अंकित शिला, शालिग्राम, शकल, चक्रांकित, लिंग, सूर्यकान्त, सोम, चन्द्रकान्त, बाण, तांडल, नर्मदेश्वर, भैरव, भगवती, नृसिंह, बनशंकरी, नाममुद्रा, सिक्के आदि, अनेक प्रकारके देवताओं और पंचायतनों आदिकी पूजा करनी चाहिए। गणेश, शारदा, विठ्ठल, रंगनाथ, जगन्नाथ, तांडवमूर्ति, श्रीरंग, हनुमान, गरुड़, मत्स्य, कूर्म, वाराह, नृसिंह, वामन, भार्गव, राम, कृष्ण, हयग्रीव, केशव, नारायण, माधव, गोविन्द, विष्णु, मधुसूदन, त्रिविक्रम, वामन, श्रीधर, हृषीकेश, पद्मनाभ, दामोदर, संकर्षण, वासुदेव, प्रद्युम्न, अनिरुद्ध, पुरुषोत्तम, अधोक्षज, नारसिंह, अच्युत, जनार्दन, उपेन्द्र तथा हरि और हरकी अनन्त मूर्तियोंका पूजन करना चाहिए। भगवान्, जगदात्मा, जगदीश्वर तथा शिव और शक्तिकी अनेक मूर्तियोंका देवार्चनमें पूजन करना चाहिए। अश्वत्थ नारायण, सूर्य नारायण, लक्ष्मी नारायण, त्रिमल्ल नारायण, श्री हरीनारायण, आदि नारायण, शेषशायी परमात्मा आदिका पूजन करना चाहिए।

इस प्रकार यदि देखा जाय तो परमेश्वरकी अनन्त मूर्तियाँ हैं। उन्हींका अर्चन पाँचवीं भक्ति है। इसके अतिरिक्त कुल-धर्म भी कभी छोड़ना नहीं चाहिए और उत्तम अथवा मध्यम रीतिसे उसका पालन करते चलना चाहिए। अनेक प्रकारको

कुल-देवियाँ और जोगिनियाँ आदि भी हैं जिनका कुल-धर्मके अनुसार पूजन करना चाहिए। अनेक तीर्थों और क्षेत्रोंमें जाना चाहिए और वहाँके देवताओंका पूजन करना चाहिए। इस प्रकार अनेक उपचारोंसे परमेश्वरका अर्चन करना चाहिए। पंचामृत, चन्दन, अक्षत, पुष्प, सुगन्धित द्रव्य, धूप, दीप, कपूरकी आरती, सुन्दर खाद्य पदार्थ और नैवेद्य, अनेक प्रकारके फल, पान आदि, दक्षिणा, अनेक प्रकारके अलंकार, दिव्य वस्त्र, वनमाला, पालकी, छत्र, सुखासन, मेघडम्बर, सूर्यमुखी, पताका, झंडा, वीणा, करताल, मृदंग आदि अनेक प्रकारके पदार्थोंसे देवताओंका पूजन करना चाहिए; अनेक प्रकारके उत्सव करने चाहिएँ; भक्तोंके समुदाय एकत्र करने चाहिएँ और भक्तिपूर्वक अनेक भक्तों और कीर्तनकारोंके कीर्तन कराने चाहिएँ। इन सब बातोंसे भगवान्‌के प्रति सद्भाव बढ़ता है। वापी, कूप, सरोवर, देव-मन्दिर, शिखर, राजांगण, तुलसीवन और भुइँधरे आदि बनवाने चाहिएँ। मठ, मंडप, धर्मशाला, देवालयोंके पास धर्मशाला, नक्षत्र माला (२७ नक्षत्रोंके नाम पर २७ रत्नोंकी माला), अनेक प्रकारके वस्त्र, अनेक प्रकारके परदे, मंडप, चँदोए, रत्न, तोरण, घण्टे, हाथी, घोड़े, गाड़ियाँ, अलंकार तथा अलंकारपात्र, द्रव्य और द्रव्यपात्र, अन्न और जल तथा उनके पात्र आदि बनवाकर देवताओंको समर्पित करने चाहिएँ। वन, उपवन, पुष्पवाटिकाएँ, तपस्वियोंके लिए पर्णकुटियाँ आदि बनवानी चाहिएँ। जगन्नायक परमात्माकी यही पूजा है। शुक, सारिका, मोर, बत्तख, पपीहे, चकोर, कोयल, चीतल, साँभर, कस्तूरी-मृग और बिलाव, गौ, भैंस, बैल, बन्दर आदि अनेक प्रकारके जीव और लड़के देवालयोंमें समर्पित करने चाहिएँ। काया, वाचा और मनसे, वित्त, जीव और प्राणसे सद्भावपूर्वक भगवानका अर्चन करना चाहिए। इसीका नाम अर्चन-भक्ति है। इसी प्रकार अनन्य भक्ति-पूर्वक सद्‌गुरुका भजन करना चाहिए। इसीका नाम भगवद्-भजन है और यही पाँचवीं भक्ति है। यदि किसीसे इस प्रकारकी पूजा न हो सके तो उसे मानस-पूजा करनी चाहिए। परमेश्वरकी मानस-पूजा तो अवश्य होनी चाहिए, क्योंकि उसका भी बहुत महत्व है। मानस-पूजा उसे कहते हैं जिसमें केवल मनमें सब पदार्थोंकी कल्पना करके वे भगवानको अर्पित किये जायँ और उनकी पूजा की जाय। जिन जिन पदार्थोंकी अपने आपको आवश्यकता हो, उन सबकी मनमें कल्पना करके मानस-पूजा करनी चाहिए।

छठा समास

वन्दन-भक्ति

पहले पाँचवीं भक्तिके लक्षण बतलाये गये हैं। अब सावधान होकर छठी भक्ति वन्दनका वर्णन सुनिये। देवताओं, सन्तों, साधुओं और सज्जनोंको नमस्कार करना चाहिए। सूर्य, ईश्वर और सद्गुरुको साष्टांग नमस्कार करना चाहिए। अनेक देवताओंको प्रतिमाओं, ईश्वर और गुरुको साष्टांग प्रणाम करनेका विधान है; और बाकीको उनके अधिकारके अनुसार नमस्कार करना चाहिए। छप्पन कोटिके विस्तारवाली इस पृथ्वीमें विष्णुकी जो अनन्त मूर्तियाँ हैं, उन सबको प्रेमपूर्वक साष्टांग नमस्कार करना चाहिए। शिव, विष्णु, सूर्य और हनुमानके दर्शनोंसे पापोंका नाश होता है, इसलिए इन्हें नित्य नियमपूर्वक विशेष रूपसे नमस्कार करना चाहिए। कहा है—

> शंकरः शेषशायी च मार्त्तण्डो मारुतिस्तथा।
> एतेषां दर्शनं पुण्यं नित्यनेमे विशेषतः॥

भक्त, ज्ञानी, वीतराग, महानुभाव, तपस्वी, योगी और सत्पात्रको देखते ही नमस्कार करना चाहिए। वेदज्ञ, शास्त्रज्ञ, सर्वज्ञ, पण्डित, पौराणिक, विद्वान, याज्ञिक, वैदिक और पवित्र पुरुषोंको बराबर नमस्कार करना चाहिए। जिस मनुष्यमें कोई विशेष गुण दिखाई पड़े, समझ लेना चाहिए कि उसमें सद्गुरुका अधिष्ठान है। इसलिए आदरपूर्वक उसे नमस्कार करना चाहिए। गणेश, शारदा, शक्ति, हरि और हर आदिकी अनेक प्रकारकी मूर्तियाँ होती हैं और अलग-अलग बहुतसे देवता होते हैं जिनका कहाँ तक वर्णन किया जाय। इन सब देवताओंको जो नमस्कार किया जाता है, वह सब एक भगवानको ही पहुँचता है। इस सम्बन्धमें एक वचन है—

> आकाशात्पतितं तोयं यथा गच्छति सागरम्।
> सर्वदेव नमस्कारः केशवं प्रति गच्छति॥

इसलिए सभी देवताओंको अत्यन्त आदरपूर्वक नमस्कार करना चाहिए। देवताओंमें परमात्माका अधिष्ठान माननेसे बहुत अधिक सुख होता है। जिस प्रकार देवताओंमें परमात्माका अधिष्ठान है, उसी प्रकार सत्पात्रोंमें सद्गुरुका

अधिष्ठान है, इसलिए दोनोंको नमस्कार करना चाहिए। नमस्कारसे मनुष्यमें ईश्वरके प्रति तन्मयता आती है, विकल्प या सन्देहका नाश होता है, अनेक सत्पात्रों-के साथ सख्यता अथवा मित्रता स्थापित होती है, दोष दूर भागते हैं, अन्यायके लिए क्षमा मिलती है, जड़ता दूर होती हैं और सन्देहोंका समाधान होता है। लोग कहते हैं कि किसीका सिर नीचा कर देनेसे बढ़कर उसके लिए और कोई दंड नहीं है; इसलिए देवताओंके भक्तोंको सदा वन्दना करते रहना चाहिए और उनके सामने सिर झुक जाना चाहिए। नमस्कार करनेसे बड़ोंके मनमें कृपा उत्पन्न होती है, उनकी प्रसन्नता बढ़ती है और गुरुदेव भक्तों पर प्रसन्न होते हैं। शुद्ध मनसे नमस्कार करनेसे दोषोंके पर्वत नष्ट होते हैं और स्वयं परमेश्वर कृपा करता है। नमस्कार करके पतित भी पावन हो जाता है, उसे सन्तोंकी शरण मिलती है और जन्म-मरणकी झंझट दूर होती है। यदि कोई बहुत बड़ा अन्याय करके भी सामने आवे और आकर साष्टांग नमस्कार करे, तो श्रेष्ठ पुरुषोंको उचित है कि उस अन्याय करनेवालेको क्षमा कर दें। इसलिए नमस्कारसे बढ़कर और कोई अनुकरण करनेके योग्य बात नहीं है। नमस्कारसे मनुष्यमें सद्बुद्धि आती है। नमस्कार करनेमें न तो कुछ खर्च होता है, न कष्ट होता है और न किसी उपकरण या सामग्रीकी आवश्यकता होती है। नमस्कारसे बढ़कर और कोई सहज काम नहीं है। पर नमस्कार अनन्य भावसे करना चाहिए। ऐसा सहज उपाय छोड़कर और दूसरे साधनों या उद्योगोंकी क्या आवश्यकता है? जब साधक भक्तिपूर्वक नमस्कार करता है, तब साधुको उसकी चिन्ता होती है और वह उसे मुक्तिके सुगम मार्ग पर ले जाता है। इसलिए नमस्कार सबसे श्रेष्ठ है। नमस्कारसे बड़े-बड़े सत्पुरुष प्रसन्न होते हैं। इस प्रकार यहाँ यह छठी भक्ति बतलाई गई है।

सातवाँ समास

दास्य-भक्ति

पहले छठी भक्तिके लक्षण बतलाये जा चुके हैं। अब सातवीं भक्तिकी बातें सावधान होकर सुनिये। यह सातवीं भक्ति दास्य कहलाती है। इसमें सदा किसी देवताके स्थान पर उपस्थित रहना चाहिए और वहाँ जो काम सामने आ जाय वह सब करना चाहिए। देवताओंके वैभवकी देख-रेख करनी चाहिए, उसमें किसी

बातकी कमी न होने देनी चाहिए और भगवानकी भक्तिका खूब विस्तार करना चाहिए। टूटे हुए देवालयोंकी मरम्मत करानी चाहिए और नई धर्मशालाएँ आदि बनवानी चाहिएँ। अनेक प्रकारके जीर्ण और जर्जर भवनोंका जीर्णोद्धार कराना चाहिए और जो काम सामने आवे, वह तुरन्त कर डालना चाहिए। नये-नये हाथी, घोड़े, रथ, सिंहासन, चौकी, पालकी, सुखासन, मचान, डोले, विमान, मेघडम्बर, छत्र, चँवर, सूर्यमुखी, झण्डे आदि, तरह-तरहके सामान बहुत आदरपूर्वक बनवा-कर भेंट करने चाहिएँ; अनेक प्रकारके यान या विमान, बैठनेके लिए उत्तम स्थान और सोनेके आसन यत्नपूर्वक तैयार कराने चाहिएँ। भवन, कोठरियाँ, पेटियाँ, सन्दूक, कंडाल और गगरे आदि बनवाने चाहिएँ। इसी प्रकारके और सब सामान यत्नपूर्वक बनवाने चाहिएँ। भुइँधरे, तहखाने, विवर और अनेक गुप्त द्वार, अमूल्य वस्तुओंके लिए भांडार, अलंकार, भूषण, अच्छे-अच्छे वस्त्र, अनेक प्रकारके सुन्दर रत्न, अनेक धातुओंके तथा सोनेके पात्र, पुष्प-वाटिकाएँ, वन, वृक्षोंके बगीचे आदि तैयार कराने चाहिएँ और उनके वृक्षोंको जलसे सींचना चाहिए। अनेक प्रकारके पशुओं और पक्षियोंके लिए शालाएँ और चित्रशालाएँ, वाद्य-शालाएँ और नाट्य-शालाएँ तैयार करनी चाहिएँ और उनमें बहुतसे गुणी गवैये रखने चाहिएँ। पाकशाला, भोजनशाला, सामग्रीगृह, धर्मशाला, सोनेवालोंके लिए शयनागार आदि बड़े-बड़े स्थान, अनेक प्रकारके सुगन्धित द्रव्योंके लिए स्थान, अनेक प्रकारके खाद्य पदार्थों और फलोंके लिए स्थान और अनेक प्रकारके रसोंके लिए स्थान आदि यत्नपूर्वक बनवाने चाहिएँ। अनेक प्रकारकी वस्तुओंके लिए जो पुराने स्थान टूट-फूट गये हों, उनकी मरम्मत करानी चाहिए और नये स्थान भी बनवाने चाहिएँ। ईश्वरके वैभवका पूरा-पूरा वर्णन नहीं हो सकता। सभी काम परिश्रम-पूर्वक करने चाहिएँ; दास्य कार्यके लिए सदा तत्पर रहना चाहिए और कोई काम भूलना नहीं चाहिए। जयन्तियाँ और पर्व आदि महोत्सव ऐसे ठाट-बाटसे करने चाहिएँ जिन्हें देखकर स्वर्गके देवता भी मुग्ध हो जायँ। इस प्रकार वैभवके बड़े-बड़े काम भी करने चाहिएँ और साथ ही दासत्व के छोटे-छोटे काम भी करने चाहिएँ। प्रसङ्ग आ पड़ने पर सदा सावधान रहना चाहिए। जब जिन चीजोंकी आवश्यकता हो, तब वे चीजें तुरन्त देनी चाहिएँ और सब प्रकारकी सेवाएँ अत्यन्त प्रेमपूर्वक करनी चाहिएँ। पाद-प्रक्षालन, स्नान, आचमन, गन्ध, अक्षत,

वस्त्र, आभूषण, आसन, जल, अनेक प्रकारके फूल, धूप, दीप, नैवेद्य आदिकी व्यवस्था करनी चाहिए। शयनके लिए उत्तम स्थानोंकी व्यवस्था करनी चाहिए; पीनेके लिए ठण्ढा जल रखना चाहिए; ताम्बूल देना चाहिए और राग-रागिनियोंसे युक्त सुन्दर पद या भजन गाने चाहिएँ। सुगन्धित द्रव्य, फुलेल, अनेक प्रकारके सुगन्धित तेल और तरह-तरहके खाने योग्य फल प्रस्तुत रखने चाहिएँ। देव-स्थानोंको भली-भाँति स्वच्छ और परिष्कृत करना चाहिए, जलसे जलके पात्र भरने चाहिएँ और अच्छे-अच्छे वस्त्र धो लाने चाहिएँ। सब लोगोंकी व्यवस्था करनी चाहिए, आनेवाले लोगोंका आतिथ्य-सत्कार करना चाहिए। बस यही सातवीं भक्ति है। अनेक प्रकारकी स्तुतियों और करुणासे भरी बातें कहनी चाहिएँ जिनसे सब लोगोंके चित्त प्रसन्न हों। इस प्रकार मैंने अपनी बुद्धिके अनुसार सातवीं भक्तिके लक्षण बतलाये हैं। यदि किसीसे ये सब बातें प्रत्यक्ष रूपसे न हो सकें, तो उसे इसी प्रकारकी मानस पूजा करनी चाहिए। देवताओंकी भी और सद्गुरुकी भी इसी प्रकार दासता करनी चाहिए। और यदि प्रत्यक्ष पदार्थोंसे इस प्रकारकी पूजा न हो सके, तो मानस पूजा करनी चाहिए।

आठवाँ समास

सख्य-भक्ति

पहले सातवीं भक्तिके लक्षण बतलाये जा चुके हैं। अब सावधान होकर आठवीं भक्तिकी बातें सुनिए। इसमें ईश्वर या देवताके साथ परम सख्य भाव स्थापित करना चाहिए और उन्हें प्रेमके बन्धनसे बाँधना चाहिए। इसीको आठवीं भक्तिका लक्षण समझना चाहिए। भगवानके साथ सखा भाव सदा इसी प्रकार स्थापित हो सकता है कि उन्हें जो बातें अत्यन्त प्रिय हों, स्वयं वही बातें करनी चाहिएँ और उन्हींके अनुसार व्यवहार करना चाहिए। परमात्माको भक्ति-भाव, भजन, निरूपण, कथा, कीर्तन और प्रेमी भक्तोंका गायन प्रिय होता है। बस हमें भी इसी प्रकारके कार्य करने चाहिएँ और यही सब बातें हमें भी प्रिय होनी चाहिएँ। इसीसे हमारा मन भी परमात्माके मनके समान हो जायगा और उसके साथ हमारा सखा भाव हो जायगा। ईश्वरके साथ सख्य भाव स्थापित करनेके लिए हमें अपना सुख छोड़ देना चाहिए और अनन्य भावसे जीवन, प्राण और शरीर

तक उसे अर्पित कर देना चाहिए। अपनी सांसारिक झंझटोंको छोड़कर केवल ईश्वरका चिन्तन करते रहना चाहिए और ईश्वरका ही निरूपण, कीर्तन और कथा-वार्ता करते रहना चाहिए। यदि ईश्वरके साथ सखा भाव स्थापित करनेमें अपने परम घनिष्ठ सम्बन्धियों और मित्रोंको भी छोड़ना पड़े तो उन्हें छोड़ देना चाहिए और ईश्वरको सब कुछ अर्पित कर देना चाहिए। यहाँ तक कि अन्तमें प्राण भी उसे सौंप देने चाहिएँ। भगवानमें ऐसा प्रेमपूर्ण भाव रखना चाहिए कि चाहे हमारा सर्वस्व नष्ट हो जाय, पर ईश्वरके साथ हमारा सख्य भाव बना रहे। ईश्वरको ही अपना प्राण समझना चाहिए और प्राणकी सब प्रकारसे रक्षा की जाती है। और यही परम प्रीतिका लक्षण है। जब ईश्वरके साथ ऐसा परम सख्य भाव स्थापित हो जाता है, तब ईश्वरको भी भक्तकी चिन्ता होती है। जिस समय पांडव लाक्षागृहमें जलने लगे थे, उस समय ईश्वरने उन्हें विवर द्वारा निकालकर उनकी रक्षा की थी। ईश्वरके साथ सख्य भाव स्थापित करनेको कुंजी स्वयं हमारे पास है। हम जैसी बात कहेंगे, उसकी प्रतिध्वनि भी वैसी ही होगी। उसी प्रकार यदि हमारे मनमें ईश्वरके प्रति अनन्य भाव होता है, तो ईश्वर भी तत्काल हम पर प्रसन्न हो जाता है। और जब हम उसकी ओरसे दुःखी या उदासीन होते हैं, तो वह भी हमारी ओरसे दुःखी या उदासीन हो जाता है। कहा है—

'ये यथा मां प्रपद्यन्ते तांस्तथैव भजाम्यहम्।'

अर्थात्, भगवान कहते हैं कि जो मुझे जैसा समझता है, उसके लिए मैं भी वैसा ही हो जाता हूँ। जो भगवानका जिस प्रकार भजन करता है, उसके लिए भगवान भी वैसे ही हो जाते हैं, इसलिए भगवानको प्राप्त करनेकी कुंजी स्वयं अपने ही पास समझनी चाहिए। यदि कोई बात हमारे मनके मुताबिक न होने पर भगवान परसे हमारी निष्ठा हट जाय तो उसका दोष स्वयं हम पर है। मेघ चाहे चातककी ओर अनुरक्त न हो, पर फिर भी चातक उसकी ओरसे विमुख नहीं होता। चन्द्रमा चाहे समय पर न उगे, तो भी उस पर चकोरकी अनन्य भक्ति रहती है। भगवानके साथ इसी प्रकारका सख्य भाव रखना चाहिए; मनमें दृढ़ निश्चय रखना चाहिए और ईश्वर परसे अपना ममत्व कभी हटाना नहीं चाहिए। भगवानको केवल अपना सखा ही नहीं बल्कि माता, पिता, गोती, लक्ष्मी, धन और वित्त सभी कुछ समझना चाहिए। सभी लोग कहते हैं कि हमारे लिए ईश्वरको

छोड़कर और कोई नहीं है; पर वस्तुतः उनकी निष्ठा वैसी नहीं होती । भक्तको ऐसा कभी न करना चाहिए, बल्कि सच्ची मित्रता करनी चाहिए और मनमें ईश्वरके प्रति दृढ़ विश्वास रखना चाहिए । अपने मनोगत विचारोंके कारण ईश्वर पर क्रोध करना सख्य-भक्तिका लक्षण नहीं है । ईश्वरकी इच्छाको ही अपने लिए उचित समझना चाहिए । स्वयं अपनी इच्छाके लिए भगवानको क्यों छोड़ा जाय ? हमें ईश्वर-की इच्छाके अनुसार ही आचरण करना चाहिए; वह जो कुछ करे, उसीको ठीक समझना चाहिए; फिर तो ईश्वर स्वभावतः कृपालु है ही । ईश्वरकी कृपाको देखते हुए माताकी कृपा भी कोई चीज नहीं है; क्योंकि माता भी विपत्तिके समय अपने बालककी हत्या कर डालती है । पर कभी किसीने यह भी देखा या सुना है कि ईश्वरने कभी अपने किसी भक्तका वध किया है ? शरणागतके लिए ईश्वर वज्रका पिंजरा अर्थात् वज्रके समान दृढ़ आधार और रक्षक बन जाता है । ईश्वर सदा अपने भक्तोंका पक्ष लेता है, पतितोंका उद्धार करता है और अनाथोंका सहायक होता है । ईश्वर अनाथका पक्षपाती है, वह अनेक प्रकारके संकटोंसे उनकी रक्षा करता है; वही अन्तर्साक्षी परमात्मा गजेन्द्रकी सहायताके लिए दौड़ा था । ईश्वर कृपाका सागर और करुणाका मेघ है । वह कभी अपने भक्तोंको भूल नहीं सकता । ईश्वर अपने भक्तों पर प्रीति रखना जानता है, इसलिए उसीसे मित्रता करनी चाहिए । सब सम्बन्धी बड़े दुष्ट और धोखेबाज हैं । वे कभी संकटके समय काम नहीं आते । ईश्वरकी मित्रता कभी नहीं टूटती और उसका प्रेम कभी कम नहीं होता । वह अपने शरणागतोंकी ओरसे कभी विमुख नहीं होता । इसलिए केवल ईश्वरसे ही मित्रता करनी चाहिए और अपना सुख-दुःख उसीसे कहना चाहिए । आठवीं भक्तिके यही सब लक्षण समझने चाहिएँ । शास्त्रोंमें कहा गया है कि परमात्मा और गुरु दोनों समान होते हैं; इसलिए सद्गुरुके साथ भी सख्य भाव ही होना चाहिए ।

नवाँ समास

आत्म-निवेदन-भक्ति

पहले आठवीं भक्ति निरूपण हो चुका है । अब सावधान होकर नवीं भक्ति-की बातें सुनिये । नवीं भक्ति आत्म-निवेदन है, जिसकी बातें स्पष्ट करके बतलाई जाती हैं । आत्म-निवेदनका लक्षण सुन लीजिए । अपने आपको परमात्माके चरणोंमें

अर्पित कर देना चाहिए। अब विवरण सहित इसका तत्त्व बतलाते हैं। स्वयं अपने आपको भक्त कहना और उससे विभक्त रहकर उसका भजन या भक्ति न करना एक बहुत ही विलक्षण बात है। लक्षण होने पर भी विलक्षण, ज्ञान होने पर भी अज्ञान और भक्त होने पर भी विभक्त होना इसीको कहते हैं। भक्त वही है जो विभक्त न हो और विभक्त वही है जो भक्त न हो, और इस बातका विचार किये बिना कभी समाधान नहीं हो सकता। इसलिए इस बातका विचार करना चाहिए; ईश्वरको पहचानना चाहिए और स्वयं अपने हृदयमें ही अपने आपको ढूँढना चाहिए। यदि तत्त्वपूर्वक इस बातका विचार किया जाय कि मैं कौन हूँ तो यह स्पष्ट हो जाता है कि मैं कुछ भी नहीं हूँ। जब यह शरीर या तत्त्व पंचतत्त्वोंमें मिल जाता है, तब वह "मैं" कहाँ रह जाता है? इस प्रकार आत्म-निवेदन आपसे आप और सहजमें हो जाता है। हमें सब कुछ तत्त्वके रूपमें ही दिखाई पड़ता है और विचारपूर्वक देखनेसे सबका निरसन या निर्णय हो जाता है। प्रकृतिको अलग कर देनेसे केवल आत्मा रह जाती है, तब फिर "मैं" कैसा और कहाँका? एक तो मुख्य परमेश्वर है और दूसरी संसारके रूपमें प्रकृति है। फिर इन दोनोंके बीचमें तीसरा चोर "मैं" कहाँसे आ घुसा?

ये सब बातें बिलकुल ठीक और सिद्ध होने पर भी अपने शरीरके सम्बन्धमें मिथ्या अभिमान होता है। पर यदि विचारपूर्वक देखा जाय तो कहीं कुछ भी नहीं है। तत्त्वका विचार करने पर पता चलता है कि यह ब्रह्मांड रूपी पिंड केवल तत्त्वों-की रचना है और तत्त्वोंसे बनी हुई बहुत सी व्यक्तियाँ विश्वके रूपमें फैली हुई हैं। साक्षित्वसे तत्त्वोंका निरसन हो जाता है; अर्थात् स्वयं अपने अस्तित्वकी साक्षी-से यह सिद्ध हो जाता है कि "मैं" तत्त्व नहीं हूँ और आत्मानुभवसे साक्षित्वका अन्त हो जाता है, अर्थात् आत्मानुभव होने पर यह भाव ही नष्ट हो जाता है कि "मैं" हूँ। इस प्रकार आदिमें भी और अन्तमें भी एक आत्मा ही रह जाती है। फिर यह "मैं" बीचमें कहाँसे चला आया? अर्थात् यह "मैं" रह ही नहीं जाता। आत्मा एक है और वह स्वानन्दघन है और कहा गया है—अहं आत्मा। ऐसी दशामें वह भिन्न कहाँ रह गया? कहा है—सोऽहं हंसा। अर्थात् "मैं वही आत्मा हूँ।" इस बचनका गूढ़ अर्थ समझना चाहिए। आत्माका विचार करनेपर "मैं" रह ही नहीं जाता। आत्मा निर्गुण और निरंजन है। उसके साथ अनन्य या अविभक्त भाव

होना चाहिए। और अनन्यका अर्थ है जिसमें अन्य कोई न हो। तब फिर "मैं" कहाँ रह गया ? आत्मा अद्वैत है, उसमें द्वैताद्वैत कुछ भी नहीं है। तब फिर वहाँ "मैं" वाली बात कहाँ रह गई ? आत्मा पूर्णतासे परिपूर्ण है और उसमें न तो गुण है और न अवगुण। उस निखिल निर्गुणमें यह "मैं" कहाँसे आया ? त्वं; तत् और असि आदि पदोंका निरसन हो जानेपर अर्थात् सब प्रकारके भेदाभेदका अन्त हो जाने पर, और तत्त्वमसिवाले सिद्धान्तकी सिद्धि हो जानेपर केवल एक ब्रह्म ही बच जाता है। तब फिर उसके बीचमें यह "मैं" कहाँसे आया ?

जब जीवात्मा और शिवात्मा आदि उपाधियोंका निरसन या अन्त हो गया, तब यह प्रश्न होता है कि यह जीवात्मा और शिवात्मा भी कहाँसे आई ? जब स्वरूपके सम्बन्धमें दृढ़ निश्चय हो गया, जब अपने स्वरूपका ठीक-ठीक पता लग गया तब "मैं" कहाँ रह गया ? कहा जाता है कि "मैं" मिथ्या है और केवल ईश्वर ही सच्चा है, और ईश्वर तथा भक्त दोनोंमें अनन्य भाव है। इस वचनका ठीक अभिप्राय केवल अनुभवी लोग जानते हैं। बस यही आत्म-निवेदन है और इसीसे ज्ञानियोंका समाधान होता है। नवीं भक्तिका यही लक्षण है। जिस प्रकार पंच भूतोंमें आकाश और सब देवताओंमें जगदीश्वर श्रेष्ठ हैं, उसी प्रकार नवधा भक्तिमें यह नवीं आत्म-निवेदनवाली भक्ति सबसे श्रेष्ठ है। जब तक यह आत्म-निवेदनवाली नवीं भक्ति नहीं होती, तब तक मनुष्य जन्म और मरणके बन्धनसे नहीं छूटता। यह बात बिलकुल सत्य है; इससे अन्यथा और कुछ हो ही नहीं सकता। इन नौ प्रकारकी भक्तियोंसे सायुज्य मुक्ति प्राप्त होती है और उस सायुज्य मुक्तिका कल्पान्तमें भी नाश नहीं होता। शेष तीनों प्रकारकी मुक्तियोंका तो अन्त या नाश हो जाता है, पर सायुज्य मुक्तिको अचल समझना चाहिए। तीनों लोकोंका निर्वाण हो जाने पर भी सायुज्य मुक्तिका अन्त नहीं होता। वेदों और शास्त्रोंमें मुक्ति चार प्रकारकी कही गई है। इनमेंसे पहली तीनों मुक्तियोंका तो अन्त हो जाता है, पर चौथी मुक्ति सदा बनी रहती है। पहली मुक्ति सलोकता, दूसरी समीपता, तीसरी स्वरूपता और चौथी सायुज्यता है। ये चारों मुक्तियाँ प्राणीको ईश्वरका भजन करनेसे प्राप्त होती हैं। आगे इन्हींका भली-भाँति निरूपण किया जाता है। श्रोता लोग सावधान होकर सुनें।

दसवाँ समास

सृष्टि-वर्णन और चारों मुक्तियाँ

आरंभमें केवल निराकार ब्रह्म था। उसीमें स्फूर्ति होनेसे अहंकारकी उत्पत्ति हुई, और इसी अहंकारसे पञ्चभूतोंकी सृष्टि हुई है। इन बातोंका विचार आगे ज्ञान-दशक नामक दसवें दशकमें किया गया है। वह अहङ्कार वायुके समान है और उसके बाद तेज या अग्निका स्वरूप है। उसी तेजके आधार पर जल आवरण रूपसे फैला हुआ है। उसी जलवाले आवरणके आधार पर शेषनाग इस पृथ्वीको धारण किये हुए हैं। इस पृथ्वीका विस्तार छप्पन कोटि है। इसको चारों ओरसे सात सागर घेरे हुए हैं और बीचमें बहुत बड़ा सुमेरु पर्वत है। आठ दिग्पाल, जो इस पृथ्वीके परिवार-रूप हैं, कुछ दूर पर इसके चारों ओर हैं। वह विशाल मेरु पर्वत सोनेका है और यह पृथ्वी उसीके आधार पर है। उस सुमेरुका विस्तार चौरासी हजार योजन है; और उसकी ऊँचाईकी तो कोई सीमा ही नहीं है। पृथ्वीके अन्दर वह सोलह हजार योजन तक धँसा हुआ है। उसके चारों ओर लोकालोक पर्वतका घेरा है। उसके बाद हिमालय है, जहाँ जाकर सब पांडव गल गये थे। केवल धर्मराज युधिष्ठिर तथा तमालनील श्रीकृष्ण बच गये थे और वहाँसे आगे बढ़े थे। वहाँ जानेका मार्ग नहीं है। मार्गमें बड़े-बड़े सर्प, जो देखनेमें पर्वतके समान जान पड़ते हैं, पड़े शीतल वायुका सुख ले रहे हैं। उसके बाद बद्रिकाश्रम और बद्रीनारायण हैं, जहाँ बड़े-बड़े तपस्वी लोग निर्वाण प्राप्त करनेके लिए देह-त्याग करने जाते हैं। उसके और आगे बद्री-केदार हैं जिनके दर्शन सभी बड़े-छोटे कर आते हैं। यह सब मेरु पर्वतका ही विस्तार है। इस मेरु पर्वतकी पीठ पर तीन बड़े-बड़े शृंग हैं जिन पर ब्रह्मा, विष्णु और महेश परिवार सहित रहते हैं। ब्रह्माका शृङ्ग मेरु पर्वतकी तरह सोनेका है, विष्णुका शृङ्ग मरकतका है और शिवका शृङ्ग स्फटिकका है जिसका नाम कैलास है। विष्णुके शृङ्गका नाम वैकुंठ और ब्रह्माके शृङ्गका नाम सत्यलोक है और इसके बाद इन्द्रकी पुरी अमरावती पड़ती है। वहाँ गण, गन्धर्व, लोकपाल और तैंतीस करोड़ देवता निवास करते हैं। इसी प्रकार चौदहों लोक उस सोनेके पर्वत मेरुको घेरे हुए हैं। वहाँ स्वर्गमें कामधेनुओंके अनेक झुण्ड हैं, कल्पतरुओंके अपार वन हैं और जगह-जगह अमृतके सरोवर भरे पड़े हैं।

वहाँ चिन्तामणि, हीरे और पारसकी बहुत बड़ी-बड़ी खानें हैं और वहाँकी भूमि सोनेकी और चमकती हुई है। वहाँ परम रमणीय तेज फैला हुआ है, नवरत्नोंकी पाषाण-शिलाएँ हैं और अखंड हर्ष तथा आनन्द छाया रहता है। वहाँ अमृतके भोजन, दिव्य सुगंध और दिव्य सुमन हैं और निरन्तर अष्टनायकों तथा गन्धर्वोंका गान हुआ करता है। वहाँ यौवन या युवावस्थाका नाश नहीं होता, रोग या व्याधि आदि नहीं होती और कभी वृद्धावस्था या मृत्यु नहीं आती। वहाँ सब लोग एकसे एक बढ़कर सुन्दर, एकसे एक बढ़कर चतुर, धीर, उदार और शूर हैं। वहाँके दिव्यदेहधारी विद्युल्लताके समान ज्योतिःस्वरूप हैं और उनका यश, कीर्ति तथा प्रताप असीम है। इस प्रकारका वह स्वर्ग-भुवन समस्त देवताओंका निवास-स्थल है; वहाँकी महिमा जितनी कही जाय, वह सब थोड़ी है।

इस लोकमें जिस देवताका भजन किया जाय, वहाँ उसीके लोकमें रहनेको जगह मिलती है। यही सालोक्य मुक्तिका लक्षण है। यदि किसी देवताके लोकमें रहनेको स्थान मिले, तो उसे सालोक्य मुक्ति कहते हैं; यदि देवताके समीप रहनेको मिले, तो वह समीपता है; और यदि उसी देवताका स्वरूप प्राप्त हो जाय तो वह तीसरी सारूप्य मुक्ति है। इस सारूप्य मुक्तिमें शरीर तो उसी देवताके समान हो जाता है, पर श्रीवत्स, कौस्तुभ-मणि और लक्ष्मी नहीं मिलती। जब तक पुण्य-का भोग रहता है, तब तक वह उन्हें भोगता है; और पुण्योंका अन्त होते ही वह वहाँसे ढकेल दिया जाता है। फिर वे सब देवता जैसेके तैसे रह जाते हैं। इसलिए ये तीनों मुक्तियाँ नष्ट हो जानेवाली हैं, एक सायुज्य मुक्ति ही शाश्वत या सदा बनी रहनेवाली है। वह मुक्ति प्राप्त करनेका उपाय बतलाया जाता है। सावधान होकर सुनें। कल्पान्तमें ब्रह्मांडका नाश हो जाता है और सुमेरु पर्वत सहित पृथ्वी जल जाती है। जब सब देवता ही चले गये, तब फिर मुक्ति कहाँ रह गई! उस समय केवल निर्गुण परमात्मा रह जाता है और उसकी निर्गुण भक्ति भी बनी रहती है। इसलिए केवल सायुज्य मुक्ति ही अचल और अविनश्वर है। निर्गुणमें अनन्य भाव रखनेसे सायुज्य मुक्ति प्राप्त होती है। निर्गुण भक्तिके द्वारा निर्गुणके साथ एकरूप हो जानेका ही नाम सायुज्य मुक्ति है। सगुण भक्ति चल तथा निर्गुण भक्ति अचल है। यह बात सद्गुरुकी शरणमें जानेसे बिलकुल स्पष्ट रूपसे मालूम हो जाती है।

पाँचवाँ दशक

पहला समास

गुरु-निश्चय

हे पूर्णकाम, परमपुरुष, आत्माराम, सद्‌गुरु, तुम्हारी जय हो। तुम्हारी महिमा कही नहीं जा सकती। जो वस्तु देवताओंको भी मिलना कठिन है और जिसका शब्दोंसे वर्णन नहीं हो सकता, तुम्हारी कृपासे उस वस्तुका अलभ्य लाभ सत्‌शिष्यको हो जाता है। जो ब्रह्म योगियोंका वर्म, शंकरका निज धाम, विश्रामका भी विश्राम और परम गुह्य तथा अगाध है, तुम्हारे योगसे प्राणी अपने शरीरसे स्वयं वही ब्रह्म हो जाता है और इस दुर्घट संसारके दुःखोंसे सर्वथा मुक्त हो जाता है।

हे स्वामी, स्वयं तुम्हारी ही कृपासे अब मैं गुरु और शिष्यके लक्षण बतलाता हूँ। मोक्षकी इच्छा रखनेवालोंको इन्हींके अनुसार सद्‌गुरुकी शरणमें जाना चाहिए। ब्राह्मण ही सबका गुरु हो सकता है; फिर चाहे वह क्रियाहीन ही क्यों न हो। अनन्य भावसे उसीको शरणमें जाना चाहिए। जब इन ब्राह्मणोंके लिए स्वयं नारायणने अवतार लिया और विष्णुने भृगुकी मारी हुई लातका चिह्न श्रीवत्स अपने हृदय पर धारण किया, तब औरोंकी तो बात ही क्या है! ब्राह्मणके वचनसे ही शूद्र भी ब्राह्मण हो जाते हैं और ब्राह्मणोंके मन्त्रोच्चारणसे धातु तथा पाषाणमें देवत्त्व आ जाता है। जिसके गलेमें यज्ञोपवीत न हो, वह अवश्य ही शूद्र है। जब यज्ञोपवीत संस्कार होनेपर मनुष्यका दूसरा जन्म होता है, तब वह द्विज कहलाता है। वेदोंकी आज्ञा है कि ब्राह्मण सबके लिए पूज्य हैं। जो बात वेदके विरुद्ध हो, वह प्रमाण नहीं है और भगवानको भी अप्रिय है। योग, यज्ञ, व्रत, दान, तीर्थाटन आदि कर्म-मार्गका कोई काम बिना ब्राह्मणके नहीं होता। ब्राह्मण मूर्तिमान् वेद और ब्राह्मण ही भगवान हैं। उनके कह देनेसे ही मनोरथ पूर्ण हो जाते हैं। ब्राह्मणका पूजन करनेसे वृत्ति शुद्ध होती है और भगवानमें मन लगता है। ब्राह्मणके चरणामृतसे प्राणी उत्तम गति पाते हैं। ब्रह्मभोजमें भी ब्राह्मण ही पूज्य हैं। और जातियोंको भला कौन पूछता है! तो भी भगवान भावके भूखे हैं। वे जाति-पाँति नहीं देखते। जब बड़े-बड़े देवता भी ब्राह्मणोंकी वन्दना करते हैं, तो फिर बेचारे मनुष्य किस गिनतीमें हैं! ब्राह्मण चाहे मूढ़ भी क्यों न हो, पर वह सारे संसारके

लिए वंदनीय है। कोई अंत्यज चाहे कितना ही बड़ा विद्वान क्यों न हो, पर उसे लेकर कोई क्या करे! उसे ब्राह्मणके साथ बैठाकर पूज तो सकते ही नहीं! जो काम लोकमतके विरुद्ध हो, उसकी वेद भी अवहेलना करते हैं, और इसीलिए उसका नाम पाखंड मत रखा गया है। जो हरि-हरके दास होते हैं, उन्हें ब्राह्मणोंमें विश्वास होता है। ब्राह्मणोंकी भक्तिने बहुतोंको पावन किया है। यदि कोई कहे कि जब ब्राह्मणके द्वारा ही परमात्माकी प्राप्ति हो सकती है, तो फिर सद्गुरुकी क्या आवश्यकता है, तो यह बात ठीक नहीं है; क्योंकि बिना सद्गुरुके ब्रह्मज्ञान नहीं होता। अपने धर्म-कर्ममें ब्राह्मण पूज्य हैं तो भी सद्गुरुके बिना ज्ञान नहीं होता; और जब तक ब्रह्मज्ञान न हो, तब तक जन्म-मरणका अन्त नहीं होता। सद्गुरुके बिना कभी ज्ञान हो ही नहीं सकता और अज्ञानी लोग सदा संसार-सागरमें बहते ही रहते हैं। बिना ज्ञान हुए जो कुछ किया जाता है, उसके कारण फिर-फिर जन्म होता है; इसीलिए दृढ़तापूर्वक सद्गुरुके पैर पकड़ने चाहिएँ। जो ईश्वरके दर्शन करना चाहता हो, उसे सत्संग करना चाहिए। बिना सत्संगके देवाधिदेवकी प्राप्ति नहीं होती। बेचारे अज्ञानी लोग बिना सद्गुरुकी शरणमें गये ही अनेक प्रकारके साधन करते हैं; पर बिना गुरुकी कृपाके उनका सारा परिश्रम व्यर्थ होता है। लोग कार्तिक-स्नान, माघ-स्नान, व्रत, उद्यापन, दान, गौरांजन (जलते हुए काठसे अपना शरीर दागना), धूम्रपान (वृक्षमें उलटे लटककर नीचे जलती हुई आगका धूआँ पीना) आदि करते और पंचाग्नि तापते हैं; हरिकथा और पुराण आदि आदरपूर्वक सुनते हैं; बड़े-बड़े कठिन तीर्थोंकी यात्रा करते हैं; स्वच्छतापूर्वक देवार्चन, स्नान और संध्या-वंदन आदि करते हैं; कुशके आसन पर बैठकर तिलक, माला, गोपीचंदन और श्री-मुद्रा आदिकी छाप धारण करते हैं; अर्घ्य-पात्र, सम्पुट, गोकर्ण, मंत्र-यंत्रोंके ताम्रपत्र और अनेक प्रकारके उपकरण सामने रखकर ठाट-बाटसे पूजा करते हैं, घनघन करके घण्टा बजाते हैं; स्तोत्रों और स्तवनोंका पाठ करते हैं; आसन, मुद्रा, ध्यान, नमस्कार और प्रदक्षिणा आदि कृत्य करते हैं; बेल, नारियल आदि चढ़ाकर पंचायतन तथा मिट्टीके लिंग आदिकी सम्पूर्ण और सांगोपांग पूजा करते हैं; निष्ठा और नियमके साथ उपवास तथा बहुत आयासपूर्वक दूसरे अनेक कृत्य करते हैं; पर वे इन सब कर्मोंका केवल फल पाते हैं, उसके मर्मतक नहीं पहुँचते। लोग हृदयमें फलकी आशा रखकर यज्ञादि कर्म करते हैं और स्वयं

अपनी इच्छासे फिरसे इस लोकमें बार-बार जन्म लेनेका सूत्रपात करते हैं। लोग बड़े-बड़े परिश्रम करके चौदहों विद्याओंका अभ्यास करते हैं और उन पर ऋद्धि-सिद्धिकी कृपा हो जाती है; पर फिर भी बिना सद्गुरुकी कृपाके उनका सच्चा हित नहीं होता—यमपुरीमें होनेवाले इनके कष्टोंका अंत नहीं होता। जब तक ज्ञानकी प्राप्ति न हो, तब तक जन्म-मरणका बन्धन नहीं टूटता और बिना गुरुकी कृपाके अधोगति और गर्भवासका अन्त नहीं होता। जब तक ब्रह्म-ज्ञान प्राप्त न हो, तब तक ध्यान, धारणा, मुद्रा, आसन, भक्ति-भाव और भजन सभी व्यर्थ हैं। जो लोग बिना सद्गुरुकी कृपा प्राप्त किये अनेक प्रकारके साधनोंके चक्करमें पड़े रहते हैं वे उसी प्रकार ठोकर खाकर गिरते हैं, जिस प्रकार कोई अन्धा ठोकर खाकर गड्ढे या खाईमें गिरता है। जिस प्रकार आँखोंमें अंजन लगानेसे छिपा हुआ खजाना दिखाई पड़ता है, उसी प्रकार सद्गुरुकी शिक्षासे ज्ञानका प्रकाश सामने आता है। बिना सद्गुरुके जन्म व्यर्थ होता है, सब प्रकारके दुःख होते हैं और सांसारिक पीड़ाओं-का अन्त नहीं होता। सद्गुरुके ही वरद हाथोंकी कृपासे ईश्वर प्रकट होता है और अपार सांसारिक दुःखोंका नाश होता है। पहले जो बड़े-बड़े सन्त, महन्त और मुनीश्वर हो गये हैं, उनके मनमें भी ज्ञान और विज्ञानका विचार सद्गुरुकी कृपासे ही उत्पन्न हुआ था। श्रीराम, कृष्ण आदि भी गुरुकी सेवामें बहुत तत्पर रहते थे। बड़े-बड़े सिद्ध, साधु और सन्त पुरुषोंने भी अपने-अपने गुरुकी सेवा की है। समस्त सृष्टि-का संचालन करनेवाले ब्रह्मा, विष्णु और महेश आदि भी सद्गुरुके चरणोंकी सेवा करते हैं। सद्गुरुके सामने उनका भी कोई महत्त्व नहीं है। जो मोक्षकी इच्छा रखता हो, उसे किसीको सद्गुरु बनाना चाहिए। बिना सद्गुरुके कल्पान्त तक भी मोक्षकी प्राप्ति नहीं हो सकती। परन्तु सद्गुरु साधारण गुरुओंके समान नहीं हुआ करते। वे ऐसे होते हैं जिनकी कृपासे शुद्ध ज्ञानका प्रकाश होता है। अगले समासमें ऐसे सद्गुरुकी पहचान बतलाई जाती है। श्रोता ध्यानपूर्वक सुनें।

दूसरा समास

सद्गुरु-लक्षण

जो लोग करामातें दिखलाते हैं, वे भी गुरु कहलाते हैं; पर वे मोक्ष देनेवाले गुरु नहीं होते। करामातें दिखलानेवाले गुरु नजरबन्दी, टोना-टोटका, झाड़-फूँक,

साबर मंत्र, अनेक प्रकारके ऊटक-नाटक, चमत्कार तथा कौतुक आदि दिखलाते और उन्हींके सम्बन्धकी अनेक असम्भव बातें बतलाते हैं। अनेक प्रकारकी औषधियों-के प्रयोग, कीमियागरी, लाग और केवल आँखोंसे देखकर इच्छित वस्तुएँ प्राप्त करनेके उपाय आदि बतलाते हैं। एक प्रकारके गुरु वे भी होते हैं जो साहित्य, संगीत, रागोंका ज्ञान, गीत, नृत्य, तान, सुर आदि अनेक विद्याएँ सिखलाते हैं। कुछ गुरु पंचाक्षरी विद्या, अनेक प्रकारकी झाड़-फूँक या पेट भरनेकी विद्याएँ भी सिखलाते हैं। जिस जातिका जो व्यापार होता है, पेट भरनेके लिए वह व्यापार सिखलानेवाले भी गुरु कहलाते हैं, पर वे सद्‌गुरु नहीं होते। अपने माता-पिता भी गुरु ही होते हैं, पर भव-सागरसे पार लगानेवाले सद्‌गुरु दूसरे ही होते हैं। गायत्री मन्त्र सिखलानेवाले गुरु वास्तवमें कुल-गुरु होते हैं। परन्तु बिना ज्ञानके मनुष्य भव-सागरसे पार नहीं होता। जो ब्रह्म-ज्ञानका उपदेश करे, अज्ञानका अन्धकार नष्ट करे, जीवात्माका परमात्माके साथ संयोग करावे, जीवत्व और शिवत्वके कारण ईश्वर और भक्तमें होनेवाला भेद दूर करे, अर्थात् भक्तको परमेश्वरसे मिलावे, वही सद्‌गुरु है। भव-भय रूपी बाघ उछलकर जीव-रूपी बछड़ेको ईश्वर रूपी गौसे छीन लेता है। सद्‌गुरु वही है जो ज्ञान-रूपी तलवारसे उस बाघको मारकर जीवरूपी बछड़ेको बचाता है और उसे फिर ईश्वर-रूपी गौसे मिलाता है। मायाजालमें पड़े हुए प्राणियों और संसारके दुःखोंसे दुःखी होनेवाले लोगोंको मुक्त करनेवाला ही सच्चा गुरु है। वासना-रूपी नदीमें डूबते हुए प्राणीको बचाकर पार लगानेवाला ही सद्‌गुरु है। जो ज्ञान देकर गर्भवासके संकटोंसे छुड़ाता है, इच्छा-रूपी बंधन काटता है, जो शब्दोंका अन्तर दूर करके सच्ची और सार वस्तुके दर्शन कराता है, वही अनाथोंका गुरु और रक्षक है। जो बेचारे एकदेशी जीवको ब्रह्म-स्वरूप बनाता है, जो अपने वचन मात्रसे संसारके संकटको दूर करता है, जो वेदोंका गूढ़ तत्व बतलाकर वह तत्व शिष्यके अन्तःकरणमें अच्छी तरह अङ्कित कर देता है, वही सद्‌गुरु है। वेदों, शास्त्रों और महानुभावोंका अनुभव एक ही है और वही अनुभव सद्‌गुरुका रूप है। ऐसा गुरु संदेहका नाश करता है, अपने धर्मका भक्ति-पूर्वक पालन करता है और वेदोंके विरुद्ध कोई काम नहीं करता। पर जो व्यक्ति अपने मनमें उठनेवाली प्रत्येक इच्छा पूरी कर लेता है, अर्थात् जो अपने मनको वशमें नहीं रख सकता, वह गुरु नहीं है, बल्कि ऐसा भिखारी है जो लोभके कारण शिष्यके

पीछे-पीछे लगा फिरता है। जो शिष्योंको साधन मार्गमें न लगा सकें और स्वयं इन्द्रियोंका दमन न कर सकें, ऐसे कु-गुरु यदि कौड़ीके तीन भी मिलें तो उनका त्याग करना चाहिए। सद्‌गुरु उसीको समझना चाहिए जो ज्ञानका बोध कराता हो, अविद्याका समूल नाश करता हो और इन्द्रिय-दमनका प्रतिपादन करता हो। जो केवल रुपये पर बिकते हैं और जो दुराशासे दीन बनकर अपने शिष्योंके अधीन बने रहते हैं, वे सच्चे गुरु नहीं हैं। जिसके गलेमें पापिन कामना पड़ी हो और इसी कारण जो अपने शिष्यको अच्छे लगनेवाले काम ही करता हो, वह गुरु महा अधम, चोर, ठग, पापी और धनके लिए बुरे-बुरे कर्म करनेवाला होता है। जिस प्रकार दुराचारी वैद्य अपने रोगीके मनके मुताबिक सब काम करके उसका सब कुछ छीन लेता है और अन्तमें उसके प्राण भी ले लेता है, उसी प्रकार ऐसा पापी गुरु भी शिष्यकी खुशामद करके उसे सांसारिक बन्धनोंसे और भी अधिक जकड़ देता है और परमात्मासे मिलने नहीं देता। ऐसे गुरुसे सदा दूर रहना चाहिए।

जो शुद्ध ब्रह्मज्ञानी होने पर भी कर्मयोगी हो और सदा उत्तम आचरण करता हो, वही सद्‌गुरु है और वही परमात्माके दर्शन करा सकता है। जिसमें केवल ऊपरी आडम्बर हो और जिसे कानमें मन्त्र देनेभरका ज्ञान हो, ऐसा पामर गुरु परमात्माके विरुद्ध होता है। जिसमें गुरु-प्रतीति, शास्त्र-प्रतीति और आत्म-प्रतीति हो, अर्थात् जिसकी इन तीनोंमें अनन्य भक्ति हो, वही सच्चा गुरु है और मोक्ष-की इच्छा रखनेवालेको आदरपूर्वक ऐसे ही गुरुकी शरणमें जाना चाहिए। जो अद्वैतका तो अगाध निरूपण करता हो, पर फिर भी जो विषय-वासनामें फँसा हुआ हो, उस गुरुसे कभी फलसिद्धि नहीं हो सकती। जो निरूपण करते समय मनमें आने-वाली ऊटपटाँग सभी तरहकी बातें कह चलता हो और कृतबुद्धि या ज्ञानी न हो, वह सच्चा गुरु नहीं है। अध्यात्मका निरूपण करते समय सामर्थ्य और सिद्धिकी बात आ पड़नेपर जिसके मनमें दुराशा उत्पन्न हो और अनेक प्रकारके चमत्कारोंका प्रसंग आने पर जिसकी बुद्धि चंचल हो जाती हो, मत्सरके कारण जिसके मनमें यह भाव उत्पन्न होता हो कि "पहले बड़े-बड़े विरक्त और भक्त हो गये हैं जो ईश्वर-के समान समर्थ थे; उनके सामने हमारा यह ज्ञान तो व्यर्थ ही है; यदि हममें भी वैसी ही शक्ति होती तो बहुत अच्छा था।" वह कभी सद्‌गुरु नहीं है। दुराशा-का नाश होने पर ही परमात्मा मिलता है। जिसके मनमें दुराशा हो, वह क्षुद्र

कामुक और केवल शब्दोंका ज्ञाता है, सद्गुरु नहीं है। इसी दुराशा या कामनाने बहुतसे ज्ञानियोंको पागल करके नष्ट कर दिया और बहुतसे बेचारे मूर्ख तो कामना करते-करते मर ही गये। ऐसे सन्त विरले ही होते हैं जो कामनासे बिलकुल रहित हों और जिनका मन अक्षय तथा अलौकिक हो। यों तो सभीका आत्मा-रूपी धन अक्षय है, पर उनकी शरीर-सम्बन्धी ममता नहीं छूटती, वे ईश्वरके मार्गसे भ्रष्ट हो जाते हैं। सिद्धि और सामर्थ्य बढ़ जाने पर वे समझते हैं कि हममें बहुत महत्व आ गया है और इसीसे उनका देह-बुद्धिका अभिमान बहुत बढ़ जाता है। जो लोग अक्षय सुखको छोड़कर सामर्थ्य-प्राप्तिकी इच्छा रखते हैं, वे मूर्ख हैं। कामनासे बढ़कर और कोई दुःख नहीं है। जो कामना ईश्वरको छोड़कर किसी और पक्षमें की जाती है, उससे प्राणीको अनेक प्रकारकी यातनाएँ होती हैं और अन्तमें उसका पतन भी होता है। शरीरका अन्त होनेके साथ ही साथ सामर्थ्य भी चली जाती है और अन्तमें उसी कामनाके कारण वह भगवानसे दूर रहता है। इसलिए निष्काम और दृढबुद्धि सद्गुरु ही भव-सागरसे पार उतार सकता है। सद्गुरुके मुख्य लक्षण यह हैं कि उसमें विमल ज्ञान हो, निश्चयात्मक समाधान और स्वरूप-स्थिति हो। इसके सिवा उसमें प्रबल वैराग्य और उदासीन वृत्ति होनी चाहिए और धर्म-सम्बन्धी आचरण शुद्ध होना चाहिए। इसके सिवा सद्गुरु ऐसा होना चाहिए जो बराबर अध्यात्मका श्रवण, हरि-कथाका निरूपण और परमार्थकी व्याख्या करता हो। सारासारका विचार करनेवाला ही संसारका उद्धार कर सकता है। साथ ही उसे नवधा भक्तिका भी आधार होना चाहिए, क्योंकि उससे अच्छी तरह लोक-संग्रह हो सकता है। इसलिए जो नवधा भक्तिका साधन करता हो, वही सच्चा सद्गुरु है। जिसके हृदयमें शुद्ध ब्रह्मज्ञान हो और जो बाहर निष्ठापूर्वक भक्ति तथा भजन करता हो, उसके पास आकर बहुतसे लोग विश्रान्ति पाते हैं। जिस परमार्थमें उपासनाका आधार न हो, उसका फिर और कोई आधार नहीं होता; और वह आदमी विना कर्मके अनाचार करने लगता और भ्रष्ट हो जाता है। इसीलिए ज्ञान, वैराग्य, भजन, स्वधर्म, कर्म, साधन, कथा-निरूपण, श्रवण, मनन, नीति, न्याय, मर्यादा आदिमेंसे यदि एक चीजकी भी कमी हो तो देखनेमें विलक्षणता या खराबी जान पड़ती है; और इसलिए सद्गुरु वही है जिसमें ये सभी लक्षण वर्तमान हों। ऐसा सद्गुरु बहुतोंका पालन करनेवाला होता है और

उसे बहुतोंकी चिन्ता होती है। सद्‌गुरुके पास अनेक प्रकारके साधन होते हैं और वह बहुत समर्थ होता है। जो बिना कर्म-योगका साधन किये परमार्थका साधन करता है, वह पीछेसे बहुत जल्दी भ्रष्ट हो जाता है। इसलिए महानुभाव पहलेसे ही सोच समझकर कार्य करते हैं। जो लोग आचार और उपासना छोड़ देते हैं, वे देखनेमें भ्रष्ट और अभक्त जान पड़ते हैं। ऐसे लोगोंकी महत्ताको कोई नहीं पूछता। जहाँ कर्म और उपासनाका अभाव हो, वहाँ मानो बहकनेकी जगह निकल आती है। ऐसे कलंकी समुदाय पर सांसारिक लोग हँसते हैं।

नीच जातिके आदमीको गुरु बनाना भी बहुत ही निन्दनीय है। ऐसा गुरु ब्रह्म-सभामें चोरोंकी तरह छिपता फिरता है। ब्राह्मणोंकी सभामें उसका चरणोदक नहीं लिया जा सकता; और यदि उसका प्रसाद सेवन किया जाय तो प्रायश्चित्त करना पड़ता है। यदि उसका चरणोदक और प्रसाद न लिया जाय, तो उसकी नीचता प्रकट हो जाती है और उसके प्रति भक्तिका लोप हो जाता है। यदि ऐसे नीच जातिवाले गुरुकी मर्यादा रखी जाती है, तो उससे ब्राह्मण क्षुब्ध या अप्रसन्न होते हैं; और यदि ब्राह्मणोंको प्रसन्न करनेका विचार किया जाय तो गुरु अप्रसन्न होता है। इस प्रकार दोनों तरफ कठिनता आ उपस्थित होती है। इसलिए नीच जातिके आदमीको गुरु नहीं बनाना चाहिए। तथापि यदि किसीकी श्रद्धा किसी नीच जातिवाले गुरु पर ही हो, तो उसे केवल स्वयं ही भ्रष्ट होना चाहिए, और बहुतसे लोगोंको भ्रष्ट नहीं करना चाहिए। अब यह कहकर यह विचार समाप्त करते हैं कि गुरु स्वजातिका ही होना चाहिए, नहीं तो भ्रष्टाचार मचता है।

जितने उत्तम गुण हैं वे सभी सद्‌गुरुके लक्षण हैं। तो भी उनकी पहचानके लिए यहाँ कुछ बातें बतलाई जाती हैं। कोई यों ही गुरु होता है, कोई मन्त्र-गुरु होता है, कोई यन्त्र-गुरु, कोई तन्त्र-गुरु; और किसीको यों ही उस्ताद कहते हैं। किसीको राज-गुरु भी कहते हैं। कोई कुल-गुरु और कोई माना हुआ गुरु होता है। कोई विद्या-गुरु, कोई कुविद्या-गुरु, कोई असद्‌गुरु और कोई दंड देनेवाला जाति-गुरु होता है। एक मातागुरु, एक पितागुरु, एक राजागुरु और एक देवगुरु होता है; और एक सकल कलाओंका जाननेवाला जगद्‌गुरु होता है। इस प्रकार ये सत्रह गुरु होते हैं। इनके सिवा और भी कुछ गुरु होते हैं। उनके नाम भी सुन लीजिए। एक स्वप्न-गुरु, एक दीक्षा-गुरु और एक प्रतिमा-गुरु होता है। कुछ लोग

स्वयं अपने आपको ही अपना गुरु बतलाते हैं। प्रत्येक जातिके व्यापारका भी एक अलग गुरु होता है। इस प्रकार बहुतसे गुरु होते हैं। भिन्न-भिन्न मतोंसे इस प्रकार बहुतसे गुरु होते हैं, पर मोक्ष देनेवाला गुरु इन सबसे अलग है। जिसमें अनेक प्रकारकी सद्विद्याएँ और गुण हों और साथ ही जिसमें कृपाभाव भी हो, वही सद्गुरु है। श्रोता लोग सद्गुरुके यही लक्षण समझें।

तीसरा समास

सद्शिष्य-लक्षण

पिछले समासमें सद्गुरुके लक्षणोंका विशद निरूपण किया गया है। अब सद्शिष्यके लक्षण बतलाये जाते हैं। श्रोता लोग सावधान होकर सुनें। बिना सद्गुरुके सद्शिष्यका कोई उपयोग नहीं होता; और बिना सद्शिष्यके सद्गुरु व्यर्थ है। उत्तम और शुद्ध भूमि ढूँढ़कर उसमें रद्दी बीज बोनेसे अथवा चट्टान पर उत्तम बीज बोनेसे जो दशा होती है, वही दशा असद्गुरुके सामने सदशिष्यकी और असद्शिष्यके साथ सद्गुरुकी होती है। सद्शिष्य तो सत्पात्र होता है पर असद्गुरु उसे मन्त्र-तन्त्र आदि बतलाता है जिससे उसका न तो इहलोक सुधरता है, और न परलोक। अथवा गुरु तो पूरी कृपा करता है, पर शिष्य ठीक उसी प्रकार अनधिकारी है, जैसे भाग्यवान पुरुषके आगे भिखारी पुत्र हो। मतलब यह कि सद्गुरु और सद्शिष्य दोनों एक दूसरेके बिना व्यर्थ होते हैं। यदि दोनों सद् न हों तो परलोक नहीं सुधरता। जहाँ सद्गुरु और सद्शिष्यका जोड़ मिल जाता है, वहाँ कुछ भी परिश्रम नहीं करना पड़ता; अनायास ही दोनोंके हौसले पूरे हो जाते हैं। यदि भूमि भी अच्छी हो और बीज भी अच्छा हो, पर वर्षा न हो, तो भी बीज नहीं उगता। इसी प्रकार सद्गुरु और सद्शिष्यके मिलने पर भी बिना अध्यात्म-निरूपणके काम नहीं चलता। यदि बीज बोया गया और वह जमा भी, पर यदि उसकी देख-रेख न की गई तो भी वह नष्ट हो जाता है। इसी प्रकार साधनाके बिना साधकके भी सब काम बिगड़ जाते हैं। जब तक अनाज तैयार होकर घरमें न आ जाय, तब तक सभी कुछ करना पड़ता है। बल्कि अनाज घरमें आ जाने पर भी खाली नहीं बैठना चाहिए। इसी प्रकार आत्मज्ञान हो जाने पर भी बराबर साधना करते रहना चाहिए। एक बार बहुत-सा खा लेने पर भी फिर भोजनकी आवश्यकता होती ही

है। आत्मज्ञान हो जाने पर भी साधनाकी आवश्यकता होती है। इस प्रकार भव-सागरसे पार उतरनेके लिए साधन, अभ्यास, सद्‌गुरु, सद्‌शिष्य, सद्‌शास्त्रोंके विचार, सत्कर्म और सद्‌वासनाकी आवश्यकता होती है। इसके लिए बराबर सदुपासना, सत्कर्म, सत्क्रिया, स्वधर्म, सत्संग और नित्य-नियम आदि करते रहना चाहिए। इन सबके एकत्र होने पर ही विमल ज्ञान प्रकट होता है; और नहीं तो जन-समुदायमें खूब पाखंड फैलता है। पर इसमें शिष्यका दोष नहीं होता। सब कुछ सद्‌गुरु पर ही निर्भर करता है। सद्‌गुरु ही अनेक प्रकारके यत्न करके अवगुण दूर करता है। सद्‌गुरुकी कृपासे असद् शिष्य भी सद् हो जाता है। पर सद्‌शिष्यसे असद्‌गुरु कभी सद् नहीं हो सकता। यदि शिष्य ही असद्‌गुरुको सद् कर दे, तो फिर शिष्यका ही महत्त्व बढ़ जाय, वही गुरुपद पा जाय और गुरुका महत्त्व नष्ट हो जाय। तात्पर्य यह कि गुरुसे ही सन्मार्ग मिलता है और नहीं तो पाखण्डसे सर्वनाश होता है। यद्यपि भव-सागरसे पार उतारनेका भार सद्‌गुरु पर ही होता है, तो भी यहाँ सद्‌शिष्यके कुछ लक्षण बतलाये जाते हैं।

सद्‌शिष्यका मुख्य लक्षण यह है कि वह सद्‌गुरुके वचनोंमें पूर्ण विश्वास रखता हो और अनन्य भावसे उसकी शरणमें रहता हो। शिष्यको पवित्र, सदाचारी, विरक्त, अनुतापी, निष्ठावान, शुचिमान, सब प्रकारमें नम्र, विशेष उद्योगी, परम दक्ष, अलक्ष, या ब्रह्मकी ओर ध्यान रखनेवाला, अति धीर, अति उदार, परमार्थके विषयमें अत्यन्त तत्पर, परोपकारी, निर्मत्सर, अर्थ या तात्पर्यमें प्रवेश करनेवाला, परम शुद्ध, परम सावधान, अगाध उत्तम गुणोंवाला, प्रज्ञावान, प्रेमी, भक्त, मर्यादा और नीतिवाला, युक्तिवान, बुद्धिमान, सत् तथा असत् या नित्य और अनित्यका अन्तर समझनेवाला, धैर्यवान, दृढ़व्रती, कुलीन, पुण्यशील, सात्त्विक, भजन और साधन करनेवाला, विश्वासी, शारीरिक कष्ट सहन करनेवाला, परमार्थकी ओर बराबर बढ़नेवाला, स्वतन्त्र, सबका मित्र, सत्पात्र, सब गुणोंसे युक्त, सद्‌विद्या और सद्‌भावसे युक्त और परम शुद्ध अन्तःकरणवाला होना चाहिए। शिष्यको अविवेकी या जन्मसे ही सुखी नहीं होना चाहिए, बल्कि संसारके दुःखोंसे सन्तप्त होना चाहिए। जो संसारके दुःखोंसे दुखी और त्रिविध तापोंसे तप्त हो, वही परमार्थका अधिकारी होता है। सांसारिक दुःखोंसे ही वैराग्य उत्पन्न होता है; इसलिए जो बहुत दुःख भोगता है, वही परमार्थकी ओर ध्यान दे सकता है। जो

संसारसे बहुत दुखी होता है, उसीके मनमें विश्वास उत्पन्न होता है और उसी विश्वासके बलसे वह सद्‌गुरुकी शरणमें जाता है। ऐसे बहुतसे लोग इस भव-सागरमें डूब गये, जिन्होंने अविश्वासके कारण सद्‌गुरुका आधार छोड़ दिया। उन्हें सुख-दुःख रूपी जलचरोंने बीचमें ही खा डाला। इसलिए जिसे सद्‌गुरुकी बातों पर पूरा विश्वास हो, वही सद्‌शिष्य है और मोक्षके अधिकारियोंमें अग्रगण्य है। जो सद्‌गुरुके वचनोंसे सन्तुष्ट होता है, वही सायुज्य मुक्तिका अधिकारी होता है और सांसारिक दुःख रूपी पंक या संकटमें कभी नहीं फँसता। जो सद्‌गुरु या निर्गुण ब्रह्मकी अपेक्षा देवता या सगुण ब्रह्मको बड़ा समझता है, वह सदा वैभव और शक्तिके धोखेमें पड़ा रहता है और सच्चा वैभव या स्थायी सुख नहीं प्राप्त कर सकता। सद्‌गुरु तो सत्-स्वरूप है और देवताओंका कल्पान्तमें नाश हो जाता है। ऐसी दशामें हरि और हर आदि देवताओंकी सामर्थ्य कहाँ रह गई! इसीलिए सद्‌गुरुकी सामर्थ्य अधिक है और उनके सामने ब्रह्मा आदिकी कोई गिनती नहीं है। परन्तु अल्पबुद्धि मनुष्यकी समझमें यह बात नहीं आती। जो शिष्य अपने गुरु और देवताकी बराबरी करता हो, वह दुराचारी है। उसके मनमें भ्रान्ति रहती है और वह सिद्धान्त नहीं जानता। देवताकी सृष्टि मनुष्यके विचार या भावसे ही होती है और मन्त्रोंके द्वारा ही उसमें देवत्व आता है। पर सद्‌गुरुकी कल्पना ईश्वर भी नहीं कर सकता। इसीलिए सद्‌गुरु देवताओंकी अपेक्षा करोड़ों गुने अधिक बड़े हैं जिनका वर्णन करनेमें वेदों और शास्त्रोंमें झगड़ा मचा हुआ है। सद्‌गुरुके चरणोंकी बराबरी और कोई नहीं कर सकता। उनके सामने देवताकी सामर्थ्य कोई चीज नहीं है। वे तो माया-जनित हैं। जिस पर सद्‌गुरुको कृपा होती है, उसके सामने देवताओंका भी वश नहीं चलता। वह अपने ज्ञानबलसे वैभवको तृणके समान तुच्छ समझता है। जब सद्‌गुरुकी कृपाका बल होता है, तब उस अपरोक्ष ज्ञानसे माया समेत सारा ब्रह्मांड भी तुच्छ जान पड़ता है। यह है सद्‌शिष्यका महत्त्व। वह सद्‌गुरुके वचनोंमें पूरी भक्ति और विश्वास रखता है और इसीलिए वह स्वयं देवाधिदेव या सद्‌गुरु हो जाता है। पहले तो ऐसे सद्‌शिष्य-का हृदय सांसारिक तापोंसे तपता है और तब वह सद्‌गुरुके वचनोंसे शुद्ध होता है। सद्‌गुरुके कहनेके अनुसार चलनेमें चाहे सारा ब्रह्मांड उसके विरुद्ध क्यों न हो जाय, तो भी उसके शुद्ध भावमें कोई अन्तर नहीं पड़ता। सद्‌शिष्य कभी सद्‌गुरुको

शरण नहीं छोड़ता और सत्-कर्म करके ईश्वरके समान पवित्र हो जाता है। जिसके हृदयमें सद्‌गुरुके प्रति ऐसा सद्भाव होता है, वही मुक्तिका अधिकारी होता है। बाकी सब लोग मायावी और पाखण्डी असद्‌शिष्य होते हैं। जिन्हें विषय-भोगमें ही सुख जान पड़ता है और जो परमार्थके सम्पादनको केवल लौकिक समझते हैं, ऐसे पढ़े-लिखे मूर्ख लोगोंकी देखादेखी सद्‌गुरुकी शरणमें जाते हैं; पर ज्योंही उनकी विषय-वासना प्रबल होती है, त्योंही वे फिर घर-गृहस्थीमें फँस जाते हैं और उनका परमार्थ-सम्बन्धी विचार मलिन हो जाता है। अब वह परमार्थके मार्गमें तो आलसी हो जाते हैं और उसीके बहाने प्रपंचोंमें फँसे रहते हैं और घर-गृहस्थीका बोझ ढोते हुए झंझटोंमें पड़े रहते हैं। वे प्रपञ्चोंमें ही सुखी रहकर परमार्थका तमाशा दिखलाते हैं और भ्रान्त, मूढ़ तथा मतिमन्द बनकर कामनाओंके जालमें पड़े रहते हैं। जिस प्रकार सूअरको सुगन्धित लेप लगाना या भैंसके शरीर पर चन्दन लगाना व्यर्थ होता है, उसी प्रकार विषय-वासनामें फँसे हुए आदमीको ब्रह्मज्ञान या विवेकका उपदेश देना व्यर्थ होता है। जैसे कूड़ेमें लोटनेवाले गधेके लिए परिमल या सुवासका आनन्द है और अँधेरेमें रहनेवाले उल्लूके लिए हंसोंकी पंक्ति है, उसी प्रकार विषय-द्वार पर खड़े होकर उसके भोगकी प्रतीक्षा करनेवालेके लिए और अधःपतनकी ओर जानेवालेके लिए भगवद्भक्ति और सत्संग है। जिस तरह कुत्ता दाँत-निकालकर हड्डी चबाता है, उसी तरह विषयी मनुष्य विषय-भोगमें लिप्त रहता है। ऐसे कुत्तोंको उत्तम भोजन देने या बन्दरको सिंहासन पर बैठानेसे जो दशा होती है, वही दशा विषयासक्तको ज्ञान देनेसे होती है। जिस प्रकार जन्मभर गधे पालनेवाला धोबी या कुम्हार पंडितोंमें नहीं बैठाया जा सकता, उसी प्रकार विषयासक्तको परमार्थका उपदेश नहीं दिया जा सकता। जिस प्रकार कोई डोम-कौवा हंसोंके दलमें मिलकर अपने आपको हंस बतलाता है और फिर भी विष्ठाकी ओर ही ध्यान रखता है, उसी प्रकार सज्जनोंकी संगतिमें विषयासक्त बैठकर अपने आपको सज्जन बतलाता है और उसका मन विषय-रूपी मलमें ही लगा रहता है। जिस प्रकार बगलमें स्त्री लिये हुए कोई व्यक्ति कहता हो कि मुझे संन्यासी बनाओ, उसी प्रकार विषय-वासनामें फँसा हुआ मनुष्य ज्ञानोपदेश प्राप्त करनेके लिए बड़बड़ाता है। ऐसे पढ़े-लिखे मूर्ख भला अद्वैतका सुख क्या जानें! वे नारकी स्वयं अपनी इच्छासे नरक भोगते हैं। जिस प्रकार वेश्याकी सेवा करनेवाला

मन्त्रोपदेश नहीं कर सकता, उसी प्रकार विषयोंका दास कभी भक्तराज नहीं हो सकता। ऐसे बेचारे विषयी ज्ञानकी बातें क्या जानें ! वे तो वाचाल होते हैं और व्यर्थ बकवादके जालमें फँसे रहते हैं। ऐसे शिष्य परम नष्ट, कनिष्ठोंसे भी कनिष्ठ, हीन, अविवेकी, दुष्ट, खल और भारी दुर्जन होते हैं। ऐसे पाप-रूपी भारी दोषी और अत्यन्त कठोर मनुष्योंके लिए भी एक प्रायश्चित्त है और वह है अनुताप या पश्चात्ताप। ऐसे लोगोंको फिरसे सद्गुरुकी शरणमें जाना चाहिए, उन्हें सन्तुष्ट करना चाहिए और उनकी कृपा-दृष्टिसे फिर शुद्ध होना चाहिए। जो अपने स्वामीके साथ द्रोह करता हो, उसे तब तक नरकमें बास करना पड़ेगा, जब तक चन्द्रमाका अस्तित्व रहेगा। उसके लिए अपने स्वामीको सन्तुष्ट करनेके सिवा और कोई उपाय ही नहीं है।

केवल श्मशान-वैराग्य या क्षणिक वैराग्य उत्पन्न होनेपर जो सद्गुरुकी शरणमें जाता है, उसका ज्ञान कभी ठहर नहीं सकता। जो मनमें कृत्रिम भाव रखकर गुरुमन्त्र लेता है, वह मन्त्रके कारण दो दिनके लिए शिष्य बनता है। इस प्रकार वह बहुतसे गुरु बना लेता है, पाखंडकी बातें सीख लेता है और मुँहजोर, निर्लज्ज तथा पाखंडी बन जाता है। वह कभी रोता है, कभी गिरता-पड़ता है, कभी उस पर वैराग्य सवार होता है और कभी अपने ज्ञाता होनेका अभिमान सवार होता है। कभी तो उसके मनमें विश्वास उत्पन्न होता है और कभी वह गुर्राता है। इस प्रकार पागलोंकी तरह अनेक प्रकारके ढोंग रचता है। उसके हृदयमें काम, क्रोध, मद, मत्सर, लोभ, मोह आदि नाना विकारों और अभिमान, कपट तथा तिरस्कार आदिका संचार रहता है। उसके अन्तःकरणमें अहंकार, अपने शरीरके प्रति प्रेम या आसक्ति, अनाचार, विषय-लोलुपता और सांसारिक प्रपंचोंका उद्वेग वास करता है। वह दीर्घसूत्री, कृतघ्न, पापी, कुकर्मी, कुतर्की, विकल्पी, अभक्त, अभावुक, शीघ्रकोपी, निष्ठुर, पर-घातक, कठोर-हृदय, आलसी, अविवेकी, अविश्वासी, अधीर, अविचारी और सब बातोंमें सन्देह करनेवाला होता है, और उसके हृदयमें आशा, ममता, तृष्णा, कल्पना, कुबुद्धि, दुर्वृत्ति, दुर्वासना, मूर्खता, विषय-कामना आदि दुर्गुणोंका निवास होता है। ईर्ष्या, मत्सर और तिरस्कारके वश होकर वह औरोंकी निन्दा करता है और जान बूझकर देहाभिमानसे पागल हो जाता है। वह भूख-प्यास नहीं सह सकता, न सहसा नींद रोक सकता है, कुटुम्बकी चिन्ता

नहीं छोड़ता और भ्रममें पड़ा रहता है। वह जबानी बड़ी-बड़ी बातें करता है, पर उसमें वैराग्यका लेश भी नहीं होता और वह पश्चात्ताप, धैर्य या साधनका मार्ग नहीं ग्रहण करता। उसमें भक्ति, विरक्ति या शान्ति नहीं होती, न सद्वृत्ति, लीनता या इन्द्रिय-दमन होता है और न कृपा, दया, तृप्ति अथवा सद्बुद्धि ही होती है। वह कायाको कष्ट देनेसे जी चुराता है, धर्मके विषयमें परम कृपण होता है, अनुचित कृत्य नहीं छोड़ता और उसका हृदय कठोर होता है। वह लोगोंके साथ सरल व्यवहार नहीं करता, सज्जनोंको अप्रिय होता है और सदा दूसरोंके दोष या न्यूनता ही देखता रहता है। वह सदा झूठ बोलता है और छल-कपट करके लोगोंको फँसाता है और उसकी क्रिया या विचारोंमें सत्यता नहीं होती। वह दूसरोंको कष्ट पहुँचानेमें तत्पर रहता है और बिच्छू या साँपकी तरह बुरी बातें कहकर सबके अन्तःकरणको पीड़ित करता है। वह अपने दोष छिपाकर दूसरोंसे कठोर बातें करता है और लोगोंमें झूठे गुणों और दोषोंका आरोप करता है। वह स्वयं पापात्मा होता है और उसी प्रकार दूसरों पर दया नहीं करता जिस प्रकार हिंसक और दुराचारी लोग दूसरोंका दुःख नहीं समझते। ऐसा दुर्जन कभी दूसरोंका दुःख नहीं समझता और दुखियोंको और भी अधिक दुःख पहुँचाता है और उन्हें दुःखी देखकर स्वयं प्रसन्न होता है। स्वयं अपने ऊपर दुःख पड़ने पर तो वह मन ही मन बहुत कष्टका अनुभव करता है, पर दूसरोंका दुःख देखकर हँसता है। ऐसे ही लोग यमपुरीमें जाते हैं और उन्हें यमदूत यातना देते हैं। भला जो बेचारे ऐसे मदान्ध हों और जिन्हें अपने पूर्व-जन्मके पापोंके कारण सुबुद्धिकी बातें अच्छी न लगती हों उन्हें ईश्वर कैसे मिल सकता है? ऐसे लोग तब समझेंगे जब बुढ़ापेके कारण उनके अंग शिथिल हो जायँगे और उनके सगे-सम्बन्धी उन्हें छोड़ देंगे। जिन लोगोंमें ये सब दुर्गुण नहीं होते, वही सद्शिष्य हो सकते हैं और अपनी दृढ़ भक्तिसे आनन्द भोगते हैं। जिनमें विकल्प और कुलका अभिमान होता है, वे प्रपंचके कारण कष्ट पाते हैं। जिसके कारण दुःख हुआ हो, यदि उसीको कोई दृढ़तापूर्वक पकड़े रहे तो उसे अवश्य ही फिर उसके कारण दुःख होगा। आज तक कोई ऐसा देखा या सुना नहीं गया जिसने संसारमें फँसे रहकर सुख पाया हो। यह सब समझ बूझकर भी वह अपना अनहित करता और स्वयं ही दुःखी होता है। जो प्राणी संसारमें सुख मानते हैं, वे मूढ़मति हैं। ऐसे पढ़े-लिखे मूर्ख जान-बूझकर अपनी आँखें बंद कर

लेते हैं। यह ठीक है कि पहले सुखपूर्वक गृहस्थीका भी कुछ काम करना चाहिए, पर साथ ही कुछ परमार्थ भी करते रहना चाहिए। परमार्थको बिलकुल छोड़ देना ठीक नहीं है। यहाँ तक तो गुरु और शिष्यके लक्षणोंका निरूपण किया गया है; अब उपदेशके लक्षण बतलाये जाते हैं।

चौथा समास

उपदेश-लक्षण

अब उपदेश या मन्त्रके लक्षण सुनिये। मन्त्रोपदेश अनेक प्रकारके होते हैं, जिनका पूरा वर्णन करना कठिन है। पर फिर भी यहाँ कुछ मन्त्रोपदेश बतलाये जाते हैं। बहुतसे लोग मन्त्रोंका उपदेश देते हैं। कोई केवल नामका उपदेश देता है और कोई ओंकारका जप कराता है। कोई शिव, भवानी, विष्णु, महालक्ष्मी, अवधूत, गणेश, मार्तण्ड, मच्छ, कूर्म, वाराह, नृसिंह, वामन, भार्गव, रघुनाथ, कृष्ण, भैरव, मल्लारि, हनुमान, यक्षिणी, नारायण, पांडुरंग, अघोर, शेषनाग, गरुड, वायु, वेताल और झोटिंग आदि अनेक प्रकारके मन्त्रोंका उपदेश देते हैं जिनके नाम कहाँ तक गिनाये जायँ? बाला, बगला, काली, कंकाली और बटुक आदि अनेक शक्तियोंके अनेक मन्त्र हैं। अलग-अलग जितने देवता हैं, उनके उतने ही मन्त्र हैं। उनमेंसे कुछ सहज हैं और कुछ कठिन; कुछ विचित्र हैं और कुछ खेचर आदि दारुण बीजोंके हैं। संसारमें इतने देवता हैं कि उनकी गिनती ही नहीं हो सकती और उनके मन्त्र भी उतने ही अधिक हैं जिनका वर्णन वाणीसे नहीं हो सकता। इस प्रकार मन्त्र-मालाएँ असंख्य हैं और सब एकसे एक बढ़कर हैं। यह सब मायाकी विचित्र कला कौन जान सकता है?

बहुतसे मन्त्र ऐसे हैं जिनसे भूत उतरते हैं, बहुतोंसे व्यथा नष्ट होती है और बहुतोंसे जाड़ेका बुखार और बिच्छू या साँपका विष उतरता है। लोग ऐसे अनेक प्रकारके मन्त्र कानोंमें फूँकते हैं और उनके सम्बन्धका जप, ध्यान, पूजा आदि विधान बतलाते हैं। कोई शिव-शिव बतलाता है, कोई हरि-हरि कहलाता है और कोई कहता है कि विट्ठल-विट्ठल कहो। कोई कृष्ण-कृष्ण, कोई विष्णु-विष्णु और कोई नारायण-नारायण कहनेका उपदेश देता है। कोई कहता है कि अच्युत-अच्युत, कोई कहता है कि अनन्त-अनन्त और कोई कहता है कि दत्त-दत्त कहते रहना चाहिए।

कोई राम-राम, कोई ॐ ॐ और कोई घनश्यामके अनेक नामोंका उच्चारण करनेके लिए कहता है। कोई कहता है गुरुका, कोई कहता है परमेश्वरका और कोई कहता है विघ्नहरणका बराबर चिन्तन करते रहना चाहिए। कोई श्यामराजका, कोई गरुड-ध्वजका और कोई अधोक्षजका नाम जपनेको कहता है। कोई देव-देव, कोई केशव-केशव और कोई भार्गव-भार्गव कहनेके लिए कहता है। कोई विश्वनाथका और कोई मल्लारिका नाम कहलवाता है और कोई तुकाई-तुकाई (तुलजापुरकी देवी)-के नामका जप कराता है। कहाँ तक बतलाया जाय! शिव और शक्तिके अनन्त नाम हैं। सब लोग अपनी अपनी इच्छाके अनुसार उनके नाम जपनेको कहते हैं।

कोई खेचरी, भूचरी, चाचरी और अगोचरी ये चार प्रकारकी मुद्राएँ बतलाता है और कोई अनेक प्रकारके आसनोंका साधन बतलाता है। कोई चमत्कारपूर्ण दृश्य दिखलाता है, कोई शरीरके अन्दर होनेवाली अनाहत ध्वनि सुनाता है और कोई पिंडज्ञानी पिंडज्ञान या शरीरकी रचनाकी बातें बतलाता है। कोई कर्म-मार्ग, कोई उपासना-मार्ग और कोई अष्टांग योग तथा शरीरके अन्दरके सात चक्र बतलाता है। कोई तप करनेके लिए कहता है, कोई अजपा मन्त्र (श्वासके साथ होनेवाली सोऽहं ध्वनि)-का उपदेश देता है और कोई विस्तारपूर्वक तत्त्व-ज्ञान बतलाता है। कोई सगुणकी और कोई निर्गुणकी बातें बतलाता है और कोई तीर्थ-यात्रा करनेके लिए कहता है। कोई महावाक्य (प्रज्ञानंब्रह्म, अहंब्रह्मास्मि, तत्त्वमसि और अयमात्माब्रह्म जो क्रमशः ऋक्, यजुः, साम और अथर्ववेदके श्रेष्ठ ज्ञानमय वाक्य हैं) बतलाता और उनका जप करनेका उपदेश देता है और कोई सर्वं खल्विदं ब्रह्मका उपदेश देता है। कोई शक्ति-मार्ग और कोई मुक्ति-मार्ग बतलाता है और कोई भक्तिपूर्वक इन्द्रिय-पूजन कराता है। कोई वशीकरण, स्तम्भन, मोहन और उच्चाटन आदिके प्रयोग बतलाता है और कोई तरह-तरहके टोने-टोटके बतलाता हैं। यह तो मन्त्रोंकी दशा है। इनका वर्णन कहाँ तक किया जाय। इस प्रकारके असंख्य मन्त्र हैं। यों मन्त्र तो अनेक हैं, पर बिना ज्ञानके सब निरर्थक हैं। इस विषयमें भगवान श्रीकृष्णका एक वचन है—

नानाशास्त्रं पठेल्लोको नानादैवतपूजनम्।
आत्मज्ञानं विना पार्थ सर्वकर्म निरर्थकम्॥
शैवशाक्तागमाद्या ये अन्ये च बहवो मताः।

अपभ्रंशसमास्तेऽपि जीवानां भ्रान्तचेतसम् ॥
न हि ज्ञानेन सदृशं पवित्रमिदमुत्तमम् ।

मतलब यह कि ज्ञानके समान पवित्र और उत्तम और कोई वस्तु नहीं हैं । इसीलिए पहले आत्मज्ञान प्राप्त करना चाहिए । सब मन्त्रोंसे आत्मज्ञानका मन्त्र कहीं बढ़कर है । इस विषयमें श्रीकृष्णजीने अनेक स्थानों पर कहा है । यथा—

यस्य कस्य च वर्णस्य ज्ञानं देहे प्रतिष्ठितम् ।
तस्य दासस्य दासोऽहं भवे जन्मनि जन्मनि ॥

आत्मज्ञानकी महिमा तो चतुर्मुख ब्रह्मा भी नहीं जानते, बेचारा जीवात्मा प्राणी क्या जान सकता है ! सब तीर्थोंमें स्नान और दान करनेका जो फल है, उससे ज्ञानका फल करोड़ गुनेसे भी अधिक है । कहा है—

पृथिव्यां यानि तीर्थानि स्नानदानेषु यत्फलम् ।
तत्फलं कोटिगुणितम् ब्रह्मज्ञानासमोपमम् ॥

इसलिए आत्मज्ञान गहनसे भी गहन है और अब उसके लक्षण बतलाये जाते हैं ।

पाँचवाँ समास

अनेक प्रकारके ज्ञान

जब तक सच्चा और स्पष्ट ज्ञान न हो, तब तक और सब प्रकारके ज्ञान निष्फल होते हैं; क्योंकि उस सच्चे ज्ञानके बिना मनकी विकलता या चंचलता दूर नहीं होती । ज्ञान शब्दका उच्चारण करते ही भ्रम उत्पन्न होता है । इस पर लोग कह सकते हैं कि यह भ्रम कैसा और इसका रहस्य क्या है ? अतः अब क्रमसे यह विषय बतलाया जाता है । भूत, भविष्य और वर्तमान सबकी बातें मालूम होनेको भी ज्ञान कहते हैं, पर वह वास्तविक ज्ञान नहीं है । बहुत कुछ विद्याध्ययन करना, संगीत-शास्त्र, वैद्यक और वेदोंका अध्ययन करना भी ज्ञान नहीं है । अनेक प्रकारके व्यवसायों, दीक्षाओं और परीक्षाओंका ज्ञान भी ज्ञान नहीं है । अनेक प्रकारकी स्त्रियों, पुरुषों और नरोंकी परीक्षा भी ज्ञान नहीं है । अनेक प्रकारके घोड़ों, हाथियों और जंगली जानवरोंकी परीक्षा भी ज्ञान नहीं है । अनेक प्रकारके पशुओं, पक्षियों, भूतों, यानों, वस्त्रों, शस्त्रों, धातुओं, सिक्कों, रत्नों, पाषाणों, काष्ठों, भूमियों, जलों, सतेज या अग्निमय पदार्थों, रसों, बीजों, अंकुरों, पुष्पों, फलों,

वल्लियों, दुःखों, रोगों, चिह्नों, मन्त्रों, यन्त्रों, मूर्तियों, क्षेत्रों, ग्रहों, पात्रों, भविष्यमें होनेवाली बातों, समयों, तर्कों, अनुमानों और निश्चयों आदिकी परीक्षा या ज्ञान भी ज्ञान नहीं है। अनेक प्रकारकी विद्याओं, कलाओं, चातुर्यों, शब्दों, अर्थों, भाषाओं, स्वरों, वर्णों, लेखों, मतों, ज्ञानों, वृत्तियों, रूपों, रसनाओं, सुगन्धियों, सृष्टियों, विस्तारों, पदार्थों या भूमितियों आदिकी परीक्षा भी ज्ञान नहीं है। परिमित भाषण करना, किसी बातका तत्काल उत्तर देना या हाजिर-जवाबी अथवा शीघ्र कविता करना भी ज्ञान नहीं है। नेत्रोंके संकेतसे भाषण करना या समझाना, भेदकी बात जानना या सङ्केतकी कला जानना भी ज्ञान नहीं है। काव्य-कौशल, सङ्गीत-कला, गीत-प्रबन्ध या गीत-रचना, नृत्य-कला और सभा-चातुर्य भी ज्ञान नहीं है। वाग्विलास या अच्छी अच्छी बातें करना, मोहन-कला, रम्य और रसाल गायन-कला, हास्य-विनोद और काम-कला, अनेक प्रकारके कौशल, चित्र-कला, अनेक प्रकारके बाजे बजानेकी कला, इसी प्रकारकी और अनेक विचित्र कलाएँ, चौंसठ कलाएँ, इनके अतिरिक्त और भी दूसरी कलाएँ, चौदह विद्याएँ और सकल कलाएँ आदि जानना भी ज्ञान नहीं है। चाहे कोई सभी कलाओंमें प्रवीण हो और विद्या मात्रसे परिपूर्ण हो, तो भी उसे केवल कौशल कहेंगे, वह कभी ज्ञान नहीं हो सकता।

ये सब बातें भी ज्ञानके समान ही जान पड़ती हैं, पर मुख्य ज्ञान कुछ और ही है। उस ज्ञानसे प्रकृतिका कोई सम्बन्ध नहीं है। दूसरेके मनकी बात जान लेना भी ज्ञान ही समझा जाता है, पर यह आत्मज्ञानका लक्षण नहीं है। यदि कोई बहुत बड़ा महानुभाव मानस-पूजा करते करते बीचमें कुछ भूल गया और किसीने उसे टोक दिया कि यहाँ तुमने भूल की है, तो इस प्रकार मनकी स्थिति जाननेवालोंको परम ज्ञाता कहते हैं। पर यह भी वह ज्ञान नहीं है जिससे मोक्ष प्राप्त होता है। अनेक प्रकारके ज्ञान हैं जिनका पूरा पूरा वर्णन नहीं हो सकता; पर जिस ज्ञानसे सायुज्यकी प्राप्ति होती है, वह ज्ञान कुछ और ही है। इस पर शिष्य पूछता है—महाराज, तो फिर वह ज्ञान कैसा है, जिससे मनुष्यका परम समाधान होता है? आप विस्तारपूर्वक उसका वर्णन कीजिए। अच्छा, तो अब उस शुद्ध ज्ञानके सम्बन्धकी बातें अगले समासमें बतलाई जाती हैं। श्रोता लोग सावधान होकर सुनें।

छठा समास

शुद्ध ज्ञान

अब ज्ञानके लक्षण सुनिए। ज्ञानका वास्तविक अर्थ आत्मज्ञान है। जिस ज्ञानसे मनुष्य स्वयं अपने आपको जान ले, वही सच्चा ज्ञान है। मुख्य देवता या ईश्वरको जानना, सत्यका स्वरूप पहचानना और नित्य तथा अनित्यका विचार करना ही ज्ञान है। जिसके द्वारा इस दृश्य प्रकृतिका अन्त हो जाता है, कोई पंचभौतिक वस्तु नहीं रह जाती और द्वैत-भावका समूल नाश हो जाता है, उसीको ज्ञान कहते हैं। जो मन और बुद्धिके लिए अगोचर है, जिसके सामने तर्क नहीं ठहर सकता और जो उल्लेख तथा परा (चार प्रकारकी वाणियोंमेंसे सर्वश्रेष्ठ वाणी) से भी परे है, वही ज्ञान है। जिसमें कुछ भी दृश्यमान् नहीं है, जिसमें अहंब्रह्मास्मिका ज्ञान भी अज्ञान ही है और जो परम विमल तथा शुद्ध स्वरूपज्ञान है, वही सच्चा ज्ञान है। लोग सबकी साक्षी तुरीयावस्थाको ज्ञान कहते हैं; पर उस अवस्थामें होनेवाला ज्ञान भी पदार्थ-ज्ञान और व्यर्थ है। दृश्य पदार्थके ज्ञानको पदार्थ-ज्ञान कहते हैं; पर अपने शुद्ध स्वरूपका ज्ञान ही स्वरूप-ज्ञान कहलाता है और वही सच्चा ज्ञान है। जहाँ किसी पदार्थका अस्तित्व ही नहीं है, वहाँ सर्व-साक्षित्वका क्या जिक्र है! इसलिए तुरीयावस्थाका ज्ञान भी शुद्ध ज्ञान नहीं है। ज्ञान वस्तुतः अद्वैतको कहते हैं जिसमें एकको छोड़कर और दूसरा कोई होता ही नहीं; और तुरीयावस्था प्रत्यक्ष द्वैतरूप है, इसलिए स्वतन्त्र और सदा बना रहनेवाला शुद्ध ज्ञान इस तुरीय ज्ञानसे भी भिन्न ही है। अब शुद्ध ज्ञानके लक्षण सुनिए। यह ज्ञान कि हम शुद्ध स्वरूप हैं, शुद्ध और स्वरूप-ज्ञान है। महावाक्य या तत्त्वमसिका उपदेश बहुत अच्छा है; पर यह नहीं कहा गया है कि इसका जप करना चाहिए। इसका तो साधकको विचार मात्र करना चाहिए। यह महावाक्य सब उपदेशों और मन्त्रोंका सार है, पर इसका केवल विचार करना चाहिए। इसे जपनेसे भ्रान्तिका अन्धकार नहीं दूर होता। इस महावाक्यका अर्थ है—हम स्वयं ब्रह्म ही हैं। इसलिए इसका जप करना व्यर्थ ही है। इस महावाक्यकी व्याख्या करना ही मुख्य ज्ञानका लक्षण है। इसका शुद्ध लक्ष्य अंश यही है कि हम ब्रह्मके स्वरूप हैं। स्वयं अपने स्वरूपका सच्चा

ज्ञान प्राप्त करना परम दुर्लभ ज्ञान है। यह ज्ञान आदिसे अन्त तक स्वयंभू स्वरूप है। जिससे यह सब प्रकट होता है और जिसमें सब कुछ लीन होता है, उसी ज्ञानसे बन्धनकी भ्रान्ति दूर होती है। जिसके सामने सब मत-मतान्तर दब जाते हैं और जिसकी सहायतासे सूक्ष्म विचार करने पर उन सब मत-मतान्तरोंमें एकता दिखाई पड़ती है, जो सब चर और अचरका मूल है, जो शुद्ध और निर्मल स्वरूप है, वही वेदान्तके मतसे शुद्ध ज्ञान है। अपने मूल स्थानका अन्वेषण करनेसे अज्ञान सहजमें नष्ट हो जाता है और यही मोक्ष देनेवाला ब्रह्मज्ञान है। अपनेको पहचान लेनेसे ही सर्वज्ञता प्राप्त हो जाती है और एक-देशीयताका नाश होता है। यदि मनमें हेतु रखकर विचार किया जाय कि मैं कौन हूँ, तो यह पता चल सकता है कि मैं देहसे भिन्न स्वरूप हूँ।

अस्तु, प्राचीन कालमें जो बड़े-बड़े लोग इस ज्ञानके द्वारा भव-सागरसे पार हुए हैं, उनके नाम सुनिए। महामुनि व्यास और वशिष्ठ, समाधानी शुक और नारद, महाज्ञानी जनक आदि, वामदेवादि योगीश्वर, वाल्मीकि और अत्रि आदि ऋषीश्वर, अध्यात्म जाननेवाले शौनक आदि तथा सनक आदि, आदिनाथ, मत्स्येन्द्रनाथ और गोरखनाथ आदि अनेक महात्मा इसी शुद्ध ज्ञानके द्वारा मुक्त हुए हैं। सिद्ध, मुनि, महानुभाव सबका भीतरी भाव वही शुद्ध ज्ञान है और महादेवजी भी सदा उसीके सुखमें मग्न रहते हैं। यही ज्ञान वेदों और शास्त्रोंका सार है, गुरु-प्रतीति और आत्म-प्रतीतिका विचार है और यह भक्तोंको बड़े भाग्यसे मिलता है। जिस ज्ञानकी सहायतासे साधु, सन्त और सज्जन, भूत, भविष्य तथा वर्तमानकी सब बातें जानते हैं, उससे भी बढ़कर गूढ़ यह आत्मज्ञान है। यह ज्ञान तीर्थ, व्रत, तप, दान, धूम्रपान (उलटे होकर जलती हुई आगके ऊपर लटकना और उसका धूआँ पीना), पंचाग्नि वा गोरांजन (ईश्वरके नाम पर अपने आपको जला देना) से भी वह ज्ञान नहीं प्राप्त होता। यह समस्त साधनोंका फल और समस्त ज्ञानकी चरम सीमा है और इससे संशयोंका समूल नाश होता है। छप्पन भाषाओं और उन सबके ग्रन्थोंसे लेकर वेदान्त तक सबका गहन अर्थ वही एक ज्ञान है। पुराणोंसे उसका पता नहीं चलता, वेदवाणी उसके वर्णनमें थक जाती है, पर गुरुकी कृपासे मैं यहाँ उसका रहस्य बतलाता हूँ। यद्यपि संस्कृत और मराठी ग्रन्थोंका मुझे कोई ज्ञान नहीं है, पर मेरे हृदयमें कृपामूर्ति

सद्गुरु स्वामी विराजमान हो गये हैं, इसलिए अब मुझे संस्कृत और प्राकृत ग्रन्थोंकी कोई आवश्यकता नहीं है। मेरे स्वामी कृपापूर्वक मेरे हृदयमें आकर बस गये हैं। वेदाभ्यास या सद्ग्रन्थोंका अध्ययन या इसी प्रकारका कोई प्रयत्न किये बिना ही केवल सद्गुरुकी कृपासे यह बातें सहजमें हो सकती हैं।

मराठीके जितने ग्रन्थ हैं, उन सबसे संस्कृतके ग्रन्थ श्रेष्ठ हैं और संस्कृतके ग्रन्थोंमें भी सबसे श्रेष्ठ वेदान्त है। जिस वेदान्तमें वेदोंकी सभी बातें आ गई हैं, उस वेदान्तसे बढ़कर श्रेष्ठ और कुछ नहीं है। उस वेदान्तको मथकर जो गहन परमार्थ निकाला गया है, वह अब आप लोग सुनिए। वह गहनसे भी गहन सद्गुरुका वचन है जिससे अवश्य ही समाधान होता है। सद्गुरुका वचन ही वेदान्त, सिद्धान्त और प्रत्यक्ष आत्मानुभव है। जो अत्यन्त गहन है, जो मेरे स्वामी-का वचन है, जिससे मुझे अत्यन्त शान्ति मिली है, वही अपने हृदयकी बात मैं आप लोगोंको अब बतलाता हूँ। आप लोग सावधान होकर सुनें। शिष्यने म्लान वदन होकर दृढ़तासे गुरुदेवके पैर पकड़ लिये; तब गुरुदेवने कहना आरम्भ किया—

"अहं ब्रह्मास्मि" यजुर्वेदका महावाक्य है और उसके अर्थके सम्बन्धमें कोई तर्क नहीं हो सकता और इसीसे गुरु तथा शिष्यमें एकता होती है। इसका अभिप्राय यही है कि स्वयं तुम्हीं ब्रह्म हो। इस विषयमें कोई सन्देह या भ्रम मत करो। नवधा भक्तिमें जो मुख्य आत्म-निवेदन है उसका भी यही अभिप्राय है। कल्पान्त-में इन पंच-महाभूतोंका नाश हो जाता है, प्रकृति तथा पुरुष भी ब्रह्म ही हो जाते हैं। दृश्य पदार्थोंका नाश होते ही स्वयं "मैं" भी नहीं रह जाता। और परम ब्रह्म तो आरम्भसे ही अद्वैत है। उससे सृष्टिका तो कोई जिक्र ही नहीं है और आरम्भसे ही एकता या अद्वैत है, वहाँ पिंड और ब्रह्मांड कुछ भी दिखाई नहीं देता। ज्ञान रूपी अग्निके प्रकट होते ही दृश्य रूपी कूड़ा-करकट सब नष्ट हो जाता है और उसीके तदाकार हो जानेसे भिन्नताका मूल ही नहीं रह जाता। जब यह समझमें आ जाता है कि यह संसार मिथ्या है, तब फिर उस संसारमें मन नहीं लगता। उस समय संसार यद्यपि दृश्य रहता है, पर फिर भी उसका अभाव-सा जान पड़ता है; और इस प्रकार सहजमें ही आत्म-निवेदन हो जाता है। यदि गुरुमें तुम्हारी अनन्य भक्ति है, तो तुम्हें किस बातकी चिन्ता है? तब तुम्हें अभक्त बनकर, अलग होकर, नहीं रहना चाहिए। इसी भावको दृढ़ करनेके लिए सद्गुरुका

भजन करना चाहिए। सद्गुरुका भजन करनेसे अवश्य ही शान्ति मिलती है। हे शिष्य, इसीका नाम आत्म-ज्ञान है, इसीसे परम शान्ति मिलती है और संसारका भय तथा बन्धन समूल नष्ट हो जाता है। जो अपने शरीरको ही "मैं" समझता है, उसे आत्महत्या करनेवाला समझना चाहिए। वह अपने देहके अभिमानके कारण अवश्य ही जन्म और मरणका दुःख भोगता रहता है।

हे शिष्य, तुम स्थूल, सूक्ष्म, कारण और महाकारण इन चारों प्रकारके देहोंसे अलग हो, जन्म-कर्मसे भी अलग हो और सारी चराचर सृष्टिमें अन्दर बाहर तुम्हीं भरे हुए हो। वास्तवमें किसीके लिए कोई बन्धन नहीं है; सब लोग भ्रममें पड़कर भूले हुए हैं; क्योंकि इन लोगोंने देहाभिमान दृढ़तापूर्वक धारण कर रखा है। हे शिष्य, तुम एकान्तमें बैठकर अपने स्वरूप, ब्रह्म-स्वरूपमें, विश्राम लो अथवा उसका आनन्द भोगो और इस प्रकार अपना परमार्थ दृढ़ करो। अखण्ड श्रवण और मनन करनेसे ही समाधान होता है और ब्रह्मज्ञान पूर्ण होने पर वैराग्य होता है। यदि तुम इन्द्रियोंको स्वच्छन्द रूपसे छोड़ दोगे तो तुम्हारा कष्ट कभी दूर न होगा। जिस प्रकार मणिका त्याग करते ही राज्य मिलता है उसी प्रकार विषयोंसे वैराग्य होने पर पूर्ण ज्ञान होता है। सींगके मणिका लोभ करके मूर्खतासे राज्यका परित्याग करना अच्छा नहीं है। हे शिष्य, सावधान होकर सुनो। अब मैं भविष्यकी बात बतलाऊँगा। जिसे जिस वस्तुका ध्यान रहता है, उसे वही प्राप्त होती है। इसलिए जो अविद्याको छोड़कर सुविद्या ग्रहण करता है, उसे शीघ्र ही परमात्मा मिलता है। जिस प्रकार सन्निपातमें रोगी भयानक दृश्य देखता है और औषध खाते ही उसे सुख मिलता है, उसी प्रकार अज्ञान रूपी सन्निपातमें भी जो संसारके मिथ्या दृश्य या कष्ट देखता है, वह ज्ञान रूपी औषध लेते ही सुखी होता है और फिर उसे वे दृश्य बिलकुल दिखाई नहीं देते। झूठे स्वप्न देखकर रोनेवाले व्यक्तिको जगा देने पर वह पहलेकी-सी निर्भय दशामें आ जाता है। स्वप्न तो मिथ्या होता है पर फिर भी वह सत्य जान पड़ता है; इसलिए उनके कारण दुःख होता है; और जो मिथ्या हो, उसका नाश ही कैसे हो सकता है? वह स्वप्न जाननेवालेके लिए तो मिथ्या होता है, पर वह निद्रितको घेरे रहता है; और यदि वह भी जाग पड़े तो फिर उसे कोई भय नहीं रह जाता। इसी प्रकार अविद्याकी नींद भी इतनी गहरी होती है कि उससे बड़ा भारी पागलपन समा जाता है।

इसलिए श्रवण तथा मननके द्वारा पूर्ण जागृति प्राप्त करनी चाहिए। जागृतिका लक्षण यह है कि मनमें विषयोंकी ओरसे विरक्ति हो जाय। पर जो विषयोंसे विरक्त न हुआ हो, उसे साधक समझना चाहिए और उसे अपने बड़प्पनका अभिमान छोड़कर पहले साधन करना चाहिए। जो साधन भी न कर सकता हो, समझ लेना चाहिए कि वह अपने सिद्ध होनेके अभिमानके कारण सांसारिक बन्धनोंसे जकड़ा हुआ है। उससे अच्छा तो मुमुक्षु ही है जो भला ज्ञानका तो अधिकारी है! यदि तुम पूछते हो कि बद्ध, मुमुक्षु, साधक और सिद्धके लक्षण क्या हैं, तो इसका उत्तर अगले समासमें दिया गया है। श्रोता लोग सावधान होकर कथा सुनें।

सातवाँ समास

बद्ध-लक्षण

यों तो सृष्टिमें अपार चराचर जीव हैं, पर सब चार प्रकारके हैं—बद्ध, मुमुक्षु, साधक और सिद्ध। समस्त चराचरमें इन चारोंके सिवा पाँचवाँ और कोई प्रकार नहीं है। अब इन सबके लक्षण विस्तारपूर्वक कहे जाते हैं; सावधान होकर सुनिए। पहले बद्धके लक्षण बतलाये जाते हैं। फिर मुमुक्षु, साधक और सिद्धके लक्षण बतलाये जायँगे। बद्धकी दशा तो उस अन्धेके समान होती है जो अँधेरेमें पड़ा हुआ हो। आँखें न रहनेके कारण उसके लिए चारों दिशाएँ शून्य होती हैं। संसारमें बहुतसे भक्त, ज्ञाता, तपस्वी, योगी, वीतरागी और संन्यासी हैं, पर उसे इनमेंसे कोई दिखाई नहीं पड़ता। उसे कर्म, अकर्म, धर्म, अधर्म और सुगम परमार्थ मार्गमेंसे कुछ भी दिखाई नहीं पड़ता। उसे सत्-शास्त्र, सत्संगति, सत्पात्र और पवित्र सन्मार्ग भी दिखाई नहीं पड़ता। उसे सारासार-का विचार, स्वधर्मका आचार, परोपकार और दान-पुण्य कुछ भी दिखाई नहीं देता। न उसमें भूत-दया होती है, न उसका शरीर पवित्र होता है और न लोगोंको प्रसन्न करनेके लिए उसके वचन मृदु होते हैं। वह भक्ति, ज्ञान, वैराग्य, ध्यान, मोक्ष, साधन आदि कुछ भी नहीं जानता। न वह निश्चयात्मक देवताको जानता है, न सन्तोंका विवेक जानता है और न मायाका कौतुक समझता है। वह परमार्थके लक्षण, अध्यात्म-निरूपण, अपना स्वरूप, जीव, उसके जन्मका मूल, साधनाका फल, यथार्थ या तत्वकी बात, सांसारिक बन्धन, मुक्तिके लक्षण या

उस विलक्षण वस्तु (ब्रह्म) का कुछ भी हाल नहीं जानता। यदि उसे शास्त्रोंका अर्थ बतलाया जाय तो भी वह नहीं समझता; वह नहीं जानता कि स्वयं मेरा स्वार्थ किसमें है; और न यही जानता है कि मैं किस संकल्पसे बँधा हूँ। बद्धका मुख्य लक्षण यही है कि उसे आत्मज्ञान नहीं होता। वह तीर्थ, व्रत, दान, पुण्य आदि कुछ भी नहीं जानता। उसमें दया, करुणा, नम्रता, मैत्री, शान्ति या क्षमा नहीं होती। जिसे ज्ञान ही न हो, उसमें ज्ञानके लक्षण कैसे हो सकते हैं? जिसमें बहुतसे कुलक्षण हों, वही बद्ध है। अनेक प्रकारके दोष करनेमें ही उसे परम सन्तोष होता है और वह मूर्खताके ही फेरमें पड़ा रहता है। उसमें काम, क्रोध, गर्व, मद, द्वन्द्व, खेद, दर्प, दम्भ, विषय-वासना और लोभ बहुत होता है और वह बहुत कर्कश तथा अशुभ होता है। उसमें काम-वासना, मत्सर, असूया, दूसरेके गुणोंमें भी दोष ढूँढ़ना या द्वेष-बुद्धि, तिरस्कार, पाप, विकार, अभिमान, अकड़, अहंकार, व्यग्रता या अशान्ति, कुकर्म, कपट, वाद-विवाद, कुतर्क, भेद-अभेदका भाव, क्रूरता, निर्दयता, निन्दा, द्वेष, अधर्म, अभिलाषा आदि अनेक प्रकारके दोष होते हैं। उसमें भ्रष्टता, अनाचार, नष्टता, एकाकार, अनीति और अविचार बहुत होता है। वह बड़ा निष्ठुर, घातक, हत्यारा, पातकी और क्रोधी होता है और उसमें बहुतसी कुविद्याएँ होती हैं। उसमें दुराशा, स्वार्थ, कलह, अनर्थ, बदला चुकानेकी वृत्ति, दुर्मति, कल्पना, कामना, तृष्णा, वासना, ममता, भावना आदि बातें बहुत अधिक होती हैं। वह बहुत विकल्पी, विषादी, मूर्ख, अपने परिवारके लोगोंमें आसक्त, प्रपंची, अनेक प्रकारकी उपाधियोंसे युक्त, वाचाल, पाखंडी, दुर्जन, ढोंगी, चुगुलखोर और दुष्ट होता है। उसमें अविश्वास, भ्रम, भ्रान्ति, तम, विक्षेप और विराम या आलस्य बहुत होता है। वह बहुत कृपण, उद्धत, दूसरोंका भला न देख सकनेवाला और लापरवाह होता है और सदा बुरे कामोंमें लगा रहता है। वह परमार्थके विषयमें कुछ भी नहीं जानता, पर प्रपंचोंका उसे बहुत अधिक ज्ञान होता है और वह अपनी उन्हीं सब बातोंमें परम सन्तुष्ट रहता है। वह परमार्थका अनादर और प्रपंचोंका आदर करता और गृहस्थीका भार बहुत प्रसन्नतासे ढोता है। उसे सत्संग अच्छा नहीं लगता, पर सन्तोंकी निन्दा करनेमें उसका मन बहुत लगता है और वह देह-बुद्धिकी बेड़ी पहने रहता है। वह हाथमें द्रव्यकी ही जपमाला लिए रहता है, दिन-रात धनको

ही चिन्तामें रहता है, सदा अपनी स्त्रीका ही ध्यान रखता है और सत्संगका मानों उसके लिए अकाल पड़ा रहता है। वह सदा आँखोंसे द्रव्य और दाराको ही देखता है, कानोंसे उन्हींकी बातें सुनता है और सदा उन्हींकी चिन्ता करता रहता है। वह शरीर, वचन और मन, चित्त, वित्त, जीव और प्राणसे सदा द्रव्य और दाराका ही भजन करता रहता है। वह अपनी समस्त इन्द्रियोंको सब ओरसे खींचकर द्रव्य और दारामें ही लगा देता है। उसके लिए द्रव्य और दारा ही तीर्थ, परमार्थ और सारा स्वार्थ होता है। वह अपना समय और किसी काममें व्यर्थ नहीं जाने देता और सदा केवल घर-गृहस्थीकी ही चिन्ता करता रहता है। उसके लिए वही कथा-वार्ता होती है। वह अनेक प्रकारकी चिन्ताओं, उद्वेगों और दुःखोंमें फँसा रहता है और परमार्थको बिलकुल छोड़ देता है। वह घड़ी, पल या निमेष मात्र भी मनमें नहीं घबराता और सदा द्रव्य, दारा तथा प्रपंचोंकी ही चिन्ता करता रहता है। उसके लिए द्रव्य और दारा ही तीर्थ-यात्रा, दान, पुण्य, भक्ति, कथा-निरूपण, मन्त्र, पूजा, जप, ध्यान आदि सब कुछ होते हैं। वह चाहे जागता हो और चाहे सोता हो, रात-दिन विषय-वासनाकी ही चिन्तामें रहता है और इससे उसे क्षण भरके लिए भी अवकाश नहीं मिलता। पर बद्धके ये सब लक्षण मुमुक्षु होनेकी दशामें बदल जाते है। अगले समासमें उसके भी लक्षण बतलाये जाते हैं।

आठवाँ समास

मुमुक्षु-लक्षण

अपने कुल या सांसारिक अभिमानके कारण जिसमें बहुतसे बुरे लक्षण होते हैं, उसका मुँह देखनेसे भी दोष ही लगता है। ऐसे बद्ध प्राणीको संसारमें मूर्खतापूर्ण कृत्य करनेके बाद कुछ समय बीतने पर बहुत खेद होता है। वह संसारके दुःखोंसे दुःखी होता है, तीनों प्रकारके तापोंसे बहुत कष्ट पाता है और अध्यात्मकी चर्चा सुनकर मनमें बहुत पछताता है। वह सांसारिक झगड़ोंसे उदासीन होता है, उसका जी विषयोंसे घबरा जाता है और वह कहता है कि अब गृहस्थीके सब हौसले पूरे हो गये। यह सारा वैभव यों ही चला जायगा, यहाँका किया हुआ सारा परिश्रम व्यर्थ हो जायगा। इसलिए अब मुझे अपना समय कुछ सार्थक

करना चाहिए। इस प्रकार विचार बदलने पर उसके मनमें बहुत चिन्ता होती है और वह सोचता है कि मेरी सारी उमर व्यर्थ चली गई। उसे अपने किये हुए पुराने दोष याद आते हैं और वे सब उसके सामने आ खड़े होते हैं। उसे यमकी यातनाका ध्यान होता है; वह मन ही मन उससे डरता है और कहता है कि मेरे पापोंकी गणना नहीं है। मैंने कभी पुण्यका विचार भी नहीं किया। मेरे पापोंके पहाड़ लग गये हैं। अब मैं इस दुस्तर संसारसे कैसे पार उतरूँ! मैंने अपने दोष छिपाये, भले आदमियोंके गुणोंमें भी दोष लगाये। हे ईश्वर! मैंने व्यर्थ ही सन्तों, साधुओं और सज्जनोंकी निन्दा की। पर-निन्दासे बढ़कर संसारमें और कोई दोष या पाप नहीं है और वही पाप मुझसे बहुत अधिक हुआ है। मेरे अवगुणोंसे तो आकाश फट पड़ना चाहता है। न तो मैंने सन्तोंको पहचाना, न भगवानका अर्चन किया और न अतिथि या अभ्यागतको ही सन्तुष्ट किया। पूर्व जन्मके पापोंके कारण मुझसे कुछ भी न हो सका और मेरा मन सदा बुरे मार्गमें ही लगा रहा। मैंने न तो कभी अपने शरीरको कष्ट दिया, न परोपकार किया और न काम-मदके कारण आचारकी रक्षा की। भक्ति माताको डुबा दिया, शान्ति और विश्रान्तिका भंग किया और मूर्खताके कारण सद्बुद्धि तथा सद्वासनाका नाश किया। अब यह जीवन कैसे सार्थक होगा? मैंने व्यर्थ बहुतसे दोष और पाप किये। विवेक तो मेरे पास कभी फटका भी नहीं। अब मैं कौन उपाय करूँ, कैसे परलोक प्राप्त करूँ और किस प्रकार देवाधिदेवके पास पहुँचूँ! मुझमें कभी सद्भाव उत्पन्न न हुआ, मैंने केवल लौकिक वस्तुओंका ही सम्पादन किया और दम्भ तथा आडम्बरसे अनेक प्रकारके कर्मोंका खटराग किया। मैंने यदि हरिकीर्तन किया तो केवल पेटके लिए किया और देवताओंको हाट-बाजारमें रखकर उनपर लोगोंसे धन चढ़वाया। हे ईश्वर! मेरी बुद्धि जैसी भ्रष्ट हुई, वह मैं ही जानता हूँ। मैंने अपने मनमें अभिमान रखकर ऊपरसे निरभिमानता दिखलाते हुए बातें कीं और मनमें धनका ध्यान रखकर ईश्वरके ध्यानका ढोंग रचता रहा। मैं अपने शास्त्र-ज्ञानसे सदा लोगोंको ठगता रहा, और पेटके लिए सन्तोंकी निन्दा करता रहा। मेरे पेटमें अनेक प्रकारके दोष भरे हुए हैं। मैंने सत्यका उच्छेद किया, मिथ्या बातोंका प्रतिपादन किया और पेट भरनेके लिए इसी प्रकारके और भी बहुतसे कर्म किये।

यह सब सोचकर मुमुक्षु अध्यात्म-निरूपणकी ओर लगता है और अपनी

सब बातें बदल देता है। वह पुण्य-मार्गका ध्यान करता है, सत्संगकी कामना करता है और गृहस्थीसे विरक्त हो जाता है। वह सोचता है कि बड़े-बड़े चक्रवर्ती राजा चले गये; फिर मेरा वैभव उनके सामने है ही कितना! इसलिए अब मुझे सत्संगति करनी चाहिए। वह अपने अवगुण देखता है, विरक्तिके बलसे उन्हें पहचानता है और दुःखी होकर आपही अपनी निन्दा करने लगता है।

वह कहता है—मैं भी कैसा अपकारी, दम्भी, अनाचारी, पतित, चाण्डाल, दुराचारी, खल, पापी, अभक्त, दुर्जन, हीनोंसे भी हीन और बिलकुल पत्थर ही पैदा हुआ! मैं दुरभिमानी, अत्यन्त क्रोधी और अनेक दुर्व्यसनोंमें फँसा हुआ हूँ। मैं आलसी, कामचोर, कपटी, कायर, मूर्ख, अविचारी, निकम्मा, वाचाल, पाखंडी, मुँहजोर, कुबुद्धि, कुटिल, नितान्त अज्ञान, सबसे हीन और कुलक्षणोंसे युक्त हूँ। मैं अनधिकारी, मलिन, अघोरी, अत्यन्त नीच, स्वार्थी और अनर्थी हूँ और परमार्थ मुझमें नामको भी नहीं है। मैं अवगुणोंकी राशि हूँ, मैंने जन्म लिया और भूमिका भार बना। इस प्रकार मुमुक्षु अपनी निन्दा आप ही करता है और गृहस्थीकी झंझटोंसे दुःखी होकर सत्संगतिके लिए उत्सुक होता है। वह अनेक तीर्थोंकी यात्रा और शम-दम आदिका साधन करता है और अनेक ग्रन्थोंका अनुशीलन करता है। पर जब इन सब बातोंसे उसका समाधान नहीं होता, तब वह सन्तोंकी शरण ढूँढ़ता है। वह अपने देह, कुल और सम्पत्तिके तथा दूसरे अभिमानोंका परित्याग करके अनन्य भावसे सन्तोंके चरणोंमें जाता है। वह अहंभावका परित्याग करके अनेक प्रकारसे अपनी निन्दा करता और मोक्षकी कामना करता है। वह अपने बड़प्पनसे लज्जित होता है, परमार्थके लिए कष्ट उठाता है और उसके मनमें सन्तोंके चरणोंके प्रति विश्वास उत्पन्न होता है। वह गृहस्थीका स्वार्थ और झंझटें छोड़कर परमार्थ-साधनके लिए उत्सुक होता है और कहता है कि अब मैं सज्जनों तथा सन्तोंका दास बनूँगा। जिस मनुष्यमें इस प्रकारके लक्षण मिलें, उसे मुमुक्षु समझना चाहिए। अब श्रोता लोग सावधान होकर साधकोंके लक्षण सुनें।

नवाँ समास

साधक-लक्षण

पहले मुमुक्षुओंके लक्षण संक्षेपमें बतलाये गये हैं, अब सावधान होकर

साधकके लक्षण सुनिए। जो अपने अवगुण छोड़कर सत्संग ग्रहण करता है, उसे साधक कहते हैं। जो सन्तोंकी शरणमें जाता है और जिसे सन्त लोग आश्वासन देते हैं, उसे शास्त्रोंमें साधक कहते हैं। सन्तोंसे आत्मज्ञानका उपदेश पाकर उसके सांसारिक बन्धन टूट जाते हैं और वह दृढ़तापूर्वक साधन आरम्भ करता है। उसे अध्यात्मकी बातें सुननेका शौक होता है, अद्वैतके निरूपणकी ओर उसकी प्रवृत्ति होती है और वह उसका सारांश समझनेका प्रयत्न करता है। जब कहीं सारासारकी बातोंका विचार होता है, तब वह ध्यान लगाकर सुनता है और सन्देहोंका उच्छेद करके दृढ़तापूर्वक आत्मज्ञानका विचार करता है। वह सन्देहोंकी निवृत्तिके लिए सत्संगति करता है और अपने शास्त्रोंके तथा गुरुके अनुभवोंमें समन्वय करता है। वह अपने विवेकसे देहबुद्धिको रोकता है, आत्मबुद्धिको दृढ़ करता है और श्रवण तथा मनन करता रहता है। वह दृश्य या संसार, प्रकृति और मायाका विचार छोड़कर आत्मज्ञान धारण करता है और विचारपूर्वक अपना समाधान रखता है। वह द्वैत-भाव छोड़कर अद्वैतका साधन करता है और एकताके भावकी समाधि लगाता है। वह अपने जीर्ण तथा जर्जर आत्मज्ञानका जीर्णोद्धार करता है और विवेककी सहायतासे भव-सागरके पार उतरता है। वह साधुओंके अच्छे लक्षण सुनकर उन्हें धारण करता है और परमात्माके स्वरूपकी प्राप्तिका उद्योग करता है। वह असत्क्रियाएँ छोड़ देता और सत्क्रियाएँ बढ़ाता है और स्वरूप-स्थिति दृढ़ करता है। वह दिन पर दिन अवगुणोंका परित्याग करता हुआ उत्तम गुणोंका अभ्यास करता है और आत्म-स्वरूपमें अपना ध्यान स्थित करता है। वह अपने दृढ़ निश्चयके बलसे दृश्य या मायाको प्रत्यक्ष देखते हुए भी अदृश्यके समान कर देता है (अर्थात् उसकी ओरसे बिलकुल उदासीन हो जाता है) और सदा ईश्वरके स्वरूपमें मिलनेका प्रयत्न करता है। वह प्रत्यक्ष मायाको अलक्ष्य कर देता है और अपने हृदयमें अलक्ष्यको देखता है और आत्म-स्थितिकी धारणा करता है। जो वस्तु साधारण लोगोंसे छिपी हुई है और जिसका मनमें अनुमान भी नहीं हो सकता, वही वस्तु वह दृढ़तापूर्वक धारण करता है। जिसकी चर्चा करते ही जबान बन्द हो जाती है और जिसको देखते ही आँखें अन्धी हो जाती हैं, उसीकी वह अनेक प्रकारसे साधना करता है। जो चीज साधन करनेसे सिद्ध नहीं होती, जो देखनेसे अच्छी तरह दिखाई नहीं पड़ती, उसीका साधक अपने मनमें अनुभव करता है।

जहाँ मनका भी अस्तित्व नहीं रह जाता, जहाँ तर्क भी पंगु हो जाता है, उसीका वह दृढ़तापूर्वक अनुभव करता है। वह स्वानुभवकी सहायतासे उस वस्तुको प्राप्त कर लेता है और स्वयं ही वह वस्तु बन जाता है। वह अनुभवके सम्बन्धकी सब बातें जानकर अपने आपमें योगियोंके लक्षण स्थापित करता है और संसारसे अलग रहकर अपना उद्देश्य सिद्ध करता है। वह उपाधियोंसे दूर रहकर असाध्य वस्तुका साधन करता है और आत्म-स्वरूपमें अपनी बुद्धि दृढ़ करता है। वह ईश्वर और भक्तका मूल ढूँढ़ निकालता है और स्वयं ही तुरन्त साध्य हो जाता है। वह अपने विवेकके बलसे स्वयं अपने ही आपको देखने लगता है और स्वयं अपने ही स्वरूपमें लीन हो जाता है। यद्यपि वह ऊपरसे देखनेमें दिखाई पड़ता है, पर वास्तवमें उसे कोई नहीं देख सकता। वह अहंभावका त्याग कर देता है, स्वयं अपने आपको ढूँढ़ने लगता है और तुरीयावस्थासे भी आगे बढ़ जाता है। इसके उपरांत उन्मनी अवस्थाके अन्तमें वह अखण्ड आत्मानुभव प्राप्त कर लेता है। और जिसे अखण्ड अनुभव प्राप्त हो जाय, वही साधक है।

इस प्रकार जो द्वैतका सम्बन्ध नष्ट कर देता है, भासकी भासता भी नहीं रहने देता और देहके रहने पर भी विदेह हो जाता है, वही साधक है। वह अखंड स्वरूपमें स्थित रहता है, उसे अपने शरीरका अहंकार नहीं होता और उसके सब सन्देह दूर हो जाते हैं। उसे पंचभूतोंका विस्तार स्वप्नके समान जान पड़ता है और ईश्वरके निर्गुण स्वरूपका निश्चय हो जाता है। जिस प्रकार स्वप्नमें होनेवाला भय जागने पर नष्ट हो जाता है, उसी प्रकार इस सम्पूर्ण विस्तारके सम्बन्धमें उसकी मिथ्या धारणा दूर हो जाती है और वह उस विस्तारको ही मिथ्या समझने लगता है। जो माया औरोंको प्रत्यक्ष तथा ठीक जान पड़ती है, उसे साधक अपने अनुभवसे मिथ्या सिद्ध कर लेता है। वह मायाको उसी प्रकार छोड़कर अपने स्वरूपमें स्थित होता है जिस प्रकार कोई आदमी सोकर उठने पर स्वप्नके भयसे छूटकर निर्भय होता है। इस प्रकार मनसे वह अपने स्वरूपमें स्थित रहता है और बाहरसे निस्पृहता धारण करता है और सांसारिक उपाधियोंका परित्याग करता है। वह काम-वासनासे छूट जाता है, क्रोधसे दूर भागता है और मद तथा मत्सर एक किनारे छोड़ देता है। वह कुलाभिमान भी छोड़ देता है, लोक-लज्जाको तो मानों लज्जित ही कर देता है और विरक्तिकी सहायतासे यथेष्ट परमार्थ करता है। वह

अविद्यासे दूर हो जाता है, प्रपञ्चोंसे किनारे होता है और अकस्मात् लोभके हाथसे निकल जाता है। वह अपना बड़प्पन जमीन पर गिरा देता है, वैभवको पैरोंसे कुचल डालता है और महत्त्वको झँझोड़ डालता है। यह भेद-भावका ध्वंस कर देता है, अहंकारको मार गिराता है और सन्देह रूपी शत्रुको पैर पकड़कर पटक देता है। वह विकल्पका वध कर डालता है, भव-सागरको थप्पड़ोंसे मारकर पीछे हटा देता है और समस्त भूतोंका विरोध नष्ट कर देता है। वह भव-भयको ही भयभीत कर देता है, कालकी टाँगें तोड़ देता है और जन्म-मृत्युका सिर तोड़ देता है। वह देह-सम्बन्धी अहंकार पर टूट पड़ता है, संकल्पों पर आक्रमण करता है और कल्पनाओंका अकस्मात् घात करता है। वह अपना भय दूर भगाता है, लिंग-शरीर या वासनात्मक सूक्ष्म शरीरको जीत लेता है और विवेकके बलसे पाखण्डको पछाड़ देता है। वह गर्वको अपना गर्व दिखलाता है, स्वार्थको अनर्थमें मिला देता है और नीति तथा न्यायसे उस अनर्थका भी दलन करता है। वह मोहको बीचमें ही तोड़ डालता है, दुःखको दो टुकड़े कर देता है और शोकको काटकर अलग फेंक देता है। वह द्वेषको निर्वासित कर देता है, नास्तिकताका गला घोंट देता है और उसके भयसे कुतर्कका पेट फट जाता है। वह ज्ञानसे विवेकका और विवेकसे वैराग्य-सम्बन्धी सिद्धान्तका निश्चय करता है और उस वैराग्यकी सहा-यतासे अवगुणोंका संहार करता है। वह अधर्मको स्वधर्मसे लूटता है, सत्कर्मोंसे कुकर्मोंका नाश करता है और विचारसे अविचारको दूर भगाकर दूसरे रास्ते पर लगा देता है। वह तिरस्कारको कुचल डालता है, द्वेषको जड़से खोदकर फेंक देता है और विषादको अविषादसे पैरोंके नीचे रौंदता है। वह कोप पर छापा मारता है, कपटको अन्दर ही अन्दर कूट डालता है और सारे विश्वके लोगोंको अपना मित्र समझता है। वह प्रवृत्तिका परित्याग करता है, सुहृदोंका साथ छोड़ देता है और निवृत्ति मार्गसे चलकर ज्ञान-योगकी साधना करता है। वह विषय-रूपी ठगको स्वयं ही ठग लेता है, कुविद्याके चारों ओर घेरा डाल देता है और अपने ही सगे-सम्बन्धी चोरोंसे अपने आपको छुड़ा लेता है। वह पराधीनता पर क्रोध करता, ममतासे दुःखी होता और एकाएक दुराशाका त्याग करता है। वह अपने स्वरूपको अपने मनमें स्थापित करता, यातनाको यातना पहुँचाता और उद्योग तथा प्रयत्नकी स्थापना करता है। वह साधनके मार्ग पर चलकर

अभ्यासका संग करता है, उद्योगको अपने साथ ले लेता है और प्रयत्नको अपना अच्छा साथी बनाता है। वह दक्ष और सावधान होकर विवेकसे नित्य और अनित्यका निर्णय करता है और देह-बुद्धिका व्यासंग छोड़कर केवल सत्संग करता है। वह बलपूर्वक अपनी गृहस्थीको दूर हटा देता है, विवेकसे सब जंजाल छोड़ देता है और शुद्ध आचारसे अनाचारको भ्रष्ट कर देता है। वह भूलनेकी वृत्ति ही भूल जाता है, आलस्य करनेमें आलस्य करता है और दुश्चित्ततामें सावधान नहीं होता, बल्कि उसकी ओरसे दुश्चित्त हो जाता है।

अस्तु; अब हम इस विषयको समाप्त करते हैं। जो इस प्रकार अध्यात्मका निरूपण करके सब अवगुणोंको छोड़ दे, उसीको साधक समझना चाहिए। जो दृढ़तापूर्वक सबका परित्याग करके परमार्थका साधन करता है, वही साधक कहलाता है। अब अगले समासमें सिद्धके लक्षण बतलाये जायँगे। यहाँ यह सन्देह हो सकता है कि क्या केवल निस्पृह ही साधक हो, और जिस सांसारिक पुरुषसे त्याग न हो सकता हो, क्या वह साधक नहीं हो सकता? इस शंकाका समाधान अगले समासमें किया गया है। श्रोता लोग सावधान होकर सुनें।

दसवाँ समास

सिद्ध-लक्षण

पिछले समासमें यह शंका की गई थी कि क्या सांसारिक व्यक्ति बिना त्यागके साधक नहीं हो सकता? यहाँ उसका विचार किया जाता है। यदि संसार या गृहस्थीमें रहकर भी कोई साधक बनना चाहे तो उसे कुमार्गका त्याग करके सन्मार्ग ग्रहण करना चाहिए। बिना कुबुद्धिका त्याग किये सुबुद्धि नहीं आ सकती; और कुबुद्धि तथा बुरे मार्गका त्याग ही सांसारिक मनुष्यका त्याग है। जब प्रपंचोंको बुरा समझकर मनसे विषयोंका त्याग किया जाता है तभी परमार्थ मार्गका अवलम्बन हो सकता है। नास्तिकता, संशय और अज्ञानका त्याग धीरे-धीरे होता है। इस प्रकारका सूक्ष्म आन्तरिक त्याग गृहस्थ और विरक्त दोनोंमें होना चाहिए; और निस्पृह या विरक्तके लिए तो बाह्य त्याग और भी अधिक आवश्यक है। गृहस्थमें भी कुछ-कुछ बाह्य त्याग अवश्य होना चाहिए, क्योंकि इसके बिना नित्य नियम और सद्ग्रन्थोंका श्रवण नहीं हो सकता। इससे उक्त

शंकाका स्वभावतः समाधान हो जाता है, अर्थात्, यह सिद्ध हो जाता है कि बिना त्यागके मनुष्य साधक नहीं हो सकता। अब प्रस्तुत विषय सुनिए। पहले साधकके लक्षण बतलाये गये हैं; अब सिद्धोंके लक्षण बतलाये जाते हैं।

साधु स्वयं ब्रह्म-रूप हो जाता है, उसका सारा संशय ब्रह्मांडके बाहर चला जाता है और उसका निश्चय अचल हो जाता है। मुमुक्षुतामें बद्धतावाले अवगुण नहीं रह जाते और मुमुक्षुताके लक्षण साधक होनेकी दशामें नहीं रह जाते। आगे चलकर साधकके सन्देहकी निवृत्ति हो जाती है; अतः जिसे किसी प्रकारका सन्देह न हो, उसे साधु समझना चाहिए। संशय-रहित ज्ञान ही साधुका लक्षण है और सिद्धको कभी संशय हो ही नहीं सकता। कर्म-मार्ग और साधन सभीमें संशय भरा है। एक साधु ही सन्देह-रहित है। जिसे ज्ञान, वैराग्य और भजनमें संशय हो, उसके लिए ये सब बातें निरर्थक हैं। जिस ईश्वर या भक्तिमें संशय हो, वह ईश्वर और भक्ति भी व्यर्थ है; और जिसके स्वभावमें ही संशय हो, उसके लिए सभी बातें व्यर्थ हैं। संशय होनेपर व्रत, तीर्थ, परमार्थ, भक्ति, प्रीति और संगति सभी व्यर्थ हैं, और इनसे केवल संशय ही बढ़ता है। जिसे संशय हो, उसका जीवन और सब करना-धरना व्यर्थ ही है। संशय होनेपर पुस्तक-ज्ञान या विद्वत्ता सभी व्यर्थ हैं। संशय होनेपर दक्षता और पक्षपात सभी व्यर्थ हैं और संशय होनेपर कभी मोक्ष नहीं हो सकता। जिसे संशय हो, वह सन्त, पंडित और बहुश्रुत भी व्यर्थ है। संशय होनेपर श्रेष्ठता और व्युत्पन्नता व्यर्थ हैं और संशय होनेपर ज्ञाता होना भी व्यर्थ है। जब तक निश्चय न हो, तब तक कोई अणु मात्र बात भी प्रामाणिक नहीं हो सकती। ये सब व्यर्थ ही सन्देहके प्रवाहमें पड़े हुए हैं। बिना निश्चयके जो कुछ कहा जाय, वह सब व्यर्थ है और वाचालतासे अधिक बोलना निरर्थक है। बिना निश्चयके व्यर्थ बढ़-बढ़कर जो बातें की जाती हैं, वे सब विडंबना मात्र हैं, और संशयमें समाधानके लिए कोई स्थान ही नहीं है। इसीलिए सन्देह-रहित ज्ञान और निश्चय-सम्बन्धी समाधान ही सिद्धोंके लक्षण हैं। इसपर श्रोता प्रश्न करता है कि कौन-सा निश्चय किया जाय, और निश्चयके मुख्य लक्षण क्या हैं? यह मुझे बताइये। अच्छा तो सुनिये। यह जान लेना ही निश्चय है कि मुख्य देवता या ईश्वर कैसा है, और अनेक प्रकारके देवताओंकी गड़बड़ी नहीं मचानी चाहिए। जिसने समस्त चर और

अचरका निर्माण किया है, उसीका विचार करना चाहिए और शुद्ध विवेकके द्वारा परमेश्वरको पहचानना चाहिए। उसे यह समझना चाहिए कि मुख्य देवता या ईश्वर कौन है, भक्तके क्या लक्षण हैं और असत्यको छोड़कर सत्यको ग्रहण करना चाहिए। अपने ईश्वरको पहचानना चाहिए और यह देखना चाहिए कि मैं कौन हूँ; और संगका परित्याग करते हुए वस्तु-रूप या ब्रह्म-स्वरूप होकर रहना चाहिए। बन्धनका संशय तोड़ डालना चाहिए, मोक्षका निश्चय करना चाहिए और पंचभूतों-का व्यतिरेक या विश्लेषण करके यह देखना चाहिए कि उनकी रचना किस प्रकार हुई है। पूर्व पक्षकी सिद्धान्तके साथ तुलना करके प्रकृतिका मूल या तत्व देखना चाहिए और तब शान्तिपूर्वक परमात्मा-सम्बन्धी निश्चय प्राप्त करना चाहिए। जब देहाभिमानके साथ संशय मिल जाता है, तब सत्य-सम्बन्धी समाधान या निश्चयका नाश हो जाता है; इसलिए आत्मबुद्धिका निश्चय दृढ़ रखना चाहिए। आत्मज्ञानकी सिद्धि हो जाने पर भी देहाभिमानसे सन्देह बढ़ता है, इसलिए आत्म-निश्चयपूर्वक अपना समाधान दृढ़ रखना चाहिए, उसे खंडित न होने देना चाहिए। देह-बुद्धिकी याद आते ही विवेक नष्ट हो जाता है इसलिए आत्मबुद्धिको खूब दृढ़ रखना चाहिए। आत्मबुद्धिका निश्चय हो जाना ही मोक्षकी दशाको प्राप्त होना है; इसलिए कभी यह न भूलना चाहिए कि मैं ही आत्मा हूँ। यद्यपि यहाँ आत्मबुद्धि सम्बन्धी निश्चयके लक्षण बतला दिये गये हैं, तथापि बिना सत्संगके इसका पूरा-पूरा ज्ञान नहीं होता। सन्तोंकी शरणमें जानेसे ही संशयका नाश होता है।

पर अब यह प्रकरण समाप्त होना चाहिए। अब सन्तोंके लक्षण सुनिए। निःसंदेह होना ही सन्तका मुख्य लक्षण है। सिद्धका कोई शारीरिक रूप तो होता ही नहीं; फिर उसमें सन्देह कहाँसे आ सकता है? अतः सिद्ध वही है जिसे किसी प्रकारका सन्देह न हो। यदि देह हो तो फिर लक्षणोंकी कोई कमी नहीं रहती। पर जो देहसे अतीत हो, उसके लक्षण कैसे बतलाये जा सकते हैं? जो आँखोंसे दिखलाई ही न पड़े, उसके लक्षण कैसे बतलाये जा सकते हैं। सिद्ध तो निर्मल वस्तु या निर्गुण ब्रह्मके समान होता है। उसमें लक्षण कहाँसे आवेंगे? लक्षणका अर्थ केवल गुण है और वह वस्तु (ब्रह्म) निर्गुण है; और उस निर्गुण ब्रह्मके समान होना ही सिद्धोंका लक्षण है। तो भी ज्ञान दशकमें सिद्धोंके सब लक्षण बतलाये गये हैं; इसलिए यहाँ यह विषय समाप्त किया जाता है। यदि इसमें कोई न्यूनता हो तो श्रोता लोग उसके लिए मुझे क्षमा करें।

छठा दशक

पहला समास

परमात्माकी पहचान

सब लोग अपना चित्त स्थिर करें और जो कुछ कहा जाय, उसे अच्छी तरह मनमें रखें और निमेष भर सावधान होकर बैठें। यदि हमें किसी गाँव या देशमें रहना हो और हम वहाँके स्वामीसे न मिलें तो हम कैसे सुखी हो सकते हैं ? इसलिए जिसे जहाँ रहना हो, यदि वह वहाँके स्वामीसे भेंट कर ले तो उसके लिए सब प्रकारसे अच्छा ही होता है। यदि प्रभुसे भेंट न की जाय तो उसके यहाँ मान नहीं होता और अपना महत्व या प्रतिष्ठा नष्ट होनेमें देर नहीं लगती। इसलिए राजासे लेकर रंक तकको वहाँके प्रभुसे भेंट करनी चाहिए और विवेकी लोग इसका रहस्य अच्छी तरह जानते हैं। यदि बिना प्रभुसे भेंट किये कोई उसके नगरमें रहे तो वह बेगारमें पकड़ा जायगा और चोरी न करने पर भी चोरीमें पकड़ा जायगा। इसलिए जो लोग समझदार होते हैं, वे प्रभुसे अवश्य भेंट करते हैं; और जो लोग भेंट नहीं करते, उन्हें संसारमें अनेक प्रकारके संकट भोगने पड़ते हैं। गाँवमें वहाँका अधिपति बड़ा होता है; उससे बड़ा देशका अधिपति और उससे भी बड़ा नृपति होता है। राष्ट्रोंका प्रभु राजा होता है; बहुतसे राष्ट्रोंका पति महाराजा होता है और महाराजाओंका भी राजा चक्रवर्त्ती होता है। नरपति, गजपति, हयपति और भूपति सबमें चक्रवर्त्ती राजा बड़ा होता है। इन सबको बनानेवाला एक ब्रह्मा होता है; पर उस ब्रह्माको बनानेवाला कौन है ? जो ब्रह्मा, विष्णु और हरको भी बनानेवाला है, उस परमेश्वरको अनेक प्रकारसे यत्न करके पहचानना चाहिए। जब तक उस ईश्वरकी प्राप्ति न हो, तब तक यम-यातनासे छुटकारा नहीं मिलता और उस ब्रह्मांड-नायकसे भेंट न होना अच्छा नहीं होता। जिस ईश्वरने मनुष्यको संसारमें भेजा है और सारे ब्रह्मांडकी सृष्टि की है, उसे न पहचाननेवाला पतित है। इसीलिए ईश्वरको पहचानकर जन्म सार्थक करना चाहिए; और यदि उसका ज्ञान न हो सके तो सत्संग करना चाहिए, क्योंकि इससे उसका पता अवश्य लगता है। भगवानको जाननेवाला ही सन्त कहलाता है और वही शाश्वत तथा

अशाश्वतका निर्णय करता है। जिसने मनमें समझ लिया है कि ईश्वर अचल है; उसीको महानुभाव, सन्त तथा साधु समझना चाहिए। जो मनुष्योंमें रहकर लोगों-से भिन्न अर्थात् अलौकिक बातें बतलाता हो और जिसके हृदयमें ज्ञानकी जाग्रति हुई हो, वही साधु है। परमात्माको निर्गुण समझना ही ज्ञान है और इससे भिन्न सब कुछ अज्ञान है। पेट भरनेके लिए जो अनेक विद्याएँ सीखी जाती हैं, उन्हें लोग ज्ञान कहते हैं, पर वे सार्थक नहीं हैं। जिस ज्ञानसे ईश्वर पहचाना जाय, वही सार्थक है; बाकी निरर्थक और पेट भरनेकी विद्याएँ हैं। जन्म भर अपना पेट भरा और शरीरकी रक्षा की, पर अन्तमें यह सब व्यर्थ हो जाता है। पेट भरनेकी विद्याओंको सद्विद्या नहीं कहना चाहिए। जिससे उस सर्वव्यापक वस्तुकी तत्काल प्राप्ति हो वही ज्ञान है। जिसके पास इस प्रकारका ज्ञान हो, उसीको सज्जन समझना चाहिए और उसीसे अपना समाधान करनेके लिए प्रश्न करना चाहिए। यदि अज्ञानीके साथ अज्ञानीकी भेंट हो तो ज्ञान कैसे मिल सकता है? दरिद्रके पास जानेसे धन कैसे मिल सकता है? यदि रोगीके पास रोगी जाय तो वह आरोग्य कैसे हो सकता है? और निर्बलके पास निर्बल जाय तो उसे सहायता कैसे मिल सकती है? यदि पिशाचके पास पिशाच जाय तो क्या काम निकल सकता है; और उन्मत्तसे उन्मत्त मिले तो वह उसे क्या समझा सकता है? भिखारीसे भीख कैसे मिल सकती है और दीक्षाहीनसे दीक्षा कैसे मिल सकती है? कृष्ण पक्षमें चन्द्रमाका प्रकाश ढूँढ़नेसे कैसे मिल सकता है? यदि मूर्खके पास मूर्ख जाय तो वह समझदार कैसे हो सकता है? और बद्ध पुरुषके पास बद्ध पुरुष जाय तो वह सिद्ध कैसे हो सकता है? यदि देहीके पास देही जाय तो विदेह कैसे हो सकता है? इस लिए जो स्वयं ज्ञाता न हो, वह ज्ञान-मार्ग नहीं बतला सकता। इसी-लिए ज्ञाताको ढूँढ़ना चाहिए, उसका अनुग्रह प्राप्त करना चाहिए और उससे सारासारकी बातें जाननी चाहिए; तभी मोक्षकी प्राप्ति हो सकती है।

दूसरा समास

परमात्माकी प्राप्ति

अब उस उपदेशके लक्षण सुनिए जिससे सायुज्य मुक्ति प्राप्त होती है। अनेक प्रकारके दूसरे मतोंकी खोज करना व्यर्थ है। जिस उपदेशमें ब्रह्मज्ञान न हो, उसमें

कोई विशेषता नहीं है। ऐसा ज्ञान उस भूसीके समान है जिसमें धान्य न हो और जो खाई नहीं जा सके। भूसीमेंसे दाना और मठेमेंसे मक्खन नहीं निकलता, और चावलोंकी धोवनमें दूधका स्वाद नहीं मिलता। वृक्षोंकी छाल खाने या चूसनेसे कोई फल नहीं; और गिरी छोड़कर ऊपरी छिलका खाना मूर्खता है। इसी प्रकार जिसमें ब्रह्मज्ञान न हो, वह उपदेश निस्सार है; और सारको छोड़कर असारका सेवन कौन समझदार करेगा?

अब निर्गुण ब्रह्मका निरूपण किया जाता है। श्रोता लोग अपना मन स्थिर कर लें। सारी सृष्टिकी रचना पञ्चभूतोंसे ही हुई है, पर यह सृष्टि सदा बनी नहीं रह सकती। इसके आदिमें भी और अन्तमें भी वही निर्गुण ब्रह्म रहता है और वही शाश्वत है। बाकी सब पञ्चभूतोंको नश्वर समझना चाहिए। इन भूतोंको परमात्मा कैसे कह सकते हैं? यदि मनुष्यको भूत कहा जाय तो वह भी नाराज होता है। फिर वह तो जगज्जनक परमात्मा है, जिसकी महिमा ब्रह्म आदि भी नहीं जानते। उसे भला भूतकी उपमा कैसे दी जा सकती है? यदि कहा जाय कि जगदीश भी भूतोंके समान है तो दोष होता है; और यह बात सभी महापुरुष जानते हैं। पृथ्वी, जल, तेज, वायु और आकाश सभीमें अन्दर और बाहर वह परमात्मा व्याप्त है। ये पञ्चभूत तो नष्ट हो जाते हैं; पर आत्मा अविनश्वर है। जो जो रूप और नाम हैं, वे सब कोरे भ्रम हैं; और नाम तथा रूपसे परे जो ब्रह्म है, उसका रहस्य अनुभवसे जानना चाहिए। पाँचों भूतों और तीनों गुणोंसे मिलकर अष्टधा प्रकृति बनी है और इसीको दृश्य कहते हैं। वेदों और श्रुतियोंमें कहा है कि ये दृश्य नष्ट हो जानेवाले हैं और ज्ञानी यह बात जानते हैं कि निर्गुण ब्रह्म ही शाश्वत है। जो शस्त्रसे कट नहीं सकता, आगमें जल नहीं सकता, पानीमें गल नहीं सकता, वायुमें उड़ नहीं सकता, गिर-पड़ नहीं सकता और बन-बिगड़ नहीं सकता, वह परब्रह्म ही है। उसका कोई वर्ण नहीं है, वह सबसे परे है और फिर भी सदा बना रहता है। चाहे वह दिखाई न पड़े, पर है अवश्य और सब जगह सूक्ष्म रूपसे व्याप्त है। मनुष्यकी दृष्टिकी यह आदत-सी पड़ गई है कि वह उसीका अस्तित्व मानती है जो उसे दिखाई पड़ता है और जो वस्तु गुह्य होती है, उसे वह गोप्य कहता है। पर जो कुछ प्रकट है, उसे असार समझना चाहिए; और जो गुप्त है, उसे सार समझना चाहिए। यह बात गुरुसे ही अच्छी तरह

समझी जा सकती है। जो समझमें न आवे, उसे विवेक-बलसे समझना चाहिए; जो दिखाई न पड़े, उसे विवेक-बलसे देखना चाहिए; और जो जान न पड़े, उसे विवेक-बलसे जानना चाहिए। जो गुप्त हो, उसे प्रकट करना चाहिए; जो असाध्य हो, उसका साधन करना चाहिए, और जो कठिन हो, उसका अभ्यास करना चाहिए। वेद, ब्रह्मा और शेषनाग भी जिसका वर्णन करते-करते थक गये हैं, उसी परब्रह्मको प्राप्त करना चाहिए। यदि कोई पूछे कि उसकी साधना कैसे की जाय, तो इसका उत्तर यह है कि अध्यात्म-संबन्धी बातें सुनकर उस परब्रह्मकी प्राप्ति करनी चाहिए। वह पृथ्वी, जल, तेज या वायु नहीं है; वह रङ्ग-रूप आदिसे व्यक्त नहीं होता, वह अव्यक्त है। उसीको ईश्वर समझना चाहिए। और यों तो जितने गाँव हैं, लोगोंने उतने ही देवता बना रखे हैं। जब इस प्रकार परमात्माके सम्बन्धमें निश्चय हो जाय और उसके निर्गुण होनेका विश्वास हो जाय, तब स्वयं अपने सम्बन्धमें खोज करनी चाहिए। जो आत्मा यह कहती है कि यह शरीर मेरा है, उसे शरीरसे बिलकुल अलग समझना चाहिए; और जो यह समझती है कि मन मेरा है, वह वास्तवमें मन नहीं है। यदि शरीरका विचार किया जाय तो वह केवल पञ्चतत्त्वोंसे बना है और उन तत्त्वोंको अलग कर देनेसे केवल आत्मा बाकी रह जाती है। जिसे "मैं" कहते हैं, उसका वहाँ कहीं पता नहीं रहता और सब तत्त्व अपनी अपनी जगह जाकर मिल जाते हैं। यह शरीर पञ्चतत्त्वोंकी बँधी हुई गठड़ी है और इसका नाश हो जाता है। इसमें केवल एक आत्मा ही है जो सदा बनी रहती है। इसके सिवा तीसरा "मैं" वहाँ कोई है ही नहीं। जब "मैं" का ही ठिकाना नहीं है, तब जन्म और मृत्यु किसकी और कैसी? और आत्मा पाप-पुण्य तथा जन्म-मृत्युसे रहित है। जब उस निर्गुणमें पाप-पुण्य और यम-यातना नहीं है, तब "मैं" भी नहीं है; क्योंकि "मैं" भी तो वही निर्गुण आत्मा है। यह जीव देहबुद्धिके कारण बँधा हुआ है। यदि विवेककी सहायतासे उसका बन्धन खोल दिया जाय तो वह देहसे अतीत होकर मोक्ष-पद पा जाता है। बस इससे जन्म सार्थक हो जाता है। निर्गुण आत्मा और "मैं" दोनों मिल जाते हैं। पर इस विवेक पर सबसे पहले ध्यान देना चाहिए। जैसे जागने पर स्वप्न नहीं रह जाता, वैसे ही विवेकपूर्वक देखने पर यह दृश्य जगत नहीं रह जाता और अपने स्वरूपका अनुसन्धान करनेसे ही प्राणी मात्रका उद्धार हो जाता है।

विवेकपूर्वक स्वयं अपने आपको निवेदन करके उसके स्वरूपमें मिल जाना चाहिए; और इसीको आत्म-निवेदन कहते हैं। पहले अध्यात्म-सम्बन्धी बातें सुननी चाहिएँ और तब सद्गुरुकी सेवा करनी चाहिए। फिर सद्गुरुकी कृपासे आत्मनिवेदन हो जाता है। आत्मनिवेदनके उपरांत यह बोध होता है कि वह वस्तु (ब्रह्म) निर्मल, अलिप्त और शाश्वत है; और "मैं" स्वयं भी वही वस्तु हूँ। इस प्रकारके ब्रह्मज्ञानसे जीव स्वयं ब्रह्म हो जाता है और वह प्रसन्नतासे शरीरको प्रारब्ध पर छोड़ देता है। इसीको आत्मज्ञान कहते हैं; इसीसे समाधान या शान्ति होती है; और इसीसे यह जीव परब्रह्मसे अभिन्न तथा भक्त होता है—बिलकुल उसीमें मिल जाता है। अब जो कुछ होना है, वह हुआ करे; जो कुछ जाना हो, वह चला जाय; किसीकी परवाह नहीं होती। मनसे जन्म और मृत्युकी आशङ्का नष्ट हो जाती है। इस प्रकार संसारके सब झगड़े मिट जाते हैं और ईश्वर तथा भक्तमें एकता हो जाती है। पर ईश्वरको मनुष्य सत्सङ्गतिके द्वारा ही पहचान सकता है।

तीसरा समास

मायाकी उत्पत्ति

निर्गुण आत्मा निर्मल है, आकाशकी तरह सर्व-व्यापक है और सदा निश्चल तथा प्रकाशित रहती है। वह बिलकुल अखंड, सबसे बड़ी और आकाशसे भी अधिक विस्तृत तथा सूक्ष्म है। वह न दिखाई देती है, न समझमें आती है, न उत्पन्न होती है, न नष्ट होती है, न आती है, न जाती है, न चलती है, न टलती है, न टूटती है, न फूटती है, न बनती है और न बिगड़ती है। वह परब्रह्म है। वह सदा सामने रहती है; वह निष्कलंक और निखिल है; और आकाश तथा पाताल सभीमें व्याप्त रहती है। अविनश्वर तो निर्गुण ब्रह्म है; और नष्ट हो जानेवाली सगुण माया है। इस संसारमें सगुण और निर्गुण दोनों मिले हुए हैं। योगेश्वर इन दोनों मिले-जुले हुओंका विचार करके उनको उसी प्रकार अलग कर लेते हैं, जिस प्रकार राजहंस नीर-क्षीरका विवेक करते हैं। इस जड़ और पंचभूतात्मक सृष्टिमें आत्मा सब जगह व्याप्त है और यह बात नित्य तथा अनित्यका विचार करनेसे जान पड़ती है। जिस प्रकार ऊखमेंसे रस ले लिया जाता है और उसकी खोई छोड़ दी जाती है, उसी प्रकार इस संसारमेंसे अपने विवेककी सहायतासे सार भाग जगदीश्वरको

ले लेना चाहिए। परन्तु रस तो नष्ट हो जानेवाला और पतला होता है और आत्मा शाश्वत तथा निश्चल है। रस अपूर्ण है और आत्माको केवल तथा परिपूर्ण समझना चाहिए। यदि आत्माके समान कोई चीज हो तो उसका दृष्टान्त दिया जाय; और नहीं तो दृष्टान्त देकर ही किसी तरह समझाया जाता है। जब आत्माकी यह दशा है, तब उसमें माया कैसे पैदा हो गई? उसमें माया वैसे ही आ जाती है, जैसे आकाशमें वायुका झोंका आ जाता है। उस वायुसे तेज हुआ, तेजसे जल उत्पन्न हुआ और जलसे इस भूमंडलकी सृष्टि हुई। फिर इस भूमंडलसे अनेक जीव आदि उत्पन्न हुए। पर ब्रह्म उसके आदिमें भी और अन्तमें भी व्याप्त है। जिन जिन वस्तुओंका निर्माण हुआ, उनका अन्तमें नाश भी हुआ; पर आदि ब्रह्म ज्योंका त्यों बना हुआ है। जिस प्रकार घटके पहले भी आकाश रहता है, घटके अन्दर भी आकाश रहता है और घटके टूट जानेपर भी उस आकाशका नाश नहीं होता, उसी प्रकार परब्रह्म भी केवल अचल और अटल है और उसीके बीचमें समस्त चर तथा अचर होते जाते हैं। जो जो चीजें बनती हैं, उनमें आरम्भसे ही ब्रह्म व्याप्त रहता है; और जब उन सबका नाश हो जाता है, तब भी अन्तमें वही अविनश्वर ब्रह्म बच रहता है। ऐसे अविनश्वर ब्रह्मकी ही ज्ञाता लोग सेवा करते हैं और पंचतत्त्वका निरसन करके स्वयं ही अपने आपको प्राप्त करते हैं; अर्थात् पंचतत्त्वोंका नाश हो जाने पर स्वयं भी निर्गुण ब्रह्म हो जाते हैं। जब तत्त्वमें तत्त्व मिलते हैं, तब उसका नाम "शरीर" होता है, और ज्ञाता लोग इन्हीं तत्त्वोंमें तत्त्वका विचार करते हैं। उन तत्त्वोंके निःशेष होने पर उनका देहाभिमान भी जाता रहता है और विवेककी सहायतासे वे निर्गुण ब्रह्ममें मिल जाते हैं। विवेकपूर्वक देखने पर पता चलता है कि जब पंचतत्त्वोंमें शारीरिक तत्त्व मिल जाते हैं, तब "मैं" का कहीं अस्तित्व ही नहीं रह जाता। जब हम स्वयं अपने सम्बन्धमें विचार करते हैं, तब जान पड़ता है कि "मैं" के सम्बन्धमें जितनी बातें हैं, वे सब मायापूर्ण हैं और इन तत्त्वोंका अन्त हो जाने पर केवल निर्गुण ब्रह्म ही बच रहता है। "मैं" का विचार या देह-बुद्धि छोड़कर अपने आपको निर्गुण ब्रह्म समझना ही आत्म-निवेदनका रहस्य है; और "मैं-तू" या "मेरा-तेरा" का विचार उन तत्त्वोंके साथ ही साथ चला जाता है। "मैं" तो ढूँढ़ने पर मिलता ही नहीं और वह निर्गुण ब्रह्म अचल है; इसलिए "मैं" वही निर्गुण ब्रह्म है। पर यह बात बिना सद्गुरुके समझमें नहीं आती।

सम्पूर्ण सारासारका विचार करने पर जब उसमेंसे असार भाग बिलकुल निकल जाता है, तब एक सार भाग निर्गुण ब्रह्म ही बच रहता है। पहले ब्रह्मका निरूपण हुआ और तब वही ब्रह्म सब पदार्थोंमें व्याप्त हो गया, और जब सब पदार्थ नष्ट हो गये, तब केवल ब्रह्म ही बच रहा। जब विवेकसे इस सारी सृष्टिका संहार हो जाता है, अर्थात्, हम इस सृष्टिको मिथ्या समझ लेते हैं, तब सारासारका निर्णय हो जाता है और अपना स्वरूप ठीक तरहसे समझमें आ जाता है--आत्मलाभ हो जाता है। अहंभावकी तो आप ही कल्पना कर ली गई है, पर यदि उसका पता लगाया जाय तो वह वास्तवमें कुछ भी नहीं है: और जब अहंभाव चला जाता है, तब स्वयं निर्गुण आत्मा ही बच रहती है। पञ्चतत्त्वोंका निरसन होने पर जो निर्गुण आत्मा बच रहती है, वही "मैं" है। तो फिर तत्त्वका निरसन हो जाने पर अहंभाव दिखलानेकी आवश्यकता ही नहीं रह जाती। जब तत्त्वोंके साथ अहंभाव चला जाता है, तब स्वभावतः केवल निर्गुण ब्रह्म बच रहता है और सोऽहं भाव पर विश्वास होते ही आत्म-निवेदन हो जाता है। आत्म-निवेदन होते ही ईश्वर और भक्त दोनों मिलकर एक हो जाते हैं और विभक्तताको छोड़कर भक्त सत्कृत्यों-का आचरण करने लगता है। निर्गुणका न तो जन्म होता है और न मृत्यु, न वह पाप करता है और न पुण्य। इस प्रकार निर्गुणमें मिल जाने पर भक्त मुक्त हो जाता है। पञ्चतत्त्वोंसे घिरे रहने पर प्राणी संशयमें फँसा रहता है और स्वयं अपने आपको भूलकर "कोऽहं कोऽहं" कहने लगता है; अर्थात्, पूछने लगता है कि मैं कौन हूँ। पञ्चतत्त्वोंमें फँसे रहने पर वह 'कोऽहं' कहता है और विवेकपूर्वक देखने पर 'सोऽहं सोऽहं' कहता है; और ब्रह्मके साथ अनन्य या एक होने पर कोहंऽ और सोऽहं दोनों हट जाते हैं। इस अवस्थाके बाद जो स्वरूप बच रहता है वही सन्त होता है, और वह देह धारण करने पर भी देहातीत रहता है। यह विषय गहन है, अतः जल्दी सन्देह दूर नहीं होता; इसीलिए एक ही बात कई बार कहनी पड़ी है। इसके लिए श्रोता लोग मुझे क्षमा करें।

चौथा समास

मायाका विस्तार

कृतयुग या सतयुगके सत्रह लाख, अट्ठाइस हजार वर्ष, त्रेता युगके बारह

लाख, छानवे हजार वर्ष, द्वापरके आठ लाख, चौंसठ हजार वर्ष और कलियुगके चार लाख, बत्तीस हजार वर्ष, इस प्रकार चारों युगोंके तैंतालिस लाख, बीस हजार वर्ष होते हैं और इन चारों युगोंकी एक चौकड़ी होती है। ऐसी एक हजार चौकड़ियाँ या चतुर्युगोंका ब्रह्माका एक दिन होता है। जब ऐसे एक हजार ब्रह्मा हो जाते हैं; तब विष्णुकी एक घड़ी होती है; और जब ऐसे एक हजार विष्णु हो जाते हैं, तब महेश्वरका एक पल होता है। और जब ऐसे एक हजार महेश हो जाते हैं तब शक्तिका आधा पल होता है। सभी शास्त्रोंमें ये संख्याएँ इसी प्रकार बतलाई गई हैं। कहा है—

> चतुर्युगसहस्राणि दिनमेकं पितामहम्।
> पितामहसहस्राणि विष्णोर्घटिकमेव च॥
> विष्णोरेकसहस्राणि पलमेकं महेश्वरम्।
> महेश्वरसहस्राणि शक्तिरर्द्धपलं भवेत्॥

इस प्रकारकी अनन्त शक्तियाँ और अनन्त रचनाएँ होती हैं, तो भी परब्रह्मकी स्थिति ज्योंकी त्यों और अखंड बनी रहती है। वास्तवमें परब्रह्मकी स्थितिका तो कोई जिक्र ही नहीं हो सकता; पर फिर भी यह बोलनेकी एक रीति है। वेदों और श्रुतियों तकमें परब्रह्मके लिए "नेति नेति" ही कहा है। कलियुगके चार हजार, सात सौ, साठ वर्ष बीत चुके; और अभी चार लाख सत्ताइस हजार दो सौ चालिस वर्ष बाकी हैं*। अब बिलकुल वर्णसंकरता होनेको है। इस चराचर सृष्टिमें एकसे एक बढ़कर पड़े हुए हैं और उनका विचार करने पर कहीं अन्त नहीं दिखाई पड़ता। कोई कहता है, विष्णु सबसे बड़े हैं; कोई कहता है, रुद्र बड़े हैं; और कोई कहता है, शक्ति बड़ी है। इस प्रकार अपनी-अपनी रुचिके अनुसार सभी लोग कहते हैं; पर कल्पान्तमें इन सबका नाश हो जायगा, क्योंकि श्रुति कहती है 'यद्दृष्टं तं नष्टं'। अर्थात्, जो कुछ दिखाई पड़ता है, वह सभी नष्ट हो जायगा। सब लोग अपने अपने उपास्य देवता पर गर्व करते हैं, पर इस सम्बन्धमें साधुके बिना सत्यका निश्चय नहीं हो सकता। और साधु लोग यही एक निश्चय करते हैं कि केवल एक आत्मा ही सब जगह व्याप्त है और बाकी सब चर तथा अचर मायिक या मायापूर्ण हैं। भला आप ही सोचिए कि चित्रमें लिखी हुई सेनाके सम्बन्धमें यह कैसे निश्चय हो सकता है कि इसमेंसे कौन-सी सेना छोटी और कौन-सी बड़ी है?

* यह मूल ग्रन्थकी रचनाका समय है—अनुवादक।

यदि स्वप्नमें हमने कुछ चीजें देखीं और उनके छोटे-बड़े होनेके सम्बन्धमें कुछ कल्पना भी कर ली, पर जागने पर क्या दशा होती है ? जागने पर हम देखते हैं कि न कोई छोटा है और न बड़ा है; और जो कुछ हमने देखा, वह सब स्वप्न था। ये सब मायाके विचार हैं; न कोई छोटा है और न बड़ा है। और यदि छोटे-बड़ेका निर्णय कोई कर सकता है, तो वह ज्ञानी ही कर सकता है। जो जन्म लेता है, वह यही कहता कहता मर जाता है कि मैं बड़ा हूँ। पर वास्तवमें महात्मा ही इस बातका विचार कर सकते हैं कि वास्तवमें बड़ा कौन है। वेद, शास्त्र, पुराण और साधु-सन्त सभी कहते हैं कि जिसे आत्मज्ञान हो जाय, वही बड़ा और महात्मा है। और सबसे बड़ा केवल परमेश्वर है और हरि तथा हर आदि सब उसीके अन्तर्गत हैं। वह ईश्वर निर्गुण और निराकार है और उसमें उत्पत्ति या विस्तार कुछ भी नहीं है। स्थान और मानका विचार तो सब यहींकी बात है। नाम, रूप, स्थान, मान आदि सब अनुमानकी ही बातें हैं। ब्रह्मके प्रलयमें इन सबका निर्णय हो जायगा—ये सब नष्ट हो जायँगे। परन्तु ब्रह्म प्रलयसे अलग है, उसका नाश नहीं हो सकता। वह नाम और रूपसे भी अलग है। वह सदा एक-सा रहता है। जो लोग ब्रह्मका निरूपण करते हैं और उसके सम्बन्धमें सब बातें जानते हैं, उन्हींको ब्रह्मविद् या ब्राह्मण समझना चाहिए।

पाँचवाँ समास

माया और ब्रह्म

श्रोता पूछते हैं कि माया और ब्रह्म दोनों क्या हैं ? अतः श्रोता और वक्ताके मिससे इसका निरूपण सुनिए। ब्रह्म निर्गुण और निराकार है, माया सगुण और साकार है। ब्रह्मका पारावार नहीं है, पर मायाका पारावार है। ब्रह्म निर्मल और निश्चल है, माया चञ्चल और चपल है। ब्रह्म केवल निरुपाधि और माया उपाधि-रूप है। माया दिखलाई पड़ती है, ब्रह्म दिखलाई नहीं पड़ता। मायाका भास होता है, ब्रह्मका भास नहीं होता। कल्पान्तमें मायाका तो नाश हो जाता है, पर ब्रह्मका नाश नहीं होता। मायाकी रचना होती है पर ब्रह्मकी रचना नहीं होती। माया बिगड़ती है, पर ब्रह्म नहीं बिगड़ता। अज्ञानको माया अच्छी लगती है, पर ब्रह्म अच्छा नहीं लगता। माया उत्पन्न होती है, पर ब्रह्म उत्पन्न नहीं होता।

माया मरती है, पर ब्रह्म नहीं मरता। धारणासे मायाका तो ग्रहण हो सकता है, पर ब्रह्मका ग्रहण नहीं हो सकता। माया टूटती और फूटती है, पर ब्रह्म टूटता नहीं। माया मलिन होती है, पर ब्रह्म मलिन नहीं होता। माया विकारी और ब्रह्म निर्विकार है। माया सब कुछ करती है, ब्रह्म कुछ भी नहीं करता। माया अनेक प्रकारके रूप धारण करती है, पर ब्रह्म अरूप है। मायाके पञ्चभूतात्मक अनेक रूप हैं, पर ब्रह्म शाश्वत और एक है। माया और ब्रह्मका अन्तर विवेकी लोग ही जानते हैं। माया छोटी और ब्रह्म बड़ा है। माया असार और ब्रह्म सार है। मायाका आदि और अन्त है, पर ब्रह्मका आदि अन्त कुछ भी नहीं है। सब जगह मायाका विस्तार है और उससे ब्रह्मकी स्थिति छिपी हुई है। पर साधु लोग उसमेंसे ब्रह्मको निकाल लेते हैं। जिस प्रकार सेंवार हटाकर पानी लेना चाहिए और पानी छोड़कर दूध लेना चाहिए, उसी प्रकार मायाको छोड़कर ब्रह्मका अनुभव करना चाहिए। ब्रह्म आकाशकी तरह निर्मल और माया पृथ्वीकी तरह मलिन है। ब्रह्म सूक्ष्म और माया स्थूल रूप है। ब्रह्म अप्रत्यक्ष है और माया प्रत्यक्ष दिखाई पड़ती है। ब्रह्म सदा सम रहता है और माया विषम है। माया लक्ष और ब्रह्म अलक्ष, माया साक्ष और ब्रह्म असाक्ष है। मायामें दो पक्ष हैं, पर ब्रह्ममें कोई पक्ष ही नहीं है। माया पूर्वपक्ष या सन्दिग्ध है और ब्रह्म सिद्धान्त या उत्तर पक्ष है। माया अनित्य और ब्रह्म नित्य तथा सनातन है। ब्रह्ममें कोई हेतु या इच्छा नहीं है, और मायामें है। ब्रह्म अखण्ड घन है; माया पञ्चभौतिक और पोच है; ब्रह्म निरन्तर परिपूर्ण है, माया पुरानी और जर्जर है। माया बनती है, ब्रह्म बनता नहीं; माया गिरती है, ब्रह्म गिरता नहीं; माया बिगड़ती है, ब्रह्म बिगड़ता नहीं; ज्योंका त्यों बना रहता है। सब कुछ होने पर भी ब्रह्म सदा बना ही रहता है; पर निरसन करने पर माया नष्ट हो जाती है। ब्रह्ममें सङ्कल्प विकल्प नहीं है, मायामें है; माया कठिन और ब्रह्म कोमल है; माया अल्प और ब्रह्म विशाल है; माया सदा नष्ट होती रहती है, पर ब्रह्म नष्ट नहीं होता। ब्रह्म ऐसा नहीं है कि उसका वर्णन हो सके; पर मायाका जैसा वर्णन कर दिया जाय, वह वैसी ही है। काल कभी उस ब्रह्मको नहीं पा सकता, पर माया पर वह झपट पड़ता है। अनेक प्रकारके रूप और रङ्ग मायाके ही हैं। माया और उसके सब रूप नश्वर हैं, पर ब्रह्मका कभी नाश नहीं होता।

पर अब इन बातोंका विस्तार करनेकी आवश्यकता नहीं है। यह जो चर और अचरकी सारी सृष्टि है, वह सब माया ही है और परमेश्वर इसके भीतर बाहर सब जगह व्याप्त है। वह परमात्मा समस्त उपाधियोंसे ठीक उसी तरह रहित और अलग है, जिस तरह आकाश जलमें रहने पर भी उसके साथ बिलकुल स्पर्श नहीं करता। यदि माया और ब्रह्मका रहस्य अच्छी तरह समझ लिया जाय तो जन्म और मरणका अन्त हो जाता है और सन्तोंकी शरणमें जानेसे मोक्षकी प्राप्ति होती है। यदि सन्तोंकी महिमाका वर्णन किया जाय तो उसका कहीं अन्त नहीं हो सकता। उन्हीं सन्तोंकी कृपासे सहजमें परमात्मा प्राप्त होता है।

छठा समास

ईश्वरका निरूपण

श्रोता विनयपूर्वक वक्तासे कहता है—हे महाराज, आप सर्वज्ञ और गोस्वामी हैं। मेरी एक शंकाका निवारण करें। सृष्टिके पूर्वमें ब्रह्म तो रहता ही है। पर यदि उसमें सृष्टिका बीज बिलकुल नहीं रहता, तो फिर यह जो सृष्टि दिखाई पड़ती है, वह सत्य है या मिथ्या है? इसपर सर्वज्ञ और उदार वक्ताने जो कुछ कहा, वह आप लोग ध्यानपूर्वक सुनें और कथाकी ओर तत्पर हों। गीतामें कहा है—'जीवभूतः सनातनः' इस वाक्यसे सृष्टि सत्य जान पड़ती है। और श्रुतिमें कहा है—'यद्दृष्टं तन्नष्टं'। इससे सृष्टि मिथ्या जान पड़ती है। अब इसके सच्चे या झूठे होनेका निर्णय कौन करे? यदि इसे सत्य कहें तो भी ठीक नहीं है, क्योंकि यह नष्ट हो जाती है; और यदि इसे मिथ्या कहें तो भी ठीक नहीं है, क्योंकि यह प्रत्यक्ष दिखलाई पड़ती है। अच्छा अब हम बतलाते हैं कि यह कैसी है। सृष्टिमें बहुत-से अज्ञान भी हैं और सज्ञान भी हैं, इसीलिए इस बातका निर्णय या समाधान नहीं होता। अज्ञानोंका यह मत है कि सृष्टि भी सत्य है और देव, धर्म, तीर्थ, व्रत आदि भी सत्य हैं। जो अच्छे सर्वज्ञ हैं, वे कहते हैं कि 'मूर्खस्य प्रतिमापूजा', अर्थात्, प्रतिमाका पूजन मूर्खोंके लिए है; और प्रतिमाका पूजन करनेवाला मूर्ख ब्रह्म तथा प्रलयकी बात क्या समझ सकता है! इसपर अज्ञान कहता है कि तो फिर सन्ध्या, स्नान, गुरुका भजन और तीर्थाटन आदि क्यों करना चाहिए? इसके उत्तरमें ज्ञानी कहता है—

तीर्थे तीर्थे निर्मलं ब्रह्मवृन्दं, वृन्दे वृन्दे तत्त्वचिन्तानुवादः।
वादे वादे जायते तत्त्वबोधः, बोधे बोधे भासते चन्द्रचूडः॥

अर्थात्, तीर्थोंमें बहुतसे ब्रह्मज्ञ आते हैं और उनसे सारासारका ज्ञान प्राप्त करके ईश्वरकी प्राप्ति की जा सकती है।

सद्गुरुकी उपासनाका जो फल होता है, उसका निरूपण गुरु-गीतामें श्रीशंकराचार्यजीने किया है। गुरुकी उपासनाका नियम यह है कि पहले उसे पहचानना चाहिए और तब अपने विवेककी सहायतासे उसके द्वारा अपना समाधान करना चाहिए।

ब्रह्मानन्दं परमसुखदं केवलं ज्ञानमूर्तिम्।
द्वन्द्वातीतं गगनसदृशं तत्त्वमस्यादि लक्ष्यम्॥
एकं नित्यं विमलमचलं सर्वधीसाक्षिभूतम्।
भावातीतं त्रिगुणरहितं सद्गुरुं तं नमामि॥

गुरु-गीतामें सद्गुरुका ऐसा ध्यान या स्वरूप बतलाया गया है। भला ऐसे स्वरूपमें सृष्टिका मिथ्या भान कैसे रह सकता है! जब इस प्रकार ज्ञानी पुरुष सद्गुरुका सच्चा स्वरूप बतलाकर सृष्टिको मिथ्या ठहराता है, तब श्रोता और भी अधिक विवाद करता है और कहता है—क्यों जी, तुम तो गोविन्दको अज्ञानी कहते हो। गीतामें कहा है—'जीवभूतः सनातनः'। इसे तुम अज्ञान कैसे कहते हो। जब अज्ञानी श्रोताने मनमें दुःखी होकर इस प्रकारका आक्षेप किया तब ज्ञानीने उसे उत्तर दिया—गीतामें गोविन्दने जो कुछ कहा है, उसका भेद तुम नहीं जानते, इसी लिए तुम व्यर्थ खेद करते हो। श्रीकृष्णने कहा है—'अश्वत्थः सर्ववृक्षानां'। अर्थात् सब वृक्षोंमें पीपल मेरी विभूति है। पर वृक्ष यदि तोड़ा जाय तो तुरन्त टूट सकता है। पर आगे चलकर वे कहते हैं—

नैनं छिन्दन्ति शस्त्राणि नैनं दहति पावकः।
न चैनं क्लेदयन्त्यापो न शोषयति मारुतः॥

अर्थात्, मेरा स्वरूप न तो शस्त्रोंसे कट सकता है, न आगमें जल सकता है और न जलमें गल सकता है। पर पीपल शस्त्रोंसे टूट सकता है, आगमें जल सकता है और पानीमें गल सकता है, और इस प्रकार वह नाशवान है। इसलिए इन दोनों विरोधी बातोंका सामंजस्य कैसे हो सकता है? पर इसका रहस्य सद्गुरुके मुखसे ही खुल सकता है। श्रीकृष्ण कहते हैं—'इन्द्रियाणां मनश्चापि'। अर्थात्,

मैं इन्द्रियोंमें मन हूँ। तो फिर इस चंचल मनमें उठनेवाली लहर क्यों रोकी जाय ? श्रीकृष्णने ऐसा क्यों कहा ? इसका उत्तर यही है कि जिस प्रकार अबोध बालकोंको कंकड़ आदि रखकर 'ओं नमः सिद्धं' आदि सिखलाया जाता है, उसी प्रकार श्रीकृष्णने अबोध साधकोंको गीताके द्वारा साधनका मार्ग दिखलाया है। इन सब वाक्योंका भेद वही गोविन्द जानते हैं, इसलिए तुम्हारे इस देहबुद्धिके विवादकी आवश्यकता नहीं है। वेदों, शास्त्रों, श्रुतियों और स्मृतियोंमें भी वाक्यों-का इस प्रकारका विरोध दिखलाई पड़ता है और उन सबका निर्णय सद्गुरुके वचनोंसे ही होता है। वेदों शास्त्रोंके इस झगड़ेका निपटारा कौन कर सकता है ! बिना साधुके कल्पान्त तक भी उसका निर्णय नहीं हो सकता। शास्त्रोंमें पूर्वपक्ष और सिद्धान्त केवल संकेत रूपमें बतलाये गये हैं और उनका निश्चित अर्थ साधुके मुखसे ही जाना जा सकता है। और यों तो वेदों और शास्त्रोंमें एक-से एक बढ़कर और बहुत अधिक विवादकी बातें हैं। इसीलिए वाद-विवाद छोड़कर साधुओंके साथ संवाद करना चाहिए; जिससे स्वानुभव और ब्रह्मानन्द प्राप्त होता है। एक कल्पनाके ही उदरसे अनेक प्रकारकी सृष्टियाँ होती जाती हैं। उन सभी बातोंको सच कैसे मान लिया जाय ? भक्त लोग किसी देवताकी कल्पना कर लेते हैं और उसीमें अपनी दृढ़ भक्ति रखते हैं; और यदि उस देवताकी कोई हानि होती है, तो उससे भक्त दुःखी होता है। वह पत्थरका देवता बनाता है, यदि किसी दिन वह देवता टूट जाय तो वह रोता चिल्लाता है। कोई देवता घरमें खो जाता है, किसीको चोर चुरा ले जाता है, और किसीको कोई दुराचारी बलपूर्वक तोड़ डालता है। कोई देवता भ्रष्ट कर दिया जाता है, कोई पानीमें डाल दिया जाता है और किसीको दुष्ट लोग पैरों तले डाल देते हैं। इस पर लोग कहते हैं—इस तीर्थकी महिमा तो बहुत थी, पर दुष्टोंने सब कुछ नष्ट कर दिया। अब न जाने इसकी महिमा क्या हो गई ! किसी देवताको सुनार गढ़ते हैं, किसीको ढालनेवाले ढालते हैं और किसीको संतराश पत्थरसे गढ़कर तैयार करते हैं। नर्मदा और गण्डकी नदीके किनारे भी लाखों देवता पड़े रहते हैं जिनकी कोई गिनती ही नहीं कर सकता। चक्रतीर्थमें असंख्य चक्राङ्कित देवता पड़े रहते हैं। मनमें किसी एक देवताका निश्चय ही नहीं होता। अनेक प्रकारके पत्थरों और स्फटिक आदिकी मूर्त्तियाँ तथा ताँबे आदिके सिक्के

पूजे जाते हैं। कौन कह सकता है कि ये सब देवता सच्चे हैं या झूठे? कुछ लोग रेशमके देवता बनाते हैं, पर वे भी टूट जाते हैं। तब उनकी जगह मिट्टीके नये देवता बनाकर रखे जाते हैं। कोई कहता है—"हमारे देवता तो बहुत सच्चे थे। विपत्तिके समय हमें उनसे बहुत सहायता मिलती थी और वे सदा हमारा मनोरथ पूर्ण करते थे। पर अब उनका सत्व चला गया। क्या किया जाय! जो होना था, वह हो गया। होनहारको ईश्वर भी नहीं रोक सकता।" अरे मूर्ख, कहीं धातु, पत्थर, मिट्टी, चित्र और काठ आदि भी देवता हो सकते हैं? तू किस भ्रान्तिमें पड़ा है? यह तो कोरी कल्पना है। किये हुए कर्मोंके अनुसार ही फल मिलता है। वह वास्तविक देवता तो कोई और ही है। वेद, शास्त्र और पुराण कहते हैं कि यह सृष्टि मिथ्या और मायाका भ्रम है। साधु-सन्तों और महानुभावोंका भी ऐसा ही अनुभव है। वह वास्तविक देवता इस पञ्चभूतात्मक तथा मिथ्या सृष्टिसे बिलकुल अलग है। वह वास्तविक देवता सृष्टिके पहले भी था, उसके चलते रहने पर भी है और उसके नष्ट हो जाने पर भी रहेगा। वह शाश्वत तथा आदि-अन्तसे रहित है। यही सबका निश्चय है और इसमें कोई सन्देह नहीं है। माया और ब्रह्मका व्यतिरेक तथा अन्वय बिलकुल कल्पित है। केवल एक कल्पनासे बनाई हुई जो आठ सृष्टियाँ बतलाई जाती हैं, वे इस प्रकार हैं—एक तो कल्पनाकी सृष्टि है; दूसरी शाब्दिक सृष्टि और तीसरी प्रत्यक्ष सृष्टि है; जिसे सब लोग जानते हैं। चौथी चित्रोंमें चित्रित सृष्टि; पाँचवीं स्वप्नकी सृष्टि, छठी गन्धर्व-सृष्टि और सातवीं ज्वरकी सृष्टि है; और आठवीं सृष्टि दृष्टि-बन्धन है। अब इनमेंसे कौनसी सृष्टि श्रेष्ठ है जिसे हम सत्य मानें? इसीलिए कहा है कि सृष्टि नष्ट हो जानेवाली चीज है और यह बात सन्त लोग जानते हैं। पर फिर भी अपने मनमें निश्चय उत्पन्न करनेके लिए सगुण ईश्वरकी भक्ति अवश्य करनी चाहिए। केवल सगुणके आधारसे ही निर्गुणकी प्राप्ति होती है और सन्तोंकी सङ्गतिसे सारासारका विचार होता है। इस विषयमें बहुत कहा जा चुका। सन्तोंकी सङ्गतिसे सब बातें समझमें आ जाती हैं, और नहीं तो मनमें सन्देह बना ही रहता है। इस पर शिष्यने फिर आक्षेप किया कि यह तो समझमें आ गया कि सृष्टि मिथ्या है। पर जब यह मिथ्या है, तब दिखाई क्यों पड़ती है? यह तो प्रत्यक्ष दिखलाई पड़ती है, इसलिए सत्य ही जान पड़ती है।

इसके लिए क्या किया जाय ? इसका उत्तर अगले समासमें अच्छी तरह दिया गया है। श्रोताओंको सावधान होकर सुनना चाहिए। सृष्टिको मिथ्या तो समझना ही चाहिए, पर साथ ही सगुणकी रक्षा भी करनी चाहिए। यह अनुभवकी बात है और इसे अनुभवी ही जानते हैं।

सातवाँ समास

सगुण भक्ति

शिष्यने पूछा—जब ज्ञानसे यह सिद्ध हो चुका कि यह दृश्य मिथ्या है, तब भजन क्यों करना चाहिए और उससे क्या फल होगा ? जब ज्ञानसे बढ़कर कोई बात नहीं है, तब उपासनाकी क्या जरूरत है और उससे मनुष्यको क्या फल मिलता है ? मुख्य सार तो निर्गुण है जिसमें सगुण कहीं दिखाई ही नहीं पड़ता। अतः यह बतलाइए कि भजन या भक्ति करनेसे क्या फल होता है। जो चीज नष्ट हो जानेवाली है, उसका भजन किस लिए किया जाय और सत्यको छोड़कर असत्यका भजन कौन करेगा ? जब यह निश्चय हो गया कि अमुक वस्तु असत्य है, तो फिर उसके भजनका बन्धन क्यों लगाया गया है ? सत्यको छोड़-कर इस गड़बड़ीमें क्यों पड़ना चाहिए ? निर्गुणसे तो मोक्ष होता है और यह बात प्रत्यक्ष देखनेमें आती है। पर सगुणसे क्या मिलता है ? आप तो कहते हैं कि सगुण नष्ट हो जाता है और फिर उसीका भजन करनेके लिए कहते हैं; यह क्यों ? आपके भयसे मैं कुछ कह नहीं सकता, पर यह बात मेरे मनमें नहीं बैठती। जब साध्य ही मिल जाय, तब साधना क्यों की जाय ? श्रोताकी इस आपत्तिका वक्ताने इस प्रकार उत्तर दिया—गुरुकी आज्ञाका पालन करना परमार्थका मुख्य लक्षण है। गुरुका वचन न माननेसे अवश्य हानि होती है। इसीलिए उस आज्ञाका पालन करना चाहिए और सगुणका भजन करना चाहिए। इसपर श्रोताने प्रश्न किया—आखिर ये देवता लोग क्यों बनाये गये हैं ? इनसे क्या उपकार होता है ? क्या इनसे किसीने साक्षात्कार प्राप्त किया है; या इनसे प्रारब्धका लेख मिटता है ? जो होना है, वह तो होगा ही। फिर लोग भजन क्यों करें, यह बात समझमें नहीं आती। स्वामीकी आज्ञा अवश्य शिरोधार्य है; इसे कोई टाल नहीं सकता। पर आप

यह बतलावें कि इससे लाभ क्या है। इस पर वक्ताने कहा—अच्छा, पहले तुम्हीं ज्ञानके लक्षण बतलाओ; और यह भी बतलाओ कि तुम्हें कुछ करना पड़ता है या नहीं? तुम्हें भोजन करना पड़ता है, पानी पीना पड़ता है और मल-मूत्रका भी त्याग करना पड़ता है। इसमेंसे एक भी बात नहीं छूटती। तुम सब लोगोंको संन्तुष्ट रखते हो, अपने और पराएको पहचानते हो। ये सब काम तो तुम करते हो; पर केवल भजन ही छोड़ना चाहते हो। भला यह कहाँका ज्ञान है? तुमने ज्ञान और विवेकसे सबको मिथ्या तो समझ लिया, पर छोड़ा कुछ भी नहीं। तो फिर केवल भजनने ही क्या बिगाड़ा है जो उसे छोड़ना चाहते हो? तुम बड़े आदमियोंके सामने तो प्रसन्नतासे नीचोंके समान बनकर लोटने लगते हो, पर देवताओंको नहीं मानना चाहते। यह कौनसा ज्ञान है! विष्णु, शिव और ब्रह्मा आदि जिसकी आज्ञा शिरोधार्य करते हैं, उसको यदि तुम्हारे समान एक तुच्छ मनुष्य न भजेगा तो उसका क्या बिगड़ेगा? हमारे सर्वस्व तो रघुनाथ हैं और वही हमारे परमार्थ हैं जो समर्थोंके भी समर्थ और देवताओंको भी मुक्त करनेवाले हैं। हम सब लोग उन्हींके सेवक हैं और उन्हींकी सेवासे हम लोगोंको ज्ञान हुआ है। यदि हम उनका भजन न करेंगे तो हमारा पतन अवश्य होगा। गुरु सारासारकी जो बातें बतलाते हैं, उन्हें हम असार कैसे कह सकते हैं? तुम ये सब बातें क्या जानो! हाँ समझदार लोग जानते हैं। जो उन समर्थ रघुनाथके मनसे गिर गया, समझ लो कि उसका भाग्य खराब है। वह अभागा मानो राजपदसे गिर गया। जो अपने मनमें अपने आपको बड़ा समझता है वह ब्रह्मज्ञानी नहीं है। यदि विचारपूर्वक देखा जाय तो वह प्रत्यक्ष देहाभिमानी है। जो न तो उस ईश्वरका भजन ही करता है और न यही कहता है कि मैं उसका भजन करूँगा, समझ लेना चाहिए कि उसके मनमें अभी सन्देह बना हुआ है। न तो यह ज्ञान है और न भजन है। यह तो कोरा देहाभिमान है। और इसका उदाहरण स्वयं तुम हो। पर ऐसा नहीं करना चाहिए और रघुनाथके भजनमें लगना चाहिए। इसीको ज्ञान कहते हैं। यह चमत्कार प्रत्यक्ष दिखलाई पड़ता है कि रघुनाथ दुर्जनोंका संहार और भक्तोंकी रक्षा करते हैं। सदा देखा जाता है कि रघुनाथकी कृपा होनेपर मनमें सोची हुई बात हो जाती है और सब विघ्नोंका नाश हो जाता है। रघुनाथके भजनसे ही ज्ञान होता है और महत्व बढ़ता

है; इसलिए तुम्हें पहले रघुनाथका भजन ही करना चाहिए। है तो यह अनुभवकी बात, पर तुम्हारा इसपर विश्वास नहीं होता; इसलिए तुम्हें स्वयं यह अनुभव कर देखना चाहिए। जो काम रघुनाथका स्मरण करके किया जाता है, वह तुरन्त सिद्ध होता है। पर मनमें यह विश्वास होना चाहिए कि कर्ता राम ही हैं। यह मानना ही सगुण निवेदन है कि कर्ता राम हैं, मैं नहीं हूँ। पर निर्गुण आत्म-निवेदनमें तो स्वयं भी निर्गुण होकर अनन्य होना पड़ता है। जो यह सोचकर कोई काम करता है कि कर्ता मैं ही हूँ, उससे कभी कोई काम नहीं होता। और यदि तुम इसका अनुभव करना चाहो तो बहुत जल्दी कर सकते हो। यदि तुम अपने आपको कर्ता बतलाओगे तो तुम्हें कष्ट ही होगा। और यदि तुम रामको कर्ता मानोगे तो यश, कीर्ति तथा प्रताप प्राप्त करोगे। अपनी भावनाके ही द्वारा तुम ईश्वरसे विरोध करके अलग हो सकते हो और उसी भावनासे उसकी कृपा भी सम्पादित कर सकते हो? हम लोग तो दो दिनके हैं और परमात्मा बहुत दिनोंका है। हमें बहुत थोड़े लोग जानते हैं और परमात्माको तीनों लोक जानते हैं। इसीलिए बहुतसे लोग रघुनाथका भजन करते हैं; यहाँ तक कि ब्रह्मा आदि भी रामके भजनमें लगे रहते हैं। यदि हम भक्त लोग अपने ज्ञानके घमंडमें रहें और उपासनाको कोई चीज न समझें तो इस दोषके कारण हम अभक्त हो जायँगे और हमारा पतन होगा। और यदि वह ईश्वर बड़ा होकर भी हम लोगोंकी उपेक्षा करे तो फिर अपनी बातें वही जाने। परन्तु श्रेष्ठोंके लिए ऐसी अनुचित बात ठीक नहीं हो सकती। साधुओंका शरीर तो उपासनामें लगा रहता है और उनका मन परमात्मासे मिला रहता है। रामका भजन करनेसे यह बात मालूम हो जाती है और सब बात मिथ्या हो जाती है। यह बात ठीक उसी प्रकार होती है जिस प्रकार ज्ञानियोंके लिए दृश्य मिथ्या हो जाता है। जिस तरह स्वप्नकी बातें मिथ्या होती हैं, उसी तरह साधुओंके लिए यह सृष्टिकी रचना और दृश्य जगत भी मिथ्या होता है। श्रोताने जो यह आपत्ति की थी कि यदि यह दृश्य जगत मिथ्या है तो फिर हम लोगोंको दिखलाई क्यों पड़ता है, इसका उत्तर अगले समासमें दिया गया है।

आठवाँ समास

दृश्य जगतका मिथ्या भास

पहले श्रोताने पूछा था कि यदि यह दृश्य जगत मिथ्या है तो फिर यह दिखाई क्यों पड़ता है। अब इसका उत्तर सावधान होकर सुनिए। जो कुछ दिखलाई पड़े उसीको सच मान लेना ज्ञाताका काम नहीं है। हाँ जो जड़, मूढ़ और अज्ञानी लोग हैं, वे भले ही हर एक दिखाई पड़नेवाली चीजको सच माना करें। यह समझना ठीक नहीं है कि जो कुछ मुझे दिखाई पड़ता है वही सच है। यह भ्रम है और इस भ्रममें नहीं पड़ना चाहिए। करोड़ों ग्रन्थोंमें जो बातें हैं और सन्तों आदिकी जो कथाएँ हैं, वे सब इस सिद्धान्तके अनुसार मिथ्या माननी पड़ेंगी; क्योंकि वे बातें प्रत्यक्ष रूपसे तो हम लोग देखते ही नहीं, केवल ग्रन्थोंमें ही पढ़ते हैं। मृगजलको देखकर मृग पागलोंकी तरह उधर ही दौड़ पड़ता है। पर उस पशुसे कौन कहे कि यह जल नहीं है, जलका मिथ्या भास है? रातके समय स्वप्न दिखाई पड़ता है और उसमें बहुतसे पदार्थ मिलते हैं तथा बहुतसे लोगोंके साथ व्यवहार होता है। वे सब बातें कैसे सच मानी जायँ? किसी कुशल चित्रकारके बनाये हुए चित्र देखकर उनके प्रति प्रेम उत्पन्न होता है, परन्तु वहाँ केवल मिट्टी ही मिट्टी होती है। रातके समय अनेक प्रकारकी स्त्रियाँ, हाथी और घोड़े आदि देखनेसे बहुत अच्छे जान पड़ते हैं, पर दिनके समय उन्हें देखनेसे अरुचि या घृणा-सी होने लगती है। काठ और पत्थर आदिकी पुतलियाँ बड़े कौशलसे बनाई जाती हैं जो देखनेमें बहुत सुन्दर जान पड़ती हैं, पर उनमें काठ या मिट्टीके सिवा और कुछ भी नहीं होता। अनेक गोपुरों या मन्दिरोंके बड़े-बड़े द्वारों पर बहुतसी पुतलियाँ बनी होती हैं। वे अंग टेढ़े करके तिरछी दृष्टिसे देखती हैं। उनका सौन्दर्य देखकर चित्त उन्हींमें रम जाता है; पर उसमें भी वही चूना, बालू आदि मसाले ही होते हैं। जब दशावतार के नाटक खेले जाते हैं, तब उनमें बहुत सुन्दर-सुन्दर स्त्रियाँ आती हैं, जो बड़े कौशलसे आँखें मटकाती हैं, पर वास्तवमें वे सब नाचनेवाले पुरुष होते हैं। इसी प्रकार इस सृष्टिमें बहुतसी चीजें हैं जो वास्तवमें असत्य या मिथ्या हैं, पर वे तुम्हें देखनेमें सत्य जान पड़ती हैं। वे वास्तवमें अविद्याके कारण असत्य जान पड़ती

हैं। मिथ्या वस्तुएँ सत्यके समान दिखलाई पड़ती हैं, पर उनके सम्बन्धमें विचार करना चाहिए। दृष्टिकी चंचलताके कारण जो कुछ दिखलाई पड़े, उसे सच कैसे मान लिया जाय? ऊपरकी ओर देखनेसे आकाश पट जान पड़ता है, पर यदि उसीको जलमें देखा जाय तो वह चित जान पड़ता है और उसमें चन्द्रमा तथा तारे आदि भी दिखाई पड़ते हैं। पर वास्तवमें वे सभी मिथ्या हैं। कोई राजा अपने यहाँ किसी चित्रकारको बुलाता है और वह चित्रकार राजपरिवारके लोगोंके हूबहू चित्र या पुतले बनाता है, पर वास्तवमें वे सब मायाके ही हैं। स्वयं नेत्रोंमें कोई चित्र नहीं होता। जब जो चीज सामने आती है, तब उसीका चित्र आँखों-में उतर आता है। अब उस प्रतिबिम्बको वह वस्तु ही कैसे मान लिया जाय? पानीमें जितने बुलबुले उठते हैं, उन सबमें हमारे उतने ही रूप दिखाई पड़ते हैं; और फिर क्षणभरमें उन बुलबुलोंके टूट जानेपर वे रूप मिथ्या सिद्ध होते हैं। यदि हाथमें छोटे-छोटे कई दर्पण ले लिये जायँ तो उनमें उतने ही मुख दिखाई पड़ते हैं। पर वे आदिसे अन्त तक मिथ्या ही होते हैं; क्योंकि हमारा मुख तो एक ही होता है। यदि कोई बोझ उठाकर नदीके किनारे चले तो नदीमें वैसा ही एक दूसरा उलटा बोझ दिखाई पड़ता है; अथवा अचानक कहीं प्रतिध्वनि होने लगती है। किसी बावली या सरोवरके किनारे पशु, पक्षी, नर, वानर और अनेक प्रकार-के वृक्ष तथा लताएँ आदि ऊपर भी दिखाई पड़ती हैं और जलमें भी। तेजीसे तल-वार चलाते समय एक ही तलवार की दो तलवारें दिखाई पड़ती हैं, और अनेक प्रकारके तन्तुओंमें यदि टंकार किया जाय तो वे भी एकके दो दिखाई पड़ते हैं। यदि शीशमहलमें एक सभा बैठी हो तो एक और सभा दिखाई पड़ती है, और एक दीपमालाकी उनमें बहुत-सी छायाएँ दिखाई पड़ती हैं। इसी प्रकार बहुत-सी ऐसी चीजें हैं जो बिलकुल सत्यके समान दिखाई पड़ती हैं, पर उन सबको सच कैसे मान लिया जाय? इसी प्रकार यह माया भी झूठी बाजीगरी है जो बिलकुल सत्यकी तरह दिखाई पड़ती है, पर वास्तविक बात जाननेवाले इसे सच नहीं मानते। यदि झूठमें ही सचकी भावना कर ली जाय तो फिर पारखीकी जरूरत ही न रह जाय। ये अविद्याके कृत्य भी ऐसे ही होते हैं। मनुष्योंकी की हुई बाजीगरी भी बहुतसे लोगोंको सच जान पड़ती है, पर अन्तमें जाँच करने पर वह मिथ्या सिद्ध होती है। इसी प्रकार राक्षसोंकी भी माया है, जो देवताओं तकको सच जान पड़ती है।

पंचवटीमें माया-मृगके पीछे रामचन्द्रजी चले गये थे। राक्षस लोग अपना पहला शरीर बदल लेते हैं और एकसे अनेक हो जाते हैं; और उनके रक्तकी बूँदोंसे बहुतसे राक्षस उत्पन्न हो जाते हैं। अभिमन्युके विवाहके समय घटोत्कचकी मायासे बहुतसे राक्षस अनेक प्रकारके पदार्थ और फल आदि हो गये थे। स्वयं कृष्णने कपट रूप धारण करनेवाले अनेक राक्षसोंको मारा था। रामचन्द्रसे युद्ध करनेके समय रावणने कैसे कैसे कपट किये थे और मायासे अपने कितने सिर बना लिये थे! हनुमानके प्राण लेनेके लिए कालनेमि राक्षस कैसा अपूर्व कपट-रूप बनाकर अपने आश्रममें बैठा था! अनेक कपट-मति दैत्य जब देवताओंके हाथों न मरे, तब उनके लिए शक्तिका निर्माण हुआ था और उस शक्तिने उनका संहार किया था। राक्षसोंकी ऐसी माया होती है जिसे देवता भी नहीं समझ सकते। उनकी कपट-लीला ऐसी होती है जो और कहीं देखनेमें नहीं आती।

मनुष्योंकी बाजीगरी, राक्षसोंकी गारुड़ी विद्या और भगवानकी माया अनेक प्रकारकी और विचित्र होती है। वह बिलकुल सच्चीके समान दिखाई पड़ती है। पर यदि विचार किया जाय तो वह बिलकुल मिथ्या होती है। यदि उसे सच्ची कहें तो वह सच्ची नहीं, क्योंकि नष्ट हो जाती है; और यदि उसे माया कहें तो वह दिखाई पड़ती है। इन दोनों ही बातोंके सम्बन्धमें कुछ निश्चय नहीं होता। पर वास्तवमें यह सच नहीं है और मायाकी सब बातें मिथ्या ही हैं। ये सब बातें स्वप्नके दृश्यकी तरह दिखाई पड़ती हैं। पर यदि तुम्हें यह भास ही सच जान पड़ता हो तो भूल करते हो। यह दृश्याभास अविद्यात्मक है और तुम्हारा शरीर भी अविद्यात्मक ही है। इसलिए इसमें यह अविवेक घुसा हुआ है। इस अविद्यात्मक लिंग-शरीरके कारण ही आँखोंको दृश्य दिखाई पड़ते हैं; और जो कुछ भास होता है, उसी पर मन विश्वास कर लेता है। अविद्याने अविद्याको देखा और उस बात पर विश्वास कर लिया; क्योंकि तुम्हारा सारा शरीर भी तो अविद्यासे ही बना हुआ है। उसी कायाको "मैं" समझना देहबुद्धिका लक्षण है; और इसी लिए सारा दृश्य जगत तुम्हें सच्चा जान पड़ता है। इधर तुमने अपने शरीरको सत्य मान लिया, और उधर दृश्य जगतको सत्य मान लिया। इसीलिए दोनोंमें प्रबल सन्देह उत्पन्न होता है। तुम अपनी देहबुद्धि दृढ़ करके धृष्टतापूर्वक ब्रह्मको देखने जाते हो और दृश्य जगत परब्रह्म तक पहुँचनेका रास्ता रोक लेता है। इस

लिए तुम दृश्यको ही सत्य समझकर अकस्मात् बहुत बड़े भ्रममें पड़ जाते हो। पर अब यह विषय समाप्त होना चाहिए। अहंभाव रखनेसे कभी ब्रह्म नहीं मिलता। देहबुद्धिके कारण ही दृश्य जगत सत्य जान पड़ता है। हड्डियोंके शरीरमें मांसकी आँखें हैं; और यदि इन आँखोंसे तुम ब्रह्मके दर्शन करना चाहो तो तुम ज्ञाता नहीं हो, बल्कि अन्धे और मूर्ख हो। जो कुछ आँखोंको दिखाई पड़ता है, और मनमें जिसका भास होता है, वह सब समय पाकर नष्ट हो जाता है। और इसीलिए वह परब्रह्म इस दृश्य जगतसे अतीत और अलग है। परब्रह्म शाश्वत है और माया अशाश्वत है। अनेक प्रकारके शास्त्रोंमें निश्चित रूपसे यही बात बतलाई गई है। अब आगे देह-बुद्धिके लक्षणोंके साथ-साथ यह भी बतलाया जाता है कि जिसे लोग "मैं" कहते हैं, वह कौन है। यह समझकर कि वह "मैं" कौन है और अहं-भावका त्याग करके परमात्मामें अनन्य भाव रखना चाहिए। तभी मनुष्यका समाधान हो सकता है।

नवाँ समास

गुप्त परमात्माकी खोज

घरमें छिपे हुए धनका हाल नौकर चाकर क्या जानें! वे तो केवल ऊपरी और बाहरी बातें जानते हैं। चतुर मनुष्य ऊपर या बाहर दिखाई पड़नेवाली वस्तुओंको छोड़ देता है और भीतरी छिपा हुआ गुप्त धन ढूँढ़ता है। इसी प्रकार यह दृश्य जगत भी मायासे पूर्ण है जिसे सभी लोग देखते हैं। पर जिसमें विवेक होता है, वह अन्दरकी बात जान लेता है। लोग नीचे द्रव्य रखकर ऊपरसे जल भर देते हैं और उसे देखकर सब लोग कहते हैं कि सरोवर भरा हुआ है; पर उसके अन्दरका हाल केवल समर्थ लोग जानते हैं। इसी प्रकार ज्ञाता लोग भी समर्थ होते हैं और परमार्थको पहचान लेते हैं। बाकी लोग दृश्य पदार्थोंसे ही स्वार्थ-साधन करते हैं। मजदूरे भारी-भारी बोझ ढोते हैं, और श्रेष्ठ लोग अच्छे अच्छे रत्नोंका भोग करते हैं। जिसके कर्ममें जो बदा होता है, उसे वही अच्छा लगता है। कोई जङ्गलसे लकड़ी काटकर और कोई कण्डे चुनकर निर्वाह करते हैं। पर सार भागका भोग करनेवाले नृपतियोंकी यह दशा नहीं होती। जो विचारशील होते हैं, वे सुखासनों पर सवार होते हैं; और दूसरे लोग भार ढोते-ढोते ही मर

जाते हैं। कोई तो अच्छे-अच्छे अन्न खाता है और कोई विष्ठा ही बटोरता है और समीको अपने अपने कार्यका अभिमान होता है। श्रेष्ठ लोग सार पदार्थोंका सेवन करते हैं और आलसी लोग असार पदार्थ ग्रहण करते हैं। सारासारकी बात ज्ञानी ही जानते हैं। पारस और चिन्तामणि गुप्त रहते हैं और कङ्कड़ तथा काँच प्रकट रहते हैं। सोना और रत्न आदि खानोंमें छिपे रहते हैं और पत्थर तथा मिट्टी प्रकट रहती है। दक्षिणावर्ती शंख, दक्षिणावर्ती बेलें और अमूल्य वनस्पतियाँ गुप्त रहती हैं, पर रेंड़, धतूरा और सोपियाँ बहुत होती और प्रकट रहती हैं। कल्पतरु कहीं दिखाई नहीं देता, पर दूसरे वृक्ष बहुत अधिक देखनेमें आते हैं। चन्दनके वृक्ष नहीं दिखाई पड़ते, पर बेर और बबूल आदि बहुत अधिक हैं। कामधेनु केवल इन्द्रके पास है, पर सृष्टिमें बहुतसी गौएँ और बछड़े ही हैं। केवल राजा लोग ही सौभाग्यका भोग करते हैं, बाकी लोग अपने अपने कर्मोंके अनुसार भोग करते हैं। अनेक प्रकारके व्यापार करनेवाले भी अपने आपको धनवान कहते हैं, पर कुबेरकी-सी महिमा किसीको नहीं होती। इसी प्रकार ज्ञानी और योगीश्वर लोग गुप्त अर्थ या ईश्वरको प्राप्त करते हैं। बाकी सब लोग केवल पेट भरनेवाले होते हैं और अनेक प्रकारके मत ढूँढ़ते फिरते हैं। सार वस्तु तो किसीको दिखाई नहीं पड़ती और असार वस्तु सबको दिखाई पड़ती है। सारासारका विचार केवल साधु ही जानते हैं। दूसरे लोगोंसे इसके सम्बन्धमें क्या कहा जाय और वे सच-झूठ क्या जानें! साधु-सन्तोंकी बातें केवल साधु और सन्त ही जानते हैं। जो गुप्त धन दिखाई नहीं पड़ता, उसीको देखनेके लिए आँखोंमें अंजन लगानेकी आवश्यकता होती है। इसी प्रकार गुप्त परमात्माको ढूँढ़नेके लिए सज्जनोंकी सङ्गतिकी आवश्यकता होती है। राजाके पास रहनेसे सहजमें सम्पत्ति मिलती है। इसी प्रकार सत्सङ्ग करनेसे सहजमें सद्वस्तु या परमात्माकी प्राप्ति होती है। जो स्वयं सद् होता है, उसीको सद्वस्तु प्राप्त होती है; असद् लोगोंकी केवल दुर्दशा होती है। विचारवान पुरुषको ही विचारकी प्राप्ति होती है। संसारमें जितने पदार्थ दिखाई देते हैं, वे सब नष्ट हो जायँगे। केवल परमात्मा ही अच्युत और अनन्त है और वह इस दृश्य जगतसे अलग है। वह परमात्मा इस दृश्य जगतसे परे भी है और इसके अन्दर भी भरा हुआ है। वह सभी चर तथा अचर पदार्थोंमें है। यदि अपने ही मनमें विचारपूर्वक देखा जाय तो उसका अनुभव होता है। बिना संसारका त्याग किये

और बिना प्रपञ्चों तथा उपाधियोंको छोड़े केवल विचारकी सहायतासे ही लोगोंका जीवन सार्थक हो सकता है। यह अनुभवकी बात है और विवेककी सहायतासे इसका अनुभव करना चाहिए। अनुभव करनेवाला ही चतुर होता है, और कोई नहीं। अनुभव और अनुमान, नगद और उधार और प्रत्यक्ष दर्शन तथा मानस-पूजामें बहुत बड़ा अन्तर है। जो लाभ जन्मान्तरमें होनेवाला हो, उसे बिलकुल उधार समझना चाहिए और इसके विपरीत सारासारका विचार प्रत्यक्ष होनेवाला लाभ है। सारासारका विचार करनेसे तत्काल लाभ होता है, प्राणी इस संसारके बन्धनोंसे छूट जाता है और जन्म-मरणका सारा सन्देह नष्ट हो जाता है। इसके द्वारा मनुष्य इसी जन्ममें और इसी समय इस संसारसे मुक्त हो सकता है और निश्चित रूपसे ईश्वरमें मिलकर मोक्ष प्राप्त करता है। जो इस बातमें सन्देह करता है, वह चाहे सिद्ध ही क्यों न हो, पर उसका अवश्य पतन होता है। जो इसे मिथ्या कहे, उसे उपासनाकी शपथ है। यह बात बिलकुल ठीक है। विवेकसे शीघ्र ही मुक्ति हो जाती है और संसारमें रहकर भी मनुष्य उसमें न रहनेके समान हो सकता है। देव-पद निर्गुण है और उसी देव-पदमें अनन्य भाव रखना चाहिए। और इसी दृष्टिसे विचार करने पर पूर्ण शान्ति मिल सकती है। देह धारण किये रहने पर भी विदेह होना और सब कुछ करते हुए भी कुछ न करना ही जीवन्मुक्तोंका लक्षण है और यह बात जीवन्मुक्त ही जानते हैं। यों यह बात सच नहीं जान पड़ती और अनुमान करने पर इसमें सन्देह हो सकता है, पर सद्‌गुरुके वचनोंसे उस सन्देहका समूल नाश हो जाता है।

दसवाँ समास

अनुभवकी अनिर्वचनीयता

यदि किसीसे पूछा जाय कि अनुभव कैसा होता है और उसके सम्बन्धमें किस प्रकार समाधान हो सकता है, तो वह कहता है कि यह बात अनिर्वचनीय है। अतः आप ही इस सम्बन्धकी सब बातें पूरी तरहसे बतलावें। कहते हैं कि जिस प्रकार गूँगा गुड़ खाकर उसका स्वाद नहीं बतला सकता, उसी प्रकार वह अनुभवकी बात भी नहीं बतलाई जा सकती। इसलिए इसका अभिप्राय आप ही मुझे समझावें। सभी लोग इसे अगम्य बतलाते हैं, पर मेरा समाधान नहीं

होता। अब आप ऐसा उपाय कीजिये जिससे यह बात मेरी समझमें अच्छी तरह आ जाय। सब लोग तत्पर होकर श्रोताकी इस आपत्तिका उत्तर सुनें। अब मैं शान्ति देनेवाली और अनुभवकी बात स्पष्ट रूपसे बतलाता हूँ। जिसका वाक्-शक्तिसे वर्णन नहीं हो सकता और जो बिना बतलाये समझमें भी नहीं आ सकती, जिसकी कल्पना करनेसे कल्पना-शक्ति भी शिथिल हो जाती है, वही वेदोंका परम गुह्य परब्रह्म है और सन्तोंके समागमसे ही उसकी सब बातें जानी जा सकती हैं। अब शान्ति सम्बन्धी गंभीर बातें बतलाई जाती हैं। अनुभवकी बातें सुनिये। यह बात अनिर्वचनीय है, पर फिर भी बतलाई जाती है। जो बात कही न जा सकती हो, उसे कहना वैसा ही है, जैसा मिठासका हाल बतलानेके लिए गुड़ देना। और यह काम बिना सद्‌गुरुके नहीं हो सकता। जो स्वयं अपने आपको ढूँढ़ता है, उसको सद्‌गुरुकी कृपासे यह बात मालूम होती है और फिर आगे चलकर उस वस्तुका आपसे आप अनुभव हो जाता है। पहले बुद्धिको दृढ़ करके यह देखना चाहिए कि "मैं" कौन हूँ। इससे अकस्मात् समाधि लग जाती है। स्वयं अहं-भावका मूल ढूँढ़नेसे पता चल जाता है कि यह अहं-भाव मिथ्या है, "मैं" कोई चीज नहीं हूँ। तब मनुष्य स्वयं ही उस वस्तु या परमात्माके समान हो जाता है। और इसीका नाम समाधान है। पूर्व पक्षमें आत्माको सर्वसाक्षी कहते हैं। पर सिद्ध लोग पूर्व पक्ष छोड़कर सिद्धान्त ही ग्रहण करते हैं। और जब हम सिद्धान्तको देखते हैं, तब जान पड़ता है कि आत्मा सर्वसाक्षी नहीं है, बल्कि "अवस्था" सर्वसाक्षी है और आत्मा उस अवस्थासे बिलकुल अलग है। जिस समय पदार्थोंका ज्ञान नष्ट हो जाता है और द्रष्टा या परमात्माको देखनेवाला अपनी द्रष्टावाली अवस्थासे दूर हो जाता है, अर्थात् स्वयं भी उसी ब्रह्ममें लीन हो जाता है, उस समय अहं-भावका नाश हो जाता है। इस अहं-भावका नष्ट हो जाना ही अनुभवका लक्षण है और इसीलिए इसे अनिर्वचनीय समाधान कहते हैं; क्योंकि जब कहनेवाला ही न रह गया, तब कोई बात कही कैसे जा सकती है! चाहे कोई बात कितने अधिक विचारकी क्यों न हो, फिर भी वह खोखली और मायासे युक्त है। पर हाँ, शब्द भीतर बाहर गम्भीर अर्थोंसे भरे होते हैं। शब्दोंके द्वारा ही अर्थ जाना जाता है, और जब वह अर्थ ध्यानमें आ जाता है, तब वे शब्द व्यर्थ हो जाते हैं। शब्द जो अभिप्राय बतलाते

हैं, वह तो यथार्थ है, पर स्वयं शब्द मिथ्या हैं। शब्दोंकी सहायतासे ही वस्तुका ज्ञान होता है, पर वस्तु (ब्रह्म) को देखते ही शब्दोंका नाश हो जाता है। इस प्रकार शब्दोंमेंसे अर्थ निकाल लेने पर वे शब्द व्यर्थ हो जाते हैं। भूसेसे ही अनाज निकलता है, पर अनाज निकालकर भूसा फेंक देते हैं। ठीक इसी प्रकार शब्दोंको भूसा और अर्थको अनाज समझना चाहिए। जिस प्रकार पोले भागमें ठोस दाना होता है और ठोस चीजके अन्दर पोल नहीं होती, उसी प्रकार शब्दोंसे परब्रह्म होता है पर परब्रह्ममें शब्द नहीं होते। बोले जानेके बाद शब्द नहीं रह जाते, पर अर्थ शब्दोंकी अपेक्षा बहुत पहलेसे रहता है; इसलिए शब्द कभी अर्थके समान नहीं हो सकते। जिस प्रकार भूसा छोड़कर अनाज ले लिया जाता है उसी प्रकार शब्दोंको छोड़कर अपने शुद्ध अनुभवसे उनका अर्थ (ब्रह्म) ग्रहण कर लेना चाहिए। दृश्यको छोड़कर ब्रह्मके सम्बन्धमें जो कुछ कहा जाय, उसे वाच्यांश कहते हैं और उसका अर्थ शुद्ध लक्ष्यांश होता है। ऐसे शुद्ध लक्ष्यांशको ही पूर्व पक्ष समझना चाहिए, और स्वानुभव तो अलक्ष्य है, वह किसी तरह दिखाई ही नहीं पड़ता। जिसकी उपमा आकाशसे भी नहीं दी जा सकती और जो अनुभवका सार है, उसको लक्ष्यांश कहना भी मानों उसकी कल्पना ही करना है। जो मिथ्या कल्पनासे उत्पन्न हुआ हो, उसमें सत्यता कहाँसे आ सकती है? अतएव उसमें अनुभवके लिए स्थान ही नहीं है। और अद्वैतमें भी अनुभवके लिए कोई स्थान नहीं है, वह तो द्वैतमें ही हो सकता है। अनुभवमें तीन बातोंकी आवश्यकता होती है— अनुभविता, अनुभाव्य और अनुभव; और अद्वैतमें द्वैत लज्जित हो जाता है। इसलिए यही कहना ठीक है कि यह अनिर्वचनीय है। दिन और रातको परिमित करनेवाला सूर्य है, पर यदि सूर्य ही न रह जाय तो उस दशाको क्या कहेंगे? इसी प्रकार बोलने और चुप रहनेका मूल ओंकार है; और यदि वह ओंकार ही न रह जाय तो फिर उच्चारण कैसे किया जाय? अनुभव, अनुभविता और अनुभाव्य ये सब मायाके ही कारण हैं; और यदि यह माया भी न रह जाय तो फिर उस दशाको क्या कहेंगे? यदि वह वस्तु या ब्रह्म कोई अलग चीज होती और हम उससे अलग कोई और चीज होते तो इस अनुभवके सम्बन्धकी सब बातें अच्छी तरह बतलाई जा सकतीं। इन दोनोंका भेद तो वैसा ही मिथ्या है जैसा बाँझ स्त्रीको लड़का होना मिथ्या है; और इसीलिए वहाँ पूरी अभिन्नता है। कोई अजन्मा सोया हुआ था और स्वप्न देखता

था कि मैं संसारके दुःखोंसे दुःखी होकर सद्गुरुकी शरणमें गया हूँ, मुझ पर सद्गुरुकी कृपा हुई है और मेरे सांसारिक दुःख नष्ट हो गये हैं और ज्ञान हो गया है। इस प्रकार जो कुछ पहले था, वह तो नष्ट हो गया और जो कुछ नहीं था, वह तो नहीं था ही। और "है" तथा "नहीं" दोनोंके नष्ट होने पर वह शून्यावस्थाको प्राप्त होता है। इसके बाद शुद्ध ज्ञानसे, जो शून्यत्वसे परे है, उसका समाधान हो जाता है और ईश्वरके साथ एक-रूप हो जानेके कारण उसे अभिन्नता या सहज-स्थिति प्राप्त होती है। अद्वैतका निरूपण हो जाने पर द्वैतका विचार नष्ट हो जाता है और वह ज्ञान-चर्चा करने लगता है। इतनेमें ही वह अजन्मा जाग पड़ता है। अब श्रोता लोग सावधान होकर इसके अभिप्रायकी ओर ध्यान दें, क्योंकि इसका रहस्य समझ लेनेसे ही उनका समाधान हो जायगा। उस अजन्माने ज्ञान संबंधी जितनी बातें कहीं, वे सब तो स्वप्नके साथ-साथ चली गईं और वह अनिर्वचनीय सुख बाकी रह गया जो शब्दोंमें कहा ही नहीं जा सकता। वही अनिर्वचनीय सुख ईश्वरके साथ होनेवाली एकता है। उसमें न अनुभव है और न अनुभविता है। पर वह अजन्मा उस सुख तक न पहुँचकर बीचमें ही जाग उठा। उसने स्वप्नकी अवस्थामें ही दूसरा स्वप्न देखा और स्वप्नमें ही जाग उठा। इसलिए वह शब्दोंसे उस अवस्थाकी बातें नहीं बतला सकता। अच्छा, अब कुछ और स्पष्ट करके यह बात बतलाई जाती है जिससे लोगोंकी समझमें भली-भाँति आ जाय और उनका समाधान हो जाय।

इस पर शिष्य कहता है—हाँ महाराज, आपने जो कुछ कहा, वह जरा और स्पष्ट करके समझाइये, जिससे ये सब बातें मेरी समझमें अच्छी तरह आ जायँ। यह बतलाइये कि वह अजन्मा कौन है, उसने कैसा स्वप्न देखा और उस स्वप्नमें उसने क्या-क्या बातें कीं। शिष्यका ऐसा आग्रह देखकर स्वामीने जो उत्तर दिया, वह आप लोग सावधान होकर सुनें। उन्होंने कहा—हे शिष्य, सावधान होकर सुनो। वह अजन्मा स्वयं तुम्हीं हो। तुम्हींने स्वप्नमें स्वप्न देखा; और उसमें जो जो बातें तुमने कीं, वही अब मैं तुम्हें बतलाता हूँ। यह संसार ही स्वप्नमेंका स्वप्न है और यहीं तुम सार तथा असारका विचार करते हो। सद्गुरुकी शरणमें जाकर और उसका शुद्ध निरूपण सुनकर अब तुम उसकी प्रत्यक्ष चर्चा और तर्क वितर्क कर रहे हो। और उसी बातका अनुभव करने पर

सारी बातचीतका अन्त हो जाता है; यहाँ तक कि बोलना ही बन्द हो जाता है। यह जो शान्तिपूर्ण विश्रामका स्थान है, इसीको तुम जाग्रति समझो। अर्थात् आत्मानुभव हो जाना ही जाग्रति है। ज्ञान-चर्चाकी गड़बड़ी दूर हो जानेसे ही अर्थ प्रकट हो जाता है और उसीका विचार करनेसे मनमें अनुभव होता है। यही अनुभव होनेपर तुम समझते हो कि तुम्हारी जाग्रति हो गई, पर इसका मतलब केवल यही है कि अभी तक तुम्हारी भ्रान्ति दूर नहीं हुई। अनुभवमें ही अनुभवका निमग्न हो जाना और बिना अनुभवके ही अनुभव होना स्वप्नमें जागना नहीं है। जागने पर तुम कहते हो कि वह अजन्मा मैं ही हूँ; इससे जान पड़ता है कि अभी तक तुम्हारे सांसारिक स्वप्नकी लहर दूर नहीं हुई है। जैसे स्वप्नमें ऐसा जान पड़ता है कि हम जाग रहे हैं, वैसे ही इस समय तुम समझते हो कि मुझे अनुभव हो गया है। पर वास्तवमें यह भी स्वप्नकी ही अवस्था है और भ्रम है। अभी जाग्रति तो इससे बहुत दूर और आगे है; उसके सम्बन्धकी बातें बतलाई ही कैसे जा सकती हैं! वहाँ तो विवेककी धारणा ही नष्ट हो जाती है। इस प्रकार यह ऐसा समाधान है जो शब्दोंके द्वारा बतलाया ही नहीं जा सकता। और निःशब्द या अनिर्वचनीय होनेकी यही पहचान है। इतना सुनकर वह शिष्य उस अनिर्वचनीय अनुभवका रहस्य समझ गया।

सातवाँ दशक

पहला समास

मायाकी खोज

विद्वानोंके पूर्वज, गजानन, एक-दन्त, त्रिनयन, चतुर्भुज और परशुपाणि श्री गणेशजीको नमस्कार करता हूँ। जिस तरह कुबेरसे धन, वेदोंसे परमार्थ और लक्ष्मीसे सौभाग्य प्राप्त होता है, उसी तरह मंगलमूर्ति, आदिदेव गणेशजीसे समस्त विद्याएँ प्राप्त होती हैं और उन विद्याओंसे लोग कवि, चतुर, विद्वान और सत्पात्र आदि बनते हैं। जिस प्रकार सम्पन्न लोगोंके लड़के अनेक प्रकारके अलंकारोंसे सुन्दर जान पड़ते हैं, उसी प्रकार मूलपुरुष गणेशजीके द्वारा कवि लोग सुन्दर जान पड़ते हैं। जिन विद्या-प्रकाश, पूर्णचन्द्र गणेशजीके द्वारा बोध या ज्ञानका समुद्र उमड़ने लगता है, उन्हें मैं नमस्कार करता हूँ। वे कर्तृत्वके मानों आरम्भ

हैं, मूलपुरुष और मूलारम्भ हैं, परात्पर हैं, और आदि तथा अन्तमें स्वयम्भू हैं। जिस प्रकार सूर्यकी किरणोंसे मृगजल चमकता है, उसी प्रकार गणेशजीसे इच्छा-कुमारी श्री शारदा प्रकट होती हैं। जो लोग उसे मिथ्या कहते हैं, उन्हें वह अपनी मायासे धोखा देती है। वह बड़े-बड़े वक्ताओंको परमात्मासे भिन्न सिद्ध करके भ्रममें डाल देती है। वह द्वैतकी जननी बल्कि अद्वैतकी खान है और मूल मायाके रूपमें अनन्त ब्रह्माण्डको घेरे हुए है। अथवा वह गूलरका पेड़ है जिससे अनन्त ब्रह्मांड गूलरके फलोंकी तरह लगे हुए हैं, अथवा वह मूल पुरुषकी ऐसी माता है जो पुत्रीके रूपमें प्रकट हुई है। मैं ऐसी वेदमाताको जो आदिपुरुषकी सत्ता है, नमस्कार करता हूँ और उस समर्थ सद्गुरुका स्मरण करता हूँ जिसकी कृपासे ऐसे आनन्दकी वृष्टि होती है जिसके सुखसे सारी सृष्टि आनन्दमय हो जाती है। वह आनन्दके जनक, सायुज्य मुक्तिके नायक, कैवल्यपदके दायक और अनाथोंके बन्धु हैं। मोक्ष-की इच्छा रखनेवाले चातककी तरह उसके करुणारूपी मेघकी ओर देखते रहते हैं और उसकी कृपा-वृष्टिके लिए रट लगाते हैं और तब वह कृपाका जलधर साधकों पर प्रसन्न होता है। वह सागरसे पार उतारनेवाली नाव है, भँवरमें फँसे हुए भावुकोंका आधार है और अपने बोधके द्वारा उन्हें भव-सागरसे पार उतारता है। वह कालका नियन्त्रण करनेवाला और संकटोंसे छुड़ानेवाला है और भावुकोंके लिए परम स्नेह करनेवाली माताके समान है। वह परलोकका आधार और विश्रान्तिका स्थल है, बल्कि सुखका सुख-स्वरूप मायका है। वह सद्गुरु इस प्रकार पूर्ण है और उससे भेदका बन्धन टूट जाता है। ऐसे प्रभुको मैं विदेह होकर साष्टाङ्ग प्रणाम करता हूँ। साथ ही साधु-सन्त और सज्जन लोगोंकी वन्दना करके कथा आरम्भ करता हूँ। श्रोता लोग सावधान होकर सुनें।

संसार एक बहुत बड़ा स्वप्न है और इसमें लोभ या मोहके कारण लोग बड़-बड़ाया करते हैं। उसी बड़बड़ाहटमें कहते हैं कि यह मेरी स्त्री है, यह मेरा धन है और ये मेरी कन्याएँ तथा पुत्र हैं। ज्ञान रूपी सूर्यके न रह जानेसे उसका प्रकाश भी नष्ट हो गया है और सारे ब्रह्मांडमें अन्धकार छा गया है। सत्वकी चाँदनी नहीं रह गई जिससे मार्ग दिखाई पड़े; और सब जगह इतनी भ्रान्ति फैल गई है कि स्वयं अपना आप ही किसीको दिखाई नहीं देता। देहबुद्धिके अहंकारके कारण लोग गहरी नींदमें सोये हुए हैं और विषय-सुखोंके कारण बहुत दुःखी होकर रो रहे

हैं। बहुतसे लोग इसी प्रकार सोये-सोये मर गये और बहुतसे लोग पैदा होते ही सो गये। इसी प्रकार बहुतसे लोग इस संसारमें आये और चले गये। इस प्रकारकी सुप्तावस्थामें पड़े रहनेके कारण बहुतसे लोग परमात्माको न जाननेके कारण बड़े-बड़े कष्ट भोगते हैं। उन कष्टोंका अन्त करनेके लिए ही आत्म-ज्ञानकी आवश्यकता होती है, और इसीलिए इस अध्यात्म-ग्रन्थकी रचना हुई है और इसमें उसका निरूपण हुआ है। अध्यात्म-विद्या ही सब विद्याओंका सार है। भगवद्गीताके दसवें अध्यायमें भगवान श्रीकृष्णने कहा है—

अध्यात्मविद्या विद्यानां वादः प्रवदतामहम्।

इसलिए अद्वैत-सम्बन्धी ग्रन्थ और अध्यात्म-विद्याकी बातें वही समझ सकता है जो सब प्रकारसे अपना मन और शरीर उसीमें लगा देता है। जिसका मन चंचल हो, उसे यह ग्रन्थ कभी छोड़ना नहीं चाहिए। यदि वह इसे छोड़ देगा तो अध्यात्म-विद्याका तात्पर्य न समझ सकेगा। जो परमार्थकी इच्छा रखता हो, उसे यह ग्रन्थ देखना चाहिए। इसके अर्थका मनन करनेसे वह अवश्य ही परमार्थका साधन कर सकता है। जो परमार्थकी बातें नहीं जानता, उसकी समझमें अध्यात्म-सम्बन्धी ग्रन्थका अर्थ नहीं आ सकता। नेत्रहीन और अन्धेको कुछ दिखाई नहीं पड़ता। कुछ लोग कहते हैं कि मराठी या अन्य देश-भाषाएँ तो कुछ चीज नहीं हैं और उनमें लिखे हुए ग्रन्थ या बातें सुननी ही न चाहिएँ। पर वे मूर्ख अर्थान्वयके लाभ नहीं जानते। यह तो वही बात हुई कि किसीने लोहेका एक सन्दूक तैयार किया और उसमें अनेक प्रकारके रत्न रखे और अभागे व्यक्तिने उसे लोहा समझकर त्याग दिया। यही बात प्राकृत भाषाओंके सम्बन्धमें है। मूर्ख लोग ही इन भाषाओंमें बतलाई हुई वेदान्त और सिद्धान्तकी बातें त्यागते हैं। सहजमें मिलते हुए धनका परित्याग करना मूर्खता है। धन ले लेना चाहिए, यह नहीं देखना चाहिए कि वह किस चीजमें रखा हुआ है। आँगनमें पड़ा हुआ पारस, रास्तेमें पड़ा हुआ चिंतामणि और कुएँमेंकी दक्षिणावर्ती बेल सभी समझदार लोग ले लेते हैं। इसी प्रकार यदि किसी प्राकृत भाषामें द्वैतकी कोई बात सुगम रीतिसे और अच्छी तरह बतलाई गई हो और उससे हमको सहजमें आत्म-ज्ञान हो सके तो उसे अवश्य ग्रहण करना चाहिए। बिना अध्ययनका परिश्रम किये ही संतोंके समागमसे सब शास्त्रोंके अर्थ सहजमें मालूम हो जाते हैं। जो

बात अध्ययनसे नहीं मालूम होती, वह सन्तोंके समागमसे मालूम हो जाती है और शास्त्रोंकी सभी बातोंका अनुभव हो जाता है। इसीलिए सन्तोंके समागमकी इतनी महिमा है। उसमें अध्ययनका परिश्रम नहीं करना पड़ता। अपना जन्म सार्थक करनेका रहस्य कुछ और ही है। कहा हैं—

भाषाभेदाश्च वर्त्तन्ते ह्यर्थ एको न संशयः।
पात्रद्वये यथा खाद्यं स्वादभेदो न विद्यते ॥

अर्थात्, भाषा चाहे कोई हो, अर्थमें कोई भेद नहीं होता; और कार्यकी सारी सिद्धि अर्थसे ही होती है। और फिर प्राकृतके द्वारा ही संस्कृतमें कही हुई बातें सार्थक होती हैं। बिना प्राकृतके संस्कृत ग्रन्थोंके गुप्त अर्थोंका कैसे पता चल सकता है? पर अब यह बात जाने दीजिए। भाषाको छोड़कर अर्थ ग्रहण करना चाहिए, फलोंका छिलका छोड़कर उसका सार भाग लेना चाहिए। अर्थ सार है और भाषा सीठी है। लोग अभिमानके कारण व्यर्थ भाषाका झगड़ा करते हैं और इसी प्रकारके अभिमानके कारण मोक्षका मार्ग रुक जाता है। लक्ष्यांशका अन्वेषण करते समय वाच्यांशके झगड़ेमें आदमी क्यों पड़े? हमें तो जैसे हो, भगवानकी अगाध महिमा जाननी चाहिए। जो आदमी गूँगा होने पर भी बोलता है, वह अपनी बात आप ही समझ सकता है। इसी प्रकार स्वानुभवकी बात स्वानुभवी ही समझ सकता है। अध्यात्म-सम्बन्धी बातें सुननेवाले श्रोता मिलते ही कहाँ हैं? उन्हींसे बातें करनेमें वाचाको आनन्द मिलता है। जिस प्रकार पारखीके सामने रत्न रखनेसे अपना समाधान होता है, उसी प्रकार ज्ञानकी बातें करनेसे समाधान होता है। जो लोग मायाजालमें फँसे रहनेके कारण दुःखी होते हैं, उन्हें अध्यात्मके निरूपणसे कोई लाभ नहीं हो सकता। सांसारिक लोग अध्यात्मकी बातें क्या जानें! गीतामें कहा है—

व्यवसायात्मिका बुद्धिरेकेह कुरुनन्दन।
बहुशाखाह्यनन्ताश्च बुद्धयो व्यवसायिनाम् ॥

अनेक प्रकारके व्यवसायोंमें लगे हुए लोगोंकी बुद्धि मलिन होती है और इसी लिए अध्यात्म-सम्बन्धी बातें उनकी समझमें नहीं आतीं। इसके लिए तो बहुत अधिक सावधानीकी आवश्यकता होती है। जिस प्रकारसे तरह-तरहके रत्न और सिक्के आदि बिना जाँचे और देखे दुश्चित्तताकी दशामें खरीद लेनेसे हानि होती

और आदमी ठगा जाता है, उसी प्रकार अध्यात्म-निरूपणकी भी बात है। जब तक उसमें अच्छी तरह मन न लगाया जाय, तब तक वह समझमें नहीं आता; यहाँ तक कि उसकी प्राकृत भाषा भी समझमें नहीं आती। अध्यात्म-निरूपण और स्वानुभवकी रसपूर्ण बातें चाहे जिस भाषामें कही जायँ, उन्हें संस्कृतसे भी बढ़कर गम्भीर समझना चाहिए और वही बातें सुनना अध्यात्म-श्रवण है। माया और ब्रह्मकी पहचान ही अध्यात्म है; पर पहले मायाका स्वरूप समझ लेना चाहिए।

माया सगुण, साकार और सब प्रकारसे विकारी है और उसे पंच-भूतोंका विस्तार समझना चाहिए। वह दृश्य है, आँखोंसे दिखाई पड़ती है और मनमें उसका भास होता है। वह क्षणभंगुर भी है और विवेकपूर्वक देखने पर नष्ट भी हो जाती है। मायाके अनेक रूप हैं, सारा विश्व ही उसका रूप है, वह विष्णुका स्वरूप है और उसकी कोई सीमा नहीं है। उसके अनेक रूप और रंग हैं और वह ईश्वरका अधिष्ठान है और देखनेमें अभंग तथा अखिल जान पड़ती है। सृष्टिकी रचना भी माया है और अपनी कल्पना भी माया ही है, और बिना ज्ञानके वह टूट नहीं सकती। इस प्रकार मायाके कुछ लक्षण बतलाये गये हैं। अब आगे ब्रह्म-का निरूपण किया जायगा और ब्रह्मज्ञान बतलाया जायगा, जिससे मायाका बिलकुल नाश हो जाता है। श्रोताओंको सावधान होकर सुनना चाहिए।

दूसरा समास

ब्रह्म-निरूपण

साधु लोग कहते हैं कि ब्रह्म निर्गुण, निराकार, निःसंग और निर्विकार है और उसका कोई पारावार नहीं है। शास्त्रोंमें कहा है कि ब्रह्म सबमें व्यापक है, अनेकमें एक और शाश्वत है। वह अच्युत, अनन्त, सदा प्रकाशमान, कल्पना-रहित और निर्विकल्प है। वह इस दृश्यसे अलग है; यहाँ तक कि शून्यत्वसे भी अलग है और वह इन्द्रियोंके द्वारा नहीं जाना जा सकता। वह आँखोंसे नहीं दिखाई देता; मूर्खोंकी समझमें नहीं आता और बिना साधुकी कृपाके उसका अनुभव नहीं होता। वह सबसे बड़ा है, और उसके समान सार या श्रेष्ठ और कोई नहीं है; और ब्रह्मा आदि-के लिए भी वह सूक्ष्म तथा अगोचर है। कभी कभी शब्दोंसे उसका स्वरूप बतलाया जाता है, पर उससे वह बिलकुल अलग है। उसकी प्राप्ति अध्यात्मका

बराबर श्रवण करते रहनेसे ही होती है। यद्यपि उसके अनन्त नाम हैं, तथापि वह नामोंसे अतीत है और उसके सम्बन्धमें हेतु या दृष्टान्त देना शोभा नहीं देता। ब्रह्मके समान सत्य और कोई पदार्थ नहीं है, इसीलिए उसका दृष्टान्त नहीं दिया जा सकता। श्रुतिमें कहा है—

यतो वाचो निवर्त्तन्ते अप्राप्य मनसासह।

अर्थात्, ब्रह्मका वर्णन करनेमें वाक्‌शक्ति कुंठित होती है और मन भी उस तक नहीं पहुँच सकता। मन कल्पना-रूप है और ब्रह्ममें कल्पना है ही नहीं इसलिए उक्त वाक्य मिथ्या नहीं है। यदि यह पूछो कि मन भी जिस ब्रह्म तक नहीं पहुँच सकता, उसे किस प्रकार प्राप्त किया जाय, तो इसका उत्तर यही है कि यह काम सद्‌गुरुके बिना नहीं हो सकता। भंडार तो भरे हुए हैं, पर उनमें ताले लगे हैं; और जब तक कुंजी न मिले, तब तक सभी अप्राप्य है। इस पर श्रोता पूछता है कि वह कुंजी कौन-सी है? आप मुझे स्पष्ट रूपसे बतलावें। उत्तरमें वक्ता कहता है कि सद्‌गुरुकी कृपा ही कुंजी है, जिससे बुद्धि प्रकाशित होती है और द्वैत-भावके कपाट खुल जाते हैं। उस ब्रह्ममें सुख तो अनन्त है पर वहाँ मनकी गति नहीं है; इसलिए बिना मनोलय किये और किसी उपायसे काम नहीं चल सकता। उसकी प्राप्ति मनके बिना ही होती है और बिना वासनाके ही तृप्ति होती है। वहाँ कल्पना-की चालाकी नहीं चलती। वह ब्रह्म परा वाणीसे भी परे है; मन और बुद्धिके लिए अगोचर है और संगका परित्याग करनेसे वह बहुत जल्द मिल जाता है। पहले अपना संग छोड़कर तब उसे देखना चाहिए। जो अनुभवी होगा वह इस बातसे सुखी होगा। "अपना" का मतलब अहं-भावसे है और अहं-भावका मतलब जीवत्वसे है; और वही जीवत्व अज्ञान है जो संगके रूपमें प्राणोंसे लगा हुआ है। उस संगको छोड़ते ही निःसंगके साथ मिलाप हो जाता है और ब्रह्म-प्राप्तिका यही वह अधिकार है जिसमें कल्पना नहीं है। यही समझना अज्ञान है कि "मैं" कुछ हूँ। और इस अज्ञानके दूर होते ही ब्रह्मकी प्राप्ति होती है। ब्रह्मके सामने देह-बुद्धिका बड़प्पन नहीं चल सकता। वहाँ तो अहं-भावका निर्वाण या अन्त ही हो जाता है। ब्रह्मके सामने ऊँच-नीचका कोई भेद नहीं है, वहाँ राजा और रंक दोनों बराबर हैं और स्त्री तथा पुरुष दोनोंके लिए एक ही पद है। वहाँ इस प्रकारका कोई भेद-भाव नहीं है कि ब्राह्मणका ब्रह्म तो शुद्ध है और शूद्रका ब्रह्म अशुद्ध है; और

न उसमें यही कोई भेद है कि राजाके लिए उच्च ब्रह्म है और प्रजाके लिए नीच ब्रह्म है। सबके लिए एक ही ब्रह्म है, वहाँ अनेकताका भाव ही नहीं है। रंकसे लेकर ब्रह्मा आदि तक सब वहीं जाते हैं। स्वर्ग, मर्त्य और पाताल तीनों लोकोंके समस्त ज्ञाताओंके लिए विश्रामका एक ही स्थान है। वहाँ गुरु और शिष्यके लिए एक ही पद है और किसी तरहका भेदाभेद नहीं है; पर हाँ, इस देहका सम्बन्ध छोड़ना चाहिए। देह-बुद्धिका अन्त हो जाने पर सबको उस एक ही वस्तु (ब्रह्म) की प्राप्ति होती है। श्रुतिका वचन है कि एक ब्रह्म ही है, दूसरा और कोई नहीं है। यों साधु अलग दिखाई पड़ते हैं, पर वे भी उसी स्वरूपमें मिल जाते हैं। सब मिलकर एक ही ऐसी वस्तु बन जाते हैं जो देहसे अतीत है। ब्रह्म नया या पुराना नहीं होता और न कम या अधिक होता है। जो उसके सम्बन्धमें कम होनेकी भावना करता है वह देह-बुद्धिका कुत्ता है। देह-बुद्धिका संशय ही समाधानका नाश करता है और उसी देह-बुद्धिके कारण समाधानका समय निकल जाता है। अपने शरीरको बड़ा या उत्तम समझना ही देह-बुद्धिका लक्षण है। इसीलिए बुद्धिमान लोग शरीरको मिथ्या समझकर उसकी निन्दा करते हैं। जब तक शरीर मरता नहीं, तब तक उसे देहका अभिमान बना रहता है और वही देह-बुद्धि बार बार उसे इस संसारमें लाती है। अपने शरीरको श्रेष्ठ समझनेके कारण ही समाधान नहीं होने पाता और यह समझमें नहीं आता कि देह नश्वर है। सन्त लोग कहते हैं कि "हित" देहातीत है और देह-बुद्धि धारण करनेसे अवश्य अनहित होता है। यदि योगियोंको भी अपनी शक्तिका अभिमान हो तो यह देह-बुद्धि उनके लिए बाधक होती है। इसीलिए कहा जाता है कि जब देह-बुद्धिका नाश हो जाता है, तभी परमार्थका साधन होता है; और देह-बुद्धिके कारण ही ब्रह्मसे एकता नहीं होने पाती। विवेक तो मनुष्यको उस वस्तु (ब्रह्म) की ओर खींचता है, पर देह-बुद्धि उसे वहाँसे गिरा देती है और अहं-भाव उसे ब्रह्मसे अलग कर देता है। इसीलिए बुद्धिमानोंको देह-बुद्धिका त्याग कर देना चाहिए और आचारपूर्वक उस सत्य ब्रह्ममें लीन हो जाना चाहिए। इस पर श्रोता पूछता है कि वह सत्य ब्रह्म कौन है? वक्ता उसे इस प्रकार उत्तर देता है—

ब्रह्म है तो एक ही, पर उसका भास अनेक प्रकारसे होता है। अनेक मतोंसे, अनेक प्रकारसे उसका अनुभव होता है। जिसे जैसा अनुभव होता है, वह उसे

वैसा ही मानता है और उसके अन्तःकरणमें उसके संबंधमें वैसाही विश्वास होता है। यद्यपि ब्रह्म नाम और रूपसे अतीत है, तथापि उसके बहुतसे नाम हैं। उसे निर्मल, निश्चल, शान्त और निजानन्द सभी कुछ कहते हैं। अल्प, अलक्ष, अगोचर, अच्युत, अनन्त, अपरम्पार, अदृश्य, अतर्क्य, अपार, नाद-रूप, ज्योति-रूप, चैतन्य-रूप, सत्ता-रूप, साक्ष-रूप, सत्-स्वरूप, शून्य, सनातन, सर्वेश्वर, सर्वज्ञ, सर्वात्मा, जगज्जीवन, सहज, सदोदित, शुद्ध, बुद्ध, सर्वातीत, शाश्वत, शब्दातीत, विशाल, विस्तीर्ण, विश्वम्भर, विमल वस्तु, व्योमाकार, आत्मा, परमात्मा, परमेश्वर, ज्ञान, धन, एकरूप, पुरातन, चिद्रूप, चिन्मात्र आदि अनेक नाम उस बिना नामवालेके हैं। इस प्रकार उसके असंख्य नाम हैं, पर फिर भी वह परेश नामातीत है और उसका अर्थ निश्चित करनेके लिए ही ये सब नाम रखे गये हैं। वह विश्रान्तिका भी विश्राम, आदिपुरुष और आत्माराम है। वह ब्रह्म एक ही है, उसकी बराबरीका और कोई दूसरा नहीं है।

अब चौदह ब्रह्मोंके लक्षण बतलाये जाते हैं। उनमेंसे झूठे ब्रह्मोंको अलग कर देनेसे सत्य ब्रह्म बाकी रह जाता है। इन चौदहों ब्रह्मोंके सम्बन्धकी बातें शास्त्रोंके आधार पर बतलाई जाती हैं।

तीसरा समास

चौदह मायिक ब्रह्म

श्रोता लोग सावधान हो जायँ, क्योंकि अब ब्रह्म-ज्ञानकी बात बतलाई जाती है, जिससे साधकोंका समाधान हो। जिस प्रकार रत्न ढूँढ़नेके लिए पहले मिट्टी इकट्ठी करनी पड़ती है, उसी प्रकार सत्य ब्रह्मका स्वरूप बतलानेके लिए पहले चौदह ब्रह्मोंके लक्षण कहे जाते हैं। बिना पदार्थके सङ्केत, बिना द्वैतके दृष्टान्त और बिना पूर्व पक्षके सिद्धान्त नहीं बतलाया जा सकता। इसलिए पहले मिथ्या बातोंको लेकर उनकी परीक्षा करते हुए उन्हें छोड़ते चलना चाहिए। तब सहजमें सत्यका ज्ञान हो जाता है। इसीलिए यहाँ चौदह ब्रह्मोंकी बातें बतलाई जाती हैं। श्रोता लोग क्षणभरके लिए सावधान हो जायँ। इससे उनको सिद्धान्तकी बात मालूम हो जायगी।

श्रुतियोंके अनुसार चौदह ब्रह्मोंके नाम इस प्रकार हैं—शब्द ब्रह्म, ओमित्येका-

क्षर ब्रह्म, खं ब्रह्म, सर्व ब्रह्म, चैतन्य ब्रह्म, सत्ता ब्रह्म, साक्ष ब्रह्म, सगुण ब्रह्म, निर्गुण ब्रह्म, वाच्य ब्रह्म, अनुभव ब्रह्म, आनन्द ब्रह्म, तदाकार ब्रह्म और अनिर्वाच्य ब्रह्म।

ये तो चौदह ब्रह्मोंके नाम बतलाये गये। अब इनके स्वरूपका रहस्य सुनिये। जिसका अनुभव नहीं होता और जो केवल शब्दोंसे ही बतलाया जाता है, वह शब्द ब्रह्म है। एक अक्षरवाले ओंकारको ओमित्येकाक्षर ब्रह्म कहते हैं। खं ब्रह्मका मतलब है—आकाश ब्रह्म, और वह महदाकाशकी तरह व्यापक है। अब सर्व ब्रह्मकी बातें सुनिये। पंचभूतोंके कारण जो कुछ दिखाई पड़ता है, वही सर्व ब्रह्म है और इसीके सम्बन्धमें श्रुतियोंमें कहा है—सर्वं खल्विदं ब्रह्म। पंचभूतात्मक मायामें चेतना लानेवाला चैतन्य ब्रह्म है। उस चैतन्य पर जिसकी सत्ता है, वह सत्ता ब्रह्म है और उस सत्ताको जाननेवाला साक्ष ब्रह्म है। जब उस साक्षत्वमें तीनों गुणोंका आरोप होता है, तब उसे सगुण ब्रह्म कहते हैं। जिसमें गुण आदि न हों, वह निर्गुण ब्रह्म है। जो वाणीके द्वारा तो बतलाया जा सकता है, पर जिसका अनुभव नहीं होता, वह वाच्य ब्रह्म है। जो वाणीके द्वारा किसी प्रकार बतलाया नहीं जा सकता और जिसका केवल अनुभव होता है, उसका नाम अनुभव ब्रह्म है। जो आनन्द वृत्तिका धर्म है और जो वाणीके द्वारा बतलाया जा सकता है, वह आनन्द ब्रह्म है। जो आनन्द रूप है और भेदाभेद न होनेके कारण जो तदाकार है, वह तदाकार ब्रह्म है। और अनिर्वाच्य ब्रह्म तो अनिर्वाच्य ही है। वाणीके द्वारा उसका वर्णन हो ही नहीं सकता। और यहाँ आकर संवादका अन्त हो जाता है।

इस प्रकार क्रमसे ये चौदह ब्रह्म बतलाये गये हैं; पर इन्हें देखकर साधकोंको भ्रममें न पड़ना चाहिए। ब्रह्म शाश्वत और माया अशाश्वत है; अब चौदह ब्रह्मोंके सम्बन्धका सिद्धान्त बतलाया जाता है।

शब्द ब्रह्म शाब्दिक है; वह अनुभव-रहित और मायापूर्ण है। उसके सम्बन्धमें शाश्वत होनेका विचार ही नहीं हो सकता। जो न तो क्षर है और न अक्षर है, उसमें ओमित्येकाक्षर ब्रह्म कहाँसे आया? अतः उसमें भी शाश्वतताकी कोई बात दिखाई नहीं पड़ती। जिसे खं ब्रह्म कहते हैं, वह आकाशकी तरह शून्य और फलतः अज्ञान रूप है, और उसमें भी शाश्वतकी बात नहीं दिखाई देती। सर्व अर्थात् पंचभूतात्मक दृश्योंका अन्त हो जाता है जिसे वेदान्तमें प्रलय कहते हैं, इसलिए सर्व ब्रह्म भी नश्वर है। जहाँ प्रलयके समय ब्रह्मका अन्त होता हो, वहाँ भूतान्वय

कहाँसे हो सकता है ! इसलिए सर्व ब्रह्मका भी नाश हो जाता है। विचक्षण लोग अचलको चल, निर्गुणको सगुण और निराकारको साकार नहीं मानते। जिसकी रचना पंचभूतोंसे हुई हो, प्रत्यक्ष है कि वह चीज नष्ट हो जायगी। अतः सर्व ब्रह्म हो ही कैसे सकता है ? इस विषयमें बहुत कुछ कहा जा चुका। जब सर्व ब्रह्म नश्वर ही है, तब वहाँ भिन्नत्व कहाँसे आया और उसे देखना कैसा ? चैतन्य ब्रह्म वह है जो पंचभूतात्मक रचना या सर्व ब्रह्मको चैतन्य करता है। पर जब वह सर्व ब्रह्म ही मायापूर्ण है, तब उसकी चेतनता कहाँ रह गई ? अतः वह भी अशाश्वत है। जहाँ प्रजा (चैतन्य और सर्व) ही नहीं है, वहाँ सत्ता भी नहीं हो सकती; हाँ, तत्त्वतः हो सकती है। अतः सत्ता ब्रह्म भी कोई चीज नहीं है। बिना सत्ता या पदार्थके साक्षता भी मिथ्या होती है, इसलिए साक्ष ब्रह्म भी कोई चीज नहीं है। यह बात प्रत्यक्ष है और इसके लिए किसी प्रमाणकी आवश्यकता नहीं है कि सगुण वस्तुका अवश्य नाश होता है। इसलिए सगुण ब्रह्म भी अवश्य ही नश्वर है। जिसे निर्गुण ब्रह्म कहते हैं, उसके सम्बन्धमें यह सोचना चाहिए कि जहाँ कोई गुण ही न हो, वहाँ निर्गुण नाम ही कैसे हो सकता है ! बिना गुणके गौरव हो ही नहीं सकता। इसलिए निर्गुण ब्रह्म भी कोई चीज नहीं है। यह तो वही बात हुई, जैसे कोई कहे कि माया मृगजलके समान है; अथवा यह वैसी ही मिथ्या कल्पना है जैसी आकाशकी कल्पना मिथ्या है। जब गाँव ही नहीं है, वहाँ सीमा कहाँसे आई ? जब जन्म ही नहीं है, तब जीवात्मा कहाँसे आया ? अथवा जो अद्वैत है, उसकी उपमा द्वैतसे कैसे दी जा सकती है ? गुणके बिना निर्गुण ब्रह्मकी भी यही दशा है। जिस प्रकार मायाके बिना सत्ता, पदार्थके बिना ज्ञान और अविद्याके बिना चेतना नहीं हो सकती, उसी प्रकार गुणके बिना निर्गुण भी नहीं हो सकता। सत्ता, चेतना, साक्षत्व सब गुणके कारण ही हैं; और जो निर्गुण है, उसमें ये सब गुण कैसे रह सकते हैं ? इस प्रकार जिसमें कोई गुण ही न हो, उसे "निर्गुण" कहना मानों निश्चित रूपसे अशाश्वत सिद्ध करना है। जिस प्रकार निर्गुण स्वयं अपने नामके द्वारा ही अशाश्वत सिद्ध होता है, उसी प्रकार वाच्य ब्रह्म भी अपने नामके द्वारा ही अशाश्वत सिद्ध होता है; क्योंकि वाचाकी गति तो ऊपर बतलाये हुए ब्रह्मोंके विषयों तक ही हो सकती है। आनन्दका अनुभव भी वृत्तिका ही भाव है और वृत्तिके नश्वर होनेके कारण

आनन्द ब्रह्म भी नश्वर है। तदाकार हो जाने पर वृत्ति अलग नहीं रहती; और बिना वृत्तिके तदाकारकी भावना नहीं हो सकती; इसलिए तदाकार ब्रह्म भी कोई चीज नहीं है। नामका निर्देश सदा वृत्तिके कारण ही होता है, परन्तु ब्रह्म वृत्ति-रहित होता है, इसलिए अनिर्वाच्य ब्रह्म भी शाश्वत नहीं है।

निवृत्तिकी जो दशा अनिर्वचनीय है, वही उन्मनीकी स्थिति है और वही योगियोंकी उपाधि-रहित विश्रान्ति है। जिस वस्तुमें नाम, रूप आदि कोई उपाधि नहीं है, वही ज्ञानियोंकी सहज समाधि है और उसीसे इस संसारके दुःखों और व्याधियोंका अन्त होता है। जो उपाधियोंका अन्त है उसीको सिद्धांत समझना चाहिए; और वही वेदान्त तथा आत्मानुभव भी है। इस प्रकारका जो शाश्वत ब्रह्म है और जिसमें माया या भ्रम नहीं है, उसका रहस्य अनुभवी लोग अपने अनुभवसे ही जान सकते हैं। पहले अपने ही अनुभवसे कल्पनाका नाश करना चाहिए और तब अनुभवका आनन्द प्राप्त करना चाहिए। निर्विकल्पकी कल्पना करनेसे कल्पनाका सहजमें अन्त हो जाता है और उस दशामें हम कुछ भी न रहकर करोड़ों कल्पों तक बने रह सकते हैं। कल्पनाकी एक खूबी यह है कि वह हर जगह लग सकती है; और यदि उसे परमात्मामें लगा दिया जाय तो वह उसीमें लीन हो जाती है और हम भी उसीका रूप प्राप्त कर लेते हैं। निर्विकल्पकी कल्पना करनेसे स्वयं कल्पनाका ही अन्त हो जाता है और निःसङ्गसे मिलने पर हम स्वयं भी निःसङ्ग हो जाते हैं। ब्रह्म कोई पदार्थ नहीं है जो हाथ पर रखा जा सके। उसका अनुभव सद्गुरुके मुखसे उपदेश सुनने पर ही हो सकता है। आगे इसी विषयका और निरूपण किया जायगा, जिससे आप लोगोंको केवल ब्रह्मका अनुभव हो सकेगा।

चौथा समास

केवल ब्रह्म

ब्रह्म आकाशसे भी अधिक निर्मल, निराकार, विशाल और मर्यादा-रहित है। इक्कीस स्वर्गों और सात पातालोंका एक ब्रह्मांड होता है; और इस प्रकारके अनन्त ब्रह्मांड हैं; और उन सभी ब्रह्मांडोंमें वही ब्रह्म व्याप्त है। इस अनन्त ब्रह्मांडोंके ऊपर भी और नीचे भी वही ब्रह्म व्याप्त है और अणु मात्र स्थान भी उससे खाली

नहीं है। सभी लोग कहते हैं कि वह जल, स्थल, काठ, पत्थर आदि सभीमें है और कोई प्राणी उससे खाली नहीं है। जलचरोंके लिए जैसे अन्दर बाहर चारों ओर जल है, वैसे ही जीव मात्रके लिए उसके अन्दर, बाहर और चारों ओर केवल ब्रह्म ही है। लेकिन जलके बाहर भी जगह होती है, पर ब्रह्मके बाहर कोई जा ही नहीं सकता; इसलिए जलसे ब्रह्मकी उपमा नहीं होती। जिस प्रकार यदि कोई भागकर आकाशके बाहर जाना चाहे तो उसे आगे भी सब जगह केवल आकाश ही मिलेगा, उसी प्रकार यह ब्रह्म भी अनन्त है और उसका कहीं अन्त नहीं है। पर यह अखण्ड रूपसे सबमें मिला हुआ है, सबके अङ्गोंमें लिपटा हुआ है। पर वह सबके पास रहने पर भी सबसे छिपा हुआ है। लोग उसीमें रहते हुए भी उसे नहीं जानते। उसके सम्बन्धमें जो कुछ जाना जाता है, वह सब भास ही है; वह ब्रह्म जाना नहीं जा सकता। बादल आदिके कारण कभी कभी आकाश धुँधला जान पड़ता है, पर ऐसा ज्ञान केवल मिथ्या होता है और वहाँ केवल आकाश रहता है। आकाशकी ओर देखने पर बहुतसे चक्र घूमते हुए दिखाई पड़ते हैं, पर ज्ञानियोंके लिए वे सब दृश्य मिथ्या होते हैं। जिस प्रकार निद्राके समय देखा हुआ स्वप्न जागने पर आपसे आप मिथ्या जान पड़ता है, उसी प्रकार अपने अनुभव और ज्ञानसे जाग्रति होने पर संसारकी सब बातें मायापूर्ण जान पड़ने लगती हैं। पर अब इन सब कूट बातोंको छोड़कर स्पष्ट रूपसे यह बतलाता हूँ कि ब्रह्मांडसे परे क्या है।

वह ब्रह्म सारे ब्रह्मांडमें भरा हुआ है, समस्त पदार्थोंमें व्याप्त है और अंश मात्रसे सबमें उसका विस्तार है। ब्रह्ममें सृष्टिका और सृष्टिमें ब्रह्मका भास होता है; और अनुभव करने पर जान पड़ता है कि वह अंश मात्र है। सृष्टिमें तो वह अंश मात्र है, पर उसके बाहर उसकी जो मर्यादा है, उसे कौन जान सकता है? भला वह ब्रह्म इस सारे ब्रह्मांडमें समा ही कैसे सकता है? चरणामृत रखनेके छोटे पात्रमें सारा आकाश नहीं रखा जा सकता; इसीलिए कहा जाता है कि उसमें आकाशका अंश मात्र है। इसी प्रकार ब्रह्म भी सबमें मिला हुआ है, पर वह हिलता-डोलता नहीं है और अपनी व्यापकताके कारण सबमें व्याप्त है। वह पञ्चभूतोंमें मिला हुआ होने पर भी उसी प्रकार उनसे अतीत या अलग है, जिस प्रकार कीचड़में रहकर भी कमल उससे अलग रहता है। ब्रह्मका कोई दृष्टान्त ही

नहीं हो सकता, पर फिर भी समझानेके लिए कुछ दृष्टान्त देना ही पड़ता है। विचार करने पर आकाशसे ही उसका कुछ दृष्टांत दिया जा सकता है। श्रुतियोंमें उसे खं ब्रह्म और स्मृतियोंमें आकाशके सदृश कहा है; इसी लिए आकाशसे ब्रह्मका दृष्टान्त दिया जा सकता है। यदि कालिमा न हो तो पीतल भी सोना ही हो सकता है। इसी प्रकार यदि आकाशमें शून्यता न हो तो वह भी ब्रह्म हो सकता है। इसी लिए कहते हैं कि ब्रह्म आकाशके समान और माया वायुके समान है; पर ब्रह्म दिखाई नहीं पड़ता। शब्द-सृष्टिकी रचना प्रति क्षण होती रहती है, पर वह वायुकी तरह स्थिर नहीं रहती, बराबर चली चलती है। इस प्रकार माया मिथ्या है और केवल ब्रह्म ही शाश्वत है; और देखनेमें वह अनेक तथा सबमें व्याप्त जान पड़ता है। यद्यपि ब्रह्मने सारी पृथ्वीको भेद रखा है, पर फिर भी वह कठिन नहीं है और उसकी कोमलताके लिए इससे अच्छी दूसरी उपमा ही नहीं हो सकती। पृथ्वीसे अधिक कोमल जल है, जलसे अधिक सूक्ष्म अग्नि है और अग्निसे भी अधिक सूक्ष्म वायुको समझना चाहिए। वायुसे भी अधिक मृदु आकाश है, और पूर्ण ब्रह्मको उस आकाशसे भी अधिक सूक्ष्म या मृदु समझना चाहिए। वज्रको भेदने पर भी उसकी कोमलता नहीं गई। पर वह उपमा-रहित है और न कठिन है, न मृदु। वह पृथ्वीमें व्याप्त है; पर पृथ्वीका नाश हो जाता है और उसका नाश नहीं होता। वह जलमें रहता है, पर जल सूख जाता है और वह नहीं सूखता। वह तेज या अग्निमें रहने पर भी नहीं जलता, वायुमें रहने पर भी नहीं चलता और आकाशमें रहने पर भी उसका पता नहीं चलता। यह कैसा आश्चर्य है कि सारे शरीरमें रहने पर भी वह हमें नहीं मिलता और पास रहने पर भी छिपा रहता है! वह हमारे सामने और चारों ओर है; और उसीमें हम बराबर देखते रहते हैं। वह अन्दर बाहर सभी जगह है। हम उसमें हैं और वह हममें अन्दर बाहर सब जगह भरा हुआ है; फिर भी वह आकाशकी तरह इस दृश्य जगतसे अलग है। जहाँ कुछ भी नहीं मालूम होता, वहाँ भी वह पूरी तरहसे भरा हुआ है। वह मानों अपना ऐसा धन है जो स्वयं अपने आपको ही दिखाई नहीं देता। जितने पदार्थ दिखाई पड़ते हैं, वह उन सबसे इधर या पहले ही है और इसका रहस्य अपने अनुभवसे समझना चाहिए। जिस प्रकार समस्त दृश्य पदार्थोंके आगे, पीछे और चारों ओर आकाश ही भरा हुआ है, उसी प्रकार

ब्रह्म भी चारों ओर समान रूपसे भरा हुआ है। जितने रूप और नाम हैं, वे सब मिथ्या हैं। वह नाम और रूपसे परे है और उसका रहस्य अनुभवी ही जानते हैं। आकाशमें धुएँके बड़े-बड़े पर्वतोंके समान मायाके ये सब आडम्बर दिखाई पड़ते हैं। इस मायाको अशाश्वत और ब्रह्मको शाश्वत समझना चाहिए; और वह सब जगह सदा भरा रहता है। यदि पुस्तक पढ़ें तो वह अक्षरों और मात्राओंमें भी भरा हुआ है और नेत्रोंमें भी मृदुतापूर्वक भरा हुआ है। कानोंसे शब्द सुनते समय और मनसे किसी बातका विचार करते समय अन्दर और बाहर सब जगह भरा रहता है। रास्तेमें चलते समय पैर उसीमें लगते हैं और वह सब अङ्गोंको स्पर्श करता है। कोई वस्तु हाथमें लेते समय पहले वह ब्रह्म ही हाथमें आता है। सारी इन्द्रियाँ और मन उसीमें रहता है, पर फिर भी इन्द्रियोंको उनका पता नहीं चलता। वह पास होने पर भी दिखाई नहीं पड़ता, पर वह है अवश्य।

सृष्टिको छोड़कर अनुभव करने पर ही उस ब्रह्मकी प्राप्ति होती है। ज्ञान-दृष्टिसे देखी जानेवाली चीज चर्म-दृष्टिसे नहीं दिखाई पड़ सकती। भीतरी वृत्तिसे जानी जानेवाली बात उस वृत्तिके द्वारा ही जानी जा सकती है। केवल तुरीयावस्थामें ही ब्रह्म, माया और अनुभवकी बात जानी जा सकती है और वही अवस्था सर्वसाक्षिणी है। उसका साक्षित्व ही वृत्तिका कारण है और उसके बाद उन्मनी अवस्था होती है जिसमें निवृत्ति होती है। उस उन्मनी अवस्थामें जानकारी नहीं रह जाती और वही विज्ञान है। उस उन्मनी अवस्थामें अज्ञान भी दूर हो जाता है और ज्ञान भी नहीं रह जाता। उसमें कल्पनाका अन्त हो जाता है। वही योगियोंका एकान्त विश्राम है और अनुभवसे उसे जानना चाहिये।

पाँचवाँ समास

द्वैत कल्पनाका निरसन

केवल ब्रह्मके सम्बन्धमें जो कुछ कहा गया है, वह श्रोताओंको समझमें आ गया होगा और मायाका भी पता लग गया। ब्रह्मका प्रकाश तो हृदयमें होता है और माया प्रत्यक्ष दिखाई पड़ती है। अब इस द्वैतका किस प्रकार निरसन हो? तो भी अब श्रोता लोग सावधान हों और मन एकाग्र करें, क्योंकि अब बतलाया जाता है कि माया और ब्रह्म कौन हैं। मन ही इस द्वैत-भावकी कल्पना करता है कि ब्रह्मका

संकल्प सत्य है और मायाका विकल्प मिथ्या है। एक तुरीयावस्था ही ऐसी है जो माया और ब्रह्मको जानती है; और वह सब कुछ जानती है, इसीलिए सर्व-साक्षिणी है। तुरीय सब जानती है, पर जहाँ कुछ है ही नहीं, वहाँ कौन जानेगा और किसे जानेगा? संकल्प-विकल्पकी सृष्टि मनसे ही होती है और जब अन्तमें मन ही मिथ्या ठहरता हो, तब साक्षी कौन है? साक्षता, चेतना, सत्ता आदि गुणोंका मायाके ही कारण ब्रह्ममें आरोप हुआ है। जिस प्रकार घट और मठके कारण ही आकाशके तीन भेद (घटाकाश, मठाकाश और महदाकाश) हुए हैं, उसी प्रकार मायाके कारण ब्रह्ममें गुणोंका आरोप होता है। जब तक मायाको सत्य मानें, तभी तक ब्रह्ममें साक्षत्व है। अविद्याका नाश हो जाने पर फिर द्वैत कहाँ रह सकता है? इसीलिए जब सर्व-साक्षी मन उन्मनी अवस्थामें पहुँचता है, तब तुरीय रूपी ज्ञान नष्ट हो जाता है। पहले जिसे द्वैतका भास होता था; जब वह मन ही उन्मन हो गया, तब द्वैत और अद्वैतका विचार भी जाता रहा। अर्थात् द्वैत और अद्वैतका विचार वृत्तिका लक्षण है और वृत्तिके निवृत्त होने पर द्वैत नहीं रह जाता। वह वृत्ति-रहित ज्ञान (विज्ञान) ही पूर्ण समाधान है और उसमें माया तथा ब्रह्मका विचार नहीं रह जाता। माया और ब्रह्मकी कल्पना मनसे ही होती है। ब्रह्म कल्पनासे रहित है और उसे ज्ञानी ही जानते हैं। जो मन और बुद्धिके लिए अगोचर और कल्पनासे भी परे है, उसका अनुभव होने पर द्वैत कैसे रह सकता है? द्वैतको देखने पर ब्रह्म नहीं रह जाता और ब्रह्मको देखने पर द्वैतका नाश हो जाता है; क्योंकि द्वैत तथा अद्वैतका भास कल्पनासे ही होता है। कल्पना ही मायाका निवारण और ब्रह्मकी स्थापना करती है; और संशय उत्पन्न करना या उसका नाश करना भी कल्पनाका ही काम है। कल्पना ही बन्धनमें डालती है, वही शान्ति देती है और वही ब्रह्मकी ओर ध्यान लगाती है। कल्पना द्वैतकी माता है और कल्पना ही ज्ञान है, बद्धता और मुक्तता उसी कल्पनाके कारण होती है। शबल या औपाधिक कल्पना तो मिथ्या ब्रह्मांडको देखती है और शुद्ध कल्पना उसी समय निर्मल स्वरूपकी कल्पना करती है। वह कल्पना क्षणमें धोखा खाती है, क्षण भर स्थिर रहती है और क्षणमें विस्मित होकर देखती है। वह क्षणमें समझती है, क्षणमें ऊबती है और इसी प्रकारके अनेक विचार उत्पन्न करती है। कल्पना जन्मका मूल, भक्तिका फल और मोक्ष देनेवाली है। यदि साधनामें उसका अच्छा

उपयोग किया जाय तो उससे शान्ति मिलती है; और नहीं तो पतनका मूल है। इसीलिए यह कल्पना सबका मूल है और इसीको निर्मूल करनेसे ब्रह्मकी प्राप्ति होती है। श्रवण, मनन और निदिध्यासनसे समाधान या शान्ति होती है और मिथ्या कल्पनाका भान नहीं रह जाता। शुद्ध ब्रह्मका निश्चय कल्पनाको इस प्रकार जीत लेता है, जिस प्रकार निश्चित अर्थसे संशयका नाश हो जाता है। सत्यके सामने मिथ्या कल्पनाका ढोंग उसी प्रकार नष्ट हो जाता है, जिस प्रकार सूर्यके प्रकाशसे अन्धकार नष्ट हो जाता है। ज्ञानका प्रकाश होने पर मिथ्या कल्पना नहीं रह जाती और द्वैतका भाव आपसे आप नष्ट हो जाता है। कल्पनाकी सहायतासे कल्पना उसी प्रकार नहीं रह जाती, जिस प्रकार मृगकी सहायतासे मृग पकड़ा जाता है; अथवा आकाश मार्गमें एक बाणसे दूसरा बाण कट जाता है।

अब स्पष्ट रूपसे यह बतलाया जाता है कि शुद्ध कल्पनाके बलसे शबल कल्पनाका कैसे नाश होता है। शुद्ध कल्पनाका लक्षण यह है कि वह स्वयं ही निर्गुणकी कल्पना करती है और सत्-स्वरूप भूलने नहीं देती। जो सदा सत्-स्वरूपका अनुसन्धान, द्वैतका निरसन और अद्वैतका निश्चित ज्ञान उत्पन्न करती है, वही शुद्ध कल्पना है। अद्वैतकी कल्पना शुद्ध और द्वैतकी कल्पना अशुद्ध है; और अशुद्ध कल्पना ही शबल कहलाती है। शुद्ध कल्पना वही है जो अद्वैतका निश्चय करे; और शबल या अशुद्ध कल्पना व्यर्थ ही द्वैतका विचार उत्पन्न करती है। अद्वैत सम्बन्धी कल्पनाका प्रकाश होते ही द्वैत भावका नाश हो जाता है और उसके साथ शबल या अशुद्ध कल्पना भी नष्ट हो जाती है। चतुर लोग जानते हैं कि कल्पनासे ही कल्पनाका नाश होता है; शबल कल्पनाके नष्ट हो जाने पर केवल शुद्ध कल्पना बाकी रह जाती है। शुद्ध कल्पना वही है जो स्वयं अपने स्वरूपके सम्बन्धमें कल्पना करती है और उस स्वरूपकी कल्पना करके वह स्वयं भी उसीके रूपकी हो जाती है। कल्पनाका मिथ्यात्व सिद्ध होते ही सहजमें तद्रूपता आ जाती है और आत्म-निश्चयसे कल्पनाका नाश हो जाता है। जिस प्रकार सूर्यके अस्त होते ही अन्धकार बढ़ता है, उसी प्रकार निश्चयके हटते ही द्वैत भाव उमड़ पड़ता है। ज्ञानके मलिन होते ही अज्ञान प्रबल होता है, इसलिए बराबर अच्छे-अच्छे ग्रन्थोंका श्रवण करते रहना चाहिए।

इस विषयमें बहुत कुछ कहा जा चुका। मैं एक ही बात बतलाकर सब

शंकाएँ दूर कर देता हूँ। जिसे द्वैतका भास होता है वह "तू" सर्वथा कुछ भी नहीं है। पिछली शंका दूर हो गई और यह कथा भी समाप्त हो गई। अब आगेकी कथा सुननेके लिए श्रोताओंको सावधान हो जाना चाहिए।

छठा समास

मुक्तके लक्षण

श्रोता कहता है--आपने कल्पनातीत ब्रह्मका निरूपण करके क्षणभरके लिए मुझे तदाकार कर दिया। पर मैं तदाकार होकर स्वयं ब्रह्म ही बन जाना चाहता हूँ और फिर कभी चंचल होकर इस संसारमें नहीं आना चाहता। उस कल्पना-रहित सुखमें कोई सांसारिक दुःख नहीं है, इसलिए मैं उसीमें मिलकर एक हो जाना चाहता हूँ। वास्तवमें अध्यात्मकी बातें सुनकर मनुष्यको स्वयं ब्रह्म ही हो जाना चाहिए। पर यहाँ तो फिर उसी वृत्ति पर आना पड़ता है और आवागमनका अन्त नहीं होता। मैं अपने मनमें प्रवेश करके क्षणभरके लिए ब्रह्म बन जाता हूँ और फिर वहाँसे गिरकर वृत्ति पर आ पहुँचता हूँ। जिस तरह लड़के किसी कीड़ेके पैरमें डोरा बाँधकर उसे ऊपर नीचे उछालते हैं, उस तरह मैं कहाँतक ऊपर नीचे आता जाता रहूँ? अब तो कोई ऐसा उपाय होना चाहिए कि उपदेश सुननेके समय जब मैं तदाकार हो जाऊँ, तब तुरंत इस शरीरका नाश हो जाय और अपने परायेका ज्ञान न रह जाय। पर ऐसा न होनेकी दशामें मैं जो कुछ कहता हूँ उससे मैं स्वयं ही लज्जित होता हूँ, क्योंकि एक बार ब्रह्म हो जाने पर फिर गृहस्थीकी झंझटोंमें फँसना बहुत ही अनुचित और विपरीत जान पड़ता है। मुझे यह बात ठीक नहीं जान पड़ती कि जो एक बार स्वयं ब्रह्म हो गया वह फिर लौटकर अपनी पुरानी दशामें आ जाता है। ऐसा क्यों होता है? या तो मनुष्य ब्रह्म ही हो जाय और या संसारी बना रहे। दोनों तरफ आदमी कहाँ तक भटकता रहे! अध्यात्मका निरूपण सुनते समय ज्ञान प्रबल होता है और मनुष्य ब्रह्म हो जाता है; पर निरूपणके समाप्त होते ही फिर काम, क्रोध आदि विकार उत्पन्न होते हैं। तब वह ब्रह्म ही कैसा हुआ? वह तो दोनों तरफसे गया। इस खींच-तानमें उसकी गृहस्थी भी चौपट हो गई। ब्रह्म-सुखका अनुभव करते समय सांसारिक सुख अपनी ओर खींचते हैं, और गृहस्थीमें फँसे रहनेकी दशामें ब्रह्मके

प्रति प्रीति उत्पन्न होती है। इस प्रकार ब्रह्म-सुखको तो गृहस्थी नष्ट कर देती है और ज्ञानके कारण गृहस्थी चली जाती है। दोनों ही बातें अपूर्ण रह जाती हैं; इनमेंसे एक भी बात पूरी नहीं होने पाती। इस कारण मेरा चित्त चंचल हो गया है और मेरे मनमें दुश्चिन्ता उत्पन्न हो गई है। मैं निश्चय नहीं कर सकता कि मुझे क्या करना चाहिए। इस प्रकार श्रोता प्रार्थना करता है कि आप मुझे यह बतलावें कि मैं किस प्रकार रहूँ। मैं अखंड ब्रह्मके रूपमें नहीं रह सकता।

अब वक्ता इसका बहुत ही सुन्दर उत्तर देता है, जिससे श्रोता निरुत्तर हो जाता है। वह श्रोतासे पूछता है—क्या वही लोग मुक्ति प्राप्त करते हैं जो ब्रह्म होकर चुपचाप पड़े रहते हैं; और क्या व्यास आदि कर्मयोगी लोग बिलकुल डूब गये? इस पर श्रोता निवेदन करता है कि श्रुति कहती है—केवल शुकदेव और वामदेव यही दो मुक्त हुए हैं। वेदोंने भी कहा है कि केवल शुकदेव और वामदेव ही मुक्त हुए हैं, बाकी सब बद्ध हैं। वेदके इस वचन पर कैसे अविश्वास किया जा सकता है? इस प्रकार श्रोताने वेदके आधार पर सिद्ध कर दिया कि केवल यही दो मुक्त हुए हैं। इस पर वक्ता कहता है कि यदि सारी सृष्टिमें केवल यही दो मुक्त हुए हैं, तो फिर औरोंका कहाँ ठिकाना लगेगा? इनके सिवा भी तो बहुतसे ऋषि, मुनि, सिद्ध, योगी और असंख्य आत्मज्ञानी लोग समाधानी हो गये हैं। कहा है—

प्रह्लादनारदपराशरपुंडरीक-
व्यासांबरीषशुकशौनकभीष्मदाल्भ्यान्।
रुक्मांगदार्जुनवशिष्ठविभीषणादीन्
पुण्यानिमान्परमभागवतान् स्मरामि ॥ १ ॥
कविर्हरिरंतरिक्षः प्रबुद्धः पिप्पलायनः।
आविर्होत्रोऽथद्रुमिलश्चमसः करभाजनः ॥ २ ॥

इनके सिवा ब्रह्मा, विष्णु, महेश आदि तथा और भी बहुत बड़े बड़े दिगम्बर और जनक आदि राजर्षि हो गये हैं। तो क्या केवल शुकदेव और वामदेव ही मुक्त हुए? बाकी ये सब लोग डूब गये? जो इस बात पर विश्वास करे, वह पढ़ा-लिखा मूर्ख है। इस पर श्रोता पूछता है—तो फिर वेदमें यह बात कैसे कही गई? क्या आप उसे मिथ्या सिद्ध करना चाहते हैं? वक्ता कहता है—वेदोंने तो यह कहकर

केवल पूर्वपक्ष उपस्थित किया है (अर्थात्, सिद्धान्त रूपमें यह बात नहीं कही है); पर मूर्ख लोग इसी बातको पकड़े हुए बैठे रहते हैं। पर जो लोग साधु, विद्वान और दक्ष होते हैं, वे यह बात नहीं मानते। और यदि यह बात किसी तरह मान भी ली जाय तो फिर मानों वेदोंकी सारी शक्ति ही नष्ट हो गई। फिर तो वेद भी किसीका उद्धार नहीं कर सकते। पर यदि वेदोंमें सामर्थ्य न होती तो उन्हें कौन पूछता ? इसलिए यह मानना पड़ता है कि वेदोंमें लोगोंका उद्धार करनेकी शक्ति है। वेदोंका अध्ययन करनेवाला पुण्यात्मा समझा जाता है; और इसीसे सिद्ध है कि वेदोंमें सामर्थ्य है। साधु लोग कहते हैं कि वेद, शास्त्र और पुराण बड़े भाग्य-से सुननेको मिलते हैं; और उन्हें सुनकर लोग पवित्र हो जाते हैं। यदि उनमेंका कोई एक श्लोक, आधा श्लोक, चौथाई श्लोक या एक शब्द भी सुनाई पड़ जाय तो अनेक दोष दूर हो जाते हैं। वेदों, शास्त्रों और पुराणोंमें व्यास आदि उनकी इस प्रकारकी अगाध महिमा बतला गये हैं। इन ग्रन्थोंमें जगह-जगह उनकी महिमा कही गई है; और कहा गया है कि यदि उनका कोई एक अक्षर भी सुन ले तो वह तुरन्त पवित्र हो जाता है। यदि शुकदेव और वामदेव इन दोको छोड़कर बाकी और लोगोंका उद्धार नहीं हुआ तो फिर इन ग्रन्थोंकी महिमा कैसे रहती ? वेद, शास्त्र और पुराण अप्रामाणिक कैसे हो सकते हैं ? अवश्य ही इन लोगोंके सिवा और लोगोंका भी उद्धार हुआ है। यदि तुम यह कहो कि केवल वही मुक्त हो सकता है जो काठकी तरह जड़ होकर पड़ा रहे तो यह भी ठीक नहीं है; क्योंकि स्वयं शुकदेवजीने भी अध्यात्म आदिके बहुतसे निरूपण किये हैं। वेदोंका यह कहना बिलकुल ठीक है कि शुकदेवजी मुक्त हुए; पर वे भी अचेतन ब्रह्माकार नहीं थे। यदि योगीश्वर शुकदेव अचेतन ब्रह्माकार होते तो वे सारासारका विचार न कर सकते। तुम्हारे मतसे जो ब्रह्माकार हुआ, वह काठ होकर पड़ा रहता है। पर स्वयं शुकदेवजीने परीक्षितको 'भागवत' सुनाया था। कथाका निरूपण करनेमें सारासारका विचार करना पड़ता है; और दृष्टान्तोंके लिए सारी चर और अचर सृष्टिको ढूँढ़ना पड़ता है। उसमें क्षणभरमें ब्रह्म हो जाना पड़ता है और क्षणभरमें सम्पूर्ण दृश्य जगतमें बहुत-सी चीजें ढूँढ़नी पड़ती हैं, और अनेक दृष्टान्त देकर वक्तृत्वका सम्पादन करना पड़ता है। और शुकदेवजीने इसी प्रकार भागवत आदि-की कथाएँ सुनाई हैं। पर क्या केवल इसी कारण वे कभी बद्ध कहे जा सकते हैं ?

इस प्रकार यह सिद्ध है कि जो सद्‌गुरुसे उपदेश पाकर बोलता-चालता और सब काम करता है, निश्चेष्ट होकर पड़ा नहीं रहता, वह भी सायुज्य मुक्ति प्राप्त करता है। इस संसारमें कोई मुक्त, कोई नित्यमुक्त, कोई जीवन्मुक्त और कोई समाधानी योगी विदेहमुक्त होता है। जो सचेतन हैं वे जीवन्मुक्त हैं; अर्थात्, वे अपने ज्ञानके कारण मुक्त तो हो गये हैं; पर फिर भी अपने सब काम करते रहते हैं; और जो अचेतन हैं, वे विदेहमुक्त हैं; अर्थात्, वे मुक्त तो हो गये हैं, पर उन्हें अपने शरीरका भान नहीं रह गया है; और इन दोनोंके अतिरिक्त जो योगीश्वर हैं, वे नित्य मुक्त हैं। अपने स्वरूपका बोध होने पर जो स्तब्धता या स्थिरता होती है, उसीको तटस्थतावाली अवस्था समझना चाहिए; और इस स्तब्धता तथा तटस्थताका सम्बन्ध देहसे है, अर्थात्, इन अवस्थाओंमें देहबुद्धि बनी रहती है जिससे मनुष्य मुक्त नहीं हो सकता। अपने स्वरूपका ही अनुभव मुक्तिका कारण है, बाकी और सब बातें व्यर्थ हैं। मनुष्यको अपने स्वरूपका अनुभव करके ही तृप्त या सन्तुष्ट होना चाहिए। जिसने गले तक खूब अच्छी तरह कसकर भोजन कर लिया हो, उसे कोई भूखा कहे तो क्या वह भूखा हो सकता है? जब निराकार स्वरूपमें देह ही नहीं है, तब वहाँ सन्देह कैसा? बद्ध और मुक्तका विचार तो केवल देह रहने पर होता है। और देह-बुद्धि बनी रहने पर तो ब्रह्मा आदि भी मुक्त नहीं हो सकते; तब शुकदेवकी मुक्तिकी तो बात ही क्या है। मुक्तताका विचार होना ही बद्धताका लक्षण है; अतः मुक्त और बद्ध दोनों व्यर्थ हैं। सत्-स्वरूप न तो बद्ध है और न मुक्त। वह तो स्वयं सिद्ध है। जो अपने पेटके साथ मुक्तताका पत्थर बाँधकर इस भव-सागरसे पार होना चाहता है, वह डूबकर पातालमें चला जाता है; और जिसमें देह-बुद्धि बनी रहती है, उसे अपने स्वरूपकी प्राप्ति हो ही नहीं सकती। मुक्त तो केवल वह हो सकता है जिसका अहं-भाव नष्ट हो जाय, फिर चाहे वह मूक हो और चाहे बोलता हो। जो सत्-स्वरूप किसी प्रकार बद्ध हो ही नहीं सकता, उसके लिए मुक्त होना कोई बात ही नहीं है। मुक्ति तो बद्धके लिए ही हो सकती है। जो किसी प्रकार बद्ध हो ही नहीं सकता उसके सम्बन्धमें किसी प्रकारके गुणोंकी बात कहना ही व्यर्थ है। कहा है—

बद्धो मुक्त इति व्याख्या गुणतो मे न वस्तुतः।
गुणस्य मायामूलत्वान्न मे मोक्षो न बन्धनम्॥

परम शुद्ध तत्त्वके ज्ञाताके लिए मुक्ति और बद्धता कोई चीज ही नहीं है। मुक्ति और बद्धताका विचार तो केवल मायाके कारण होता है। जहाँ नाम या रूप रह ही नहीं जाता, वहाँ मुक्ति कैसे बाकी बची रह सकती है? वहाँ तो मुक्त और बद्धका विचार ही विस्मृत हो जाता है। बद्ध या मुक्त कौन होता है? वह "मैं" तो है ही नहीं, बद्ध करनेवाला तो वही अहं-भाव है। जो अहं-भाव धारण करता है, उसीको वह बन्धनमें डालता है। यह सब भ्रम है। जब तक वह मायातीत विश्राम न किया जाय, तब तक अहं-भावके सब कष्ट होते ही रहते हैं। जब बद्धता और मुक्तता दोनों कल्पना पर आश्रित हैं, तब वह कल्पना तो सत्य है ही नहीं। अतः यह सब मृगजलके समान हैं और मायाके कारण उठे हुए झूठे मेघ हैं; और ज्ञान रूपी जाग्रति होने पर यह मायाका स्वप्न तुरन्त मिथ्या सिद्ध हो जाता है। इस संसार रूपी स्वप्नमें जो अपने आपको बद्ध या मुक्त समझता है, वास्तवमें वह अभी जाग्रत हुआ ही नहीं है। इसलिए वह जानता ही नहीं कि कौन कैसे क्या हुआ। इसलिए जिसे आत्मज्ञान हो जाय, उसीको मुक्त समझना चाहिए। शुद्ध ज्ञान होने पर मुक्तिका विचार ही समूल नष्ट हो जाता है। बद्ध या मुक्त होनेका सन्देह तो देह-बुद्धि रहने पर ही होता है; और साधु लोग सदा देहातीत हैं; उन्हें बद्ध या मुक्त होनेका कोई विचार ही नहीं रहता। अच्छा, अब यह प्रकरण समाप्त किया जाता है और यह बतलाया जाता है कि किस प्रकार रहना चाहिए और साधन कैसे करना चाहिए। अब श्रोता लोग यही निरूपण सावधान होकर सुनें।

सातवाँ समास

साधनका निश्चय

यदि उस वस्तु (ब्रह्म) की कल्पना की जाय तो हो ही नहीं सकती, क्योंकि वह निर्विकल्प है। वहाँ तो कल्पनाके नामसे शून्याकार है। फिर भी यदि उसकी कल्पना की जाय तो वह कल्पना करनेसे हाथ नहीं आता; उसकी पहचान नहीं होती और मनमें भ्रम या सन्देह होता है। न तो आँखोंको कुछ दिखाई पड़ता है और न मनको कुछ भास होता है। जो न भासता हो और न दिखाई पड़ता हो, उसे कैसे पहचाना जाय? यदि हम उस निराकारको देखने लगें तो मन शून्याकारमें जा पड़ता है। और यदि उसकी कल्पना करें तो ऐसा जान पड़ता है कि बिलकुल

अन्धकार भरा है। कल्पना करनेसे ब्रह्म काला जान पड़ता है; पर न वह काला है न पीला, न लाल है न सफेद। वह वर्ण-रहित है। जिसका कोई रङ्ग-रूप नहीं है, जिसका भास नहीं हो सकता, उसे कैसे पहचाना जाय? जो दिखाई न पड़े, उसकी पहचान हम कहाँ तक कर सकते हैं! इसमें तो व्यर्थका परिश्रम ही होता है। वह परमपुरुष निर्गुण या गुणातीत, अदृश्य या अव्यक्त और अचिन्त्य या चिन्तातीत है। कहा है—

अचिन्त्याव्यक्तरूपाय निर्गुणाय गुणात्मने।
समस्तजगदाधारमूर्त्तये ब्रह्मणे नमः॥

जो अचिन्त्य हो, उसका चिन्तन कैसे किया जाय? जो अव्यक्त हो, उसका स्मरण कैसे हो? और जो निर्गुण हो, उसे पहचाना कैसे जाय? जो निर्गुण दिखाई न दे, जो मनको भी प्राप्त न हो, उसे कैसे देखा जा सकता है? असङ्ग-का सङ्ग, अधरमें निवास और निःशब्दका प्रतिपादन कैसे हो सकता है? यदि अचिन्त्यका चिन्तन किया जाय, निर्विकल्पकी कल्पना की जाय अथवा अद्वैतका ध्यान किया जाय तो द्वैत ही सामने आता है। अब यदि ध्यान करना हो छोड़ दें, अनुसन्धान करना बन्द कर दें तो बहुत बड़ा सन्देह उत्पन्न होता है। यदि द्वैतके भयसे उस वस्तु (ब्रह्म) का विचार करना ही छोड़ दें तो शान्ति नहीं मिलती। आदत डालनेसे आदत पड़ जाती है और आदत होने पर वस्तु मिल जाती है और नित्यानित्यका विचार करनेसे शान्ति मिलती है। वस्तुका चिन्तन करनेसे द्वैतका भाव उत्पन्न होता है और यदि चिन्तन करना छोड़ दिया जाय तो कुछ समझमें ही नहीं आता और विवेक न होनेके कारण आदमी सन्देहमें पड़ जाता है। इसलिए विवेक धारण करना चाहिए और ज्ञानकी सहायतासे सब प्रपञ्च और अहं-भाव दूर करना चाहिए। पर अहं-भाव दूर नहीं होता। परब्रह्म अद्वैत है पर उसकी कल्पना करते ही मनमें द्वैतका भाव उठता है। वहाँ हेतु और दृष्टान्तका कुछ बस ही नहीं चलता। उसे स्मरण करते समय स्वयं स्मरणको ही भूल जाना चाहिए; अथवा विस्मरण हो जाने पर भी उसका स्मरण करना चाहिए और उसे जानकर ज्ञानको भूल जाना चाहिए। उससे न मिलने पर ही भेंट होती है; और यदि कोई मिलने जाय तो उससे बिछोह होता है। इस प्रकार यह गूँगेपनकी एक अद्भुत बात है। यदि कोई उसका साधन करने जाय तो उसकी साधना नहीं होती; छोड़नेसे वह छूटता नहीं है और सदा

बना रहनेवाला उसका सम्बन्ध कभी टूटता नहीं। वह जैसा है, वैसा ही सदा बना रहता है; पर यदि उसे देखने लगें तो वह दूर हो जाता है; और यदि न देखा जाय तो हर जगह उसका प्रकाश दिखाई देता है। यदि उसके लिए कोई उपाय किया जाय तो वही अपाय हो जाता है और यदि अपाय किया जाय तो वही उपाय हो जाता है। और यह बात बिना अनुभवके समझमें नहीं आती। वह बिना समझे ही समझमें आता है और समझने पर कुछ भी समझमें नहीं आता। वृत्तियोंको छोड़कर ही वह निवृत्ति पद प्राप्त करना चाहिए। जब वह परब्रह्म ध्यानमें नहीं लाया जा सकता, तब उसका चिन्तन ही कैसे किया जाय? वह मनमें तो समाता ही नहीं। यदि जलसे उसकी उपमा दी जाय तो वह ब्रह्म निर्मल और निश्चल है। उसमें सारा विश्व डूबा हुआ है, पर फिर भी वह जगतसे बिलकुल अलग है। न तो वह प्रकाशके समान है और न अन्धकारके समान है। अब हम उसे किसके समान बतलावें! वह ब्रह्म निरंजन कभी दिखाई नहीं पड़ता। तब फिर उसका पता कैसे लगावें? यदि पता लगाया जाय तो कुछ समझमें नहीं आता और मनमें सन्देह ही उत्पन्न होता है। इस प्रकार जीव घबराकर सोचता है कि हम क्या देखें और कहाँ जायँ। वह समझ लेता है कि वह सत्य स्वरूप कहीं है ही नहीं (अर्थात्, वह नास्तिक हो जाता है)। पर फिर वह सोचता है कि यदि वह ब्रह्म है ही नहीं, तो क्या वेद और शास्त्र आदि सब झूठे हैं? पर व्यास आदि महर्षियोंकी बात झूठ कैसे हो सकती है? उसे हम मिथ्या कह ही नहीं सकते। बहुतसे ज्ञानियोंने ज्ञान-साधनके जो उपाय बतलाये हैं, वे मिथ्या नहीं हो सकते। स्वयं महादेवजीने गुरुगीतामें पार्वतीजीको अद्वैतका उपदेश दिया है। अवधूतजीने अवधूतगीतामें भी गोरखनाथजीको ज्ञान-मार्ग बतलाया है। विष्णुने राजहंस बनकर ब्रह्माको इसका उपदेश दिया है, जो हंसगीताके नामसे प्रसिद्ध है। ब्रह्माने नारदको चतुःश्लोकी भागवतका उपदेश दिया है और पीछेसे व्यासने उसीका बहुत विस्तार किया है। वशिष्ठजीने योगवाशिष्ठमें रामचन्द्रजीको और श्रीकृष्णने अर्जुनको सप्त-श्लोकी गीतामें भी यही सब बातें बतलाई हैं। कहाँ तक गिनाया जाय, बहुत-से ऋषियोंने बहुत-सी बातें बतलाई हैं। अद्वैतका ज्ञान आदिसे अन्त तक सत्य ही है। इसलिए आत्मज्ञानको जो मिथ्या कहे, उसका पतन होता है। पर अज्ञानियोंको यह बात मालूम नहीं होती। जिस स्वरूप-स्थितिके सम्बन्धमें

शेषनागकी बुद्धि भी मन्द पड़ गई और श्रुति भी मौन हो गई, उसका वर्णन अपने ज्ञानका अभिमान करके नहीं किया जा सकता। जो बात अपनी समझमें न आवे, उसे हम मिथ्या क्यों कहें ? वह बात सद्गुरुके मुखसे ही अच्छी तरह सीखनी चाहिए।

मिथ्या बातको सत्य मानकर और सत्य बातको मिथ्या मानकर मन अकस्मात् सन्देह-सागरमें डूब जाता है। मनको कल्पना करनेकी आदत होती है; पर मन जिसकी कल्पना करता है, वह ब्रह्म नहीं है; और इसी लिए अहं-भावके मार्ग पर सन्देह आगे आगे दौड़ता है। इसलिए पहले वह अहं-भावका मार्ग ही छोड़ देना चाहिए और तब परमात्मासे मिलना चाहिए, और साधुओंकी संगतिमें रहकर सन्देहका समूल नाश करना चाहिए। पर अहं-भाव शस्त्रोंसे नहीं कटता, तोड़नेसे नहीं टूटता और किसी तरह छोड़नेसे नहीं छूटता। उसी अहं-भावके कारण उस वस्तु (ब्रह्म) का पता नहीं लगता, भक्ति भाग जाती है और वैराग्यकी शक्ति गल जाती है। उस अहं-भावसे प्रपंच भी नहीं होता; परमार्थ डूब जाता है और यश, कीर्ति तथा प्रताप सभी नष्ट हो जाते हैं। उससे मित्रता टूटती है, प्रीति कम होती है और अभिमान उत्पन्न होता है। उससे विकल्प या सन्देह उत्पन्न होता है, कलह मचता है और एकताका प्रेम नष्ट होता है। जब अहं-भाव किसी आदमीको ही अच्छा नहीं लगता, तब वह भगवानको कैसे अच्छा लग सकता है ! इस लिए जो अहं-भाव छोड़ देता है, उसीको समाधान या शान्ति मिलती है। अब प्रश्न यह है कि अहं-भावका त्याग कैसे किया जाय, ब्रह्मका अनुभव कैसे हो और समाधान किस प्रकार प्राप्त किया जाय ? अहं-भावको जान या समझकर छोड़ देना चाहिए, स्वयं ब्रह्म होकर ब्रह्मका अनुभव करना चाहिए और निःसंग होकर समाधान प्राप्त करना चाहिए। जो अहं-भावको छोड़कर साधन करना जानता है, वही समाधानी है और वही धन्य है। यदि यह सोचा जाय कि मैं तो स्वयं ब्रह्म हो गया हूँ, अब साधन कौन करे ? तो तरह तरहकी कल्पनाएँ ही उठती हैं। कल्पनासे ब्रह्मका पता नहीं चल सकता; पर ब्रह्मके सम्बन्धमें विचार करते समय कल्पना ही सामने खड़ी रहती है। उन कल्पनाओंके बीचमेंसे जो ब्रह्मको ढूँढ़ निकालता है, वही साधु है। निर्विकल्पकी कल्पना तो करनी चाहिए, पर मनमें यह भाव नहीं रहना चाहिए कि कल्पना करनेवाला मैं हूँ; और इस प्रकार अहं-भावका परित्याग करना चाहिए। ये सब ब्रह्म-विद्याके ढंग हैं। स्वयं कुछ न होकर

रहना चाहिए। जो लोग दक्ष और समाधानी हैं, वही ऐसा करना जानते हैं। जब यह बात समझमें आ जाती है कि हम जिसकी कल्पना करते हैं, वह स्वयं हम्हीं हैं, तब कल्पनाकी जगह शून्य रह जाता है। अपने पदसे बिना विचलित हुए सब साधन और उपाय करने चाहिएँ, तभी अलिप्तताका मार्ग मिलता है। राजा अपने राजपद पर बैठा रहता है और राज्यके सब काम आपसे आप चलते रहते हैं। इसी प्रकार साधकको भी साध्य बनकर साधन करना चाहिए। साधन तो शरीर पर आकर पड़ता है और "हम" शरीर हैं ही नहीं। बस, मनमें यही भाव रखकर हम सहजमें अकर्ता हो सकते हैं। साधनका त्याग तभी हो सकता है जब यह समझा जाय कि हम्हीं शरीर हैं। पर जब हम स्वभावतः देहसे अतीत हैं, तब देह कहाँसे आया? न वह साधन है और न वह देह है; हाँ, स्वयं हम निस्सन्देह हैं; और देहके रहते हुए भी यही विदेह-स्थिति है। बिना साधनके ब्रह्म बननेसे देहकी ममता बनी रहती है और ब्रह्म-ज्ञानके बहाने आलस्य बढ़ता है। परमार्थके बहाने स्वार्थका भाव उत्पन्न होता है, ध्यानके बहाने निद्रा आती है और मुक्तिके बहाने अनर्गलता या स्वेच्छाचारका पाप होता है। निरूपणके बहाने निन्दा होती है, संवादके बहाने विवाद बढ़ता है और उपाधिके बहाने अभिमान आ घेरता है। इसी प्रकार ब्रह्म-ज्ञानके बहाने शरीरमें आलस्य आ जाता है और आदमी सोचता है कि यह साधनका पागलपन मैं क्यों करूँ? इससे मेरा क्या लाभ होगा? कहा है—

किं करोमि क्व गच्छामि किं गृह्णामि त्यजामि किम्।
आत्मना पूरितं सर्वं महाकल्पाम्बुना यथा॥

इस वचनके अनुसार वह ब्रह्मकी पूर्ण स्थितिका आलस्यके कारण अपनेमें आरोप कर लेता है और अपने हाथसे अपने पैरोंमें कुल्हाड़ी मारता है। वह अपने उपकारके बदले अपकार कर बैठता है, विपरीत आचरण करके अपना हित नष्ट करता है और साधनको छोड़कर मुक्त होनेके बदले और भी बद्ध हो जाता है। वह सोचता है कि यदि हम साधन करने लगेंगे तो हममें सिद्धता न रह जायगी और इसीलिए उसे साधन करना अच्छा नहीं लगता। उसे इस बातकी लज्जा होती है कि लोग मुझे साधक कहेंगे (सिद्ध न कहेंगे), पर वह नहीं जानता कि ब्रह्मा आदि भी साधन ही करते हैं। पर अब अविद्याकी ये सब बातें छोड़ देनी चाहिएँ। विद्या अभ्यासके अनुसार ही प्राप्त होती है; और अभ्याससे ही आद्य तथा पूर्ण

ब्रह्म भी मिलता है। इस पर श्रोता पूछता है कि कौन-सा अभ्यास करना चाहिए और परमार्थका साधन क्या है ? आप कृपाकर मुझे बतलावें। श्रोताओंको इसका उत्तर अगले समासमें दिया गया है और परमार्थके साधन बतलाये गये हैं।

आठवाँ समास

श्रवण-महिमा

अब परमार्थके वे साधन सुनिये जिनसे समाधान या शान्तिकी प्राप्ति होती है; और वह साधन निश्चित रूपसे श्रवण ही है। श्रवणसे भक्ति और विरक्ति उत्पन्न होती है और विषयोंके प्रति आसक्ति नष्ट होती है। उससे चित्त शुद्ध होता है, बुद्धि दृढ़ होती है और अभिमानकी उपाधि नष्ट होती है। उससे मनमें निश्चय उत्पन्न होता है, ममता टूटती है और हृदयमें समाधान या शान्ति होती है। उससे आशङ्का और संशयका नाश होता है और अपना पूर्व गुण या सद्‌गुण फिरसे प्राप्त होता है। उससे मन वशमें होता है, समाधान होता है और देह-बुद्धिका बन्धन टूटता है। अहं-भाव दूर होता है, धोखा या सन्देह नहीं रह जाता और सब प्रकारके अपाय या दोष भस्म हो जाते हैं। कार्य सिद्ध होता है, समाधि लगती है और समाधान होनेके कारण सब प्रकारकी सिद्धियाँ प्राप्त होती हैं। यदि सन्तोंकी सङ्गतिमें रहकर श्रवण किया जाय तो निरूपणका तत्त्व समझमें आ जाता है और सुननेवाला तदाकार हो जाता है। बोध या ज्ञान बढ़ता है, प्रज्ञा बलवती होती है और विषयोंके बन्धन टूट जाते हैं। विचारकी बात समझमें आने लगती है, ज्ञान प्रबल होता है और साधकको उस वस्तु या ब्रह्मकी प्राप्ति होती है। सद्‌बुद्धि उत्पन्न होती है, विवेक जाग्रत होता है और ईश्वरमें मन लगता है। कुसङ्ग छूट जाता है, काम-वासना दूर हट जाती है और भव-भय पूरी तरहसे नष्ट हो जाता है। मोह नष्ट हो जाता है, स्फूर्तिका प्रकाश होता है और सद्‌वस्तुका निश्चित रूपसे मास होने लगता है। गति उत्तम हो जाती है और शान्ति, निवृत्ति तथा अचल पदकी प्राप्ति होती है। श्रवणसे बढ़कर सार पदार्थ और कोई नहीं है और उससे सब काम सुधर जाते हैं। इस भव-नदीको पार करनेका उपाय श्रवण ही है। श्रवण ही भजनका आरम्भ है और सब बातोंसे पहले श्रवण ही होना चाहिए। इससे सब बातें आपसे आप हो जाती हैं। यह बात सबको विदित

और प्रत्यक्ष है कि चाहे प्रवृत्ति हो और चाहे निवृत्ति, किसीकी प्राप्ति विना श्रवणके नहीं होती। सभी लोग जानते हैं कि विना सुने कोई बात जानी नहीं जा सकती। इसलिए सबसे पहला प्रयत्न श्रवण ही है। जो बात जन्म भर कभी सुनी ही न हो, उसीके सम्बन्धमें सन्देह होता है। इसी लिए इससे बढ़कर और कोई उपाय नहीं है। यों तो बहुतसे साधन हैं, पर श्रवणकी बराबरी और कोई साधन नहीं कर सकता। विना श्रवणके कोई काम ही नहीं चल सकता। जिस प्रकार सूर्यके न रहनेसे घोर अन्धकार हो जाता है, उसी प्रकार श्रवण न होने पर कुछ भी समझमें नहीं आता। विना श्रवणके यह नहीं मालूम होता कि नवधा-भक्ति, चारों प्रकारकी मुक्ति और सहज स्थिति कैसी होती है। न षट्-कर्मोंका आचरण, न पुरश्चरण और न विधियुक्त उपासनाका रहस्य ही समझमें आता है। अनेक प्रकारके व्रतों, दानों, तपों, साधनों, योगों और तीर्थाटनोंका हाल भी विना श्रवणके नहीं मालूम होता। अनेक प्रकारकी विद्याओं और पिंडोंका ज्ञान और अनेक प्रकारके तत्वों, कलाओं और ब्रह्म-ज्ञानकी बातें भी बिना श्रवणके नहीं मालूम होतीं। जिस प्रकार तरह-तरहकी वनस्पतियाँ एक ही जलसे बढ़ती हैं, सब जीवोंकी एक ही रससे उत्पत्ति होती है, सब जीव एक ही पृथ्वी, एक ही सूर्य और एक ही वायुसे अपना निर्वाह करते हैं, जिस प्रकार सब जीवोंके चारों ओर एक ही आकाश है और एक ही परब्रह्ममें सब जीवोंका निवास है, उसी प्रकार समस्त जीवोंके लिए एक ही साधन श्रवण है। इस पृथ्वीमें बहुतसे देश, भाषाएँ और मत हैं; पर किसीमें श्रवणको छोड़कर और कोई साधन नहीं है। श्रवणसे ही उपरति होती है, बद्ध लोग मोक्षकी इच्छा करने लगते हैं और मुमुक्षु लोग साधक बनकर बहुत ही नियमपूर्वक रहने लगते हैं। और यह बात सभी लोग जानते हैं कि जब उन साधकोंको बोध हो जाता है, तब वे सिद्ध हो जाते हैं। श्रवणका यह गुण तत्काल देखनेमें आता है कि खल और चांडाल भी पुण्यशील हो जाते हैं। श्रवणकी अगाध महिमा कही नहीं जा सकती। इससे दुर्बुद्धि और दुरात्मा लोग भी पुण्यात्मा हो जाते हैं। लोग कहते हैं कि तीर्थों और व्रतोंका फल आगे चलकर मिलता है। पर श्रवणकी यह बात नहीं है। इसका फल हाथों-हाथ मिलता है। अनुभवी जानते हैं कि अनेक प्रकारके रोगों और व्याधियोंका जिस प्रकार औषधसे नाश होता है, उसी प्रकार श्रवण भी सिद्ध उपाय है। जब श्रवणका रहस्य समझमें आ जाता

है, तभी भाग्यश्री बलवती होकर प्रकट होती है और स्वानुभवसे मुख्य परमात्मा भी मिल जाता है।

इसीको मनन भी कहते हैं; क्योंकि जब श्रवणके समय सावधानतापूर्वक अर्थ समझ लिया जाता है, तब उसीसे निदिध्यासन और समाधान होता है। जब कही हुई बातका अर्थ समझमें आ जाता है, तभी समाधान होता है और तुरन्त मनमें निःसन्देहता उत्पन्न होती है। जो सन्देह जन्मोंका मूल है, वह श्रवणसे निर्मूल हो जाता है और फिर सहजमें प्रांजल समाधान प्राप्त होता है। जहाँ श्रवण और मनन न हो, वहाँ समाधान कैसे हो सकता है? उसके पैरोंमें अपने मुक्त होनेके अभिमानकी बेड़ियाँ पड़ी रहती हैं। अर्थात् वह समझता है कि अब मैं मुक्त हो गया हूँ और मुझे श्रवण या मननकी जरूरत नहीं है; और वह अपने इसी अभिमानके बन्धनमें पड़ा रहता है। चाहे कोई मुमुक्षु हो, चाहे साधक हो और चाहे सिद्ध हो, बिना श्रवणके वह अव्यवस्थित ही रहता है। श्रवण और मननसे चित्त-वृत्ति शुद्ध होती है। जहाँ नित्य नियमपूर्वक श्रवणका प्रबन्ध न हो, वहाँ साधकको क्षण भर भी न रहना चाहिए। जहाँ श्रवणका स्वार्थ न हो, वहाँ परमार्थ कैसे हो सकता है? पिछले किये हुए अच्छे काम भी श्रवणके बिना व्यर्थ हो जाते हैं। इसलिए श्रवण करना चाहिए; इस साधनमें मन लगाना चाहिए और नित्य-नियमोंका पालन करके इस संसार-सागरसे पार होना चाहिए। जिस प्रकार बार-बार वही अन्न और वही जल ग्रहण किया जाता है जो हम रोज ग्रहण करते हैं, उसी प्रकार बराबर श्रवण और मनन भी करते रहना चाहिए। जो मनुष्य आलस्यके कारण श्रवणका अनादर करता है, उसके हेतुकी अवश्य हानि होती है। आलस्य करना मानो परमार्थको डुबाना है; इसलिए इस विषयमें बराबर श्रवण करते रहना चाहिए। अब अगले समासमें यह बतलाया जायगा कि कैसे श्रवण करना चाहिए और कैसे ग्रन्थोंको देखना चाहिए।

नवाँ समास

श्रवणका निरूपण

श्रोताओंको एकाग्रचित्त होकर ध्यान देना चाहिए, क्योंकि अब यह बतलाया जाता है कि श्रवण किस प्रकार करना चाहिए। कोई कोई वक्तृता या निरूपण ऐसा

होता है जिससे प्राप्त शान्ति भी अकस्मात् नष्ट हो जाती है और किया हुआ निश्चय टूट जाता है। ऐसी वक्तृता स्वभावतः मायिक होती है और निश्चयके नामसे उसमें शून्य ही होता है; अतः ऐसी वक्तृताका परित्याग करना चाहिए। एक ग्रन्थ देखकर कोई बात निश्चित की जाती है और दूसरे ग्रन्थसे वह निश्चय टूट जाता है और सन्देह बराबर बढ़ता हो जाता है। परमार्थीको अद्वैत-सम्बन्धी ऐसे ही ग्रन्थोंका श्रवण करना चाहिए जिनसे सन्देह और आशङ्काकी निवृत्ति हो। मोक्षका अधिकारी सदा परमार्थ ग्रहण करता है और उसके हृदयमें अद्वैत-सम्बन्धी ग्रन्थोंके प्रति प्रेम होता है। जिसने इस संसारको छोड़ दिया हो और जो परलोकका साधक हो, उसे अद्वैत सम्बन्धी शास्त्रोंमें विवेककी बातें देखनी चाहिएँ। जिसे अद्वैतकी आवश्यकता हो, उसे यदि द्वैतकी बातें बतलाई जायँ तो उसका चित्त क्षुब्ध हो जाता है। यदि श्रवण अपनी रुचिके अनुसार हो तो सुख उमड़ पड़ता है और रुचिके विपरीत बातें सुननेसे जी ऊब जाता है। जिसकी जैसी उपासना होती है, उसके मनमें वैसी ही प्रीति भी उत्पन्न होती है। यदि उसके विपरीत उसे कोई दूसरी बात बतलाई जाय तो वह उसे प्रशस्त या ठीक नहीं जान पड़ती। प्रीति तो मनमें अनायास ही उत्पन्न होती है; और जिस तरह पानी अपने मार्गसे आप ही चलने लगता है, उसी प्रकार वह भी आपसे आप अपने मार्ग पर आगे बढ़ती है। इसी प्रकार जो आत्मज्ञानी होता है, उसे ऐसे ही ग्रन्थोंकी आवश्यकता होती है जिनमें सारासारका विचार हो; दूसरे ग्रन्थ उसे अच्छे नहीं लगते। जहाँ कुलदेवी भगवती हो, वहाँ सप्तशती ही रहनी चाहिए। वहाँ दूसरे देवताओंकी स्तुतिकी बिलकुल आवश्यकता नहीं है। अनन्तका व्रत करनेवाले (सकाम पुरुष) को भगवद्गीता (निष्काम होनेका उपदेश देनेवाली) अच्छी नहीं लगती, और साधुजनोंको फलाशावाली बात अच्छी नहीं लगती। हाथमें पहना जानेवाला वीर-कङ्कण यदि नाकमें पहना जाय तो शोभा नहीं देता। प्रत्येक वस्तु अपने स्थान पर ही अच्छी लगती है, दूसरी जगह उसकी कोई आवश्यकता या उपयोग नहीं होता। जिस ग्रन्थमें जिस तीर्थका माहात्म्य वर्णित हो, वह ग्रन्थ उसी तीर्थमें वन्दनीय होता है। यदि वह किसी दूसरे तीर्थमें सुनाया जाय तो विलक्षण या अनुचित जान पड़ता है। यदि मल्लार तीर्थका माहात्म्य द्वारकामें, द्वारकाका माहात्म्य काशीमें, अथवा काशीका माहात्म्य व्यङ्कटेश स्थलमें बतलाया

जाय तो शोभा नहीं पाता। ऐसे और भी बहुतसे उदाहरण दिये जा सकते हैं। जो चीज जहाँकी होती है, वह वहीं अच्छी लगती है। इसी प्रकार ज्ञानियोंको सदा अद्वैत-सम्बन्धी ग्रन्थोंकी चाह होती है। योगियोंके सामने भूतोंके आवेशमें आकर बातें करना, पारखियोंके सामने साधारण पत्थर रखना और पण्डितोंके सामने डफके गीत गाना शोभा नहीं देता। वेदज्ञोंके सामने तन्त्र-मन्त्र, निस्पृहके सामने फलश्रुति और ज्ञानियोंके सामने कोकशास्त्रकी पुस्तकें अच्छी नहीं लगतीं। ब्रह्मचारीके सामने नाच, अध्यात्मका निरूपण करनेवालेके सामने रास-क्रीड़ा और राजहंसके सामने पानीकी भी यही दशा होती है। यदि आत्मज्ञानीके सामने शृंगारिक गीतोंकी पुस्तक रखी जाय तो उसका समाधान कैसे हो सकता है? राजाको रङ्कसे आशा रखना, अमृतको मठा कहना और संन्यासीके लिए "उच्छिष्ट चांडालिनी" वाले मंत्रका व्रत करना कैसे शोभा देगा? यदि कर्मनिष्ठको वशीकरण मंत्र बतलाया जाय या झाड़-फूँक करनेवालेको अध्यात्म-सम्बन्धी कथा सुनाई जाय तो अवश्य ही उसका मन दुःखी हो जायगा। इसी प्रकार यदि परमार्थी लोगोंके सामने ऐसे ग्रन्थ पढ़े जायँ जिनमें आत्मज्ञान न हो तो उनका समाधान नहीं हो सकता। पर अब ये बातें रहने देनी चाहिएँ। जो अपना हित करना चाहता हो, उसे सदा अद्वैत-सम्बन्धी ग्रन्थोंका ही अध्ययन करना चाहिए। आत्मज्ञानीको अपना चित्त एकाग्र करके एकान्तमें अद्वैत-सम्बन्धी ग्रन्थ देखने चाहिएँ और अपना समाधान करना चाहिए। अनेक प्रकारसे देखने पर यही निश्चय होता है कि अद्वैत-सम्बन्धी ग्रन्थोंके समान और कोई ग्रन्थ नहीं हैं। वास्तवमें परमार्थी लोगोंको पार उतारनेके लिए तो वह नाव ही है। अनेक प्रकारके प्रपंचों, हास्य विनोद और नौ रसों आदिकी जो पुस्तकें हैं, वे परमार्थीका कोई हित नहीं कर सकतीं। वास्तवमें ग्रन्थ वही है जिससे परमार्थ बढ़े, मनमें विषयोंके प्रति अनुताप या पश्चात्ताप हो और भक्ति तथा साधनके प्रति रुचि उत्पन्न हो; जिसे सुनते ही गर्व गल जाय, भ्रान्ति दूर हो जाय और मन पूर्ण रूपसे भगवानमें लगे। जिससे उपरति उत्पन्न हो, अवगुण नष्ट हो जायँ और अधोगतिका अन्त हो जाय, वही सच्चा ग्रन्थ है। जिसके सुननेसे धैर्य बढ़े, परोपकार हो सके, विषय-वासनाओंका अन्त हो सके, मोक्ष, ज्ञान और पवित्रता प्राप्त हो, वही सच्चा और उत्तम ग्रन्थ है। ऐसे बहुतसे ग्रन्थ हैं जिनमें अनेक प्रकारके विधान और फलश्रुतियाँ कही गई हैं; पर जिससे विरक्ति और

भक्ति न उत्पन्न हो, वह ग्रन्थ नहीं है। जिस ग्रन्थकी फलश्रुतिमें मोक्ष न हो, वह दुराशाकी पोथी है, क्योंकि उसके सुननेसे बराबर दुराशा ही बढ़ेगी। जिस ग्रन्थके सुननेसे लोभ उत्पन्न होता हो, उसके द्वारा विवेक कैसे उत्पन्न हो सकता है? उससे तो दुराशाके भूतोंका ही संचार होता है और अधोगति होती है। जो किसी ग्रन्थको सुनकर कहता है कि मैं अगले जन्ममें इसका फल पाऊँगा, उसकी जन्म-रूपी अधोगति सहज ही होती है। बहुतसे पक्षी अनेक प्रकारके फल खाकर ही तृप्त हो जाते हैं, पर चकोरका ध्यान अमृतमें लगा रहता है। इसी प्रकार संसारी लोग संसारकी ही कामना करते हैं; पर जो भगवानके अंश हैं, वे भगवानकी ही इच्छा रखते हैं।

ज्ञानीको ज्ञान, भजन करनेवालेको भजन और साधकको अपने इच्छानुसार साधन ही करना चाहिए। परमार्थीको परमार्थ, स्वार्थीको स्वार्थ और कृपणको धनकी ही कामना होती है। योगियोंको योग, भोगियोंको भोग और रोगियोंको रोग हरनेवाली मात्राकी ही चाह होती है। कविको काव्य-प्रबन्ध, तार्किकको तर्क-वाद और भावुकको संवाद ही अच्छा लगता है। पण्डितोंको विद्या, विद्वानोंको अध्ययन और कलाविदोंको अनेक प्रकारकी कलाओंकी ही आवश्यकता होती है। हरिभक्तको कीर्तन, पवित्र रहनेवालोंको संध्या-स्नान, कर्मनिष्ठोंको विधि-विधान, प्रेमियोंको करुणा, विचक्षणोंको दक्षता, बुद्धिमानोंको चातुर्य, भक्तको मूर्तिका ध्यान, सङ्गीतज्ञको राग और तालका ज्ञान, रागके ज्ञानीको तान और मूर्च्छना, योगा-भ्यासीको देहका ज्ञान, तत्त्वज्ञको तत्त्वज्ञान और नाड़ीके ज्ञानीको मात्राओंका ज्ञान ही आवश्यक होता और अच्छा लगता है। कामी मनुष्य कोकशास्त्र, चेटकी व्यक्ति चेटक विद्या और यान्त्रिक अनेक प्रकारके यन्त्रों आदिको ही आदरपूर्वक देखता है। मसखरेको हँसी ठट्ठा, पागलको अनेक प्रकारके छल-छन्द और तामस प्रकृति-वालेको प्रमाद अच्छा लगता है। निन्दक दूसरेके छिद्र ढूँढ़ता है और पापी अपनी पाप-बुद्धि बढ़ाना चाहता है। किसीको रसीली बातें, किसीको लम्बी चौड़ी गाथाएँ और किसीको सीधी सादी भक्ति अच्छी लगती है। आगमी या तान्त्रिक तन्त्र-शास्त्रको, योद्धा संग्रामको और धार्मिक पुरुष अनेक प्रकारके धर्मोंको पसन्द करता है। मुक्त व्यक्ति मोक्षका सुख भोगता है, सर्वज्ञ सब प्रकारकी कलाएँ देखता है और ज्यौतिषी पिङ्गला नामक पक्षीको देखकर भविष्यकी बातें कहना चाहता है। इस

प्रकार कहाँ तक बतलाया जाय, सभी लोग अपनी अपनी रुचिके अनुसार अनेक प्रकारके ग्रन्थ पढ़ते और सुनते हैं। पर जिससे परलोककी सिद्धि न हो, वह श्रवण नहीं है और जिसमें आत्मज्ञान न हो, वह केवल समय बितानेके लिए मनबहलाव है। बिना मिठाईके मिठास, बिना नाकके सौन्दर्य और बिना ज्ञानके निरूपण नहीं हो सकता। अब इस विषयमें बहुत कुछ कहा जा चुका। सारांश यह कि केवल परमार्थ-सम्बन्धी ग्रन्थ सुनने चाहिएँ। परमार्थके बिना बाकी सब व्यर्थकी कहानियाँ हैं। जिस ग्रन्थमें नित्यानित्यका विचार किया गया हो और सारासार बतलाया गया हो, उसीको सुननेसे मनुष्य इस भव-सागरके उस पार पहुँचता है।

दसवाँ समास

देहान्त-निरूपण

मायाकी कुछ ऐसी लीला देखनेमें आती है कि जो मिथ्या होता है वह सत्य जान पड़ता है और जो सत्य होता है वह मिथ्या जान पड़ता है। यद्यपि सत्यका ज्ञान करानेके लिए अनेक प्रकारके निरूपण किये गये हैं तो भी असत्यकी धाक जमी ही हुई है। असत्य ही हृदयमें छाया हुआ है और बिना किसीके कहे ही वह दृढ़ भी हो गया है; और सत्यका किसीको पता ही नहीं है। यद्यपि वेद, शास्त्र और पुराण सत्यका निश्चय करते हैं, पर फिर भी सत्यका स्वरूप मनमें नहीं बैठता। देखते-देखते यह विपरीत अवस्था उत्पन्न हो गई है कि सत्य शाश्वत होने पर भी आच्छादित और छिपा हुआ है और असत्य नश्वर होने पर भी सत्यके समान जान पड़ रहा है। पर सन्तोंकी संगति करने और अध्यात्म-सम्बन्धी निरूपण सुननेसे मायाकी यह लीला तुरन्त समझमें आ जाती है। पहले यह बतलाया जा चुका है कि अपने स्वरूपका ज्ञान प्राप्त कर लेने पर परमार्थके लक्षण विदित हो जाते हैं; और उससे समाधान हो जाने पर मन उस चैतन्यमें लीन हो जाता है और पता लग जाता है कि मैं स्वयं ही वह वस्तु या ब्रह्म हूँ। उस समय वह अपने शरीरको प्रारब्ध पर छोड़ देता है। बोध हो जानेके कारण उसका सन्देह दूर हो जाता है और वह समझ लेता है कि यह शरीर मिथ्या है, चाहे रहे या जाय। शरीरके मिथ्यात्वका ज्ञान हो जाने पर ज्ञानियोंका शरीर निर्विकार हो जाता है; और जहाँ उनका शरीरान्त हो, वही पुण्य-भूमि है। साधुओंकी कृपासे ही तीर्थ पवित्र

होते हैं और उनके मनोरथ पूर्ण होते हैं। जिन पुण्यक्षेत्रोंमें साधु न हों, वे व्यर्थ ही हैं। साधारण लोगोंका ही यह विचार होता है कि किसी पवित्र नदीके किनारे शरीर छूटना चाहिए। साधुओंको इसकी आवश्यकता नहीं होती, क्योंकि वे नित्यमुक्त होते हैं। साधारण लोगोंको यह भ्रम रहता है कि उत्तरायणमें मरना अच्छा होता है और दक्षिणायनमें मरना बुरा होता है, पर साधुओंको इस सम्बन्धमें किसी प्रकारका सन्देह नहीं होता। कहा जाता है कि शुक्ल पक्षमें, उत्तरायणमें, घरमें, दीपक जलते समय, दिनमें और अन्तिम समयमें स्मृति बनी रहने पर यदि मृत्यु हो तो प्राणीको उत्तम गति प्राप्त होती है। योगियोंको इन बातोंकी आवश्यकता नहीं होती; क्योंकि पुण्यात्मा लोग जीवित रहनेकी दशामें ही मुक्त हो जाते हैं और पाप-पुण्य सबको तिलाञ्जलि दे देते हैं।

यदि किसीकी मृत्यु अच्छी तरह हो, कोई सुखपूर्वक मरे तो अनजान लोग कहते हैं कि वह धन्य हो गया। पर यह लोगोंकी उलटी समझ है। वे यह समझकर कि अन्तमें भगवानसे भेंट होती है, स्वयं ही अपना घात करते हैं। जिसने जीवित रहनेकी दशामें ही अपना जन्म सार्थक नहीं किया, उसका आयुष्य व्यर्थ बीता। भगवानसे उसकी भेंट नहीं हो सकती। जब बीज ही नहीं बोया गया, तब वह उगेगा कहाँसे? ईश्वरका भजन करनेसे ही मनुष्य पावन और मुक्त होता है। व्यापार करनेसे ही धनका लाभ होता है। यह बात सभी लोग जानते हैं कि बिना दिये कुछ नहीं मिलता और बिना बोये कुछ नहीं उगता। जिस प्रकार कोई आदमी अपने स्वामीकी सेवा तो न करे, पर उससे अपना वेतन माँगे, उसी प्रकार अभक्त लोग बिना भक्ति किये ही अन्तमें मोक्ष चाहते हैं। पर इस प्रकार उन्हें मोक्षकी प्राप्ति नहीं होती। जिसने अपने जीवन-कालमें भगवद्भक्ति ही न की हो, मरने पर उसे मुक्ति कैसे मिल सकती है? जो जैसा करता है, वह वैसा ही फल पाता है। यदि भगवानका भजन न किया जाय तो अन्तमें मुक्ति नहीं मिलती। चाहे कोई देखनेमें अच्छी मौत क्यों न पावे, पर भक्तिके बिना उसकी अधोगति ही होती है। इसलिए साधु लोग धन्य हैं जो जीते जी अपना जन्म सार्थक कर लेते हैं। जो जीवन्मुक्त और ज्ञानी है, उसकी मृत्यु चाहे युद्ध-क्षेत्रमें हो और चाहे श्मशानमें, वह धन्य ही होता है। यदि किसी साधुका मृत शरीर यों ही पड़ा रह जाय, अथवा उसे कुत्ते आदि खा जायँ तो लोग अपनी

मन्द बुद्धिके कारण उसे अच्छा नहीं समझते। वे यह समझकर मनमें दुःखी होते हैं कि इसका अन्त अच्छा नहीं हुआ। पर वे बेचारे अज्ञानी इसका रहस्य नहीं जानते। जिसका वास्तवमें जन्म हो न हुआ हो, उसे मृत्यु कहाँसे आवेगी? उसने तो अपने विवेकके बलसे जन्म और मृत्यु दोनोंको बिलकुल घोंट डाला है। वह अपना स्वरूप पहचान लेता है; इसलिए उसमें माया रह ही नहीं जाती; और ब्रह्मा आदि भी उसकी गति नहीं जानते। वह तो जीते-जी मरा हुआ है और मृत्युको मारकर वह जीता है। विवेकके कारण उसे जन्म और मृत्युका ध्यान भी नहीं रह जाता। वह लोगोंमें मिला हुआ दिखाई पड़ता है, और देखनेमें उनसे व्यवहार करता हुआ जान पड़ता है, पर फिर भी उनसे अलग रहता है। उसके निर्मल शरीरसे दृश्य पदार्थोंका बिलकुल स्पर्श नहीं होता। यदि साधारण लोग ऐसे साधुओंकी सेवा करें तो उस सेवाके कारण ही वे मुक्त हो सकते हैं।

जिस साधक पर सद्गुरुकी कृपा हुई हो, उसे उचित है कि वह जो अच्छा विचार कर चुका हो, वही विचार बराबर करता रहे। इससे अध्यात्मके निरूपणमें उसका प्रवेश होता है। अब साधकोंको यह बतलाया जाता है कि अद्वैतके स्पष्ट निरूपणसे आपका भी उसी प्रकार समाधान होगा, जिस प्रकार साधुओंका होता है। जो सन्तोंकी शरणमें गया वह भी सन्त हो गया; और अपनी दयालुताके कारण उसने और लोगोंको भी तार दिया। सन्तोंकी ऐसी ही महिमा है। सन्तोंकी सङ्गतिसे ज्ञान होता है और सत्सङ्गसे बढ़कर दूसरा कोई साधन नहीं है। गुरुकी सेवा करने और अध्यात्म-सम्बन्धी बातोंका विचार करनेसे ही मनुष्यका आचरण शुद्ध होता है और वह परम पद पाता है। सद्गुरुकी सेवा ही परमार्थका जन्म-स्थान है और उसीसे सहजमें समाधान होता है। जीवको उचित है कि वह अपने शरीरको मिथ्या समझकर जन्म सार्थक करे और भजन-भावसे सद्गुरुका चित्त सन्तुष्ट करे। वह सद्गुरु दाता अपने शरणागतोंकी उसी प्रकार चिंता करता है जिस प्रकार माता अनेक प्रकारके यत्न करके बालकको पालती और बड़ा करती है। इसलिए वही धन्य है जो सद्गुरुका भजन करता है। सद्गुरुकी सेवाके सिवा शान्तिका और कोई उपाय नहीं है। पर अब इस शाब्दिक झगड़ेका अन्त होता है और यह विषय समाप्ति पर है। यहाँ स्पष्ट रूपसे सद्गुरुके भजनकी महिमा बतलाई गई है। सद्गुरुके भजनसे बढ़कर मोक्ष देनेवाली और कोई चीज

नहीं है। जिसे इस पर विश्वास न हो वह गुरुगीता देखे। उसमें शिवजीने पार्वतीको सद्‌गुरुकी महिमा अच्छी तरह बतलाई है। अतः सद्भावपूर्वक सद्‌गुरुके चरणोंकी सेवा करनी चाहिए। जो साधक इस पुस्तकमें बतलाई हुई बातों पर अच्छी तरह विचार करता है, उसे सत्य ज्ञानका निश्चय हो जाता है। जिस ग्रन्थमें अद्वैतका निरूपण किया गया हो, उसे प्राकृत या देश-भाषाका कहकर उसका निरादर नहीं करना चाहिए और अर्थके विचारसे उसे वेदान्त ही समझना चाहिए। प्राकृत भाषाओंसे ही वेदान्तकी बातें मालूम होती हैं, और उन्हींमें सब शास्त्र देखनेको मिलते हैं और मनको परम शान्ति होती है। जिस भाषामें ज्ञानके उपाय बतलाये गये हों, उसे प्राकृत कहना ही न चाहिए। पर मूर्ख इस बातको क्या जानें! बन्दर आदीका स्वाद क्या जाने! अब यह विषय समाप्त होता है। जिसे जितना अधिकार होता है, वह उतना ही ग्रहण करता है। जिस सीपीमें मोती हो, उसे कोई क्षुद्र नहीं कह सकता। जिसके सम्बन्धमें श्रुति भी नेति नेति कहती हो, उसके सामने भाषाकी विद्वत्ता कुछ काम नहीं दे सकती। परब्रह्म आदिसे अन्त तक ऐसा है जिसका वर्णन हो ही नहीं सकता।

आठवाँ दशक

मायाकी उत्पत्ति और रहस्य

पहला समास

परमात्माका निश्चय

श्रोता लोग सावधान होकर सुनें। गुरु-शिष्यके संवादके रूपमें विमल ज्ञानकी बातें बहुत सुगम करके बतलाई जाती हैं। अनेक शास्त्रोंकी बातें जाननेके लिए सारी उम्र भी काफी नहीं है और उन्हें देखने पर भी मनमें संशयकी व्यथा बढ़ती ही जाती है। इस संसारमें बहुत-से बड़े-बड़े तीर्थ हैं जो सुगम भी हैं, दुर्गम भी और दुष्कर भी; पर सब पुण्यका फल देनेवाले हैं। इस संसारमें ऐसा कौन है जो इन सभी तीर्थोंकी यात्रा कर सकता हो? यदि जन्मभर आदमी तीर्थोंमें घूमता रहे तो भी वे तीर्थ खतम नहीं होते। अनेक प्रकारके तप, दान, योग और साधन आदि सब उसी ईश्वरके लिए किये जाते हैं। सभी लोगोंका यह मत है कि अनेक प्रकारके परिश्रम करके भी उस देवाधिदेवको अवश्य प्राप्त करना चाहिए।

अनेक पन्थ और मत उसी ईश्वरको प्राप्त करनेके लिए हैं। पर उस ईश्वरका स्वरूप कैसा है ? इस सृष्टिमें बहुतसे देवता हैं। उनकी गिनती कौन कर सकता है ! किसी एक देवताका निश्चय ही नहीं होता। उपासनाएँ भी अनेक प्रकारकी हैं। जिस देवताकी उपासनासे जिसकी कामना पूरी होती है, उसी पर उसका दृढ़ विश्वास हो जाता है। देवता भी बहुतसे हैं और भक्त भी बहुतसे हैं। अपनी अपनी इच्छाके अनुसार सब लोग उनमें आसक्त हैं। बहुतसे ऋषियोंके बहुतसे अलग अलग मत भी हैं। इन बहुतसे देवताओं और मतोंके कारण किसी एक देवताका निश्चय नहीं होता। सब शास्त्र ही आपसमें लड़ते हैं; इसलिए कुछ निश्चय नहीं होता। सब शास्त्रोंमें बहुत भेद हैं और मत-मतान्तरोंमें बहुत विवाद है। इस प्रकारके विवाद करते हुए न जाने कितने ही चले गये। हजारोंमेंसे कोई एक ऐसा होता है जो ईश्वरका चिन्तन करता है; पर उसे भी उसके स्वरूपका पता नहीं चलता। और पता चले तो कैसे चले ? वहाँ तो अहन्ता पीछे लगी रहती है। पर अब इन बातोंको छोड़कर यह बतलाते हैं कि जिस परमात्माके लिए लोग इतने योग और साधन करते हैं, उसका ज्ञान कैसे होता है; परमात्मा किसे कहना चाहिए और उसे कैसे जानना चाहिए।

जिसने इस चर और अचर सृष्टि आदिकी रचना की है, उसीको अविनाशी, सर्वकर्ता ईश्वर कहते हैं। उसीने मेघ-माला बनाई है, चन्द्रबिम्बमें अमृतकलाकी रचना की है और रवि-मंडलको तेज प्रदान किया है। उसीकी मर्यादासे सागर स्थिर है, उसीने शेषनागको स्थापित किया है और अन्तरिक्षमें ताराओंको स्थित किया है। जीवोंको चारों प्रकारकी खानियाँ (जरायुज, उद्भिज, अंडज और स्वेदज,), चारों प्रकारकी वाणियाँ (परा, पश्यन्ति, मध्यमा और वैखरी), जीवोंको चौरासी लाख योनियाँ और तीनों लोक जिसने बनाये हैं, वही ईश्वर है। ब्रह्मा, विष्णु और शिव जिसके अवतार हैं वही वह ईश्वर है। घर या डीहका देवता उठकर इन सब जीवोंकी सृष्टि नहीं कर सकता और न यह ब्रह्मांड ही बना सकता है। जगह जगह जो बहुतसे देवता रहते हैं, उन्होंने भी यह पृथ्वी नहीं बनाई है; और न चन्द्रमा, सूर्य, तारा और बादल ही उनके बनाये हुए हैं। सर्वकर्ता एक वही ईश्वर है। यदि हम उसे देखना चाहें तो वह अवयव-रहित है और उसकी कला, लीला तथा कौतुक ब्रह्मा आदि भी नहीं जानते। यहाँ यह आशंका हो

सकती है कि जो निराकार हो, वह सर्वकर्ता कैसे हो सकता है ? इसका उत्तर अगले समासमें दिया गया है। यहाँ श्रोता लोग सावधान होकर प्रस्तुत विषय सुनें।

यह जो खाली जगह है और जिसमें कुछ भी नहीं है, वही आकाश है। वह निर्मल है और उसीमें वायुकी सृष्टि हुई है। उस वायुसे अग्नि और अग्निसे जल उत्पन्न हुआ। यह तो उसकी अघटित करनी है। उस जलसे पृथ्वी बनी जो बिना स्तम्भ या आधारके खड़ी है। ऐसी विचित्र कला करनेवालेका नाम ही ईश्वर है। उसी ईश्वरने यह पृथ्वी बनाई। पर इस पृथ्वीके पेटमें जो पत्थर होते हैं, विवेक-हीन लोग उन्हीं पत्थरोंको ईश्वर कहते हैं। इस सृष्टिका निर्माण करनेवाला जो ईश्वर है, वह इस सृष्टिसे पहले भी था। उसकी यह सत्ता तो पीछेसे बनी है। बरतनोंके बननेके पहलेसे ही कुम्हार होता है। स्वयं बरतन कभी कुम्हार नहीं होते। इसी प्रकार ईश्वर भी पहलेसे है; पत्थर कभी ईश्वर नहीं हो सकते। मान लीजिये कि किसीने मिट्टीकी कोई सेना बनाई। उसका बनानेवाला उस सेनासे बिलकुल अलग है। कार्य और कारण दोनों एक नहीं किये जा सकते। हाँ, यदि कार्य और कारण दोनों पंचभूतात्मक हों, तो इस दृष्टिसे वे दोनों एक हो सकते हैं। पर जहाँ कर्ता निर्गुण हो, वहाँ दोनों एक नहीं हो सकते। कार्य और कारणकी एकताका सम्बन्ध पंचभूतों तक ही है। इस सारी सृष्टिका जो बनानेवाला है, वह इस सृष्टिसे बिलकुल अलग है। इस विषयमें सन्देह हो ही नहीं सकता। जो पुरुष कठपुतलियोंको नचाता हो, स्वयं उसको कठपुतली कैसे कहा जा सकता है ? बीचमें दीपक रखकर दिखाये जाने-वाले छाया-चित्रोंमें जो सेनाएँ दिखलाई जाती हैं, वे सच्ची सेनाओंकी तरह ही युद्ध करती हैं। पर जो मनुष्य उन सबको चलाता है, क्या वह भी उसी सेनामेंका कोई व्यक्ति हो सकता है ? इसी प्रकार सृष्टि बनानेवाला परमात्मा है। वह इस सृष्टि-का अंग कभी नहीं हो सकता। जिसने अनेक प्रकारके जीवोंकी रचना की हो, वह स्वयं कैसे जीव हो सकता है ? जिसके द्वारा कोई चीज बनी हो, वह स्वयं ही वह चीज कैसे हो सकता है ? पर बेचारे आदमी व्यर्थ ही सन्देहमें पड़े रहते हैं। मान लीजिये कि किसीने सृष्टिकी तरहका कोई मन्दिर बनाया। अब वह बनाने-वाला स्वयं वह मन्दिर नहीं हो सकता। इसी प्रकार जिसने यह सृष्टि बनाई है, वह इस सृष्टिसे बिलकुल अलग है। पर कुछ लोग अपनी मूर्खताके कारण कहते हैं कि जो जग है, वही जगदीश है। वह जगदीश तो इस जगतसे बिलकुल अलग

है और यह जगत-निर्माण उसकी कला है। वह है तो सबमें पर सबसे अलग रहकर सबमें है। वह आत्माराम इन पंचभूतोंके कीचड़से अलग और अलिप्त है। अविद्याके कारण मायाका भ्रम सच्चा ही जान पड़ता है। यह विपरीत विचार कहीं प्रतिपादित नहीं है कि मायाकी जितनी उपाधि और संसारका आडम्बर है, वह सत्य ही है। इसलिए यह जगत मिथ्या है और सबसे परे रहनेवाला परमात्मा सच्चा है। वह अन्तरात्मा अन्दर और बाहर सब जगह व्याप्त है। उसीको ईश्वर कहना चाहिए; बाकी और सब मिथ्या हैं। और यही वेदान्तका मुख्य अभिप्राय है।

इस बातका अनुभव तो सभी लोगोंको होता है कि जितने पदार्थ हैं, वे सभी नश्वर हैं और इसलिए ईश्वर इन सब पदार्थोंसे अलग है। सभी शास्त्र बतलाते हैं कि ईश्वर विमल और अचल है, इसलिए उस निश्चलको कभी चञ्चल नहीं कहना चाहिए। यह कहनेसे पाप होता है कि ईश्वर आया, गया, उत्पन्न हुआ या मरा। जन्म और मृत्युकी बातका ईश्वरके लिए कभी प्रयोग हो ही नहीं सकता। जिसकी सत्तासे देवता भी अमर होते हों, उसकी मृत्यु कभी हो ही नहीं सकती। जन्म, मृत्यु, आना-जाना और दुःख भोगना आदि बातें उसी ईश्वरके करमेसे होती हैं और इन सबका कारण वह ईश्वर सबसे अलग है। अन्तःकरण, पाँचों प्राण, बहुतसे तत्त्व और पिंड आदि सब चल या चञ्चल हैं, इसलिए वे ईश्वर नहीं हो सकते।

इस प्रकार जो कल्पना-रहित है, उसीका नाम ईश्वर है। पर फिर भी उसमें ईश्वरताकी बात नहीं है; क्योंकि ईश्वरतामें कल्पनाका भाव है और वह कल्पनातीत है। इस पर शिष्य पूछता है कि जब वह ईश्वर कल्पनातीत है, तब उसने यह ब्रह्माण्ड कैसे बनाया? अपने कर्तृत्व गुणके कारण वह भी कार्यके अन्तर्गत आ जाता है। द्रष्टा होनेके कारण ही जिस प्रकार कोई स्वयं भी दृश्य बन जाता है, उसी प्रकार कर्तृत्वके कारण उस निर्गुणमें भी गुण आ जाता है। आप कृपाकर मुझे यह बतलावें कि इस ब्रह्मांडको बनानेवाला कौन है, उसकी पहचान क्या है और ईश्वर सगुण है या निर्गुण। कुछ लोग कहते हैं कि वह इच्छा मात्रसे सृष्टिकी रचना करता है; और उसे छोड़कर दूसरा कौन सृष्टिकर्ता हो सकता है? इसी प्रकारकी और भी बहुतसी बातें हैं। आप यह बतलावें कि सारी माया कहाँसे आई। इस पर वक्ता कहता है कि सावधान होकर सुनो। अगले समासमें इसका रहस्य बतलाया जायगा और समझाया जायगा कि ब्रह्मसे माया कैसे हुई।

दूसरा समास

मायाके अस्तित्वमें सन्देह

ऊपर श्रोताओंने जो यह प्रश्न किया है कि उस निराकारसे यह चराचर माया कैसे हुई, उसका उत्तर यहाँ दिया जाता है। इस विषयमें यह कहा गया है कि उस सनातन ब्रह्ममें मायाका विवर्त्त रूपसे मिथ्या भान (जैसे रज्जुमें सर्पका भान) होता है। आरम्भमें केवल नित्यमुक्त और परम अक्रिय ब्रह्म ही था; और उसीसे अदृश्य तथा सूक्ष्म माया उत्पन्न हुई। यथा—

आद्यमेकं परब्रह्म नित्यमुक्तमविक्रियम्।
तस्य माया समावेशो जीवमव्याकृतात्मकम्॥

इस पर आशङ्का होती है कि यदि वह एक ही निराकार, मुक्त, अक्रिय और निर्विकार ब्रह्म है तो उसमें मिथ्या माया कहाँसे आई? ब्रह्म तो अखण्ड और निर्गुण है; उसमें इच्छा कहाँसे आई? बिना सगुण हुए इच्छा हो ही नहीं सकती। वह सगुण तो बिलकुल है ही नहीं और इसीलिए वह निर्गुण कहलाता है। तब उसमें सगुणता (इच्छाशक्ति) कहाँसे आई? यदि कहा जाय कि वह निर्गुण ही सगुण हो गया, तो यह बात मूर्खताकी है। कुछ लोग कहते हैं कि उस निश्चल और अकर्ता ईश्वरकी लीला बेचारा जीव कैसे जान सकता है! कोई कहता है कि उस परमात्माकी महिमा कौन जान सकता है! प्राणी बेचारा तो जीवात्मा है। लोग व्यर्थ ही उसकी महिमा गाते हैं और शास्त्रोंके अर्थोंका लोप करके निर्गुणमें जबरदस्ती कर्तृत्वका आरोप करते हैं। जब उसमें कर्तव्यता बिलकुल है ही नहीं, तब वह कैसे कुछ करता भी है और अकर्ता भी बना रहता है? इसलिए कर्ता और अकर्ताकी बात बिलकुल मिथ्या है। जो मूलसे ही निर्गुण है, उसमें कर्तृत्व कहाँसे आया? और यदि उसमें कर्तृत्व नहीं आया तो फिर सृष्टिकी रचना करनेकी इच्छा कौन करता है? बहुतसे लोग कहते हैं कि यह सब परमेश्वरकी इच्छा है। पर यह समझमें नहीं आता कि उस निर्गुणमें इच्छा कहाँसे आई। ये सारी रचना किसने की; अथवा यह रचना आपसे आप हो गई? ईश्वरको छोड़कर और किसने यह सारी रचना की? यदि कहा जाय कि ईश्वरके बिना ही सब कुछ हो गया, तो फिर ईश्वर कहाँ रह गया? यहाँ तो ईश्वरका अभाव दिखाई पड़ता

है। यदि ईश्वरको सृष्टिकर्ता कहा जाय तो उसमें सगुणता आ जाती है और उसके निर्गुण होनेकी बात ही नहीं रह जाती। ईश्वर तो बिलकुल निर्गुण है। फिर सृष्टिकर्ता कौन है? यदि ईश्वरको कर्ता मानें तो उसमें सगुणता आती है जो नश्वर है। यहाँ यह सन्देह होता है कि इस चराचर सृष्टिकी रचना कैसे हुई? यदि मायाको स्वतन्त्र कहें तो यह भी उलटी बात होती है। यदि यह कहा जाय कि मायाको सृष्टि किसीने नहीं की, उसने आप ही अपना विस्तार किया, तो फिर ईश्वर कोई चीज ही नहीं रह जाता। यह कहना भी ठीक नहीं जान पड़ता कि ईश्वर स्वतःसिद्ध निर्गुण है और मायासे उसका कोई सम्बन्ध नहीं है। यदि सारी कर्तव्यताका श्रेय मायाको ही प्राप्त हो तो क्या भक्तोंका उद्धार करनेवाला ईश्वर है ही नहीं? यदि ईश्वर नहीं है तो यह माया कौन दूर करेगा? फिर तो हम भक्तोंको सँभालनेवाला कोई रह ही न जायगा। इसलिए यह भी ठीक नहीं जँचता कि माया स्वतन्त्र है। उस मायाका निर्माण करनेवाला एक सर्वेश्वर तो है ही। इसलिए आप मुझे विस्तारपूर्वक यह बतलावें कि वह ईश्वर कैसा है और माया कौन है। अब श्रोता लोग एकाग्र मनसे और सावधान होकर सुनें। इस एक आशंकाके संबंधमें लोगोंके अलग-अलग विचार हैं। पहले वही विचार यहाँ क्रमसे बतलाये जाते हैं।

एक कहता है कि ईश्वरके करनेसे ही इस मायाका विस्तार हुआ है। यदि उसकी इच्छा न होती तो यह माया न होती। एक कहता है कि जब ईश्वर निर्गुण है, तब इच्छा किसने की? यह माया मिथ्या है और बिलकुल हुई ही नहीं। एक कहता है कि जो माया प्रत्यक्ष दिखाई पड़ती है, उसके सम्बन्धमें यह कैसे कह सकते हैं कि वह बिलकुल है ही नहीं? अतः यह माया ईश्वरकी अनादि शक्ति है। एक कहता है कि यदि माया सच्ची है तो ज्ञानसे उसका निरसन कैसे हो जाता है? वह देखनेमें तो सच्ची जान पड़ती है, पर वास्तवमें मिथ्या है। एक कहता है कि जब वह स्वभावतः मिथ्या है, तब साधन ही क्यों किया जाय? और ईश्वरने कहा है कि मायाका त्याग करनेके लिए भक्तिका साधन करना चाहिए। एक कहता है कि वह है तो मिथ्या, पर अज्ञान रूपी सन्निपातके कारण उसका भय होता है और वह दिखाई पड़ती है। इसके लिए साधन रूपी औषधका सेवन करना चाहिए। पर वास्तवमें यह सारा दृश्य या माया मिथ्या ही है। एक कहता है कि जब उसके परित्यागके लिए अनन्त साधन बतलाये गये हैं

और अनेक प्रकारके मत फैले हुए हैं, पर फिर भी उसका त्याग नहीं होता। इसलिए उसे मिथ्या कैसे कह सकते हैं? उत्तरमें दूसरा कहता है कि योगवाणी मायाको मिथ्या कहती है; वेद, शास्त्र और पुराण भी उसे मिथ्या बतलाते हैं और अनेक प्रकारके निरूपणोंमें भी वह मिथ्या ही कही जाती है। एक कहता है कि हमने यह कहीं नहीं सुना कि मिथ्या कहनेहीसे माया चली गई हो। उसे मिथ्या कहते ही वह साथ लग जाती है। एक कहता है कि जिसके हृदयमें ज्ञान नहीं है और जो सज्जनोंको नहीं पहचानता, उसीको मायाका मिथ्या भान सत्यके समान जान पड़ता है। पर बात यह है कि जो जैसा विश्वास करता है, उसे वैसा ही फल मिलता है। देखनेवालेका जैसा रूप होता है, वैसा ही रूप उसे शीशेमें दिखाई पड़ता है। ठीक यही हाल मायाका भी है। एक कहता है कि माया कोई चीज ही नहीं है। जो कुछ है, वह सब ब्रह्म ही है। घी चाहे जमा हुआ हो और चाहे पिघला हुआ हो, है वह घी ही। इसपर दूसरा उत्तर देता है कि कहीं यह नहीं कहा गया है कि उसका स्वरूप पिघले हुए घीकी तरह है, अतः तुम्हारा यह दृष्टांत ठीक नहीं है। एक कहता है कि ब्रह्मका रहस्य जिसकी समझमें न आवे, समझ लेना चाहिए कि उसके हृदयका भ्रम अभी दूर नहीं हुआ है। एक कहता है कि ईश्वर तो एक ही है। तुम यह "सर्व" कहाँसे ले आये? सर्व ब्रह्म तो एक अपूर्व और आश्चर्यकी बात मालूम होती है। एक कहता है कि वास्तविक ईश्वर एक ही है और कोई दूसरा है ही नहीं। इस प्रकार सर्वब्रह्म तो आपसे आप हो जाता है। कोई शास्त्रोंके आधार पर कहता है कि जो कुछ है, वह सब मिथ्या है; और जो कुछ बच रहता है, वही वास्तविक ब्रह्म है। कोई कहता है कि गहने और सोनेमें कोई भेद नहीं है, दोनों एक ही चीज हैं। तुम लोग व्यर्थ झगड़ा करते हो। इस पर दूसरा उत्तर देता है कि तुमने ब्रह्मकी जो वस्तुसे उपमा दी है वह हीन और एकदेशीय है। वर्णव्यक्त और अव्यक्तकी बराबरी नहीं हो सकती। सोने-को देखनेसे जान पड़ता है कि उसमें पूरी पूरी व्यक्तता है; और गहनेको देखनेसे केवल सोना दिखाई पड़ता है। इस प्रकार सोना बिलकुल व्यक्त पदार्थ है और वह जड़, एकदेशीय तथा पीला है। पूर्णकी अपूर्णसे उपमा ठीक नहीं होती। इस पर पहला प्रत्युत्तर देता है कि यद्यपि यह दृष्टांत एकदेशीय है, पर फिर भी समझानेके लिए ऐसा दृष्टांत देना ही पड़ता है। समुद्र और लहरमें भिन्नता नहीं

है। उत्तम, मध्यम और कनिष्ठ ये तीन प्रकारके दृष्टांत होते हैं। किसी दृष्टांतसे बात स्पष्ट रूपसे समझमें आ जाती है और किसीसे सन्देह और भी बढ़ जाता है। इसपर दूसरा कहता है कि कैसा समुद्र और कहाँकी लहर! कहीं अचलके साथ चलकी भी बराबरी हो सकती है! मायाको कभी सच नहीं मानना चाहिए। कोई कहता है कि माया कल्पित है, पर फिर भी लोगोंको अनेक प्रकारसे भासती है; पर उसे ब्रह्म ही समझना चाहिए। इस प्रकारके वाद-विवादमें मूल आशंका रह ही जाती है। इस लिए अब उसका निराकरण किया जाता है। श्रोता सावधान होकर सुनें।

यह तो समझमें आ गया कि माया मिथ्या है, पर वह ब्रह्ममें कैसे आई? यदि कहें कि उसे निर्गुणने बनाया है, तो भी ठीक नहीं; क्योंकि माया तो वास्तवमें बिलकुल मिथ्या ही है। मिथ्या शब्दसे तो यही अर्थ निकलता है कि वह कुछ है ही नहीं। तो फिर उसको किसने बनाया और क्या बनाया? और यदि कहा जाय कि उस निर्गुणने उसे बनाया, तो यह भी एक अघटित बात है। एक तो स्वयं कर्ता ही रूप-रहित है; तिस पर उसने जो माया बनाई, वह भी बिलकुल मिथ्या है। यह तो और भी अद्भुत बात हुई। तो भी श्रोताओंकी इन आपत्तियोंका उत्तर दिया ही जायगा।

तीसरा समास

निर्गुणसे मायाकी उत्पत्ति

जो वास्तवमें हुआ ही नहीं, उसकी बात क्या कही जाय। तो भी सन्देह दूर करनेके लिए यहाँ कुछ बातें बतलाई जाती हैं। रस्सीके कारण साँपका, जलके कारण लहरका और सूर्यके कारण मृग-जलका भास होता है। कल्पनाके कारण स्वप्न दिखाई पड़ता है, सीपके कारण चाँदीका धोखा होता है और पानीसे ओला होता है। मिट्टीसे दीवार बनती है, समुद्रके कारण लहरें उठती हैं और आँखके तिलके कारण रूप दिखाई पड़ते हैं। सोनेसे अलंकार और सूतसे कपड़े बनते हैं; और कछुएके होनेके कारण उसके हाथ, पैरोंका विस्तार होता है। घी है, इसी लिए वह पिघलता है। खारे पानीसे नमक होता है और बिम्बके कारण प्रतिबिम्ब पड़ता है। पृथ्वीसे वृक्ष उत्पन्न होते हैं, वृक्षोंसे छाया होती है और धातु या वीर्यसे उच्च तथा नीच वर्णोंकी उत्पत्ति होती है।

पर अब बहुतसे दृष्टान्त हो चुके। अद्वैतमें द्वैत कहाँसे आया? और द्वैतके बिना अद्वैत बतलाया क्यों नहीं जा सकता? किसी वस्तुमें भास होता है, इसी लिए वह भासती है; और दृश्य होता है, तभी वह दिखाई पड़ता है। पर अदृश्यमें यह बात नहीं होती और इसीलिए उसकी कोई उपमा भी नहीं होती। कल्पनाके बिना हेतु, दृश्यके बिना दृष्टान्त और द्वैतके बिना अद्वैत कैसे हो सकता है? जिस ईश्वरके विचित्र कार्योंका वर्णन शेषनाग भी नहीं कर सकते, उसीने इस अनन्त ब्रह्मांडकी रचना की है। परमात्मा, परमेश्वर और सर्वकर्ता जो ईश्वर है, उसीका किया हुआ सृष्टिका यह सारा विस्तार है। जिसके ऐसे अनन्त नाम हैं और जिसने ऐसी अनन्त शक्तियोंका निर्माण किया है, वही चतुर मूल पुरुष है। उसी मूल पुरुषकी पहचान यह स्वयं मूल माया है और सारा कर्तृत्व उसीसे उत्पन्न होता है। कहा है—

> कार्यकारणकर्तृत्वे हेतुः प्रकृतिरुच्यते।
> पुरुषः सुखदुःखानां भोक्तृत्वे हेतुरुच्यते॥

पर यह बात स्पष्ट रूपसे नहीं कही जा सकती; क्योंकि इस प्रकार मूल पुरुषकी द्वैतसे उपमा देनेसे ब्रह्म-प्राप्तिके समस्त उपायोंका ही अन्त हो जाता है; और यों श्रवण, मनन आदि हमारी जितनी क्रियाएँ हैं, क्या वे सब सत्य हैं? यह तो सभी लोग मानते हैं कि उसी ईश्वरसे यह सब कुछ हुआ है; पर उस ईश्वरको भी पहचानना चाहिए। सिद्धोंका किया हुआ निरूपण साधकोंके कामका नहीं होता, क्योंकि साधकोंका अन्तःकरण पक्व नहीं होता। अविद्याके कारण पिंड-रूप व्याधि धारण करनेवालेको जीव कहते हैं; मायाके कारण ब्रह्मांडकी उपाधि धारण करनेवालेको शिव कहते हैं; और मूल मायाके कारण परमेश्वर ब्रह्म कहलाता है। इसीलिए अनन्त शक्तियाँ धारण करनेवाली वह मूल माया ही है और इसका अर्थ अनुभवी लोग ही जान सकते हैं। वह मूल माया ही मूल पुरुष और सबका ईश्वर है और अनन्त नामोंवाला जगदीश उसीको कहते हैं। यह जो मायाका सारा विस्तार है, वह बिल्कुल मिथ्या है और इसका रहस्य विरले ही जानते हैं। इस प्रकार यहाँ ये अनिर्वाच्य बातें बतलाई जा रही हैं, पर इन्हें स्वानुभवसे ही जानना चाहिए। बिना सन्तोंकी संगति किये ये सब बातें और किसी प्रकार समझमें नहीं आतीं। साधकोंको इस बात पर विश्वास नहीं

हो सकता कि माया ही मूल पुरुष है। पर यदि वह मूल पुरुष न हो तो अनन्त नामोंवाला जगदीश्वर और किसे कहेंगे? क्योंकि नाम और रूप तो माया तक ही परिमित हैं। इसलिए ऊपर जो कुछ कहा गया है, वह ठीक ही है। पर अब इन बातोंको छोड़कर पिछली आशंका पर विचार करना चाहिए कि निराकारमें वह मूल माया कैसे हुई।

यह सारी माया नजरबन्दीके खेलकी तरह बिलकुल मिथ्या है। पर अब हम यह बतलाते हैं कि नजरबन्दीका यह खेल या मायाका यह कौतुक किस प्रकार होता है। जिस प्रकार निश्चल आकाशमें चंचल वायु उत्पन्न होती है, उसी प्रकार उस निराकार ब्रह्ममें मूल माया उत्पन्न होती है। पर यह ठीक नहीं माना जा सकता कि वायुके उत्पन्न होनेसे आकाशकी निश्चलता भंग हो गई। इसी प्रकार मूल मायासे उत्पन्न होनेके कारण परमात्माकी निर्गुणतामें भी कोई अन्तर नहीं आता। और इस प्रकार पिछली आशंका भी दूर हो जाती है। वायु पुरातन या पहलेसे तो है ही नहीं। इसी प्रकार मूल माया भी पुरातन या पहलेकी नहीं है। क्योंकि यदि हम उसे पुरातन और सत्य मान लें तो वह फिर भी लयको प्राप्त हो सकती है। मूल मायाका रूप भी वायुके रूपकी तरह ही समझना चाहिए। वह भासती तो है, पर उसका रूप दिखाई नहीं पड़ता। वायुको सत्य तो कह सकते हैं, पर वह दिखाई नहीं जा सकती। यदि हम उसकी ओर देखना चाहें तो केवल उड़ती हुई धूल ही दिखाई देती है। इसी प्रकार मूल माया भासती तो है, पर दिखाई नहीं पड़ती। उसके बाद अविद्या मायाका विस्तार है। जिस प्रकार वायुके कारण आकाशमें धूल आदि उड़ती हुई दिखाई देती है, उसी प्रकार मूल मायाके कारण यह संसार दिखाई पड़ता है। जिस प्रकार आकाशमें अचानक बादल आ जाते हैं, उसी प्रकार मायाके संयोगसे यह संसार होता है। जिस प्रकार आकाशमें अचानक मेघ आ जाते हैं, उसी प्रकार ब्रह्ममें यह माया आ जाती है। मेघोंके कारण जान पड़ता है कि आकाशकी निश्चलता नष्ट हो गई, पर वास्तवमें वह ज्योंका त्यों निश्चल बना रहता है। इसी प्रकार मायाके कारण वह निर्गुण भी सगुण-सा जान पड़ता है, पर वह वास्तवमें ज्योंका त्यों बना रहता है। बादल आते-जाते रहते हैं, पर फिर भी आकाश पहलेका-सा बना रहता है। इसी प्रकार मायाके आने या जानेसे उस निर्गुण ब्रह्ममें भी गुण नहीं आता;

वह पूर्ववत् बना रहता है। जिस प्रकार आकाश पर्वतोंकी चोटियों पर रखा हुआ-सा जान पड़ता है, पर वास्तवमें वह उन पर रखा हुआ नहीं होता, उसी प्रकार वह निर्गुण भी मायाके कारण सगुण-सा जान पड़ता है। ऊपरकी ओर देखनेसे आकाश नीला जान पड़ता है, पर वह नीलिमाका मिथ्या आभास ही होता है। आकाश औंधाया हुआ और चारों ओरसे विश्वको घेरे हुए जान पड़ता है, पर वास्तवमें वह चारों ओरसे खुला हुआ है। जिस प्रकार पर्वतों परका नीला रंग वास्तवमें उनमें लगा हुआ नहीं होता, उसी प्रकार वह निर्गुण ब्रह्म भी इस संसारसे अलिप्त है। जिस समय रथ तेजीसे चलता है, उस समय पृथ्वी ही तेजीसे दौड़ती हुई जान पड़ती है; पर वास्तवमें वह निश्चल होती है। इसी प्रकार वह परब्रह्म भी निर्गुण और केवल है। बादलोंके कारण चन्द्रमा दौड़ता हुआ मालूम होता है; पर यह दृश्य बिलकुल मायिक होता है। वास्तवमें बादल ही चलते हैं। गरम हवा चलने या आगकी लपट उठने पर वातावरण काँपता हुआ जान पड़ता है, पर वास्तवमें वह निश्चल होता है। इसी प्रकार उस निर्गुणका स्वरूप है। मायाके कारण वह सगुण-सा जान पड़ता है। पर यह केवल कल्पना है। वह सगुण नहीं होता।

नजरबन्दीके खेलकी तरह यह माया भी चंचल या मिथ्या है और ब्रह्म शाश्वत तथा निश्चल है। यह माया निराकार वस्तुको भी साकार रूपमें कर दिखलाती है; उसका स्वभाव ही ऐसा है। यह बड़ी मायाविनी है। वास्तवमें माया कोई चीज नहीं है; पर फिर भी वह सत्यके समान भासती है और बादलोंकी तरह उत्पन्न तथा नष्ट होती है। मायाके इस प्रकार उत्पन्न होने पर भी ब्रह्म निर्गुण ही बना रहता है। ब्रह्ममें इस प्रकारकी स्फूर्ति होती है कि मैं एकसे अनेक बनूँ; और यही स्फूर्ति वह माया है। गुण तो मायाका खेलवाड़ है। निर्गुणमें कोई गुण आदि नहीं आता। पर माया उस सत्स्वरूपमें उत्पन्न और नष्ट होती रहती है। कभी-कभी दृष्टिके भ्रमसे आकाशमें अनेक प्रकारकी आकृतियाँ बनी हुई दिखाई देती हैं, पर वास्तवमें वे सब मिथ्या होती हैं। इसी प्रकार मायाके भी सब खेल मिथ्या होते हैं। इस प्रकार सब झगड़ोंको छोड़कर मायाकी उत्पत्तिका रहस्य बतला दिया गया है।

पंचतत्त्व मूल मायामें आरम्भसे ही रहते हैं। औंकार वायुकी गति है। इसका अर्थ दक्ष और ज्ञानी ही जानते हैं। मूल मायाका चलन ही वायुका लक्षण है।

सूक्ष्म तत्त्व ही आगे चलकर जड़ता प्राप्त करते हैं। जो पंच-महाभूत पहले अव्यक्त थे, वे सृष्टिकी रचनामें व्यक्त हो जाते हैं। मूल मायाका लक्षण भी पंचभौतिक ही है और उसे बहुत सूक्ष्म दृष्टिसे देखना चाहिए। बिना आकाश और वायुके मूल मायामें स्फूर्ति और इच्छा-शक्ति कहाँसे आ सकती है? और उसी इच्छा-शक्तिको तेज-स्वरूप या तेजका लक्षण समझना चाहिए। उसकी मृदुता ही जल है। जड़ता पृथ्वीका लक्षण है। इस प्रकार सारी मूल मायाको पंचभौतिक ही समझना चाहिए। फिर प्रत्येक भूतके अन्तर्गत पाँचों भूत रहते हैं। इन सब बातोंका पता सूक्ष्म दृष्टिसे देखनेसे ही चलता है। आगे चलकर जब वे भूत जड़त्व या स्थूल रूप प्राप्त करते हैं, तब भी आपसमें मिले रहते हैं। इसी प्रकार इस पंचभौतिक मायाका विस्तार है। आदिमें मूल माया, भूमंडलकी अविद्या या माया और स्वर्ग, मर्त्य तथा पातालमें पाँचों भूत हैं। कहा है—

> **स्वर्गे मृत्यौ च पाताले यत्किंचित्सचराचरे।**
> **सर्वं तत्पंचभौतिक्यं षष्ठं किंचिन्न दृश्यते॥**

आदि और अन्तमें वह सत्य स्वरूप है और उसके बीचमें पाँचों भूत रहते हैं। यही पंचभौतिक मूल माया है। यहाँ यह आशंका होती है कि पंचभूत तो तमोगुणके कारण मिलकर एक हुए हैं और मूल माया गुणोंसे परे है; तब वह पंचभूतात्मक कैसे हो सकती है? यह शंका श्रोताने पहले ही उठाई थी। इसका उत्तर अगले समासमें दिया गया है।

चौथा समास

सूक्ष्म पंचमहाभूत

अब पिछली शंकाका स्पष्ट रूपसे समाधान होगा। श्रोता थोड़ी देरके लिए अपनी वृत्ति शान्त करें। पहले ब्रह्ममें मूल माया हुई और तब उसमें गुणोंका आविर्भाव हुआ। इसीलिए उसे गुणक्षोभिणी कहते हैं। फिर उससे सत्व, रज और तम ये तीन गुण हुए; और तमोगुणसे पंचभूतोंकी सृष्टि हुई। इस प्रकार पहले पाँचों भूत उत्पन्न हुए; फिर उनका विस्तार हुआ और उन्होंने सृष्टिके रूपमें जड़ता प्राप्त की। और तब तमोगुणसे पाँचों महाभूत हुए। श्रोताने पहले यह आशंका की थी कि जब मूल माया गुणोंसे परे है, तब उसमें पंचभूत कहाँसे आये।

अतः यहाँ उसका उत्तर देते हैं और यह भी बतलाते हैं कि प्रत्येक भूतमें पाँचों भूत कैसे रहते हैं। सूक्ष्म दृष्टिका कौतुक और पंचभौतिक मूल मायाका स्वरूप समझनेके लिए श्रोताओंको अपना विवेक विमल कर लेना चाहिए। पहले भूतोंका स्वरूप समझना चाहिए और तब सूक्ष्म दृष्टिसे उनकी जाँच करनी चाहिए। जब तक किसी चीजकी पहचान न मालूम हो तब तक वह पहचानी नहीं जा सकती। इसीलिए चतुर श्रोताओंको पहले पाँचों भूतोंकी पहचान मालूम कर लेनी चाहिए।

जो कुछ जड़ और कठिन है, वह पृथ्वीका लक्षण है; और जो कुछ मृदुता तथा आर्द्रता है, वह सब जल है। जो कुछ उष्ण और सतेज है, वह तेज या अग्नि है। जो कुछ चैतन्य और चंचल है, वह केवल वायु है; तथा जो कुछ शून्य, अवकाश और निश्चल है, वह आकाश है। यही पंचभूतोंकी साधारण पहचान है। अब यह बतलाते हैं कि प्रत्येक भूतमें बाकी चारों भूत कैसे मिले हुए हैं और तीनों गुणोंसे परे कौन है। इसका सूक्ष्म विचार आप लोग तत्पर होकर सुनें।

पहले यह बतलाते हैं कि सूक्ष्म आकाशमें पृथ्वी किस प्रकार है। इस पर श्रोताओंको खूब ध्यान देना चाहिए। आकाशका मतलब है—शून्य अवकाश। शून्य का अर्थ है—अज्ञान और अज्ञानका मतलब है जड़त्व, और वही जड़त्व पृथ्वी है। आकाश स्वयं मृदु है और मृदुता जल है। अज्ञानके कारण जो कुछ भासता है, वही तेजका प्रकाश है। इस प्रकार आकाशमें अग्नि भी हो गई। वायु और आकाशमें कोई भेद नहीं है। वायु भी आकाशकी तरह ही स्तब्ध है; और आकाशमें जो निरोध है वही वायु है। और यह बतलानेकी आवश्यकता ही नहीं है कि आकाशमें आकाश मिला हुआ है ही। इस प्रकार आकाशमें पाँचों भूत हो गये। अब यह बतलाते हैं कि वायुमें पाँचों भूत किस प्रकार हैं। हलकीसे हलकी चीजमें भी कुछ जड़ता अवश्य होती है; अतः वायुमें भी जड़ता है, क्योंकि उसका झोंका लगनेसे बड़े-बड़े वृक्ष गिर जाते हैं; और इससे उसमें पृथ्वीका होना सिद्ध होता है। जिस प्रकार आगकी छोटीसे छोटी चिनगारीमें भी कुछ न कुछ उष्णता या गरमी होती है, उसी प्रकार वायुमें भी जड़ताके रूपमें पृथ्वीका कुछ न कुछ अंश होता है। वायुमें जो मृदुता होती है, वही जल है; उसका जो कुछ भास होता है, वही तेजका स्वरूप है; और वायुमें चंचल रूपमें स्वयं तो वायु है ही। वायुमें अवकाशके रूपमें आकाश भी मिला हुआ है। इस प्रकार वायुमें पाँचों

भूतोंके अंश हैं। अब तेजमें पाँचों भूतोंके होनेके लक्षण सुनिये। उसमें प्रखरताका जो भास है, वह पृथ्वीके अंशके कारण है। उसमें जो मृदुताका भास होता है, वह जलके अंशके कारण है। और यह कहनेकी आवश्यकता ही नहीं है कि तेजमें तेज भी है; क्योंकि यह बात स्वतःसिद्ध है। उसमें जो चंचलता है, वह वायुके कारण है, और निश्चलता आकाशका अंश है। इस प्रकार तेजमें भी पाँचों भूत हो गये। अब जलमें पाँचों भूतोंके लक्षण सुनिये। उसकी मृदुता स्वयं ही जलका लक्षण है और उस मृदुतामें जो कठिनता है, वह पृथ्वीका अंश होनेके कारण है। जलमें जल तो है ही, और उसकी मृदुतामें तेज भी सहज ही दिखाई देता है। उसकी मृदुतामें जो स्तब्धता है, वह वायुका अंश है। यह बतलानेकी जरूरत नहीं कि जलमें आकाश है ही, क्योंकि वह स्वाभाविक रूपसे व्याप्त है। इस प्रकार जलमें भी पाँचों भूत हो गये। अब पृथ्वीको लीजिये। वह स्वयं कठिन तो है ही और यही उसमें पृथ्वीके अंश होनेका लक्षण है और उसकी कठिनतामें जो मृदुता है वह जलके कारण है। पृथ्वीमें कठिनताका जो भास होता है, वह उसमें तेजका प्रकाश होनेके कारण ही है। उस कठिनतामें जो निरोध शक्ति है, वह वायु है। यह तो सभी लोग जानते हैं कि आकाश सभीमें व्याप्त है और इसीलिए शेष चारों भूतोंमें वह रहता है। आकाश न तो तोड़नेसे टूटता है, न फोड़नेसे फूटता है और न तिल मात्र कहींसे हटता है। इस प्रकार पृथ्वीमें भी पाँचों भूतोंका होना सिद्ध है; और यह भी सिद्ध है कि पाँचों भूतोंमेंसे प्रत्येक भूतमें शेष चारों भूत भी वर्तमान हैं। परन्तु ऊपरसे देखने पर इस बातका पता नहीं चलता और इसलिए बहुत बड़ा सन्देह उत्पन्न होता है। इसी भ्रमके कारण लोग अभिमानमें आकर इस सम्बन्धमें विवाद भी करने लग जाते हैं।

यदि सूक्ष्म दृष्टिसे देखा जाय तो वायुमें भी पाँचों भूत दिखाई पड़ते हैं। और यही पंचभूतात्मक वायु मूल माया है। माया और सूक्ष्म त्रिगुण भी पंच-भौतिक ही हैं। इस प्रकार पाँचों भूतों और तीनों गुणोंके मेलसे आठ प्रकारकी सृष्टियाँ बनी हैं। आठ प्रकारकी सृष्टियोंको भी पंचभौतिक ही समझना चाहिए। जब तक इनकी अच्छी तरह जाँच न की जाय, तब तक इनके सम्बन्धमें सन्देह करना मूर्खता ही है। इसकी पहचान बहुत सूक्ष्म दृष्टिसे करनी चाहिए। तीनों गुणोंके कारण ही पाँचों भूत स्पष्ट या व्यक्त दशामें आये हैं। तीनों गुण ही जड़

होकर पाँचों भूत हुए हैं। इनसे ही पिंड और ब्रह्मांड आदिकी रचना हुई है। ऊपर भूतोंके एक दूसरेके साथ सूक्ष्म रूपसे मिले होनेका जो वर्णन किया गया है, वह इस ब्रह्मांडकी रचनासे पहलेकी अवस्थाका है। इस ब्रह्मांड और सृष्टिकी रचना होनेसे पहले मूल माया ही थी, जिसकी परख सूक्ष्म दृष्टिसे करनी चाहिये। पहले पाँचों भूतों, अहंकार और महत्वके मेलसे यह सप्तकंचुकी ब्रह्मांड नहीं बना था। माया और अविद्याकी यह गड़बड़ी उसके बाद हुई है। ब्रह्मा, विष्णु, महेश, पृथ्वी, मेरु और सातों समुद्र सब उसके बाद हुए हैं। अनेक लोग, अनेक स्थान, चन्द्रमा, सूर्य, तारागण, सातों द्वीप, चौदहों भुवन, शेषनाग, कूर्म्म, सात पाताल, इक्कीस स्वर्ग, आठ दिग्पाल, तेंतिस करोड़ देवता, बारह आदित्य, ग्यारह रुद्र, नौ नाग, सात ऋषीश्वर, अनेक देवताओंके अवतार, मेघ, चक्रवर्ती मनु और अनेक प्रकारके जीव, जिनका विस्तार कहाँ तक बतलाया जाय, सब उसके बाद हुए हैं। अर्थात्, इस समस्त विस्तारका मूल केवल यह पंचभौतिक मूल माया है, जिसका ऊपर वर्णन हो चुका है। जिन सूक्ष्म भूतोंका वर्णन किया गया है, वही आगे चलकर जड़ हुए; और उन सबका वर्णन पिछले समासमें हो चुका है। पाँचों भूतोंका अलग-अलग स्वरूप बतलाया जा चुका है। श्रोताओंको बहुत ध्यानपूर्वक उनके लक्षण समझ रखने चाहिएँ। इससे पंचभूतात्मक ब्रह्मांडकी सब बातें स्पष्ट रूपसे मालूम हो जाती हैं; और तब मनुष्य इस मिथ्या दृश्य जगतको छोड़कर वह वस्तु (ब्रह्म) प्राप्त कर सकता है। जिस प्रकार महाद्वारको पार करने पर ही देवताके दर्शन किये जा सकते हैं, उसी प्रकार इस दृश्य जगतकी सब बातें समझ लेने पर ही उस ब्रह्मके दर्शन हो सकते हैं। इस दृश्य जगतमें पाँचों भूत पूरी तरहसे मिले हैं। पाँचों भूत भी आपसमें एक दूसरेसे मिले हुए हैं। यह सारी सृष्टि पाँचों भूतोंसे ही बनी हुई है। आगे श्रोता लोग इसका वर्णन ध्यानपूर्वक सुनें।

पाँचवाँ समास

स्थूल पंचमहाभूत

अब इन पंचभूतोंके लक्षण इसलिए विशद रूपसे बतलाये जाते हैं कि जिसमें थोड़ी बुद्धिके लोग भी यह विषय अच्छी तरह समझ लें। ये जो पाँचों भूत

आपसमें मिल गये हैं, वे किसी प्रकार अलग नहीं किये जा सकते। तो भी इनका थोड़ासा पृथक्करण करके स्पष्ट रूपसे बतलाया जाता है।

अनेक प्रकारके छोटे बड़े पर्वत, पत्थर, शिलाएँ, शिखर और तरह तरहके कंकड़-पत्थर ही पृथ्वी हैं। जगह-जगह जो कई तरहकी मिट्टी या बालू दिखाई पड़ती है, सुन्दर नगर और ग्राम, साधारण तथा रत्न-खचित मन्दिर, देवालय और शिखर आदि सब मिलकर पृथ्वी हैं, सातों द्वीप और नौ खंड सब पृथ्वी ही हैं। अनेक प्रकारके देवता और राजा, अनेक भाषाएँ बोलनेवाले और तरह तरहकी रीति-रिवाज रखनेवाले और चौरासी लाख योनियाँ सब मिलकर पृथ्वी ही हैं। उजड़े हुए स्थान, जंगल, अनेक प्रकारके वृक्षोंके उपवन, पर्वतोंकी कन्दराएँ इत्यादि अनेक प्रकारके स्थान, प्राकृतिक तथा मनुष्योंके बनाये हुए स्थान, स्वर्ण आदि धातुएँ, अनेक रत्न, पेड़-पौधे और वृक्ष, सब मिलकर पृथ्वी हैं। इन अनेक प्रकारके पदार्थोंका वर्णन कहाँ तक किया जाय। यही समझ लेना चाहिए कि जो कुछ जड़ और कठिन अंश देखनेमें आता है, वह सब पृथ्वी ही है। यह तो पृथ्वीका रूप हुआ। अब श्रोता लोग सावधान होकर जलका रूप सुनें। वापी, कूप, सरोवर, नदियोंके जल, मेघ और सातों समुद्र सब मिलकर जल है। कहा है—

क्षारक्षीरसुरासर्पिर्दधिइक्षुर्जलं तथा।

खारे पानीका समुद्र तो सब लोगोंको दिखलाई ही पड़ता है। जिसके पानीमें नमक है, वही क्षार समुद्र है। इसके सिवा एक दूधका सागर है, जिसका नाम क्षीर-सागर है। ईश्वरने यह सागर उपमन्युको दिया है। फिर एक समुद्र मद्यका, एक घृतका और एक दहीका है। एक समुद्र ऊखके रसका और एक शुद्ध जलका भी है। इस प्रकार ये सातों समुद्र पृथ्वीको घेरे हुए हैं। इस भूमंडलके समस्त स्थानोंमें जितना जल है, उस सबको आप समझना चाहिए। इसके सिवा पृथ्वीके गर्भमें भी बहुत-सा जल है और स्थलको चारों ओरसे घेरे हुए भी जल है। यह सारा जल और तीनों लोकोंमें जितना जल है, वह सब मिलकर आप है। अनेक प्रकारकी लताओं और वृक्षोंका रस, मधु, पारा, अमृत, विष, अनेक प्रकारके रस और घी, तेल आदि स्नेह, शुक्र, शोणित, मूत्र, लार आदि जितने आर्द्र, शीतल या पानीके समान तरल पदार्थ हैं, वे सब आप हैं। संक्षेपमें जो पदार्थ

तरल, मृदु और शीतल हो, वह सब आप है। इसी प्रकार पसीना, कफ और आँसू आदि भी आप है।

अब सावधान होकर तेजके लक्षण सुनिये। चन्द्रमा, सूर्य, तारागण, तेजपूर्ण दिव्य देह, अग्नि, मेघमेंकी विद्युल्लता, सृष्टिका संहार करनेवाली प्रलयाग्नि, समुद्रके अन्दरकी अग्नि या वड़वानल, शंकरके नेत्रकी अग्नि, कालकी क्षुधाकी अग्नि और पृथ्वीके अन्दरकी अग्नि सब तेज हैं। मतलब यह कि जो पदार्थ प्रकाशमान, तेजस्वी, शोषक, उष्ण और प्रखर है, वह सब तेज है।

जो कुछ चंचल है, उसे वायु समझना चाहिए। वह चैतन्य स्वरूप है। मनुष्य जो बोलता-चालता और हिलता-डोलता है, वह सब पवनके कारण है। पवनके बिना कोई चीज हिल या चल नहीं सकती। सृष्टिको चलानेका मूल कारण पवन या वायु ही है। जितना चलन-वलन, प्रसारण, निरोध और आकुंचन है, वह सब चंचल पवनके कारण है। प्राण, अपान, व्यान, उदान और समान ये पाँचों प्राण; नाग, कूर्म्म, कृकल, देवदत्त और धनंजय ये पाँचों उपप्राण और जितने प्रकारके चलन हैं, वे सब वायुके ही लक्षण हैं। आकाशमें चन्द्रमा, सूर्य और तारागण सब वायुके कारण ही स्थित हैं।

जो कुछ पोला या खोखला, निर्मल, निश्चल और अवकाश रूप है, वह सब आकाश है। वह आकाश सबमें व्याप्त है, अनेकमें एक है, और उसीमें शेष चारों भूतोंका कौतुक हो रहा है। आकाशके समान सार या श्रेष्ठ और कोई भूत नहीं है और वह सबसे बड़ा है। उसका स्वरूप निराकार ब्रह्मके स्वरूपके समान है। इस पर शिष्यने यह आक्षेप किया कि यदि ब्रह्म और आकाश दोनोंके रूप समान ही हैं तो फिर आकाशको ही ब्रह्मस्वरूप क्यों न कहा जाय? यदि आकाश और ब्रह्मके स्वरूपमें कोई भेद नहीं है और देखनेमें दोनों समान हैं, तो फिर यह क्यों न कहें कि आकाश ही स्वतःसिद्ध वह वस्तु या ब्रह्म है? जिस प्रकार वह वस्तु (ब्रह्म) अचल, अटल, निर्मल और निश्चल है, उसी प्रकार आकाश भी उस केवल वस्तुके समान ही तो है। फिर उसीको वस्तु क्यों न कहें? इस पर वक्ता उत्तर देता है कि वह वस्तु निर्गुण तथा पुरातन या शाश्वत है और शास्त्रोंमें कहा गया है कि आकाशमें सात गुण (काम, क्रोध, शोक, मोह, भय, अज्ञान और शून्यता) हैं। आकाशका इस प्रकारका सप्तविध स्वभाव है। इसीलिए आकाश

भूत है और उस वस्तुका स्वरूप निर्विकार तथा उपमा-रहित है। शीशेका फर्श और जल दोनों देखनेमें समान ही जान पड़ते हैं, पर समझदार लोग जानते हैं कि उनमेंसे एक शीशा है और दूसरा जल। यदि रूईके बीचमें स्फटिक पड़ा हो तो लोगोंको दोनों एक ही जान पड़ेंगे। पर स्फटिकसे सिर फूट जाता है, कपाससे सिर नहीं फूट सकता। चावलोंमें सफेद कंकड़ होते हैं, जो देखनेमें चावलके समान ही टेढ़े होते हैं। पर जब खानेके समय वे कंकड़ दाँतोंके नीचे पड़कर करकराते हैं, तब पता चलता है कि ये कंकड़ हैं। चूने, बालू और सनके मिले हुए गारेमें भी कंकड़ होते हैं, जो उस गारेमें मिलकर उसीके समान जान पड़ते हैं। पर यदि अच्छी तरह देखा जाय तो उसकी कठिनताके कारण पता चलता है कि ये कंकड़ हैं। गुड़में रहनेवाला पत्थर भी देखनेमें गुड़के समान ही जान पड़ता है, पर वह पत्थर बहुत ही कड़ा होता है। नागवेल और मुलेठी देखनेमें समान ही होती हैं, पर उन दोनोंको एक नहीं कहा जा सकता। सोना और सोनेका मुलम्मा किया हुआ पीतल भी देखनेमें समान ही होते हैं। पर पीतलको आग पर तपानेसे वह काला हो जाता है। पर इन सब हीन दृष्टान्तोंको छोड़ देना चाहिए। आकाश केवल भूत है; और वह भूत तथा अनन्त ब्रह्म दोनों एक कैसे हो सकते हैं? उस वस्तु या ब्रह्मका कोई वर्ण ही नहीं है और आकाशका वर्ण श्याम है। तब फिर विचक्षण लोग दोनोंकी कैसे समता कर सकते हैं?

पर श्रोता कहते हैं कि यहाँ रूपका तो प्रश्न ही नहीं है। आकाश भी रूप-रहित है और ब्रह्मके समान ही है। दोनोंमें कोई भेद नहीं है। शेष चारों भूत नष्ट हो जाते हैं, पर आकाशका नाश नहीं होता। आकाशमें भी वर्ण और विकार नहीं है। आकाश तो अचल दिखाई पड़ता है, उसका नाश कहाँ दिखलाई पड़ता है? यों देखनेमें तो हमारे मतसे भी आकाश शाश्वत ही है। श्रोताकी यह बात सुनकर वक्ता उत्तर देता है कि पहले तुम आकाशके लक्षण सुनो। आकाश तमोगुणसे उत्पन्न हुआ है, इसीलिए वह काम, क्रोध आदिसे वेष्टित है और अज्ञानता या शून्यता ही उसका नाम है। अज्ञानसे जो काम, क्रोध, मोह, भय और शोक आदि उत्पन्न होते हैं, वे सब अज्ञान या आकाशके कारण ही होते हैं। जिसका अस्तित्व ही न हो, वही शून्य है। जो प्राणी अज्ञान होता है, उसीको हृदयशून्य कहते हैं। स्तब्धताके कारण ही आकाश शून्य है; शून्य ही अज्ञान है और अज्ञान

ही जड़ताका रूप है। जो आकाश कठिन, शून्य और विकारी है, वह चाहे देखनेमें सत्स्वरूपके समान ही क्यों न जान पड़ता हो, पर उसे शाश्वत स्वरूप कैसे कह सकते हैं? आकाशमें अज्ञान मिला हुआ है। आकाश और अज्ञानका मिश्रण ज्ञानसे नष्ट हो जाता है, इसीलिए कहते हैं कि आकाश नश्वर है। आकाश और ब्रह्मका स्वरूप दोनों देखनेमें तो समान जान पड़ते हैं, पर दोनोंके बीचमें शून्यताका परदा या भेद है। यदि कल्पनाकी सहायतासे देखा जाय तो दोनों समान ही जान पड़ते हैं, पर आकाश और ब्रह्मके स्वरूपमें भेद है। उन्मनी और सुषुप्तावस्था देखनेमें समान ही जान पड़ती हैं, पर पारखी लोग उन्हें देखकर पहचान लेते हैं। मृगजलको देखकर हिरन क्यों भूल जाते हैं? इसीलिए न कि उन्हें ठीक-ठीक ज्ञान नहीं होता!

पर अब इन दृष्टान्तोंकी आवश्यकता नहीं है। उस भूत आकाश और ब्रह्मके अनन्त स्वरूपमें कभी समानता नहीं हो सकती—दोनों कभी एक नहीं हो सकते। आकाशको हम अलग या दूर रहकर देखते हैं, पर ब्रह्मका स्वरूप देखनेके लिए हमें स्वयं उस स्वरूपमें मिल जाना पड़ता है। वह ब्रह्म स्वभावतः इसी प्रकार देखा जा सकता है। इस प्रकार आशंका दूर हो जाती है और सन्देह-वृत्ति नष्ट हो जाती है। ब्रह्मके स्वरूपका अनुभव उससे भिन्न होकर नहीं किया जा सकता। आकाशका तो अनुभव होता है, पर स्वरूप अनुभवसे परे है; और इसीलिए आकाशसे उसकी समता नहीं हो सकती। जिस प्रकार दूधमें मिला हुआ उसीके समान जलका अंश राजहंस ही अलग करना जानता है, उसी प्रकार ब्रह्मके स्वरूप और आकाशका अन्तर सन्त लोग ही जानते हैं। सन्तोंकी संगति करके ही इस सारी मायाका रहस्य समझना चाहिए और उन्हींके समागमसे मोक्ष-पदकी प्राप्ति होती है।

छठा समास

सत्संग और मोक्ष

श्रोता विनयपूर्वक वक्तासे कहता है कि आप कृपाकर यह बतलावें कि सत्संगकी क्या महिमा है और उसमें कितने दिनोंमें मोक्ष मिल सकता है। उत्तरमें वक्ता कहता है कि सन्तोंके समागमसे तत्क्षण मुक्ति मिलती है, पर उनके उपदेशों पर विश्वास रखना चाहिए। मनमें दुविधा रखनेसे हानि होती है। श्रोता कहता है—

मनको शान्त रखने पर भी वह बीच-बीचमें सहसा चंचल हो जाता है। उसे फिर कैसे शान्त करना चाहिए? वक्ता कहता है कि विवेकपूर्वक मनकी चंचल गतिको रोकना चाहिए, उनके उपदेशोंमें मन लगाना चाहिए और अपना समय सार्थक करना चाहिए। जो उपदेश सुने, उसके अर्थ और सिद्धान्त पर विचार करना चाहिए और मनके चंचल होने पर फिर बार-बार श्रवण करना चाहिए। जो उपदेशका अर्थ और रहस्य समझे बिना यों ही श्रवण करता है, वह श्रोता नहीं है, बल्कि मनुष्यके रूपमें पत्थर है। इस पर श्रोता नाराज होंगे और कहेंगे कि हमको पत्थर बना दिया। तो भी पत्थरके लक्षण सावधान होकर सुनो। यदि टेढ़े-मेढ़े पत्थरको गढ़कर साफ किया जाय तो फिर वह वैसा ही साफ बना रहता है। यदि टाँकीसे उसका कोई टुकड़ा तोड़कर अलग कर दिया जाय तो वह फिर उसमें नहीं जुड़ सकता। पर मनुष्यकी कुबुद्धि यदि एक बार दूर कर दी जाय तो वह फिर उसे आ घेरती है। एक बार कहने सुननेसे तो उसके अवगुण दूर हो जाते हैं, पर वे फिर उसमें आ लगते हैं। इसलिए पत्थर उससे कहीं अच्छा है। जिसके अवगुण दूर न हों वह पाषाणसे भी गया बीता है। पाषाणको उससे करोड़ गुना अच्छा समझना चाहिए। अब यह भी सावधान होकर सुनो कि पत्थर उससे करोड़ गुना क्यों अच्छा है। मानिक, मोती, प्रवाल, वैदूर्य, हीरा, गोमेद मणि, पारस, सूर्यकान्त, सोमकान्त आदि अनेक प्रकारके रत्न और औषधके कामके लिए अनेक प्रकारके मोहरे आदि होते हैं। और भी अच्छे पत्थर वे हैं, जो अनेक तीर्थों, वापियों और कूपों आदिमें लगे हुए हैं; अथवा जो हरि और हर आदिकी मूर्ति बनकर पूजे जाते हैं। इस दृष्टिसे पत्थरसे बढ़कर श्रेष्ठ और कोई चीज नहीं है। और मनुष्य तो उसके सामने पामर है; वह पत्थरकी बराबरी नहीं कर सकता। हाँ, चंचल चित्तवालों और अभक्तोंको निकम्मे पत्थरोंके बराबर कह सकते हैं।

अस्तु; मनकी चंचलताके कारण बहुत हानि होती है। उससे न स्वार्थ हो सकता है और न परमार्थ। उससे सब कार्य नष्ट होते हैं, चिन्ता उत्पन्न होती है, क्षण भरमें ही सुनी हुई बात भूल जाती है, शत्रुके सामने हार होती है, बराबर जन्म-मरण होता रहता है, अनेक प्रकारकी हानियाँ होती हैं, साधकसे साधन या भजन नहीं हो सकता, ज्ञान और निश्चय नहीं उत्पन्न होता, विजय नहीं होती, अपने हितका क्षय होता है, श्रवण, विवरण आदि नहीं होता और सुना हुआ उपदेश

मनसे निकल जाता है। चंचल मनवाला आदमी यों देखनेमें बैठा हुआ जान पड़ता है, पर उसका मन सदा चारों ओर भटकता रहता है। ऐसे लोगोंका समय पागलों, पिशाच-पीड़ितों, अन्धों, बहरों और गूँगोंकी तरह बीतता है। वह साव-धान होने पर भी कुछ समझ नहीं सकता, कान होने पर भी उसे सुनाई नहीं पड़ता और ज्ञान होने पर भी सारासारका विचार उसकी समझमें नहीं आता। उसे सदा आलस्य घेरे रहता है; और जिसे दिन रात आलस्य घेरे रहता हो, उसका परलोक कैसे सुधर सकता है! यदि उसका मन कुछ शान्त हुआ तो उसे आलस्य आ घेरता है; और आलस्य होते ही मनुष्यको कोई काम करनेकी फुरसत ही नहीं मिलती। आलस्यसे आचार-विचार नष्ट होता है, अच्छी बातें याद नहीं रहतीं, श्रवण और निरूपण नहीं हो सकता, परमार्थके लक्षण या शक्ति जाती रहती है, नित्य नियम और अध्ययन आदि नहीं हो सकता, और आलस्यसे बहुत अधिक आलस्य बढ़ता है। उससे धारणा और धृति जाती रहती है, वृत्ति मलिन हो जाती है, विवेककी गति मन्द पड़ जाती है, निद्रा बढ़ती है, वासनाका विस्तार होता है और निश्चयात्मक सद्बुद्धि शून्याकार हो जाती है। मनकी चंचलतासे आलस्य बढ़ता है, आलस्यसे बहुत नींद आने लगती है और बहुत सोनेसे आयुष्यका नाश होता है। निद्रा, आलस्य और मनकी चंचलता मूर्खोंके लक्षण हैं और इसीलिए ऐसे लोगोंकी समझमें उपदेशकी बातें नहीं आतीं। जहाँ ये तीनों लक्षण हों वहाँ विवेक कैसे ठहर सकता है? पर अज्ञानी इन्हीं बातोंसे सुखी रहता है। ऐसा आदमी भूख लगते ही खाता है, खाते ही उसे आलस्य आता है और तब वह खूब सोता है। नींद खुलने पर फिर मन चंचल होता है और शान्ति नहीं मिलती। तब भला निरूपणसे वह अपना हित कैसे कर सकता है! बन्दरके हाथमें रत्न या पिशाचके हाथमें खजाना देनेसे जो दशा होती है, चंचल चित्तके सामने निरूपण करनेसे भी वही दशा होती है।

सन्त-समागमके सम्बन्धमें पहले जो प्रश्न किया गया था, अब उसका उत्तर दिया जाता है। जिस प्रकार पारसके साथ छूते ही लोहा सोना हो जाता है, समुद्रमें बूँद गिरने पर उसीमें मिल जाती है और गंगामें कोई नदी मिलते ही गंगा हो जाती है, उसी प्रकार सावधान, उद्योगी तथा दक्ष पुरुष सन्तोंकी संगति करते ही मोक्ष पा जाता है। औरोंके लिए मोक्ष अलक्ष्य है, उन्हें वह दिखाई ही

नहीं पड़ सकता। इसके लिए शिष्यमें प्रज्ञा होनी चाहिए। प्रज्ञावालेको मोक्ष प्राप्त करनेमें देर नहीं लगती और अनन्य या एकनिष्ठ व्यक्तिको तुरन्त मोक्ष मिलता है। प्रज्ञावान और अनन्यको मोक्ष मिलनेमें एक क्षण भी नहीं लगता; पर अनन्य भावके बिना प्रज्ञा व्यर्थ होती है। बिना प्रज्ञाके अर्थ समझमें नहीं आता और बिना विश्वासके ब्रह्मका ज्ञान नहीं होता। प्रज्ञा और विश्वाससे देहाभिमान नष्ट हो जाता है। देहाभिमानका नाश होते ही सहजमें ब्रह्मकी प्राप्ति होती है और सत्संगसे सद्गति मिलनेमें विलम्ब नहीं लगता। जो विशेष सावधान, उद्योगी, प्रज्ञाशील और विश्वासी होता है, उसे साधनके लिए विशेष परिश्रम नहीं करना पड़ता। भावुकोंको भी साधनसे मोक्ष मिलता है और साधुओंकी संगतिसे उनकी विवेक दृष्टि तुरन्त ही खुल जाती है। तो भी अध्यात्म-सम्बन्धी कथाएँ बराबर सुननी चाहिएँ, क्योंकि उनसे सभीको लाभ होता है।

अब यह बतलाया जाता है कि मोक्ष कैसा होता है, ब्रह्मके स्वरूपकी क्या स्थिति है और सत्संग करनेसे उसकी प्राप्ति कैसे निश्चित हो जाती है। श्रोता लोग निश्चल होकर ध्यान दें। अवगुणोंका त्याग करनेके लिए ऐसी उचित बातें कहनी पड़ती हैं, जो देखनेमें निष्ठुर और कठोर जान पड़ती हैं। ऐसी बातोंसे श्रोताओंको क्रोध न करना चाहिए।

सातवाँ समास

मोक्षके लक्षण

पहले श्रोताओंने प्रश्न किया था कि मोक्ष कितने दिनोंमें मिलता है। इसकी कथा श्रोता लोग ध्यान देकर सुनें। यहाँ यह बतलाया जाता है कि मोक्षको कैसे जानना चाहिए, मोक्ष किसे कहना चाहिए और सत्संगसे मोक्ष कैसे प्राप्त होता है। बँधे हुएको बद्ध और खुले हुएको मुक्त कहते हैं। अब यह सुनिये कि सत्संगसे मोक्ष कैसे मिलता है। प्राणी संकल्पों और जीवत्वसे बद्ध होता है, पर साधु लोग उसे सारासारका विचार बतलाकर मुक्त करते हैं। मनुष्यको यह दृढ़ धारणा किये हुए अनेक कल्प बीत जाते हैं कि—"मैं जीव हूँ।" और इसी लिए प्राणी देहबुद्धिसे बद्ध हो जाता है। जिसकी यह दृढ़ कल्पना हो गई हो कि "मैं जीव हूँ और बन्धनमें बँधा हुआ हूँ; मेरा जन्म भी होता है; और मरण भी अब मैं अपने

किये हुए कर्मोंका फल भोगूँगा। पापोंका फल दुःख और पुण्योंका फल सुख है और दोनोंके फल अवश्य भोगने पड़ते हैं। न तो उनका भोग ही छूटता है और न गर्भवासका ही अन्त होता है" उसीको बद्ध समझना चाहिए। जिस प्रकार रेशमका कीड़ा स्वयं ही अपने आपको बाँधकर मरता है, उसी प्रकार प्राणी भी जीवत्वके अभिमानसे स्वयं ही बँधा रहता है। अज्ञानी ईश्वरको बिना जाने हुए कहता है कि मेरा जन्म और मरण कभी छूट ही नहीं सकता। अब मैं कुछ दान करूँ जो अगले जन्ममें सहारा देगा और मैं सुखपूर्वक जीवन व्यतीत कर सकूँगा। मैंने पूर्व जन्ममें दान नहीं किया, इसी लिए इस जन्ममें दरिद्र हुआ हूँ। पर अब मुझे अवश्य कुछ दानादि करना चाहिए। यही समझकर वह कुछ पुराने कपड़े और ताँबेका एक सिक्का दान करके कहता है कि अब अगले जन्ममें मुझे इसका करोड़ गुना मिलेगा। कुशावर्त्त और कुरुक्षेत्रमें दान करनेकी महिमा सुनकर दान करता है और मनमें उसका करोड़ गुना पानेकी आशा करता है। धेली, सूका दान किया, अतिथिको टुकड़ा डाल दिया और समझ लिया कि मैंने अपने लिए इसका करोड़ गुना जमा कर लिया। वही मैं अगले जन्ममें मजेमें खाऊँगा। बस इसी प्रकार प्राणियोंकी वासना जन्म कर्ममें उलझी रहती है।

जो यह समझता हो कि इस जन्ममें मैं जो कुछ दूँगा, वह अगले जन्ममें पाऊँगा, उसे अज्ञान और बद्ध समझना चाहिए। अनेक जन्मोंके बाद इस नर-देहकी प्राप्ति होती है और इस शरीरसे भी यदि ज्ञानके द्वारा सद्गति न प्राप्त हो, तो फिर गर्भवासका कभी अन्त नहीं होता। और फिर यह भी नहीं होता कि गर्भवास नरदेहमें ही हो। फिर उसे बार बार नीच योनियोंका ही भोग करना पड़ता है। अनेक शास्त्रोंमें और बहुत-से लोगोंने यही निश्चय किया है कि इस संसारमें नर-देह परम दुर्लभ है। भागवतमें व्यासजीने कहा है कि जब पाप और पुण्य दोनों बराबर होते हैं, तभी नर-देह मिलता है, अन्यथा नहीं मिलता। यथा—

नृदेहमाद्यं सुलभं सुदुर्लभं प्लवं सुकल्पं गुरुकर्णधारम्।
मयानुकूलेन नभस्वतेरितं पुमान्भवाब्धिं न तरेत्स आत्महा॥

अर्थात्—परम दुर्लभ नर-देह रूपी दृढ़ नौका, गुरु रूपी कर्णधार और ईश्वर-कृपा रूपी अनुकूल वायु पाकर भी जो प्राणी इस भव-सागरसे पार न हो, उसे आत्मघातक कहना चाहिए। ज्ञान न होनेके कारण ही जीवको जन्म और मृत्युकी

चौरासी लाख योनियाँ भोगनी पड़ती हैं। इस प्रकार वह मानों इतनी ही बार आत्महत्या करता है और इसीलिए वह आत्मघातक होता है। नर-देहमें जब तक ज्ञान न हो, तब तक जन्म-मरणका कभी अन्त नहीं होता और अनेक दारुण तथा नीच योनियाँ भोगनी पड़ती हैं। ज्ञान न होनेके कारण ही लोग भालू, बन्दर, कुत्ते, सूअर, घोड़े, भैंस, गधे, कौवे, मुरगे, गीदड़, बिल्ली, गिरगिट, मेंढ़क और मक्खी आदिकी नीच योनियाँ भोगते हैं और फिर भी मूर्ख प्राणी अगले जन्मकी आशा रखता है। मनमें यह विश्वास रखते हुए उसे लज्जा भी नहीं आती कि इस नर-देहको छोड़ने पर फिर भी मुझे यही नर-देह मिलेगा। भला इस जन्ममें वह कौन-सा ऐसा पुण्य करता है जिससे उसे फिर यही नर-देह मिलेगा? अगले जन्मकी आशा रखना केवल दुराशा है। इस प्रकार मूर्ख और अज्ञान मनुष्य ऐसे संकल्पोंसे आपही अपने आपको बाँध लेता है और आपही अपना शत्रु बन जाता है। कहा है—

आत्मैव ह्यात्मनो बन्धुरात्मैव रिपुरात्मनः।

अर्थात्—मनुष्य स्वयं ही अपना मित्र और स्वयं ही अपना शत्रु होता है। अस्तु। सन्तोंकी संगति करनेसे संकल्पोंका इस प्रकारका बन्धन टूट जाता है। सब चराचर जीवोंका शरीर पाँचों भूतोंसे बनता है और प्रकृति स्वभावसे ही संसारका रूप धारण करती है। देह, अवस्था, अभिमान, स्थान, भोग, मात्रा, गुण और शक्ति आदि सब तत्त्वोंके लक्षण हैं। पिंड और ब्रह्मांडकी ऐसी ही रचना है। विस्तार करनेसे ही कल्पना बढ़ गई है और तत्त्व-ज्ञानका निर्धारण करनेमें अनेक मत भटक रहे हैं। उन अनेक मतोंमें अनेक भेद हैं और उन भेदोंसे विवाद बढ़ता है। पर एकताकी बात केवल साधु जानते हैं। वह एकताकी बात यही है कि शरीरको पंचभौतिक समझना चाहिए और उसमें मुख्य आत्मा है। शरीरका अन्तमें नाश हो जाता है, इसलिए उसे आत्मा नहीं कहना चाहिए। देह अनेक तत्त्वोंका समुदाय है। अन्तःकरण, प्राण, विषय, दसों इन्द्रियाँ और सूक्ष्म शरीर आदिके सम्बन्धकी सब बातें शास्त्रोंमें बतलाई गई हैं। सूक्ष्म शरीरका पता लगानेसे मालूम होता है कि अन्तःकरण, मन, बुद्धि आदि तत्त्वोंकी उपाधियोंसे आत्मा बिलकुल अलग है। स्थूल, सूक्ष्म, कारण, महाकारण, विराट्, हिरण्य, अव्याकृत और मूल प्रकृति ये आठ प्रकारके शरीर होते हैं। इनमेंसे चार

देह पिंडोंमें और चार ब्रह्मांडमें हैं; और इनमें प्रकृति तथा पुरुष मिला देनेसे दस देह हो जाते हैं। यही तत्त्वोंका लक्षण है और आत्मा इन सबका साक्षी है। फिर भी वह उन सबसे अलग है। कार्य, कर्ता और कारण ये तीनों उसके दृश्य हैं।

जीव-शिव और पिंड-ब्रह्मांड आदि माया-अविद्याके झगड़े हैं। यदि इनका वर्णन किया जाय तो बहुत विस्तार हो जाय। आत्मा इनसे अलग है। देखा जाय तो आत्माएँ चार हैं। यहाँ उनके लक्षण बतलाये जाते हैं जो अच्छी तरह ध्यानमें रखने चाहिएँ। एक जीवात्मा, दूसरी शिवात्मा, तीसरी परमात्मा या विश्वात्मा और चौथी निर्मलात्मा। मायाके कारण इनमें छोटी बड़ीका भेद दिखाई पड़ता है, पर वस्तुतः चारों एक ही हैं। और इसका दृष्टान्त यह है कि घटाकाश, मठाकाश, महदाकाश और चिदाकाश चारों मिलकर एक ही आकाश हैं। इसी प्रकार आत्माके उक्त चारों भेद मिलकर एक ही आत्मा हैं। जिस प्रकार घड़ेमेंका आकाश घटाकाश है, उसी प्रकार पिंड या शरीरमें रहनेवाला ब्रह्मका अंश जीवात्मा है। जैसे मठमेंका आकाश मठाकाश है, वैसे ब्रह्मांडमें रहनेवाला ब्रह्मका अंश जीवात्मा है। जैसे मठके बाहरका आकाश महदाकाश है, वैसे ब्रह्मांडके बाहरका अंश परमात्मा है। जैसे सब उपाधियोंसे अलग आकाश ही चिदाकाश है, वैसे उपाधियोंसे अलग वह निर्मलात्मा परेश है। जिस प्रकार उपाधियोंके कारण भिन्न भिन्न ज्ञात होने पर भी आकाश अभिन्न और एक ही है, उसी प्रकार आनन्दघन आत्मा भी एक ही है। दृश्यमें भीतर-बाहर सब जगह सूक्ष्मात्मा है। उसका वर्णन शेषनागसे भी नहीं हो सकता। ऐसी आत्माके लक्षण जान लेने पर जीवत्व नहीं रह जाता। उपाधिके विचारसे भिन्न-भिन्न होने पर भी वास्ततमें वे सब एक ही हैं। जीवत्वके कारण प्राणी एकदेशीय होकर अहंकारके योगसे जन्म धारण करता है। पर विचारपूर्वक देखने पर उसके लिए जन्म आदि कुछ भी नहीं है।

जो जन्म और मृत्युसे छूट जाय, समझ लेना चाहिए कि उसका मोक्ष हो गया। तत्त्वोंको ढूँढ़नेसे ही वास्तविक वस्तु मिल जाती है। महावाक्य "सोऽहं" का अर्थ है—स्वयं हम भी वही वस्तु हैं; और साधु लोग ही इसका ठीक-ठीक अर्थ बतलाते हैं। ज्योंही साधुओंका अनुग्रह होता है, त्योंही मोक्ष हो जाता है। आत्माके लिए कोई बन्धन तो है ही नहीं। इस प्रकार आशंका मिट जाती है, सन्देह-वृत्ति दूर हो जाती है और सन्तोंकी संगतिसे तत्काल मोक्ष मिलता है।

जैसे स्वप्नमें बँधा हुआ आदमी जागने पर मुक्त हो जाता है, उसी प्रकार ज्ञान होने पर प्राणीका मोक्ष हो जाता है। अज्ञान रूपी निशाका अन्त होने पर संकल्प-सम्बन्धी दुःख नष्ट हो जाते हैं और तत्काल मोक्ष हो जाता है। स्वप्नका बन्धन तोड़नेके लिए केवल जाग्रतिकी आवश्यकता होती है और किसी साधनसे काम नहीं चलता। इसी प्रकार संकल्पसे बँधे हुए जीवके लिए मुक्त होनेका इसके सिवा और कोई उपाय नहीं है कि उसमें ज्ञान या विवेक उत्पन्न हो। बिना विवेकके और जो उपाय होंगे, वे सब व्यर्थ और दुःखदायक होंगे; और विवेक द्वारा देखने पर सिद्ध हो जायगा कि हम स्वयं आत्मा ही हैं। आत्मा न तो बद्ध है और न मुक्त; उसके लिए न जन्म है और न मृत्यु।

आठवाँ समास

परमात्माके दर्शन

पहले बतलाया गया है कि तुम अपने आपको परमात्मा समझो। अब उस परमात्माके लक्षण बतलाये जाते हैं। परमात्माके लिए जन्म, मरण, आवागमन और बद्धता तथा मोक्ष भी नहीं है। परमात्मा निर्गुण, निराकार, अनन्त, अपार, नित्य, निरन्तर, सदा ज्योंका त्यों रहनेवाला, सबमें व्यापक, अनेकमें एक है और उसका विवेक या विचार अतर्क्य है। वेदों और श्रुतियोंने परमात्माकी ऐसी ही स्थिति बतलाई है। इसमें सन्देह नहीं कि परमात्मा भक्ति से ही मिलता है। वह भक्ति नौ प्रकारकी है और उससे बहुतसे भक्त पावन तथा मुक्त हो चुके हैं। उस नवधा भक्तिमें सबसे बड़ी आत्म-निवेदन नामक भक्ति है और उसका विचार स्वयं अपने अनुभवसे करना चाहिए। अपने ही अनुभवसे अपने आपको ईश्वरके चरणोंमें निवेदन करना चाहिए। यही आत्म-निवेदन है। जिस प्रकार महापूजाके अन्तमें अपना मस्तक काटकर देवता पर चढ़ाते हैं, उसी प्रकार आत्म-निवेदनमें स्वयं अपने आपको ईश्वरके चरणोंमें निवेदन करना पड़ता है। अपने आपको निवेदन करनेवाले भक्त बहुत थोड़े होते हैं और परमात्मा उन्हें तत्काल मुक्ति देता है। श्रोता पूछता है—किस प्रकार आत्म-निवेदन करना चाहिए? क्या हम कहीं जाकर गिर पड़ें या देवताके सामने अपना सिर काटकर रख दें? वक्ता इसका जो कुछ उत्तर देता है, वह श्रोता लोग सावधान होकर सुनें।

आत्म-निवेदनका लक्षण यह है कि आदमी पहले यह समझे कि मैं कौन हूँ और तब निर्गुण परमात्माको पहचाने। इस प्रकार परमात्मा और उसके भक्तकी खोज करनेसे आत्म-निवेदन होता है। भक्त समझता है कि ईश्वर पुरातन या शाश्वत है। परमात्माको पहचाननेमें वह स्वयं भी उसीके समान या उसके तद्रूप हो जाता है और ईश्वर तथा उसके भक्तमें कोई भेद नहीं रह जाता। जो परमात्मासे विभक्त न हो, वही भक्त है; और जो बद्ध न हो, वही मुक्त है। शास्त्रोंके आधार पर हमारा यह कथन अयुक्त नहीं, बल्कि युक्त है। यदि ईश्वर और भक्तका मूल देखा जाय तो दोनोंमें कोई भेद नहीं रह जाता। सब वही एक परमात्मा है, जो इस दृश्य जगतसे अलग है। परमात्मामें मिल जाने पर द्वैत भाव नहीं रह जाता और ईश्वर तथा भक्तमें भेदका कोई विचार नहीं रह जाता। आत्म-निवेदनके अन्तमें जो अभेद भक्ति होती है, वही सच्ची सायुज्य मुक्ति है। जो सन्तोंकी शरणमें जाता है और अद्वैतका तत्त्व अच्छी तरह समझ लेता है, वह फिर किसी प्रकार ईश्वरसे अलग नहीं किया जा सकता। जिस प्रकार समुद्रमें मिली हुई नदी किसी प्रकार अलग नहीं की जा सकती और पारस पत्थरसे मिलनेके कारण लोहा एक बार सोना होकर फिर काला लोहा नहीं हो सकता, उसी प्रकार जो ईश्वरमें मिल जाता है, वह उससे किसी प्रकार अलग नहीं हो सकता। भक्त स्वयं ही ईश्वर हो जाता है और उससे विभक्त नहीं हो सकता। जो समझ लेता है कि ईश्वर और भक्त दोनों एक हैं, वही मोक्ष देनेवाला साधु है।

ईश्वरको भक्तिपूर्वक देखनेसे ही उसका ऐश्वर्य प्राप्त होता है। यदि यह समझ लिया जाय कि जो कुछ है, वह यह शरीर ही है, तो अवश्य ही शारीरिक दुःख भोगने पड़ते हैं; और देहसे अतीत या भिन्न होनेपर ब्रह्म मिलता है। पर प्रश्न यह है कि मनुष्य देहसे अतीत कैसे हो, ब्रह्मको कैसे प्राप्त करे और ऐश्वर्यके लक्षण क्या हैं? श्रोताके इसी प्रश्नका यहाँ उत्तर दिया जाता है। आप लोग सावधान होकर सुनें। वह वस्तु या ब्रह्म देहसे अतीत है और तुम अपने आपको वही परब्रह्म समझो। तुम विदेह हो और तुम्हें देहके संगकी कोई आवश्यकता नहीं है। जिसकी बुद्धि ऐसी हो जाती है, उसका वर्णन वेद भी करते हैं और नाना शास्त्र उसे ढूँढ़ने पर भी नहीं पा सकते। देह-बुद्धि छोड़ने पर ही ऐश्वर्यकी प्राप्ति होती है और अपने शरीरको ही सब कुछ समझ लेनेसे अधोगति होती है। इसलिए

साधुओंके वचनोंको कभी अप्रामाणिक नहीं समझना चाहिए। उन्हें मिथ्या माननेसे दोष लगता है। श्रोता कहता है—हे स्वामी, कृपाकर बतलावें कि साधु-वचन किसे कहते हैं और उसपर कैसे विश्वास करना चाहिए। वक्ता कहता है—साधु-वचन यही है कि तुम आत्मानन्दसे पूर्ण और जन्म-मरणसे रहित हो; और तुम स्वयं वह परमात्मा हो। इसी वचन पर सदा विश्वास रखना चाहिए। महा-वाक्यका अर्थ यही है कि स्वयं तुम्हीं वह ब्रह्म हो। और यह बात कभी भूलनी नहीं चाहिए। इस बातको कभी निर्भ्रान्त नहीं समझना चाहिए कि जब मेरे शरीरका अन्त होगा, तब मैं उस अनन्त या परब्रह्मको पाऊँगा। कुछ मूर्ख कहते हैं कि जब कल्पान्तमें माया नष्ट हो जायगी, तभी हमें ब्रह्मकी प्राप्ति होगी; उससे पहले नहीं होगी। यह कहना ठीक नहीं है कि जब माया अथवा शरीरका अन्त होगा, तभी मुझे ब्रह्मकी प्राप्ति होगी। ऐसा माननेसे कभी समाधान नहीं हो सकता। समाधानके लक्षण तो कुछ और ही हैं। इस प्रकार तो मानों यही समझना है कि जब सारी सेना मर जायगी, तब हमें राजपद मिलेगा। ऐसे लोग यह नहीं समझते कि सेनाके रहने पर ही राज्य हो सकता है। वस्तुतः ऐसा समाधान होना चाहिए, जिसमें माया रहने पर भी न रहनेके समान हो जाय और मनुष्य देह रहते ही विदेह हो जाय। राजपद मिल जाने पर यदि सेना उपस्थित भी रहे तो कोई हानि नहीं। और फिर सेनाके रहते तो राज्य जा ही नहीं सकता। आत्मज्ञान हो जानेपर दृश्य देहभानकी यही अवस्था होती है। उस दशामें यदि देहभान बना भी रहे तो भी प्राप्त समाधान या आत्मज्ञान नष्ट नहीं हो सकता। रास्तेमें साँपकी तरहकी वृक्षकी जड़ देखकर बहुत डर लगता है। पर जब मालूम हो जाता है कि यह साँप नहीं बल्कि जड़ है, तब उसे मारनेकी आवश्यकता नहीं रह जाती। इसी प्रकार माया भी देखनेसे भयानक जान पड़ती है। यदि विचारपूर्वक देखनेसे उसका मिथ्यात्व सिद्ध हो जाय तो उसका भय क्यों माना जाय? यदि भ्रमसे मृगजलकी बाढ़ आती हुई दिखाई पड़े और कोई सोचे कि मैं इसे कैसे पार करूँगा, तो यह उसकी मूर्खता है। और जब अपना भ्रम मालूम हो जाय, तब भयकी कोई बात नहीं रह जाती। भयानक स्वप्न देखने पर उस समय बहुत डर लगता है। पर जब आदमी जाग पड़े, तब भय क्यों करे? माया तो केवल कल्पनासे दिखाई पड़ती है। पर जब यह

समझमें आ जाय कि हम वही ब्रह्म हैं जो कल्पनातीत है, तब उस निर्विकल्पको उद्वेग क्यों हो ? लोग कहते हैं कि अन्तिम समयमें जैसी मति होती है, वैसी ही गति मिलती है। इसलिए ऐसा विचार रखने पर जब तुम्हारा अन्त होता है, तब तुम्हें सहजमें ही अपनी या उस ब्रह्मकी प्राप्ति हो जाती है। तुम स्वयं वह आत्मा हो, जो चारों प्रकारके (स्थूल, सूक्ष्म, कारण और महाकारण) देहोंके अन्त या मृत्यु और जन्मसे अलग या अलिप्त हो। जिसकी ऐसी मति हो जाती है, उसे ज्ञानसे आत्मगति मिलती है और वह साधारण गति तथा अवगतिसे अलग हो जाता है। जहाँ वेदोंकी मति भी काम न देती हो, वहाँ गति और अवगति कहाँ ठहर सकती है ! वहाँ तो आत्मा, शास्त्र और गुरु-प्रतीतिकी एकता हो जाती है। सद्-गुरुको कृपासे जीवत्वकी भ्रान्ति दूर हो जाती है, ब्रह्मका अनुभव होने लगता है और प्राणीको उत्तम गति मिलती है। जिस समय सद्गुरुका ज्ञान होता है, उस समय चारों प्रकारके देहोंका अन्त हो जाता है और सत्स्वरूपमें मन स्थिर हो जाता है। उसी निदिध्यासनसे निर्वाण प्राप्त करके प्राणी स्वयं ही अपना ध्येय या ब्रह्म बन जाता है और सायुज्य मुक्तिका स्वामी बन बैठता है।

दृश्य पदार्थोंका अन्त होते ही केवल आत्मा रह जाती है। यदि अच्छी तरह देखा जाय तो दृश्य कोई चीज ही नहीं है। मिथ्या मायाका मिथ्यात्व समझना और उस मिथ्यात्वका अनुभव करना ही मोक्ष है। जो सद्गुरुके वचनोंको हृदयमें धारण करता है, वही मोक्षका अधिकारी होता है और श्रद्धापूर्वक श्रवण तथा मनन करता रहता है। जहाँ दोनों ही पक्ष नष्ट हो जाते हैं, वहाँ लक्ष्य या अलक्ष्य कुछ भी नहीं रह जाता। वही मोक्ष और वही आत्मा है। वहाँ ध्यान और धारणा नहीं रह जाती, कल्पना निर्विकल्पमें लीन हो जाती है और केवल ज्ञान या सूक्ष्म ब्रह्म रह जाता है। वहाँ भव रूपी मृगजल भी नहीं रह जाता और झूठा बन्धन टूट जाता है। उस समय वह ब्रह्म इस अजन्माको जन्मके दुःखोंसे मुक्त करता है। वह विवेककी सहायतासे निःसंगकी संग-व्याधि, विदेहकी देह-बुद्धि और निष्प्र-पंचकी सब उपाधियोंका नाश कर देता है। अद्वैतका द्वैत भाव नष्ट कर देता है, एकान्तको एकान्त देता है और अनन्तको अनन्तका अन्त देता है। वह जाग्रतिको जगाता है, जागे हुएको सावधान करता है और आत्मज्ञानसे आत्मज्ञानका उपदेश देता है। वह अमृतको अमर करता है, मोक्षको मुक्तिका घर बनाता है, संयोगका

निरन्तर योग करता है और निर्गुणको निर्गुण करता है। इस प्रकार सार्थक ही सार्थक होता है और बहुत दिनोंके बाद अपने आपको अपनापन मिलता है। द्वैतका परदा उठ जाता है, भेदको अभेद तोड़ डालता है और पंचभूतात्मक शरीरकी बाधा या अहन्ता नहीं रह जाती। साधनका फल मिलता है, वह निश्चल सचमुच निश्चल कर दिया जाता है और विवेक या ज्ञानकी सहायतासे निर्मलका मल निकल जाता है। पहले वह पास होने पर भी भूला हुआ था। पर अब जिसका जो कुछ होता है, वह उसे मिल जाता है और देखते-देखते जन्म-सम्बन्धी दुःख दूर हो जाता है। ब्राह्मण यह दुष्ट स्वप्न देखकर बहुत घबराता है कि मैं नीच जातिमें चला गया हूँ। पर जागने पर वह अपनेको अपनी ही जातिमें पाता है। जिस मनुष्यको इस प्रकारका ज्ञान हो जाता है, उसके लक्षण अगले समासमें बतलाये गये हैं।

नवाँ समास

साधुओंके लक्षण

जिस प्रकार पेटमें अमृत जाने पर बाहरसे शरीर देखनेमें परम सुन्दर हो जाता है, उसी प्रकार मनमें ईश्वरके स्वरूपकी स्थिति हो जाने पर सन्तोंका शरीर भी देखनेमें वैसा ही सुन्दर हो जाता है। ऐसे सन्तोंके लक्षणोंका कहना ही क्या है! तो भी आत्मज्ञानियों और साधुओंके कुछ लक्षण यहाँ बतलाये जाते हैं। सिद्ध या साधु साक्षात् ईश्वरके स्वरूप होते हैं। देखनेमें दोनोंमें कोई भेद नहीं होता। सत्-स्वरूप होकर रहनेवाला ही साधु हैं; और सिद्ध या ब्रह्म स्वरूपमें ही सिद्धताकी शोभा होती है। जो स्वतःसिद्ध सत्स्वरूप वेदोंमें प्रसिद्ध है, केवल उसीको सिद्ध कह सकते हैं, दूसरेको सिद्ध नहीं कह सकते। तो भी साधकोंको ज्ञान करानेके लिए सिद्धोंके कुछ लक्षण यहाँ बतलाये जाते है। उनके कुछ कौतुक सुनिये। जब उनका अन्तःकरण सत्स्वरूपके समान हो जाता है, तब उनका शारीरिक व्यापार स्वप्नावस्थाको झूठी रचनाके समान हो जाता है। तो भी यहाँ सिद्धोंके कुछ लक्षण बतलाये जाते हैं, जिससे परमार्थकी असल पहचान हो सके।

साधुका मुख्य लक्षण यह है कि वह सदा अपने स्वरूपका अनुसन्धान करता रहता है और सब लोगोंमें रहकर भी उनसे अलग रहता है। ज्योंही उसकी दृष्टि स्वरूप पर पड़ती है, त्योंही उसकी सांसारिक चिन्ताएँ नष्ट हो जाती हैं और

अध्यात्म-निरूपणके प्रति ममता उत्पन्न होती है। यह है तो साधकका लक्षण, पर सिद्धोंमें भी यही लक्षण पाया जाता है; क्योंकि बिना साधकका लक्षण बतलाये सिद्धका लक्षण बतलाया ही नहीं जाता। चतुरोंको सिद्धोंका यह लक्षण समझ लेना चाहिए कि सिद्ध लोग बाहरसे देखनेमें तो साधक ही जान पड़ते हैं, पर उनका अन्तःकरण परमात्माके स्वरूपके समान रहता है। सन्देह-रहित साधन ही सिद्धोंका लक्षण है और उनके मनमें भी और बाहर भी अचल समाधान रहता है। अन्तःकरणकी स्थिति अचल हो जाने पर फिर चंचलता कहाँसे आ सकती है! जब वृत्ति सत्स्वरूपमें लग जाती है, तब वह भी सत्स्वरूप ही हो जाती है। फिर वह चलते रहने पर भी अचल रहता है और चंचल रहने पर भी निश्चल रहता है। जब वह सत्स्वरूपमें मिलकर स्वयं सत्स्वरूप हो जाता है, तब फिर वह चाहे किसी जगह पड़ा रहे और चाहे वहाँसे उठकर भागे, पर वास्तवमें वह अचल ही रहता है और चलता नहीं। इसमें मुख्य बात तो मनकी स्थितिकी है और मनमें ही निवृत्ति होनी चाहिए। जिसका मन ईश्वरमें लग जाय, वही साधु है। उसका बाहरी रूप और कार्य चाहे जैसा हो, पर उसका मन सत्स्वरूपमें लगा रहना चाहिए। और ये लक्षण साधुओंमें स्वभावतः दिखाई देते हैं। जैसे राजसिंहासन पर बैठते ही सब राजकलाएँ शरीरमें आपसे आप आ जाती हैं, वैसे ही सत्स्वरूपमें मन लग जाने पर उसके सब लक्षण भी शरीरमें आपसे आप आ जाते हैं। केवल अभ्यास करनेसे ये लक्षण नहीं आते। वास्तवमें उस स्वरूपमें मिलकर और उसीके समान होकर रहना चाहिए। निर्गुणमें वृत्तिका लगा रहना ही अभ्यासका मुकुटमणि है। सन्तोंके पास रहकर उनसे अध्यात्मका निरूपण सुननेसे ही वह स्थिति प्राप्त होती है। उस स्वरूपके समान होकर ऐसे लक्षणोंका अभ्यास करना चाहिए। अपना स्वरूप छोड़ देनेके कारण ही गोस्वामी लोग इधर उधर भटकते रहते हैं।

पर अब इन बातोंको छोड़कर साधुओंके लक्षण सुनिये, जिनसे साधकोंको समाधान होता है। उस स्वरूपमें कल्पनाके लीन होने पर कामना रह ही नहीं जाती; और इसीलिए साधुओंमें काम नहीं होता। साधारणतः जब कोई कल्पित पदार्थ हाथसे निकल जाता है, तब मनुष्यको क्रोध आता है। पर साधुओंकी सम्पत्ति अक्षय होती है और कभी उनके पाससे जा ही नहीं सकती। और इसीलिए वे क्रोधसे रहित होते हैं। सन्त जानते हैं कि ये पदार्थ नश्वर हैं और इसीलिए उन्हें

छोड़ देते हैं। जहाँ कोई दूसरा या पराया हो ही न, वहाँ क्रोध किस पर आवे? इसीलिए साधु लोग कभी किसी चर या अचर पर क्रोध नहीं करते। जो स्वयं ही अपने आनन्दमें मग्न रहे, वह मद किस पर करे? इसलिए वाद-विवादका अन्त ही हो जाता है। साधु स्वरूपसे ही निर्विकार होता है। फिर उसके सामने तिरस्कार क्या चीज है! जब सभी अपने ठहरे, तब मत्सर किस पर किया जाय? साधु तो अनायास ही वस्तु या ब्रह्म-स्वरूप होता है; इसलिए उसमें मत्सर होता ही नहीं। मद और मत्सरके पिशाच साधुओंके पास नहीं फटक सकते। साधु स्वयंभू स्वरूप होता है; फिर उसमें दम्भ कैसे हो सकता है! वहाँ तो द्वैतका आरम्भ ही नहीं होता। जिसने दृश्योंको बिलकुल नष्ट कर दिया हो, उसके सामने प्रपंच कैसे ठहर सकते हैं! अतः साधु लोग निष्प्रपंच होते हैं। सारा ब्रह्मांड उनका घर होता है। वह इस पंचभौतिक विस्तारको मिथ्या समझकर बहुत जल्दी छोड़ देते हैं। इसीलिए साधुमें लोभ नहीं होता और वह सदा निर्लोभ रहता है। उसकी वासना शुद्ध स्वरूपमें मिलकर ठीक उसीके समान हो जाती है। जब सब कुछ अपना और आप ही है, तब दुःख किसका किया जाय? इसीलिए साधु सदा शोक-रहित रहता है। साधु सदा नश्वर दृश्यको छोड़कर शाश्वत स्वरूपका सेवन करता है और इसीलिए शोक-रहित रहता है। शोकसे उसकी वृत्ति दुःखित नहीं हो सकती, क्योंकि उसकी वृत्तिकी निवृत्ति हो चुकी होती है और इसीलिए साधु बराबर शोक-रहित रहता है। यदि मोह उसके मनको अभिभूत करना चाहे तो उसका मन ही उन्मन रहता है और इसलिए वह मोहातीत रहता है। साधु अभय वस्तु होता है, अतः उसे भय हो ही नहीं सकता। परब्रह्म निर्भय है और साधु भी वही परब्रह्म है; इसीलिए साधु भयातीत, निर्भय और शान्त होता है। सबका अन्त होता है, पर साधु अनन्त है। जो सत्य स्वरूपमें मिलकर अमर हो गया हो, उसे भय कैसे हो सकता है? अतः साधुको भय होता ही नहीं। जहाँ कोई द्वन्द्व भेद न हो और सब अपने ही अभेद रूप हों, वहाँ देह-बुद्धिका खेद कैसे हो सकता है! साधु अपनी बुद्धिसे निर्गुणका निर्णय कर लेता है और वह निर्गुण कोई छीन नहीं सकता; इसलिए साधुओंको खेद होता ही नहीं। वह बिलकुल अकेला होता है, तब स्वार्थ किसका करे? जहाँ दृश्य या माया न हो, वहाँ स्वार्थके लिए जगह ही नहीं रह जाती। वह स्वयं ही अकेला होता है, इस

लिए उसे दुःख या शोक हो ही नहीं सकता; और जब तक सामने कोई दूसरा न हो, तब तक अविवेक आ ही नहीं सकता। परमार्थकी आशा करते ही स्वार्थकी दुराशा टूट जाती है; इसलिए नैराश्य ही साधुका मुख्य लक्षण है। साधु मृदुतामें आकाशके समान होता है, इसलिए उसके वचन कठोर नहीं होते। ब्रह्म-स्वरूपके संयोगसे साधु या योगी स्वयं भी वही स्वरूप हो जाता है, इसलिए वह सदा वीतराग अथवा सब प्रकारके राग और द्वेष आदिसे रहित रहता है। स्वरूप-स्थिति हो जानेपर शरीरकी चिन्ता छूट जाती है, इसलिए भविष्यकी कोई चिन्ता ही नहीं रह जाती। बुद्धि ब्रह्म-स्वरूपमें लग जाने पर सब प्रकारकी उपाधियोंका नाश हो जाता है; इसलिए साधु लोग निरुपाधि होते हैं। साधु सदा ब्रह्मके स्वरूपमें ही रहता है और वहाँ किसी प्रकारका संग हो ही नहीं सकता; इसलिए वह मान और अपमान पर ध्यान नहीं देता। वह अलक्षकी ओर अपना लक्ष रखता है, इस लिए वह परम दक्ष होता है और परमार्थका पक्ष ग्रहण करना जानता है। वह उस ब्रह्म स्वरूपमें मिल जाता है जिसमें मल नहीं होता, इसलिए वह निर्मल होता है। वह सब धर्मोंसे बढ़कर श्रेष्ठ और अपना धर्म यही समझता है कि ब्रह्मके स्वरूपमें स्थित रहना चाहिए; और इसीको साधुका मुख्य लक्षण समझना चाहिए। ऐसे साधुकी संगति करनेसे आपसे आप स्वरूप-स्थिति प्राप्त होती है और तब साधुके सब लक्षण भी आ जाते हैं। अध्यात्मका निरूपण सुननेसे मनुष्यमें साधुके सब लक्षण आ जाते हैं, पर फिर भी मनुष्यको सदा उस स्वरूपमें स्थित रहना चाहिए। निरन्तर उस स्वरूपमें स्थित रहनेसे स्वयं मनुष्यका भी वही स्वरूप हो जाता है और तब शरीरमें उन लक्षणोंके आनेमें देर नहीं लगती। यदि स्वरूपकी ओर ध्यान लगा रहे तो सब अवगुण छूट जाते हैं, पर इसके लिए सत्संगति और अध्यात्म-निरूपणकी आवश्यकता होती है। सारी सृष्टिमें एक ही अनुभव नहीं है, बल्कि अनेक अनुभव हैं, जिनका वर्णन अगले समासमें होगा। श्रोता ध्यानपूर्वक सुनें कि लोग किस स्थितिमें रहते हैं और कैसा अनुभव करते हैं।

दसवाँ समास

अनेक प्रकारके अनुभव

यदि लोगोंके अनुभवका विचार किया जाय तो संसारमें बहुत बड़ी गड़बड़ी

दिखाई देती है। उसका वर्णन श्रोता लोग कौतुकपूर्वक सुनें। कोई कहता है कि गृहस्थीका निर्वाह करता हुआ ही मनुष्य भव-सागरसे पार हो सकता है, क्योंकि यह झगड़ा स्वयं हमारा खड़ा किया हुआ नहीं है, बल्कि सब प्राणी ईश्वरके ही बनाये हुए हैं। कोई कहता है कि ऐसा नहीं हो सकता, क्योंकि लोभ या मोह अवश्य आ घेरता है और पेटके लिए कुटुम्बकी सेवा करनी ही पड़ती है। कोई कहता है कि सुखसे गृहस्थीका निर्वाह करना चाहिए और सद्गति प्राप्त करनेके लिए कुछ दान-पुण्य करना चाहिए। कोई कहता है कि संसार झूठा है और वैराग्य धारण करके देशाटन करना चाहिए। इसीसे स्वर्गका मार्ग प्रशस्त होता है। कोई कहता है कि कहाँ जायँ और क्यों व्यर्थ घूमें। आश्रम धर्मका पालन करते हुए अपने आश्रममें ही रहना चाहिए। कोई कहता है कि कहाँका धर्म! चारों ओर अधर्म हो रहा है। इस संसारमें आकर सभी कर्म करने पड़ते हैं। कोई कहता है कि अपनी वासना ठीक रखनी चाहिए। उसके द्वारा इस संसारसे अनायास पार हो सकते हैं। कोई कहता है कि भाव सबसे मुख्य है और उसीके द्वारा ईश्वर मिलता है। बाकी सब व्यर्थके झगड़े हैं। कोई कहता है कि अपनेसे बड़ोंको ईश्वरके तुल्य मानना चाहिए और एकनिष्ठ होकर माता-पिताकी पूजा करनी चाहिए। कोई कहता है कि देवता और ब्राह्मणकी पूजा करनी चाहिए; और संसारके सब लोगोंके माता-पिता नारायण हैं। कोई कहता है कि शास्त्रोंका अध्ययन करना चाहिए और उनमें ईश्वरने जो कुछ कहा है, उसीके अनुसार परलोकका साधन करना चाहिए। कोई कहता है कि शास्त्रोंको देखनेसे काम नहीं चलता, इसलिए साधुओंकी शरणमें जाना चाहिए। कोई कहता है कि ये सब बातें छोड़ो और व्यर्थ झगड़ा न करो। सबसे बड़ी बात यह है कि मनमें भूत मात्रके प्रति दया होनी चाहिए। कोई कहता है कि सबसे अच्छा यही है कि मनुष्य आचारपूर्वक रहे और अन्तमें ईश्वरके नामका भजन करे। कोई कहता है कि यदि पूर्व-जन्मका पुण्य होगा तभी ईश्वरके नामका भजन हो सकेगा; और नहीं तो अन्य समय वह नाम भूल जायगा। कोई कहता है कि जीवनकालमें ही जन्म सार्थक कर लेना चाहिए; और कोई कहता है कि तीर्थाटन करना चाहिए। कोई कहता है कि तीर्थोंमें क्या रखा है! वहाँ तो पानी और पत्थर ही हैं। व्यर्थ डुबकियाँ लगाकर क्यों कष्ट उठाया जाय? कोई कहता है कि यह वाचालता छोड़ दो। भूमंडलमें तीर्थोंकी महिमा अगाध है और उनके

दर्शन मात्रसे महापातकोंकी होली हो जाती है (अर्थात्, वे बिलकुल जल जाते हैं)। कोई कहता है कि यदि सब अनर्थोंकी जड़ मनको आदमी रोक सके तो फिर जहाँ वह रहे, वहीं तीर्थ है। कोई कहता है कि मनुष्यको आनन्दपूर्वक कीर्तन करते रहना चाहि कोई कहता है कि योग सबसे अच्छा है; और सबसे पहले उसीका साधन करना चाहिए और उससे अपना शरीर अमर कर लेना चाहिए। कोई कहता है कि यह ठीक नहीं है। कालको धोखा नहीं देना चाहिए; और कोई कहता है कि भक्ति-मार्ग ग्रहण करना चाहिए। कोई कहता है कि ज्ञान अच्छा है; कोई कहता है कि साधन करना चाहिए; और कोई कहता है कि सदा मुक्त रहना चाहिए। कोई कहता है कि उच्छृङ्खलतापूर्वक पाप करनेसे बचना चाहिए; और कोई कहता है कि हमारा मा ा ही हुआ है। कोई कहता है कि सबसे अच्छा यही है कि किसीकी निन्दा या द्वेष न किया जाय; और कोई कहता है कि दुष्टोंका संग छोड़ देना चाहिए। कोई कहता है कि आदमी जिसका खाय, यदि उसीके सामने मर जाय तो उसे तत्काल मोक्ष मिलता है। कोई कहता है कि ये सब बातें छोड़ो। सबसे पहले रोटीका बन्दोबस्त होना चाहिए; फिर और सब बकवाद होनी चाहिए। कोई कहता है कि पानी ठीक समय पर बरसता रहे तो फिर सभी बातें ठीक होती हैं। बस अकाल न पड़े, यही सबसे अच्छा है। कोई कहता है कि तपोनिधि होनेसे सब सिद्धियाँ प्राप्त होती हैं; और कोई कहता है कि पहले इन्द्र-पद प्राप्त करना चाहिए। कोई कहता है कि तन्त्र-शास्त्रका अध्ययन करना चाहिए और वेताल सिद्ध करना चाहिए। इसीसे स्वर्गमें परमेश्वर मिलता है। कोई कहता है कि अघोर मन्त्र सिद्ध करके स्वतन्त्र होना चाहिए; उसीसे लक्ष्मी प्रसन्न होती हैं। सब धर्म उसी लक्ष्मीके आश्रित हैं। बाकी क्रिया-कर्मोंको कौन पूछता है ! इस पर दूसरा कहता है कि उसी लक्ष्मीके मदसे ही तो लोग कुकर्म भी करते हैं। कोई कहता है कि मृत्युञ्जयका जप करना चाहिए। उसीसे सब संकल्प पूरे होते हैं। कोई कहता है कि बटुकभैरवकी कृपासे वैभव प्राप्त होता है, और कोई कहता है कि झोटिंग सब कामनाएँ पूरी करता है। कोई कहता है कि काली कंकाली, कोई कहता है कि भद्रकाली और कोई कहता है कि उच्छिष्ट चांडालिनीको सिद्ध करना चाहिए। कोई कहता है कि विघ्नहर गणेश, कोई कहता है कि भोला संकरनाथ और कोई

कहता है कि भगवती शीघ्र प्रसन्न होती हैं। कोई कहता है कि मल्लारि बहुत जल्दी आदमीको भाग्यवान बनाते हैं और कोई कहता है कि व्यंकटेशकी भक्ति सबसे अच्छी है। कोई कहता है कि आदमी पूर्व जन्ममें जैसा करता है, वैसा फल पाता है; कोई कहता है बराबर प्रयत्न करते रहना चाहिए; और कोई कहता है कि सब कुछ ईश्वर पर छोड़ देना चाहिए। कोई कहता है कि ईश्वर तो सज्जनोंको कष्ट देकर ही उनकी परीक्षा करता रहता है; और कोई कहता है कि नहीं, यह केवल युग-धर्म है। कोई आश्चर्य करता है, कोई विस्मय करता है और कोई घबराकर कहता है कि जो कुछ होगा, वह देखा जायगा। इस प्रकार यदि सांसारिक झगड़ोंमें पड़े हुए लोगोंके लक्षण बतलाये जायँ तो बहुत हैं। यहाँ उनके थोड़ेसे लक्षण बतला दिये गये हैं।

पर अब यह विषय छोड़कर ज्ञाताओंके लक्षण बतलाये जाते हैं। कोई कहता है कि भक्ति करनी चाहिए, श्रीहरि सद्गति देंगे। कोई कहता है कि कर्मसे ही ब्रह्मकी प्राप्ति होती है। कोई कहता है कि भोग भोगना ही पड़ता है और जन्म-मरणका बन्धन नहीं टूटता। कोई कहता है कि अज्ञानकी लहरें बहुत अधिक हैं। कोई कहता है कि जहाँ सब कुछ ब्रह्म ही है, वहाँ क्रिया-कर्मकी क्या आवश्यकता है। कोई कहता है कि ऐसी अधर्मकी बात नहीं कहनी चाहिए। कोई कहता है कि सब कुछ नष्ट हो जाता है, और जो कुछ बच रहता है, वही ब्रह्म है। कोई कहता है कि इतनेसे समाधान नहीं हो सकता। कोई कहता है कि सर्व-ब्रह्म और केवल-ब्रह्म दोनों पूर्व पक्षके भ्रम हैं। अनुभवका रहस्य कुछ और ही है। कोई कहता है कि ऐसा नहीं हो सकता। वस्तु अनिर्वाच्य है और उसके वर्णनमें वेद-शास्त्र भी मौन हो जाते हैं। इसपर श्रोता पूछता है कि तो फिर निश्चय क्या हुआ ? सिद्धान्त या अद्वैतके मतसे अनुभवके लिए कोई जगह ही नहीं रह जाती, क्योंकि अनुभवका नाम लेते ही द्वैत भाव आ जाता है। इस पर वक्ता कहता है कि हम पहले ही कह चुके हैं कि हरएकका अनुभव अलग अलग हुआ करता है। अतः उसके सम्बन्धमें कुछ भी कहा नहीं जा सकता। कोई साक्षत्वके आधार पर चलता है और साक्षीको (दृश्यसे) अलग बतलाता है और स्वयं द्रष्टा बनकर स्वानुभवकी स्थितिमें रहता है। द्रष्टा सदा दृश्यसे अलग होता है। अलिप्तताका मतलब ही यह है कि मनुष्य स्वानुभवकी सहायतासे साक्षत्वसे

अलग रहे। सब पदार्थोंका ज्ञाता उन पदार्थोंसे अलग होता है; और इस बातका अनुभव हो जानेपर शरीर धारण किये रहने पर भी सहजमें अलिप्तता हो जाती है। कोई ज्ञाता स्वानुभवकी सहायतासे कहता है कि सब काम केवल साक्षी होकर करने चाहिएँ और स्वयं दृश्य होनेपर भी द्रष्टा बनकर सबसे अलग रहना चाहिए। कोई कहता है कि भेद तो कहीं है ही नहीं। वह वस्तु मूलसे ही अभेद है। वहाँ मतिमन्द लोग द्रष्टाको कहाँसे ले आते हैं। जो स्वभावतः बिलकुल शक्कर ही हो, उसमेंसे कटुता कहाँसे अलग की जाय? जहाँ सब कुछ ब्रह्म ही है, वहाँ स्वानुभवसे द्रष्टा कहाँसे आया? प्रपंच और परब्रह्म दोनों अभेद हैं और केवल भेदवादी ही इन दोनोंमें भेद मानते हैं। पर यह स्वानन्द आत्मा ही आकार धारण किये हुए है। जैसे पिघला हुआ घी जम जाता है, वैसे ही निर्गुण भी सगुण बन जाता है। वहाँ द्रष्टा बनकर क्या चीज अलग की जा सकती है? इसलिए द्रष्टा और दृश्य सब वही जगदीश है। तब द्रष्टावाले भेदकी क्या आवश्यकता है? किसी किसीका अनुभव है कि ब्रह्मने ही ये सब आकार धारण किये हैं। कोई कहता है कि ये सब ब्रह्मके ही रूप हैं और हम उससे अलग कैसे हो सकते हैं? एक और अनुभव यह है कि सब प्रपंचोंका अन्त करने पर कुछ भी नहीं बचता और वही शून्य ब्रह्म है। समस्त दृश्यको अलग करने पर जो दृश्य बच रहता है, वही ब्रह्म है।

पर उस शून्यको ब्रह्म नहीं कहना चाहिए। उसे ब्रह्म कहना मानों अपायको उपाय, या बुरेको भला कहना है। भला शून्यत्वको कैसे ब्रह्म कहा जा सकता है? सम्पूर्ण दृश्यको पार करने पर अदृश्य रूपी शून्यता मिलती है और अज्ञानी उसीको ब्रह्म समझकर वहींसे लौट पड़ता है। इधर दृश्य और उधर ईश्वर होता है और दोनोंके बीचमें शून्यता रहती है; और उसी शून्यताको प्राणी अपनी मन्द बुद्धिके कारण ब्रह्म कहता है। मानों वह राजाको तो देखता नहीं और सेवकको ही राजा मान बैठता है; पर राजाको देख लेने पर उसके लिए और सब निरर्थक हो जाते हैं। इसी प्रकार लोग ज्ञानके कारण शून्यताको ही ब्रह्म मान लेते हैं; पर जब वे परब्रह्मको देखते हैं, तब शून्यत्व-सम्बन्धी उनका सारा भ्रम दूर हो जाता है। पर यह सूक्ष्म विघ्न नीर-क्षीरवाले विवेकके समान दूर कर देना चाहिए, और उसमेंसे उसी प्रकार सार वस्तु ले लेनी चाहिए, जिस प्रकार राजहंस पानीमेंसे दूध अलग कर लेता है।

पहले दृश्यको छोड़कर और तब शून्यताको पार करके मूल मायासे भी परे रहनेवाला ब्रह्म प्राप्त किया जाता है। जब हम अलग रहकर उसे देखते हैं, तब वृत्ति शून्यतामें पहुँच जाती है और इसीसे मनमें शून्यताका भ्रम उत्पन्न होता है। स्वयं भिन्न होकर जो कुछ अनुभव किया जाता है, उसीको शून्य कहते हैं। पर उस वस्तुको देखनेसे पहले अभिन्न होना चाहिए। वास्तवमें वस्तुका देखना वही है जिसमें मनुष्य स्वयं ही उस वस्तु रूपमें हो जाय। और नहीं तो भिन्नतापूर्वक देखने पर केवल शून्यता ही मिलती है। शून्य कभी परब्रह्म नहीं हो सकता। यदि हम स्वानुभवसे स्वयं उस वस्तुका रूप धारण करके देखें, तभी उस वस्तु या ब्रह्मको देख सकते हैं। यह तो सिद्ध ही है कि हम स्वयं वह वस्तु हैं। यह कल्पना कभी न करनी चाहिए कि जो कुछ हमारा मन है, वही "हम" हैं। साधु लोग यही कहते हैं कि स्वयं तुम्हीं आत्मा हो। सन्तोंने कभी यह नहीं कहा है कि जो कुछ मन है, वही "मैं" है; तो फिर और किसके कथनके आधार पर माना जाय कि मन ही "मैं" है? सन्तोंकी बातों पर पूरा विश्वास रखना ही शुद्ध स्वानुभव है। मन तो सदा चंचल रहता है। वह "मैं" नहीं है; "मैं" स्वयं वह वस्तु ही है। हमें जिस निरवयव वस्तुका अनुभव करना है वह वास्तवमें हम स्वयं हैं और संसारके सब लोग स्वयं अपना ही अनुभव करते हैं। लोभी मनुष्य धन एकत्र करनेके फेरमें पड़कर स्वयं ही धन-रूप हो जाता है और उस धनका भोग दूसरे भाग्यवान लोग मजेमें करते हैं। देह-बुद्धि छोड़ देने पर साधकोंकी भी ठीक यही दशा होती है। और यही अनुभवकी मुख्य बात है। ज्ञानका तत्त्व यही है कि हम और वह वस्तु दोनों बिलकुल एक ही हैं। इस प्रकार यहाँ यह ज्ञान दशक पूरा होता है। इसमें मैंने यथामति आत्मज्ञानका निरूपण किया है। यदि इसमें कुछ न्यूनाधिक हुआ हो तो श्रोता लोग इसके लिये मुझे क्षमा करें।

नवाँ दशक

गुण-रूप-निरूपण

पहला समास

ब्रह्मका निरूपण

श्रोता कहता है कि आप मुझे कृपाकर यह बतलावें कि निराकार, निराधार

और निर्विकल्पका क्या अर्थ है। वक्ता उत्तर देता है कि निराकार वह है, जिसका कोई आकार न हो, निराधार वह है जिसका कोई आधार न हो और निर्विकल्प वह है जिसकी कोई कल्पना न हो सके। और ये तीनों बातें उस परब्रह्मके सम्बन्धमें ही ठीक घटती हैं। अब निरामय, निराभास और निरवयवका अर्थ बतलाइये। निरामयका मतलब यह है कि वह परब्रह्म विकार-रहित है; निराभासका मतलब यह है कि उसका भास नहीं हो सकता और निरवयवका मतलब यह है कि उसका कोई अवयव नहीं है। निष्प्रपञ्च, निष्कलङ्क और निरुपाधिका मतलब बतलाइये। मतलब यह कि परब्रह्ममें कोई प्रपञ्च, कलङ्क या उपाधि नहीं है। निरुपम, निरवलम्ब और निरपेक्षका मतलब बतलाइये। मतलब यह कि उस परब्रह्मकी कोई उपमा नहीं है, कोई अवलम्ब नहीं है और उसमें अपेक्षा नहीं है। निरञ्जन, निरन्तर और निर्गुणका मतलब बतलाइये। मतलब यह कि उस परब्रह्ममें कोई कल्मष नहीं है, उसके बीचमें कोई अन्तर नहीं पड़ता और न उसमें कोई गुण ही है। निःसङ्ग, निर्मल और निश्चलका मतलब बतलाइये। मतलब यह कि उस परमात्मामें कोई सङ्ग, मल या चलन अथवा चंचलता नहीं है। निःशब्द, निर्दोष और निवृत्तिका मतलब बतलाइये। मतलब यह कि उस परब्रह्ममें कोई शब्द, दोष या वृत्ति नहीं है। निष्काम, निर्लेप और निष्कर्मका मतलब बतलाइये। मतलब यह कि उसमें कोई काम, लेप या कर्म नहीं है। अनाम्य, अजन्मा और अप्रत्यक्षका मतलब बतलाइये। मतलब यह कि उसका कोई नाम नहीं है, उसका जन्म नहीं होता और वह प्रत्यक्ष नहीं हो सकता। अगणित, अकर्तव्य और अक्षयका मतलब बतलाइये। मतलब यह कि वह गिना नहीं जा सकता, उसमें कोई कर्तव्य नहीं है और उसका कभी क्षय नहीं होता। अरूप, अलक्ष और अनंतका मतलब बतलाइये। मतलब यह कि उसका कोई रूप नहीं है, उसको कोई लख या देख नहीं सकता और उसका कहीं अन्त नहीं है। अपार, अटल और अतर्क्यका मतलब बतलाइये। मतलब यह कि उसका कोई पार नहीं है, वह टल नहीं सकता और उसके सम्बन्धमें कोई तर्क नहीं हो सकता। अद्वैत, अदृश्य और अच्युतका मतलब बतलाइये। मतलब यह कि उसमें द्वैत नहीं है, वह दृश्य नहीं है और वह कभी अपने स्थानसे च्युत नहीं हो सकता। अछेद्य, अदाह्य और अक्लेद्यका मतलब बतलाइये। मतलब यह

कि वह छेदा नहीं जा सकता, जलाया नहीं जा सकता और घुल नहीं जा सकता। परब्रह्म वही है जो सबसे परे है। स्वयं अनुभव करने पर और सद्गुरुके द्वारा पता चलता है कि हम स्वयं भी वही परब्रह्म हैं।

दूसरा समास

आत्म-ज्ञान

जितनी साकार वस्तुएँ दिखलाई पड़ती हैं, वे सब कल्पान्तमें नष्ट हो जाती हैं; पर वह परब्रह्म-स्वरूप सदा ज्योंका त्यों बना रहता है। जो सबमें सार पदार्थ है, जो कभी मिथ्या नहीं होता और सदा सत्य रहता है, जो नित्य और निरन्तर है, वही भगवानका निज रूप है और उसीको स्वरूप कहते हैं। इसके सिवा उसके और भी बहुतसे नाम हैं। केवल उसका ज्ञान करानेके लिए संकेत रूपसे उसके नाम रखे जाते हैं; पर वास्तवमें वह स्वरूप सब नामोंसे अतीत है और सदा बना रहता है। वह दृश्यमें अन्दर बाहर सब जगह है, पर वह सारे विश्वसे छिपा हुआ है और पास रहने पर भी नहींके बराबर रहता है। उस ईश्वरके सम्बन्धकी ऐसी बातें सुनकर उसे देखनेकी इच्छा होती है; पर यदि हम उसे देखना चाहें तो हमें सब जगह दृश्य ही दृश्य दिखाई पड़ता है। दृष्टिका विषय ही दृश्य है और उसीको देखनेसे दृष्टिको सन्तोष होता है। पर यह देखना वास्तविक देखना नहीं है। आँखोंसे जो कुछ दिखाई पड़ता है, वह नष्ट हो जाता है। इस विषयमें श्रुतिका भी वचन है "यद्दृष्टं तन्नष्टं"; अतः जो कुछ दिखाई पड़ता है, वह उस परमात्माका स्वरूप नहीं है। स्वरूप निराभास है और दृश्य साभास है (अर्थात्, उसका आभास होता है); और वेदान्तमें कहा है कि भासनेवाली वस्तुका नाश होता है। देखने पर केवल दृश्यका ही भास होता है और वस्तु उस दृश्यसे अलग है। हाँ, स्वानुभवसे देखने पर वह वस्तु अन्दर बाहर सब जगह दिखाई पड़ती है। जो निराभास और निर्गुण हो, उसकी पहचान ही क्या बतलाई जाय! पर यह समझ रखना चाहिये कि वह स्वरूप है बिलकुल पास। जिस प्रकार आकाशका भास होता है और आकाश सब जगह व्याप्त है, उसी प्रकार वह जगदीश भी अन्दर बाहर सब जगह है। ईश्वरका स्वरूप ऐसा है जो पानीमें रहने पर भी भींग नहीं सकता, पृथ्वीमें रहने पर भी छीज या घिस

नहीं सकता और आगमें रहने पर भी जल नहीं सकता। वह कीचड़में रहकर भी उससे सन नहीं सकता, वायुमें रहने पर भी उड़ नहीं सकता और सोनेमें रहने पर भी गढ़ा नहीं जा सकता। इस प्रकार वह सदा सञ्चित रहता है, पर कभी उसका आकलन नहीं होता। उस अभेदमें भेद बढ़ानेवाला यही अहं-भाव है। यहाँ उस अहं-भावका स्वरूप और कुछ लक्षण बतलाये जाते हैं। सावधान होकर सुनें।

यह अहं-भाव वही है जो स्वरूपकी ओर जाता है, अनुभवके साथ रहता है और अनुभवकी सब बातें शब्दोंकी सहायतासे कहलाता है। यही अहं-भाव कहलाता है कि मैं वही स्वरूप हूँ और उस निराकारसे आपसे आप अलग हो जाता है। इसी अहं-भावको यह भ्रम होता है कि स्वयं मैं ही ब्रह्म हूँ। पर सूक्ष्म विचारसे उसका भ्रम प्रकट हो जाता है। हेतु केवल कल्पनाके सहारे बतलाया जाता है; अर्थात्, कल्पनासे ही यह कहा जा सकता है कि स्वयं मैं ही ब्रह्म हूँ। पर वस्तु कल्पनातीत है और इसीलिये उस अनन्तका अन्त नहीं दिखाई देता। अन्वय या आठ प्रकारके देहोंकी उत्पत्ति और व्यतिरेक या उन देहोंके संहारका रहस्य बतलाना मानों शब्दोंके द्वारा ज्ञान कराना है। पर निःशब्द ब्रह्मका रहस्य सूक्ष्म विवेककी सहायतासे समझना चाहिए। पहले वाच्यांश लेना चाहिए और तब लक्ष्यांश समझना चाहिए। लक्ष्यांशको देखने पर वाच्यांश रह ही नहीं जाता। सर्व-ब्रह्म और मायासे रहित विमल-ब्रह्म केवल वाच्यांशका अनुक्रम या कहने भरको ही है। यदि लक्ष्यांशके रहस्यका पता लगाया जाय तो वाच्यांश रह ही नहीं जाता। अर्थात्, ब्रह्मका पता लग जाने पर फिर कुछ कहनेकी आवश्यकता ही नहीं रह जाती। सर्व और विमल ये दोनों पक्ष वाच्यांशमें ही रह जाते हैं (अर्थात् कहने भरको होते हैं)। पर लक्ष्यांश पर लक्ष्य रखनेसे पक्षपात नहीं हो सकता। इसी लक्ष्यांशका अनुभव करना चाहिए। इसमें वाच्यांश या कहने-सुनने का कोई काम ही नहीं रहता। मुख्य लक्ष्य अनुभवके लक्षण बतलानेमें बोलनेकी क्या आवश्यकता? जहाँ परा, पश्यन्ति, मध्यमा और वैखरी ये चारों प्रकारकी वाणियाँ कुंठित हो जाती हैं, वहाँ शब्दोंके कला-कौशलका क्या काम है? शब्द ज्योंही बोला जाता है, त्योंही नष्ट हो जाता है। फिर उसमें शाश्वतता कैसे रह सकती है! और यह बात इतनी प्रत्यक्ष है कि इसके लिए प्रमाणकी कोई

आवश्यकता ही नहीं है। शब्द प्रत्यक्ष नश्वर है, इसलिए पक्षपात होता है। अनुभवमें सर्व-ब्रह्म और विमल-ब्रह्मका कोई भेद ही नहीं होता। अब अनुभवका लक्षण सुनिए। उस स्वरूपका अनुभव करनेका अर्थ उसके साथ मिलकर अनन्य हो जाना है। अब आगे अनन्यका लक्षण सुनिए।

अनन्य उसे कहते हैं जिसके सामने या समान और कोई न हो; जैसे आत्म-निवेदना। संगके न रह जाने पर, अर्थात् द्वैत भावके नष्ट हो जाने पर केवल आत्मा ही अपने आत्मत्वके कारण रह जाती है और निःसंगका लक्षण ही यह है कि आत्मामें आत्मत्व न रह जाय। वाच्यांशसे यह बात इसीलिए बतलाई जाती है जिसमें यह भली-भाँति समझमें आ जाय। और नहीं तो लक्ष्यांश और किस प्रकार वाच्यांशसे बतलाया जा सकता है? महावाक्यके विवरणसे यह बात आपसे आप समझमें आ जाती है। तत्त्वका विवरण और निर्गुण ब्रह्मकी खोज करने और स्वयं ही अपने आपको देखनेसे यह बात समझमें आ जाती है। बिना कुछ कहे सुने बराबर इसका मनन या विचार करते रहना चाहिए। इसी लिए महा-पुरुषोंको चुप रहना ही शोभा देता है। यह तो प्रत्यक्ष रूपसे समझमें आता है कि उसका वर्णन करनेमें शब्द भी निःशब्द हो जाते हैं और श्रुति भी "नेति नेति" कहती है। मनमें प्रतीत या विश्वास हो जाने पर भी सन्देह करना प्रत्यक्ष दुरभिमान है। ऐसी दशामें तो यही कहना चाहिए कि मैं अज्ञान हूँ और मेरी समझमें कुछ भी नहीं आता। मैं झूठा, मेरी बातें झूठी और मेरा चलना-फिरना झूठा। मेरी जितनी बातें हैं, वे सब झूठी और काल्पनिक हैं। अब अहं-भावके लिए कोई ठिकाना ही नहीं रह जाता। मेरा बोलना-चालना सब मिथ्या हो जाता है। बोलना तो प्रकृति या वायुका स्वभाव है और प्रकृति मिथ्या है। जहाँ प्रकृति और पुरुष दोनोंका निरसन हो जाता है, वहाँ अहं-भाव कैसे रह सकता है! जहाँ सब कुछ अशेष हो गया हो, वहाँ विशेष कहाँसे आ सकता है! यह तो वैसा ही है, जैसे यह कहते ही मौन भंग हो जाता है कि "मैं कौन हूँ"। अर्थात्, इसी प्रकार यदि कोई अपना अनुभव बतलाने लगे तो समझ लेना चाहिए कि अभी उसे अनुभव हुआ ही नहीं है। अतः अब मौन भंग न करना चाहिए। करते हुए भी कुछ न करना चाहिए और अपना अस्तित्व बनाये रखते हुए भी विवेक-बलसे निःशेष हो जाना चाहिए।

तीसरा समास

ज्ञानीके जन्म-मरणका अभाव

इसपर श्रोताने यह शङ्का की कि यह कैसा ब्रह्म-ज्ञान है ? किसीका रहकर भी कुछ न होना कैसे सम्भव है ? कोई सब कुछ करता हुआ भी अकर्ता, सब कुछ भोगता हुआ भी अभोक्ता और सबमें रहकर भी अलिप्त कैसे रह सकता है ? तो भी आप कहते हैं कि योगी सब कुछ भोगता हुआ भी अभोक्ता रहता है। यदि यही बात है, तब तो स्वर्ग या नरकमें भी जाकर और उनके सुख-दुःख भोगकर भी न भोगनेवालेके समान बना रह सकता है। जब योगी जन्म लेता और मरता रहता है, पर फिर भी वह अभोक्ता रहता है, तब उसके सम्बन्धमें यातनाकी भी यही बात होनी चाहिए। योगेश्वर कूटा जाने पर भी नहीं कुटता, रोनेपर भी नहीं रोता और काँखने पर भी नहीं काँखता। वह जन्म लेकर भी जन्म नहीं लेता, पतित होकर भी पतित नहीं होता और यातना न होनेपर भी यातनाएँ भोगता है।

इस प्रकार श्रोताओंने शंका करके अनुचित मार्ग ग्रहण किया है, इसलिए अब इसका समाधान होना चाहिए। वक्ता कहता है कि अच्छा, सावधान हो जाओ। तुम कहते तो ठीक हो; पर इस बातका अनुभव तुम्हींको होता है। जिसे जैसा अनुभव होता है, वह वैसीही बातें कहता है। पर बिना सम्पत्तिके धनवान बनना निरर्थक है। जिसके पास ज्ञान रूपी सम्पत्ति न हो, वह अज्ञान रूपी दरिद्रताके कारण केवल शब्द-ज्ञानसे सदा कष्ट भोगता है। योगेश्वरको योगी, ज्ञानेश्वरको ज्ञानी और महाचतुरको चतुर ही पहचानता है। अनुभवीको अनुभवी और अलिप्तको अलिप्त ही जानता है; और विदेहको देखते ही विदेहका देह-भाव नष्ट होता है। यह बतलानेकी आवश्यकता नहीं है कि जो बद्धके समान सिद्धको और सिद्धके समान बद्धको समझता है, वह बद्ध या मूर्ख है। जिस पर भूत सवार होता है, वह भी देहधारी होता है, और जो झाड़-फूँक करता है, वह भी देहधारी ही होता है। पर वे दोनों बराबर कैसे कहे जा सकते हैं ? इसी प्रकार जो अज्ञानी पतित और ज्ञानी जीवन्मुक्तको समान समझता हो, वह बुद्धिमान कैसे हो सकता है ? पर अब इन दृष्टान्तोंको छोड़कर अनुभवकी कुछ बातें बतलाई जाती हैं। इसलिए श्रोता लोग क्षण भरके लिए सावधान हो जायँ।

जो ज्ञानके कारण गुप्त या लीन होता है, विवेकके कारण आत्म-स्वरूपमें

मिल जाता है और अनन्य हो जानेके कारण शेष नहीं रह जाता, उसे कोई कैसे प्राप्त करे? उसे ढूँढ़ते हुए हम स्वयं भी वही हो जाते हैं; और वही हो जाने पर कुछ कहनेकी आवश्यकता नहीं रह जाती। देखने पर देह दिखाई नहीं देता और विचारपूर्वक ढूँढ़ने पर उसका भास नहीं होता; और ब्रह्म होने पर भी किसी तरह पहचाना नहीं जाता। जो ऊपरसे देखनेमें तो देहधारी हो पर जिसके अन्दर कोई विकार ही न हो, उसे केवल ऊपरसे देखने पर कैसे पहचान सकते हैं? यदि उसे पहचाननेके लिए हम ढूँढ़ते हैं तो पता चलता है कि वह नित्य और निरन्तर है; और उसको ढूँढ़नेमें विकारी भी निर्विकार हो जाता है। वह केवल परमात्मा है और उसमें मायाका मल नहीं है। वह अखंड है और उसमें हेतु या वासनाका स्पर्श भी नहीं है। ऐसा योगिराज स्वभावतः आत्मा होता है। वह वेदबीज पूर्ण-ब्रह्म है; और यदि हम केवल उसके शरीरकी ओर देखें तो उसे पहचान नहीं सकते। देहकी भावना करके हम देह ही देखते हैं; पर अन्दरकी बात कुछ और ही होती है। उसे देखनेसे पता चलता है कि योगियोंका जन्म और मरण होता ही नहीं। जिसका जन्म-मरण होता है, वह अन्तरात्मा तो है ही नहीं। और जो है ही नहीं, उसे कोई कैसे और कहाँसे ला सकता है? यदि निर्गुणके सम्बन्धमें जन्म या मरणकी कल्पना की जाय तो स्वयं अपना ही जन्म और मरण होता है। यदि दोपहरके समय सूर्य पर थूका जाय तो वह थूक अपने ही ऊपर पड़ती है। इसी प्रकार दूसरेके सम्बन्धमें भलाई, बुराई आदिका जो विचार किया जाता है, उसका प्रभाव स्वयं अपने ही ऊपर पड़ता है। उस समर्थ स्वामीकी महिमा जाननेसे समाधान होता है। पर यदि कुत्ता भूँकता हो तो उसपर ध्यान नहीं देना चाहिए, क्योंकि आखिर वह कुत्ता ही है। ज्ञानी सत्य-स्वरूप है पर अज्ञान लोग उसे मनुष्यके रूपमें देखते हैं। जिसका जैसा भाव होता है, उसे उसी रूपमें ईश्वर मिलता है। ईश्वर तो निराकार और निर्गुण है, पर लोग पत्थरको ही ईश्वर समझते हैं। पत्थर तो टूट-फूट जाता है, पर निर्गुण कैसे टूट-फूट सकता है? ईश्वर सदासे एक है; हाँ, लोगोंने उसे अनेक प्रकारका बना रखा है। पर वह अनेक प्रकारका हो कैसे सकता है? इसी प्रकार आत्मज्ञानी साधु अपने ज्ञानके बलसे पूर्ण समाधानी होता है। वह विवेकसे आत्म-निवेदन करनेवाला और आत्मरूप प्राप्त करनेवाला होता है।

जब लकड़ी जलती है, तब आग भी उसी लकड़ीके आकारकी जान पड़ती है; पर यह नहीं कहा जा सकता कि वह अग्नि ही काठ है। ज्ञानीका शरीर भी जलते हुए कपूर की तरह होता है। जिस प्रकार कपूर जल जानेपर फिर केलेके अन्दर नहीं जा सकता, उसी प्रकार ज्ञानी भी दोबारा जन्म धारण नहीं कर सकता। भुन जानेपर बीज फिर उग नहीं सकता, वस्त्र जल जानेपर फिर ज्योंका त्यों नहीं हो सकता; और गंगामें मिल जानेपर फिर कोई नदी उससे अलग नहीं की जा सकती। प्रवाह गंगाके कारण दिखाई पड़ता है, क्योंकि गंगा एकदेशीय है; पर साधुका कोई भास नहीं होता, क्योंकि वह सर्वगत आत्मामें मिल जाता है। एक बार पारससे मिल चुकनेपर सोना फिर लोहा नहीं हो सकता। इसी प्रकार एक बार ईश्वरमें मिल जाने पर फिर साधुका जन्म नहीं होता। पर अज्ञान और मूढ़ लोगोंकी समझमें यह बात नहीं आती। उन लोगोंको अन्धोंकी तरह कुछ भी दिखाई नहीं देता और वे सन्निपातके रोगियोंकी तरह व्यर्थ बड़बड़ाते हैं। स्वप्नमें डर जाने पर तो मनुष्य बड़बड़ाता है, पर जागते हुए मनुष्यको वह भय कैसे हो सकता है? साँपके आकारकी जड़ देखकर आदमी डर जाता है, पर दूसरा उसे देखकर समझ लेता है कि साँप नहीं, जड़ है। उन दोनोंकी अवस्था समान कैसे हो सकती है? एक आदमी वह जड़ हाथमें ले लेता है, पर फिर भी वह जड़ उसे नहीं काटती। पर दूसरेकी समझमें नहीं आता कि यह जड़ है और इसलिए उसकी कल्पना ही उसे भयभीत करती है। बिच्छू या साँपके काटनेसे मनुष्य व्याकुल होता है। लेकिन उसकी उस पीड़ासे दूसरे लोग कैसे पीड़ित हो सकते हैं? अब श्रोताओंका संदेह दूर हो गया। ज्ञान सदा ज्ञानियोंको ही होता है और अज्ञानियोंके जन्म-मरणका अन्त नहीं होता। ज्ञान न होनेके कारण ही बहुतसे लोगोंका पतन हुआ है और अज्ञानके कारण ही लोग जन्म तथा मृत्युके कष्ट भोगते हैं। अगले समासमें यही बात स्पष्ट करके बतलाई जाती है। सब लोग सावधान हों।

चौथा समास

अजान और सुजान

संसारमें सभी तरहके लोग हैं! कोई सम्पन्न है, कोई दुर्बल है, कोई निर्मल

है और कोई मलिन है। ऐसा क्यों होता है? बहुतसे लोग राजा बनकर सुख भोगते हैं और बहुतसे दरिद्र दुःख भोगते हैं। कुछ लोगोंकी स्थिति उत्तम होती है और कुछ लोगोंकी अधमसे भी अधम होती है। ऐसा क्यों होता है? ये सब अवस्थाएँ गुणोंके कारण ही होती हैं। गुणवान लोग सौभाग्यका भोग करते हैं और अवगुणी लोग दरिद्र होते हैं। इसमें कोई सन्देह नहीं है। जो जिस जाति-में जन्म लेता है, वह उसी जातिका व्यवसाय करता है और लोग उसे बहुत अच्छा काम करनेवाला कहते हैं। ज्ञानी काम करता है और अज्ञानी कुछ भी नहीं करता। सुजान पेट भरता है और अजान भूखा मरता है। यह बात बिलकुल स्पष्ट है और प्रत्यक्ष दिखलाई पड़ती है कि जिसके पास विद्या नहीं होती, वह भाग्यहीन और दरिद्र होता है; और जिसमें विद्या होती है वह भाग्यवान होता है। प्रायः सब जगह बड़े लोग यही कहते हैं कि यदि तुम अपनी विद्या न सीखोगे तो भीख माँगोगे। पिता तो दरिद्र होता है और उसका लड़का भाग्यवान निकलता है; इसीलिए कि लड़का विद्यामें बड़ा होता है। विद्या, बुद्धि, विवेक, उद्योग, कुशलता और व्यापार आदि न होनेके कारण ही मनुष्य अभागा या दरिद्र होता है। पर जिसमें ये सब गुण होते हैं, उसके पास वैभवकी कमी नहीं रहती। यदि वह वैभवको छोड़ भी दे तो भी वैभव आपसे आप उसके पीछे लगा घूमता है। कभी-कभी पिता तो सम्पन्न और लड़का भिखारी होता है। इसका कारण यही है कि लड़का अपने पिताके समान उद्योग नहीं करता। विद्याके अनु-सार ही उत्साह और व्यापारके अनुसार ही वैभव होता है। लोग गौरवके अनुसार ही मान करते हैं। जिसमें विद्या या वैभव न हो वह निर्मल कैसे रह सकता है? अभाग्यके कारण ही मनुष्य कुरूप, मैला-कुचैला और रोगी जान पड़ता है। गुण तो यदि पशु-पक्षियोंमें भी हो तो लोग उनका आदर करते हैं। बिना गुणके प्राणी मात्रका जीना व्यर्थ है। जिसमें गुण न हो, उसका न तो गौरव होता है और न उसमें सामर्थ्य, महत्व, कौशल या चातुर्य आदि ही होता है। इसलिए उत्तम गुण ही सौभाग्यका लक्षण है, और इसके न होने पर मनुष्य कुलक्षण होता है। जनतामें सुजानका ही आदर होता है। यदि मनुष्यमें कोई एक विद्या भी हो तो उसका महत्व या मान होता है।

मनुष्य या तो प्रपञ्च अथवा सांसारिक बातें जानता हो और या परमार्थ

जानता हो, तभी वह समर्थ होता है; और जो कुछ भी न जानता हो, उसे व्यर्थ समझना चाहिए। अनजान होनेकी दशामें ही मनुष्य जालमें फँसता है, हठ करता है, ठगा जाता है, कोई चीज भूल जाता है, वैरी जीत लेता है, संकट पड़ता है और संहार या जीव-नाश होता है। अपना सच्चा हित ही न जानने के कारण लोग यातनाएँ भोगते हैं और ज्ञान न होनेके कारण ही अज्ञानीकी अधोगति होती है।

माया और ब्रह्म, जीव और शिव, सार और असार तथा भाव और अभावका ज्ञान होनेसे ही मनुष्य जन्म-मरणसे मुक्त होता है। यह बात निश्चयपूर्वक जान लेने पर मोक्ष होता है कि कर्त्ता कौन है और बद्ध तथा मुक्त किसे कहते हैं। जो निर्गुण ब्रह्म तथा स्वयं अपने आपको जानता है और समझता है कि जो कुछ वह ब्रह्म है वही मैं भी हूँ, वही मुक्त होता है। जहाँ तक जानकर छोड़ दिया जाय, वहाँ तक माया या जगत् पार कर लिया जाता है; और ज्ञातको जान लेने पर मूल अहं-भाव नष्ट हो जाता है। बिना जाने चाहे निरन्तर करोड़ों साधन किये जायँ, तो भी मनुष्य मोक्षका अधिकारी नहीं हो सकता। माया और ब्रह्मको जान लेने और स्वयं अपना स्वरूप पहचान लेनेसे ही जन्म तथा मृत्युका अन्त हो जाता है। यदि किसी बड़े आदमीके मनकी बात जानकर उसीके अनुसार काम किया जाय तो अपार भाग्य तथा वैभव प्राप्त होता है। इसलिए जानना साधारण काम नहीं है और इसी जानकारीसे मनुष्य सर्वमान्य होता है। कुछ न जाननेके कारण ही सब जगह अनादर होता है। कोई पदार्थ देखकर और उसमें भूतकी कल्पना करके अनजान मारे डरके प्राण त्याग देता है। पर जानकार जानता है कि भूत-प्रेत की सब बातें मिथ्या होती हैं। सुजानकी समझमें रहस्य आ जाता है और अनजान झूठे कामोंमें फँसा रहता है। धर्म-अधर्म आदि सब बातें जाननेसे ही मालूम होती हैं। अनजानको यम-यातना होती है, पर सुजानको कोई कष्ट नहीं होता। जो सब बातें जानकर उनका विचार करता है, वही मुक्त है। राजनीति न जाननेके कारण अपमान होता है और कभी कभी प्राण भी चले जाते हैं। जानकारी न होनेके कारण ही मनुष्य पर अनेक प्रकारके सङ्कट आते हैं। इसीलिए अज्ञान दशामें रहना बुरा है और अनजान अभागा होता है। जानने और समझनेसे ही जन्म तथा मृत्युका अन्त होता है। इसलिए ज्ञानकी ओरसे उपेक्षा नहीं करनी चाहिए। जानना ही मुख्य उपाय है। जानकारी होनेसे ही परलोकका मार्ग

मिलता है। जानकारी और सब लोगोंको तो अच्छी मालूम होती है, पर मूर्खको बुरी मालूम होती है। अलिप्तताकी पहचान जाननेसे ही मालूम होती है। बिना ज्ञानके प्राणियोंकी मुक्ति और कौन कर सकता है? कोई काम बिना ज्ञानके समझमें नहीं आता। जाननेका मतलब है—स्मरण; और न जाननेका मतलब है—विस्मरण। और समझदार लोग जानते हैं कि इन दोनोंमें-से कौन-सी बात अच्छी और ठीक है। जानकार ही चतुर होते हैं और अनजान ही पागल तथा दीन होते हैं। जानकारीसे ही विज्ञान या अनुभव-जन्य ज्ञानका पता चलता है। जहाँ जानकारी खतम हुई, वहाँ समझ लेना चाहिए कि बोलनेका भी अन्त हो गया। उस दशामें अनिर्वचनीय समाधान होता है।

इस पर श्रोता कहता है कि आपका यह कथन बहुत ठीक है और इससे मेरा बहुत समाधान हुआ है। पर फिर भी आप मुझे पिंड और ब्रह्मांडकी एकताका लक्षण बतलाइये। बहुतसे लोग कहते हैं कि जो कुछ ब्रह्मांडमें है वही पिंडमें भी है; पर आप यह विषय मुझे इस प्रकार समझावें जिसमें मुझे पूरा पूरा विश्वास हो जाय।

पाँचवाँ समास

पिंड और ब्रह्मांड

हमारी समझमें यह बात नहीं आती कि ब्रह्मांडकी रचना भी पिंडकी रचना-के समान ही कैसे है। इस सम्बन्धमें समाधान करनेके लिए अनेक मत भटक रहे हैं। तत्त्वज्ञ लोग बराबर कहा करते हैं कि जो कुछ पिंडमें है, वही ब्रह्मांडमें भी है। लोग कहते हैं कि पिंड और ब्रह्मांड दोनों एकही तरहके हैं। पर यह बात प्रत्ययकी कसौटी पर ठीक नहीं उतरती। स्थूल, सूक्ष्म, कारण और महा-कारण यही चारों पिंडोंके देह कहे जाते हैं; और विराट्, हिरण्य, अव्याकृत तथा मूल प्रकृति ये चारों ब्रह्मांडके लक्षण हैं। यह शास्त्रका कथन है, पर इसकी प्रतीति कैसे हो? इसकी प्रतीतिका विचार करनेसे मनुष्य बहुत गड़बड़ीमें पड़ जाता है। जैसे पिंडमें अन्तःकरण है, वैसे ही ब्रह्मांडमें विष्णु हैं। और जैसे पिंडमें मन है वैसे ब्रह्मांडमें चन्द्रमा है। जैसे पिंडमें बुद्धि है, वैसे ब्रह्मांडमें ब्रह्मा है; और जैसे

पिंडमें चित्त है, वैसे ब्रह्मांडमें नारायण हैं। जैसे पिंडमें अहंकार है, वैसे ब्रह्मांडमें रुद्र बतलाया जाता है। ये सब बातें शास्त्रोंमें कही गई हैं। यदि इन बातोंको मान लें तो फिर मुझे यह बतलाइये कि विष्णुका अन्तःकरण, चन्द्रमाका मन और ब्रह्माकी बुद्धि कैसी है। यह भी ठीक-ठीक बतलाइए कि नारायणका चित्त और रुद्रका अहंकार कैसा है। प्रतीति और निश्चयके सामने अनुमान वैसा ही है, जैसा शेरके आगे कुत्ता या सच्चेके सामने झूठा। उसे कोई कैसे प्रमाण मान सकता है! पर इसके लिए पारखी चाहिए, क्योंकि उसीके द्वारा निश्चय होता है। बिना परीक्षाके मनुष्य सन्देहमें पड़ा रहता है। अतः हे स्वामी, आप मुझे यह बतलावें कि विष्णु, चन्द्रमा, ब्रह्मा, नारायण और रुद्र इन पाँचोंके अन्तकरण कैसे हैं। यहाँ प्रतीति ही प्रमाण है और शास्त्रोंके अनुमानसे काम नहीं चल सकता। अथवा यदि शास्त्रोंको भी लें तो भी प्रत्यय या ठीक निश्चय होनेकी आवश्यकता है। जिस कथनमें प्रतीति नहीं होती, उससे उलटे खेद होता है। वह कथन ऐसा ही होता है, जैसा कुत्ता मुँह फाड़कर रो रहा हो। जहाँ प्रत्ययके नाममें बिलकुल शून्य हो, वहाँ क्या सुना जाय और क्या ढूँढ़ा जाय? जहाँ सभी लोग अन्धे हों, वहाँ आँखवालोंकी क्या चल सकती है? अनुभवके नेत्र न रहने पर अन्धकार ही रहता है। जहाँ न दूध हो और न पानी हो, केवल विष्ठा ही हो, वहाँ विवेक करनेवाले राजहंसकी क्या आवश्यकता है! वहाँ तो डोम-कौवों को ही आवश्यकता है।

अपने मनसे यह कल्पना तो कर ली कि पिंडके समान ही ब्रह्मांड है पर इसकी प्रतीति कैसे हुई? अतः यह सारा अनुमान कल्पनाका जंगल है; और जंगलका रास्ता अच्छे लोग नहीं पकड़ते। वह तो चोरोंके लिए ही ठीक होता है। कल्पनासे ही मन्त्र और देवता बना लिये गये हैं; और कह दिया गया है कि देवता स्वतन्त्र नहीं हैं, मन्त्रोंके अधीन हैं। यह बात बिना बतलाये उसी प्रकार विवेकसे समझ लेनी चाहिए, जिस प्रकार बुद्धिमान लोग अन्धेके पैरोंकी आहट सुनकर ही उसे पहचान लेते हैं। जिसे जैसा भास होता है, वह वैसाही कह चलता है। पर इसका निर्णय अपने विवेक या विश्वाससे होना चाहिए। ब्रह्माने तो सबका निर्माण किया, पर उस ब्रह्माका निर्माण किसने किया? विष्णु तो सारे विश्वका पालन करते हैं, पर विष्णुका पालन कौन करता है? रुद्र सारे विश्वका

संहार करते हैं, पर रुद्रका संहार कौन करता है ? जो काल सबका नियन्त्रण करता है, स्वयं उसका नियन्त्रण करनेवाला कौन है ? जब तक ये बातें समझमें न आवें, तब तक चारों ओर अन्धकार ही अन्धकार है। इसीलिए सारासारके विचारकी आवश्यकता है। कहते हैं कि ब्रह्मांड आपसे आप हो गया; और यह भी कल्पना कर ली कि वह पिंडाकार है। यह बात मान तो ली जाती है, पर इसपर पूरा विश्वास नहीं होता। ब्रह्मांडका विचार करने पर बहुतसे सन्देह उत्पन्न होते हैं। पर वस्तुतः इन्हें काल्पनिक ही समझना चाहिए। यह कौन मान सकता है कि ब्रह्मांडकी रचना भी पिंडकी रचनाके समान ही है ? ब्रह्मांडमें अनेक प्रकारके पदार्थ हैं, पर वे सब पिंडमें कहाँ हैं ? ब्रह्मांडमें साढ़े तीन करोड़ भूत, साढ़े तीन करोड़ तीर्थ और साढ़े तीन करोड़ मन्त्र हैं। पर पिंडमें वे सब कहाँ हैं ? तेंतिस करोड़ देवता, अट्ठासी हजार ऋषीश्वर और नौ करोड़ कात्यायिनी देवियाँ पिंडमें कहाँ हैं ? छप्पन करोड़ चामुंडा देवियाँ, करोड़हा करोड़ जीव और चौरासी लाख योनियाँ पिंडमें कहाँ हैं ? ब्रह्मांडमें और भी जो अनेक प्रकारके पदार्थ बने हुए हैं और जो सब एक दूसरेसे अलग अलग हैं, वे सब भी तो पिंडमें होने चाहिएँ। अनेक प्रकारकी औषधियाँ, फल, बीज और धान्य आदि भी तो पिंडमें होने चाहिएँ। इन सब पदार्थोंका पूरा पूरा वर्णन नहीं हो सकता और यों ही बतलाया भी नहीं जा सकता। और यदि बतलाई हुई बात समझमें न आवे, तो भी लज्जित होना पड़ता है।

और जब ये सब बातें बतलाई ही नहीं जा सकतीं, तब फिर व्यर्थका विस्तार क्यों किया जाय ? इसलिए इसमें सन्देह करनेकी भी आवश्यकता नहीं है। पहले यह बात अच्छी तरह समझ लेनी चाहिए कि पाँच ही भूतोंसे ब्रह्मांड बना है और यह पिंड भी पञ्चभौतिक ही है। इसके अतिरिक्त और जो कुछ कहा जाता है, वह सब अनुमानका ही ज्ञान है। अनुमानके आधार पर जो कुछ कहा गया हो, वह सब वमनके समान ही त्याज्य है, और केवल निश्चयात्मक कथन ही विश्वसनीय तथा ग्राह्य है। पिंड और ब्रह्मांड दोनों ही पाँचों भूतोंसे बने हैं। इतनेसे ही यह कथन ठीक नहीं जान पड़ता कि जो कुछ ब्रह्मांडमें है, वही पिंडमें भी है। यह तो दोनोंके सम्बन्धमें अनुमान ही अनुमान है। तो फिर इस बातका मुख्य समाधान कैसे हो सकता है ?

छठा समास

पाँचों भूत और तीनों गुण

ब्रह्म भी आकाशकी ही तरह निराकार है। जिस प्रकार आकाशमें वायुका विकार होता है, उसी प्रकार ब्रह्ममें मूल मायाका विकार होता है। यह बात पिछले ज्ञान-दशकमें स्पष्ट रूपसे बतलाई जा चुकी है, और यह भी बतलाया जा चुका है कि मूल मायामें पाँचों भूतोंका अस्तित्व किस प्रकार है। उस मूल मायामें जो ज्ञान है, वह सत्वगुण है; अज्ञान तमोगुण है और दोनोंका मिश्रण रजोगुण है। यदि यह कहो कि उसमें ज्ञान कहाँसे आया तो इसका उत्तर यह है कि जिस प्रकार पिंडमें महाकारण देह ही सर्वसाक्षिणी तुरीयावस्था होती है, उसी प्रकार ब्रह्मांडमें महाकारण देह वह मूल प्रकृति है। और इसीलिए उस मूल प्रकृतिमें ज्ञानका अधिष्ठान है। उसी मूल मायाके अन्दर तीनों गुण गुप्त रूपसे रहते हैं। पर जब वे तीनों गुण स्पष्ट होते हैं, तब उस दशाको चतुर लोग गुणक्षोभिणी या गुण-माया कहते हैं। जिस प्रकार किसी तृणकी बाल खिलकर खुल जाती है, उसी प्रकार मूल मायामें भी तीनों गुण सहजमें प्रकट हो जाते हैं। मूल माया वायुकी तरह होती है; और जब उसमें थोड़ा गुण-विकार होता है, तब उसे गुणक्षोभिणी कहते हैं।

इसके उपरान्त ज्ञान, अज्ञान और इन दोनोंका मिश्रण ये तीनों गुण प्रकट होते और मिल-जुलकर काम करने लगते हैं। इसके बाद शब्द प्रकट होता है, जिसमें अक्षर और मात्राएँ होती हैं। यह शब्द आकाशका गुण है और शब्दसे ही वेदों तथा शास्त्रोंका आकार बना है। पाँचों भूत, तीनों गुण और ज्ञान तथा अज्ञान आदि सब वायुके ही विकार हैं। यदि वायु न हो तो ज्ञान कैसे हो; और ज्ञान न हो तो अज्ञान कैसे हो? ज्ञान और अज्ञान दोनों वायुके कारण ही होते हैं। जिसमें वायुका लक्षण चलन या गति ही न हो उसमें ज्ञानका लक्षण कैसे हो सकता है? इसीलिए इन सबको वायुका लक्षण समझना चाहिए। यद्यपि यह बात स्पष्ट रूपसे देखनेमें आती है कि एकसे दूसरा उत्पन्न या प्रकट होता है, तथापि तीनों गुण और पाँचों भूत मूल स्वरूप या मूल मायामें ही होते हैं। इस प्रकार यह कर्दम है तो आदिसे, पर वह आगे चलकर स्पष्ट होता है। इसके सिवा यह भी ठीक ही है कि एकसे दूसरा उत्पन्न होता है। अभी यह बतलाया गया है

कि वायुका कर्दम या मिश्रण कैसे होता है। अब उसी वायुसे अग्नि उत्पन्न होती है। पर वह भी वास्तवमें कर्दम या मिश्रण ही है। इस अग्निसे जल होता है और वह भी मिश्रण ही है; और जलसे जो पृथ्वी होती है वह भी मिश्रण ही है।

यहाँ यह आशंका होती है कि भूतोंमें ज्ञान कहाँ दिखाई पड़ता है। भूतोंमें ज्ञान होनेकी बात तो कभी सुनी नहीं गई। वास्तवमें चलनको ही ज्ञान कहते हैं और वह चलन वायुका लक्षण है। और यह पहले ही बतलाया जा चुका है कि वायुमें सभी गुण हैं। इस प्रकार पाँचों भूत ज्ञान और अज्ञान दोनोंसे मिश्रित हैं, और इसीलिए कहा जाता है कि भूतोंमें भी ज्ञान है। कहीं तो वह दिखाई पड़ता है और कहीं नहीं दिखाई पड़ता; पर वह भूतोंमें व्याप्त अवश्य है। तीक्ष्ण बुद्धिसे ही उसके स्थूल या सूक्ष्म रूपोंका भास होता है। भूतोंके आपसमें एक दूसरेसे मिलनेसे ही पाँचों भूतोंकी सृष्टि हुई है और उनमेंसे किसीका स्थूल रूपसे और किसीका सूक्ष्म रूपसे भास होता है। जिस प्रकार रुकी हुई वायुका भास नहीं होता, उसी प्रकार भूतोंमें ज्ञान भी नहीं दिखाई पड़ता। चाहे वह दिखाई न पड़े, पर वह भूतोंमें होता अवश्य है। जिस प्रकार काठमें अग्नि नहीं दिखाई पड़ती और रुकी हुई वायुका भास नहीं होता, उसी प्रकार भूतोंमेंका ज्ञान भी सहसा नहीं दिखाई पड़ता। सब भूत अलग अलग दिखाई पड़ते हैं, पर ध्यानपूर्वक देखा जाय तो सब एकमें मिले हुए जान पड़ते हैं। यह बात बहुत ही ध्यानपूर्वक देखनी चाहिए। ब्रह्ममें मूल माया, मूल मायासे गुण माया और गुण मायासे तीनों गुणोंकी उत्पत्ति हुई है। उन तीनों गुणोंसे पाँचों भूत स्पष्ट रूपमें आये हैं और उनके सम्बन्धकी सब बातें पहले ही बतलाई जा चुकी हैं। श्रोता कहता है कि यह कभी हो ही नहीं सकता कि गुणसे आकाश हुआ हो। शब्दको आकाशका गुण समझना ही भूल है। इस पर वक्ता कहता है कि तुम्हें बतलाय कुछ और जाता है और तुम समझते कुछ और ही हो। व्यर्थका झगड़ा खड़ा करते हो। तुम्हारे जैसे पागलको कौन समझावे! तुम्हें सिखलाया जाता है, तो भी ज्ञान नहीं होता; और समझाया जाता है तो भी तुम्हारी समझमें नहीं आता। तुम दृष्टान्त देखकर भी समझसे काम नहीं लेते।

पहले यह भी बतलाया जा चुका है कि कौन भूत किससे बड़ा है। पर इन सब भूतोंसे बड़ा और स्वतन्त्र कौन है? जहाँ मूल माया ही पञ्चभौतिक है, वहाँ

विचारको और कौनसी बात रह गई ! हाँ, मूल मायासे परे एक निर्गुण ब्रह्म अवश्य है। जब हम ब्रह्मसे उत्पन्न मूल मायाका विचार करते हैं, तब पता चलता है कि वह पाँचों भूतों और तीनों गुणोंसे बनी हुई है। चार भूत तो विकारवान हैं, पर पाँचवाँ भूत आकाश निर्विकार है। उपाधिके कारण ही आकाशकी गणना भूतोंमें होती है। जिस प्रकार पिंडमें व्याप्त होनेके कारण "जीव" और ब्रह्मांडमें व्याप्त होनेके कारण "शिव" नाम पड़ा है, उसी प्रकार उपाधिके कारण ही आकाश भी भूत कहलाता है। आकाश भी उपाधिमें पड़ गया है और सूक्ष्म दृष्टिसे देखने पर उसका भास होता है; इसीलिए वह भी भूत रूप हो गया है। आकाश बिलकुल अवकाशके रूपमें और खोखला दिखाई पड़ता है, परन्तु परब्रह्मका भास नहीं होता। उपाधिसे रहित जो आकाश है, वही परब्रह्म है। ज्ञान, अज्ञान और दोनोंके बीचकी स्थिति ही गुणोंके प्रमाण या लक्षण हैं और यहाँ ये तीनों गुण उनके रूपके सहित बतला दिये गये हैं। ज्यों-ज्यों प्रकृतिका विस्तार होता गया, त्यों-त्यों एकसे दूसरा बनता गया। जिसमें बराबर विकार होता रहता हो, उसमें नियम कैसे हो सकता है ! काले और सफेदको एकमें मिलानेसे नीला रंग बनता है; और काले तथा पीलेके मेलसे हरा रंग बनता है। जिस प्रकार रंगोंको आपसमें मिलानेसे कई नये रंग बनते हैं, उसी प्रकार इस विकारी दृश्यमें भी अनेक प्रकारके विकार और रूप उत्पन्न होते हैं। एक ही जलमें अनेक प्रकारके रंग मिलनेसे उसमें अनेक रंगोंकी तरंगें उठने लगती हैं। इस फेर-बदलका कहाँ तक विचार किया जाय ! एक पानीको ही लीजिए। उसमें कितने प्रकारके विकार होते हैं। इसी प्रकार पाँचों भूतोंका विस्तार चौरासी लाख योनियोंमें है। सब प्रकारके देहोंका बीज पानी ही है। इसी पानीसे समस्त लोकोंकी सृष्टि हुई है। कीड़े, मकोड़े, च्यूँटियाँ और पशु आदि सब पानीसे ही उत्पन्न होते हैं। शुक्र और रक्त भी पानी ही है और उसी पानीसे यह शरीर बना है। नाखून, दाँत और हड्डियाँ भी पानीसे ही बनती हैं। जड़ोंके महीन रेशोंमें भी पानी ही भरा रहता है और उसी पानीसे सब वृक्षोंका विस्तार होता है। आमके वृक्षोंमें पानीके ही कारण मौर होता है और सब वृक्ष पानीके ही कारण फूलते और फलते हैं। यदि वृक्षका तना काटकर देखा जाय तो उसमें फल नहीं होता, बल्कि पानीसे गीली छाल ही रहती है। वृक्षकी जड़से लेकर फुनगी तक कहीं फल नहीं दिखाई देता। पर चतुर लोग जानते हैं कि जलसे ही फल

होता है। जब वही जल ऊपर चढ़ता है, तब सब वृक्ष फलते और फूलते हैं और कुछसे कुछ हो जाते हैं। इसी प्रकार पत्ते, फूल और फल बनते हैं; जिनका कहाँ तक वर्णन किया जाय ! सूक्ष्म दृष्टिसे देखने पर सब बातें स्पष्ट हो जाती हैं। इसी प्रकार और सब भूतोंमें भी क्षण-क्षण पर अनेक प्रकारके विकार होते रहते हैं जिनका पूरा वर्णन नहीं हो सकता। वे अनेक वर्णों और रूपोंके होते रहते हैं। यदि तीनों गुणों और पाँचों भूतोंको विचारपूर्वक देखा जाय तो वे बहुतसे रूप बदलते रहते हैं। उनका वर्णन कहाँ तक किया जाय ! इस प्रकृतिका विवेकपूर्वक भलीभाँति निरसन करना चाहिए; और तब परमात्माका अनन्य भावसे भजन करना चाहिए।

सातवाँ समास

विकल्प-निरसन

श्रोता कहता है कि पहले तो एक स्थूल देह है और तब उसमें अन्तःकरण पंचक है। ज्ञातृत्वका विवेक स्थूलके कारण ही होता है। इसी प्रकार बिना ब्रह्मांडके मूल मायामें ज्ञातृत्व नहीं होता और स्थूलके आधार पर ही सब काम चलते हैं। यदि स्थूलका ही निर्माण न हो तो अन्तःकरण कहाँ रहेगा ? अब इस आशंकाका उत्तर सुनिये। रेशमके कीड़े आदि अपनी शक्तिके अनुसार अपनी पीठ पर ही अपना घर बनाते और उसीमें रहते हैं। फिर यह भी विचार करना चाहिए कि शंख, सीप, घोंघे और कोड़े स्वयं पहले बनते हैं या उनके घर पहले बनते हैं। इस प्रकार पहले सूक्ष्मका और तब स्थूलका निर्माण होता है; और इसी दृष्टान्तसे श्रोताके प्रश्नका उत्तर हो जाता है।

इस पर श्रोता कहता है कि अब मुझे जन्म और मरणका रहस्य बतलाइये। कौन जन्म देता है और कौन जन्म लेता है; और ये बातें कैसे जानी जा सकती हैं ? लोग कहते हैं कि ब्रह्मा जन्म देते हैं, विष्णु पालन करते हैं और अन्तमें रुद्र संहार करते हैं। पर जनसाधारणमें प्रचलित यह बात समझमें नहीं आती और अनुभवकी दृष्टिसे विश्वसनीय नहीं ठहरती। फिर उस ब्रह्माको कौन जन्म देता है, विष्णुका कौन पालन करता है और महाप्रलयमें रुद्रका कौन संहार करता है ? अतः ये सब बातें मायाकी ओरसे स्वाभाविक रूपसे होती हुई जान पड़ती हैं। यदि निर्गुण ईश्वरको कर्ता मानें तो वह निर्विकार है। यदि कहा जाय कि मायाने ही यह सब किया है, तो

उसका भी विस्तार होता है और यदि विचार किया जाय तो वह स्वयं भी स्थिर नहीं है। इसलिए वह भी कर्ता नहीं मानी जा सकती। अब आप मुझे यह बतलावें कि जन्म कौन लेता है, उसकी पहचान क्या है और संचितके क्या लक्षण हैं; पुण्य और पापका क्या स्वरूप है और इस प्रकार जो "मैं" शंका कर रहा हूँ, वह "मैं" कौन हूँ। मेरी समझमें कुछ भी नहीं आता। लोग कहते हैं कि वासना जन्म लेती है। पर वह वासना भी कहीं दिखाई नहीं देती और न पकड़में ही आती है। वासना, कामना, कल्पना, भावना और अनेक प्रकारकी मति आदि अन्तःकरण पंचककी अनन्त वृत्तियाँ हैं। ये सब ज्ञानके यन्त्र हैं और ज्ञानका अर्थ है—केवल स्मरण। उस स्मरणमें जन्मका सूत्र कैसे लगता है? यह शरीर पाँचों भूतोंसे बना है और वायु उसका चालक है और जानना मनका मनोभाव है। अतः यह सब स्वभावतः और आपसे आप होता रहता है और पाँचों भूतोंकी पहेली है। कौन किसे और कैसे जन्म देता है? अतः मैं तो समझता हूँ कि जन्म कोई चीज ही नहीं है, और जो एक बार जन्म ले चुकता है, वह फिर जन्म ले ही नहीं सकता। और जब किसीका जन्म ही नहीं होता, तब सन्तोंकी संगतिकी क्या आवश्यकता है? पहले न तो स्मरण था और न विस्मरण; यह स्मरण तो बीचमें ही आ गया है। यह अन्तःकरणकी जाननेवाली कला है। जब तक चेतना रहती है, तब तक स्मरण भी रहता है और उस चेतनाके नष्ट होते ही विस्मरण आ जाता है; और विस्मरणके आते ही प्राणी मर जाता है। जब स्मरण और विस्मरण कुछ भी नहीं रह जाता, तब शरीर मर जाता है। तब फिर किसे कौन जन्म देता है? इसलिए न तो जन्म ही कोई चीज है और न यातना ही कहीं दिखाई पड़ती है। यह सब व्यर्थकी कल्पना है। इस प्रकार श्रोताकी आशंकाका सारांश यह है कि जन्म किसीका होता ही नहीं; और जो एक बार मर जाता है, वह फिर जन्म नहीं लेता। जिस प्रकार सूखा हुआ काठ फिर हरा नहीं होता और गिरा हुआ फल फिर पेड़में नहीं लगता, उसी प्रकार मृत्यु हो जाने पर फिर जन्म नहीं होता। जो घड़ा एक बार अचानक टूट जाता है, वह सदाके लिए टूट जाता है। इसी प्रकार जो एक बार मर जाता है, वह सदाके लिए मर जाता है, फिर जन्म नहीं लेता। इस प्रकार श्रोताओंका मतलब यह है कि अज्ञान और सज्ञान दोनों समान ही हैं।

इस पर वक्ता कहता है कि हमारी बात सुनो और व्यर्थका झगड़ा मत खड़ा

करो। यदि कोई शंका हो तो उस पर विवेकपूर्वक विचार करना चाहिए। यह कभी हो ही नहीं सकता कि बिना प्रयत्न किये काम हो जाय, बिना भोजन किये पेट भर जाय और बिना ज्ञानके मनुष्य मुक्त हो जाय। जो स्वयं भोजन कर लेता है, वह समझता है कि सारे संसारका पेट भर गया। पर ऐसा कैसे हो सकता है? इसमें कौन सन्देह कर सकता है कि जो तैरना जानता है, वही तैरता है और जो तैरना नहीं जानता, वह डूब जाता है? इसी प्रकार जिन लोगोंको ज्ञान हुआ, वही तर गये, और जिनके बन्धन टूट गये, वे मुक्त हो गये। जो मुक्त या स्वतन्त्र है, वह तो कहता है कि कहीं कोई बन्धन है ही नहीं। पर जो लोग प्रत्यक्ष रूपसे बन्धनमें पड़े हुए हों उनका इस बातसे कैसे समाधान हो सकता है? जो दूसरोंका दुःख नहीं जानता, वह दूसरोंके दुःखमें ही सुख मानता है। वही बात इस अनुभवके सम्बन्धमें भी समझनी चाहिए। जिसे आत्मज्ञान हो गया और जिसने सब तत्त्वोंका विचार कर लिया, अनुभव हो जानेके कारण उसका समाधान हो गया। यदि हम इस बातको झूठ मानें कि ज्ञानसे ही जन्म-मरणका अन्त होता है, तो फिर वेदों, शास्त्रों और पुराणोंको भी झूठ मानना पड़ेगा। और यदि वेदों, शास्त्रों तथा महानुभावों आदिके वचन मिथ्या मान लिये जायँ तो फिर स्वयं हमारी ही बात कैसे प्रामाणिक हो सकती है? इसलिए यही ठीक है कि आत्मज्ञानसे मुक्ति होती है। यह भी ज्ञानका ही वचन है कि सभी मनुष्य मुक्त हैं, पर बिना ज्ञानके यह उद्धार हो ही नहीं सकता। आत्मज्ञान हो जाने पर यह सब दृश्य मिथ्या हो जाता है; पर जब तक ज्ञान न हो, तब तक यह दृश्य ही सबको घेरे रहता है। इससे इस प्रश्नका यह निराकरण हो जाता है कि ज्ञानी ज्ञानसे मुक्त हो जाता है और अज्ञान अपनी कल्पनासे बँधा रहता है। कभी विज्ञानको अज्ञानके समान, मुक्तको बद्धके समान और निश्चयको अनुमानके समान नहीं मानना चाहिए। वास्तवमें बन्धन कोई चीज नहीं है, फिर भी वह सबको घेरे हुए है और उससे छूटनेका ज्ञानके सिवा और कोई उपाय ही नहीं है। पहले तो यही अद्भुत बात देखिये कि वह कुछ न होने पर भी सबको बाँधे हुए है। पर वास्तवमें बात यह है कि ज्ञान न होनेके कारण ही लोग इस बन्धनको मिथ्या नहीं समझते; और इसी लिए वे इससे बँधे रहते हैं। यह और बात है कि मनुष्य यही समझकर पड़ा रहे कि भोले भावसे ही सिद्धि होती है। वास्तवमें ज्ञान प्राप्त करके मनुष्यको मुक्त

होना चाहिए। प्राणीके मोक्षके लिए सबसे पहले ज्ञानकी कलाकी आवश्यकता होती है। सब कुछ जान लेने पर वह सहजमें ही सब बन्धनोंसे अलग हो जाता है। कुछ भी न जानना अज्ञान है और सब कुछ जानना ज्ञान है; और सब कुछ जाननेकी भावना ही न रह जाना विज्ञान है। और उसी दशामें पहुँचने पर प्राणी स्वयं आत्मा हो जाता है। जो अमृत खाकर अमर हो जाता है, वह कहता है कि लोगोंको मृत्यु कैसे आती है! इसी प्रकार विवेकी पुरुष बद्धके सम्बन्धमें कहता है कि यह फिर कैसे जन्म लेता है! झाड़-फूँक करनेवाला लोगोंसे पूछता है कि भाई, तुम्हें भूत कैसे लगता है; और निर्विष कहता है कि तुम पर जहर कैसे चढ़ता है? पर यदि मुक्त पुरुष पहले बद्धके समान हो जाय, तो फिर उसे ऐसा प्रश्न न करना पड़े। अपने ज्ञानको अलग रखकर बद्धके लक्षण देखने चाहिएँ। जागनेवाला सोनेवालेसे कहता है कि क्या बड़बड़ा रहे हो! पर यदि वह स्वयं बड़बड़ानेका अनुभव करना चाहता हो, तो उसे स्वयं सोकर देखना चाहिए। ज्ञाताकी वृत्ति जाग्रत होती है, इसलिए वह बद्धकी तरह नहीं फँसती। जिसका पेट भरा होता है, उसको भूखका अनुभव नहीं होता। इतनेसे आशंका दूर हो जाती है। ज्ञानसे मोक्षकी प्राप्ति होती है और विवेकके द्वारा आत्मानुभव होता है।

आठवाँ समास

बद्धका पुनर्जन्म

ज्ञाता तो अपने ज्ञानकी सहायतासे मुक्त हो जाता है, पर बद्धका फिरसे जन्म किस प्रकार होता है; और मरनेके बाद उसकी कौन-सी चीज या अङ्ग फिरसे जन्म लेता है? बद्ध प्राणीके मर जाने पर कुछ भी शेष नहीं रह जाता और उसका ज्ञातृत्व तो मरनेसे पहले ही नष्ट हो जाता है। अब इस आशङ्काका उत्तर सावधान होकर सुनिए। जब पञ्चप्राण इह लोक छोड़कर जाने लगते हैं, तब वासना भी उन्हीं प्राणोंके साथ लगी रहनेके कारण उनके साथ ही चली जाती है। इस प्रकार जो वासना प्राण-वायुके साथ चली जाती है, वह वायु रूपमें बनी रहती है और हेतुके अनुसार फिर जन्म लेकर इस संसारमें आती है। बहुतसे प्राणी मर जाने पर फिर जी उठते हैं। इस प्रकार वे स्वर्ग पहुँचने पर वहाँसे ढकेल दिये जाते हैं और इसीलिए उनके हाथ-पैरोंमें पीड़ा होती है। कभी-कभी लोग साँपके काटनेसे

मर जाने पर भी तीन दिनके बाद फिर जी उठते हैं। उस समय उनको वह वासना ही फिर लौट आती है। कुछ लोगोंके मर जाने पर कभी-कभी लोग उन्हें फिरसे जिला लेते हैं और यमलोकसे उन्हें फिर लौटा लाते हैं। जिन लोगोंको पहले शाप मिला होता है, वे शाप-देह प्राप्त करते हैं और उस शापका अन्त होने पर फिर अपने पूर्व शरीरमें चले जाते हैं। कुछ लोग बहुतसे जन्म धारण करते हैं और कुछ लोग दूसरेके शरीरमें प्रवेश करते हैं। ऐसे बहुतसे लोग हो गये हैं। जैसे फूँक मारनेसे आग जल उठती है, वैसे ही वासना-रूपी वायुसे मनुष्य फिर जन्म लेता है। मनकी जो अनेक वृत्तियाँ हैं, उन्हींमें वासना उत्पन्न होती है। वह वासना चाहे दिखाई न पड़ती हो, पर वास्तवमें है अवश्य। वासना ज्ञातृत्वका हेतु है और ज्ञातृत्व मूल मायासे निकला हुआ तन्तु है; और कारण रूपसे मूल मायामें मिला रहता है। यह ज्ञातृत्व ब्रह्माण्डमें कारण रूपसे और पिंडमें कार्य रूपसे काम करता है। यदि जल्दीमें उसका अनुमान किया जाय तो अनुमान नहीं होता। उसका स्वरूप वायुके समान सूक्ष्म है। सब देवता और भूतोंकी सृष्टि भी वायु रूप ही है। जैसे वायुमें अनेक प्रकारके विकार होते हैं, पर फिर भी वह दिखाई नहीं पड़ती, उसी प्रकार वासना भी सूक्ष्म है। तीनों गुण और पाँचों भूत वायुमें मिले हुए हैं। चाहे हम उसका अनुमान न कर सकते हों, पर फिर भी उसे मिथ्या नहीं कह सकते। वायुके चलनेसे सुगन्ध, दुर्गन्ध और शीतलता तथा ताप आदिका ज्ञान होता है। वायुके कारण ही मेघसे वृष्टि होती है और नक्षत्र चलते हैं। सृष्टिके सब काम उसीसे होते हैं। देवता और भूत भी वायुके रूपमें ही आकर शरीरमें प्रवेश करते हैं और विधान या मन्त्र-प्रयोग करनेसे मुरदे जी उठते हैं। शरीरमें देवताओंका प्रवेश करानेसे ब्रह्म-पिशाच दूर हो जाते हैं, रखी हुई सम्पत्ति मिलती है और बहुतसी गुप्त बातें मालूम होती हैं। वायु अलग या स्वतन्त्र रूपसे नहीं बोलती, पर शरीरमें भरकर हिलती डोलती है। बहुतसे लोग केवल अपनी इच्छाके बलसे ही जन्म लेते हैं। वायुका ऐसा ही विकार है और उसके विस्तारका पता नहीं चलता। जितने चर और अचर हैं, वे सब वायुके कारण ही हैं। वायु अपने स्तब्ध रूपमें सृष्टिको धारण करती है और चञ्चल रूपमें उसकी रचना करती है। यह बात चाहे यों न मालूम हो, पर विचार करनेसे अवश्य मालूम हो जाती है। आदिसे अन्त तक सब काम वायु ही

करती है। यदि कोई काम ऐसा हो जो वायुके बिना होता हो, तो चतुर लोग मुझे बतलावें।

मूल माया ज्ञातृत्वके रूपमें होती है और वही ज्ञातृत्व हममें भी होता है। इस प्रकार वह कहीं गुप्त रहकर और कहीं प्रकट होकर सारे विश्वमें अपना काम करती है। जैसे पानी पहले भापके रूपमें गुप्त रहता है और वर्षाके रूपमें प्रकट होता है, उसी प्रकार ज्ञातृत्व भी सदा वायुमें थोड़ा बहुत मिला रहता है; और कभी गुप्त रहता और कभी प्रकट होता है। कहीं तो उसमें विकार आ जाता है और कहीं वह यों ही वायुके रूपमें रहता है। कभी-कभी जब वायु शरीर परसे होकर निकल जाती है, तब उससे हाथ-पैर अकड़ जाते हैं; और कभी-कभी वायुके चलनेके कारण खड़ी फसल सूख जाती है। कई तरहकी हवाएँ ऐसी होती हैं जिनसे कई तरहके रोग उत्पन्न होते हैं और जिनसे लोग पीड़ित होते हैं। आकाशमें बिजली भी वायुके कारण ही कड़कती है। वायुसे ही अनेक प्रकारके रागों और स्वरोंका ज्ञान होता है। वायुके कारण ही रागोंके द्वारा (दीपक रागसे) दीपक जल उठते हैं और (मेघ रागसे) पानी बरसने लगता है। वायुके कारण ही लोग भ्रममें पड़ते हैं, वृक्ष सूख जाते हैं और मन्त्र अपना काम करते हैं। उन मन्त्रोंसे देवता प्रकट होते हैं, भूत-प्रेत नष्ट या दूर होते हैं और बाजीगरी तथा राक्षसी मायाके कौतुक दिखाई पड़ते हैं। देवताओंकी समझमें भी न आनेवाली राक्षसी माया और स्तम्भन, मोहन आदि अनेक विचित्र कार्य वायुके द्वारा ही होते हैं। कहाँ तक कहा जाय, वायुसे ही अच्छा भला आदमी पागल हो जाता है और पागल अच्छा हो जाता है। मन्त्रोंसे देवताओंका संग्राम होता है, मन्त्र ही ऋषियोंका अभिमान है। मन्त्रोंकी शक्ति तथा महिमा कौन जान सकता है ! मन्त्रसे पक्षी वशमें किये जाते हैं तथा चूहे और पशु आदि बाँधे जाते हैं, बड़े-बड़े सर्प स्तब्ध किये जाते हैं और धनकी प्राप्ति होती है। पर अब इस विषय पर बहुत कुछ कहा जा चुका और ब्रह्मके जन्मका पता चल गया। श्रोताओंने पहले जो प्रश्न किया था, उसका निराकरण हो गया।

नवाँ समास

ब्रह्ममें ब्रह्माण्ड

ब्रह्म न तो रोकनेसे रुक सकता है, न हिलानेसे हिल सकता है और न किसी

एक ओर हटाया ही जा सकता है। वह भेदनेसे भिद नहीं सकता, छेदनेसे छिद नहीं सकता और अलग करनेसे अलग नहीं हो सकता। जब कि ब्रह्मके खंड नहीं हो सकते, वह अखण्ड है और उसमें दूसरे किसीका प्रवेश नहीं है, तब यह ब्रह्माण्ड उसके बीचमें कैसे घुस पड़ा? पर्वत, पत्थर, शिला, शिखर और अनेक स्थल आदि भूगोलकी रचना उस परब्रह्ममें कैसे हुई? भूगोल ब्रह्ममें है और ब्रह्म भूगोलमें है; और विचार करने पर दोनों एक दूसरेमें प्रत्यक्ष दिखाई पड़ते हैं। ब्रह्ममें भूगोल बैठा हुआ है और भूगोलमें ब्रह्म भरा हुआ है। विचार करनेसे यह बात प्रत्यक्ष समझमें आ जाती है। यह बात तो देखनेमें ठीक जान पड़ती है कि ब्रह्माण्डमें ब्रह्म घुसा हुआ है, पर यह बात विपरीत-सी जान पड़ती है कि ब्रह्मको भेदकर ब्रह्माण्ड उसमें घुसा हुआ है। यदि यह कहा जाय कि ब्रह्माण्डने ब्रह्मका भेदन नहीं किया है, तो यह ठीक नहीं है; क्योंकि सब लोगोंको यह प्रत्यक्ष दिखलाई पड़ता है कि ब्रह्ममें ही ब्रह्माण्ड है। अब आप विचार करके कहें कि यह बात कैसे हुई। श्रोताके इस प्रश्न या आक्षेपका उत्तर सावधान होकर सुनिए, क्योंकि यह बात सन्देह हो जानेके कारण विचारणीय हो गई है।

यदि हम कहें कि ब्रह्माण्ड नहीं है तो वह दिखाई पड़ता है; और यदि कहें कि वह है और दिखाई पड़ता है, तो यह ठीक नहीं है, क्योंकि उसका नाश हो जाता है। अब यह बात श्रोता लोग कैसे समझें? इस पर श्रोता उत्कंठित होकर कहते हैं कि हम लोग सावधान हैं। इसलिए हम प्रसंगानुसार इसका उचित उत्तर देते हैं। जब आकाशमें दीपक जलाकर रखा जाता है, तब वह आकाशसे अलग कैसे रखा जा सकता है? आप (जल), तेज या वायु कभी आकाशको हटा नहीं सकते, क्योंकि वह सघन है और हट नहीं सकता। यद्यपि पृथ्वी कठोर है, तथापि आकाशने उसे चलनी बना डाला है और उसने पृथ्वीके सभी अंग भेद डाले हैं। बात यह है कि जितने जड़ पदार्थ हैं उन सबका नाश हो जाता है और आकाश ज्योंका त्यों रहता है और अचल है। अलग रहकर देखने पर हम उसे आकाश कहते हैं और यदि अभिन्न होकर देखा जाय तो आकाश ही परब्रह्म है। आकाश अचल है और उसके भेदका पता नहीं चलता। जिसका ब्रह्मके समान भास हो, उसीको आकाश कहना चाहिए। निर्गुण ब्रह्मके समान उसका भास होता है और कल्पना करनेसे उसका अनुमान होता है और इसीलिए उसे आकाश

कहते हैं। कल्पनासे जहाँ तक भास होता है, वहाँ तक आकाश समझना चाहिए, और परब्रह्म निराभास तथा निर्विकल्प है। वह सब भूतोंमें मिला रहता है, इसी लिए उसे आकाश कहते हैं। भूतोंमें ब्रह्मका जो अंश है, वही आकाश है। जो प्रत्यक्ष रूपसे उत्पन्न तथा नष्ट होता है, वह अचल कैसे कहा जा सकता है? पृथ्वीके न रहने पर जल बच रहता है, जलके न रहने पर अग्नि बची रहती है, अग्निके बुझ जाने पर वायु बच रहती है; और अन्तमें उस वायुका भी नाश हो जाता है। जो मिथ्या है, वह आता जाता रहता है, पर उससे सत्यका भंग नहीं हो सकता। वह भ्रमके कारण ही प्रत्यक्ष दिखाई पड़ता है और विचारपूर्वक देखनेसे कुछ भी नहीं बच रहता। इस भ्रममूलक जगतको सत्य कैसे कह सकते हैं? भ्रमका पता लगाने पर वह कुछ भी नहीं रह जाता। तब फिर किसने किसका भेदन किया? यदि कहा जाय कि भ्रमने भेदन किया तो वह स्वयं मिथ्या है। जब भ्रमका रूप मिथ्या सिद्ध हो गया, तब आप भले ही कहा करें कि उसने भेदन किया है। जो स्वयं मिथ्या है, उसका किया हुआ काम भी मिथ्या है। जो स्वयं मिथ्या है, वह चाहे जो कुछ करे उससे हमारा क्या बिगड़ता है? चतुर लोग मिथ्याका किया हुआ काम भी मिथ्या ही समझते हैं। जैसे समुद्रमें खसखसका एक दाना बहुत ही तुच्छ है, उसी तरह परब्रह्ममें यह सारा दृश्य भी तुच्छ है। जैसी मति होती है, उसका वैसा ही प्रकाश भी हृदयमें होता है। अपनी मति विशाल कर लेने पर हम समस्त आकाशको अपनी मुट्ठीमें कर सकते हैं और सारा ब्रह्मांड कैथके समान जान पड़ने लगता है। यदि वृत्तिको उससे भी अधिक विशाल कर लें तो ब्रह्मांड बेरके समान जान पड़ता है; और यदि हम ब्रह्माकार हो जायँ तो फिर कुछ रह ही नहीं जाता। यदि हम विवेकके द्वारा अपने आपको और भी विशाल कर लें तथा अमर्यादित हो जायँ तो सारा ब्रह्मांड वटके बीजके समान दिखाई पड़ने लगता है। उससे भी अधिक विस्तीर्ण होने पर यह ब्रह्मांड वट-बीजके करोड़वें भागके समान सूक्ष्म जान पड़ता है; और यदि परिपूर्ण हो जायँ तो कुछ भी नहीं रह जाता। पर यदि कोई भ्रमसे अपने आपको बहुत छोटा और केवल शरीरधारी मान ले तो वह अपने हाथमें यह ब्रह्मांड कैसे ले सकता है? वृत्तिको इतना बढ़ाना चाहिए कि अन्तमें वह नहींके समान हो जाय और उससे पूर्ण ब्रह्मको चारों ओरसे घेर देना चाहिए। यदि जौ भर सोना लेकर उससे सारा

ब्रह्मांड मढ़ा जाय तो क्या दशा होगी ? सोनेके पत्तरका कहीं पता भी न रह जायगा। इसी प्रकार यदि वृत्तिका विस्तार किया जाय तो उसका भी कहीं पता न रह जायगा और केवल निर्गुण आत्मा अपने पूर्व रूपमें बाकी रह जायगी।

इससे उक्त आशंका मिट जाती है। श्रोता लोग सन्देह न करें, और सन्देह हो तो विवेक-पूर्वक उस पर विचार करें। विवेकसे सन्देह मिटता है, समाधान होता है और आत्मनिवेदन करने पर मोक्ष मिलता है। यदि मोक्षकी उपेक्षा की जाय, विवेकसे पूर्व पक्षको अलग कर दिया जाय और आत्मा रूपी सिद्धान्तको प्रत्यक्ष कर लिया जाय तो फिर और किसी प्रमाणकी आवश्यकता नहीं रह जाती। सारासारका विचार करने पर ही प्रतीति उत्पन्न करनेवाला यह उत्तर समझमें आता है और बराबर मनन करनेसे साक्षात्कार होता है और मनुष्य पावन हो जाता है।

दसवाँ समास

आत्म-स्थिति

यदि मन्दिरके अन्दर जगन्नायककी मूर्ति हो और उस मन्दिरके शिखर पर कौआ आ बैठे तो यह नहीं समझना चाहिए कि वह कौआ उस देवतासे बड़ा है। सभा तो राजद्वार पर होती है और बन्दर खम्भेके ऊपर जा बैठता है। पर चतुर लोग यह कैसे मान सकते हैं कि वह बन्दर उस सभासे श्रेष्ठ है ! ब्राह्मण तो स्नान करके जलमेंसे निकलकर चला जाता है, पर बगला जलमें ही बैठा रहता है। पर फिर भी उसे ब्राह्मणसे अच्छा कैसे समझा जाय ? ब्राह्मणोंमेंसे कोई तो नियम-पूर्वक रहता है और कोई अव्यवस्थित रहता है और कुत्ता सदा ध्यानस्थ रहता है। पर फिर भी वह ब्राह्मणसे उत्तम नहीं होता। कोई ब्राह्मण ऐसा है जो ध्यानस्थ होना नहीं जानता, पर बिल्ली अपने लक्ष्य पर ध्यान रखनेमें बहुत चतुर होती है; पर फिर भी उसे ब्राह्मणसे अच्छा कौन कहेगा ? ब्राह्मण तो भेदाभेदका विचार करता है, पर मक्खी किसीमें कोई भेद ही नहीं मानती। पर यह नहीं कहा जा सकता कि मक्खीको ज्ञान हो गया। कोई दरिद्र तो बहुत बढ़िया कपड़े पहने हो और राजा नंगे बदन बैठा हो तो परखनेवाले दोनोंको तुरन्त पहचान लेंगे। तात्पर्य यह कि बाहरी आडम्बर चाहे जितना बढ़ाया जाय, पर बिलकुल ढोंग ही होगा। यहाँ तो मुख्यतः मनकी निष्ठा चाहिए। जिसने सांसारिक वैभव तो बहुत-सा प्राप्त

कर लिया हो, पर जिसके अन्तःकरणमें बोध न हुआ हो और जो ईश्वरको भूला हुआ हो, वह आत्मघातकी है। देवताकी उपासना करनेसे देव-लोक, पितरोंकी उपासना करनेसे पितृ-लोक और भूतोंकी उपासना करनेसे भूत-लोक मिलता है। जो जिसका भजन करता है, वह उसीका लोक पाता है। निर्गुणका भजन करनेसे आदमी स्वयं भी निर्गुण हो जाता है। निर्गुणका भजन यही है कि अनन्य होकर निर्गुणमें रहना चाहिए। इससे मनुष्य अवश्य धन्य होता है। और सब काम तभी सार्थक होते हैं, जब मनुष्य उस ईश्वरको पहचान लेता है। सबको इस बात-का विचार करना चाहिए कि हम कौन हैं। उस निराकार ईश्वरका ध्यान करनेसे समझमें आ जाता है कि हम अपने शरीरका जो अभिमान करते हैं वह झूठा है और यह निश्चय हो जाता है कि हम वही हैं। ऐसी अवस्थामें सन्देहकी कोई जगह ही नहीं रह जाती, यह वस्तु उसी वस्तुमें मिल जाती है और अपने शरीरका विचार नहीं रह जाता। उस समय सिद्धान्त और साधन दोनों भ्रम मात्र रह जाते हैं और मुक्तके लिए इन सब बन्धनोंकी आवश्यकता नहीं होती। साधनके द्वारा जो कुछ सिद्ध करना है, वह तो हम स्वभावतः स्वयं हैं ही। अतः साधक होनेकी कोई आवश्यकता नहीं रह जाती। यदि कुम्हारको राजपद मिल जाय तो फिर उसे गधा रखनेकी क्या जरूरत? और कुम्हारपनके झगड़ोंसे उसे क्या मतलब? इसी प्रकार साध्य प्राप्त हो जानेपर वृत्तिकी भावनाओं और साधनके उपायोंकी क्या आवश्यकता? उस दशामें साधनसे क्या सिद्ध किया जायगा? नियमसे क्या फल मिलेगा? और जब हम स्वयं ही वह वस्तु हो जायँगे, तब फिर भटकने-की क्या जरूरत रह जायगी? देह तो पाँचों भूतोंका बना हुआ है, इससे नष्ट हो ही जायगा और जीव उस ब्रह्मका अंश ही है। वह भी परमात्मामें अनन्य होकर लीन हो सकता है। यों ही देखा जाय तो अहं-भाव दिखाई पड़ता है और पता लगाया जाय तो कुछ भी नहीं रह जाता। तत्त्वोंमें तत्त्व मिल जाते हैं और केवल निखिल आत्मा बच रहती है। आत्मत्वके कारण आत्मा, जीवत्वके कारण जीव और माया-भावके कारण ही मायाका विस्तार है। इसी प्रकार सब कुछ है और "हम" भी कोई एक हैं। और जो इन सब बातोंका पता लगाता है, वही ज्ञानी है। जो और सब बातोंका तो पता लगाता है, पर स्वयं अपने आपको नहीं देखता, उस ज्ञानीकी वृत्ति एकदेशीय होती है। ऐसी वृत्तिका यदि विचार किया

जाय तो वह वास्तवमें कुछ भी नहीं है, क्योंकि प्रकृतिका निरसन करने पर कोई विकारी पदार्थ नहीं रह जाता। उस समय केवल निर्गुण ही बाकी रह जाता है और विवेचन करने पर पता चलता है कि हम भी वही निर्गुण हैं। यही परमार्थकी सबसे बड़ी पहचान है। उस समय यह विचार नहीं रह जाता कि फल कुछ और है और हम कुछ और हैं; हम स्वयं ही वह फल हो जाते हैं। यदि कोई दरिद्र किसी तरह राजा हो जाय और उसे इस बातका विश्वास हो जाय कि मैं राजा हो गया, तो फिर वह दरिद्रोंका-सा व्यवहार क्यों करे? जो दरिद्र हो, वह वैसा करे। वेद, शास्त्र और पुराण जिसका वर्णन करते हैं और सिद्ध तथा साधु जिसके लिए परिश्रमपूर्वक अनेक प्रकारके साधन तथा निरूपण करते हैं, उस परब्रह्मका रूप जब हम स्वयं ही सारासारका विचार करके प्राप्त कर लेते हैं, तब फिर और कुछ करने या न करनेकी कोई बात ही नहीं रह जाती। मान लो कि कोई दरिद्र किसी राजाकी आज्ञा सुनकर डर जाता है; पर आगे चलकर वह दरिद्र स्वयं ही राजा हो जाता है। तब फिर उसे राजाज्ञाका भय कैसे हो सकता है? स्वयं वेद ही वेदाज्ञाके अनुसार कैसे चलें? सद्‌शास्त्र ही शास्त्रोंका अभ्यास कैसे करें? तीर्थ ही तीर्थ-यात्रा करनेके लिए कैसे निकलें? स्वयं अमृत ही अमृतका सेवन कैसे करे? अनन्त ही अनन्तको किस प्रकार देखे? भगवान ही भगवान पर कैसे लक्ष्य रखे? सत्स्वरूप ही सत्स्वरूपसे कैसे मिले? निर्गुण ही निर्गुणकी भावना कैसे करे? आत्मा ही आत्माके रंगमें कैसे रँगे? अंजन ही अंजन कैसे लगावे? धन ही धन कैसे प्राप्त करे? निरंजन ही निरंजनका कैसे अनुभव करे? स्वयं साध्य ही कैसे साधन करे? ध्येय ही कैसे ध्यान करे? और जो उन्मन हो गया है, वह अपने मनको कैसे रोके?

दसवाँ दशक

पहला समास

अन्तःकरणकी एकता

श्रोता कहता है कि आप मुझे निश्चयपूर्वक यह बतलावें कि सबका अन्तःकरण एक ही है या अनेक। अब श्रोता लोग इसका उत्तर सुनें। हम यह एक निश्चयात्मक बात बतलाते हैं कि सबका अन्तःकरण एक ही है। इस पर श्रोता कहता है

कि यदि सबका अन्तःकरण एक ही है तो फिर सबके अन्तःकरण एक दूसरेसे मिलते क्यों नहीं ? यदि अन्तःकरण एक है तो एकके भोजन कर लेने पर सबको तृप्त होना चाहिए, एकके सन्तुष्ट होने पर सबको सन्तुष्ट होना चाहिए और एकके मरने पर सबको मर जाना चाहिए। इस संसारमें कोई सुखी दिखाई पड़ता है और कोई दुःखी, अतः यह कैसे समझा जाय कि सबका अन्तःकरण एक है ? सब लोगोंकी भावनाएँ एक दूसरेसे अलग होती हैं, किसीसे किसीका मेल नहीं मिलता; इसलिए यह समझमें नहीं आता कि सबका अन्तःकरण एक है। यदि सबका अन्तःकरण एक होता तो हर एकके अन्तःकरणकी बात दूसरोंको मालूम हो जाती। कोई बात किसीसे चुराई या छिपाई न जा सकती। इसलिए इस बात पर विश्वास नहीं होता कि सबका अन्तःकरण एक है। यदि वह एक है तो लोगोंमें विरोध क्यों होता है ? साँप काटनेके लिए आता है और प्राणी डरकर भागता है। यदि सबका अन्तःकरण एक होता तो इस प्रकारका विरोध न होता।

श्रोताओंकी इस आशंका पर वक्ता कहता है कि तुम लोग घबराओ मत और सावधान होकर सुनो। अन्तःकरण कहते हैं संज्ञा या ज्ञातृत्वको। यह जाननेका स्वभाव है; और यह जाननेकी कला ही देह-रक्षाका उपाय है। साँप जानकर काटने आता है और प्राणी जानकर भागता है। दोनों ही ओर यही जाननेकी बात है। जब दोनों ओर यही जाननेकी बात दिखाई पड़ती है तो दोनोंका अन्तःकरण भी एक ही हुआ। और विचार करने पर पता चल गया कि अन्तःकरण जाननेकी वृत्ति ही है। अतः यह सिद्ध हो गया कि ज्ञातृत्व रूपसे सबका अन्तःकरण एक है। सब जीवोंमें ज्ञातृत्व एक ही है। इस संसारमें कीड़े-मकोड़े और जीव-जन्तु आदि जीव मात्रमें ज्ञातृत्व या जाननेकी वृत्ति समान रूपसे है। जल सबके लिए शीतल और अग्नि सबके लिए गरम होती है, और सबके अन्तःकरणमें केवल जाननेकी कला है। देहके स्वभावके कारण ही कोई बात अच्छी लगती है और कोई बात बुरी लगती है। पर यह अनुभव अन्तःकरणकी सहायतासे ही होता है। यह बात बिलकुल निश्चित है कि सबका अन्तःकरण एक है और इसका कौतुक चारों ओर दिखाई पड़ता है। इतनेसे ही यह शंका दूर हो जाती है। अब आप लोग इस विषयमें और अधिक शंका न करें। जाननेका जितना काम है, वह सब अन्तःकरणका है।

जीव जानकर ही चारा खाते हैं, जानकर ही डरते, छिपते और भागते हैं। कीड़े-मकोड़ोंसे लेकर ब्रह्मा आदि तक सबका अन्तःकरण एक है और इसका रहस्य अनुभवसे जानना चाहिए। प्राणी अन्तःकरणसे ही यह समझता है कि यह अग्नि है; फिर चाहे वह थोड़ी हो और चाहे बहुत; यह पानी है, चाहे थोड़ा हो चाहे बहुत; और यह प्राणी है, चाहे न्यून हो चाहे पूर्ण। यह ज्ञातृत्व किसीमें कम होता है और किसीमें अधिक, पर वह वस्तुतः एक ही है। कोई जंगम प्राणी ऐसा नहीं है जिसमें यह ज्ञातृत्व न हो। यह जाननेकी वृत्ति ही अन्तःकरण है और अन्तःकरणको विष्णुका अंश समझना चाहिए और इसी रूपमें विष्णु सबका पालन करता है। इस संज्ञाके नष्ट होते ही प्राणी मर जाता है और यह संज्ञा-रहित होना ही तमोगुणका लक्षण है। इस प्रकार तमोगुणसे रुद्र संहार करता है। कुछ संज्ञा-युक्त और कुछ संज्ञा-रहित होना रजोगुणका स्वभाव है और इसीके कारण जीवका जन्म होता है। जाननेसे सुख और न जाननेसे दुःख होता है और उत्पत्ति गुणके कारण ही (जिसमें जानना और न जानना दोनों ही मिले हुए हैं) सुख और दुःख दोनों अवश्य भोगने पड़ते हैं। जानने और न जाननेकी बुद्धिको ही इस शरीरमें ब्रह्मा समझना चाहिए; और कफ, वात तथा पित्तके संयोगसे ब्रह्मा ही इस स्थूल देहको उत्पन्न करनेवाला है। इस प्रकार प्रसंग आ जाने पर यहाँ उत्पत्ति, स्थिति और संहारका तत्त्व बतला दिया गया है, पर इसका निश्चय अनुभवसे करना चाहिए।

दूसरा समास

उत्पत्तिके विषयमें शङ्का

श्रोता कहता है कि आपने अभी जो बातें बतलाई हैं, उनमें विष्णुका अभाव दिखाई पड़ता है। उसमें ब्रह्मा, विष्णु या महेश किसीके लिए जगह ही नहीं है। मेरी समझमें नहीं आता कि ब्रह्मा, विष्णु और महेश उत्पत्ति, पालन और संहार कैसे करते हैं। इसमें यह विश्वास नहीं होता कि चार मुखोंवाले ब्रह्मा उत्पत्ति करनेवाले हैं; और यह केवल सुना ही जाता है कि चार भुजाओंवाले विष्णु पालन करते हैं। यह भी विश्वास नहीं होता कि महेश संहार करते हैं। पुराणोंमें लिंगकी जो महिमा कही गई है, वह कुछ इसके विपरीत ही है। यह तो मालूम होना

चाहिए कि मूल मायाकी रचना किसने की। तीनों देवताओंकी सृष्टि तो उसके बाद हुई है। मूल माया लोकजननी है। उससे गुणक्षोभिणी माया हुई और गुण-क्षोभिणीसे त्रिगुणात्मक त्रिदेव हुए। शास्त्रकार भी ऐसा ही कहते हैं और परम्पराके अनुसार चलनेवाले लोग भी यही कहते हैं। पर यदि निश्चित या अनुभवकी बात पूछी जाय तो बहुतसे लोग घबरा जाते हैं। इसलिए उनसे पूछना ठीक नहीं है और वे समझा भी नहीं सकते। और जब तक सब बातें अच्छी तरह समझमें न आ जायँ, तब तक सब प्रयत्न व्यर्थ हैं। यदि बिना अनुभव किये कोई अपने आपको वैद्य कहे और व्यर्थ इधर-उधरके उद्योग करे तो उस मूर्खकी सब लोग निन्दा ही करते हैं। इसी प्रकारकी बात यह भी है। इसमें अनुभवके आधार पर ही कोई बात निश्चित होनी चाहिए। यदि अनुभव न हो तो गुरु और शिष्य दोनों ही अन्धकारमें रहते हैं। लेकिन दूसरे लोगोंको हम क्यों कुछ कहें। वे जो कुछ कहते हैं, वह ठीक ही है। लेकिन आप यह विषय विशद रूपसे मुझे बतलावें।

यदि कहा जाय कि तीनों देवताओंने माया बनाई तो उन देवताओंके रूप भी मायामें ही आ जाते हैं। और यदि कहा जाय कि मायाने माया बनाई तो सब माया एक ही है। यदि कहें कि भूतोंने माया बनाई है तो फिर वह स्वयं भूतोंकी ही बनी हुई है; और यदि कहा जाय कि ब्रह्मने उसकी रचना की है तो उसमें कर्तृत्व ही नहीं है। यदि कहें कि माया सची है तो ब्रह्ममें कर्तृत्वका आरोप होता है; और यदि मायाको मिथ्या समझें तो उसमें कर्तृत्व कहाँसे आया? इसलिए आप कृपापूर्वक ऐसा उपाय करें जिसमें इन सब बातोंका सारा रहस्य ठीक-ठीक समझमें आ जाय। बिना अक्षरोंके वेद नहीं होते, बिना देहके अक्षर नहीं होते और देहका निर्माण देहके बिना हो ही नहीं सकता। सब देहोंमें नर-देह श्रेष्ठ है, नर-देहमें ब्राह्मण-देह श्रेष्ठ है और ब्राह्मण-देहको ही वेदोंका अधिकार है। फिर वेद कहाँसे आये और शरीर किस प्रकार बना? और देव किस प्रकार प्रकट हुए?

इस प्रकार आशंका बराबर बढ़ती ही जाती है; इसलिए इसका समाधान होना चाहिए। इस पर वक्ता कहता है कि अच्छा अब सावधान हो जाओ। अनुभवका विचार करने पर सङ्कट उपस्थित होते हैं, बहुत-सी खराबियाँ होती हैं और बार-बार अनुमान करनेसे व्यर्थ समय नष्ट होता है। लोक-व्यवहार तथा शास्त्र-निर्णयके अनुसार भी बहुतसे निश्चय हैं; इसलिए किसी एक बात पर विश्वास

नहीं होता। यदि शास्त्रोंका भय मानें तो इस समस्याका निराकरण नहीं होता; और यदि इस समस्याका निराकरण किया जाय तो शास्त्र-भेद आ उपस्थित होता है। शास्त्रकी रक्षा करके विश्वास करना चाहिए, पूर्व-पक्ष छोड़कर सिद्धान्त देखना चाहिए और एक ही बातसे समझ लेना चाहिए कि यह मूर्ख है या चतुर। शास्त्रोंमें पूर्व पक्ष कहा गया है और पूर्व पक्ष मिथ्याको कहते हैं। अतः इसका विचार करने पर हम दोषी नहीं हो सकते। तो भी शास्त्रोंकी बातोंकी रक्षा करते हुए यहाँ कुछ बातें बतलाई जाती हैं। श्रोताओंको इन बातों पर अच्छी तरह विचार करना चाहिए।

तीसरा समास

सृष्टिकी उत्पत्ति

उपाधि-रहित आकाश ही निराभास ब्रह्म है; और उसी निराभास ब्रह्मसे मूल मायाका जन्म हुआ है। उस मूल मायाको भी वायु स्वरूप ही समझना चाहिए; और उसीमें पाँचों भूत तथा तीनों गुण रहते हैं। आकाशसे जो वायु उत्पन्न हुआ, वह वायुदेव कहलाया; और वायुसे उत्पन्न अग्नि, अग्निदेव कहलाया। अग्निसे जो जल हुआ, वह नारायणका स्वरूप है; और उस जलसे उत्पन्न पृथ्वी सब बीजोंकी माता हुई। पृथ्वीके उदरमें जो पत्थर हैं, उन्हींसे सब देवता बनते हैं; और उनके सम्बन्धकी सब बातें लोग जानते हैं और उनका अनुभव रखते हैं। यद्यपि लोग अनेक प्रकारके वृक्षों और मिट्टी, पत्थर आदिको देवता मानते हैं, पर वास्तवमें सब देवताओंका निवास वायुमें ही है। देवता, यक्षिणी, कात्यायिनी, चामुंडा आदि अनेक प्रकारकी शक्तियाँ देव-भेदसे भिन्न-भिन्न स्थानोंमें रहती हैं। इनके सिवा बहुतसे पुरुषवाचक देवता तथा नपुंसक नामधारी भूत आदि हैं। संसारमें असंख्य देव, देवता, दैवत और भूत आदि हैं, जो सब वायु-स्वरूप कहे जाते हैं। ये सब सदा वायुके रूपमें रहते हैं, प्रसंग पड़ने पर अनेक प्रकारके शरीर धारण करते हैं और गुप्त तथा प्रकट होते रहते हैं। ये सब वायुके रूपमें ही विचरण करते हैं और वायुमें ही जगतकी ज्योति, चेतना और वासना आदि अनेक रूपोंमें रहती है। आकाशसे उत्पन्न वायु दो भागोंमें विभक्त है। एक तो साधारण वायु है जिसे सब लोग जानते हैं और दूसरी वह है जो जगत्-ज्योतिके रूपमें

रहती है और उसीमें देवी-देवताओंकी अनन्त मूर्तियाँ हैं। यों तो वायुके बहुतसे विकार हैं, पर वह दो ही भागोंमें विभक्त है। अब तेजके सम्बन्धकी बातें सुनिए। वायुसे तेज उत्पन्न हुआ जो उष्ण, शीतल तथा प्रकाशित है। यह भी दो प्रकारका है। एक उष्ण और दूसरा शीतल। उष्णसे प्रकाशमान तथा दैदीप्यमान सूर्य, सर्व-भक्षक अग्नि और विद्युल्लता हुई; और शीतलसे आप, अमृत, चन्द्रमा, तारा और शीत हुआ। यद्यपि तेजमें भी बहुतसे विकार हैं, पर वह भी दो ही प्रकारका है। आप भी दो ही प्रकारका कहा गया है—आप और अमृत। अब पृथ्वीकी बात सुनिए। इसके एक प्रकारमें तो पत्थर और मिट्टी आदि है और दूसरे प्रकारमें सोना, पारस और अनेक प्रकारके रत्न हैं। इस पृथ्वीमें बहुतसे रत्न हैं और विचार करनेसे पता चलता है कि उनमेंसे कौन खोटा है और कौन खरा। अब यह मुख्य प्रश्न रह गया कि मनुष्य कहाँसे हुए। इसका वर्णन भी श्रोता लोग सावधान होकर सुनें।

चौथा समास

उत्पत्ति-निरूपण

अब यह देखिए कि उत्पत्ति किस प्रकार होती है। यह तो प्रत्यक्ष देखनेमें आता है कि मनुष्यसे मनुष्य और पशुसे पशु उत्पन्न होते हैं। खेचर, भूचर, वनचर और जलचर आदि अनेक प्रकारके शरीर सदा शरीरसे ही उत्पन्न होते हैं। प्रत्यक्षके सामने प्रमाण, निश्चयके सामने अनुमान और सरल मार्गके सामने टेढ़ा-मेढ़ा मार्ग ग्रहण नहीं करना चाहिए। विपरीतसे विपरीत उत्पन्न होते हैं, पर वे सब शरीर ही कहलाते हैं। बिना शरीरके उत्पत्ति हो ही नहीं सकती। तो फिर यह उत्पत्ति कैसे हुई, किससे हुई और किसने की; और जिसने यह उत्पत्ति की, उसका शरीर किसने बनाया ? इन सब बातोंका विचार करनेके लिए बहुत दूर जाना पड़ता है। पर पहले यह प्रश्न किया गया है कि आरम्भमें शरीर किस प्रकार उत्पन्न हुए, किस पदार्थसे बने और किसने कैसे बनाये। प्रतीति हो जाने पर आशंका नहीं करनी चाहिए। प्रतीति ही सबसे बड़ा प्रमाण है, पर मूर्ख उसे अप्रमाणिक समझते हैं। वास्तवमें प्रतीतिकी बातों पर ही विश्वास होता है। ब्रह्मसे जो मूल माया उत्पन्न हुई, वही अष्टधा प्रकृति कहलाई। वह मूल माया पाँचों

भूतों और तीनों गुणोंसे मिली हुई है। वह मूल माया वायुके समान है और उसमें ज्ञातृत्व या चेतनाका जो रूप है, वही इच्छा है। पर उस इच्छाका आरोप ब्रह्ममें नहीं होता। यदि ब्रह्ममें इच्छाकी कल्पना भी कर ही ली जाय तो व्यर्थ है, क्योंकि वह ब्रह्म निर्गुण तथा शब्दातीत है। आत्मा, निर्गुण, वस्तु और ब्रह्म सब नाम मात्रके भेद और भ्रम हैं। यदि उस ब्रह्ममें कल्पनाकी सहायतासे कोई उपाधि लगा भी दी जाय तो भी वह उपाधि किसी प्रकार उसमें लग नहीं सकती। यदि उसमें जबरदस्ती आरोप किया भी जाय तो वह आकाशको पत्थर मारनेके समान होगा। पर उससे आकाश कैसे टूट सकता है? इसी प्रकार निर्विकार ब्रह्ममें भी कोई विकार नहीं लग सकता। विकार नष्ट हो जाते हैं और निर्विकार ज्योंका त्यों रहता है।

अब अनुभवकी बात सुनिए। ऐसी बातोंको समझकर ही कुछ निश्चय करना चाहिए; इसीसे अनुभव पर विजय प्राप्त होती है। ब्रह्ममें वायुके रूपमें जो माया है, उसमेंकी चेतना ही ईश्वर है। उसीको सर्वेश्वर भी कहते हैं। जब उस ईश्वरमें गुण आते हैं, तब तीनों गुणोंके अनुसार उसके तीन भेद हो जाते हैं—ब्रह्मा, विष्णु और महेश। सत्व, रज और तम यही तीनों गुण हैं जिनका वर्णन पहले हो चुका है। इनमें विष्णु भगवान ज्ञाता हैं, ब्रह्मा ज्ञाता-अज्ञाता हैं और महेश अज्ञाता हैं जो बहुत भोले हैं। तीनों गुण एक दूसरेमें मिले हुए हैं और अलग-अलग नहीं हो सकते। पर जिनका थोड़ा बहुत भास होता है, उनके सम्बन्धमें कुछ कहना ही पड़ेगा। पहले वायुमें सत्व-गुणात्मक विष्णुका वायुके समान रूप होता है और तब वह रूप देह धारण करके चतुर्भुज होता है। इसी प्रकार बादमें ब्रह्मा और महेश भी शरीर धारण करते हैं, जिन्हें गुप्त अथवा प्रकट होते देर नहीं लगती। इसका प्रत्यक्ष प्रमाण यह है कि जब मनुष्य ही गुप्त तथा प्रकट होते हैं, तब उन देवताओंकी मूर्तियाँ तो सभी सामर्थ्य रखती हैं। देवों, देवताओं, भूतों और देवतोंमें बहुत अधिक शक्ति होती है और इन्हींकी तरह राक्षसोंमें भी बहुत सामर्थ्य होती है। झोटिङ्ग वायुके रूपमें रहता है, जल्दी-जल्दी खड़खड़ाता हुआ चलता है और लोगोंके सामने अकस्मात् नारियल और छुहारे आदि फेंकता है। यह माना ही नहीं जा सकता कि इन सब बातोंका बिलकुल अभाव है; क्योंकि यह बात संसारके बहुतसे लोग अपने अनुभवसे जानते हैं। जब मनुष्य अनेक प्रकारके वेष

धारण करते हैं और दूसरोंके शरीरमें प्रवेश करते हैं, तब फिर परमात्मा जगदीश ऐसा क्यों नहीं कर सकता ? इस प्रकार ब्रह्मा, विष्णु और महेशने अपना वायु-वाला स्वरूप छोड़कर शरीर धारण किया और तब उनके पुत्र-पौत्र आदि उत्पन्न हुए और बढ़े। उन्होंने अपने मनमें स्त्रियोंकी कल्पना की और कल्पना करते ही स्त्रियाँ बन गईं। पर उन स्त्रियोंसे प्रजाकी उत्पत्ति नहीं हुई। उन्होंने अपनी इच्छासे पुत्रोंकी कल्पना की और वे भी उसी समय उत्पन्न हो गये। इसी प्रकार हरि और हर आदि की उत्पत्ति हुई। इसके बाद ब्रह्माने सृष्टिकी कल्पना की और उनके इच्छा करते ही सृष्टि उत्पन्न हो गई। इसी प्रकार ब्रह्माने जीवोंकी भी सृष्टि की। उन्होंने अनेक प्रकारके प्राणियोंकी कल्पना की और इच्छा करते ही उनका भी निर्माण हो गया। अंडज, जारज आदि सभी जीवोंके जोड़े उत्पन्न हुए। उनमेंसे कुछ जीव स्वेदसे उत्पन्न हुए जो स्वेदज कहलाये और जो वायुसे उत्पन्न हुए, वे उद्भिज कहलाये। इसी प्रकार मनुष्योंकी गारुड़ी विद्या, राक्षसोंकी आडम्बरी या ऐन्द्र-जालिक विद्या और ब्रह्माकी सृष्टि विद्या होती है। कुछ तो मनुष्योंकी, उससे बढ़कर राक्षसोंकी और उससे भी बढ़कर ब्रह्माकी सृष्टि-विद्या है। ज्ञाता और अज्ञाता सभी प्रकारके प्राणी बनाये जाते हैं और वेदोंके द्वारा वे ठीक मार्ग पर लाये जाते हैं। इस प्रकार ब्रह्मा अपनी सृष्टिका निर्माण करता है। इसके बाद शरीरसे शरीर बनते जाते हैं और विकारसे सृष्टि बढ़ती रहती है। सब शरीरोंका इसी प्रकार निर्माण हुआ है। इस प्रकार आशंका दूर होती है। यह पता चल जाता है और विचार करनेसे ठीक समझमें आ जाता है कि सृष्टि कैसे हुई। इस प्रकार ब्रह्मा जिस सृष्टिका निर्माण करता है, उसका प्रतिपालन विष्णु किस प्रकार करते हैं, इस पर श्रोताओंको विचार करना चाहिए। इस प्रकार जिन प्राणियोंका निर्माण होता है, विष्णु उनका पालन अपने मूल रूप सत्व गुण और चेतनाके द्वारा करते हैं और शरीर धारण करके अनेक प्रकारके दैत्यों आदिका संहार करते हैं। विष्णुका जन्म अनेक प्रकारके शरीर धारण करने, दुष्टोंका संहार करने और धर्मकी स्थापना करनेके लिए होता है। इसीलिए धर्मकी स्थापना करनेवाले लोग विष्णुका अवतार होते हैं और जो लोग अभक्त तथा दुर्जन होते हैं, वे सहजमें राक्षसोंकी गिनतीमें आ जाते हैं। जो प्राणी जन्म लेते हैं, उनकी चेतनाका नाश करके रुद्र अपने तमोगुणसे उनका संहार करते हैं। रुद्र जब कुपित होते हैं, तब वे सृष्टिका संहार

करते हैं। उस संहारके समय सारा ब्रह्मांड जल जाता है। उत्पत्ति, स्थिति और संहारकी ये बातें श्रोताओंको अच्छी तरह ध्यानमें रखनी चाहिएँ। कल्पान्तमें जो संहार होगा, उसका वर्णन अगले समासमें किया जायगा। जो पाँचों प्रलयोंको पहचाने, वही ज्ञानी है

पाँचवाँ समास

पंच-प्रलय

अब प्रलयके लक्षण सुनिये। पिंड या शरीरके दो प्रकारके प्रलय होते हैं—एक तो निद्रा और दूसरा मरण या देहान्त। जब तीनों (ब्रह्मा, विष्णु और महेश) को देहधारक मूर्तियाँ निद्रित होती हैं, तब ब्रह्मांडका निद्रा-प्रलय होता है। पृथ्वीके नवों खडोंमें कुल चार प्रकारके प्रलय होते हैं—दो प्रलय पिंडके और दो ब्रह्मांडके। और पाँचवाँ सबसे बड़ा प्रलय विवेकका है। इस प्रकार यहाँ क्रमसे ये पाँचों प्रलय बतला दिये गये हैं, जिसमें ये ध्यानमें आ जायँ।

जिस समय निद्राका संचार होता है, उस समय जाग्रतिके सब व्यापारोंका अन्त हो जाता है और अंगमें सुषुप्ति अथवा स्वप्नका संचार होता है। इसीका नाम निद्रा-प्रलय है और इसमें जाग्रतिका क्षय हो जाता है। अब उस मृत्यु-प्रलयका हाल सुनिये जो देहान्तके समय होता है। जब शरीरमें कोई रोग बहुत प्रबल होता है अथवा कोई कठिन प्रसंग आ पड़ता है, तब पाँचों प्राण अपने व्यापार छोड़कर चले जाते हैं। उस समय मन रूपी पवन तो दूसरी ओर चला जाता है और केवल शरीर यहाँ रह जाता है। इसीको दूसरा प्रलय समझना चाहिए। तीसरा प्रलय उस समय होता है, जब ब्रह्मासे इस मृत्यु-लोकका और प्राणी मात्रके सब व्यापारोंका अन्त हो जाता है। उस समय प्राणियोंका सूक्ष्मांश वायु-चक्रमें निवास करता है और इस प्रकार बहुत समय बीत जाने पर फिर ब्रह्मा जागते हैं। वे फिरसे सृष्टिकी रचना करते हैं और इधर उधर बिखरे हुए प्राणियोंको एकत्र करते हैं। इसके बाद जब उनकी आयु भी समाप्त हो जाती है, तब ब्रह्म-प्रलय होता है।

सौ वर्षों तक वर्षा नहीं होती, जिससे सब प्राणी मर जाते हैं। पृथ्वी असम्भाव्य रूपसे और मर्यादा-रहित रूपमें फट जाती है। सूर्य अपनी बारह कलाओंसे तपता

है जिससे पृथ्वी जल जाती है, अग्नि पाताल तक पहुँच जाती है और शेषनाग विष उगलने लगते हैं। आकाशमें सूर्यकी ज्वालाएँ व्याप्त होती हैं, पातालमें शेषनाग विष उगलते हैं और भूगोल दोनों ओरसे जलने लगता है। ऐसी दशामें पृथ्वी कैसे बच सकती है! सूर्यकी प्रखरता बहुत बढ़ जाती है, चारों ओर कोलाहल मच जाता है और मेरुके शिखर टूट-टूटकर धड़ाधड़ गिरने लगते हैं। अमरावती, सत्य-लोक, वैकुंठ और कैलास आदि सब लोक भस्म हो जाते हैं। सारा मेरु ढह जाता है, उसकी महिमा नष्ट हो जाती है और सब देवता वायु-चक्रमें घूमने लगते हैं। जब पृथ्वी बिलकुल भस्म हो जाती है तब मूसलधार पानी बरसने लगता है और पृथ्वी उस जलसे पलक मारते गल जाती है। इसके बाद केवल जल ही जल बच रहता है जिसे अग्नि सोख लेती है और फिर असीम ज्वाला एकत्र होती है। समुद्रका वडवानल, शिवके नेत्रका नेत्रानल, पंच तत्त्व, अहंकार और महत्वकी सप्तकंचुकीका आवरणानल, सूर्य और विद्युल्लता सबकी अग्नि एकत्र होती है, जिससे देवता लोग भी अपने शरीर छोड़ देते हैं और पहलेकी तरह वायुमें मिल जाते हैं। फिर उस वायुसे अग्नि बिलकुल बुझ जाती है और वायु स्वच्छन्द भावसे परब्रह्म-की ओर बढ़ने लगती है। जिस प्रकार धूआँ आकाशमें फैलकर नष्ट हो जाता है, उसी प्रकार वायु भी चारों ओर फैलकर नष्ट हो जाती है। और यह बात सभी लोग कहा करते हैं कि बहुत या अधिकके सामने थोड़े या अल्पका नाश हो ही जाता है। वायुका लय होते ही पाँचों सूक्ष्म भूत और तीनों गुण, तथा ईश्वर, प्रकृति और पुरुष अपना अधिष्ठान छोड़कर निर्विकल्पमें मिल जाते हैं। उस समय ज्ञातृत्व भी नष्ट हो जाता है और जगज्ज्योति भी बुझ जाती है, केवल शुद्ध और सारांश रूपमें स्वरूपस्थिति रह जाती है। संसारमें जितने नाम और रूप आदि हैं, वे सब प्रकृतिके ही कारण हैं। प्रकृतिके न रहने पर कुछ बोला ही नहीं जा सकता। प्रकृतिके रहते हुए ही विवेक करना विवेक-प्रलय कहलाता है। इस प्रकार यहाँ पाँचों प्रलयोंके सम्बन्धकी सब बातें आप लोगोंको बतला दी गई हैं।

छठा समास

भ्रम-निरूपण

ऊपर उत्पत्ति, स्थिति और संहारके सम्बन्धकी सब बातें बतलाई जा चुकी

हैं। पर निर्गुण और निराकार परमात्मा इन सबके बाद भी ज्योंका त्यों बना रहता है। होने, व्यवहार करने और जानेका उसके साथ कोई सम्बन्ध नहीं है। वह आदि, मध्य और अन्त सबमें समान रूपसे रहता है। परब्रह्म सदा बना ही रहता है और बीचमें सृष्टि आदिका भ्रम होता है। यद्यपि इसका भास होता है, पर समय पाकर इसका भी नाश हो जाता है। इस प्रकार बीच बीचमें उत्पत्ति, स्थिति और संहार बराबर होता रहता है, पर कल्पान्तमें सबका नाश हो जाता है। पर विवेकशील लोग इन सब बातोंका सब सारासार विचार पहलेसे ही जानते हैं। पर जहाँ बहुतसे भ्रमिष्ट लोग एकत्र हों, वहाँ एक समझदारका क्या बस चल सकता है! और इस सृष्टिमें ऐसे समझदार बहुत कम हैं। ऐसे समझदारोंके कुछ लक्षण यहाँ बतलाये जाते हैं। ऐसे महापुरुष भ्रमसे बिलकुल अलग या दूर रहते हैं। जिसे यह भ्रम न हो, उसे अपने मनमें पहचान रखना चाहिए। अब भ्रमके सम्बन्धमें कुछ बातें बतलाई जाती हैं। केवल एक परब्रह्म ही है और उसमें कभी विकार नहीं होता। उसे छोड़कर और जिन पदार्थोंका भास होता है, वे सब भ्रम-रूप हैं। जिन तीनों गुणों और पाँचों भूतोंका अन्तमें नाश होता है, वे सब भी भ्रम-रूप ही हैं। हम, तुम, उपासना और ईश्वर-भाव सब निश्चित रूपसे भ्रम ही हैं। कहा है—

भ्रमेणाहं भ्रमेण त्वं भ्रमेणोपासका जनाः।
भ्रमेणेश्वरभावत्वं भ्रममूलमिदं जगत्॥

इसलिए सृष्टिका भास होने पर भी वह सब भ्रम ही है। इसमें जो लोग विचारशील हैं, वही धन्य हैं। अब हम श्रोताओंको दृष्टान्तोंके द्वारा इस भ्रमके सम्बन्धकी सब बातें बहुत ही स्पष्ट करके बतलाते हैं। यदि किसी दूर देशमें भ्रमण करते समय हम दिशा भूल जायँ या अपने सम्बन्धियोंको न पहचान सकें, तो यह भ्रम है। यदि मादक द्रव्यके सेवनसे एकके अनेक पदार्थ दिखाई पड़ने लगें, अथवा भूतोंकी बाधाके कारण अनेक प्रकारकी व्यथाएँ हों, तो वे सब भ्रम हैं। दशावतारके खेलों या नाटकों आदिमें दिखाई पड़नेवाली वेषधारिणी स्त्रियाँ, बाजीगरीके खेल या मनमें व्यर्थ उठनेवाले सन्देह भी भ्रम ही हैं। कोई चीज कहीं रखकर भूल जाना, कहीं जाते समय रास्ता भूल जाना अथवा नगरमें भटकते फिरना भी भ्रम ही है। किसी वस्तुके अपने पास रहने पर भी उसके खो जानेका ध्यान

होने पर जो चिन्ता होती है, अथवा लोग अपने आपको ही जो भूल जाते हैं, वह भी भ्रम ही है। कोई पदार्थ कहीं रखकर भूल जाना या सीखी हुई कोई बात भूल जाना या स्वप्नमें दुःख पाकर घबराना भी भ्रम है। बुरे लक्षण या अपशकुन देखकर अथवा कोई मिथ्या बात सुनकर मनमें दुःखी होना या कोई चीज देखकर चौंक पड़ना भी भ्रम है। वृक्ष या लकड़ीको देखकर मनमें उसे भूत समझना, कुछ भी कारण न होने पर सहसा डर जाना, जलको शीशा समझकर उसमें गिर पड़ना, दर्पणमें सभाका प्रतिबिम्ब देखकर उसमें घुसनेका प्रयत्न करना, द्वार भूलकर इधर उधर भटकना, कुछको कुछ समझना, कहने पर कुछका कुछ समझना या किसी चीजको देखकर कुछका कुछ समझना भ्रम है। यह समझना भी भ्रम है कि इस समय हम जो कुछ दान करेंगे, वह हमें अगले जन्ममें मिलेगा या मृत पुरुष भोजन करने आते हैं। यह समझना भी भ्रम है कि इस जन्ममें हम जो कुछ देंगे उसका कुछ अंश अगले जन्ममें पावेंगे, और मनुष्यके नाममें प्रीति लगाना भी भ्रम ही है। मनमें यह दृढ़ निश्चय हो जाना भी भ्रम है कि किसी मृत पुरुषने स्वप्नमें आकर हमसे कुछ माँगा है। सांसारिक वैभव आदिको मिथ्या कहते हुए भी उन्हें प्राप्त करनेके फेरमें पड़े रहना और ज्ञाता बनकर वैभवमें भूलना भी भ्रम है। अपनी कर्मठताके आगे ज्ञानको भूल जाना, ज्ञाता होने पर भी बलात् उस पदसे नष्ट होना, किसी मर्यादाका उल्लंघन करना, देह, कर्म, जाति, कुल, ज्ञान या मोक्षका अभिमान करना, न्याय और अन्याय न समझना, व्यर्थ अभिमान करना, पिछली बातें भूल जाना, भविष्यके सम्बन्धमें कुछ समझमें न आना, बराबर सन्देह करते रहना, बिना विश्वासके औषध खाना और पथ्य करना, स्वयं विश्वास न होनेपर भी ज्ञानकी बातें बघारना, बिना फल जाने कोई प्रयोग करना, बिना ज्ञानके कोरा योग करना, व्यर्थ शारीरिक भोग भोगना, यह समझना कि ब्रह्मा भाग्यमें जो कुछ लिखता है वह छठीके दिन आकर षष्ठी माता पढ़ जाती हैं, भ्रम है।

अज्ञानियोंमें इसी प्रकारके बहुतसे भ्रम फैले हुए हैं जिनमेंसे कुछ भ्रम यहाँ संकेत रूपसे बतला दिये गये हैं। जब सारा विश्व ही स्वभावतः भ्रम रूप है, तब फिर और कहना ही क्या है! एक निर्गुण ब्रह्मको छोड़कर बाकी और सब भ्रम रूप ही है। ज्ञानी लोग संसारसे बिलकुल अलग होते हैं। पर फिर भी लोग उनके

सम्बन्धमें बहुतसे चमत्कार बतलाते हैं। यह भी भ्रम ही है। यहाँ यह आशंका उठती है कि बड़े बड़े ज्ञानियोंकी जो समाधियाँ पूजी जाती हैं, उनका कोई फल होता है या नहीं। इसी प्रकार बहुतसे लोग हो गये हैं जिनमें बहुत अधिक सामर्थ्य थी। क्या वे लोग भी वासनामें फँसे हुए थे ? अतः इन शंकाओंका समाधान करना उचित है। यहाँ भ्रम-सम्बन्धी कथा समाप्त होती है।

सातवाँ समास

साधु चमत्कार नहीं दिखलाते

श्रोता आशंका करते हैं कि जो अवतारादिक, ज्ञानी और सन्त लोग सारासारका विचार करके मुक्त हो गये हैं, उनकी सामर्थ्य अब तक कैसे चली चलती है। इस पर वक्ता कहता है कि यह प्रश्न बहुत अच्छा किया गया है। इसका उत्तर सावधान होकर सुनिये। ज्ञानी लोग तो मुक्त हो गये, पर उनके बाद भी उनकी सामर्थ्य चली चलती है। पर वे लोग फिर वासनाके वश होकर इस संसारमें नहीं आते। लोगोंको जो चमत्कार मालूम होता है उसे वे लोग सच मानते हैं। पर इसका विचार करना चाहिए। जीवित अवस्थामें ही और उनके जीवन कालमें ही न जाने कितने चमत्कार होते रहते हैं। इसकी तात्कालिक प्रतीति प्रत्यक्ष देख लीजिये। कोई महात्मा स्वयं तो अपने स्थानसे उठकर कहीं जाता नहीं; और लोग उसे प्रत्यक्ष दूसरे स्थान पर देखते हैं। इस प्रकारके चमत्कारको क्या कहा जाय ? लोगोंके भावोंके कारण ही ऐसा होता है। भावुकोंके लिए देवता यथार्थ हैं। भावके बिना सारी कल्पनाएँ व्यर्थ और कुतर्कपूर्ण हैं। यदि कोई अपनी रुचि या पसन्दके अनुसार कोई चीज स्वप्नमें देखता है, तो क्या उस समय वह चीज सचमुच उसके पास आ जाती है ? यदि कहा जाय कि उसने उस चीजका स्मरण किया था, तो भी वह चीज उसे क्यों दिखाई पड़ती है ? यह सब अपनी कल्पना है। स्वप्नमें बहुतसे पदार्थ दिखाई देते हैं, पर वे वास्तविक पदार्थ नहीं होते और न वे याद ही रहते हैं। इस प्रकार इस शंकाका समाधान हो जाता है। यह नहीं समझना चाहिए कि ज्ञाता जन्म लेता है। यदि यह बात समझमें न आवे तो इस पर विवेकपूर्वक अच्छी तरह विचार करना चाहिए। ज्ञानी मुक्त हो जाते हैं, पर उनकी सामर्थ्य इसलिए बराबर चलती रहती है कि वे सदा पुण्य-मार्ग पर चलते

रहे हैं। इसलिए बराबर पुण्य-मार्ग पर चलना चाहिए, ईश्वरका भजन करना चाहिए और न्याय छोड़कर अन्यायके मार्ग पर न जाना चाहिए। अनेक प्रकारके पुरश्चरण और तीर्थोंकी यात्रा करनी चाहिए और वैराग्यके बलसे अनेक प्रकारकी शक्तियाँ बढ़ानी चाहिएँ। यदि ईश्वर पर दृढ़ निश्चय हो तो ज्ञान मार्गसे भी सामर्थ्य बढ़ सकती है। पर शान्तिको भंग करनेवाला कोई कार्य न करना चाहिए। चाहे गुरु पर हो और चाहे ईश्वर पर हो, श्रद्धा अवश्य रखनी चाहिए; क्योंकि बिना श्रद्धाके सब बातें व्यर्थ होती हैं। जो ज्ञाता लोग निर्गुणका ज्ञान होने पर सगुणकी ओर ध्यान नहीं देते, वे दोनों ओरसे जाते हैं। ऐसे लोगोंमें न तो भक्ति ही होती है और न ज्ञान ही होता है। केवल अभिमान बीचमें घुसा रहता है। इसलिए जप और ध्यान कभी छोड़ना न चाहिए। जो सगुणका भजन छोड़ देता है, वह चाहे ज्ञानी ही क्यों न हो, उसे अपयश ही मिलता है; इसलिए सगुणका भजन कभी छोड़ना नहीं चाहिए। निष्काम बुद्धिसे किये जानेवाले भजनकी तुलना तीनों लोकोंके किसी और पदार्थसे नहीं की जा सकती; और बिना सामर्थ्यके निष्काम भजन नहीं होता। मनमें कामना रखकर भजन करनेसे केवल उसका फल मिलता है, पर निष्काम भजनसे ईश्वरकी प्राप्ति होती है। कहाँ फल और कहाँ भगवान! दोनोंमें बहुत अन्तर है। ईश्वरके पास बहुतसे फल हैं। और फिर फल तो मनुष्यको भगवानसे दूर करता है। इसलिए निष्काम भावसे परमेश्वरका भजन करना चाहिए। निष्काम भजनका फल बहुत विलक्षण है। उससे असीम सामर्थ्यकी प्राप्ति होती है। उसके सामने बेचारा फल क्या चीज है! भक्त अपने मनमें जो कुछ चाहता है, वह ईश्वर स्वयं ही कर देता है। भक्तको स्वयं कभी कोई चिन्ता नहीं करनी पड़ती। दोनों सामर्थ्योंके एक होने पर काल भी कुछ नहीं कर सकता; फिर औरोंकी तो बात ही क्या है! वे सब कीड़े-मकोड़ेके समान हो जाते हैं। इसलिए निष्काम भजन और उसके साथ-साथ ब्रह्मज्ञानके सामने चाहे त्रिभुवन क्यों न हो, कम ही ठहरता है। बुद्धिका प्रकाश इससे और आगे नहीं बढ़ सकता। इससे निरन्तर प्रताप, कीर्ति और यश मिलता रहता है। जहाँ अध्यात्मका निरूपण और हरि-कथा होती है, वहाँ प्राणी मात्रका कल्याण होता है। जिस परमार्थमें भ्रष्टता नहीं होती, वह परमार्थ संकुचित नहीं होता और निश्चय तथा समाधान नहीं बिगड़ता। सारासारका विचार करने और बराबर

न्याय तथा अन्याय पर दृष्टि रखनेसे ईश्वरको दी हुई बुद्धि नहीं पलटती। भगवान अपने अनन्य भक्तको स्वयं बुद्धि देता है। इस सम्बन्धमें सावधान होकर भगवद् (गीता) का वचन सुनिए—

ददामि बुद्धियोगं तं तेन मामुपयान्ति ते।

पर सगुणका भजन और उससे भी बढ़कर ब्रह्मज्ञान तथा अनुभवजन्य शान्ति इस संसारमें दुर्लभ है।

आठवाँ समास

प्रतीति-निरूपण

अब प्रतीतिके लक्षण सुनिए। प्रतीतिका विचार करनेवाले लोग ही चतुर होते हैं। जो लोग प्रतीतिका विचार नहीं करते, वे पागल और दीन हैं। यदि अनेक प्रकारके रत्न और सिक्के आदि बिना परखे हुए ले लिये जायँ तो हानि ही होती है। इसी प्रकार यदि मनमें प्रतीति या विश्वास न हो तो कथा-निरूपणमें बैठना ही न चाहिए। घोड़े और शस्त्रको चलाकर देख लेना अच्छा होता है; और यदि वे ठीक जँचें, तभी उन्हें लेना चाहिए। जब समझमें आ जाय कि ये बीज उगेंगे, तब धन लगाकर वे बीज खरीदने चाहिएँ। इसी प्रकार मनमें विश्वास हो जाने पर ही निरूपणमें बैठना चाहिए। जब इस बातका विश्वास हो जाय कि अमुक औषधकी मात्रा लेनेसे हमारा शरीर आरोग्य हो जायगा, तभी उस औषधका सेवन करना चाहिए। बिना विश्वासके औषध खाना मानों अपना स्वास्थ्य और भी बिगाड़ना है। केवल अनुमानसे कोई काम करना मूर्खता है। बिना यह पूरा विश्वास हुए कि यह सोना है, उसका गहना बनवा लेना मानों जान-बूझकर ठगा जाना है। बिना समझे-बूझे कोई काम करना ठीक नहीं। उसमें प्राण तक जानेका धोखा रहता है। इसलिए भले आदमियोंको कभी कोई काम केवल अनुमानसे नहीं करना चाहिए; क्योंकि उससे लाभके बदले हानि ही होती है। पानीमें बैठी हुई भैंस खरीदना बुद्धिमानी नहीं है। बिना समझे-बूझे कोई काम करनेसे अन्तमें पछताना ही पड़ता है। बहुतसे लोग केवल विश्वासमें आकर मकान खरीद लेते हैं, पर उसमें कपटी लोगोंका जो कपट निकल आता है, उसे पहलेसे समझ लेना चाहिए। बिना देखे-भाले अन्न-वस्त्र आदि लेकर कभी-कभी लोग अपने प्राण तक

गँवा बैठते हैं। झूठे आदमियोंका विश्वास करना ही बड़ी भारी मूर्खता है। चोरके साथ रहनेसे अवश्य हानि होती है; और पता लगानेसे मालूम हो जाता है कि कौन चोर है और कौन ठग है। अविश्वसनीय, कीमिया बनानेके बहानेसे लोगोंको ठगनेवाले, भेस बदलकर लोगोंको ठगनेवाले और अनेक प्रकारके छल-कपट करनेवाले लोगोंको अच्छी तरह पहचान रखना चाहिए। दिवालियोंका ठाट-बाट और वैभव बहुत अधिक दिखाई पड़ता है, पर वह सब धोखेकी टट्टी होती है और आगे चलकर उनकी खूब फजीहत होती है। इसी प्रकार बिना विश्वासके जो ज्ञान प्राप्त किया जाता है उससे समाधान नहीं होता। इस विषयमें केवल सन्देह करनेके कारण ही बहुतसे लोगोंका अहित हुआ है। यन्त्र-मन्त्रका उपदेश देकर अज्ञान लोग उसी प्रकार फँसाये जाते हैं जिस प्रकार अयोग्य वैद्य रोगीको मार डालते हैं। यदि अनाड़ी वैद्यके कारण किसीके प्राण चले जायँ तो इसमें दूसरा कोई क्या कर सकता है? जो मनुष्य दुःखके कारण अन्दर ही अन्दर छीजता चला जाता हो और वैद्यको अपनी दशा बतलानेमें शरमाता हो, उस पर आत्महत्याका दोष मढ़ा जाना ही शोभा देता है। स्वयं अज्ञानी होकर किसी दूसरे ज्ञानीका अभिमान करना, जान बूझकर डूबना है। आप ही सोचें कि इसमें हानि किसकी है; उस ज्ञाताकी या अभिमान करनेवाले अज्ञानीकी? यदि स्वयं ही यह विश्वास हो जाय कि हमारे पाप कट गये और जन्म-मरणकी यातनाका अन्त हो गया, तभी समझना चाहिए कि हमारा कल्याण हुआ। जब आदमी ईश्वरको और स्वयं अपने आपको पहचान ले और समझ ले कि मैं आत्म-निवेदन कर चुका, तभी उसका कल्याणह ोता है। जब पता चल जाय कि यह ब्रह्मांड किसने बनाया, किस चीजसे बनाया और इसका मुख्य कर्ता कौन है, तभी कल्याण होता है। सन्देह बना रहने पर परमार्थ संबंधी किए हुए सभी काम व्यर्थ हो जाते हैं और विश्वासके बिना मनुष्य संशयमें डूब जाता है। यही परमार्थका रहस्य है; और यदि कोई इस सम्बन्धमें झूठ बोले तो वह अधम है। और जो इस बातको झूठ समझता हो, उसे परम अधम समझना चाहिए। यहाँ आकर बातोंकी हद हो जाती है (अर्थात् इससे अधिक और कुछ कहा नहीं जा सकता)। अज्ञानीको परमात्माका पता नहीं चलता। हे परमात्मा, तू ही जानता है कि इसमें तनिक भी असत्य नहीं है। मेरी उपासनाका महत्व इसीमें है कि ज्ञान-सम्बन्धी सब बातें बिलकुल ठीक-ठीक बतलाई जाती हैं। मिथ्या

कहनेसे प्रभु पर दोष लगता है। इसलिए मैंने बिलकुल सच ही कहा है। पहले कर्ताको पहचानना चाहिए और मायाकी उत्पत्तिका कारण ढूँढ़ना चाहिए। वही पहले कही हुई बातें फिरसे अच्छी तरह कही गई हैं। श्रोताओंको सावधान होकर ये बातें हृदयंगम करनी चाहिएँ। जहाँ सूक्ष्म निरूपणकी आवश्यकता होती है, वहाँ कही हुई बात ही फिरसे इसलिए कहनी पड़ती है कि जिसमें श्रोताओंकी समझमें अच्छी तरह आ जाय। प्रतीतिकी रक्षा करनेमें रूढ़ि या परिपाटी उड़ जाती है। इसीलिए इतना बखेड़ा करना पड़ता है, जिसमें रूढ़िकी भी रक्षा हो और श्रोताओंके मनमें प्रतीति भी उत्पन्न हो। यदि रूढ़ि या परिपाटीके अनुसार कोई बात कही जाय तो प्रतीति और समाधान नहीं होता, और यदि प्रतीति तथा समाधानकी रक्षा की जाय तो रूढ़ि या परिपाटी नहीं रह जाती। इस प्रकार दोनों ही ओर संकट आ पड़ता है; अतः विवश होकर कही हुई बात ही फिरसे विस्तारपूर्वक कहनी पड़ती है। अब मैं रूढ़ि और प्रतीति दोनोंकी ही रक्षा करता हुआ इस समस्याका निराकरण करता हूँ। आगे विचक्षण श्रोताओंके सामने, प्रतीति और प्रमाण दोनोंकी ही रक्षा करते हुए, निरूपण उपस्थित किया जाता है।

नवाँ समास

पुरुष और प्रकृति

जिस प्रकार आकाशमें वायुका निर्माण होता है, उसी प्रकार ब्रह्ममें मूल माया उत्पन्न होती है; और तब उस वायु-रूपी मूल मायामें तीनों गुण और पाँचों भूत होते हैं। यदि वटका बीज तोड़कर देखा जाय तो उसमें वटका बड़ा वृक्ष नहीं दिखाई पड़ता; पर फिर भी सब प्रकारके वृक्ष बीजोंसे ही होते हैं। इसी प्रकार मूल माया भी बीजके समान है और उसीसे यह सारा विस्तार हुआ है। अब उसके स्वरूप पर अच्छी तरह विचार करना चाहिए। विवेकपूर्वक विचार करनेसे उसमें निश्चल और चञ्चल ये दोनों ही भेद दिखाई पड़ते हैं। उस निश्चलमें जो चञ्चल स्थिति है, वही वायु-रूप है। उसमेंकी चेतना शक्ति ही जगज्ज्योतिकी धारा है। वायु और चेतना शक्तिके योगको ही मूल माया कहते हैं। सरिता कहनेसे स्त्रीका अनुमान होता है; लेकिन देखने पर उसमें पानी ही मिलता है। विवेकी लोग मूल मायाकी भी यही दशा समझ लें। वायु तथा जगज्ज्योति चेतना

शक्तिके योगको ही मूल माया कहते हैं; और पुरुष तथा प्रकृति भी इन्हींका नाम है। वायुको प्रकृति और जगज्ज्योतिको पुरुष कहते हैं। पुरुष-प्रकृति या शिव-शक्ति इन्हींका नाम है। इस बात पर विश्वास करना चाहिए कि वायुमें जो विशेष चेतना है, वही प्रकृतिमेंका पुरुष है। वायु तो शक्ति है और चेतना ही शिव या ईश्वर है; और इसी योगको लोग अर्धनारी नटेश्वर कहते हैं। वायुमें जो चेतनाका गुण है, वही ईश्वरका लक्षण है; और उसीसे आगे चलकर तीनों गुण उत्पन्न हुए हैं। इनमेंसे सत्व गुण शुद्ध चेतनाका लक्षण है और इसके देहधारी स्वरूप स्वयं विष्णु हैं। भगवद्‌गीतामें कहा है कि उन्हीं विष्णुके अंशसे यह सारी सृष्टि चलती है। विचारपूर्वक देखने पर यह सारी उलझन बिलकुल सुलझ जाती है। एक ही चेतना शक्ति सब प्राणियोंमें बँटी हुई है और वही अपने ज्ञातृत्वसे सब शरीरोंकी रक्षा करती है। उसीका नाम जगज्ज्योति है; और इसका प्रत्यक्ष प्रमाण यह है कि इसीके कारण प्राणी मात्र जीवित रहते हैं। पक्षी, श्वापद, कीड़ा, च्यूँटी आदि जितने प्राणी इस संसारमें हैं, उन सबके शरीरमें यही चेतना शक्ति बराबर खेला करती है। उसी चेतनाके कारण वे भागते और छिपते हैं और अपने शरीरकी रक्षा करते हैं। वह सारे जगतकी रक्षा करती है। इसलिए जगज्ज्योति कहलाती है। उसके निकल जाने पर प्राणी जहाँका तहाँ मर जाता है। मूल मायाकी चेतनाका विकार आगे चलकर उसी प्रकार विस्तृत हुआ है जिस प्रकार जल तुषार बनकर अनन्त रेणुओंका रूप धारण करता है। इसी प्रकार देव, देवता, दैवत और भूत आदिको भी मिथ्या नहीं कहना चाहिए। वे सब भी अपनी सामर्थ्यसे इस सृष्टिमें विचरण करते रहते हैं। वे सब सदा वायुके रूपमें विचरते रहते हैं और अपनी इच्छासे रूप बदलते रहते हैं; और अज्ञान प्राणी अपने भ्रमों तथा संकल्पोंके कारण उनके द्वारा पीड़ित होते रहते हैं। ज्ञाताओंमें सङ्कल्प-विकल्प होता ही नहीं, इसीलिए वे इनसे पीड़ित नहीं होते। अतः आत्मज्ञानका अभ्यास अवश्य करना चाहिए। आत्मज्ञानके अभ्याससे सब कर्मोंका खण्डन होता है। यह प्रत्यक्ष अनुभवकी बात है और इसमें कुछ भी सन्देह नहीं है। बिना ज्ञानके कभी कर्मका खण्डन नहीं हो सकता और न बिना सद्‌गुरुके कभी ज्ञान ही हो सकता है। इसलिए ढूँढ़कर सद्‌गुरु करना चाहिए, सत्सङ्ग ग्रहण करना चाहिए और मनमें तत्त्वज्ञानका विचार करना चाहिए। जब तत्त्व तत्त्वोंमें मिल जाते हैं, तब केवल

आप ही आप बच जाता है और अनन्य भाव होने पर सहजमें सार्थकता हो जाती है। बिना विचार किये जो काम किये जाते हैं, वे सब व्यर्थ हो जाते हैं; इसलिए पहले विचारमें ही प्रवृत्त होना पड़ता है। विचार करनेवाला ही पुरुष है; और जो विचार न करे, वह पशु है। ये सर्वेशके वचन हैं, जो जगह-जगह कहे गये हैं। सिद्धान्त निश्चित करनेके लिए पूर्व-पक्ष बिलकुल हटा देना पड़ता है और साधकोंको निरूपणकी सहायतासे ही साक्षात्कार होता है। श्रवण, मनन, निदिध्यासन और प्रतीतिसे ही विश्वास उत्पन्न होता है और तब प्रत्यक्ष साक्षात्कार करनेके लिए परिश्रम नहीं करना पड़ता।

दसवाँ समास

निश्चल और चञ्चल

ब्रह्म भी आकाशके समान ही विशाल, उच्च, खोखला, निर्गुण, निर्मल, निश्चल और सदा प्रकाशमान है। उसीको परमात्मा कहते हैं। उसके और भी न जाने कितने नाम हैं, पर वह आदिसे अन्त तक ज्योंका त्यों बना रहता है। वह अनन्त रूपसे सब जगह फैला हुआ है। उसका भास नहीं होता और वह निराभास है। चारों ओर पाताल और अन्तराल तक वह फैला हुआ है और उसका कहीं अन्त नहीं है। वह सदा और कल्पान्तमें भी बराबर बना रहता है। वह कुछ इसी प्रकारका अचञ्चल है। उसमें जो चञ्चलका भास होता है, उसके भी अनेक नाम हैं और वह त्रिविध है। जो दिखलाई ही न पड़ता हो, उसके नाम रखना और लक्षण बतलाना भी विलक्षण बात है। तथापि उसे जाननेके लिए उसके नाम रखने ही पड़ते हैं। उसे मूल माया, मूल प्रकृति, मूल पुरुष और शिव, शक्ति आदि बहुत कुछ कहते हैं। पर जिसका जो नाम रखा गया है, पहले उसे पहचानना चाहिए और बिना प्रतीति हुए व्यर्थ बकबक नहीं करनी चाहिए। बिना स्वरूपका ज्ञान किये केवल नाम पर भटकना ठीक नहीं है और बिना प्रतीति हुए केवल अनुमानसे गड़बड़ी होती है। निश्चल आकाशमें चञ्चल वायु खूब जोरोंसे बहती है। पर उस आकाश और वायुमें भेद है। इसी प्रकार उस निश्चल परब्रह्ममें चञ्चल मायाका भ्रमात्मक भास होता है; अतः मैं उस भ्रमका स्पष्टीकरण कर देता हूँ। जिस प्रकार आकाशमें वायु चलती है, उसी प्रकार उस निश्चल ब्रह्ममें स्फूर्ति

युक्त इच्छा या मायाका स्फुरणके रूपमें चलन होता है। अहं-भावसे चेतना होती है जो मूल प्रकृति कहलाती है; और उसी महाकारणसे इस ब्रह्माण्डकी रचना हुई है। जिस प्रकार पिंडोंके स्थूल, सूक्ष्म, कारण और महाकारण ये चार भेद हैं, उसी प्रकार ब्रह्माण्ड रूपी देहके विराट्, हिरण्यगर्भ, अव्याकृत और मूल प्रकृति ये चार भेद हैं। यह पंचीकरण शास्त्रसम्मत है। इसीको ईश्वरका तनुचतुष्टय कहते हैं और इसीलिए चेतनाको मूल माया कहा गया है। परमात्मा, परमेश्वर, परेश, ज्ञानघन, ईश्वर, जगदीश, जगदात्मा और जगदीश्वर सब उसी पुरुषके नाम हैं। वह सत्तारूप, ज्ञानस्वरूप, प्रकाशरूप, ज्योतिस्वरूप, कारणरूप, चिद्रूप, शुद्ध, सूक्ष्म और अलिप्त है। उसीको आत्मा, अन्तरात्मा, विश्वात्मा, द्रष्टा, साक्षी, सर्वात्मा, क्षेत्रज्ञ, शिवात्मा, जीवात्मा, देही, कूटस्थ, इन्द्रात्मा, ब्रह्मात्मा, हरिहरात्मा, यमात्मा, धर्मात्मा, नैॠत्य-आत्मा, वरुण-वायु-कुबेरात्मा और ऋषि-देव-मुनि-धर्त्ता कहते हैं। गण, गन्धर्व, विद्याधर, यक्ष, किन्नर, नारद, तुम्बुरु आदि सबकी जो आत्मा है, उसीको सर्वात्मा कहते हैं। चन्द्रमा, सूर्य, तारा-मण्डल, भूमण्डल, मेघमण्डल, इक्कीस स्वर्ग और सात पाताल सब वही अन्तरात्मा चला रहा है। वही गुप्त बेल चारों ओर फैली हुई है। उसके पुरुष-नाम तो बतलाये जा चुके हैं; अब श्रोता लोग उसके स्त्री-नाम सुनें। उसे मूल माया, जगदीश्वरी, परमविद्या, परमेश्वरी, विश्ववन्द्या, विश्वेश्वरी, त्रैलोक्यजननी, अन्तर्हेतु, अन्तर्कला, मौनगर्भा, चेतनकला, चपला, जगज्ज्योति, जीवन-कला, परा, पश्यन्ति और मध्यमा कहते हैं। वह युक्ति, बुद्धि, मति, धारणा, सावधानता, अनेक प्रकारके विचार और भूत, भविष्य तथा वर्तमान सब कुछ प्रकट कर दिखलाती है। वह जाग्रति, स्वप्न, सुषुप्ति, तुर्या, तटस्थता, सुख, दुःख और मानापमान सभी कुछ जानती है। वह परम कठोर होने पर भी कृपालु, कोमल और स्नेहालु है और परम क्रोधी होने पर भी असीम रूपसे प्रेम करनेवाली है। उसीसे शान्ति, क्षमा, विरक्ति, भक्ति, अध्यात्म-विद्या, सायुज्य मुक्ति, विचार शक्ति और सहज स्थिति प्राप्त होती है। पहले पुरुष-नाम बतलाये गये और तब स्त्री-नाम बतलाये गये हैं। अब उस चञ्चलके नपुंसक-नाम सुनिए। ज्ञान, अन्तःकरण, चित्त, श्रवण, मनन, चैतन्य, जीवन, आवागमन आदिको शून्यचित्त होकर देखना चाहिए। उसीको मैं और तूका भाव, ज्ञानका भाव, ज्ञातृत्व, सर्वज्ञता, जीवत्व, शिवत्व, ईश्वरत्व और अलिप्तता कहते हैं। इस प्रकार

उसके हैं तो बहुतसे नाम, पर वह जगज्ज्योति एक ही है। उस सर्वान्तरात्माको केवल विचारवान ही जानते हैं। आत्मा, जगज्ज्योति और सर्वज्ञाता तीनोंको एक ही समझना चाहिए और वही निश्चित रूपसे अन्तःकरण या ज्ञप्ति है।

जब पदार्थों और पुरुष, स्त्री तथा नपुंसक नामोंके ढेर लगे हुए हैं, तो फिर इस सृष्टिके और नाम कहाँ तक गिनाये जायँ! सबका चालक वही है। वही एक अन्तरात्मा अनेकमें रहकर सबका सञ्चालन करता है। च्यूँटीसे लेकर ब्रह्मा आदि तक सबका चालक वही है। उस अन्तरात्माको इस प्रकार थोड़ेमें ही पहचान लेना चाहिए। सब प्रकारके तमाशे या कौतुक उसीमें होते हैं। उसका ज्ञान तो होता है, पर उसे देख नहीं सकते। उस पर प्रतीति होती है, पर उसका भास नहीं होता। वह शरीरमें है, पर उसके रहनेका कोई एक निश्चित स्थान नहीं है। वह तीक्ष्ण रूपसे आकाशमें व्याप्त है, सरोवरको देखते ही उसमें फैल जाता है और पदार्थको देखते ही उसके चारों ओर व्याप्त हो जाता है। जैसा पदार्थ दिखाई पड़ता है, वह वैसा ही हो जाता है; और चञ्चलतामें वह वायुसे भी बढ़कर है। वह अनेक दृष्टियोंसे देखता है, अनेक रसनाओंसे चखता है और अनेक मन धारण करके पहचानता या परखता है। वह कानोंमें बैठकर शब्द सुनता है, नासिकाओंमें बैठकर बास लेता है और त्वगेन्द्रियोंमें बैठकर शीत तथा उष्ण आदिका अनुभव करता है। इसी प्रकार वह सबके अन्तःकरणकी बातें जानता है, सबमें रहकर भी उनसे निराला रहता है और अपनी अगाध लीला वही जानता है। वह न पुरुष है, न स्त्री, न बालक है, न युवक, न कुमारी। वह नपुंसकका शरीर तो धारण करता है, पर नपुंसक नहीं है। वह सब देहोंका सञ्चालन करता है और सब कुछ करता है, तो भी अकर्ता कहलाता है। वह क्षेत्र तथा क्षेत्रवासी है और उसको देही तथा कूटस्थ भी कहते हैं। कहा है—

> द्वाविमौ पुरुषौ लोके क्षरश्चाक्षर एव च।
> क्षरः सर्वाणि भूतानि कूटस्थोक्षर उच्यते॥

अर्थात्, जगतमें दो प्रकारके पुरुष होते हैं—एक क्षर और दूसरे अक्षर। सब भूतोंको क्षर और कूटस्थको अक्षर कहते हैं। पर वह उत्तम पुरुष कोई और ही है। वह निष्प्रपंच, निष्कलंक, निरंजन, परमात्मा एक और निर्विकार है। साधकोंको उचित है कि चारों देहोंका निरसन करके देहातीत हो। जो देहातीत हो जाय,

उसीको अनन्य भक्त समझना चाहिए। जब देह मात्रका निरसन हो गया, तब अन्तरात्मा कहाँ रह गया? निर्विकारमें विकारके लिए कोई जगह ही नहीं है। विवेकके द्वारा यह दृढ़ विश्वास कर लेना चाहिए कि वह निश्चल परब्रह्म एक ही है और उसमेंकी चंचलता केवल मायाके कारण है। इसमें बहुतसे झगड़े-बखेड़ोंकी आवश्यकता नहीं होती। संसारमें दो ही तरहकी चीजें होती हैं—एक चञ्चल और दूसरी निश्चल। अब ज्ञाता लोग समझ लें कि इनमेंसे शाश्वत कौन-सी है। यहाँ सारासारका विचार इसलिए किया गया है कि लोग असारको छोड़कर सार ग्रहण कर लें। ज्ञानी लोग बराबर यही देखते रहते हैं कि कौनसा पदार्थ नित्य है और कौनसा अनित्य है। जहाँ ज्ञान ही विज्ञान हो जाता हो और मन ही उन्मन हो जाता हो, वहाँ आत्मामें चंचलता कैसे हो सकती है? यहाँ कहने-सुननेका कोई काम नहीं है। सब कुछ अपने अनुभवसे ही जान लेना चाहिए। बिना अनुभवके व्यर्थ परिश्रम करना पाप है। सत्यसे बढ़कर कोई अच्छा काम नहीं है, असत्यसे बढ़कर कोई पाप नहीं है, और बिना प्रतीतिके कभी समाधान नहीं होता। सत्य वही ब्रह्मका स्वरूप है और असत्य निश्चित रूपसे माया है। और पाप तथा पुण्यके क्रमशः यही दोनों रूप हैं। माया रूपी दृश्य पापके नष्ट होने पर केवल पुण्य रूपी परब्रह्म बच रहता है; और जो उसमें अनन्य भाव रखता है, वह नामातीत हो जाता है। जब यह ज्ञान हो जाय कि हम स्वतःसिद्ध वही वस्तु या परब्रह्म हैं, तब फिर वहाँ देहका सम्बन्ध नहीं रह जाता; और इस प्रकार पापोंकी राशि स्वयं ही भस्म हो जाती है। बिना इस प्रकारका ब्रह्म-ज्ञान हुए जितने साधन किये जाते हैं, वे सब व्यर्थ होते हैं। भला अनेक प्रकारके दोषोंका क्षालन और कैसे हो सकता है? यह शरीर पापोंसे ही बना हुआ है और आगे भी इससे बराबर पाप ही होते हैं। रोग तो अन्दर होता है। यदि केवल ऊपरसे इसका उपचार किया जाय तो कैसे लाभ हो सकता है? लोग अनेक क्षेत्रों या तीर्थोंमें जाकर सिर मुँडाते हैं, अनेक तीर्थोंमें जाकर इस शरीरको दंड देते या प्रायश्चित्त करते हैं, जगह जगह अनेक प्रकारके निग्रहोंसे इसका खंडन करते हैं, अनेक प्रकारकी मिट्टियोंसे इसे रगड़ते हैं अथवा तप्त मुद्राओंसे दागते हैं। लेकिन ऊपर ऊपरसे चाहे इसे कितना ही अधिक कष्ट क्यों न दिया जाय, पर अन्दरसे यह इस प्रकार शुद्ध नहीं होता। चाहे कोई गोबरके गोले निगले और चाहे गोमूत्रके घड़े पी

जाय, चाहे रुद्राक्ष और काठके मनकोंकी बड़ी-बड़ी मालाएँ पहनी जायँ और चाहे ऊपरसे अनेक प्रकारके वेष बनाये जायँ, कुछ भी फल नहीं होता। शरीरके अंदर जो दोष भरा हुआ है, उसे जलानेके लिए आत्मज्ञानकी ही आवश्यकता होती है। अनेक प्रकारके व्रतों, दानों, योगों, तीर्थाटनों आदि सबसे करोड़ गुनी अधिक महिमा आत्मज्ञानकी ही है। जो सदा आत्मज्ञानका विचार करता है, उसके पुण्यकी कोई सीमा नहीं रहती। उसके लिए दुष्ट पातकोंकी बाधाका बिलकुल अन्त हो जाता है। वेदों और शास्त्रोंमें जो सत्यस्वरूप कहा है, वही ज्ञानियोंका भी रूप है। ऐसे लोगोंको अनुपम, पुण्यशील और असीम सुकृति समझना चाहिए। ये अनुभवकी बातें हैं और भीतरी दृष्टिसे इनका अनुभव करना चाहिए और अनुभवसे रहित होकर कष्ट नहीं भोगना चाहिए। हे अनुभवी लोगों, यह सारा शोक अनुभव न होनेके कारण ही है। इसलिए रघुनाथकी कृपासे निश्चयात्मक अनुभव बना रहे।

ग्यारहवाँ दशक

पहला समास

सिद्धान्त-निरूपण

यह बात तो समझमें आ ही जाती है कि आकाशसे वायु होती है। पर अब सावधान होकर यह सुनिये कि वायुसे अग्नि कैसे होती है। वायुकी कड़ी रगड़से अग्नि और शीतल तथा मन्द वायुसे जल उत्पन्न होता है। उस जल या आपसे पृथ्वी बनती है जो अनेक प्रकारके बीजोंका रूप है। बीजोंसे स्वभावतः पदार्थोंकी उत्पत्ति होती है। सृष्टिका मूल आरम्भ कल्पनासे हुआ है और कल्पनाका मूल माया ही है; और उसीसे त्रिदेवोंकी उत्पत्ति हुई है। उस निश्चल (परब्रह्म) में जो चंचल (मूल माया) है, वह भी केवल कल्पना ही है और वही कल्पना अष्टधा प्रकृतिका मूल है। वह कल्पना ही अष्टधा प्रकृति है और अष्टधा प्रकृति ही कल्पना है। इस अष्टधा प्रकृतिकी उत्पत्ति उस मूल मायासे ही हुई है। पाँचों भूत और तीनों गुण मिलकर आठ होते हैं; इसीलिए उनके योगको अष्टधा प्रकृति कहते हैं। यह आदिमें कल्पना रूप थी, फिर आगे चलकर विस्तृत हुई और उसने सृष्टिके रूपमें जड़ता या स्थूलता प्राप्त की। जो कुछ मूलमें थी, वह मूल माया थी। उससे जो तीनों गुण हुए, वे गुणमाया थे; और जिसने सृष्टिके रूपमें जड़ता

प्राप्त की, वह अविद्या माया है। इसीसे फिर चार (जारज, पिंडज, अंडज और स्वेदज) खानियाँ हुईं, चार (परा, पश्यन्ति, मध्यमा और वैखरी) वाणियाँ हुईं और अनेक योनियाँ तथा अनेक व्यक्तियाँ प्रकट हुईं।

यह तो उत्पत्तिकी बात हुई, अब संहारकी बात सुनिये। यद्यपि संहारका विषय पिछले दशकमें विस्तारपूर्वक बतलाया जा चुका है, तथापि यहाँ फिर संक्षेपमें उसके सम्बन्धकी कुछ बातें बतला दी जाती हैं। सब लोग ध्यान देकर सुनें। शास्त्रोंमें कल्पान्तके सम्बन्धमें कहा गया है कि उस समय लगातार सौ बरसों तक पानी नहीं बरसता जिससे सारी जीव-सृष्टिका अन्त हो जाता है। सूर्य अपनी बारहों कलाओंसे तपता है जिससे पृथ्वी जलकर राख हो जाती है और वह राख जलमें मिलकर घुल जाती है। उस जलको अग्नि सोख लेती है, अग्निको वायु बुझा देती है और तब उस वायुका भी लोप हो जाता है और वह निराकार ज्योंका त्यों रह जाता है। पहले विस्तारपूर्वक बतलाया जा चुका है कि इसी प्रकार सृष्टिका संहार होता है। इस प्रकार मायाका निरसन हो जाने पर केवल स्वरूपस्थिति रह जाती है। उस समय जीव, शिव, पिंड और ब्रह्मांड आदिका झगड़ा मिट जाता है और माया तथा अविद्याका बखेड़ा भी नहीं रह जाता।

यह क्षय या प्रलय विवेकसे भी होता है, इसलिए इसे विवेकप्रलय कहते हैं। इसका रहस्य विवेकशील जानते हैं। मूर्खोंको ये सब बातें क्या मालूम हों! सारी सृष्टिको ढूँढ़ने पर केवल दो ही चीजें मिलती हैं—एक चंचल और दूसरी निश्चल। चंचलका कर्ता भी चंचल है और उसका रूप भी चंचल है। जो सब शरीरोंमें वर्तमान रहता है, सब प्रकारके कर्तृत्व करता है, सब कुछ करके भी अकर्ता बना रहता है, जो रावसे लेकर रंक तक और ब्रह्मा आदि समस्त देवताओंमें वर्तमान रहता है, और इन्द्रियोंके द्वारा सब शरीरोंका संचालन करता है, उसे परमात्मा कहते हैं। उसीको लोग सकलकर्ता भी मानते हैं और यदि विवेकपूर्वक देखा जाय तो यह निश्चित है कि उसका भी नाश होता है। वही कुत्तोंमें रहकर गुर्राता है, सूअरोंमें रहकर घुरघुराता है और गधोंमें रहकर जोरोंसे रेंकता है। साधारणतः लोग इन अनेक प्रकारके शरीरोंको ही देखते हैं, पर विवेकशील लोग इन शरीरोंकी भीतरी स्थिति देखते हैं। इस प्रकार पंडित लोग समदर्शी होकर इन बातों पर विचार करते हैं। कहा है—

विद्याविनयसम्पन्ने ब्राह्मणो गवि हस्तिनि।
शुनि चैव श्वपाके च पंडिताः समदर्शिनः॥

ये लोग देखते हैं कि सबके शरीर तो अलग अलग हैं पर सबके अन्दर एक ही वस्तु है। यद्यपि संसारमें अनेक प्राणियोंका निर्माण होता है, पर सबमें एक ही कला काम करती है और उसका नाम जगज्ज्योति या संज्ञा है। वही कानोंमें रहकर अनेक प्रकारके शब्द सुनती है, त्वचामें रहकर शीत और उष्णका अनुभव करती है, आँखोंमें रहकर अनेक प्रकारके पदार्थ देखती है, रसनामें रहकर रसोंका, घ्राणेन्द्रियमें रहकर वासोंका और कर्मेन्द्रियोंमें रहकर अनेक प्रकारके विषयोंका सुख भोगती है। वह सूक्ष्म रूपसे अन्दर रहकर बाहरी स्थूल शरीरकी रक्षा करती है, सब प्रकारके सुखों और दुःखोंको परखती है और इसीलिए उसे अन्तर्साक्षी या अन्तरात्मा भी कहते हैं। उसीको आत्मा, अन्तरात्मा, विश्वात्मा, चैतन्य, सर्वात्मा, सूक्ष्मात्मा, जीवात्मा, शिवात्मा, परमात्मा, द्रष्टा, साक्षी और सत्ता-रूप भी कहते हैं। यही विकारी अन्तरात्मा इस विकार या दृश्य जगतमें अखंड रूपसे रहकर अनेक प्रकारके विकार उत्पन्न करती है और इसीको परम हीन लोग वह वस्तु (पर-ब्रह्म) समझते हैं। ये जो सब एक ही दिखाई पड़ते हैं, यह मायिक स्थिति है, और यही स्थिति सबको एकाकार करती है; और यह सब उसी चंचल मायाके कारण होता है। पर वह चंचल माया मायिक है और निश्चल केवल परब्रह्म है; और इसीके लिए नित्यानित्य विवेककी आवश्यकता होती है। जाननेवाला जीव सज्ञान है और न जाननेवाला अज्ञान है, और जन्म लेनेवाला जीव वासनात्मक है। जो जीव ब्रह्मके साथ मिलकर एक हो जाता है, वह ब्रह्मांश है। उसके लिए पिंड और ब्रह्मांड दोनोंका निरसन हो जाता है। यहाँ ये चारों प्रकारके जीव बतला दिये गये हैं।

अस्तु। ये सब चंचल हैं। जितने चंचल हैं, वे सब नष्ट हो जायँगे और जो निश्चल है, वह तो आदिसे अन्त तक निश्चल है ही। वह वस्तु आदि, मध्य और अन्त सबमें समान रूपसे रहती है, और वह निर्विकार, निर्गुण, निरंजन, निःसंग तथा निष्प्रपंच है। उपाधिका निरसन होने पर जीव और शिवकी एकता हो जाती है। यदि विचार करके देखा जाय तो उपाधि रह ही नहीं जाती। जितना कुछ जानना है, वह सब ज्ञान है; लेकिन परब्रह्ममें मिल जाने पर वही विज्ञान हो जाता है और मन उन्मन हो जाता है। उस उन्मनी अवस्थाको मन कैसे

पहचान सकता है ? वृत्तिको निवृत्तिका पता नहीं चलता। गुणको निर्गुणकी प्राप्ति कैसे हो सकती है ? विवेकसे ही साधक और सन्त लोग उस गुणातीतको समझते हैं। श्रवणसे मनन बढ़कर है क्योंकि उससे सारासारका ज्ञान होता है और निदिध्यासनसे उस निःसङ्ग वस्तुका साक्षात्कार होता है। निर्गुणमें अनन्य भाव होना ही सायुज्य मुक्ति है और उसमें लक्ष्यांश तथा वाच्यांश दोनोंका अन्त हो जाता है। लक्ष्य उस अलक्ष्यमें मिलकर एकरूप हो जाता है। सिद्धान्तमें पूर्व-पक्ष कैसे ठहर सकता है ? अप्रत्यक्षमें प्रत्यक्ष रहने पर नहीं रहनेके समान हो जाता है। मायिक उपाधिके रहते हुए भी वृत्ति जो स्वरूपाकार होती है, वही सहज समाधि है। अतः श्रवणकी सहायतासे निश्चय-बुद्धि बढ़ानी चाहिए।

दूसरा समास

सृष्टिका क्रम

एक निश्चल और एक चंचल है। चंचलमें ही सब फँसे हुए हैं और निश्चल सदा ज्योंका त्यों और निश्चल रहता है। लाखोंमें कोई एक ऐसा होता है जो निश्चलके सम्बन्धकी सब बातें ठीक ठीक समझता है। निश्चलके समान निश्चयात्मक केवल स्वयं वह निश्चल ही है। उस निश्चलकी बात कहते समय फिर उसी चंचलकी ओर दौड़नेवाले बहुतेरे हैं और चंचलके चक्रसे निकल जानेवाले बहुत थोड़े हैं। चंचलमें ही चंचल जन्म लेता और उसीमें बढ़ता है और जन्म भर उसी चंचलका प्रतिबिम्ब देखता है। सारी पृथ्वी चंचलकी ओर बढ़ती है और सब काम उसी चंचलमें होते हैं। ऐसा कौन है जो उस चंचलको छोड़कर निश्चलकी ओर बढ़ता हो ? जो चंचल है वह कभी निश्चल नहीं हो सकता और निश्चल कभी चल नहीं सकता। वह बात नित्यानित्यका विवेक करनेसे ही समझमें आती है। कुछ समझमें आने पर भी वह पूरी तरहसे समझमें नहीं आती और उसका कुछ बोध होने पर भी पूरा पूरा बोध नहीं होता। सन्देह, अनुमान और भ्रम केवल चचलमें ही होता है; निश्चलमें कभी ये बातें नहीं होतीं। इसका रहस्य अच्छी तरह समझ लेना चाहिए। जो कुछ चंचलाकार है, वह सब माया है, और जो कुछ मायापूर्ण है, वह सब नष्ट हो जायगा; फिर चाहे वह छोटा हो और चाहे बड़ा। चारों ओर सब माया और अष्टधा प्रकृतिका ही विस्तार है, जो विकारी होकर अनेक

चित्र विचित्र रूपोंमें दिखाई पड़ती है। इसीसे अनेक प्रकारकी उत्पत्तियाँ, विकार, छोटे बड़े प्राणी, पदार्थ और रूप आदि दिखाई पड़ते हैं। यही विकारवान माया सूक्ष्मसे स्थूल होती है और अमर्यादित रीतिसे कुछकी कुछ होकर दिखाई पड़ती है।

अनेक प्रकारके शरीर बनते हैं जिनके अनेक प्रकारके नाम रखे जाते हैं। वे नाम भिन्न-भिन्न भाषाओंके होते हैं, जो कुछ कुछ समझमें आते हैं। फिर अनेक प्रकारकी रीतियाँ, रूढ़ियाँ और आचार प्रचलित होते हैं जिनके अनुसार लोग व्यवहार करते हैं। अष्टधा प्रकृतिसे छोटे बड़े शरीर बनते हैं और अपने अपने ढंगसे व्यवहार करते हैं। अनेक प्रकारके मत बनते हैं और पाखण्ड फैलते हैं और तरह-तरहके झगड़े-बखेड़े खड़े होते हैं। जैसा प्रवाह चल पड़ता है, वैसा ही लोगोंका व्यवहार भी हो जाता है। सबमें एकता नहीं होती और कोई किसीको रोक नहीं सकता। सारे संसारमें गड़बड़ी मची है। सब एकसे एक बड़े बनते हैं; पर कौन कह सकता है कि उसमेंसे कौन सच्चा और कौन झूठा है? व्यर्थके बहुतसे आचार बढ़ गये हैं। बहुतसे लोग केवल पेटके लिए डूब मरते हैं। सब लोग अभिमानके कारण प्रपञ्च रचते हैं। बहुतसे देवता हो गये और उनके कारण बहुत गड़बड़ी मची है। भूतों और देवताओंके आडम्बर सब एकसे हो गये। मुख्य ईश्वरका किसीको पता नहीं चलता, किसीका किसीसे मेल नहीं खाता और किसीकी ओर कोई दूसरा प्रवृत्त नहीं होता। इस प्रकार विचार नष्ट हो गया है और कोई यह नहीं देखता कि सार क्या है और असार क्या है। न यही समझमें आता है कि कौन छोटा है और कौन बड़ा। शास्त्रोंके बाजार लगे हैं, देवताओंके बखेड़े पड़े हुए हैं और लोग कामनाके व्रतके लिए मरे जाते हैं। इस प्रकार सब चौपट हो रहा है, सत्यासत्यका पता नहीं चलता और चारों ओर सब लोग बिना धनी-धोरीके हो रहे हैं। मत-मतान्तरोंका झगड़ा फैला हुआ है, कोई किसीको नहीं पूछता। जिसे जो मत मिल जाता है, वह उसीको सबसे बड़ा समझने लगता है। लोग असत्यका अभिमान करते हैं और उसीसे उनका पतन होता है; इसीलिए ज्ञाता लोग सत्यकी खोज करते हैं। लोग जो व्यवहार करते हैं, वे ज्ञाताओंके लिए करतलगत आँवलेके समान होते हैं। अतएव हे विवेकशील पुरुषो! सुनो कि लोग किस मार्गसे जाते हैं और किस देवताका भजन करते हैं। यह प्रत्यक्ष अनुभवकी बात सावधान होकर सुननी चाहिए।

बहुतसे लोगोंका यह नियम हो गया है कि वे मिट्टी, धातु और पत्थर आदिकी अनेक प्रतिमाओंका पूजन करते हैं। कुछ लोग अनेक देवताओंके अवतारोंके चरित्र सुनते हैं और निरन्तर उन्हींका जप, ध्यान और पूजा करते हैं। कुछ लोग सबकी अन्तरात्मा, विश्वमें काम करनेवाली विश्वात्मा और द्रष्टा तथा साक्षी ज्ञानात्मा-को मानते हैं। कुछ लोग निर्मल और निश्चल हैं जो कभी चञ्चल नहीं होते और अनन्य भावसे केवल वह वस्तु ही बने रहते हैं। एक तो बहुतसी प्रतिमाएँ हैं, दूसरे अवतार, तीसरा अन्तरात्मा और चौथा निर्विकार है। इस प्रकार सृष्टिमें ये चार तरहके देवता हुए। इनको छोड़कर और कहीं कोई देवता आदि नहीं हैं। कुछ लोग इन सबको एक बतलाते और उस ईश्वरको सबका साक्षी मानते हैं। यह तो ठीक है, पर पहले अष्टधा प्रकृतिका ज्ञान प्राप्त करना चाहिए। वस्तुतः प्रकृति या मायामें जो ईश्वर है, वही प्रकृतिका स्वभाव है। पर उस भावातीत ब्रह्मको विवेकसे जानना चाहिए। जो निर्मलको भजेगा वह निर्मल ही हो जायगा। जो जिसे भजे, उसे उसीके समान समझना चाहिए। जो नीर-क्षीरका विवेक करता है, उसे लोग राजहंस कहते हैं। इसी प्रकार जो सारासार जानता है, वही महानुभाव कहलाता है। जो चञ्चलका ध्यान करेगा वह सहजमें ही चल बसेगा और जो निश्चलको भजेगा, वह निश्चल ही रहेगा। प्रकृतिके अनुसार अवश्य चलना चाहिए पर मनमें उस शाश्वतको पहचानना चाहिए और सत्य स्वरूप होकर भी साधारण लोगोंके समान व्यवहार करना चाहिए।

तीसरा समास

शिक्षा-निरूपण

बहुतसे जन्म होनेपर कहीं जाकर संयोगसे नर-देह प्राप्त होता है; अतः इस नर-देहमें आकर नीति तथा न्यायपूर्वक व्यवहार करना चाहिए। संसार या गृहस्थीके सब काम नियमपूर्वक करने चाहिएँ, पर साथ ही परमार्थका भी विचार करते रहना चाहिए जिससे दोनों लोक सुधरते हैं। मनुष्यकी सौ वर्षोंकी आयु नियत की गई है। इसमें बाल्यावस्था अज्ञानमें और युवावस्था विषय-भोगमें बीत जाती है। वृद्धावस्थामें अनेक प्रकारके रोग आ घेरते हैं और कर्मके भोग भोगने पड़ते हैं। अब भगवानका स्मरण किस समय किया जाय? अनेक प्रकारके राजकीय तथा

दैविक उद्वेग और चिन्ताएँ होती हैं, अन्न-वस्त्रकी चिन्ता और देहकी ममता रहती है; और इसी प्रकारके झगड़े-बखेड़ोंमें अचानक जीवनका अन्त हो जाता है। लोग मर जाते हैं। यह प्रत्यक्ष है कि हमारे बड़े बूढ़े मर ही गये। यह बात निश्चित रूपसे जानते तो सभी लोग हैं, पर इस ओर किसने कितना ध्यान दिया है ? घरमें आग लगने पर भी जो आरामसे सोया रहे, उस आत्मघातकको कैसे कोई भला कह सकता है ! सारा पुण्यमार्ग डूब गया है, पापोंका बहुत बड़ा संग्रह हो चुका है और सामने यम-यातनाका बहुत कड़ा धक्का है। अतः अब आगे तो ऐसा न करना चाहिए। अब बहुत विवेकपूर्वक चलना चाहिए और इहलोक तथा परलोक दोनोंको ही साधना चाहिए। आलस्यका तो यह प्रत्यक्ष फल दिखाई पड़ता है कि जँभाई और नींद आती है और आलसी लोग उसीको सुख मानकर पसन्द करते हैं। यद्यपि उद्योग या परिश्रम करनेमें कष्ट होता है, तथापि आगे चलकर मनुष्य उससे सुखी होता है। यत्न करके खाने-पहननेमें सुख होता है। आलस्यसे उदासीनता और दरिद्रता होती है, किया हुआ प्रयत्न व्यर्थ जाता है और दरिद्रताके लक्षण प्रकट होते हैं। इसलिए आलस्यका नाश होने पर ही वैभवकी प्राप्ति होती है और इस लोक तथा परलोक दोनोंमें मनुष्य सुखी तथा सन्तुष्ट होता है।

अब अन्तःकरणको निमेष भर सावधान करके यह सुनिये कि कौन-सा या किस प्रकारका प्रयत्न करना चाहिए। प्रातःकाल उठकर कुछ पाठ और परमात्माका यथा-शक्ति स्मरण करना चाहिए। फिर ऐसी दिशामें जाना चाहिए जिसका किसीको पता न चले, और वहाँ निर्मल जलसे शौच तथा आचमन आदि करना चाहिए। मुखमार्जन, प्रातःस्नान, सन्ध्या, तर्पण, देवार्चन और अग्निकी सांगोपांग उपासना करनी चाहिए। इसके बाद कुछ फलाहार करके सांसारिक कामोंमें लगना चाहिए और उत्तम बातोंसे सब लोगोंको प्रसन्न रखना चाहिए। अपने-अपने व्यापारमें सबको सावधान रहना चाहिए। दुश्चित्त रहनेसे लोग धोखा खाते हैं। दुश्चित्त तथा आलसी रहनेका यह प्रत्यक्ष फल देखनेमें आता है कि मनुष्य चूक जाता और धोखा खाता है; कहीं कोई बात भूल जाता है, कहीं कोई चीज छोड़ या खो देता है और तब उसके लिए दुःखी होता है। इसलिए मनको सदा सावधान और एकाग्र रखना चाहिए। तभी भोजन भी मीठा और स्वादिष्ट लगता है। भोजन करनेके उपरान्त कुछ अध्ययन और अच्छी बातोंकी चर्चा करनी चाहिए और

एकान्तमें बैठकर अनेक प्रकारके ग्रन्थों पर विचार करना चाहिए। तभी मनुष्य चतुर हो सकता है, और नहीं तो मूर्ख ही बना रहता है। सब लोग तो आनन्दसे भोजन करते हैं और वह दीन बनकर उनकी ओर देखता रहता है। अब भाग्यवानके लक्षण सुनिए। वह एक क्षण भी व्यर्थ नहीं जाने देता और अपने सब सांसारिक काम बहुत अच्छी तरह देखता है। वह जब कुछ कमा लेता है तभी खाता है, कष्टमें पड़े हुए लोगोंको उबारता है और अपना शरीर किसी न किसी अच्छे काममें लगाता है। वह कुछ न कुछ धर्मचर्चा, पुराण या हरिकथा आदि सुनता है और ऐसा एक क्षण भी व्यर्थ नहीं जाने देता जिससे यह लोक अथवा परलोक न सुधरे। जो इस प्रकार सदा सावधान रहता हो, उसे भला कैसे खेद हो सकता है! विवेकके कारण उसका देह-बुद्धिका अभिमान नष्ट हो जाता है। सदा निश्चित रूपसे यही समझकर व्यवहार करना चाहिए कि जो कुछ है, वह सब ईश्वरका ही है। उद्वेगका मूल इसी प्रकार नष्ट होता है। जिस प्रकार प्रपंच या सांसारिक कार्योंके लिए स्वर्ण या धनकी आवश्यकता होती है, उसी प्रकार परमार्थके लिए पंचीकरण या पाँचों तत्त्वोंके ज्ञानकी आवश्यकता होती है। इसके उपरान्त महावाक्योंका रहस्य समझनेसे मुक्ति होती है। कर्म, उपासना और ज्ञानसे समाधान होता है। इसलिए परमार्थके साधनोंका बराबर श्रवण करते रहना चाहिए।

चौथा समास

विवेक-निरूपण

वह ब्रह्म निराकार और आकाशके समान है। उसमें कोई विकार नहीं है, वह निर्विकार है। ब्रह्म निश्चल तथा अन्तरात्मा चंचल है। केवल उसी अन्तरात्माको द्रष्टा और साक्षी कहते हैं। वह अन्तरात्मा ही ईश्वर है और उसका स्वभाव चंचल है। वही अन्दर बैठकर जीवोंका पालन करता है। उसके बिना सब पदार्थ जड़ हैं और शरीर व्यर्थ है। उसीसे परमार्थकी सब बातें मालूम होती हैं। कर्म मार्ग, उपासना मार्ग, ज्ञान मार्ग, सिद्धान्त मार्ग, प्रवृत्ति मार्ग और निवृत्ति मार्ग आदि सबको ईश्वर ही चलाता है। बिना उस चंचल या अन्तरात्माके उस निश्चल या ब्रह्मका पता नहीं चलता और चंचल कभी स्थिर नहीं रहता। इस प्रकारके अनेक विचार अच्छी तरह समझने चाहिएँ। चंचल और निश्चलकी सन्धि (माया) में

ही बुद्धि चकराती है। कर्म मार्गकी जो विधि है, वह उसके बाद और इधरकी है। ईश्वर ही इन सबका मूल है, पर उस ईश्वरकी न जड़ है और न डाल। वह परब्रह्म निश्चल तथा निर्विकार है। जो निर्विकार तथा विकारीको एक कहे, वह मूर्ख है। इससे तो बातकी बातमें सब विचारोंका अन्त ही हो जाता है। सब परमार्थोंका मूल पञ्चीकरण और महावाक्यका विचार है। उसीका बार-बार बहुत अच्छी तरह मनन करना चाहिए। पहला देह स्थूल है और आठवाँ देह मूल माया है। लेकिन आठों देहोंका निरसन हो जाने पर विकार कहाँ रह जाता है? यह विकारवान माया बाजीगरीकी तरह सच जान पड़ती है। कोई तो उसका रहस्य समझ लेता है और कोई उसे सच मान बैठता है। वह निर्विकार उत्पत्ति, स्थिति और संहारसे अलग या परे है और इसी बातका ज्ञान करानेके लिए यहाँ यह सारासारका विचार किया गया है। जब सार और असार दोनोंको एक कर दिया, तब वहाँ विवेक कहाँ बच रहा! पापी और अयोग्य लोग इसकी परीक्षा नहीं जानते। जो एक सबमें फैला हुआ है, वही अन्तरात्मा कहलाता है। जो अनेक प्रकारके विकारोंसे विकृत हो वह निर्विकार नहीं कहला सकता। यह बात प्रकट हो है और अपने अनुभवसे समझ लेनी चाहिए। अविवेकीको यह पता नहीं चलता कि क्या रह जाता है और क्या नहीं रह जाता। जो अखण्ड रूपसे उत्पन्न तथा नष्ट होता रहता है, उसका सब लोगोंको प्रत्यक्ष अनुभव होता ही है। कोई रोता है, कोई तड़पता है, कोई किसीकी नाड़ी पकड़ता है और कोई किसी पर इस प्रकार टूट पड़ता है मानों अकाल-पीड़ित हो। ये लोग इस प्रकारका व्यवहार करते हैं कि मानों संसारमें न्याय और नीति कोई वस्तु ही नहीं है और विवेकहीन लोग सभीको ठीक कहते हैं। एक ओर पत्थर छोड़कर सोना लेते हैं और मिट्टी छोड़कर अन्न खाते हैं और अपनी मूर्खतासे सबको उत्तम बतलाते हैं। इसलिए इस बात पर विचार करना चाहिए, सत्य मार्ग पकड़ना चाहिए और विवेकसे होनेवाला लाभ समझ लेना चाहिए। यदि हीरे और पत्थरको समान समझ लिया जाय तो फिर परीक्षा ही क्या रह गई? इसलिए चतुरोंको परीक्षा करनी चाहिए। जहाँ परीक्षाका अभाव होता है, वहाँ हानि होती है। सबको समान समझना लण्ठपन है। जो ग्रहण करनेके योग्य हो, वही ग्रहण करना चाहिए और जो ग्रहण करनेके योग्य न हो, उसका परित्याग करना चाहिए। ऊँच और नीचको समझनेका नाम

ही ज्ञान है। सभी लोग इस भरे हुए संसारमें आते हैं। उनमेंसे कुछ लोग ठगे जाते और अपनी पूँजीसे भी हाथ धोकर दरिद्र हो जाते हैं। पर समझदारको इस प्रकार व्यर्थ अपनी पूँजी नहीं गँवानी चाहिए। उसे ढूँढ़कर सार ग्रहण करना चाहिए और असार भागको वमनकी तरह त्याग देना चाहिए। उस वमनको ग्रहण करना कुत्तेका लक्षण है। उसके लिए शुचिमन्त ब्राह्मण क्या करेगा? जो जैसा सञ्चित करता है, उसको वैसा ही फल मिलता है। जिसे जो अभ्यास पड़ जाता है, वह फिर नहीं छूटता। कोई दिव्य अन्न खाता है और कोई विष्ठा एकत्र करता है। पर अपने पुरखोंका अभिमान सभी लोग करते हैं। चाहे जितनी बातें क्यों न बतलाई जायँ, पर बिना विवेकके वे सब व्यर्थ हैं। अतः सब लोगोंको बराबर श्रवण और मनन करते रहना चाहिए।

पाँचवाँ समास

राजनीति-निरूपण

किया हुआ कर्म ही करना चाहिए, ध्यान किये हुए विषयका फिरसे ध्यान करना चाहिए और जिस विषयका एक बार विवरण या निरूपण हो चुका हो, उसका फिरसे निरूपण करना चाहिए। यही बात हमारे सम्बन्धमें भी हुई है। हमें कही हुई बात ही फिरसे इसलिए कहनी पड़ी है कि यदि पहले ठीक तरहसे समाधान न हुआ हो तो अब हो जाय। इस उपायका मुख्य अभिप्राय यही है कि समुदाय अनन्य बना रहे और दूसरे लोगोंमें भी भक्ति उत्पन्न हो। सबसे मुख्य बात हरि-कथा और अध्यात्म-निरूपण है, दूसरी बात राजनीति है और तीसरी बात सब विषयोंमें सावधान रहना है। चौथा कर्तव्य पूरा-पूरा उद्योग करना है। शङ्काओंको दूर करते रहना चाहिए और छोटे बड़े अपराधोंको क्षमा करते रहना चाहिए। दूसरेके मनकी बात समझना चाहिए, सदा उदासीन रहना चाहिए और नीति तथा न्यायमें अन्तर न पड़ने देना चाहिए। चतुरतासे लोगोंका मन अपनी ओर आकृष्ट करना चाहिए, हर एकको सन्तुष्ट रखना चाहिए और यथा-शक्ति सभी सांसारिक कामोंको सँभालना चाहिए। सांसारिक कार्योंके निर्वाहका अवसर देखते रहना चाहिए और यथेष्ट धैर्य रखना चाहिए। किसीके साथ बहुत अधिक घनिष्ठता नहीं रखनी चाहिए। सब कार्योंका विस्तार करना

चाहिए, पर उनके जालमें नहीं फँसना चाहिए। लघुता और मूर्खता पहलेसे अपने ऊपर न ले लेनी चाहिए। दूसरेके दोषोंपर परदा डालना चाहिए, सदा किसीके अवगुणोंका ही वर्णन नहीं करते रहना चाहिए और यदि दुर्जन अपने हाथमें आ जाय तो उसके साथ उपकार करके उसे छोड़ देना चाहिए। हठ नहीं करना चाहिए, अनेक प्रकारके उपाय सोचने चाहिएँ और जो कार्य न होता हो, वह दीर्घ प्रयत्नसे पूरा करना चाहिए। अपने दलमें फूट न होने देनी चाहिए, विकट प्रसंग आ पड़ने पर उसे सँभालना चाहिए और किसीसे बहुत विवाद न करना चाहिए। दूसरोंका अभीष्ट जानना चाहिए, यदि अपने विरुद्ध बहुत-से लोग हों तो उनका बहुत्व सहन करना चाहिए, और यदि उनका बहुत्व सहन न हो सके तो किसी दूसरे स्थानमें चले जाना चाहिए। दूसरोंका दुःख समझना चाहिए और कमसे कम उनका हाल सुनकर ही उनका दुःख बँटाना चाहिए और समुदाय या समाज पर जो भलाई-बुराई आवे, वह सब सहनी चाहिए। अध्ययन-जन्य ज्ञानका अपार भंडार होना चाहिए। मनमें सदा अच्छे अच्छे विचार प्रस्तुत रहने चाहिएँ और परोपकार करनेके लिए सदा तत्पर रहना चाहिए। स्वयं शान्ति प्राप्त करनी चाहिए, दूसरोंको शान्ति देनी चाहिए, स्वयं हठ छोड़ना चाहिए और दूसरोंका हठ छुड़ाना चाहिए और स्वयं अच्छे कार्य करने चाहिएँ तथा दूसरोंसे कराने चाहिएँ। यदि किसीका कोई अहित करना पड़े तो पहलेसे कहना नहीं चाहिए और दूरसे ही उसे उस अहितका अनुभव करा देना चाहिए। जो बहुतसे लोगोंकी बातें नहीं सहता, उसे अधिक आदमी नहीं मिलते; पर बहुत सहनशीलता दिखलानेमें भी अपना महत्त्व नहीं रह जाता। राजनीतिक चालें अवश्य चलनी चाहिएँ पर किसीको उनका पता न लगने देना चाहिए। दूसरोंको व्यर्थ पीड़ा पहुँचानेका विचार नहीं रखना चाहिए। लोगोंको अच्छी तरह परख रखना चाहिए और राजनीतिक चालोंसे उनका अभिमान नष्ट कर देना चाहिए और किसी दूसरे सूत्रसे उन्हें फिर अपनी ओर मिला लेना चाहिए। कच्चे आदमीको अपनेसे दूर रखना चाहिए, बदमाशोंसे बात भी न करनी चाहिए और अवसर पड़ने पर उनसे बचे रहना चाहिए। इस प्रकारकी राजनीतिक चालें यदि बतलाई जायँ तो बहुत हैं। मन निश्चिन्त रहने पर ही इस तरहकी चालें सूझती हैं। जो डरकर वृक्षपर चढ़ जाय उसे दम-दिलासा देना चाहिए और जो लड़नेको तैयार

हो, उसे धक्का देकर गिरा देना चाहिए। इस प्रकारकी बहुत-सी बातें हैं जो कहाँ तक बतलाई जायँ। राजनीतिक दाव-पेंच जाननेवाला मनुष्य किसी तरह पकड़में नहीं आता और अपनी कीर्तिका चारों ओर विस्तार किये बिना भी वह नहीं मानता; उसके पास जो वैभव आता है, उसको वह स्वीकार नहीं करता। चतुरोंका यह लक्षण नहीं है कि एकको तो सहायता करें और दूसरोंको देख भी न सकें (अर्थात्, चतुर लोग सबको सन्तुष्ट रखते हैं)। जो न्यायकी बात न मानता हो और हितकी बात जिसके मनसें न बैठती हो, उसे छोड़ देनेके सिवा और कोई उपाय ही नहीं है। श्रोता लोग जानना चाहते थे, इसलिए यहाँ ये बातें बतलाई गई हैं। यदि इसमें कुछ न्यूनाधिक हुआ हो तो इसके लिए वे क्षमा करें।

छठा समास

महन्तके लक्षण

शुद्ध और सुन्दर लिखना चाहिए, लिखकर उसे अच्छी तरह शुद्ध करना चाहिए, शुद्ध करके उसे शुद्धतापूर्वक पढ़ना चाहिए और पढ़नेमें भूल नहीं करनी चाहिए। बिगड़ी हुई मात्राएँ और अक्षर ठीक करने चाहिएँ और विषयको अच्छी तरह समझकर अनेक प्रकारकी सुन्दर कथाएँ कहनी चाहिएँ। जो बात जानने या समझनेकी हो, वह कही नहीं जा सकती; थोड़ेमें कही हुई बात ठीक नहीं होती और बिना समझे हुए कोई बात नहीं आती। महन्तको हरिकथाके निरूपण, उत्तम राजनीति और व्यवहारका ज्ञान भी होना चाहिए। वह पूछना जानता हो, कहना या बतलाना जानता हो, अनेक प्रकारके अर्थ करना जानता हो और सबका समाधान करना जानता हो। उसे दूरदर्शिताके कारण वास्तविक बात पहले ही मालूम हो जाती हो, वह सावधानतापूर्वक प्रबल तर्क कर सकता हो और अच्छी तरह समझकर उचित बातें चुन सकता हो। जो इस प्रकारकी सब बातें जानता हो, वही बुद्धिमान महन्त है। इसके सिवा और सब लोग यों ही होते हैं। महन्तको ताल, तान, प्रबन्ध, कविता, सुन्दर वचन और सभा-चातुर्यकी बहुतसी बातें मालूम होती हैं। जो सदा एकान्तमें रहकर विचार करता हो, अच्छे-अच्छे ग्रन्थोंका अध्ययन करता हो, उनके गूढ़ अर्थ समझता हो और पहले स्वयं कोई बात सीखकर तब औरोंको सिखलाता हो, वही महन्तकी श्रेष्ठ पदवी पाता है और अपने विवेकके

बलसे सांसारिक झगड़ोंमें फँसे हुए लोगोंका उद्धार करता है। उसका लिखना-पढ़ना, बोलना-चालना सभी सुन्दर होता है और भक्ति, ज्ञान तथा वैराग्यकी सब बातें वह बहुत अच्छी तरह जानता है। उसे प्रयत्न करना बहुत अच्छा लगता है; वह अनेक प्रसंगोंमें प्रवेश करता है और साहसपूर्वक आगे बढ़ता है। वह संकटके समय ठीक तरहसे काम करना जानता है। वह उपाधियोंमें मिलना भी जानता है और अपने आपको उनसे अलिप्त रखना भी जानता है। वह सब जगह रहता है, पर ढूँढ़ने पर कहीं नहीं मिलता और अन्तरात्माकी तरह सब जगह रहने पर भी गुप्त रहता है। कोई चीज उस अन्तरात्माके बिना या रहित नहीं होती; तो भी यदि उसे देखना चाहे तो वह दिखाई नहीं पड़ता और अदृश्य होकर प्राणियोंके सब काम चलाता है। महन्त भी अन्तरात्माकी ही तरह रहता है, सब लोगोंको अच्छी अच्छी बातें बतलाकर उन्हें चतुर बनाता है और स्थूल तथा सूक्ष्म सब प्रकारकी विद्याओंकी व्याख्या करता है। जो स्वयं अपने बलसे चतुर बनता है, वह स्वभावतः प्रयत्न करता रहता है। ज्ञानीकी महन्ती इसी प्रकारकी होती है। वह नीति और न्यायकी रक्षा करना जानता है, न स्वयं अन्याय करता है और न दूसरोंको अन्याय करने देता है और विकट अवसर आ पड़ने पर उससे पार पानेका उपाय करना जानता है। जिसमें इस प्रकारकी धारणा शक्ति होती है, वही बहुतसे लोगोंका आधार होता है। रघुनाथका दास (रामदास) कहता है कि ऐसे ही लोगोंके गुण ग्रहण करने चाहिएँ।

सातवाँ समास

माया-रूपी चंचल नदी

चंचल माया गुप्त नदी या गंगाके समान है। वह अपने स्मरणसे सबको पावन करती है। आप लोग इसका प्रत्यक्ष अनुभव कर सकते हैं; यह बात मिथ्या नहीं है। इसका निर्माण भी अचंचल या अचलसे (उसी प्रकार जिस प्रकार नदीका निर्माण अचल या पर्वतसे होता है) हुआ है और यह भी वेगपूर्वक नीचेकी ओर बहती है। यह अखंड रूपसे बहती रहती है, पर किसीको दिखाई नहीं पड़ती। इसमें भी जगह-जगह मोड़, वक्रता, भँवर, ऊँची ऊँची लहरें, सोते, दलदलें और करारे होते हैं। इसमें शुष्क या गुप्त जलका प्रवाह है, धारा है,

प्रपात है, चंचलता है और चपल पानी उछलता हुआ बहता है। इसमें भी फेन, बुलबुले और लहरें उठती हैं और स्वच्छन्दतापूर्वक पानी बहता है। इसमें भी बूँदें, फुहारे और अणु-रेणु आदि हैं। इसमें भी वैसा ही बहुत-सा कूड़ा-करकट बहता है जैसा नदीकी बाढ़में होता है; ऊँचेसे पानी गिरता है और छोटे-बड़े कंकड़-पत्थर, चट्टानें और भँवर आदि बीचमें हैं। इसके आस-पासकी कोमल भूमि कट जाती है और कठोर भूमि ज्योंकी त्यों बनी रहती है। सृष्टिमें यह बात जगह-जगह स्पष्ट रूपसे दिखाई पड़ती है। कुछ लोग इसमें बहते चले जाते हैं, कुछ भँवरमें फँसे रहते हैं और कुछ अधोमुख होकर संकटमें पड़े रहते हैं। कोई गिरता पड़ता चला जाता है, कोई कुचला जाकर मर जाता है और कोई पानी भरनेके कारण फूल जाता है। बलवान लोग तैरते हुए इसके उद्गम (ब्रह्म) तक पहुँच जाते हैं और उनके दर्शन करके पवित्र होते तथा तीर्थरूप हो जाते हैं। वहाँ ब्रह्मा आदि देवताओंके भुवन और ब्रह्माण्डके देवताओंके स्थान हैं। उलटी गङ्गा तैरकर जानेवाले सब लोग वहीं मिलते हैं। इस जलसे बढ़कर निर्मल तथा चंचल और कोई पदार्थ नहीं है और इसे आपोनारायण कहते हैं। यह है तो महानदी, पर छिपी हुई है; पर फिर भी सदा प्रत्यक्ष रूपसे बहती रहती है। यह स्वर्ग, मर्त्य और पाताल तीनों लोकोंमें फैली हुई है। नीचे, ऊपर और आठों दिशाओंमें इसका जल चक्कर मारता है और ज्ञाता लोग इसे जगदीशके समान मानते हैं। संसारके अनन्त मनुष्य अनन्त पात्रोंके समान हैं और इसी जलसे भरे हुए हैं। किसी पात्रमेंका जल तो गिर जाता है (जैसे साधुओंका) और किसी पात्रका जल इसी संसारमें खर्च हो जाता है (जैसे बद्ध पुरुषोंका)। किसीके लिए यह जल कड़ुआ होता है, किसीके लिए मीठा और किसीके लिए तीखा, खारा या कसैला होता है। यह जिस पदार्थमें मिलता है, उसीके रूपका हो जाता है और गहरी पृथ्वीमें गहराईके साथ भरा रहता है। यह विषमें मिलकर विष, अमृतमें मिलकर अमृत, सुगन्धमें मिलकर सुगन्ध और दुर्गन्धमें मिलकर दुर्गन्ध हो जाता है। यह गुणों और अवगुणोंमें भी मिल जाता है और जिसके साथ मिलता है, वैसा ही हो जाता है। बिना ज्ञानके इस जलकी महिमाका पता नहीं चलता। अपरम्पार जल बहता है। पता नहीं चलता कि यह नदी है या सरोवर। बहुतसे लोग इसी जलमें पड़े हुए (मायामें

फँसे हुए) बराबर जलवास ही करते रहते हैं। जो लोग इसके उद्गमके उस पार पहुँच जाते हैं, वे जब उलटकर पीछेकी ओर देखते हैं, तब उन्हें मालूम होता है कि यह पानी बिलकुल खतम हो गया और कहीं कुछ है ही नहीं। अर्थात्, योगेश्वर लोग वृत्तियोंसे शून्य या रहित होते हैं। इस बातका भली-भाँति विचार करना चाहिए। दास कहता है कि यह बात मैं बार-बार कहाँ तक कहूँ।

आठवाँ समास

अन्तरात्माका निरूपण

मैं पहले उस सकलकर्ताकी वन्दना करता हूँ जो समस्त देवताओंका भरण करनेवाला है। अरे भाई, कोई तो उसके भजनमें प्रवृत्त हो! उसके बिना कोई काम नहीं चलता। पड़ा हुआ पत्ता भी नहीं हिलता। वही तीनों लोकोंके सब काम चलाता है। वह सबका अन्तरात्मा है और देव, दानव, मनुष्य, चारों खानियों और चारों वाणियोंका प्रवर्तक है। वह अकेला ही भिन्न-भिन्न रूप धारण करके सब घटोंमें रहता है। सारी सृष्टिकी सब बातें कहाँ तक बताई जायँ! ऐसा जो गुप्त ईश्वर है, उसीको ईश्वर कहना चाहिए। उसीकी कृपासे सब लोग बड़े-बड़े समस्त ऐश्वर्योंका भोग करते हैं। जो उसका यह रूप पहचान लेता है, वह स्वयं विश्वम्भर ही हो जाता है। फिर उस अवस्थाके सामने समाधि और सहज स्थिति आदिको कौन पूछता है! जब तीनों लोकोंकी सब बातें अच्छी तरह समझी जाती हैं तब यह रहस्य समझमें आता है और तब किसी प्रकारका परिश्रम नहीं करना पड़ता। ऐसा कौन है जो उस अन्तरात्माके सम्बन्धकी सब बातोंका खूब अच्छी तरह विचार करता हो? जिसे देखो, वह थोड़ी बहुत बातें जानकर सन्तुष्ट हो जाता है। इस देखे हुएको ही देखना चाहिए, अच्छी तरह समझे हुएको ही फिरसे समझना चाहिए और पढ़े हुएको ही बार-बार पढ़ना चाहिए। विवेक इस प्रकारकी बहुतसी देखी और सुनी हुई बातें अच्छी तरह बतला देता है कि अन्तरात्मा कितना बड़ा और कैसा है, और उसे देखने या उस पर विचार करनेवालेकी क्या दशा होती है। उसे चाहे कितना ही अधिक देखा और सुना क्यों न जाय, पर अन्तरात्माके लिये वह देखना और सुनना यथेष्ट नहीं

होता। बेचारा क्षुद्र देहधारी उसे क्या जान सकता है! उस पूर्ण (अन्तरात्मा) को यह अपूर्ण (जीव) इसीलिए नहीं जान सकता कि यह अखण्ड रूपमे उसका विवरण नहीं कर सकता। यदि वह पूरी तरहसे उसका विवरण करे तो फिर यह जीव उस अन्तरात्मासे अलग कोई चीज रह ही नहीं जाता। जो अपनी विभक्तताका नाश कर दे, उसीको भक्त कहना चाहिए। और नहीं तो सारा झगड़ा और परिश्रम व्यर्थ है। वह यों ही इस घरमें आता है और घरके मालिकको बिना पहचाने चला जाता है। वह राज्यमें तो आता है, पर राजाको नहीं जानता। यह बड़े आश्चर्यकी बात है कि मनुष्य यह देह धारण करके विषयोंका भोग तो करता है, और उसके कारण सुखी भी होता है, पर जो वास्तवमें यह देह धारण करता है, उसको वह नहीं पहचानता। इस प्रकार लोग होते तो अविवेकी हैं, पर अपने आपको विवेकशील कहते हैं। अच्छा भाई, जिसे जो अच्छा लगे, वह करे। मूर्ख लोग किसीका मन रखना नहीं जानते, इसीलिए बुद्धिमानोंकी आवश्यकता होती है। पर यहाँ तो बुद्धिमान भी मूर्ख हो गये हैं। जिस तरह लोग अपने घरमें ही रखी हुई कोई चीज भूल जाते हैं और बाहर निकलकर चारों ओर ढूँढ़ते फिरते हैं, उसी तरह अज्ञानियोंको अपने अन्दरके ईश्वरका पता नहीं रहता। इस संसारमें ऐसा कौन है जो उस ईश्वरका ध्यान कर सके? वृत्ति तो एकदेशीय ठहरी। वह उस तक पहुँच ही कैसे सकती है! इस ब्रह्मांडमें अनेक प्रकारके प्राणी भरे हुए हैं, यहाँ तक कि भूगर्भमें और पत्थरोंके अन्दर भी बहुतसे प्राणी हैं। उन सबमें केवल वही ईश्वर व्याप्त है। कहीं वह गुप्त है और कहीं प्रकट। यह एक निश्चित और अनुभवकी बात है कि जो चंचल होता है, वह निश्चल नहीं हो सकता। और जो चंचल नहीं है, वही निश्चल परब्रह्म है। जब तत्त्वोंका बना हुआ यह शरीर तत्त्वोंमें मिल जाता है, तभी देहबुद्धि नष्ट होती है और चारों ओर वह निर्मल, निश्चल, निरंजन रह जाता है। वास्तवमें विवेकका मार्ग यही है कि मनुष्य सोचे कि हम कौन हैं, कहाँ हैं, कहाँसे आये हैं। पर प्राणी स्वयं ही कच्चा या अपूर्ण होता है और उसे इन सब बातोंका पता नहीं चलता। अतः सज्जन पुरुषोंको विवेक धारण करना चाहिए और उसकी सहायतासे इस दुस्तर संसारको पार करना चाहिए और ईश्वरकी भक्ति करके अपने समस्त वंशका उद्धार करना चाहिए।

नवाँ समास

उपदेश-निरूपण

सबसे पहले कर्मके सम्बन्धमें बतलाया जाता है। मनुष्यको विधिपूर्वक कर्म करना चाहिए। उसमें किसी प्रकारकी गड़बड़ी होनेसे दोष लगता है। इसलिए मनुष्यको कर्मका आरम्भ करना चाहिए। जहाँ तक वह कर्म ठीक तरहसे हो, वहाँ तक तो अच्छा ही है। पर यदि उसमें कहीं कोई अन्तर या बाधा पड़े तो ईश्वरको स्मरण करना चाहिए। उस समय विचारपूर्वक यह देखना चाहिए कि वह ईश्वर कैसा है। सन्ध्यासे पहले उस ईश्वरके चौबीसों नामोंका स्मरण करना चाहिए। उसके चौबीस नाम तो हैं ही, पर वह सहस्रनामी, अनन्तनामी और अनामी है। अपने मनमें इस बातका विचार करना चाहिए कि वह अन्तर्यामी कैसा है। ब्राह्मण स्नान तथा सन्ध्या करके आता है, देवार्चन करनेके लिए बैठता है और विधिपूर्वक प्रतिमाओंका पूजन करता है। इस प्रकार लोग अनेक देवताओंकी अनेक प्रतिमाओंका प्रेमपूर्वक पूजन करते हैं। पर इस बातका विचार करना चाहिए कि जिसकी यह प्रतिमा है, वह परमात्मा कैसा है। उसे अच्छी तरह पहचानकर तब उसका भजन करना चाहिए। जिस प्रकार लोग अपने मालिकको पहचानकर उसे नमस्कार करते हैं, उसी तरह उस ईश्वरको पहले पहचानकर तब उसका पूजन करना चाहिए। तभी मनुष्य इस भ्रम-सागरके पार हो सकता है। अवतारी पुरुष तो अपने धामको चले जाते हैं और उनकी प्रतिमाओं-का जो पूजन होता है, वह उस अन्तरात्माको प्राप्त होता है। पर वे अवतारी भी निज रूपमें रहते हैं। उनका वह निज रूप वही जगज्ज्योति है। उसीको सत्वगुण और चेतना शक्ति कहते हैं। उस शक्तिके पेटमें करोड़ों देवता रहते हैं। ये अनुभवकी बातें हैं और इन्हें अनुभव और विश्वासकी दृष्टिसे देखना चाहिए। इस देहरूपी नगरमें जो ईश्वर रहता है, उसका नाम पुरुष है। इसी प्रकार इस सारे जगतमें रहनेवाला वह जगदीश है। इस संसारमें जितने शरीर हैं, उनका संचा-लन वही चेतना शक्ति करती है और इसी चेतनाको अन्तःकरण तथा विष्णु सम-झना चाहिए। वह विष्णु समस्त संसारमें भी है और हमारे अन्दर भी है। चतुर लोग उसी अन्तरात्माको कर्ता तथा भोक्ता समझें। वही सुनता, देखता, सूँघता

और चखता है। विचारपूर्वक वही सब कुछ पहचानता है। और वही समझता है कि अपना कौन है और पराया कौन है। इस संसारका अन्तरात्मा वही है, पर शरीरका मोह बीचमें आकर बाधा खड़ी कर देता है। वह शरीरके कारण ही उससे अलग होकर अभिमान करता है। वह उत्पन्न होता, बढ़ता और मरता है। जिस प्रकार समुद्रमें बराबर लहरें उठती हैं, उसी प्रकार इस अन्तरात्मामें तीनों लोक उत्पन्न तथा नष्ट होते रहते हैं। तीनों लोकोंका सञ्चालन करनेवाला वही एक ईश्वर हैं; इसीलिए उसे त्रैलोक्यनायक कहते हैं। यह प्रत्यक्ष अनुभवकी बात है।

अन्तरात्माका यही रूप कहा गया है, पर वह भी तत्त्वोंके ही अन्तर्गत है। अब महावाक्योंका विचार करना चाहिए। पहले अपने देहको धारण करनेवाले अन्तरात्माको देखना चाहिए और तब समझना चाहिए कि वही सारे संसारमें व्याप्त है। इन सबके ऊपर वह परब्रह्म है। उस परब्रह्मका विचार करनेसे सारासारका निर्णय हो जाता है। यह बात निश्चित है कि चञ्चलका अवश्य नाश होगा। यह निरञ्जन वास्तवमें उत्पत्ति, स्थिति और संसारसे परे है। वहाँ पहुँचने पर ज्ञानका विज्ञान हो जाता है। जब ज्ञानकी सहायतासे आठों देहों और नाम, रूप आदिका निरसन हो जाता है, तभी निरञ्जन विमल ब्रह्म मिलता है। विचारकी सहायतासे ही मनुष्यको अनन्य होना चाहिए और ऐसी अवस्थामें पहुँचकर अनुभव प्राप्त करना चाहिए जिसमें स्वयं देखनेवाला रह ही न जाय। परन्तु यह कहना भी वृत्ति ही है कि हमें अनुभव हो गया। अतः इस वृत्तिकी भी निवृत्ति होनी चाहिए। अतः इस विषय पर अच्छी तरह विचार करना चाहिए। यहाँ पहुँचने पर वाच्यांश नहीं रह जाता और लक्ष्यांश भी देखकर छोड़ दिया जाता है। और वृत्तिका जो कुछ लेश बचा रहता है, वह भी उस वाच्यांशके साथ ही चला जाता है।

दसवाँ समास

निस्पृह व्यवहार

मूर्ख एकदेशीय होता है। वह किसी विषयका केवल एक ही अङ्ग देखता है; और चतुर उसी तरह सर्वत्र देखता है जिस तरह अन्तरात्मा अनेक होकर तरह-तरहके सुख भोगता है। वही अन्तरात्मा महन्त है; इसलिए उसके विचार संकुचित क्यों होने लगे? वह तो व्यापक, सर्वज्ञ और प्रसिद्ध योगी होता है। वास्तवमें

वही कर्ता और भोक्ता है और भूमण्डलमें सारी सत्ता उसीकी है। उसके सिवा और कौन ऐसा है जो उसका ज्ञाता हो और उसे देखे? महन्त ऐसा ही होना चाहिए। उसे सभी सार बातोंका पता लगा लेना चाहिए और इस प्रकार रहना चाहिए कि यदि उसे कोई ढूँढ़े तो सहजमें पा न सके। ऐसे महन्तकी कीर्ति और प्रसिद्धि तो बहुत अधिक होती है और उसे छोटे-बड़े सभी जानते हैं, पर वह सदा किसी एक रूपमें नहीं दिखाई पड़ता। उसकी कीर्ति छाई तो सारे संसारमें रहती है, पर अधिक लोग उससे परिचित नहीं होते। और यदि लोग उसका पता लगाना चाहें तो पता नहीं चलता। अच्छे वेष-भूषणको वह दूषण समझता है और कीर्तिको ही सच्चा भूषण मानता है। वह एक क्षण भी बिना विचारके या व्यर्थ नहीं जाने देता। वह अपने पुराने परिचितोंको छोड़ता चलता है, और सदा नये-नये लोगोंसे परिचय करता रहता है। लोग उसके मनकी थाह लेना चाहते हैं पर उसकी इच्छाका किसीको पता ही नहीं चलता। वह निगाह भरकर किसीकी तरफ नहीं देखता, किसीसे अच्छी तरह बातें नहीं करता और किसी जगह स्थिर होकर नहीं बैठता। जहाँ उसे जाना होता है, वहाँका नाम वह नहीं बतलाता और जहाँ बतलाता है, वहाँ वह नहीं जाता। वह अपनी दशाका किसीको अनुमान ही नहीं होने देता। लोग उसके साथ जो कुछ करना चाहते हैं, उसे वह बचा जाता है; लोग उसके विषयमें जो विचार करते हैं उन्हें वह उलट या गड़बड़ा देता है और लोग उसके सम्बन्धमें जो तर्क करते हैं, उन्हें वह निष्फल कर देता है। लोग उत्सुक होकर उसके दर्शन करना चाहते हैं, पर वह उनकी ओर ध्यान नहीं देता। लोग सदा उसकी सेवामें तत्पर रहते हैं, पर वह सेवा करानेकी इच्छा ही नहीं रखता। इस प्रकार वह किसीकी कल्पनामें नहीं आता और न उसके सम्बन्धमें किसीका कोई तर्क ही चलता है। यदि उस योगेश्वरकी भावना की जाय तो कदापि उसकी भावना हो ही नहीं सकती। इस प्रकार उसके मनका किसीको पता नहीं चलता, उसका शरीर एक जगह नहीं रहता और वह क्षणभरके लिए भी कथा तथा कीर्तन नहीं भूलता। लोग उसके सम्बन्धमें जो विचार करते हैं, वे बिलकुल निष्फल होते हैं। वह योगेश्वर लोगोंको स्वयं उन्हींकी वृत्तिसे लज्जित करता है। जब बहुत लोग हमारी परीक्षा कर लें, बहुतोंके मनमें हमें स्थान मिल जाय, तब समझना चाहिए कि हमने बहुत बड़ा काम किया। अखंड रूपसे एकान्तका सेवन

करना चाहिए, बराबर अध्ययन करते रहना चाहिए और बहुतसे लोगोंको अपने साथ रखकर और उनसे भी ये सब कार्य कराके समय सार्थक करना चाहिए। जितने उत्तम गुण हों, वे सब ग्रहण कर लेने चाहिएँ और तब वही गुण लोगोंको सिखलाने चाहिएँ। बहुत बड़ा समुदाय तो अवश्य एकत्र करना चाहिए, पर गुप्त रूपसे। सब उत्तम कार्य अखंड रूपसे करते रहना चाहिए और संसारके सब लोगोंको उपासनामें प्रवृत्त करना चाहिए। लोग जब अच्छी तरहसे उसका महत्त्व समझ लेते हैं, तभी उसकी आज्ञाका पालन करना चाहते हैं। पहले कष्ट होता है और तब फल मिलता है। जहाँ कष्ट ही न हो, वहाँ फल ही कैसे मिलेगा? बिना प्रयत्नके सब कुछ व्यर्थ होता है। बहुतसे लोगोंकी परीक्षा करके उनकी योग्यता जाननी चाहिए और तब उन्हें अपने पास या अपनेसे दूर रखना चाहिए। अधिकार या योग्यतासे ही सब कार्य होते हैं और उसके बिना मनुष्य व्यर्थ होता है। सबके मनकी अच्छी तरह और अनेक प्रकारसे परीक्षा कर लेनी चाहिए। किसीकी योग्यता देखकर ही उसे कोई काम करनेके लिए कहना चाहिए और उसकी शक्ति देखकर ही उस पर विश्वास करना चाहिए। पर साथ ही अपना भी कुछ विचार रखना चाहिए। ये सब अनुभवकी बातें हैं। पहले इनका प्रयोग कर लिया गया है और तब ये बातें कही गई हैं। यदि किसीको ये बातें अच्छी लगें तो वह इन्हें ग्रहण कर ले। महन्तको उचित है कि वह और भी बहुतसे लोगोंको महन्त बनावे, उन्हें युक्ति और बुद्धिकी बातें बतलावे, उन्हें ज्ञाता बनावे और उन्हें अनेक देशोंमें भेजे।

बारहवाँ दशक

पहला समास

विमल-लक्षण

पहले अच्छी तरह गार्हस्थ धर्मका पालन करना चाहिए और तब परमार्थका विचार करना चाहिए। हे विवेकी पुरुषो, इसमें आलस्य मत करो। यदि तुम घर-गृहस्थी छोड़कर परमार्थ करने लगोगे तो कष्ट पाओगे। तुम विवेकशील तभी समझे जाओगे जब गृहस्थी और परमार्थ दोनोंके काम करोगे। यदि सांसारिक काम छोड़कर केवल परमार्थ किया जाय तो खानेको अन्न न मिलेगा। भला दरिद्र और

अभागा क्या परमार्थ कर सकेगा ! यदि तुम परमार्थ छोड़कर केवल घर-गृहस्थीकी झंझटोंमें फँसे रहोगे तो यम-यातना भोगोगे और अन्त समयमें बहुत कष्ट पाओगे। जो अपने स्वामीका काम करने नहीं जाता और मजेमें घर पर बैठा रहता है, स्वामी उसे दंड देता है और लोग तमाशा देखते हैं। उस दशामें उसका महत्व नष्ट हो जाता है, दुर्जनोंके लिए वह उपहासास्पद होता है और स्वयं बहुत अधिक दुःख भोगता है। बस अन्तमें यही होनेको है; इसलिए ईश्वरका भजन करना चाहिए और परमार्थका प्रत्यक्ष अनुभव करना चाहिए। जो संसारमें रहता हुआ भी उससे मुक्त रहता है, वही सच्चा भक्त है। ऐसा मनुष्य बराबर युक्त और अयुक्तका विचार करता रहता है। जो गार्हस्थ धर्मके पालनमें सावधान होता है, वही परमार्थ भी कर सकता है। और जो गार्हस्थ धर्मका ठीक तरहसे पालन नहीं करता, वह परमार्थ भी ठीक तरहसे नहीं कर सकता। इसलिए बहुत सावधान होकर गृहस्थी और परमार्थके सब काम करने चाहिएँ। ऐसा न करनेसे अनेक प्रकारके दुःख भोगने पड़ते हैं। पत्तों पर रहनेवाले कीड़े भी आगेकी ओर अच्छी तरह देखकर तब बढ़ते हैं। इस प्रकार सारी सृष्टि विवेकपूर्वक सब काम करती है। फिर यदि कोई मनुष्य होकर भी भ्रममें पड़े तो उसे क्या कहा जाय! इसलिए मनुष्यको दूरदर्शी होना चाहिए। बराबर विचार करते रहना चाहिए और भविष्यमें होनेवाली बातोंका पहलेसे ही अनुमान कर लेना चाहिए। जो खबरदार रहता है, वह सुखी होता है, और जो बेखबर रहता है, वह दुःखी होता है। यह बात संसारमें बराबर दिखाई पड़ती है। इसलिए जो सदा सावधान रहता हो, वह धन्य है और वही सबको सन्तुष्ट कर सकता है। यदि मनुष्य सावधानी रखनेमें आलस्य करे और बीचमें अचानक उस पर आक्रमण हो जाय तो उस समय सँभलनेका अवसर कहाँसे मिल सकता है? इसलिए दूरदर्शियोंकी सब बातोंको देखते रहना चाहिए और उनका अनुकरण करना चाहिए; क्योंकि दूसरोंको देखकर ही लोग चतुर होते हैं। इसलिए चतुरोंकी पहचान रखना चाहिए, गुणियोंके गुण ग्रहण करने चाहिएँ और लोगोंमें जो अवगुण दिखाई पड़ें, वे छोड़ देने चाहिएँ। चतुर मनुष्य परखता तो सबको है, पर किसीका जो नहीं दुखाता। वह मनुष्य मात्रको अच्छी तरह देखता है। वह देखनेमें तो साधारण लोगोंके समान होता है, पर सबको बहुत विचारपूर्वक देखता रहता है। वह काम करनेवाले और

निकम्मे आदमियोंको अच्छी तरह पहचानता है। उसकी अपूर्वता या विशेषता यही होती है कि वह जान-बूझकर सब लोगोंको अंगीकार करता है और प्रत्येक मनुष्यका उसकी योग्यताके अनुसार आदर करता है।

दूसरा समास

अनुभवका निरूपण

हे संसारमें आये हुए निस्पृह स्त्री-पुरुषो ! मैं जो कुछ कहता हूँ, वह सावधान होकर सुनो। पहले यह देखना चाहिए कि वासना क्या कहती है, कल्पना किस बातकी कल्पना करती है और मनमें अनेक प्रकारकी तरंगें क्यों उठती हैं। सब लोग यही चाहते हैं कि हम अच्छा खायँ, अच्छा पहनें और सब बातें हमारी इच्छाके अनुसार हों। पर इनमेंसे होता कुछ भी नहीं। मनुष्य कोई अच्छा काम करने लगता है और अचानक उसमें खराबी आ जाती है। संसारमें यह बात प्रत्यक्ष देखनेमें आती है कि कोई सुखी है और कोई दुःखी; और लोग कष्ट पाने पर अंतमें उसका दोष प्रारब्धपर लादते हैं। लोग ठीक तरहसे प्रयत्न तो करते नहीं और इसीलिए वे जो कुछ करते हैं, वह ठीक नहीं होता। पर अपने अवगुणका उन्हें किसी तरह पता नहीं चलता। जो स्वयं अपना आप ही न जानता हो, वह दूसरोंको क्या जान सकता है ! ऊपर जो बातें बतलाई गई हैं, उन्हें छोड़नेके कारण ही लोग दुःखी और दरिद्र होते हैं। लोग दूसरोंके मनकी बात नहीं जानते और उनके साथ समान रूपसे व्यवहार नहीं करते और इसी मूर्खताके कारण लोगोंमें अनेक प्रकारके बखेड़े होते हैं। फिर वह बखेड़ा या कलह बढ़ता है जिससे सभी लोग दुःखी होते हैं। प्रयत्न तो रखा रह जाता है और केवल परिश्रम ही होता है। पर ऐसा नहीं करना चाहिए। अनेक प्रकारके लोगोंकी परीक्षा करनी चाहिए और प्रत्येक व्यक्तिका ठीक-ठीक स्वरूप समझना चाहिए। दक्ष लोग वचनों और मनकी कुछ परीक्षा करना जानते हैं। मूर्ख लोग दूसरोंके मनकी बात क्या जानें ! संसारमें प्रायः ऐसे ही लोग दिखाई पड़ते हैं जो दूसरों पर तो दोष लगाते हैं और अपने पक्षका आग्रह करते हैं। पर भले आदमियोंको दूसरोंकी बातें इसलिए भी सहनी पड़ती हैं जिसमें लोग उन्हें भला कहें। यदि वे सहन न करें तो अवश्य ही उनकी निन्दा और हँसी होगी। जो स्थान हमें अच्छा न लगे, वहाँ रहना अच्छा

नहीं लगता और मुरौवत तोड़कर भी आदमी नहीं जा सकता। पर जो सच बोलता और सच्चा व्यवहार करता है, उसे छोटे बड़े सभी मानते हैं। न्याय और अन्यायका सहजमें ही पता चल जाता है। जो विवेकपूर्वक दूसरोंको क्षमा नहीं करता, उस पर लोगोंकी भक्ति नहीं होती और लोग उसे साधारण मनुष्य समझते हैं। जब तक चन्दन घिसा नहीं जाता, तब तक उसकी सुगन्धका पता नहीं चलता; और चन्दन भी दूसरे वृक्षोंके समान ही समझा जाता है। जब तक लोगोंको किसीके उत्तम गुणोंका पता न चले तब तक लोग उसे क्या समझेंगे! उत्तम गुण देखते ही संसार प्रसन्न हो जाता है। और जब संसारके लोग प्रसन्न होते हैं, तभी उनसे मित्रता होती है। इस प्रकार सभी लोग प्रसन्न होते हैं। जब किसी पर जगत रूपी जनार्दन ही प्रसन्न हो जाय तब उसे किस बातकी कमी हो सकती है। पर सबको प्रसन्न रखना बहुत ही कठिन है। जो कुछ बोया जाय, वही उगता है और जो कुछ दिया जाय, वही वापस मिलता है। मर्मकी बात कहनेसे दूसरोंका मन दुःखी होता है। लोगोंके साथ भलाई करनेसे सुख बढ़ता है। जैसा उत्तर दिया जाय, वैसा ही प्रत्युत्तर मिलता है; जैसा शब्द किया जाय, वैसी ही प्रतिध्वनि होती है। यह सब अपने ही अधिकारकी बात है; इसमें दूसरोंका कोई दोष नहीं होता। अतः अपने मनको बराबर शिक्षा देते रहना चाहिए। यदि किसी दुर्जनसे भेंट हो जाय और मनमें इतना धैर्य न हो कि उसे क्षमा किया जा सके तो साधकको वहाँसे चुपचाप हटकर दूसरी जगह चले जाना चाहिए। लोग और तो बहुत तरहकी परीक्षाएँ जानते हैं, पर दूसरोंका मन परखना नहीं जानते और निःसन्देह इसीलिए वे लोग दुःखी होते हैं। हमें किसी दिन मरना तो है ही, इस लिए सदा सज्जनताका व्यवहार करना चाहिए। विवेकके लक्षण बहुत ही कठिन हैं। छोटे, बड़े, बराबरीवाले, अपने और पराये सबके साथ खूब मित्रता रखना ही अच्छा है। यह तो प्रत्यक्ष बात है कि भला करनेसे भला होता है। इससे आगे किसीको और क्या बतलाया जाय! सबको हरि-कथा और अध्यात्म-निरूपणकी ओर ध्यान देना चाहिए और राजनीतिक बातोंको भी अच्छी तरह समझना चाहिए। जब तक प्रसंग अच्छी तरह न समझा जाय तब तक सभी व्यर्थ है। यदि किसीने विद्या तो बहुत अधिक पढ़ी हो, पर वह प्रसंग पड़ने पर बराबर भूल ही करता जाता हो तो उसकी विद्याको कौन पूछेगा!

तीसरा समास

भक्त-निरूपण

पृथ्वी पर बहुतसे लोग हैं पर सबको विवेकपूर्वक देखना चाहिए और इहलोक तथा परलोकका भली-भाँति विचार करना चाहिए। इहलोकके साधनके लिए ज्ञाताओंकी संगति करनी चाहिए और परलोकके साधनके लिए सद्गुरुको ढूँढ़ना चाहिए। पर पहले यही पता नहीं चलता कि सद्गुरुसे क्या पूछना चाहिए। अनन्य भावसे उससे दो बातें पूछनी चाहिएँ। वह यह कि ईश्वर कौन है और हम कौन हैं? इन बातोंका विवरण बार-बार और बराबर करते रहना चाहिए। पहले यह देखना चाहिए कि वह ईश्वर कौन है और तब यह देखना चाहिए कि हम भक्त कौन हैं। और तब पंचीकरण तथा महावाक्यका तत्त्व अच्छी तरह और बार-बार समझना चाहिए। इन सब कार्योंका फल यही होना चाहिए कि मनुष्य उस शाश्वत तथा निश्चलको पहचाने और यह पता लगावे कि हम कौन हैं। सारासारका विचार करने पर पता चलता है कि कोई पद, जैसे इन्द्र आदिका, शाश्वत नहीं है। इसलिए सबके उस आदिकारण ईश्वरको पहचानना चाहिए। अनिश्चल, चंचल और जड़ ये सब मायाके झगड़े हैं और इन सबमें केवल वस्तु ही सार है जिसका कभी नाश नहीं होता। उसी परब्रह्मको ढूँढ़ना चाहिए और अपने विवेकसे तीनों लोकोंमें भ्रमण करना चाहिए और परीक्षा करनेवाले लोगोंको अपने विचारसे मायाकी सब बातोंका खण्डन करना चाहिए। मिथ्या वस्तुओंको छोड़कर सत्यको ग्रहण करना चाहिए, सब वस्तुओंकी परीक्षा करनी चाहिए और मायाके समस्त रूपोंको मायापूर्ण समझना चाहिए। यह माया पंचभौतिक है और जितने मायिक पदार्थ हैं उन सबका नाश हो जायगा। पिंड, ब्रह्मांड और आठों प्रकारके शरीर भी नश्वर हैं। जो कुछ दिखलाई पड़ता है, वह सब नष्ट हो जायगा; जो उत्पन्न होगा, वह अवश्य मरेगा; और मायाके जितने रूपोंकी रचना होगी, उनका अन्त हो जायगा। जो बढ़ेगा, वह घटेगा; जो आवेगा, वह जायगा और कल्पान्तमें भूतोंको भूत खा जायँगे। जितने देहधारी हैं, वे सब नष्ट होंगे और यह बात बिलकुल प्रत्यक्ष है। बिना मनुष्योंके वीर्यसे होनेवाली उत्पत्ति कैसे हो सकती है, बिना अन्नके वीर्य कैसे हो सकता है, बिना ओषधिके अन्न कैसे हो सकता है और पृथ्वीके न होने

पर ओषधि कैसे हो सकती है ? यदि आप या जल न हो तो पृथ्वी नहीं हो सकती, यदि तेज न हो तो आप नहीं हो सकता और वायु न हो तो तेज नहीं हो सकता। यदि अन्तरात्मा न हो तो वायु कैसे होगी, यदि विकार न हो तो अन्तरात्मा कैसे होगी और भला निर्विकारमें विकार कहाँसे आ सकता है ? उस निर्विकार आत्मामें न पृथ्वी है, न आप है, न तेज है, न वायु है और न कोई विकार है। निर्विकार और निर्गुण होना ही शाश्वतका लक्षण है और समस्त अष्टधा प्रकृति नश्वर है। जितने नश्वर पदार्थ हैं, उन सबका तत्त्व अच्छी तरह समझ लेना चाहिए। बस फिर वे पदार्थ रहते हुए भी न रहनेके समान हो जाते हैं और सारासारका पता लग जानेसे समाधान हो जाता है। इस प्रकार विवेकपूर्वक देखनेसे सारासार-सम्बन्धी सब बातें मनमें अच्छी तरह बैठ जाती हैं।

अब यह तो अच्छी तरह मालूम हो गया कि जो शाश्वत तथा निर्गुण है, वही ईश्वर है। अब यह मालूम होना चाहिए कि "मैं" कौन हूँ। शरीरके तत्त्वोंका पता लगानेसे जान पड़ता है कि "मैं" और "तू" का भाव मनोवृत्तिमें ही रहता है। सारे शरीरको ढूँढ़ डाला जाय तो भी उसमें कहीं "मैं" का पता नहीं चलता। वास्तवमें "मैं" और "तू" का सब भाव तत्त्वोंमें ही मिला रहता है। जब सभी दृश्य पदार्थ नष्ट हो जाते हैं और तत्त्वोंमें तत्त्व मिल जाते हैं, उस समय "मैं" और "तू" कहाँ रह जाता है ? उस समय तो केवल वह वस्तु या ब्रह्म ही रह जाता है। पञ्चीकरण, तत्त्व-विवरण और महावाक्योंसे सिद्ध हो जाता है कि हम स्वयं वह वस्तु हैं; पर इसे चरितार्थ करनेके लिए निस्संग भावसे आत्मनिवेदन करना चाहिए। यदि ईश्वर और भक्तका मूल ढूँढ़ा जाय तो सब उपाधियोंसे अलग वह निरुपाधि आत्मा ही बच रहता है। उस समय अहंभाव डूब जाता है, विवेककी सहायतासे सब भेदोंका नाश हो जाता है और निवृत्ति या उन्मनीका पद प्राप्त होता है। विज्ञानमें ज्ञान लीन हो जाता है, ध्येयमें ध्यान मिल जाता है और कार्य-कारणका सब तत्त्व समझमें आ जाता है। जन्म-मरणका झगड़ा मिट जाता है, सब पाप नष्ट हो जाते हैं और यम-यातना नहीं रह जाती। सब बन्धन टूट जाते हैं, विचारके द्वारा मोक्ष प्राप्त होता है और ऐसा जान पड़ता है कि सारा जन्म सार्थक हो गया। सब प्रकारके सन्देह दूर हो जाते हैं, किसी तरहका धोखा नहीं रह जाता और इस प्रकार ज्ञानका विवेक हो जाने पर बहुतसे लोग पवित्र हो गये हैं। और

बहुतसे लोगोंके मनमें यह दृढ़ विश्वास हो गया है कि पतितोंका उद्धार करनेवाले श्री रामचन्द्रके दास (रामदास) भी जगतको पावन करते हैं।

चौथा समास

विवेक-वैराग्य-निरूपण

यदि किसीको बहुत बड़ा सौभाग्य या वैभव आदि प्राप्त हो और वह उसका भोग करना न जानता हो तो उसकी क्या दशा होगी? ठीक वही दशा उसकी भी होती है, जिसके मनमें वैराग्य तो हो जाता है, पर जिसे विवेक नहीं होता। जब मनुष्य घर-गृहस्थीकी अनेक प्रकारकी झंझटोंसे बहुत ऊबता और दुःखी होता है और वह अनेक प्रकारके संकटोंमें पड़ता है, तब उसके मनमें वैराग्य उत्पन्न होता है और वह घर-बार छोड़कर निकल जाता है। वह चिन्ता और पराधीनतासे छूट जाता है और दुःखोंका त्याग करके उसी प्रकार स्वस्थ हो जाता है, जिस प्रकार रोगी रोगसे मुक्त होकर स्वस्थ होता है। परन्तु उस दशामें उसे पशुओंकी तरह स्वच्छन्द, नष्ट-भ्रष्ट, बकवादी और असीम उच्छृङ्खल नहीं हो जाना चाहिए। विवेकके बिना जो वैराग्य होता है, उससे अविवेकके कारण अनर्थ ही होता है और दोनों ही ओर उसका सब कुछ व्यर्थ हो जाता है। न उससे गार्हस्थ्य धर्मका पालन होता है और न परमार्थ होता है। उसका सारा जीवन व्यर्थ हो जाता है। अविवेकसे इस प्रकारका अनर्थ होता है। बिना वैराग्य हुए व्यर्थ ज्ञान छाँटना वैसा ही है, जैसा कारागारमें बन्द पड़े रहकर अपने पुरुषार्थकी बातें बघारना। बिना वैराग्य हुए ज्ञानकी बातें करना मानो व्यर्थ अभिमान प्रकट करना है। ऐसा मनुष्य मोह और दम्भके कारण कष्ट उठाता है। जिस प्रकार कुत्ता बँधा होने पर भी भूँकता है, उसी प्रकार वह भी स्वार्थके कारण बकवाद करता है और अपने अभिमानके कारण दूसरोंका उत्कर्ष या उन्नति नहीं देख सकता। यदि विवेकके बिना वैराग्य हो या वैराग्यके बिना विवेक हो तो उससे मनुष्यका कष्ट व्यर्थ ही बढ़ता है। अब विवेक तथा वैराग्य दोनोंके योगकी बातें सुनिये।

जब विवेकके द्वारा मनकी सब उपाधियाँ छूट जाती हैं और वैराग्य हो जानेके कारण गृहस्थीके बखेड़े दूर हो जाते हैं, तब वह अन्दर और बाहर दोनों तरफसे मुक्त होकर निःसंग योगी हो जाता है। जिस प्रकार वह मुँहसे ज्ञानकी बातें कहता

है, उसी प्रकार वह सब क्रियाएँ या आचरण भी करता है। उसके उपदेश सुनकर शुचिमन्त लोग भी चकित हो जाते हैं। त्रैलोक्यके वैभव पर भी उसका ध्यान नहीं जाता और उसमें वैराग्यकी पूर्ण रूपसे स्थिति हो जाती है। फिर उसके यत्न, विवेक और धारणा-शक्तिकी कोई सीमा ही नहीं रह जाती। वह शुद्ध मनसे सुन्दर और मधुर हरिकीर्तन करता है और ताल-स्वरके साथ प्रेमपूर्वक अच्छे-अच्छे भजन गाता है। उसमें ऐसा विवेक जाग्रत होता है कि वह तुरन्त ही लोगोंको सन्मार्गमें लगा सकता है और उसकी वक्तृतामें अनुभवका साहित्य बराबर बना या भरा रहता है। बात यह है कि मनुष्यकी समझमें सब प्रसंग आ जाने चाहिएँ और उसे सन्मार्ग पर चलते हुए संसारके सब लोगोंमें मिल जाना चाहिए। फिर उस पर जगदीश आपसे आप प्रसन्न हो जाता है। प्रखर वैराग्य, उदासीन वृत्ति, अनुभवजन्य ब्रह्मज्ञान, स्नान, सन्ध्या, भगवद्भजन और पुण्य मार्गका अवलम्बन होना चाहिए। विवेकयुक्त वैराग्य ऐसा ही होता है। विवेक-रहित या कोरा वैराग्य हठवादिताका पागलपन है और केवल शब्दज्ञानसे मनुष्य स्वयं ही घबरा जाता है। इसलिए जब विवेक और वैराग्य दोनों हों, तब बहुत बड़ा भाग्य समझना चाहिए। रामदास कहते हैं कि यह बात योग्य साधु ही जानते हैं।

पाँचवाँ समास

आत्मनिवेदन

रेखाओंको इधर उधर घुमाने फिरानेसे मात्राएँ और अक्षर बनते हैं और उन अक्षरोंसे शब्द बनते हैं। फिर शब्दोंके योगसे पद्य तथा गद्य प्रबन्ध बनते हैं। इस प्रकार वेदों, शास्त्रों, पुराणों और अनेक प्रकारके काव्योंका निरूपण होता है और तरह तरहके ग्रन्थ बनते हैं। अनेक ऋषि हो गये हैं और उनके अनेक मत हैं जिनकी कोई संख्या ही नहीं है, और भाषाएँ तथा लिपियाँ भी बहुत अधिक हैं। वर्ग, ऋचा, श्रुति, स्मृति, अध्याय, सर्ग, स्तवक, जाति, प्रसंग, मान, समास, पोथी आदि बहुतसे नाम हैं। अनेक प्रकारके पद, श्लोक, वीर, छन्द, कड़खे और बहुत तरह के दोहे भी होते हैं। डफ, मुरचंग और वीणा आदिके साथ तथा कथाओंमें गाये जानेवाले अनेक प्रकारके गान हैं। और भी अनेक प्रकारकी उपकथाएँ और तरह तरहके खेल आदि होते हैं। ध्वनि और घोष या नाद भी चारों वाणियोंमें ही हैं।

वाणियोंकी तरह ही इनके भी भेद हैं। उन्मेष या स्फुरण परासे, ध्वनि पश्यन्तिसे, नाद मध्यमासे और शब्द वैखरीसे उत्पन्न होता है, जिससे अनेक प्रकारके शब्द-रत्न उत्पन्न होते हैं। अकार, उकार, मकार और आधी मात्रा इस प्रकार इन साढ़े तीन मात्राओंसे ही बावन मात्राओं और अक्षरोंकी उत्पत्ति होती है। इसके बाद फिर राग, ज्ञान, नृत्य, भेद, तान, मान, अर्थभेद, तत्त्वज्ञान और विचार आदिकी सृष्टि होती है। शुद्ध सत्व गुण ही सब तत्त्वोंमें मुख्य है और ओंकारमेंकी आधी मात्रा ही शुद्ध सत्व गुण महत्तत्त्व या मूल माया है। अनेक प्रकारके छोटे बड़े तत्त्वों के योगसे आठों प्रकारके शरीर बने हैं; पर यह अष्टधा प्रकृति नष्ट हो जाती है। परब्रह्म उस आकाशके समान सघन है जिसमेंसे वायु निकल गई हो; और आठों प्रकारके शरीरोंका निरसन करके तब उसे देखना चाहिए। ब्रह्माण्डसे पिंड तक उत्पत्ति तथा उन्नति और पिंडसे ब्रह्मांड तक संहार होता है और इन दोनोंसे अलग जो शुद्ध सार है, वही विमल ब्रह्म है। दृश्य पदार्थ जड़ हैं और आत्मा चंचल है, पर विमल ब्रह्म निश्चल है। उसीका अच्छी तरह विचार करके उसमें तद्रूप हो जाना चाहिए। यह समझना जड़ आत्मनिवेदन है कि तन, मन, वचन और सब पदार्थ और मैं सब उस ईश्वरके ही हैं। यह समझना चंचल आत्मनिवेदन है कि सबका कर्ता वह जगदीश्वर है, प्राणी मात्र उसका अंश है, जो कुछ है वह सब उसीका है, हम कुछ भी नहीं हैं और वह ईश्वर ही कर्ता है। और निश्चल आत्मनिवेदन यह है कि चंचल माया तो स्वप्नके समान है, परमात्मा निश्चल तथा निराकार है; और जब चंचल माया कुछ है ही नहीं तो फिर उसमें "मैं" की कल्पना कहाँसे आ सकती है ? इन तीनों ही प्रकारसे देखनेपर "हम" कुछ हैं ही नहीं और न उनमें द्वैत भाव-का ही कहीं ठिकाना है। और जब हम ही कोई चीज नहीं हैं, तब अहं-भावका उसमें कहाँ ठिकाना लग सकता है! अच्छी तरह विचार करने पर ये सब बातें समझमें आ जाती हैं और धीरे-धीरे सब बातोंका पता चल जाता है और पूर्ण रूपसे अनुभव हो जाने पर कुछ कहनेकी जगह ही नहीं रह जाती।

छठा समास

सृष्टि-क्रम-निरूपण

वह परब्रह्म निर्मल, निश्चल, शाश्वत, सार, अमल, विमल और आकाशकी तरह

अवकाश-युक्त, सर्वव्यापक और खोखला है। उसमें करना, धरना, जन्म, मरण, ज्ञान, अज्ञान कुछ भी नहीं है और वह शून्यसे भी अतीत है। वह न बनता है, न बिगड़ता है, न होता है और न जाता है। वह मायातीत और निरंजन है और उसका कहीं पार नहीं है। इसके बाद जो संकल्प उठता है, उसे षड्गुणेश्वर और अर्द्धनारी नटेश्वर कहते हैं। वह सर्वेश्वर, सर्वज्ञ, साक्षी, द्रष्टा, ज्ञानघन, परेश, परमात्मा, जगज्जीवन और मूल पुरुष है। वही मूल माया और बहुगुणी है और वही आगे चलकर गुणक्षोभिणीका रूप धारण करता है। तीनों गुण भी उसीसे उत्पन्न हुए हैं। फिर विष्णु उत्पन्न होते हैं जो चेतना और सत्व गुणके रूप हैं और जो तीनों लोकोंका पालन करते हैं। इसके बाद ज्ञान और अज्ञानके मिश्रणसे ब्रह्मा उत्पन्न होता है और उसीसे तीनों भुवन उत्पन्न होते हैं। फिर तमोगुणी रुद्र उत्पन्न होता है जो सबके संहारका कारण है। बस यहीं सारे कर्तृत्वका अन्त हो जाता है।

आगे चलकर पाँचों भूत अपने स्पष्ट रूपमें सामने आते हैं। इस प्रकार अष्टधा प्रकृतिका स्वरूप मूल मायामें ही होता है। निश्चलमें जो चलन होता है, वही वायुका लक्षण है। पाँचों भूतों और तीनों गुणोंके योगसे सूक्ष्म अष्टधा प्रकृति बनती है। आकाश अन्तरात्माकी तरह ही होता है और उसकी महिमा अनुभवसे जाननी चाहिए। उसी आकाशसे वायु उत्पन्न होती है। वह वायु दो तरहकी होती है—एक उष्ण और दूसरी शीतल। शीतल वायुसे ताराओं और चन्द्रमाकी उत्पत्ति होती है, और उष्ण वायुसे सूर्य, अग्नि और विद्युत्की सृष्टि होती है। ये शीतल और उष्ण दोनों मिलकर तेज होते हैं। उसी तेजसे आप या जल होता है, जिससे पृथ्वीका रूप बनता है। और तब अनन्त ओषधियाँ बनती हैं। उन्हीं ओषधियोंसे अनेक प्रकारके बीज और अन्न आदिके रस होते हैं और भूमंडलमें चौरासी लाख योनियोंका वास होता है।

बस इसी प्रकार सृष्टिकी रचना होती है, जिसे मनमें अच्छी तरह समझ लेना चाहिए। बिना विश्वासके मनुष्यको सन्देहका पात्र बनना पड़ता है। इस प्रकार सब रूप बनते हैं और फिर इसी प्रकार संहार होता है। इसीको सारासारका विचार कहते हैं। जो जो पदार्थ जहाँसे उत्पन्न होते हैं, वे वे उसीमें निमग्न हो जाते हैं। इस प्रकार महाप्रलयमें उनका संहार होता है। जो शाश्वत और निरंजन आदि, मध्य और अन्तमें समान रूपसे रहता है, ज्ञानियोंको उसीका अनुसन्धान करना

चाहिए। अनेक प्रकारकी रचनाएँ होती रहती हैं, पर वे स्थायी नहीं होतीं। इसी लिए सारासारके विचारकी आवश्यकता होती है। सभी लोग उस अन्तरात्माको द्रष्टा और साक्षी कहकर उसकी महिमा बतलाते हैं, पर इस सर्वसाक्षिणी अवस्थाका अनुभव और विश्वास होना चाहिए। आदिसे अन्त तक बिलकुल मायाका विस्तार है और अनेक प्रकारकी विद्याएँ तथा कला-कौशल उसीमें होते हैं। जो उपाधियों-का रहस्य समझ लेगा, उसे यह सब भ्रम ही जान पड़ेगा। और जो उपाधियोंमें फँसा रहे, उसे फिर कौन निकाल सकता है ? जहाँ विवेक और अनुभवकी आवश्यकता हो, वहाँ सन्देह और भ्रमसे कैसे काम चल सकता है ? सारासारका अच्छी तरह विचार करनेसे ही ब्रह्मकी प्राप्ति होती है। ब्रह्माण्डका महाकारण मूल मायाको ही समझना चाहिए; पर विवेकहीन लोग इस अपूर्ण मायाको ही ब्रह्म समझते हैं। सृष्टिमें बहुतसे लोग हैं और यह प्रत्यक्ष देखनेमें आता है कि कोई राज-सिंहासनका भोग करता है और कोई विष्ठा ढोता है। ऐसे बहुतसे लोग हैं जो अपने आपको बड़ा कहते हैं। पर विवेकशील लोग सबका रहस्य जानते हैं। संसारकी यही अवस्था है, इसलिए विचार करना चाहिए। केवल बहुतसे लोगोंके कहनेमें आकर ही इस संसारके काम नहीं बिगाड़ने चाहिएँ। यदि केवल पुस्तकोंमें मिलने-वाले ज्ञानसे ही मनमें निश्चय उत्पन्न हो सकता तो फिर गुरुकी क्यों आवश्यकता होती ? अतः सब लोगोंको अपने अनुभवसे सब बातें जाननी चाहिएँ। जो बहुतसे लोगोंकी बातोंके फेरमें पड़ता है, समझ लेना चाहिए कि वह अवश्य डूबेगा। यदि वह किसी एकको अपना स्वामी न बनावेगा तो वेतन किससे माँगेगा ?

सातवाँ समास

विषय-त्याग

यदि न्यायके विचारसे कोई निष्ठुर बात कही जाय तो वह बहुतसे लोगोंको बुरी लगती है। जी मिचलानेके समय भोजन करना ठीक नहीं होता। बहुतसे लोग विषय-भोगकी निन्दा भी करते हैं और साथ ही विषयोंका सेवन भी करते रहते हैं; क्योंकि विषयोंका पूर्ण त्याग करनेसे शरीर तो चल ही नहीं सकता। यदि कहा जाय कुछ, और किया जाय कुछ, तो उसे विवेकहीनता कहेंगे; और इसीसे सब लोग हँसी उड़ाते हैं। जगह-जगह यही कहा गया है कि बिना विषयोंका त्याग

किये परलोककी प्राप्ति नहीं होती। यदि सांसारिक और गृहस्थ लोग खाते-पीते हैं, तो क्या परमार्थी लोग उपवास करते हैं ? विषयोंके विचारसे तो दोनों समान ही दिखाई पड़ते हैं। अतः हे देव, आप कृपाकर मुझे यह बतलावें कि संसारमें ऐसा कौन है जो शरीर धारण किये रहने पर भी विषयोंका त्याग करता हो। यह बात तो देखनेमें बहुत अद्भुत जान पड़ती है कि पहले सब विषयोंका त्याग करा दिया जाय और तभी परमार्थ किया जाय। श्रोता की इस आपत्तिका वक्ता जो उत्तर देता है, वह सावधान होकर सुनें।

जब वैराग्य होनेके कारण त्याग किया जाता है, तभी परमार्थका साधन होता है। सांसारिक प्रपंचोंके त्यागसे ही सांगोपांग परमार्थ होता है। पहले जो बहुतसे ज्ञानी हो गये हैं, उन्होंने भी पहले बहुत कष्ट सहे हैं। तब वे भूमण्डलमें विख्यात हुए हैं। बाकी लोग केवल मत्सर करते हुए ही चले गये, अन्न-अन्न करते हुए मर गये और न जाने कितने पेटके लिए भ्रष्ट हो गये। बहुतसे ऐसे लोग हैं जो भजन-का नाम भी नहीं जानते, जिनमें नामको भी वैराग्य नहीं है, जिनको निश्चित ज्ञान भी नहीं है और न जिनका आचरण ही शुद्ध है, पर फिर भी वे अपने आपको सज्जन कहते हैं। यदि विचारपूर्वक देखा जाय तो यह उनका भ्रम ही है। किये हुए अनुचित कृत्योंके सम्बन्धमें पश्चात्ताप न होना भी पहले किये हुए पापोंका ही फल है। ऐसा मनुष्य दूसरोंकी उन्नति देखकर सदा दुःखी होता है। लोग यही सोचते हैं कि जो चीज हमारे पास नहीं है, वह तुम्हारे पास क्यों हो ? खाते हुए आदमीको न खानेवाले आदमी नहीं देख सकते। दिवालिये लोग धनवानों और भाग्यवानोंकी निन्दा करते हैं और साहुको देखकर चोर मन ही मन छटपटाते हैं।

पर यदि विचारपूर्वक देखा जाय तो वैराग्यसे बढ़कर सौभाग्यकी चीज और कोई नहीं है। जिसे वैराग्य न हो, उसका अभाग्य ही समझना चाहिए; और बिना वैराग्य हुए परमार्थ करना ठीक नहीं है। जो प्रत्यक्षका ज्ञान रखनेवाला और वीत-राग हो और अपने विवेकके बलसे सबका त्याग करता हो, उसीको महायोगी और ईश्वरीय पुरुष समझना चाहिए। महादेव आठों सिद्धियोंकी उपेक्षा करके और योग-की दीक्षा लेकर घर-घर भीख माँगते फिरते हैं। वेषधारी भला ईश्वरकी बराबरी कैसे कर सकता है ? इसलिए सब लोग बराबर नहीं हो सकते। उदासी और विवेकीको सभी लोग ढूँढ़ते हैं, पर लालची, मूर्ख, दरिद्र या दीनको कोई नहीं

पूछता। जो विचारसे च्युत तथा आचारसे भ्रष्ट होते हैं, विवेकको भूलकर विषयोंके फेरमें पड़े रहते हैं, जिन्हें भजन अच्छा नहीं लगता और जिनसे कभी पुरश्चरण नहीं होता, उनकी इन्हीं कारणोंसे भले आदमियोंसे नहीं पटती। वैराग्य हो जाने पर भी जिनका आचार भ्रष्ट नहीं होता, ज्ञान होने पर भी जो भजन नहीं छोड़ते और जो व्युत्पन्न या विद्वान् होने पर भी व्यर्थ विवाद नहीं करते, ऐसे लोग बहुत थोड़े हैं। परिश्रम करनेसे खेतमें फसल होती है, अच्छी चीज तुरन्त बिक जाती है और ज्ञानीकी सेवा करनेके लिए सभी लोग दौड़ते हैं। पर बाकी लोग दुराशाके कारण खराब होते हैं, उनका ज्ञान निकृष्ट होता है, आचरण भ्रष्ट हो जाता है और महत्व नहीं रह जाता। उन्मत्त करनेवाले विषयोंका त्याग करके केवल शुद्ध और आवश्यक विषयोंको ही ग्रहण करना विषय-त्यागका लक्षण है। विवेकशील लोग विवेकका यह अभिप्राय अच्छी तरह समझते हैं कि सब कार्य करनेवाला वही ईश्वर है और प्रकृति या मायाका कोई महत्व नहीं है। जिसमें प्रबल शूरता होती है, उसे छोटे-बड़े सभी मानते हैं। कर्मठ या उद्योगी और कामसे जी चुरानेवाला दोनों समान कैसे हो सकते हैं? जो त्याग, अत्याग और तर्कके सम्बन्धकी सब बातें जानता है, जो कुछ कहता है, उसीके अनुसार आचरण करना भी जानता है, पिंड तथा ब्रह्मांडकी सब बातें अच्छी तरह समझता है, उसी सर्वज्ञाता तथा उत्तम लक्षणोंवाले पुरुषका समागम करनेसे सहजमें सार्थकता होती है।

आठवाँ समास

कालका रूप

मूल माया ही जगदीश्वर है और उसीसे सृष्टिक्रमके अनुसार अष्टधा प्रकृतिका विस्तार हुआ है। जिस समय इनमेंसे कुछ भी नहीं था, उस समय केवल निर्मल और निराकार आकाशकी तरह विस्तार ही था और काल या समय आदिका कोई विचार नहीं था। जब उपाधियोंका विस्तार हुआ, तब काल भी दिखाई पड़ने लगा; और नहीं तो पहले कालके लिए कोई स्थान ही नहीं था। एक चञ्चल था और एक निश्चल। इनके सिवा काल और कहाँ था? जब तक चञ्चल है, तभी तक कालकी बात-चीत हो सकती है। आकाशका अर्थ है—अवकाश; और अवकाश विलम्बको कहते हैं। उसी विलम्ब रूप कालका रहस्य समझ लेना चाहिए।

सूर्यके कारण ही विलम्बका पता चलता है और उसीके कारण पलसे लेकर युग तक सबकी गणना होती है। उसीसे पल, घड़ी, पहर, दिवस, अहोरात्र, पक्ष, मास, षड्मास, वर्ष और युग होता है। उसीसे भूमण्डलमें सतयुग, त्रेता, द्वापर और कलियुगकी गिनती चली है और शास्त्रोंमें देवताओंकी बड़ी आयु बतलाई गई है। ब्रह्मा, विष्णु और महेश इन तीनों देवताओंकी उत्पत्ति, स्थिति और संहार सूक्ष्म और विशेष रूपसे सब पिंडोंमें लगा हुआ है, पर लोग ठीक मार्ग छोड़नेके कारण ही कष्ट पाते हैं! जो तीनों गुण आपसमें बिलकुल मिल गये हैं, वे अब अलग नहीं किये जा सकते और आदिसे अन्त तक सृष्टिकी सारी रचना उन्हींसे होती है। भला यह कैसे कहा जा सकता है कि उनमेंसे कौन बड़ा है और कौन छोटा है! पर इन सबको जानना ज्ञाताओंका काम है और अज्ञाता लोग व्यर्थ ही भ्रममें फँसते हैं। उन्हें तो अनुभवके द्वारा मुख्य तत्त्वकी बातें जाननी चाहिएँ। उत्पत्ति-काल, स्थिति-काल, संहार-काल, आदि और अन्तके सब काल विलम्बके रूपमें ही हैं। जो प्रसंग जिस समय हुआ, उसी प्रसंगके अनुसार उस कालका नाम पड़ गया। यदि अनुमानसे यह बात अच्छी तरह समझमें न आती हो तो आगे और भी सुनिए।

प्रसङ्ग पड़ने पर वर्षा काल, शीत काल, संतोष काल, सुख, दुःख और आनन्द-का काल, प्रातःकाल, मध्याह्नकाल, सायंकाल, वसंतकाल, पूर्वकाल, कठिन काल आदि सभी मालूम होते हैं। जन्मकाल, बाल्यकाल, यौवनकाल, वृद्धताकाल, अन्त-काल और विषमकाल सब काल या समयके ही रूप हैं। सुकाल, दुकाल, प्रदोषकाल और पुण्यकाल आदि सभी काल कहलाते हैं। होता कुछ है और मालूम पड़ता कुछ है; और इसीको विवेकहीनता कहते हैं। अनेक प्रवृत्तियोंके लोग प्रवृत्तिको ही जानते हैं। प्रवृत्ति सदा नीचेकी ओर और निवृत्ति ऊपरकी ओर चलती है। और विवेकी लोग जानते हैं कि ऊपरकी ओर जानेसे अनेक प्रकारके सुख होते हैं। विवेकशीलकी दृष्टि वहीं जाती है जहाँसे ब्रह्मांडकी रचना हुई है। और उसका भली-भाँति विचार करता हुआ वह पूर्वापर या मूल स्थिति तक पहुँच जाता है। जो गृहस्थीमें रहकर भी परमार्थमें लगा रहता है, वह प्रारब्ध योगसे लोगोंमें रहकर भी उसी स्थितिको प्राप्त होता है। सबका मूल एक ही है, पर कोई ज्ञाता होता है और कोई मूर्ख। पर सब लोगोंको तुरन्त ही विवेकपूर्वक परलोकके साधनमें लग जाना चाहिए। तभी जन्म सार्थक होता है और दोनों तरहके लोग उसे अच्छा

कहते हैं। वास्तवमें सबको मूल तत्त्व पर ही विचार करना चाहिए। जो लोग विवेकहीन हैं, उन्हें पशुके समान समझना चाहिए। उनकी बातें सुननेसे भला परलोक कैसे मिल सकता है! पर इसमें हमारी क्या हानि है? जो जैसा करता है, वह वैसा फल पाता है। जो कुछ बोया जाता है, वही उगता है और उसीका भोग किया जाता है। आगे भी जो जैसा करेगा, वह वैसा फल पावेगा। भक्ति योगसे भगवान मिलते हैं और ईश्वर तथा भक्तके मिलनेसे यथेष्ट समाधान होता है। जो लोग बिना कीर्ति किये इस संसारसे चले गये, वे व्यर्थ ही इस संसारमें आये और चले गये। पर क्या कहा जाय! लोग चतुर होकर भी भूल जाते हैं। बराबर यही देखनेमें आता है कि यहाँका जो कुछ है, वह सब यहीं रह जाता है। हो सके तो कोई बतलावे कि यहाँसे कौन क्या ले जाता है। सांसारिक पदार्थोंकी ओरसे उदासीन रहना चाहिए और निश्चिन्त होकर विवेकका सम्पादन करना चाहिए। बस इसीसे जगदीशका अलभ्य लाभ होता है। जगदीशके लाभसे बढ़कर और कोई लाभ नहीं है। आवश्यक विषयोंका सेवन और गार्हस्थ धर्मका पालन करते हुए भी समाधान प्राप्त किया जा सकता है। प्राचीन कालमें जनक आदिने राज्य करके भी भगवानको प्राप्त किया था। अब भी इस प्रकारके बहुतसे पुण्यात्मा होंगे। यदि किसी राजाकी मृत्यु आवे और वह राजा लाखों करोड़ों रुपये भी देनेको तैयार हो, तो भी मृत्यु उसे कभी छोड़ नहीं सकती। यह जीवन ऐसा ही पराधीन है। इसमें अनेक प्रकारके दुःख सहने पड़ते हैं और अनेक प्रकारके उद्वेग तथा चिन्ताएँ होती हैं। यह संसार रूपी बाजार लगा हुआ है; और यदि इसमें ईश्वर रूपी लाभ कर लिया जाय, तभी इन सब कष्टोंका बदला मिल सकता है।

नवाँ समास

प्रयत्न सम्बन्धी उपदेश

दुर्बल, लाचार, दरिद्र, आलसी, बहुत अधिक खानेवाले और ऋणग्रस्त आदि सभी लोग अपनी मूर्खताके कारण ऐसे कार्योंमें व्यस्त हैं जो वास्तवमें कोई कार्य ही नहीं हैं। खाने, पीने, पहनने, ओढ़ने, बिछानेको भी कुछ नहीं है और न रहनेको झोपड़ी ही है। इस प्रकार वह बिलकुल दरिद्र है। उसका कोई सहायक, कुटुम्बी, इष्ट-मित्र और परिचित भी नहीं है, और इस प्रकार वह आश्रय-रहित तथा

परदेशी है। वह क्या करे, किसका सहारा ले, जीता रहे या मर जाय, वह किस प्रकार रहे ? कोई मनुष्य इस प्रकारके प्रश्न करता है। दूसरा आदमी इन प्रश्नोंका जो उत्तर देता है, वह श्रोता लोग सावधान होकर सुनें।

कोई काम, चाहे छोटा हो और चाहे बड़ा, बिना किये कभी नहीं होता। हे अभागे, तू भी प्रयत्न कर जिससे भाग्यवान हो जाय। यदि मन सावधान न हो और पूरा-पूरा प्रयत्न भी न किया जाय तो सुख तथा सन्तोष कैसे हो सकता है ? इसलिए आलस्य छोड़कर परिश्रमपूर्वक प्रयत्न करना चाहिए और दुश्चित्तता दूर करनी चाहिए। प्रातःकाल उठकर ईश्वरका स्मरण करना चाहिए और नित्य नियम-पूर्वक अच्छे ग्रन्थोंका पाठ करना चाहिए। पिछले पाठका उद्धरण और नये पाठका अध्ययन करना चाहिए, नियमपूर्वक चलना चाहिए और व्यर्थकी बकवाद नहीं करनी चाहिए। शौचके लिए दूर जाना चाहिए, वहाँसे पवित्र होकर आना चाहिए और आते समय कुछ न कुछ अवश्य लेते आना चाहिए। खाली हाथ लौटना ठीक नहीं है। धोया हुआ कपड़ा निचोड़कर सुखा देना चाहिए, पैर धोने चाहिएँ और यथा-विधि देवदर्शन तथा देवार्चन करना चाहिए। कुछ जलपान करके अपने काममें लगना चाहिए। पराये लोगोंको भी अपना ही समझना चाहिए। सुन्दर अक्षर लिखने चाहिएँ, स्पष्ट और ठीक पढ़ना चाहिए और मननपूर्वक गूढ़ अर्थ समझना चाहिए। कोई बात अच्छी तरह और स्पष्टतापूर्वक पूछनी चाहिए; कुछ कहना हो तो विशद रूपसे और समझाकर कहना चाहिए। बिना अनुभव प्राप्त किये कुछ कहना पाप है। सावधानता रखनी चाहिए, नीति और मर्यादाका पालन करना चाहिए और ऐसी क्रिया-सिद्धि करनी चाहिए जो सबको अच्छी लगे। आनेवाले लोगोंका समाधान, हरि-कथा, अध्यात्म-निरूपण और सदा प्रसंग देखकर व्यवहार करना चाहिए। ताल, घाटी, मुद्रा, अर्थ, प्रमेय, अन्वय आदि शुद्ध होने चाहिएँ; और गद्य तथा पद्यके दृष्टान्त भी शुद्ध तथा क्रमसे होने चाहिएँ। गाना, बजाना, नाचना, भाव बताना, सभाका रञ्जन करनेवाली बातें कहना और कथा तथा छन्द-प्रबन्ध कहना आदि काम भी ठीक तरहसे होने चाहिएँ। जहाँ तक हो सके अधिक लोगोंका समाधान करना चाहिए और ऐसी बातें कहनी चाहिएँ जो अधिकतर लोगोंको अच्छी लगें; और कथामें कोई त्रुटि न होने देनी चाहिए। लोगोंको बहुत चिढ़ाना नहीं चाहिए और उनका हृदय-पट खोज देना

चाहिए, तभी सहजमें चारों ओर नाम हो सकता है। भक्ति, ज्ञान, वैराग्य, योग और अनेक प्रकारके साधनोंके प्रयोग बतलाने चाहिएँ जिनके मनन मात्रसे भव-रोग दूर होते हैं। मनुष्य स्वयं जैसी बातें कहे, वैसा ही अपना आचरण या व्यवहार भी रखे। इसीसे मनुष्य स्वभावतः महन्त पद प्राप्त करता है। चाहे कोई योग कितना ही अच्छा क्यों न हो, पर यदि वह युक्ति-रहित हो तो वह दुराशाका रोग ही होता है और उसमें संग-साथ तकके लोगोंको भी कष्ट होता है। अतः कभी कोई ऐसा काम नहीं करना चाहिए जिससे दूसरोंको कष्ट हो; और मनमें सदा रघुनाथजीका चिन्तन करते रहना चाहिए। लोगोंको उदासीन वृत्ति ही अच्छी लगती है। इसके सिवा कथा-निरूपण भी करना चाहिए और रामकथाका सारे ब्रह्मांडमें प्रचार करना चाहिए। जिसमें महन्तोंके सब लक्षण हों और जो उत्तम संगीत तथा गान-विद्या जानता हो, उसके लिए वैभवकी क्या कमी हो सकती है! उसके पास लोग उसी तरह जमा रहते हैं जिस तरह आकाशमें तारे रहते हैं। जहाँ बुद्धिमान लोग नहीं होते, वहाँ सब बातोंमें अव्यवस्था ही रहती है। एक बुद्धिके न होनेसे ही सब कुछ व्यर्थ हो जाता है। अपनी बुद्धिका विस्तार करके आकाशसे भी बड़ा हो जाना चाहिए। फिर नीच अभाग्य भला कहाँ तक सामने ठहर सकता है! इस प्रकार यह आशंका दूर हो जाती है, बुद्धि प्रयत्नमें लग जाती है और मनमें कुछ आशा भी बढ़ जाती है।

दसवाँ समास

उत्तम पुरुषोंके लक्षण

पहले स्वयं पेट भर भोजन करना और तब बचा हुआ अन्न दूसरोंको बाँटना चाहिए। यह बचा हुआ अन्न व्यर्थ फेंकना धर्म नहीं है। इसी प्रकार मनुष्यको पहले स्वयं ज्ञानसे तृप्त होना चाहिए और तब वह ज्ञान दूसरोंको देना चाहिए। जो तैरना जानता हो, उसे दूसरोंको डूबने न देना चाहिए। पहले स्वयं उत्तम गुण ग्रहण करने चाहिएँ और तब वे गुण दूसरे बहुतसे लोगोंको सिखलाने चाहिएँ। बिना स्वयं आचरण किये हुए जो बातें दूसरोंको बतलाई जाती हैं, वे मिथ्या और व्यर्थ होती हैं। स्नान, सन्ध्या और देवार्चन करके एकाग्रचित्त होकर जप तथा ध्यान और हरिकथा तथा अध्यात्म-निरूपण करना चाहिए। शरीर

परोपकारमें लगाना चाहिए, जिसमें वह बहुतसे लोगोंके काममें आवे और किसीको किसी बातकी कमी या हानि नहीं होने देनी चाहिए। देखना चाहिए कि कौन दुःखी और पीड़ित है और यथा-शक्ति उनके काम आना चाहिए और सबसे बराबर मृदु वचन कहने चाहिएँ। दूसरोंको दुःखी देखकर दुःखी और सुखी देखकर सुखी होना चाहिए और अच्छी बाते कहकर प्राणी मात्रको अपनी ओर मिला लेना चाहिए। बहुतोंके अन्याय क्षमा करने चाहिएँ और पराये आदमियोंको अपने आदमियोंके समान बना लेना चाहिए। दूसरेके मनका भाव समझकर उसके अनुसार काम करना चाहिए और लोगोंको अनेक प्रकारसे परखते रहना चाहिए। कम बोलना और तुरन्त उत्तर देना चाहिए, कभी क्रोध न करना चाहिए और क्षमाका रूप बने रहना चाहिए। आलस्य बिलकुल छोड़ देना चाहिए, बहुत अधिक प्रयत्न करना चाहिए और किसीके साथ मत्सर नहीं करना चाहिए। अच्छे पदार्थ दूसरोंको देने चाहिएँ, हर एक बात खूब सोच समझकर करनी चाहिए और गृहस्थीके सब काम बहुत सावधानीसे करते रहना चाहिए। मृत्युका सदा स्मरण रखना चाहिए, ईश्वरकी भक्तिमें लगे रहना चाहिए और इस प्रकार मरनेके बाद अपनी कीर्ति छोड़ जाना चाहिए। यदि बराबर अच्छा व्यवहार किया जाय तो सब लोगोंको इस बातका पता चल जाता है। जो सबसे विनीत भाव रखता है, उसे फिर किस बातकी कमी हो सकती है! जिसमें ऐसे अच्छे गुण हों, उसीको पुरुष कहना चाहिए और उसके भजनसे जगदीश्वर तृप्त होते हैं। चाहे कोई कितना ही धिक्कार कर कोई बात क्यों न कहे, तो भी अपनी शान्ति भङ्ग नहीं होने देनी चाहिए। वे साधु धन्य हैं जो दुर्जनोंमें भी मिल जाते हैं। जो उत्तम गुणोंसे शृङ्गारित और ज्ञान तथा वैराग्यसे शोभित हो, भूमण्डलमें उसीको भला समझना चाहिए। स्वयं कष्ट उठाकर दूसरोंका उपकार करना चाहिए और इस प्रकार संसारमें अपनी कीर्ति छोड़ जानी चाहिए। यदि कीर्तिका ध्यान किया जाय तो सुख नहीं मिलता और यदि सुखकी ओर देखा जाय तो कीर्ति नहीं मिलती। बिना विचारके कहीं समाधान नहीं होता। दूसरेके मनको ठेस न पहुँचानी चाहिए और कभी भूल नहीं होने देनी चाहिए। क्षमाशीलको प्रतिष्ठाको कभी हानि नहीं पहुँचती। चाहे अपना काम हो और चाहे पराया काम हो, सब पूरी तरहसे करना चाहिए। प्रसङ्ग पड़ने पर काम करनेसे चूकना या

घबराना ठीक नहीं है। यह तो प्रत्यक्ष देखनेमें आता है कि अच्छी बात कहनेसे सब लोगोंको सुख होता है। दूसरोंको भी अपने ही समान समझना चाहिए। यह प्रत्यक्ष देखनेमें आता है कि कठोर बातें कहनेसे बुरा लगता है। तो फिर ऐसी बुरी या कठोर बात क्यों कही जाय? यदि हमें कोई चिकोटी काटे तो हमें कितना कष्ट होता है! बस इसी तरह दूसरोंके सम्बन्धमें भी समझ लेना चाहिए। जो वाणी दूसरोंको दुःखी करे, वह अपवित्र है और वह किसी समय स्वयं अपना ही घात कर बैठेगी। जो कुछ बोया जाय, वही उगता है और जैसा कहा जाय, वैसा ही उत्तर मिलता है। तो फिर कर्कश बात क्यों कही जाय? अपने पुरुषार्थ तथा वैभवसे बहुतसे लोगोंको सुखी करना चाहिए। दूसरोंको कष्ट पहुँचाना तो राक्षसी क्रिया है। भगवद्गीतामें कहा है कि दम्भ, दर्प, अभिमान, क्रोध और कठोर वचन अज्ञानके लक्षण हैं। जो उत्तम गुणोंसे शोभित हो, वही सबसे अच्छा आदमी है। ऐसे आदमियोंको बहुतसे लोग ढूँढ़ते फिरते हैं। बिना क्रिया या आचरणके जो कोरा शब्दज्ञान है, वह कुत्तेके वमनके समान है। ऐसे लोगोंकी तरफ कोई भला आदमी कभी देखता भी नहीं। जो हृदयसे भक्ति करता है और उत्तम गुण धारण करता है, उस महापुरुषको सभी लोग ढूँढ़ते हुए आते हैं। जो ऐसा महानुभाव हो, उसे बहुतसे लोगोंको अपने पास एकत्र करना चाहिए और भक्तिकी सहायतासे उसे देवाधिदेव या ईश्वरको अपना बना लेना चाहिए। हम किसी दिन अकस्मात् मर ही जायँगे। फिर भजन कौन करेगा? इसलिए स्वयं भजन करना चाहिए और दूसरे बहुतसे लोगोंसे भजन कराना चाहिए। हमारी तो यह प्रतिज्ञा है कि हम शिष्यसे इसके सिवा और कुछ भी नहीं माँगते कि हमारे बाद तुम सब लोग ईश्वरका भजन करते रहना। इस प्रकार बड़े उत्साहसे समुदाय एकत्र करना चाहिए और लगे हाथ देवाधिदेवको प्रसन्न कर लेना चाहिए। समुदायके लिए दो बातोंकी आवश्यकता होती है। श्रोता लोग सावधान होकर सुनें। जिस बातसे बहुतसे लोगोंमें भक्ति उत्पन्न होती है, वह प्रबोध-शक्ति या दूसरोंको समझानेकी शक्ति है। इसीके द्वारा बहुतसे लोगोंका मन अपने हाथमें कर लेना चाहिए। ऊपर जो उत्तम गुण बतलाये गये हैं, उनके सिवा प्रबोध-शक्तिकी भी आवश्यकता होती है। जो आदमी अपनी बातोंके अनुसार ही अपना आचरण रखता है और पहले स्वयं उत्तम आचरण करके तब दूसरोंसे वैसा करनेके

लिए कहता है, उसीके वचनको सब लोग प्रमाण-स्वरूप मानते हैं। जो बातें लोगोंको अच्छी नहीं लगतीं, उन्हें वे नहीं मानते। इस बातका ध्यान रखना चाहिए कि हम तो अकेले हैं और सृष्टिमें बहुतसे लोग हैं। इसलिए हमें अपने बहुतसे साथी बना लेने चाहिएँ, उन्हें धीरे-धीरे सब बातें सिखलानी चाहिएँ और विवेक द्वारा पार लगाना चाहिए। पर ये सब विवेकके काम हैं और विवेक-शीलोंसे ही हो सकते हैं। बेचारे और लोग तो भ्रमके कारण लड़ने-झगड़ने लगते हैं। बिना सेना लिए आदमी अकेला रहकर बहुतसे लोगोंके साथ नहीं लड़ सकता; इसलिए बहुतसे लोगोंको प्रसन्न रखना चाहिए।

तेरहवाँ दशक

पहला समास

आत्मा और अनात्मा

आत्मा और अनात्माका विवेक करके उस पर अच्छी तरह विचार और मनन करना चाहिए और तब उन विचारोंको दृढ़तापूर्वक मनमें धारण करना चाहिए। अब सावधान होकर सुनिये कि आत्मा कौन है और अनात्मा कौन है। पुराणोंमें कहा है कि इस संसारमें चार प्रकारकी खानियाँ, चार प्रकारकी वाणियाँ और चौरासी लाख योनियाँ हैं। इस सृष्टिमें अनेक प्रकारके और अपार शरीर दिखाई पड़ते हैं। अब निश्चय करना चाहिए कि उनमें आत्मा कौन है। आत्मा दृष्टिमें रहकर देखता, कानोंमें रहकर सुनता, रसनामें रहकर प्रसाद लेता, घ्राणमें रहकर वास लेता, शरीरके सब अंगोंमें रहकर स्पर्श करता और वाचामें रहकर शब्दोंका ज्ञान कराता हुआ बोलता है। वही सावधान भी है और चंचल भी; और वह अकेला होनेपर भी इन्द्रियोंके द्वारा चारों ओर गतियाँ उत्पन्न करता है। वही पैरोंको चलाता, हाथोंको हिलाता, भौंहोंको सिकोड़ता, आँखें फिराता और संकेत तथा लक्षण बतलाता है। वही धृष्टता करता, लज्जित होता, खुजलाता, खाँसता, ओकता, थूकता, अन्न खाता और पानी पीता है। वही मल मूत्रका त्याग करता, सारे शरीरको सँभालता और प्रवृत्ति तथा निवृत्तिका निर्णय करता है। वही सुनता, देखता, सूँघता, चखता, अनेक प्रकारसे पहचानता, सन्तुष्ट होता और डरता है।

वही आनन्द, विनोद, उद्वेग और चिन्ता करता है और काया, छाया, माया, ममता और जीवन-कालमें अनेक प्रकारकी व्यथाएँ पाता है। वही पदार्थोंमें आस्था रखता है, लोगोंमें भले-बुरे काम करता है, अपनोंको बचाता और परायोंको मारता है। युद्धके समय दोनों ओरके लोगोंके शरीरमें वही निवास करता है और आपसमें एक दूसरेको वही गिराता और मारता है। वही आता-जाता और देहमें रहकर सब व्यापार करता है और वही हँसता, रोता, पछताता और सामर्थ्यके अनुसार धनवान अथवा दरिद्र होता है। वही कायर और बलवान, विद्वान् और मूर्ख तथा न्यायशील और उद्धत होता है। वही धीर, उदार, कृपण, पागल, विचक्षण, उच्छृङ्खल और सहिष्णु होता है। वही विद्या और कुविद्या दोनोंमें आनन्द रूपसे छाया रहता है, और जहाँ देखो, वहाँ वही दिखाई देता है। वही सोता, उठता, बैठता, चलता, दौड़ता, डोलता और झुकता है और वही साथी तथा परामर्शदाता बनता है। वही पुस्तक पढ़ता, अर्थ बतलाता, ताल देकर गाता और वाद-विवाद करता है। जब शरीरमें आत्मा नहीं रहता, तब वह शरीर प्रेत हो जाता अथवा मर जाता है। देहके साथ रहकर ही आत्मा सब कुछ करता है। आत्मा और शरीर दोनोंमेंसे प्रत्येक दूसरेके बिना व्यर्थ है और किसी काम नहीं आता। दोनोंके योगसे ही सब काम होते हैं। नित्यानित्यका विवेक यही है कि देह अनित्य और आत्मा नित्य है और उस सूक्ष्मके सम्बन्धकी सब बातें ज्ञानी ही जानते हैं। पिंडोंमें देह धारण करनेवाला जीव है और ब्रह्मांडमें देह धारण करनेवाले शिव हैं और चारों प्रकारके शरीरमें देह धारण करनेवाला ईश्वर है। तीनों गुणोंसे परे जो ईश्वर है और जिसे अर्द्धनारी नटेश्वर कहते हैं, उसीसे सारी सृष्टिका विस्तार हुआ है। यदि विशेष विचारपूर्वक देखा जाय तो उसमें स्त्री या पुरुषका कुछ भी भाव नहीं है। हाँ उसका कुछ चंचल-सा रूप अवश्य दिखाई पड़ता है। आदिसे अन्त तक, ब्रह्मा आदिसे च्यूँटी तक, सब देहधारी हैं। चतुरोंको नित्यानित्यका यह विवेक या विचार समझ लेना चाहिए। जो कुछ जड़ है, वह सब अनित्य है, और जो कुछ सूक्ष्म है, वह सब नित्य है। और इसमें भी जो नित्य तथा अनित्य है, वह आगे बतलाया गया है। विवेकसे स्थूल और सूक्ष्म दोनोंको पार किया जाता है, कारण और महाकारण छोड़ दिया जाता है और विराट् तथा हिरण्यगर्भ तकका खण्डन कर दिया जाता है। इसके उपरान्त वृत्ति जाकर अव्याकृत तथा मूल प्रकृतिमें

बैठती है। उस वृत्तिकी भी निवृत्ति करनेके लिए अध्यात्मका निरूपण सुनना चाहिए। यहाँ आत्मा और अनात्माके सम्बन्धकी जो बातें बतलाई गई हैं, उनसे चंचल आत्माका ज्ञान हो जाता है। अगले समासमें सारासारका विचार किया गया है।

दूसरा समास

सारासार-विचार

अब सारासार विचार सुनिए। यह समझ लेना चाहिए कि संसारका यह जो इतना बड़ा आडम्बर खड़ा है, उसमें सार क्या है और असार क्या है। जो दिखाई पड़ता है, वह नष्ट होगा, और जो आवेगा, वह जायगा। जो सदा बना रहे, वही सार है। पहले आत्मा और अनात्माके सम्बन्धकी बातें बतलाई गई हैं। यदि उसमेंसे अनात्माको पहचानकर छोड़ दिया जाय और मनुष्य आत्माको जानने लगे तो मायाका मूल समझमें आ जाता है। पर उस मूलमें जो वृत्ति रह जाती है, उसकी भी निवृत्ति होनी चाहिए और इसके लिए श्रोताओंको सारासारका भली भाँति विचार करना चाहिए। नित्यानित्यका विवेक तो हो गया और यह भी निश्चित हो गया कि आत्मा नित्य है। पर उस निराकारमें भी निवृत्तिके रूपमें हेतु या निवृत्त होनेकी भावना बनी रहती है। जिसे हेतु कहते हैं, वह भी चञ्चल है, और जो निर्गुण है, वह निश्चल है। सारासारका विचार करनेसे उस चञ्चल (आत्म-भावना) का भी अन्त हो जाता है। जो चले, वह चञ्चल है, और जो न चले, वह निश्चल है; और यह निश्चित है कि निश्चलमें पहुँचकर चंचलका अन्त हो जाता है। ज्ञान और उपासना दोनोंको एक ही समझना चाहिए और उपासनासे ही लोगों या संसारका उद्धार होता है। द्रष्टा, साक्षी, ज्ञाता, ज्ञानघन, चैतन्य और सब पर सत्ता चलानेवाला वह ज्ञान-स्वरूप परब्रह्म ही है। उस ज्ञानका भी विज्ञान हो जाता है। अच्छी तरह बहुतसे मतोंका विचार करो तो जो कुछ चंचल है, वह सब नष्ट हो जाता है। जिसके मनमें अभी तक इस बातका सन्देह बना ही है कि जो नश्वर है, वह नष्ट होगा या नहीं, वह कभी ज्ञानका अधिकारी नहीं हो सकता। यदि नित्यका निश्चय कर चुकने पर भी सन्देह बना ही रहे तो समझ लो कि वह महा मृगजलमें बह रहा है। उस परब्रह्मका कभी क्षय नहीं होता,

वह अक्षय्य और सर्वव्यापी है। उस निर्विकारमें किसी प्रकारका हेतु या सन्देह नहीं है। वह बहुत विशाल और सघन है। वह आदि, मध्य और अन्त सबमें अचल, अटल तथा अभेद्य है और सदा ज्योंका त्यों रहता है। वह देखनेमें गगनके समान है पर उससे भी अधिक सघन है। उसमें अंजन या मल नहीं है, वह निरंजन है और सदा समान रूपसे प्रकाशित रहता है। चर्मचक्षु और ज्ञानचक्षु आदि तो सब पूर्वपक्ष हैं। वह निर्गुण वास्तवमें अलक्ष है और किसी तरह लखा ही नहीं जा सकता। बिना सब प्रकारके संगोंका त्याग किये कोई परब्रह्म नहीं हो सकता। अतः संगका त्याग करके ही उस मौन्यगर्भ या ब्रह्मको देखना चाहिए। यदि निरसन किया जाय तो सभीका निरसन या अन्त हो जाता है और जो कुछ चञ्चल है, वह सब निकल जाता है। केवल निश्चल परब्रह्म रह जाता है; और वही सार है। आठवें शरीर (मूल माया) तकका निरसन हो जाता है और अष्टकायाका निरसन हो जाता है। इसका उपाय साधु लोग ही कृपा करके बतलाते हैं। सोऽहं हंसः (मैं वही परब्रह्म हूँ) या तत्त्वमसि (वही तू है) वाली स्थिति विचार-पूर्वक देखनेसे सहजमें प्राप्त होती है। ऐसा मनुष्य बाहरसे साधक जान पड़ने पर भी अन्दरसे ब्रह्म ही होता है और उसका हृदय वृत्तियोंसे शून्य हो जाता है। सारासारका विचार करनेका यही फल होता है। परब्रह्म न तपता है, न ठंढा होता है, न सफेद होता है, न काला पड़ता है, न मैला होता है और न साफ होता है। न वह दिखाई पड़ता है, न उसका भास होता है, न वह उत्पन्न होता है, न नष्ट होता है, न आता है और न जाता है। वह न भींगता है, न सूखता है, न बुझता है, न जलता है और न उसे कोई ले जा सकता है। वह साधु धन्य है जो ऐसे निर्विकार ब्रह्ममें लीन होता है जो सामने भी है और चारों ओर भी है और जिसमें दृश्याभास नहीं रहता। जो निर्विकल्प और कल्पनातीत है, उसीको सत्स्वरूप समझना चाहिए। बाकी जो कुछ है, वह सब असत् और भ्रम रूप है। जो खोटी चीज छोड़कर खरी चीज लेता है, वही पारखी कहलाता है। असारको छोड़कर उस सार परब्रह्मको ग्रहण करना चाहिए। जानते जानते ज्ञातृत्व नष्ट हो जाता है और अपनी वृत्ति तद्रूप हो जाती है; और यही आत्म-निवेदन भक्ति है। वाच्यांशसे भक्ति और मुक्तिकी बातें करनी चाहिएँ, और लक्ष्यांशसे तद्रूपताका विचार करना चाहिए। जब मनन करते करते हेतु ही न रह जाय तभी

तद्रूपता होती है। तत्त्वोंका निरसन होने पर सद्रूप, चिद्रूप, तद्रूप और स्वस्वरूप अर्थात् अपना रूप और अरूप ही रह जाता है।

तीसरा समास

उत्पत्ति-निरूपण

ब्रह्म घना और खोखला है। वह आकाशसे भी अधिक विशाल, निर्मल, निश्चल और निर्विकारी है। कुछ समय तक उसके इसी प्रकार रहने पर उसमेंसे भूगोलका आरम्भ हुआ। अब उस भूगोलके मूलकी बातें सावधान होकर सुनिए। पहले निश्चल परमेश्वर परब्रह्ममें चञ्चल सङ्कल्प उठा। उसीको आदिनारायण, मूल माया, जगदीश्वर और षड्गुणेश्वर कहते हैं। अष्टधा प्रकृति उसीमें रहती है। उसके बाद गुणक्षोभिणी का आरम्भ होता है जिसमेंसे तीनों गुणोंका जन्म होता है। मूल ओंकारकी उत्पत्ति वहींसे समझनी चाहिए। अकार, उकार और मकार तीनोंके मिलनेसे ओंकार बनता है और उसके बाद पाँचों भूतोंका विस्तार होता है। अन्तरात्माको ही आकाश कहते हैं और उसीसे वायु उत्पन्न होती है। उस वायुसे तेज उत्पन्न हुआ। वायुकी रगड़से अग्नि उत्पन्न होती है और तब उसमें सूर्य-बिम्ब प्रकट होता है। शीतल वायुसे जल उत्पन्न होता है और उसी जलके जमनेसे पृथ्वी बनी है। इस पृथ्वी या भूगोलके उदरमें अनन्त बीज होते हैं और पृथ्वी तथा जलका संयोग होने पर उन बीजोंमेंसे अंकुर निकलते हैं। पृथ्वी पर अनेक प्रकारकी बेलें, पत्र, पुष्प और अनेक प्रकारके स्वादोंवाले फल होते हैं। अनेक रंगोंके और अनेक रसोंवाले पत्र, पुष्प, फल, मूल, धान्य और अन्न होते हैं। अन्नसे रेत या वीर्य होता है जिससे प्राणी उत्पन्न होते हैं। उत्पत्तिके सम्बन्धकी यह बात सभी लोग जानते हैं। अण्डज, जारज, स्वेदज और उद्भिज सबका बीज पृथ्वी और पानीमें ही होता है। यही सृष्टिकी रचनाका अद्भुत चमत्कार है।

इस प्रकार चारों खानियाँ, चारों वाणियाँ, जीवोंकी चौरासी लाख योनियाँ, तीनों लोक, पिंड और ब्रह्मांड सब उत्पन्न होते हैं। आरम्भमें अष्टधा प्रकृतिकी उत्पत्ति भी पानीसे ही होती है। यदि पानी न हो तो सब प्राणी मर जायँ। यह कोई अनुमानसे कही हुई बात नहीं है; वेदों, शास्त्रों और पुराणों तकसे इसका निश्चय किया जा सकता है। जिस बात पर अपना ठीक-ठीक विश्वास न हो, उसे केवल

अनुमानके आधार पर ही ग्रहण नहीं कर लेना चाहिए। बिना विश्वासके कोई कार्य नहीं होता। चाहे प्रवृत्ति हो और चाहे निवृत्ति, दोनोंके व्यवहारमें प्रतीतिकी आवश्यकता होती है। जो लोग बिना प्रतीति किये केवल अनुमानके फेरमें पड़े रहते हैं, वे विवेकहीन हैं। इस प्रकार सृष्टि-रचनाकी सब बातें यहाँ बतलाई गई हैं। अब यह भी सुनिये कि इस विस्तारका संहार किस प्रकार होता है। आदिसे अन्त तक सब कुछ अन्तरात्मा ही करता है और वही उसकी उचित व्यवस्था भी करता है। आगे संहारके सम्बन्धकी बातें बतलाई गई हैं जो श्रोताओंको सुननी चाहिएँ। यहाँ यह समास पूरा होता है।

चौथा समास

प्रलय-निरूपण

शास्त्रोंमें कहा गया है कि कल्पान्तमें पृथ्वीका अन्त होगा और सब भूत नष्ट हो जायँगे। उस समय सौ वर्षों तक पानी नहीं बरसता जिससे यह सृष्टि जल जाती है और भूमि-पृष्ठमें ऐसी दरारें पड़ती हैं जिनमें पर्वत भी समा जाते हैं। सूर्य अपनी बारहों कलाओंसे तपता है और उसकी किरणोंसे ज्वाला निकलती है। सौ वर्ष तक सारा भूगोल जलता रहता है। पृथ्वीका रंग सिन्दूरकी तरह लाल हो जाता है और शेषनाग तकको ज्वाला लगने लगती है जिससे घबराकर वह विष उगलने लगता है। उस विषसे जो ज्वाला निकलती है उससे पाताल जलते हैं और उस महापावकमें पाताल लोक भी जल जाता है। इससे महाभूत खौलने लगते हैं और प्रलयकी वायु जोरोंसे चलने लगती है जिससे प्रलयकी अग्नि चारों ओर फैल जाती है। इससे ग्यारहों रुद्र कुपित होते हैं और बारहों सूर्य कड़कड़ाकर फटते हैं। इस प्रकार जितने पावक हैं, वे सब प्रलयकालमें इकट्ठे हो जाते हैं। वायु और बिजलीके आघातसे सारी पृथ्वी फट या तड़क जाती है और उसकी कठोरता चारों ओरसे नष्ट हो जाती है। उस समय भला मेरुकी क्या गिनती हो सकती है! और किसे कौन सँभाल सकता है! चन्द्रमा, सूर्य और तारे मिलकर एक हो जाते हैं। पृथ्वी अपनी कठोरता छोड़ देती है और बिलकुल दहकने लगती है। इस प्रकार यह ब्रह्मांडकी भट्ठी एकदमसे जलने लगती है।

जब पृथ्वीके जल जाने पर उसकी सारी कठोरता नष्ट हो जाती है तब फिर

खूब जोरोंसे वृष्टि होती है जिससे सारी पृथ्वी जलमें डूब जाती है। जिस प्रकार चूना जलमें घुल जाता है, उसी प्रकार पृथ्वी भी उस जलके सामने नहीं ठहर सकती, उसमें घुल जाती है। वह अपनी कठोरता छोड़कर जलमें घुल-मिल जाती है। शेष, कूर्म और वाराह भी नहीं रह जाते, जिससे पृथ्वीका आधार भी नष्ट हो जाता है और वह अपना सत्व छोड़कर जलमें मिल जाती है। उस समय प्रलयके मेघ उमड़ते हैं, खूब जोरोंसे गरजते हैं और बिजली अखंड रूपसे कड़कने लगती है जिससे बहुत जोरोंका शब्द होता है। पर्वतोंके बराबर ओले गिरते हैं और इतनी तेज हवा चलती है जिससे पर्वत भी उड़ जाते हैं। उस समय इतना घोर अन्धकार हो जाता है जिसकी कोई उपमा ही नहीं हो सकती। सब नदियाँ समुद्रोंमें मिलकर एक हो जाती हैं और ऐसा जान पड़ता है कि आकाशसे ही नदियाँ गिर रही हैं। सब धाराएँ मिलकर एक हो जाती हैं और सब जगह अखंड पानी हो जाता है। उसमें इतने बड़े-बड़े मच्छ, कछुए और साँप हो जाते हैं जो पर्वतोंके समान दिखाई पड़ते हैं। गर्जन होते ही जलमें जल मिल जाता है। सातों सिन्धु समुद्रमें मिल जाते हैं और समुद्रके घेरे या बाँध टूट जाते हैं। जब सारी पृथ्वी जलमय हो जाती है, तब प्रलय-पावक जोरोंसे जलने लगता है। ब्रह्मांड तपे हुए लोहेके समान हो जाता है और सारा जल सोख लेता है। जब सारा पानी सूख जाता है, तब बहुत ही भीषण अग्नि जलती है। फिर उस अग्निको प्रलयवात बुझा देता है। जैसे कपड़ेका पल्ला हिलानेसे दीपक बुझ जाता है, वैसे ही उस प्रलय वायुसे प्रलयपावक बुझ जाता है और तब खूब जोरोंसे हवा चलने लगती है। पर विशाल आकाशमें वह वायु भी समा जाती है और इस प्रकार पाँचों भूतोंके प्रसारका अन्त हो जाता है। जो मूल माया सबसे बढ़कर भूत है, वह भी अपने आपमें भूलकर लीन हो जाती है और किसी पदार्थके रहनेके लिए जगह बाकी नहीं बचती। सारा दृश्य जगत नष्ट हो जाता है और जड़ या चंचलमेंसे कुछ भी बाकी नहीं रह जाता। उस समय केवल शाश्वत परब्रह्म ही बच रहता है।

पाँचवाँ समास

सृष्टिकी कहानी

दो आदमी थे जो घर-गृहस्थीसे उदासीन होकर पृथ्वी पर चारों ओर घूम

घूमकर अपना समय बिताया करते थे। उन लोगोंने आपसमें श्रोता और वक्ता बनकर कथा आरम्भ की। श्रोताने वक्तासे कहा—कोई अच्छी कहानी सुनाओ। वक्ता बोला—अच्छा, सावधान होकर सुनो। कोई स्त्री-पुरुष (प्रकृति और पुरुष) थे। दोनोंमें बहुत प्रीति थी। दोनों सदा एकरूप होकर रहते थे और उनमें कोई भेद नहीं था। समय पाकर उन्हें एक पुत्र (सत्वगुणात्मक विष्णु) हुआ। वह पुत्र बहुत काम करनेवाला और सब विषयोंमें बहुत योग्य था। फिर उस पुत्रके आगे एक पुत्र (रजोगुणात्मक और ज्ञान तथा अज्ञान मिश्रित ब्रह्मा) हुआ। वह अपने पितासे भी बढ़कर उद्योगी था। पर व्यापकतामें उसकी चातुरी पिताकी चातुरीसे आधी ही थी। उसने अपना कारबार खूब बढ़ाया और बहुतसी कन्याएँ तथा पुत्र उत्पन्न किये और अनेक प्रकारके बहुतसे लोग एकत्र किये। उसका सबसे बड़ा लड़का (तमोगुणात्मक और अज्ञान रूप महेश) बहुत ही अज्ञानी और क्रोधी था। किसीके जरा-सा चूकते ही वह तुरन्त उसका संहार कर डालता था। पिता (मूल पुरुष) तो चुपचाप बैठा रहा, पर उसके लड़के (विष्णु) ने खूब कारबार बढ़ाया। वह लड़का (विष्णु) सर्वज्ञ, ज्ञानी और बहुत अच्छा था। पोता (ब्रह्मा) आधा ज्ञानी और परपोता बिलकुल अज्ञानी था। जरा-सी भूल होते ही वह संहार कर डालता था और महाक्रोधी था। लड़का (विष्णु) सबका पालन करता था, पोता (ब्रह्मा) बराबर वृद्धि करता था और परपोता (महेश) जरा-सी भूल होते ही अचानक संहार कर बैठता था। फिर भी वंश खूब अच्छी तरह बढ़ने लगा और उसका बहुत विस्तार हुआ। इस प्रकार आनन्दसे बहुत समय बीता। बेहद विस्तार हो गया। बड़ोंको कोई नहीं मानता था और आपसमें बहुत अधिक विरोध (द्वैत भाव) बढ़ गया। घरमें ही बहुत लड़ाई-झगड़ा होने लगा जिसमें बहुतोंका संहार हो गया। कोई किसीका दबाव नहीं मानता था। जिस प्रकार यादव लोग उन्मत्त होकर आपसमें ही लड़ मरे थे, उसी प्रकार वे लोग भी अपने ज्ञानके अभिमानसे अन्तमें आपसमें लड़कर नष्ट हो गये। पिता, लड़के, पोते, परपोते सबका नाश हो गया। कन्या, पुत्र आदिमेंसे कोई न बचा। जो इस कहानी पर विचार करता है और इसका रहस्य अच्छी तरह समझता है, वह जन्म और मृत्युके बन्धनसे छूट जाता है और इस बातका विश्वास होने पर श्रोता तथा वक्ता दोनों ही धन्य होते हैं। इस घटनाकी आवृत्ति बराबर होती रहती है। इतना कहकर वे गोस्वामी चुप हो गये।

हमारी यह कहानी तुम्हारे मनमें स्थान करे और तुममेंसे कोई तो ऐसा हो जो इस कहानीकी सब बातों पर भली भाँति विचार करे। भूलते-चूकते जो कुछ याद आया, वह संक्षेपमें यहाँ बतला दिया गया। यदि इसमें कुछ न्यूनाधिक हुआ हो तो श्रोता क्षमा करें। जो लोग यह कहानी बराबर विवेकपूर्वक सुनते रहते हैं, दास कहता है कि वही लोग जगत्का उद्धार करते हैं। अब जगत्के उस उद्धारके लक्षण विस्तारपूर्वक बतलाने चाहिएँ। सार वस्तु चुनकर दूसरोंके सामने रखना ही निरूपण कहलाता है। श्रद्धा रखकर ऐसे निरूपण पर विचार करना चाहिए, अनेक गुप्त तत्त्वोंको समझना चाहिए और समझते-समझते निस्सन्देह हो जाना चाहिए। यदि आठों प्रकारके शरीरोंका अच्छी तरह विचार किया जाय तो सहजमें सब सन्देह नष्ट हो जाते हैं और अखण्ड निरूपणसे समाधान होता है। यदि लोग तत्त्वोंकी ही गड़बड़ीमें फँसे रहें तो कैसे शान्ति मिल सकती है? इसलिए लोगोंको इस गड़बड़ीसे दूर होना चाहिए। इस सूक्ष्म संवाद पर बार-बार सूक्ष्म रूपसे विचार करना चाहिए। अगले समासमें लघु-बोध बतलाया गया है। सावधान होकर सुनिए।

छठा समास

लघु-बोध *

पहले पाँचों तत्त्वोंके नाम अच्छी तरह याद करने चाहिएँ और तब अपने अनुभवसे उनका रूप जानना चाहिए। तब यह निश्चय करना चाहिए कि इनमेंसे शाश्वत क्या है और अशाश्वत क्या है। यहाँ पाँचों भूतोंके सम्बन्धकी सब बातें, उनके नाम तथा रूप और सारासारकी सब बातें निश्चयपूर्वक बतलाई जाती हैं। सावधान होकर सुनिए। पृथ्वी, आप, तेज, वायु, आकाश उन पाँचों भूतोंके नाम हैं। अब यह सुनिए कि इनके रूप कैसे हैं। पृथ्वी इस धरतीको कहते हैं, आपका अर्थ है जल, तेजका अर्थ है सूर्य। इसके सिवा और जो तेजयुक्त पदार्थ हैं, वे भी तेज ही कहलाते हैं। वायुका अर्थ है हवा और यह जो सारा पोला विस्तार है, वह आकाश है। अब अपने मनमें विचार करो कि इनमेंसे शाश्वत कौन है। जैसे एक दाना टटोलनेसे सारे भातका पता चल जाता है, वैसे ही थोड़ेसे अनुभवसे सब

---

* कहते हैं कि श्री समर्थ रामदासजीने इस लघु-बोधका उपदेश शिवाजी महाराजको सिंहगढ़ावाडीमें दिया था।

बातें जान लेनी चाहिएँ। यह तो प्रत्यक्ष देखनेमें आता है कि पृथ्वी बनती और नष्ट होती रहती है और उसमें बराबर अनेक प्रकारकी रचनाएँ होती रहती हैं। मतलब यह कि जो बनता है, वह नष्ट भी होता है। आप या जल सूख जाता है, तेज प्रकट होकर बुझ जाता है और वायु भी नहीं रह जाती। जो आकाश या अवकाश नाम मात्रके लिए है, यदि विचार किया जाय तो वह भी नहीं रह जाता। यह कभी हो ही नहीं सकता कि पंचभौतिक वस्तु बनी रहे। यह जो पाँचों भूतोंका विस्तार है, वह अवश्य ही नष्ट होता है। निराकार आत्मा ही शाश्वत तथा सत्य है। उस आत्माका किसीको पता नहीं चलता और बिना ज्ञानके उसका आकलन नहीं होता; इसलिए उसके सम्बन्धमें सन्तोंसे पूछना चाहिए। सज्जनोंसे पूछने पर वे कहते हैं कि आत्मा अविनाशी है और उसके सम्बन्धमें जन्म और मृत्युका नाम भी न लेना चाहिए। निराकारमें आकारका और आकारमें निराकारका भास होता है। निराकार और आकारको अपने विवेकसे पहचानना चाहिए। निराकारको नित्य और आकारको अनित्य समझना चाहिए। बस इसीको नित्यानित्यका विचार कहते हैं। सारमें असार और असारमें सारका भास होता है, अतः सारासारकी बातों पर भली-भाँति विचार करना चाहिए। सब पंचभौतिक पदार्थ मायिक हैं और अनेक रूपोंमें उनका भास होता है और उनमें एक ही आत्मा व्याप्त है। जिस प्रकार चारों भूतोंमें आकाश व्याप्त है, उसी प्रकार उस आकाशमें वह ब्रह्म व्याप्त है। यदि अच्छी तरह देखा जाय तो आकाश और ब्रह्म दोनों अभिन्न हैं। उपाधिके योगसे ही यह आकाश है और यदि उपाधि न हो तो वह निराभास है। जो निराभास है, वही अविनाशी है; और आकाश भी ऐसा ही निराभास है।

पर अब इस विवेचनाकी आवश्यकता नहीं। देखनेमें जिसका कभी नाश न होता हो, उसीका विवेकपूर्वक विचार करना चाहिए। यही विचार मुख्य समझना चाहिए कि परमात्मा निराकार है। अब यह विचार करना चाहिए कि हम कौन हैं। जब इस शरीरका अन्त होता है, तब इसमेंकी वायु निकल जाती है। यदि इसे झूठ समझो तो अभी श्वास और निश्वास बन्द करके देख लो। श्वास रुकते ही शरीरका अन्त हो जाता है और शरीर मृत हो जाता है; और मृतसे कभी कोई काम नहीं हो सकता। न तो बिना शरीरके वायु ही कुछ कर सकती है और न बिना वायुके शरीर ही कुछ कर सकता है। यदि विचारपूर्वक देखा जाय तो एकके

बिना दूसरा कुछ भी नहीं कर सकता। यों देखनेमें तो मनुष्य दिखाई पड़ता है, पर यदि विचार किया जाय तो वह कुछ भी नहीं है। जो कुछ है, वह ब्रह्म ही है। और यही अभेद भक्तिका लक्षण है जिसे अच्छी तरह समझ लेना चाहिए। यदि हम अपने आपको कर्ता कहें तो सब बातें हमारी इच्छाके अनुसार होनी चाहिएँ; और यदि हमारी इच्छाके अनुसार सब काम न हों तो अपने आपको कर्ता कहना व्यर्थ है। और जब हम कर्ता ही नहीं हैं, तब भोक्ता कैसे हो सकते हैं? यह विचार की बात है और अविचारसे समझमें नहीं आती। अविचार और विचार दोनों वैसे ही हैं, जैसे अन्धकार और प्रकाश हैं। विकार और निर्विकार दोनों एक नहीं हो सकते। जहाँ विचार न हो, वहाँ कुछ भी नहीं हो सकता। वास्तविक बात कभी अनुमानमें नहीं आती। अनुभवको न्याय और अनुभवके अभावको अन्याय कहते हैं। जो जन्मसे ही अन्धा हो वह अनेक प्रकारके रत्नोंकी परीक्षा कैसे कर सकता है? इसलिए वह ज्ञाता धन्य है जो निर्गुणमें अनन्य रहता है। वह परम-पुरुष अपने आत्मनिवेदनके कारण सबके लिए मान्य होता है।

सातवाँ समास

अनुभवका विचार

वह ब्रह्म निर्मल, निश्चल और निराभास है, और उसका दृष्टान्त आकाशसे दिया जाता है। यह जो चारों ओर फैला हुआ अवकाश है, इसीको आकाश कहते हैं। पहले आकाश है और तब सब पदार्थ हैं। यदि अनुभवपूर्वक देखा जाय तो सब यथार्थ है और नहीं तो सब व्यर्थ है। ब्रह्म निश्चल है और आत्मा चञ्चल है और आत्माका दृष्टान्त वायुसे दिया जा सकता है। घटाकाश ब्रह्मका दृष्टांत है, और आकाशमें घटका जो बिम्ब पड़ता है, वह आत्माका दृष्टान्त है। विचार करनेसे दोनोंका अलग-अलग अर्थ समझमें आ जाता है। जो कुछ हुआ या बना है, वह सब भूत है; और जो कुछ होता या बनता है, वह सब नष्ट होता है। यह समझ रखना चाहिए कि चञ्चल आता है और चला जाता है। अविद्या जड़ है और आत्मा चञ्चल है। जड़ अविद्या कपूर है और आत्मा अग्नि है। दोनों ही जलकर तत्काल बुझ जाते हैं। ब्रह्म और आकाश दोनों निश्चल हैं और आत्मा तथा वायु चञ्चल हैं। पारखी लोग खरे और खोटेको पहचान कर लेते हैं। जड़ अनेक हैं और आत्मा एक है; और

यही आत्मा तथा अनात्माका विवेक है। जगतके सब व्यापार चलानेवालेको जगन्नायक कहते हैं। जड़ अनात्मा है, चेतन आत्मा है और जो सबमें वर्तमान रहता है, वह सर्वात्मा है। सब मिलकर चंचलात्मा है जो निश्चल नहीं है। परब्रह्म निश्चल है और उसमें दृश्य-भ्रम नहीं है। विमल ब्रह्म निर्भ्रम है और सदा ज्योंका त्यों रहता है। पहले आत्मा और अनात्माका विचार करना चाहिए, जो मुख्य है; और तब सारासारका विचार करना चाहिए। सारासारका विचार करनेसे प्रकृतिका संहार हो जाता है। विचारके द्वारा प्रकृतिका संहार हो जाता है, सारा दृश्य रहकर भी न रहनेके समान हो जाता है और अध्यात्मका श्रवण करनेसे अन्तरात्मा उस निर्गुणमें सञ्चार करने लगती है। यदि ऊपरकी ओर चढ़ता हुआ अर्थ लगाया जाय तो अन्तरात्मा बराबर ऊपरकी ओर चढ़ती ही जाती है; और यदि नीचेकी ओर उतरता हुआ अर्थ लगाया जाय तो अन्तरात्मा नीचे भूमण्डलमें उतरती चली आती है। अर्थके अनुसार ही आत्माका रूप भी हो जाता है। हम उसे जिधर ले जायँ, वह उधर ही जाती है। यदि अनुमानका सहारा लिया जाय तो वह कभी कभी सन्देहमें भी पड जाती है। यदि सन्देह-रहित अर्थ किया जाय तो आत्मा भी निस्सन्देह हो जाती है। और यदि अनुमानकी सहायतासे अर्थ किया जाय तो वह भी अनुमानके रूपकी ही हो जाती है। यदि नौ रसोंसे युक्त अर्थ किया जाय तो श्रोता भी वैसे ही अर्थ या नौ रसोंसे युक्त हो जाते हैं; और यदि कुअर्थ किया जाय तो श्रोता भी कुअर्थी हो जाते हैं। जैसा सङ्ग होता है, गिरगिटका रङ्ग भी वैसा ही हो जाता है। इसलिए सदा उत्तम मार्ग ग्रहण करना चाहिए। अच्छे अन्नोंका जिक्र करनेसे मन भी उन्हीं अन्नोंके आकारका हो जाता है। स्त्रीके लावण्यका वर्णन करनेसे मन भी उसीमें जा बसता है। सब पदार्थोंका वर्णन कहाँ तक किया जाय! अतः अपने मनमें ही समझ लेना चाहिए कि ऐसा होता है या नहीं। जो कुछ देखा या सुना जाता है, वह मनमें दृढ़तापूर्वक बैठ जाता है। पारखी लोग समझ लेते हैं कि किसमें हित है और किसमें अनहित है। इसलिए सब कुछ छोड़कर केवल ईश्वरको ढूँढ़ना चाहिए, तभी रहस्यका कुछ पता चल सकता है। ईश्वरने तो लोगोंके लिए अनेक प्रकारके सुखोंकी व्यवस्था की है, पर लोग उस ईश्वरको ही भूल जाते हैं और बराबर जन्म भर भूले ही रहते हैं। स्वयं ईश्वरने ही (भगवद्गीता १८-६६ में) कहा है कि सब कुछ छोड़कर मुझे ढूँढ़ो; पर लोग उस ईश्वरकी बात

भी नहीं मानते। इसीलिए वे सदा अनेक प्रकारके दुःख भोगते और कष्ट पाते हैं। वे अपने मनमें तो सुखकी इच्छा करते हैं, पर वह सुख उन्हें कैसे मिल सकता है! जिस ईश्वरमें सबसे अधिक सुख है, उसीको ये पागल भूले रहते हैं। वे सुख-सुख चिल्लाते हुए बराबर दुःख ही भोगते हैं और इसी प्रकार मर जाते हैं। पर समझदारोंको ऐसा नहीं करना चाहिए; और वही काम करना चाहिए जिसमें सुख हो। ब्रह्मांडसे बाहर तक पहुँचकर बराबर उस ईश्वरको ढूँढ़ते रहना चाहिए। जिसे मुख्य ईश्वरका पता चल जाय, फिर उसे किस बातकी कमी हो सकती है! वे लोग पागल हैं जो विवेकको छोड़ देते हैं। विवेकका फल सुख और अविवेकका फल दुःख है। अब इन दोनोंमेंसे जो बात अच्छी लगे, वही करनी चाहिए। उस कर्ताको पहचानना ही विवेक कहलाता है, और इस विवेकको छोड़ने पर मनुष्य परम दुःखी होता है। पर अब यह विषय समाप्त किया जाता है। विचक्षणोंको उचित है कि वे उस कर्ताको पहचानें और अपना हित करनेसे न चूकें।

आठवाँ समास

कर्ताका निरूपण

वक्तासे श्रोता पूछता है कि निश्चित रूपसे वह कर्ता कौन है और इस सारी सृष्टि तथा ब्रह्माण्डकी रचना किसने की है? इस पर एकसे एक अच्छे बोलनेवाले सभानायकोंने जो अच्छी-अच्छी बातें कहीं, वे श्रोताओंको आदरपूर्वक सुननी चाहिएँ। एक कहता है कि कर्ता ईश्वर है, और दूसरा पूछता है कि वह ईश्वर कौन है? इस प्रकार सब लोग अपना-अपना मत बतलाने लगे। जिसका जैसा विचार था, उसने अपना वैसा उत्तम, मध्यम या कनिष्ठ विचार स्पष्ट रूपसे बतलाया। अपनी-अपनी उपासनाको सभी लोग श्रेष्ठ मानते हैं। कोई कहता है कि मंगलमूर्ति गणेश जी ही कर्ता ईश्वर हैं और कोई कहता है कि सरस्वती ही सब कुछ करती हैं। कोई कहता है कि भैरव कर्ता हैं, कोई कहता है कि खंडेराव कर्ता हैं, कोई कहता है कि वीरदेव कर्ता हैं और कोई कहता है कि भगवती सब कुछ करनेवाली हैं। कोई कहता है नरहरि, कोई कहता है बनशंकरी, कोई कहता है नारायण, कोई कहता है श्रीराम, कोई कहता है श्रीकृष्ण, कोई कहता है भगवान केशवराज, कोई कहता है पांडुरङ्ग, कोई कहता है श्रीरङ्ग, कोई कहता है झोटिंग, कोई कहता है मुंज्या,

कोई कहता है सूर्य और कोई कहता है अग्नि ही सबका कर्ता है। कोई कहता है लक्ष्मी, कोई कहता है मारुति, कोई कहता है धरती, कोई कहता है तुकाई, कोई कहता है यमाई और कोई कहता है कि सटवाई ही सब कुछ करती है। कोई कहता है भार्गव, कोई कहता है वामन, कोई कहता है कि एक परमात्मा ही सबका कर्ता है। कोई कहता है वीरभद्र, कोई कहता है नन्दिकेश्वर, कोई कहता है शिवका रेवंणा नामक गण ही सब कुछ करता है। कोई कहता है खलनाथ, कोई कहता है कार्तिकेय, कोई कहता है व्यंकटेश, कोई कहता है गुरु, कोई कहता है दत्तात्रेय, कोई कहता है जगन्नाथ, कोई कहता है ब्रह्मा, कोई कहता है विष्णु, कोई कहता है महेश, कोई कहता है पर्जन्य, कोई कहता है वायु, कोई कहता है निर्गुण ईश्वर, कोई कहता है माया, कोई कहता है जीव, कोई कहता है प्रारब्ध, कोई कहता है प्रयत्न, कोई कहता है स्वभाव और कोई कहता है न जाने कौन यह सब करता है।

इस प्रकार कर्ताके सम्बन्धमें प्रश्न उठते ही कर्ताओंका बाजार-सा लग जाता है; अब किसकी बात ठीक मानी जाय? जो जिस देवताकी उपासना करता है, वह उसीको कर्ता मानता है। लोगोंकी इस गड़बड़ीका कहीं अन्त ही नहीं होता। सब लोगोंने अपने अपने अभिमानके कारण मनमें निश्चय कर लिया है कि अमुक देवता ही कर्ता है; अतः इसका ठीक ठीक विचार हो ही नहीं सकता। इस प्रकार बहुतसे लोगोंके बहुतसे विचार हैं। पर अब इस बाजारको रहने दो। इसका वास्तविक विचार यहाँ दिया है। श्रोता लोग सावधान हों। निश्चयके द्वारा अनुमानका खंडन करना चाहिए; और ज्ञाताओंको उचित है कि वे अनुभवजन्य सत्यको ही प्रमाण मानें। कर्ता जो कुछ करता है वह सब कर्ताके बाद ही होता है। कर्ताकी बनाई हुई चीज कर्ताके पहले नहीं होनी चाहिए। जितनी बनाई हुई चीजें हैं, वे सब पञ्चभौतिक हैं; यहाँ तक कि ब्रह्मा आदि देवता भी पञ्चभौतिक ही हैं। अतः यह तो सम्भव ही नहीं है कि पञ्चभूतात्मक देवताओंने ही इस पञ्चभौतिक जगतकी रचना की हो। पहले पञ्चभौतिकोंको अलग करके तब उस ईश्वर या कर्ताको पहचानना चाहिए; क्योंकि जितने पञ्चभौतिक हैं वे सब आपसे आप कार्यके अन्तर्गत आ जाते हैं। पाँचों भूतोंसे अलग जो निर्गुण है, उसमें कर्तृत्व नहीं होता। भला निर्विकारमें विकार कौन लगा सकता है! निर्गुण कोई काम नहीं कर सकता और सगुण स्वयं किये हुए कार्योंमें आ जाता है। अब यह देखना चाहिए कि

कर्तव्यता किसमें है। जो वास्तवमें मिथ्या है, उसके सम्बन्धमें यह पूछना ही ठीक नहीं है कि इसका कर्त्ता कौन है। इसलिए यही ठीक है कि जो कुछ हुआ है, वह सब स्वाभाविक रूपसे हुआ है। इस विषय पर अच्छी तरह विचार करना चाहिए कि एक तो सगुण है और एक निर्गुण। अब इन दोनोंमेंसे कर्तृत्वका आरोप किसमें किया जाय ? यदि कहा जाय कि सगुणने सगुणको बनाया, तो वह सगुण पहलेसे ही बना हुआ है; और जो निर्गुण है, उसमें कभी कर्तृत्वका आरोप हो ही नहीं सकता। यहाँ कोई कर्त्ता दिखाई ही नहीं देता; अतः अनुभवकी सहायतासे समझना चाहिए; क्योंकि जो कुछ दृश्य है, वह सत्य नहीं है। जो कुछ किया गया है, वह सब मिथ्या है और उस दशामें कर्ताका नाम लेना ही व्यर्थ है। वक्ता कहता है कि विवेकसे अच्छी तरह देखो। अच्छी तरह देखनेसे मनमें विश्वास हो जाता है; और जब विश्वास हो जाय, तब फिर गड़बड़ीकी क्या आवश्यकता है ! अतः इस विषयका यहीं अन्त होना चाहिए। जो विवेकशील है, वही ये सब बातें जानता है। इसमेंसे पूर्वपक्ष बिलकुल हटा ही देना पड़ता है; क्योंकि यह विषय अनिर्वाच्य है। इस पर श्रोता पूछता है कि तो फिर शरीरमें रहकर सुख, दुःख कौन भोगता है ? आगे इसी विषयका निरूपण किया गया है।

नवाँ समास

आत्माका विवरण

शरीरके साथ रहनेके कारण ही आत्माको उद्वेग और चिन्ता करनी पड़ती है। यह तो प्रकट ही है कि शरीरके योगसे ही आत्मा जाग्रत रहती है। यदि देह अन्न न खाय तो आत्मा कदापि जाग्रत नहीं रह सकती और बिना आत्माके शरीरमें चेतना नहीं हो सकती। यदि दोनोंको एक दूसरेसे अलग कर दिया जाय तो दोनों ही निरर्थक हो जाते हैं। दोनोंके योगसे ही सब काम चलते हैं। देहमें चेतना नहीं है और आत्मा पदार्थ नहीं उठा सकती। स्वप्नमें जो भोजन किया जाता है, उससे कभी पेट नहीं भरता। जरा यह चमत्कार देखो कि आत्मा स्वप्नावस्थामें जाने पर भी शरीरमें ही रहती है, क्योंकि सोये रहनेकी दशामें भी तो मनुष्य शरीर खुजलाता है। अन्नके रससे शरीर बढ़ता है, और शरीरके बढ़नेके साथ ही साथ विचार भी बढ़ते हैं और इसके बाद वृद्धावस्थामें दोनों ही कम होने लगते हैं। उन्मत्त करने-

वाले या मादक पदार्थ खाता तो शरीर है, पर शरीरके योगसे आत्माको भी भ्रम होने लगता है और विस्मृतिके कारण वह सुध-बुध सब कुछ खो बैठती है। विष तो शरीर ग्रहण करता है, पर आत्मा उसमेंसे निकलकर चली जाती है। इसलिए आत्मामें भी वृद्धि और ह्रास होता है। आत्माको शरीरके योगसे ही बढ़ाना-घटाना, आना-जाना और सुख-दुःख आदि भोगना पड़ता है। यह शरीर भी च्यूँटियोंके बिल या दीमकोंकी बाँबियोंकी तरह ही पोला है। शरीरमें छोटी और बड़ी सभी प्रकारकी नाड़ियोंका जाल बिछा है और नाड़ियोंके अन्दर पोले मार्ग हैं। प्राणी जो अन्न और जल ग्रहण करता है उसीसे अन्नरस बनता है और श्वासोच्छ्वासकी सहायतासे वही अन्नरस सारे शरीरमें पहुँचता है। नाड़ियोंके द्वारा पानी दौड़ता है और पानीमें हवा मिली रहती है। बस उसी पवनकी तरह सारे शरीरमें आत्माको भी समझना चाहिए। शरीर जब तृषासे पीड़ित होता है, तब आत्माको उसका पता चल जाता है और तब शरीर उठकर पानीकी ओर बढ़ता है। वही आत्मा पानी माँगती है, शब्दोंका उच्चारण कराती है, मार्ग देखकर शरीरका परिचालन करती है और प्रसंगके अनुसार सारा शरीर हिलता-डोलता है। जब आत्माको पता चलता है कि शरीरको भूख लगी है, तब वह शरीरको उठाती है और शरीर लोगोंसे कहने और न कहने योग्य बातें कहता है। स्त्रियोंमें भी आत्मा ही कहती है कि हो गया, हो गया। आत्मा ही शरीरको नहला धुलाकर ले आती है और पैरोंमें भरकर उन्हें जल्दी जल्दी चलाती है। वही भोजन करनेवालेको बरतनके सामने लाकर बैठाती है, नेत्रोंमें आकर बरतनोंको देखती है और हाथसे आचमन आरम्भ कराती है। वही हाथोंसे कौर उठवाती है, मुखमें पहुँचकर उसे खोलती है और दाँतोंसे भोजनको अच्छी तरह चबवाती है। वही जीभमें रहकर सरस पदार्थोंका स्वाद लेती है, और यदि ग्रासमें बाल या कंकड़ आ जाय तो उसे तत्काल थुकवा देती है। यदि भोजन अलोना हो तो वही नमक माँगती है, वही स्त्रीके प्रति कहलाती है—"क्यों, ऐसा क्यों हुआ ?" और उसीके कारण मनुष्य क्रोधसे आँखें लाल करता है। भोजन अच्छा लगने पर वही आनन्दित होती है और अच्छा न लगने पर वही दुःखी होती है। वही कटु वचन कहकर दूसरेकी आत्माको दुखाती है। वही अनेक प्रकारके अन्नोंकी मिठास और अनेक प्रकारके रसोंका स्वाद पहचानती है और कोई चीज कड़वी लगने पर वही सिर हिलाती और खाँसती है। क्रोधमें आकर वही कठोरतापूर्वक कहती है—

"इतनो अधिक मिरचें डाल दीं ! क्या बनाती है, पत्थर !" यदि किसी दिन अधिक घी खा लेती है तो तुरन्त ही लोटा उठाकर गटागट ढेर-सा पानी पीने लगती है।

मतलब यह कि शरीरमें सुख और दुःख भोगनेवाली आत्मा ही है। आत्माके बिना शरीर व्यर्थ और मुरदा होता है। मनकी अनन्त वृत्तियोंको ही आत्मस्थिति समझना चाहिए। तीनों लोकोंमें जितनी व्यक्तियाँ हैं, उन सबमें आत्मा है। इस जगतमें जगदात्मा और विश्वमें विश्वात्मा है, और अनेक प्रकारसे सब व्यापार चलानेवाली सर्वात्मा है। वह आत्मा ही सूँघती, चखती, सुनती और देखती है, मृदु तथा कठोरको पहचानती और गरमी सरदीका तुरन्त ज्ञान कर लेती है। वही सावधानतापूर्वक अनेक प्रकारकी लीलाएँ करती है, तरह तरहके उलटे सीधे काम करती है। इस धूर्तको धूर्त ही पहचान सकता है। वायुके साथ परिमल आता है, पर वह परिमल भी उसमेंसे निकल जाता है और उसके साथ जो धूल आती है, वह भी चली जाती है और वायु निर्मल बनी रहती है। शीत, उष्ण, सुवास और कुवास सब वायुके ही साथ रहते हैं, पर फिर भी वे उसमें मिल नहीं सकते। वायुके साथ ही रोग आते हैं, वायुके साथ ही भूत दौड़ते हैं और धूल तथा कुहरा भी वायुके साथ ही आता है। पर फिर भी कोई चीज वायुमें सदा नहीं ठहरती और न आत्माके साथ वायु ही ठहरती है। आत्माकी चपलता वायुसे अधिक है। कठिन पदार्थके सामने पहुँचकर वायु रुक जाती है, पर आत्मा उस कठिन पदार्थको भी भेदकर उसके अन्दर चली जाती है। फिर भी उस कठिन पदार्थमें छेद नहीं होता। वायुके चलनेमें शब्द होता है, पर आत्मामें किसी प्रकारका शब्द नहीं होता। यदि विचार किया जाय तो चुपचाप अन्दर ही अन्दर उसकी सब बातें समझमें आ जाती हैं। यदि शरीरके साथ कोई अच्छा काम किया जाय तो वह आत्मा तक पहुँचता है और शरीरके योगसे उसका समाधान हो जाता है। शरीरको छोड़कर चाहे कितने ही उपाय क्यों न किये जायँ, पर वे आत्मा तक नहीं पहुँचते। देहके कारण ही वासनाएँ तृप्त होती हैं। यदि देखा जाय तो देह और आत्माके इस प्रकारके बहुतसे कौतुक हैं। बिना देहके आत्माको बहुत अड़चन होती है। जब तक देह और आत्मा दोनों साथ रहते हैं, तब तक बहुत बड़े-बड़े काम होते हैं, और दोनोंके अलग हो जाने पर कुछ भी नहीं हो सकता। देह और आत्माके योगसे विवेकके द्वारा तीनों लोकोंकी सब बातें समझमें आ सकती हैं।

दसवाँ समास

उपदेश-निरूपण

पत्रों, पुष्पों, फलों, बीजों, पत्थरों या रत्नों और कौड़ियोंकी मालाएँ, सूतमें गूँथी जाती हैं। स्फटिक, जहरमोहरे, काठ, चन्दन, धातु और रत्नोंकी मालाएँ, जालियाँ और चन्दोवे आदि भी सूतसे ही गूँथे जाते हैं। यदि सूत न हो तो ये सब चीजें नहीं गूँथी जा सकतीं। इसी प्रकार आत्मासे सारा संसार गूँथा हुआ है। पर सूतके साथ आत्माकी उपमा पूरी तरहसे ठीक नहीं बैठती। जब हम सूतमें कोई मणि पिरोते हैं, तब सूत उसके बीचमें रहता है; पर आत्मा शरीरके सभी अङ्गोंमें व्याप्त रहती है। इसके सिवा आत्मा स्वभावतः चपल है, पर सूतमें वह बात नहीं है। इसी लिए दृष्टान्त ठीक नहीं बैठता। तरह तरहकी वेलोंमें उसका अंश रहता है, ऊखमें रस भरा रहता है, पर वह रस और ऊखका छिलका दोनों एक नहीं हैं। इसी प्रकार देही या आत्मा और देह या अनात्मा भी दोनों अलग अलग हैं; और इन दोनोंसे भिन्न वह निरंजन परमात्मा है, जिसकी कोई उपमा हो ही नहीं सकती। राजासे लेकर रंक तक सब लोग मनुष्य ही हैं, पर वे सब एक समान कैसे हो सकते हैं? संसारमें देव-दानव, मनुष्य, नीच योनि, हीन जीव, पापी और पुण्यात्मा सभी तरहके लोग होते हैं। यद्यपि उस ईश्वरके एक ही अंशसे संसारके सब काम चलते हैं, तो भी सब लोगोंकी शक्ति अलग अलग होती है। किसीका साथ करनेसे मुक्ति होती है और किसीका साथ करनेसे रौरव नरक भोगना पड़ता है। शक्कर और मिट्टी दोनोंकी उत्पत्ति पृथ्वीसे है, पर मिट्टी खाई नहीं जाती। विष क्या जल नहीं है? पर वह दूषित पदार्थ है। पुण्यात्मा और पापात्मा दोनोंमें ही आत्मा रहती है। इसी प्रकार कोई साधु होता है और कोई मूर्ख। पर सबकी अलग अलग मर्यादा होती है, जो छूट नहीं सकती। यह ठीक है कि सबके अन्दर एक ही आत्मा होती है, पर डोमको साथ लेकर नहीं चला जा सकता। पंडित और छोकरा दोनों एक नहीं हो सकते। मनुष्य और गधा, राजहंस और मुरगा, राजा और बन्दर एक कैसे हो सकते हैं? भागीरथीका जल भी आप है और मोरी तथा गड्ढेका जल भी आप है, पर उनका मैला पानी कभी पीया नहीं जाता। इसलिए मनुष्यको पहले अपना आचरण शुद्ध रखना चाहिए, फिर विचार शुद्ध रखना चाहिए और तब वीतराग तथा सुबुद्ध होना चाहिए। यदि शूरोंको छोड़कर कायरोंको एकत्र किया जाय तो

युद्धके समय अवश्य दुर्दशा होगी। श्रीमान्‌को छोड़कर दरिद्रकी सेवा करनेसे क्या फल होगा? एक ही जलसे सब चीजें उत्पन्न हुई हैं, पर फिर भी किसी चीजको पहले अच्छी तरह देखकर तब उसका सेवन करना चाहिए। सब चीजोंको एक समान समझकर उनका सेवन करना मूर्खता है। जलसे अन्न होता है और अन्नसे वमन बनता है। पर वमन किया हुआ पदार्थ कभी खाया नहीं जाता। इसलिए निन्दनीय वस्तुको छोड़कर वन्दनीय वस्तुको हृदयमें धारण करना चाहिए और सत्कीर्तिसे सारा भूमण्डल भर देना चाहिए। उत्तमको तो उत्तम वस्तु अच्छी लगती है, पर कनिष्ठको उत्तम वस्तु अच्छी नहीं लगती। और इसीलिए कनिष्ठको ईश्वरने अभागा बना रखा है। इसलिए वह सारा अभागापन छोड़ देना चाहिए और उत्तम लक्षण ग्रहण करने चाहिएँ, हरिकथा और पुराणोंका श्रवण करना चाहिए और नीति तथा न्यायपूर्वक रहना चाहिए। विवेकपूर्वक व्यवहार करना चाहिए, सब लोगोंको प्रसन्न रखना चाहिए और धीरे धीरे सबको पुण्यात्मा बनाते चलना चाहिए। जैसे लड़कोंको सिखलानेके लिए उन्हींकी चालसे चलना पड़ता है और उनको अच्छी लगनेवाली बातें कहनी पड़ती हैं, उसी प्रकार लोगोंको भी धीरे धीरे सिखलानेकी आवश्यकता होती है। सबका मन रखना ही चतुरताका लक्षण है। चतुर सदा चतुरोंकी सब बातें जानता है; बाकी लोग पागल हैं। पागलको कभी पागल नहीं कहना चाहिए और मर्म पर आघात पहुँचानेवाली बात कभी नहीं कहनी चाहिए; तभी निस्पृह पुरुष दिग्विजय कर सकता है। जैसा स्थल और प्रसंग हो, वैसा ही कार्य करना चाहिए और प्राणीमात्रका अन्तरंग या अभिन्नहृदय मित्र बन जाना चाहिए। यदि एक दूसरेके मनकी बात न की जाय तो आपसमें सभीको कष्ट होता है। किसीका जी दुखाना अच्छा नहीं होता। इसलिए जो दूसरोंका मन रखता है, वही बड़ा महन्त है। जो दूसरोंका मन रखता है, उसकी ओर सभी लोग आपसे आप खिंच आते हैं।

चौदहवाँ दशक

पहला समास

निस्पृह-लक्षण

अब निस्पृहकी युक्ति, बुद्धि और चातुरीके सम्बन्धके उपदेश सुनिए, जिससे सदा समाधान बना रहता है। जैसे सहज और फलदायक मन्त्र अथवा साधारण

और गुणदायक औषधियाँ होती हैं, वैसे ही मेरी ये बातें सादी और अनुभवजन्य हैं। इनसे अवगुण तत्काल नष्ट हो जाते हैं और उत्तम गुणोंकी प्राप्ति होती है। इसलिए श्रोताओंको इस शब्द-रूपी तीव्र औषधका ध्यानपूर्वक सेवन करना चाहिए। पहले तो निस्पृहता धारण ही नहीं करनी चाहिए और यदि धारण कर ली जाय तो फिर छोड़नी नहीं चाहिए। और यदि एक बार निस्पृहता धारण करके छोड़ दी जाय तो फिर जान पहचानके लोगोंमें रहना नहीं चाहिए। कान्ताको दृष्टिमें न रखना चाहिए और न मनको उसका स्वाद चखाना चाहिए; और यदि धैर्य नष्ट हो जाय तो फिर लोगोंको मुँह नहीं दिखाना चाहिए। बराबर एक स्थान पर न रहना चाहिए, संकोच न करना चाहिए और द्रव्य या दाराकी ओर लोभकी दृष्टिसे न देखना चाहिए। आचार भ्रष्ट न होना चाहिए, किसीका दिया हुआ द्रव्य न लेना चाहिए और अपने ऊपर कभी कोई दोष न आने देना चाहिए। भिक्षा माँगनेमें लज्जा न करनी चाहिए, बहुत अधिक भिक्षा न लेनी चाहिए और किसीके पूछने पर भी अपना परिचय न देना चाहिए। न तो बहुत बढ़िया और न बहुत मलिन वस्त्र पहनना चाहिए, मीठे पदार्थ न खाने चाहिए, दुराग्रह न करना चाहिए और अवसर देखकर उसके अनुसार कार्य करना चाहिए। मनको भोग-विलासकी ओर न जाने देना चाहिए, शारीरिक कष्टोंसे घबराना न चाहिए और अधिक जीवन-की आशा न रखनी चाहिए। विरक्तिको नष्ट न होने देना चाहिए, धैर्य भंग न होने देना चाहिए और विवेकके बलसे ज्ञानको मलिन न होने देना चाहिए। करुण-कीर्तन न छोड़ना चाहिए, मनमें होनेवाला ध्यान बन्द न करना चाहिए और सगुण मूर्तिका प्रेमतन्तु न तोड़ना चाहिए। मनमें चिन्ता, कष्ट या खेद न करना चाहिए और चाहे कुछ भी हो, समय पर धैर्य न छोड़ना चाहिए। अपमान होने पर दुःखी न होना चाहिए, किसीके ताना देनेपर मनमें कष्ट न होने देना चाहिए और किसीके धिक्कारने पर खेद न करना चाहिए। लोक-लज्जा न रखनी चाहिए, किसीके लज्जित करनेसे लज्जित न होना चाहिए और किसीके खिजलाने पर खिजलाना न चाहिए। शुद्ध मार्ग (निर्मल उपासना, विमल ज्ञान, वैराग्य, ब्राह्मण्य-रक्षा और गुरुपरम्परा) न छोड़ना चाहिए, दुर्जनोंसे झगड़ा न करना चाहिए और चांडालसे सम्बन्ध होनेका अवसर न आने देना चाहिए। बात-बात पर क्रोध न करना चाहिए, किसीके झगड़ा करने पर उससे झगड़ना न चाहिए और निज स्थिति किसी प्रकार नष्ट न होने

देनी चाहिए। किसीके क्षण-क्षण पर हँसाने पर हँसना, बुलाने पर बोलना, या चलाने पर चलना न चाहिए। एक ही वेष या एक ही साज सदा न रखना चाहिए और एक ही स्थान पर सदा न रहना चाहिए, बल्कि बराबर भ्रमण करते रहना चाहिए। किसीके साथ दृढ़ संसर्ग न होने देना चाहिए, दान न लेना चाहिए और सदा सभामें ही न बैठे रहना चाहिए। कोई बात बराबर नियमपूर्वक न करते रहना चाहिए, किसीको भरोसा न देना चाहिए और कोई बात सदाके लिए अङ्गीकार न करनी चाहिए। नित्य नियम और अध्ययन न छोड़ना चाहिए और कभी परतन्त्र न होना चाहिए। स्वतन्त्रता नष्ट न होने देनी चाहिए, निरपेक्षता न तोड़नी चाहिए, और क्षण-क्षण पर परापेक्षी न होना चाहिए। वैभवकी ओर न देखना चाहिए, उपाधियोंके सुखके फेरमें न रहना चाहिए और एकान्त स्वरूपस्थिति नष्ट न होने देनी चाहिए। अनर्गलता या उच्छृङ्खलता और लोकलज्जा न करनी चाहिए, और कभी कहीं आसक्त न होना चाहिए। परम्परा और उपासना मार्गकी उपाधि नष्ट न होने देनी चाहिए और कभी ज्ञानका मार्ग न छोड़ना चाहिए। कभी कर्म मार्ग, वैराग्य और साधन या भजन न छोड़ना चाहिए। बहुत अधिक विवाद या मनमें अनीति धारण न करनी चाहिए और व्यर्थ क्रोध करके हठ न करना चाहिए। जो न माने, उससे कुछ कहना न चाहिए, लोगोंको दुःखी करनेवाली बातें न कहनी चाहिएँ और बहुत दिनों तक एक स्थान पर न रहना चाहिए। कोई उपाधि न करनी चाहिए और यदि हो जाय तो उसे चलने न देना चाहिए; और यदि वह चलती भी रहे तो उसमें फँसना न चाहिए। बड़प्पनसे रहना या महत्व रखकर बैठना न चाहिए और मानकी कहीं कोई इच्छा न रखनी चाहिए। सादगी न छोड़नी चाहिए, अपनी छोटाई न बिगाड़नी चाहिए और अपने मनमें बलपूर्वक अभिमान न उत्पन्न करना चाहिए। बिना अधिकारके कोई बात कहना या डाट डपटकर उपदेश न देना चाहिए और परमार्थ कभी बिगाड़ना न चाहिए। कठिन वैराग्य और कठिन अभ्यास न छोड़ना चाहिए और किसी विषयमें कठोरता न करनी चाहिए। कठोर शब्द बोलना, या कठोर आज्ञा न देनी चाहिए, और चाहे जो हो, कठिन धैर्य न छोड़ना चाहिए। स्वयं आसक्त न होना चाहिए, कोई काम बिना किये न कहना चाहिए और शिष्योंसे बहुतसी चीजें न माँगनी चाहिएँ। उत्कट बातें कहना या इन्द्रियोंका स्मरण न करना चाहिए और स्वच्छन्द होकर शाक्त या वाम मार्गमें न

चलना चाहिए। छोटे काम करनेसे लज्जित न होना चाहिए, वैभव पाकर मत्त न होना चाहिए और जान बूझकर क्रोध न करना चाहिए। अपने बड़प्पनमें भूलना या न्याय और नीति छोड़ना न चाहिए, और कभी अप्रामाणिक व्यवहार न करना चाहिए। बिना अच्छी तरह समझे कुछ न कहना चाहिए, केवल अनुमानके आधार पर ही निश्चय न करना चाहिए और यदि कोई मूर्खतासे कुछ कहे तो दुःखी न होना चाहिए। सावधानता और व्यापकता न छोड़नी चाहिए और आलस्यमें सुख न मानना चाहिए। मनमें विकल्प रखना या स्वार्थपूर्ण आज्ञा न देनी चाहिए, और यदि ऐसी आज्ञा दी भी जाय तो अपने सामने उसका पालन न होने देना चाहिए। बिना प्रसंगके बोलना, बिना अन्वयके कहना, या बिना विचारे हुए अविचारके मार्गमें जाना न चाहिए। परोपकार न छोड़ना चाहिए, दूसरेको पीड़ा न पहुँचानी चाहिए और किसीके सम्बन्धमें अपने मनमें बुरा विचार न उठने देना चाहिए। भोलापन और महन्ती न छोड़नी चाहिए और द्रव्यके लिए चारों तरफ कीर्तन करते हुए न घूमना चाहिए। संशयात्मक बात न कहनी चाहिए, बहुतसे निश्चय न करने चाहिएँ और जब तक निरूपण करनेकी पूरी शक्ति न हो, तब तक निरूपणके लिए कोई ग्रन्थ हाथमें न लेना चाहिए। जान-बूझकर कोई बात न पूछनी चाहिए, अहं-भाव न दिखलाना चाहिए और किसीसे यह न कहना चाहिए कि यह बात हम फिर किसी समय बतलावेंगे। अपने ज्ञानका अभिमान न करना चाहिए, सहसा किसीको कष्ट न देना चाहिए और किसीसे झगड़ा न करना चाहिए। स्वार्थ-बुद्धि न रखनी चाहिए, किसी कारबार या बखेड़ेमें न पड़ना चाहिए और राजद्वारका कार्यकर्ता न बनना चाहिए। किसीको भरोसा न देना चाहिए, जो चीज न मिल सके, वह भिक्षामें न माँगनी चाहिए और भिक्षाके लिए अपनी परम्परा न बतलानी चाहिए। दूसरोंका विवाह आदि कराने या झगड़ा बखेड़ा निपटानेके फेरमें न पड़ना चाहिए और अपने शरीरमें प्रपंचोंकी उपाधि न लगानी चाहिए। प्रपंचोंमें न पड़ना चाहिए, दूषित अन्न न खाना चाहिए और अतिथियोंकी तरह निमन्त्रण न ग्रहण करना चाहिए। पितृ-पक्ष, छठी, छमाही या छमासी, रोग आदिकी शान्ति, बरसी, मन्नत या मनौती, व्रत, उद्यापन आदिमें निस्पृहको न जाना चाहिए, वहाँका अन्न न खाना चाहिए और इस प्रकार अपने आपको दीन न बनाना चाहिए। विवाहके समय किसीके यहाँ न जाना चाहिए, पेट

भरनेके लिए गाना न चाहिए और धन लेकर कहीं कीर्तन न करना चाहिए। अपनी भिक्षा न छोड़नी चाहिए, पारीसे मिलनेवाला अन्न न खाना चाहिए और निस्पृहको धन लेकर कोई सुकृत न करना चाहिए। वेतन लेकर पुजारीका काम न करना चाहिए और यदि कोई पुरस्कार आदि दे तो न लेना चाहिए। कहीं अपना मठ न बनाना चाहिए, यदि बनाया हो तो उसे अपने अधिकारमें न रखना चाहिए और कहीं मठाधीश बनकर न रहना चाहिए।

निस्पृहको सब काम करने चाहिएँ, पर उनमें फँसना नहीं चाहिए और लोगोंको भक्ति-मार्गमें चलनेके लिए उत्तेजित करना चाहिए। बिना प्रयत्नके या खाली नहीं रहना चाहिए, आलस्यको कभी अपने सामने न आने देना चाहिए और शरीर रहते उपासनासे वियोग न करना चाहिए। उपाधियोंमें पड़ना या उन्हें अपने शरीरमें लगाना न चाहिए और अव्यवस्थित होकर भजन-मार्ग पर चलना बन्द न करना चाहिए। बहुत उपाधियाँ नहीं करनी चाहिएँ, पर उपाधियोंके बिना काम नहीं चलता; अतः जहाँ तक हो, उनसे बचना चाहिए। सगुण भक्ति न छोड़नी चाहिए; ईश्वरसे विभक्त या अलग होकर रहना बुरा है। न तो बहुत अधिक घूमना-फिरना और न एक जगह बहुत जमकर रहना चाहिए और न बहुत कष्ट सहना चाहिए; पर अधिक आलस्य करना भी बुरा है। बिना बोले काम नहीं चलता पर फिर भी बहुत बोलना न चाहिए। बहुत अधिक अन्न भी न खाना चाहिए, पर बहुत उपवास करना भी बुरा है। बहुत अधिक सोना या बहुत अधिक जागना न चाहिए। न बहुत अनियमित रहना चाहिए। न तो बस्तीमें ही और न जंगलमें ही बहुत अधिक रहना चाहिए। अपने देहका बहुत अधिक पालन न करना चाहिए, पर आत्महत्या करना भी बुरा है। लोगोंका बहुत अधिक संग-साथ न करना चाहिए, पर सन्तोंकी संगति न छोड़नी चाहिए। कोरी कर्मठताकी आवश्यकता नहीं है, पर अनाचार भी बुरा है। लोकाचार बहुत अधिक न छोड़ना चाहिए और न लोगोंके अधिक अधीन होकर ही रहना चाहिए। बहुत प्रीति करना ठीक नहीं है, पर निष्ठुरता भी बुरी है। बहुत संशय न करना चाहिए, पर बिलकुल स्वच्छन्द मार्ग भी न ग्रहण करना चाहिए। बहुत साधनोंमें न पड़ना चाहिए, पर बिना साधनके रहना भी अच्छा नहीं है। विषयोंका बहुत अधिक भोग न करना चाहिए, पर उनका बिलकुल त्याग भी ठीक नहीं है। देहका

बहुत अधिक मोह न करना चाहिए, पर बहुत अधिक कष्ट सहना भी बुरा है। बिलकुल अलग या दूर रहकर अनुभव न करना चाहिए पर बिना अनुभवके रहना भी ठीक नहीं है। आत्मस्थितिके सम्बन्धमें कुछ न कहना चाहिए, पर बिलकुल निस्तब्ध रहना भी बुरा है। मनको न रहने देना चाहिए (उन्मन हो जाना चाहिए), पर मनके बिना काम भी नहीं चलता। अलक्ष्य वस्तु दिखाई तो नहीं पड़ती, पर उसकी ओर लक्ष न रखना भी बुरा है। वह मन और बुद्धिके लिए अगोचर है, पर बिना बुद्धिके वहाँ अन्धकार भी रहता है। अपना ज्ञान भूल जाना चाहिए, पर अज्ञानता भी बुरी है। ज्ञातृत्व न रखना चाहिए, पर बिना ज्ञानके काम भी नहीं चलता। उस अतर्क्य वस्तुके सम्बन्धमें तर्क नहीं हो सकता, पर बिना तर्क किये रहना भी बुरा है। दृश्यका स्मरण न करना चाहिए, पर उसका विस्मरण भी न करना चाहिए। कोई चर्चा नहीं करनी चाहिए, पर बिना चर्चा किये काम भी नहीं चलता। लोगोंमें किसी प्रकारका भेद-भाव न रखना चाहिए, पर उन्हें वर्णसंकर भी न कर देना चाहिए। अपना धर्म न छोड़ना चाहिए, पर अभिमान करना बुरा है। बहुत आशापूर्ण बातें कहना या विवेक छोड़कर आचरण न करना चाहिए और अपना समाधान या शान्ति नष्ट न होने देनी चाहिए। अव्यवस्थित बातोंकी पुस्तक न लिखनी चाहिए, पर बिना पुस्तकके काम भी नहीं चलता। अव्यवस्थित बातें न पढ़नी चाहिएँ, पर बिना पढ़े रहना भी अच्छा नहीं है। निस्पृहको वक्तृत्व न छोड़ना चाहिए. किसीके आशंका करनेपर उससे विवाद न करना चाहिए और श्रोताओंकी बातका कभी बुरा न मानना चाहिए। इन उपदेशों पर पूरा ध्यान रखनेसे सब प्रकारके सुख मिलते हैं और महन्तोंके लक्षण आपसे आप उत्पन्न हो जाते हैं।

दूसरा समास

भिक्षा-निरूपण

ब्राह्मणकी मुख्य दीक्षा यही है कि उसे भिक्षा माँगनी चाहिए और "ओं भवति" वाले पक्षकी रक्षा करनी चाहिए। भिक्षा माँगकर खानेवाला निराहारी कहलाता है और वह भिक्षा माँगनेके कारण प्रतिग्रहके दोषसे बच जाता है। जो किसी सन्त या असन्तके घरसे रूखा अन्न भिक्षा माँगकर भोजन करता है, वह मानों नित्य अमृत खाता है। कहा है—

भिक्षाहारी निराहारी भिक्षा नैव प्रतिग्रहः।
असन्तो वापि सन्तो वा सोमपानं दिने दिने॥

भिक्षाकी ऐसी ही महिमा कही गई है। भिक्षा माँगनेवालेसे ईश्वर प्रसन्न रहता है। जिन बड़े-बड़े योगियोंकी अगाध महिमा है, वे भी भिक्षा माँगते हैं। दत्तात्रेय और गोरक्षनाथ आदि योगियोंने भी लोगोंसे भिक्षा माँगी है। भिक्षा माँगनेसे ही मनुष्यकी निस्पृहता प्रकट होती है। कुछ लोग भिक्षाके लिए घरोंमें पारी बाँध लेते हैं। पर यह तो पराधीनता ठहरी। जिसे नित्य कुछ निश्चित स्थानोंमें ही भिक्षा माँगनी पड़े, वह स्वतन्त्र कैसे कहा जा सकता है? यदि आठ दिनोंके लिए अन्न जमा करके रखा जाय तो यह भी एक झंझट ही है। ऐसा होनेसे मनुष्य नित्य होनेवाली नवीनताके आनन्दसे वंचित हो जाता है। नित्य नई जगहमें घूमना और खूब देशाटन करना चाहिए, तभी भिक्षा माँगनेकी शोभा और प्रशंसा है। जिसे भिक्षा माँगनेका अखंड अभ्यास होता है, उसे कहीं परदेश नहीं जाना पड़ता और उसके लिए तीनों लोकोंमें जगह-जगह स्वदेश ही स्वदेश होता है। भिक्षा माँगते समय खिजलाना न चाहिए, न लज्जित होना चाहिए और न थकना चाहिए। बराबर घूमते रहना चाहिए। जो बराबर भगवानकी कीर्तिका वर्णन करता हुआ चारों ओर भिक्षा माँगता फिरता है, उसे देखकर छोटे-बड़े सभी चकित होते हैं। भिक्षा कोई सामान्य बात नहीं है बल्कि कामधेनु है और उससे सदा फल मिलता है। जो योगी भिक्षा न ले, वह अभागा है। भिक्षासे आदमी पहचाना जाता है और भ्रम दूर होता है। साधारण भिक्षा सभी प्राणी मान्य या स्वीकृत करते हैं। भिक्षा मानों निर्भय स्थिति है, उससे महन्ती प्रकट होती है और स्वतन्त्रता तथा ईश्वरकी प्राप्ति होती है। भिक्षामें किसी प्रकारकी अड़चन नहीं है और भिक्षा माँगकर भोजन करनेवाला सदा स्वतन्त्र रहता है। भिक्षासे समय सार्थक होता है। भिक्षा एक ऐसी अमर वेल है जो चारों ओरसे फल-फूल आदिसे लदी हुई है और निर्लज्जके लिए भी कुसमयमें फलदायक होती है। पृथ्वी पर बहुतसे देश हैं। यदि आदमी उनमें घूमे तो कभी भूखों नहीं मर सकता और न कहीं लोगोंको खल सकता है। गोरक्षा, वाणिज्य और कृषिसे भी भिक्षा की प्रतिष्ठा अधिक है। भिक्षाकी झोली कभी छोड़नी नहीं चाहिए। भिक्षासे बढ़कर कोई दूसरा वैराग्य नहीं है और वैराग्यसे बढ़कर कोई सौभाग्य नहीं है। यदि वैराग्य न हो तो मनुष्य एकदेशीय बना

रहनेके कारण अभागा होता है। पहले जाकर पूछना चाहिए कि कुछ भिक्षा है या कुछ भिक्षा मिलेगी? और बहुत थोड़ीसी भिक्षा मिल जाने पर ही सन्तोष करना चाहिए। यदि कोई बहुत-सा अन्न आदि ले आवे तो उसमेंसे केवल एक मुट्ठी अन्न लेना चाहिए। आनन्दपूर्वक भिक्षा माँगनाही निस्पृहताका लक्षण है। मीठी-मीठी बातें कहनेसे सभीको सुख होता है। भिक्षाकी यह स्थिति मैंने अपनी अल्प मतिके अनुसार बतला दी है। समय-समय पर आनेवाली विपत्तियोंसे भिक्षा मनुष्यको बचा लेती है।

तीसरा समास

काव्य-कला

कविता शब्दरूपी फूलोंकी माला है और उसमेंसे अर्थ रूपी सुगन्धित परिमल निकलता है जिससे सन्त रूपी भ्रमर लोग आनन्द प्राप्त करते हैं। अपने मनमें ऐसी ही माला गूँथकर रामचन्द्रजीके चरणोंको पूजा कीजिए। उसमें ओंकारका तन्तु अखण्डित रखना चाहिए, उसका तार कभी टूटने न देना चाहिए। परोपकारके लिए कविता करना आवश्यक है। यहाँ ऐसी ही कविताके लक्षण बतलाये जाते हैं। पहले ऐसी कविताका अभ्यास करना चाहिए जिससे ईश्वरकी भक्ति बढ़े और विरक्ति हो। यदि कोरा शब्द-ज्ञान हो और उसके साथ क्रिया या आचरण न हो तो वह सज्जनोंको अच्छा नहीं लगता; इसलिए पहले अनुताप करके ईश्वरको प्रसन्न करना चाहिए। ईश्वरके प्रसादसे जो बातें मुँहसे निकलती हैं, वही श्लाघ्य होती हैं और प्रासादिक या प्रसादपूर्ण कहलाती हैं।

लोग कहते हैं कि कविता तीन प्रकारकी होती है—ढीठ या धृष्ट, पाठ और प्रासादिक। यहाँ इन तीनों प्रकारोंका विचार किया जाता है। ढीठ या धृष्ट कविता वह कहलाती है जिसमें मनुष्य अपने मनमें उठनेवाली सभी ऊटपटाँग बातोंको छन्दोबद्ध करता चलता है। पाठ कविता वह है जो बहुतसे ग्रन्थोंका पाठ करके और उन्हींकी बातोंमें थोड़ा बहुत परिवर्तन करके की जाती है। जो कविता चटपट तैयार कर दी जाती है, जो कुछ सामने आया, उसीका वर्णन जिस कवितामें कर दिया जाता है और बिना भक्तिके जो कविता की जाती है, वह धृष्ट-पाठ कहलाती है। कामुक, रसिक, शृङ्गारिक, वीर, हास्य, प्रस्ताविक, कौतुक और विनोद आदि विषयोंकी कविता भी धृष्ट-पाठ ही है। जब मनमें कामका विकार

उत्पन्न होता है, तब उद्‌गार भी वैसे ही निकलते हैं। पर इस प्रकारकी धृष्ट-पाठ कवितासे मनुष्य भव-सागरसे पार नहीं हो सकता ! उदरकी ज्वाला शान्त करनेके लिए मनुष्योंकी स्तुति करनी पड़ती है। उस समय जो कविता सूझती है, वह भी धृष्ट-पाठ ही है। पर कविता कभी धृष्ट-पाठ नहीं होनी चाहिए, उसमें अधिक खटपट या व्यर्थकी बातें न होनी चाहिएँ और न उसमें उद्धत अथवा पाखण्डपूर्ण बातें ही होनी चाहिएँ। कविता कभी वादपूर्ण, रसहीन, कर्कश और दृष्टांतहीन न होनी चाहिए। उसमें व्यर्थका विस्तार और थोथी बातें न होनी चाहिएँ और न वह कुटिलोंको लक्ष करके कही जानी चाहिएँ। कविता कभी हीन न होनी चाहिए, उसमें पहले कही हुई बातें फिर न कही जानी चाहिएँ और छन्दोभङ्ग या कविताके लक्षणोंका अभाव न होना चाहिए। कविता कभी व्युत्पत्ति, तर्क, कला, शब्द, भक्ति, ज्ञान और वैराग्यसे भी रहित न होनी चाहिए। भक्तिहीन कविताको केवल ढोंग समझना चाहिए। कोरे कर्तृत्वसे आदमी घबरा जाता है। जो बात भक्तिके बिना कही जाती है, वह केवल विनोद ही है। भला बिना प्रीतिके सम्वाद कैसे हो सकता है ? अस्तु, धृष्ट या पाठ कविता करना मिथ्या अहन्ताका पागलपन है। अब यह बतलाते हैं कि प्रासादिक कविता कैसी होती है। जो वैभव, कान्ता और काञ्चनको वमनके समान त्याज्य समझता है, जिसके मनमें उस सर्वोत्तम परमात्माका ध्यान लग जाता है, जिसे हरदम भगवानका स्मरण ही अच्छा लगता है, भगवद्भजनके सम्बन्धमें जिसका उत्साह बराबर बढ़ता रहता है, जो बिना भगवद्भजन के एक क्षण भी खाली नहीं जाने देता, जिसका अन्तःकरण सदा भक्तिके रङ्गसे रँगा रहता है और जिसके अन्तःकरणमें ईश्वरका अचल निवास रहता है, वह स्वभावतः जो कुछ बोलता है, वह ब्रह्मका निरूपण ही होता है। उसके मनमें गोविन्दका निवास होता है और उसे भक्तिका चसका लग जाता है। वह भक्तिके सिवा और किसी तरहकी बात ही नहीं करता। जिसका मन जिस चीजमें लगा रहता है, वह वैसी ही बातें कहता है। वह भक्ति-भावसे करुण कीर्तन करता है और प्रेमसे पूर्ण होकर नाचता है। जब मन भगवानमें लग जाता है, तब शरीरका भान नहीं रह जाता और शङ्का तथा लज्जा दूर भाग जाती है। वह प्रेमके रङ्गमें रँगा हुआ और भक्तिके मदसे मत्त होता है और अहंभावको पैरोंसे कुचल डालता है। वह निःशङ्क होकर गाता और नाचता है। उसे संसारके लोग कैसे

दिखाई पड़ सकते हैं ? वह तो अपनी दृष्टिमें तीनों लोकोंके नायकको बैठा चुका है। जो इस प्रकार ईश्वरके रङ्गमें रँग जाता है, उसे और कुछ अच्छा नहीं लगता। वह अपने मनसे ही भगवानके रूप, कीर्ति और प्रतापका वर्णन करने लगता है। वह भगवानके अनेक रूपों, मूर्तियों, प्रतापों और कीर्तियोंका वर्णन करता है और उसे भगवानकी स्तुतिके सामने मनुष्यकी स्तुति तृणके समान जान पड़ती है। जो ईश्वरका ऐसा भक्त और संसारसे विरक्त होता है, उसीको साधु लोग मुक्त समझते हैं। उसका जो भक्तिपूर्ण वर्णन होता है, वही प्रासादिक कहलाता है। वह साधारण रूपमें भी जो कुछ बोलता है, उसमें भी विवेक रहता है।

यद्यपि कविताके लक्षण बतलाये जा चुके हैं, पर यहाँ फिर कुछ और लक्षण बतलाते हैं जिससे श्रोताओंका मन सन्तुष्ट होगा। कविता निर्मल, सरल, प्रांजल और क्रमयुक्त होनी चाहिए। वह भक्ति-बलसे युक्त, प्रचुर अर्थवाली, अहं-भावसे रहित, कीर्तिसे भरी हुई, रम्य, मधुर, विस्तृत, प्रतापयुक्त, सहज, संहित, सुलभ पद्यात्मक, मृदु, मंजुल, कोमल, भव्य, अद्भुत, विशाल, मनोहर, मधुर और भक्ति-रससे भरी हुई होनी चाहिए। उसमें अक्षरबन्ध, पदबन्ध, अनेक प्रकारके चतुरतापूर्ण प्रबन्ध, अनेक प्रकारके कौशलपूर्ण छन्दबन्ध, धाटी, मुद्रा, अनेक प्रकारकी युक्तियाँ और बुद्धियाँ, कलाएँ, सिद्धियाँ और अन्वय आदि होने चाहिएँ। उसमें अनेक प्रकारके साहित्यिक दृष्टान्त, तर्क, गीत-प्रबन्ध, ग्रन्थोंके पाठान्तर, सम्मतियाँ, सिद्धान्त, उनके सम्बन्धके पूर्वपक्ष या शंकाएँ, गति, व्युत्पत्ति या विद्वत्ता, मति, स्फूर्ति, धारणा, धृति, शंकाएँ और काव्यों तथा शास्त्रोंके आधार पर उनके समाधान होने चाहिएँ जिससे संशय-का नाश और सिद्धान्तका निर्णय हो। जिसमें अनेक प्रकारके प्रसंग, विचार, योग, विवरण, तत्वकी चर्चा और सार, अनेक प्रकारके साधन, पुरश्चरण, तप और तीर्था-टनके विवरण और अनेक प्रकारकी शंकाओंका समाधान हो, जिससे मनमें अनुताप उत्पन्न हो, लौकिक विषय लज्जित हों, ज्ञान उत्पन्न तथा प्रबल हो, वृत्तियोंका अन्त हो, भक्ति-मार्गका पता चले, देह-बुद्धि नष्ट हो, भव-सागर सूख जाय, भगवान प्रकट हों, सद्बुद्धि प्राप्त हो, पाखंड नष्ट हो, विवेक जाग्रत हो, सद्वस्तुका भास हो, भासका निरसन हो, भिन्नत्व नष्ट हो, समाधान हो, संसारके बन्धन टूटें और जिसे सज्जन लोग मानें, वही कविता है। इस प्रकार यदि काव्यके लक्षण बतलाये जायँ तो बहुत हैं, पर यहाँ लोगोंके समझनेके लिए उनमेंसे थोड़ेसे लक्षण बतला दिये गये हैं।

चौथा समास

कीर्तन-लक्षण

कलियुगमें भगवानका कीर्तन करना चाहिए और वह कीर्तन केवल कोमल शब्दोंमें कुशलता-पूर्वक करना चाहिए। कठोर, कर्कश और बुरी बातोंको बिलकुल छोड़ देना चाहिए। कीर्तनके द्वारा संसारके सब झगड़े-बखेड़ोंका अन्त कर देना चाहिए, खलोंसे झगड़ा न करना चाहिए और झूठी सच्ची बातोंसे अपनी शान्ति भंग न होने देनी चाहिए। अभिमानपूर्वक गीत न गाने चाहिएँ, गानेमें कभी थकना न चाहिए, गोप्य या गुह्य बातें प्रकट न करनी चाहिएँ और बराबर भगवानके गुण गाते रहना चाहिए। कीर्तनके समय बहुत खाँसना, हिलना या झूमना न चाहिए। कीर्तनमें भगवानके अनन्त नाम लेने चाहिएँ, सगुण ईश्वरके अनेक प्रकारके रूपोंका वर्णन करना चाहिए और उनकी अद्भुत कीर्तियोंका अनेक प्रकारसे वर्णन करना चाहिए। कोई बढ़िया बात छोड़नी या वाहियात बात छेड़नी नहीं चाहिए और ऐसी बातें कहनी चाहिएँ जिसमें लोग किसी प्रकारकी आपत्ति या आपसमें काना-फूसी आदि न करें। किसीकी निन्दा या किसीके साथ छल न करना चाहिए और यदि दूसरा कोई छल करे तो भी उसके साथ छल न करना चाहिए। किसीको देखकर खुशामद या झूठी प्रशंसा न करनी चाहिए। कीर्तनके समय जो जाग्रत रहता है, वह पवित्र होता है। ऐसे लोगों या जनतारूपी जनार्दनको अपने कीर्तनसे सन्तुष्ट करना चाहिए। जब लोगोंको दूरसे सुन्दर और निर्मल जल बहता हुआ दिखाई देता है, तब वे स्वयं ही दौड़े हुए उसके पास पहुँचते हैं। ऐसे लोगोंको बुलाने या उनको लानेका प्रयत्न करनेकी आवश्यकता नहीं होती। कीर्तनमें टाल-मटोल या बहाना न करना चाहिए और किसी प्रकारकी अड़चन न खड़ी करनी चाहिए। विघ्न डालनेवाले मूर्खों और दुष्टोंको पास न आने देना चाहिए और व्यर्थका झगड़ा न खड़ा करना चाहिए क्योंकि इससे ईश्वरका ध्यान टूट जाता है। कीर्तनके समय अभिमानमें आकर अपने पथसे विचलित होना, डगमगाना या भूलना न चाहिए। धीरे-धीरे हिलते या थिरकते हुए नाचते रहना चाहिए, बिलकुल स्तब्ध न हो जाना चाहिए। बहुत अच्छे ढंगसे और सुघड़पनके साथ सुन्दर तथा मधुर स्वरसे गाना चाहिए। करताल, तम्बूरा, तान और तालबद्ध गीत सुनकर समझदार

लोग तुरन्त ही तन-मनसे तल्लीन हो जाते हैं। प्रेमी भक्तोंका थिरकना और रोमांच देखकर तथा सुन्दर गान सुनकर सभी लोग प्रसन्न होते हैं। दक्ष कीर्तन करनेवाले-का कौशलपूर्ण कथा प्रबन्ध सुनकर श्रोता लोग मारे आनन्दके मानों स्वर्गमें विहार करने लगते हैं। उसका कीर्तन सुननेके लिए चतुर लोग दौड़े आते हैं और उसकी बुद्धिकी विलक्षणता देखकर दंग हो जाते हैं। इस प्रकार जमते-जमते उसका पूरा रङ्ग जम जाता है। कीर्तनमें अनेक प्रकारके विद्वत्तापूर्ण हाव-भाव और कौतुक आदि दिखलाने चाहिएँ। कीर्तन ऐसा हो, जिससे पाप दूर भाग जाय और यथेष्ट पुण्य प्रकट हो। जब श्रोता लोग कीर्तन सुनकर लौटें, तब उनके मनमें फिर कीर्तन सुननेकी चाह बनी रहे। कीर्तनमें व्यर्थकी बकवाद या किसीकी निन्दा न होनी चाहिए। ऐसे कीर्तनकी सभी लोग प्रशंसा करते हैं और उसे सुननेके लिए बहुत उत्साहपूर्वक दौड़े आते हैं। जिस भक्तमें परोपकार रूपी भूषण होता है, उसकी सभी लोग प्रशंसा करते हैं। यदि कीर्तनको बातें अच्छी लगें तो श्रोताओंको मान लेनी चाहिएँ और ममताके फेरमें पड़कर मत्त नहीं होना चाहिए। बहुतसे लोग अपने अहं-भावके कारण ही हानि उठाते हैं। जो ऐसा कीर्तन सुनता है, वह दूसरोंसे उसकी प्रशंसा करता है और कीर्तनकारको कीर्तन सुनानेके लिए लोगोंको बुलाना नहीं पड़ता। राग और रङ्गसे युक्त, रसाल तथा सुन्दर गीतोंसे लोगोंका मन रँग जाता है। ऐसे कीर्तनके लिए समझदार उसी तरह दौड़ते हैं जैसे रत्नके लिए रत्नपरीक्षक दौड़ते हैं। अच्छे कीर्तनसे लोगोंके मनमें ईश्वरका प्रेम बढ़ता है, मन निर्मल होता है और दया उत्पन्न होती है। कीर्तनमें न तो व्यर्थकी बातें कहनी चाहिएँ, न व्यर्थका विस्तार करना चाहिए और विनीत भावसे अपनी वक्तृताके द्वारा लोगोंको सन्तुष्ट करना चाहिए। सब लोगोंको सारासारका विचार बतलाना चाहिए। सज्जनोंको साहित्य और संगीत बहुत अच्छा लगता है। सच और झूठमेंसे पता लग जाता है कि क्या सच है जिससे मनका सन्देह दूर हो जाता है और सब लोग बुरी बातोंको छोड़ देते हैं। वास्तविक तत्त्वकी बातोंका पता अच्छे-अच्छे समझदारोंको भी नहीं लगता और शास्त्रों तथा श्रुतियोंका अर्थ उनको समझमें नहीं आता। अच्छे कीर्तनकारकी बातोंकी बराबरी शुक और सारिकाएँ भी नहीं कर सकतीं। जो केवल आनन्द मंगलमें फँसा रहता है और हँसी दिल्लगीमें भूला रहता है, उसका परलोक नहीं सुधरता। उस अलक्ष या परब्रह्मकी ओर ध्यानपूर्वक लक्ष करना चाहिए और

देखनेवाले नेत्रों पर भी लक्ष रखना चाहिए। ऐसा करनेसे उस अलक्षमें एक दमसे लक्ष जा लगता है। शरीरको आत्मा क्षुब्ध करता है और उसे क्षमा करके शान्त भी करता है। उस क्षेत्रज्ञ या आत्मामें क्षमा और क्षोभ दोनों ही हैं।

पाँचवाँ समास

हरि-कथाके लक्षण

पहले श्रोताओंने हरि-कथाके लक्षण पूछे थे। बुद्धिमान लोग अब सावधान होकर वे लक्षण सुनें। यहाँ यह बतलाया जाता है कि हरि-कथा कैसे करनी चाहिए और उसे कैसे सुन्दर बनाना चाहिए जिससे रघुनाथकी कृपाका पद प्राप्त हो। यदि सोनेमें सुगन्ध हो और ईखमें मधुर तथा रसाल फल लगें तो कैसी अपूर्व बात हो! इसी प्रकार यदि कोई ईश्वरका दास भी हो और विरक्त भी हो, ज्ञाता भी हो और प्रेमपूर्ण भक्त भी हो, विद्वान भी हो और विवाद भी न करता हो तो कितनी अपूर्व बात हो! और यदि वह राग, ताल तथा समस्त कलाओंका ज्ञाता भी हो, ब्रह्मज्ञानी भी हो और सबके साथ अभिमान-रहित होकर व्यवहार भी करता हो तो कितनी अपूर्व बात हो! जिसमें मत्सर न हो, जो सज्जनोंको बहुत प्रिय हो, चतुराईकी सब बातें जानता हो और आत्मनिष्ठ हो, वही हरि-दास है। जो अनेक प्रकारकी जयन्तियों, पर्वों और उन अपूर्व तीर्थ-क्षेत्रोंको न मानता हो जिनमें सामर्थ्य रूपसे देवाधिदेवका निवास रहता है और जो शब्दज्ञानको मिथ्या कहता हो, भला उस पामरको श्रीपति कैसे मिल सकते हैं! सन्देहके कारण तो वे निर्गुणको नहीं मानते और अपने ब्रह्मज्ञानके कारण सगुणको कुछ नहीं समझते। इस प्रकार अपने अभिमानके कारण वे दोनों ओरसे जाते हैं। सगुण मूर्तिके सामने रहते हुए भी जो निर्गुणकी कथा कहते हैं और निर्गुणका प्रतिपादन करके सगुणका उच्छेद करते हैं, वे पढ़े-लिखे मूर्ख हैं। हरि-कथा ऐसी न होनी चाहिए जिससे सगुण और निर्गुण दोनोंके मार्गोंमें अन्तर पड़े। अब हरि-कथाके लक्षण सुनिए।

सगुण मूर्तिके सामने भक्ति भावसे करुण कीर्तन करना चाहिए और प्रताप तथा कीर्तिसे युक्त अनेक ध्यानों अथवा मूर्तियोंका वर्णन करना चाहिए। इस प्रकारके गानसे कथा आपसे आप रसपूर्ण हो जाती है और सबके मनमें ईश्वरके प्रेमका सुख भर जाता है। कथा कहनेकी युक्ति यह है कि सगुणका वर्णन करते समय

उसमें निर्गुणकी बात न लानी चाहिएँ और कभी दूसरे लोगोंके गुणों और दोषोंका वर्णन न करना चाहिए। ईश्वरके वैभव और महत्वका अनेक प्रकारसे वर्णन करना चाहिए और सगुणमें भक्ति रखकर हरि-कथा कहनी चाहिए। लोगोंकी लज्जा और धनकी आस्था छोड़कर कीर्तनमें नित्य नया प्रेम रखना चाहिए। देव-मन्दिरके प्रांगणमें नम्र तथा निःशङ्क होकर लोटना चाहिए और हाथोंसे तालियाँ बजाते और नाचते हुए मुखसे ईश्वरके नामोंका घोष करना चाहिए। एक देवताके सामने दूसरे देवताकी कीर्तिका वर्णन करना ठीक नहीं होता; अतः जिस देवताके सामने जाय, उसीकी कीर्तिका वर्णन करना चाहिए। यदि सामने कोई सगुण मूर्ति न हो और यों ही कथा सुननेके लिए साधु लोग बैठे हों तो अद्वैतका भी निरूपण अवश्य करना चाहिए। जहाँ सामने मूर्ति भी न हो और सज्जन या साधु भी न हों बल्कि केवल भावुक श्रोता ही बैठे हों, वहाँ पश्चात्तापयुक्त वैराग्यका वर्णन करना चाहिए। शृङ्गार आदि नौ रसोंमेंसे एक शृङ्गार-रस छोड़ देना चाहिए और स्त्रियोंके कौतुक-का वर्णन न करना चाहिए। स्त्रियोंके लावण्यका वर्णन करनेसे मनमें विकार उत्पन्न होता है और श्रोताओंका धैर्य तत्काल नष्ट हो जाता है। अतः उसे बिलकुल छोड़ देना चाहिए, क्योंकि वह साधकोंके लिए स्वभावतः बाधक होता है और उससे मनमें स्त्रियोंका ध्यान बैठता है। जब स्त्रियोंके लावण्यकी ओर ध्यान जाता है तब मन बिलकुल कामके आकारका हो जाता है; अर्थात् उसमें काम-वासना भर जाती है। ऐसी अवस्थामें भला ईश्वरका ध्यान तथा स्मरण कैसे हो सकता है! जो स्त्रियोंका वर्णन करके ही प्रसन्न होता है और उनके लावण्यमें ही मग्न रहता है, समझ लेना चाहिए कि वह ईश्वरसे वंचित या बहुत दूर रहता है। यदि हरि-कथामें भक्तिके बलसे निमेष मात्रके लिए भी परमात्माका ध्यान हो जाय तो गया हुआ रङ्ग फिर लौट आता है और बहुत सुख मिलता है। जब मन ईश्वरके ध्यानमें लग जाता है, तब फिर लोगोंका ध्यान भला कैसे रह सकता है! अतः निःशङ्क और निर्लज्ज होकर कीर्तन करनेमें आनन्द आता है। कथा कहनेवालेको राग, ताल और स्वरका बहुत अच्छा ज्ञान होना चाहिए और वह अर्थ तथा अन्वययुक्त कीर्तन करना जानता हो। वह छप्पन भाषाओं और अनेक कलाओंका ज्ञाता हो, उसके कंठका माधुर्य कोकिलके समान हो। पर फिर भी भक्ति मार्ग इन सब बातोंसे बिलकुल अलग ही है और वह मार्ग केवल भक्त लोग जानते हैं। भक्तोंको केवल ईश्वरका ध्यान रहता है और

वे ईश्वरको छोड़कर दूसरे किसीको जानते ही नहीं। पर जो लोग संगीत-कलाके ज्ञाता होते हैं, उनका ध्यान गीतके अर्थकी ओर नहीं रहता, बल्कि उसके बाहरी रूप, स्वर और आलाप आदिकी ओर रहता है। श्रीहरिसे रहित जितनी कलाएँ हैं, वे सब झूठी और व्यर्थ हैं। जो ईश्वरको छोड़कर इन्हीं बातोंके फेरमें पड़ा रहता है, वह प्रत्यक्ष रूपसे ईश्वरसे अलग रहता है। जिस प्रकार साँपोंके घेरेके कारण चन्दन और पिशाचों आदिके घेरेके कारण धनका खजाना छिपा रहता है, उसी प्रकार अनेक कलाओंकी आड़में ईश्वर भी छिप जाता है। जो सर्वज्ञ ईश्वरको छोड़कर केवल नादमें मग्न होता है, वह मानों प्रत्यक्ष रूपसे अपने सामने विघ्न खड़ा कर लेता है। मन तो स्वरों और रागोंमें फँसा रहता है। फिर श्रीहरिका चिन्तन कौन करे? यह तो मानों चोरको जबरदस्ती पकड़कर उससे सेवा कराना है। जो ईश्वरके दर्शन करना चाहता है, उसके सामने रागोंका ज्ञान एक आड़ खड़ी कर देता है और मनको पकड़कर उन स्वरोंके पीछे ले जाता है। कोई आदमी राजाके दर्शनोंके लिए राजद्वार पर जाता है पर बीचमें ही बेगार करनेके लिए पकड़ लिया जाता है। ठीक यही दशा कलाके कारण कलावन्तकी होती है। जो ईश्वरके चरणोंमें अपना मन रखकर हरि-कथा करता हो, उसीको इस संसारमें धन्य समझना चाहिए। हरि-कथा पर जिसका प्रेम होता है और जिसका वह प्रेम निरन्तर बढ़ता जाता है, उसीको उस सर्वोत्तमकी प्राप्ति होती है। जो आलस्य, निद्रा और स्वार्थ आदिको दबाकर और सब कुछ छोड़कर हरि-कथा सुननेके लिए दौड़ता है और जो हरिभक्तोंके घरमें नीच कृत्य करना भी अंगीकार करता है, जो स्वयं सब प्रकारसे उनकी सहायता करता है और ईश्वरके नाम-स्मरणमें जिसका विश्वास होता है, वही हरिदास कहलाता है। यहाँ यह समास पूरा होता है।

छठा समास

चातुर्यके लक्षण

रूप और लावण्य अभ्याससे नहीं प्राप्त किया जा सकता। जो गुण स्वाभाविक होते हैं, उनकी प्राप्तिमें उपायसे काम नहीं चलता। पर जो गुण आगन्तुक होते हैं और प्राप्त किये जा सकते हैं उनकी प्राप्तिके लिए अवश्य कुछ उपाय करना चाहिए। काला आदमी गोरा नहीं हो सकता, जिसके मुँह पर शीतलाके दाग हों, वह उन्हें दूर नहीं कर सकता और गूँगा कभी बोल नहीं सकता; अन्धा कभी

सुझाखा नहीं हो सकता, बहरा सुन नहीं सकता और पंगुलके पैर नहीं हो सकते; क्योंकि ये सब सहज या स्वाभाविक गुण हैं। कुरूपताके लक्षण कहाँ तक बतलाये जायँ! गया हुआ रूप और लावण्य कभी लौटकर नहीं आता। पर हाँ, अवगुण छोड़े जा सकते हैं, उत्तम गुणोंका अभ्यास किया जा सकता है और समझदार लोग कुविद्या छोड़कर अच्छी विद्या सीख सकते हैं। छोड़नेसे मूर्खता छूट जाती है, सीखनेसे समझदारी आ सकती है और उद्योग करनेसे सब बातें समझमें आने लगती हैं। यदि प्रतिष्ठा प्राप्त करनेकी इच्छा हो तो उसकी उपेक्षा न करनी चाहिए। बिना चतुरताके कभी ऊँची पदवी नहीं मिल सकती। यदि यह बात तुम्हारे मनमें ठीक बैठती हो तो फिर तुम अपना हित क्यों नहीं करते? अच्छे मार्ग पर चलनेवालोंका सज्जन लोग आदर करते हैं। देहका चाहे कितना अधिक शृङ्गार क्यों न कर लिया जाय, पर यदि चतुरता न हो तो वह सब शृङ्गार व्यर्थ ही है। यदि अन्दर गुण न हो तो ऊपरी सजावट बिलकुल व्यर्थ होती है। वास्तवमें शरीरको छोड़कर अन्तःकरणका शृङ्गार करना चाहिए, अनेक प्रकारसे ज्ञान प्राप्त करना चाहिए और यह सम्पत्ति प्राप्त करके अच्छी तरह उसका सुख भोगना चाहिए। जो न तो प्रयत्न करता है, न सीखता है, न शरीरको कष्ट देता है, न उत्तम गुण ही ग्रहण करता है और सदा क्रोध ही करता है, वह सुखी नहीं होता। हम दूसरोंके साथ जो व्यवहार करेंगे, उसका बदला हमें तुरन्त ही मिलेगा। दूसरोंको कष्ट देनेसे हमें भी बहुत कष्ट भोगना पड़ेगा। न्यायपूर्वक चलनेवाला समझदार है; अन्यायी नीच है। अनेक प्रकारकी चतुराइयोंके लक्षण चतुर ही जानते हैं। जो बात बहुतसे लोगोंके माननेकी होती है, उसे अवश्य ही बहुतसे लोग मानते हैं। बाकी बातें व्यर्थ ही और संसारमें निन्दनीय होती हैं। आप यह चाहते हैं कि सब लोग आपके वशमें रहें या आपके विरुद्ध रहें। दोनोंमेंसे जो बात आपको अच्छी लगे, वही आप करें। समाधानसे समाधान और मैत्रीसे मैत्री होती है। यदि अच्छी बातोंका नाश किया जाय तो वे क्षणभरमें नष्ट हो जाती हैं। आप रोज यह सुनते हैं कि नहीं कि यदि किसीसे कहा जाय—"क्यों जी" तो उत्तर मिलता है—"हाँ जी"; और यदि कहा जाय—"क्यों बे" तो उत्तर मिलता है—"क्या है बे"। यह जानते हुए भी फिर निकम्मी बात क्यों की जाय? चातुर्यसे अन्तःकरणका और वस्त्रोंसे शरीरका शृङ्गार होता है। अब स्वयं ही समझ लो कि इन दोनोंमेंसे कौनसी बात अच्छी है। यदि

अपने बाहरी अंगोंका शृङ्गार किया जाय तो उससे लोगोंका क्या लाभ हो सकता है ? पर चातुर्यसे बहुतसे लोगोंकी अनेके प्रकारसे रक्षा होती है। सब यही चाहते हैं कि हम अच्छा खायँ, अच्छा पावें, अच्छा पहनें और सबमें अच्छे कहलायँ। पर जब तक तन और मनको कष्ट न दिया जाय, तब तक कोई अच्छा नहीं कहता। व्यर्थ संकल्प-विकल्पमें पड़नेसे आगे चलकर कष्ट ही होता है। लोगोंका रुका हुआ काम जिसके द्वारा पूरा होता है, उसके पास लोग अपने कामके लिए आते ही हैं। अतः दूसरोंको सुखी करके स्वयं सुखी होना चाहिए। दूसरोंको कष्ट देनेसे स्वयं भी कष्ट उठाना पड़ता है। यह बात है तो बिलकुल स्पष्ट, पर फिर भी बिना विचार किये काम नहीं चलता। प्राणीमात्रके लिए समझना ही एक उपाय है। जो लोग समझ-बूझकर व्यवहार करते हैं, वे भाग्यवान होते हैं। इन्हें छोड़कर और जो बाकी लोग हैं वे अभागे हैं। जितना व्यापार किया जाता है, उतना ही वैभव मिलता है और उस वैभवके अनुसार ही सुख भी मिलता है। उपाय तो स्पष्ट ही है। उसे केवल समझनेकी आवश्यकता है। आलस्यसे कार्य नष्ट होता है और प्रयत्न होते होते ही होता है। जो सामने साफ दिखाई पड़नेवाली बात भी न समझता हो, वह समझदार कैसा ? मित्रता करनेसे काम बनता है और वैर करनेसे मृत्यु होती है। अब आप स्वयं ही समझ लें कि यह बात ठीक है या गलत। जो लोग अपने आपको चतुर बनाना, अपना हित करना और लोगोंसे मित्रता बनाये रखना नहीं जानते, बल्कि उनसे वैर करते हैं, उन्हें अज्ञानी कहना चाहिए। भला ऐसे लोगोंसे किसका समाधान हो सकता है ? जो आदमी स्वयं तो बिलकुल अकेला हो और सारी सृष्टिके लोगोंसे लड़ता चलता हो, तो बहुतसे लोगोंमें उस अकेलेको यश कैसे मिल सकता है ? इस प्रकार रहना चाहिए कि बहुतसे लोग चर्चा करें, बहुतसे लोगोंके हृदयमें घर करके रहना चाहिए और प्राणी मात्रको उत्तम गुण बतलाते रहना चाहिए। लोगोंको समझदार या चतुर बनाना चाहिए, पतितोंको पावन करना चाहिए और सृष्टिमें भगवद्भजनकी वृद्धि करनी चाहिए।

सातवाँ समास

युग-धर्म-निरूपण

अनेक वेषों और अनेक आश्रमोंका मूल गृहस्थाश्रम ही है जिसमें तीनों लोकोंके

निवासियोंको विश्राम मिलता है। देव, ऋषि, मुनि, योगी, तापस, वीतराग, पितृ आदि, अतिथि और अभ्यागत सब इस गृहस्थाश्रमसे ही उत्पन्न होते हैं। यद्यपि ये लोग अपना आश्रम छोड़कर निकल जाते हैं, पर फिर भी ये कीर्ति रूपमें गृहस्थोंके ही घरमें घूमते फिरते रहते हैं। इसलिए गृहस्थाश्रम ही सब आश्रमोंसे बढ़कर है। लेकिन इस आश्रममें रहकर अपने धर्मका पालन और भूतों पर दया करनी चाहिए। इसमें रहकर षट्कर्म और विधियुक्त क्रियाएँ करनी चाहिएँ और प्राणी मात्रसे मधुर बातें करनी चाहिएँ। सब प्रकारसे नियमित रहना और सब काम शास्त्रोक्त रीतिसे करने चाहिएँ। और उन सबमें यह भक्ति मार्ग तो अलौकिक ही है। जो लोग पुरश्चरण करते, शारीरिक कष्ट सहते और दृढ़व्रती तथा परम उद्योगी होते हैं, जो जगदीशसे बढ़कर और किसीको बड़ा नहीं समझते, जो काया, वाचा, जीव और प्राणसे भगवानके लिए कष्ट सहते हैं और भजन मार्गको दृढ़तापूर्वक अपने मनमें धारण करते हैं, वे ही भगवानके भक्त होते हैं। वे अन्दरसे विशेष रूपसे विरक्त होते हैं और ईश्वरके लिए इस संसारको छोड़कर मुक्त हो जाते हैं। जिसके हृदयमें वैराग्य उत्पन्न हो, उसीको सबसे बड़ा भाग्यवान समझना चाहिए। आसक्तिसे बढ़कर और कोई अभाग्य नहीं है। अनेक राजे अपना राज्य छोड़कर निकल गये हैं और भगवानके लिए इधर उधर घूमकर इस संसारमें कीर्ति करते हुए पावन हो गये हैं। इसी प्रकारके योगीश्वरोंके मनमें अनुभवके विचार उत्पन्न होते हैं और वे प्राणी मात्रका अन्तःकरण पवित्र करते हैं। जिसकी वृत्ति ऐसी उदासीन हो और साथ ही जिसमें विशेष रूपसे आत्मज्ञान हो, उसके दर्शन मात्रसे लोगोंका समाधान होता है। ऐसा मनुष्य बहुतसे लोगोंका उपकार करता है और किसीके भले काममें बाधक नहीं होता। उसका मन अखंड रूपसे भगवानमें लगा रहता है। लोग तो उसे देखकर समझते हैं कि यह दुश्चित्त है, पर वास्तवमें वह बहुत सावधान होता है, क्योंकि उसका चित्त अखंड रूपसे भगवानमें लगा रहता है। वह या तो अपनी उपास्य मूर्तिके ध्यानमें और या आत्मानुसन्धानमें लगा रहता है और नहीं तो वह निरन्तर श्रवण तथा मनन ही करता रहता है। जब किसीके पास पूर्वजोंके करोड़ों पुण्योंका संग्रह होता है, तभी ऐसे लोगोंके साथ उसकी भेंट होती है।

जिस ज्ञानके साथ साथ प्रतीति नहीं होती, वह सब अनुमान ही होता है।

भला उससे प्राणियोंका परमार्थ कहाँसे सिद्ध हो सकता है ! इसलिए प्रतीति ही मुख्य है और बिना उसके काम नहीं चलता । जिस तरह चतुर लोग उपाय जानते हैं, उसी तरह यह भी जानते हैं कि अपाय क्या है । पागल लोग घर-गृहस्थी छोड़कर भी केवल दुःख भोगते हुए मर जाते हैं और इहलोक तथा परलोक दोनोंसे वंचित रहते हैं । वह क्रोध करके घरसे तो निकल जाता है, पर लड़ने-झगड़नेमें ही उसके जीवनका अन्त हो जाता है । वह दूसरे बहुतसे लोगोंको भी कष्ट देता है और स्वयं भी कष्ट उठाता है । वह घरसे तो निकल जाता है, पर फिर भी अज्ञानी ही रहता है । उसके साथ बहुतसे लोग लग जाते हैं । पर गुरु और शिष्य दोनों ही समान रूपसे अज्ञानी बने रहते हैं । इस प्रकार जो आशाबद्ध और अनाचारी घर छोड़कर परदेश चला जाता है, वह लोगोंमें भी केवल अनाचार ही फैलाता है । जो लोग घरमें खाने बिना कष्ट पाते हैं और इसी लिए घरसे निकल जाते हैं, वे जगह जगह चोरी करनेके कारण मार खाते हैं । पर जो संसारको मिथ्या समझकर और पूरा ज्ञान होने पर घर छोड़ता है, वह और लोगोंको भी अपने ही समान पावन करता है । एकको संगतिसे लोग तर जाते हैं और दूसरेकी संगतिसे डूब जाते हैं । इसलिए अच्छे आदमियोंको देखकर उनकी संगति करनी चाहिए । जिसमें स्वयं ही विवेक न होगा, वह दूसरोंको क्या दीक्षा देगा ! वह घर-घर भीख माँगता फिरेगा और उसे भीख भी न मिलेगी । पर जो दूसरेके मनकी बात जानता हो, देश, काल और प्रसंग पहचानता हो, उसके लिए भूमण्डलमें कहीं किसी बातकी कमी नहीं हो सकती।

जब कोई नीच आदमी ऊँचा पद पाता है, तब आचार मानों डूब ही जाता है । तब फिर वेदों, शास्त्रों और ब्राह्मणोंको कौन पूछेगा ? ब्रह्मज्ञान सम्बन्धी बातों पर विचार करनेका अधिकार ब्राह्मणोंको ही है । कहा है—'वर्णानां ब्राह्मणो गुरुः' । अर्थात्, सब वर्णोंका गुरु ब्राह्मण ही है । पर अब ब्राह्मण भी बुद्धिसे च्युत और आचारसे भ्रष्ट हो गये हैं और अपना गुरुत्व छोड़कर शिष्यके भी शिष्य हो गये हैं। बहुतसे लोग मुसलमान औलियाओं और पीरोंकी दरगाहों पर जाते हैं और बहुतसे लोग अपनी इच्छासे ही मुसलमान हो जाते हैं । यही कलियुगका आचार है; और विचार कहीं रह ही नहीं गया है । अब आगे तो सब जगह वर्णसंकरता ही होनेको है । अब नीच जातिके लोगोंको गुरुत्व प्राप्त होने लगा है और उन्हींकी महन्ती कुछ बढ़ गई है । शूद्र लोग ब्राह्मणोंका आचार नष्ट कर रहे हैं । पर ब्राह्मण

यह बात नहीं समझते और उनकी वृत्ति नहीं बदलती और न उनका मूर्खताका मिथ्या अभिमान ही छूटता है। राज्य म्लेच्छोंके हाथमें चला गया है, गुरुत्व कुपात्रोंके पास चला गया है और हम लोग न इस लोकके रह गये हैं और न उस लोकके। हमारे पास कुछ भी नहीं रह गया। ब्राह्मणोंको गँवारपनने डुबा दिया है। जिस विष्णुने श्रीवत्स या भृगुके चरणका चिह्न आदरपूर्वक अपने हृदय पर धारण किया था, उसी विष्णुने परशुराम होकर ब्राह्मणोंको शाप दिया था। हम लोग भी वही ब्राह्मण हैं। इसलिए दुःखी होकर हमने ये बातें कही हैं। हमारे बड़े लोग हमारे पीछे गँवारपन लगा रहे हैं। पर आजकलके ब्राह्मणोंने क्या किया? उनकी अवस्था तो ऐसी हो गई है कि उन्हें अन्न भी नहीं मिलता। यह बात आप सभी लोगोंने देखी होगी। अब बड़े लोगोंको तो क्या कहा जाय; इसे ब्राह्मणोंका भाग्य ही समझना चाहिए। प्रसंग आ पड़ने पर साधारण रूपसे यहाँ इतनी बातें कह दी गई हैं। हमें क्षमा कीजिए।

आठवाँ समास

अखण्ड ध्यान

अच्छा अब जो कुछ हुआ, वह तो हो ही गया। पर अब तो ब्राह्मण अपने आपको योग्य बनावें। विमल हाथोंसे उन्हें ईश्वरकी पूजा करनी चाहिए, जिससे समस्त सौभाग्य प्राप्त होते हैं। मूर्ख, अभक्त और व्यस्त लोग दरिद्रताका ही भोग करते हैं। पहले ईश्वरको पहचानना चाहिए और तब अनन्यभावसे उसका भजन करना चाहिए। उस सर्वोत्तमका अखण्ड रूपसे ध्यान करना चाहिए। जो सबसे उत्तम है, उसीका नाम सर्वोत्तम है। आत्मा और अनात्माका विवेक करके उसका रहस्य समझना चाहिए। आत्मा अपने ज्ञातृत्वसे ही इस देहकी रक्षा करता है। वह द्रष्टा और अन्तर्साक्षी है। वह अपने ज्ञानसे पदार्थ मात्रकी परीक्षा करता है। वह सभी देहोंमें निवास करता है, इंद्रियोंमें चेष्टा उत्पन्न करता है और अनुभवकी सहायतासे प्राणी मात्र उसे जान और समझ सकता है। वह परमात्मा प्राणी मात्रके हृदयमें रहता है, इसलिए सबका मन सन्तुष्ट रखना चाहिए। वह दाता और भोक्ता सभी कुछ है। जो परमात्मा सारे जगतके अन्तःकरणमें है, वही हमारे अन्तःकरणमें भी है। अच्छी तरह देखो, वह तीनों लोकोंके प्राणियोंमें है। असलमें

वह देखनेवाला एक ही है और वही सब जगह विभक्त है। वह देहकी प्रकृतिसे ही भिन्न-भिन्न जान पड़ता है, पर वास्तवमें सबके अन्दर वही एक है। बोलना-चालना आदि सब बातें उसीके द्वारा होती हैं। अपने पराये सभी लोग, पक्षी, श्वापद, पशु और कीड़े-च्यूँटे आदि सभी देहधारी प्राणी, खेचर, भूचर, नभचर और अनेक प्रकारके जलचर और चारों प्रकारकी खानियाँ आदि सभी कुछ हैं, जिनका कहाँ तक वर्णन किया जाय! इन सब प्राणियोंमें वही चेतना शक्ति निवास करती है। और इसका प्रत्यक्ष प्रमाण यह है कि उस चेतना शक्तिके साथ हमारी अखण्ड सङ्गति बनी रहती है। जब हम सारी सृष्टिके प्राणियोंमें रहनेवाले परमात्माको प्राप्त कर लेंगे, तब बहुतसे लोग हमारे पास आकर इकट्ठे होंगे। उस परमात्माको प्राप्त करनेका उपाय स्वयं हमारे ही हाथोंमें है। सब लोगोंको प्रसन्न और सन्तुष्ट रखना चाहिए, क्योंकि शरीरके साथ जो भलाई की जाती है, वह आत्माको प्राप्त होती है। दुर्जन प्राणीमें ईश्वर रहता है, पर उस प्राणीका स्वभाव दुष्ट होता है। यदि ऐसा आदमी क्रोध करे तो उससे झगड़ना नहीं चाहिए। प्रसङ्ग पड़ने पर उसे छोड़ ही देना चाहिए और तब विवेकपूर्वक उसकी बातों पर विचार करना चाहिए। यदि विवेकसे काम लिया जाय तो सब लोगोंको सज्जन बनाया जा सकता है। आत्माओंमें जो भेद दिखाई पड़ता है, वह केवल देहके सम्बन्धके कारण ठीक उसी प्रकार होता है, जिस प्रकार औषधियोंके भेदसे जलमें अनेक प्रकारके स्वाद आ जाते हैं। चाहे गरल हो और चाहे अमृत, पर उनका स्वाभाविक गुण अर्थात् जलत्व उनमेंसे नहीं जाता। इसी प्रकार साक्षित्वसे आत्माको देखना चाहिए। अन्तर्निष्ठ पुरुष अपनी अन्तर्निष्ठाके कारण ही श्रेष्ठ होता है। वह जगतमें रहनेवाले जगदीशको पहचानता है। नेत्रोंसे ही नेत्रोंको देखा और मनसे ही मनको ढूँढ़ा जाता है। इसी प्रकार यह भगवान भी, जो सबके शरीरमें रहता है, अपने भीतरी भगवानकी सहायतासे ही देखा जाना चाहिए। इसके बिना काम नहीं चलता। सब काम उसीसे होते हैं और उसीके द्वारा मनुष्यको विवेक होता है। जागते रहनेकी दशामें जो व्यापार होते हैं, उनका सम्बन्ध उसी भीतरी भगवानसे होता है और स्वप्नकी अवस्थामें जो कुछ होता है, वह भी उसीके सम्बन्धसे होता है। इस बातका ठीक-ठीक पता लग जाने पर अखंड ध्यानके लक्षण मालूम हो जाते हैं और मनुष्य अखंड रूपसे ईश्वरका स्मरण कर सकता है। लोगोंका दोष यही है

कि वे सहजको छोड़कर कठिनकी ओर जाते हैं और आत्माको छोड़कर अनात्माका ध्यान करते हैं। पर वास्तवमें अनात्माका ध्यान ही नहीं किया जा सकता और बीचमें अनेक व्यक्तियोंका ध्यान होने लगता है। ऐसे लोग मनमें व्यर्थ ही ऊहापोह करके कष्ट उठाते हैं। यदि प्रयत्नपूर्वक मूर्तिका ध्यान किया जाय तो औरका और ही दिखाई पड़ता है और ऐसी विलक्षण वस्तुका भास होता है जिसका भास न होना चाहिए। पहले अपने मनमें यह अच्छी तरह सोच लेना चाहिए कि हमें देवताका ध्यान करना चाहिए या देवालयका। यह शरीर देवालय है और आत्मा उसमेंका देवता है। अब सोच लो कि दोनोंमेंसे किस पर ध्यान लगाना चाहिए। उचित यही है कि ईश्वरको पहचानकर उसीमें मन लगाया जाय। वास्तविक और अन्तर्निष्ठाका ध्यान यही है कि जन-साधारणमें प्रचलित ध्यानको वास्तविक ध्यानसे भिन्न और व्यर्थ समझा जाय। वास्तवमें अनुभवके बिना सब व्यर्थ और अनुमान मात्र है। अनुमानसे अनुमान ही बढ़ता है और ध्यान करते ही वह तुरन्त भंग हो जाता है। स्थूलका ध्यान करके बेचारे व्यर्थ ही कष्ट उठाते हैं। वे ईश्वरको देहधारी समझते हैं, इससे उनके मनमें अनेक प्रकारके व्यर्थ विचार उठते हैं। भोग और त्याग आदि विपत्तियाँ देहके योगसे ही होती हैं। मनमें अनेक प्रकारकी बातें उठती हैं, जिनका विचार करना कठिन होता है। जो बातें स्वप्नमें भी न दिखाई पड़नी चाहिएँ, वही दिखाई पड़ती हैं। जो दिखाई पड़ता है, वह मुँहसे कहा नहीं जा सकता और जबरदस्ती उसपर विश्वास नहीं किया जा सकता। इससे साधक अपने मनमें बहुत घबराता है। ध्यान सांगोपांग हो रहा है या नहीं, इसका साक्षी स्वयं अपना मन होता है। ध्यानके समय मनमें और किसी प्रकारका विचार आना ही न चाहिए। यदि मनको व्यर्थ चञ्चल करके अधूरा या खण्डित ध्यान किया जाय तो उसका क्या फल हो सकता है? यदि अखण्ड ध्यान करने पर भी किसीका हित न होता हो तो उसे पतित समझना चाहिए। और इसी बात पर अच्छी तरह विचार करना चाहिए। जो ध्यान करता है और जिसका ध्यान किया जाता है, उन दोनोंमें अनन्य या बिलकुल एकसे लक्षण होने चाहिएँ। यों तो दोनोंकी अनन्यता स्वाभाविक ही है, पर साधक उसे अच्छी तरह नहीं देखता। पर ज्ञानी लोग उसका अच्छी तरह विचार करके सन्तुष्ट रहते हैं। इस प्रकार ये अनुभवके काम हैं और अनुभव न होने पर भ्रमके कारण इनमें बाधा होती है। पर साधारण लोग रूढ़िके

फेरमें ही पड़े रहते हैं। बुरे लक्षणोंवाले या अभागे लोग ध्यानके केवल उन्हीं लक्षणोंको पकड़े रहते हैं, जो जन-साधारणमें प्रचलित हैं (अर्थात्, वास्तविक लक्षणोंकी ओर उनका ध्यान नहीं जाता)। बाजारी या साधारण लोग यह नहीं जानते कि कौन-सी बात प्रामाणिक है और कौन-सी अप्रामाणिक। वे व्यर्थकी बातें करके हुल्लड़ मचाते हैं; पर यदि विचारपूर्वक देखा जाय तो अन्तमें सभी बातें मिथ्या ठहरती हैं। एक आदमी ध्यान लगाकर बैठा हुआ था। (वह समझता था कि मेरे हाथमें फूलोंकी जो माला है, वह छोटी है और मूर्तिके मुकुटके कारण मूर्तिके गलेमें नहीं जाती।) दूसरा आदमी उसे तरकीब बतलाने लगा कि मूर्तिके सिर परसे मुकुट उतारकर तब उसे माला पहनाओ, तो ठीक होगा। भला मनमें किस बातका अकाल था जो छोटी मालाकी कल्पना की ? ऐसी बात कहनेवाला भी मूर्ख था और जिससे कही गई, वह भी मूर्ख था। जब कोई प्रत्यक्ष कष्ट नहीं करना पड़ता (सचमुच धागेमें फूल नहीं पिरोने पड़ते), केवल कल्पनासे ही माला बनानी पड़ती है, तो वह कल्पित माला क्यों छोटी बनाई जाय ? बुद्धि-विहीन प्राणी ही मूर्ख कहलाते हैं। ऐसे मूर्खोंसे झगड़ा कौन करे ! जिसने जैसा परमार्थ किया, संसारमें उसकी वैसी ही कीर्ति हुई। और इसीसे बहुतसे साधारण लोगोंका अभिमान बढ़ गया। मनमें बिना पूर्ण विश्वास हुए अभिमान करना वैसा ही है, जैसा धोखा देकर रोगीके प्राण लेना। जहाँ केवल अनुमान ही अनुमान हो, वहाँ ज्ञानका कहाँ ठिकाना लग सकता है ! इसलिए सारा अभिमान छोड़ देना चाहिए और प्रतीतिकी सहायतासे विवेक प्राप्त करना चाहिए और मायारूपी पूर्व-पक्षका विवेकके बलसे खण्डन करना चाहिए।

नवाँ समास

शाश्वत-निरूपण

पिंडके कौतुक तो आप लोगोंने देख ही लिये और आत्मा तथा अनात्माके सम्बन्धकी सब बातें भी आप लोगोंको मालूम हो ही गईं। उससे पता चल गया होगा कि पिंड अनात्मा है और एक आत्मा ही उन सबका कर्ता है। आत्मामें अनन्यता रखनेके लिए जो कहा गया है, विवेकके द्वारा उस पर भी विश्वास हो गया होगा। अब यह समझ लेना चाहिए कि ब्रह्माण्डकी रचना किस प्रकार होती है।

पिंडके सम्बन्धमें आत्मा और अनात्माका विवेक करके और ब्रह्माण्डके सम्बन्धमें सारासारका विचार करके और दोनोंके तत्त्व खूब अच्छी तरह समझकर आनन्द प्राप्त करना चाहिए। पिंड कार्य है और ब्रह्माण्ड कारण है। अब आगे यह बतलाया जाता है कि इन दोनोंका विवरण किस प्रकार करना चाहिए। असारका अर्थ है नष्ट हो जानेवाला; और जो सार है, वह शाश्वत अर्थात् सदा बना रहनेवाला है। जिसका कल्पान्तमें नाश हो, वह सार नहीं है। पृथ्वी जलसे उत्पन्न होती है और फिर वह जलमें ही मिल जाती है। जलकी उत्पत्ति तेजसे होती है। तेज ही उस जलको सोख लेता है और महत्तेजमें जलका लय हो जाता है। उस समय केवल तेज बच रहता है। तेजकी उत्पत्ति वायुसे होती है; इसलिए वायु ही उस तेजका अन्त भी कर देती है और तेजका लय हो जाने पर वायु बच रहती है। वायुकी उत्पत्ति आकाशसे होती है, इसलिए वह वायु भी उसी आकाशमें लीन हो जाती है। वेदों और शास्त्रोंमें कल्पान्तका ऐसा ही वर्णन है। गुणमाया और मूल-मायाका भी परब्रह्ममें लय हो जाता है। अब उस परब्रह्मका विवरण करनेके लिए विवेक चाहिए। निर्गुण ब्रह्ममें सब उपाधियोंका अन्त हो जाता है और जिसमें दृश्यका कोई झगड़ा नहीं रहता, वह सभीमें व्याप्त है। चाहे कितना ही बड़ा कल्पान्त क्यों न हो पर उसका नाश नहीं होता। मायाका त्याग करके उसी शाश्वतको पहचानना चाहिए। शरीरमें रहनेवाली ईश्वर रूपी अन्तरात्मा सगुण है, और उसी सगुणमें निर्गुण भी जा मिलता है। उस निर्गुणके ज्ञानसे ही विज्ञान या अनुभवात्मक ज्ञान होता है। उस कल्पनातीत निर्मलमें मायाका मल नहीं है। ये सब दृश्य मिथ्यात्वसे ही होते रहते हैं। जो कुछ होता और नष्ट हो जाता है, वह तो प्रत्यक्ष ही दिखाई पड़ता है। पर जिसमें उत्पत्ति या नाश कुछ भी नहीं है, उस परब्रह्मको विवेकसे पहचानना चाहिए। एक ज्ञान है, दूसरा अज्ञान है और तीसरा विपरीत ज्ञान है। और जिस अवस्थामें इन तीनोंका नाश हो जाता है, उसीको विज्ञान कहते हैं। वेदान्त, सिद्धान्त और अनुभवकी प्रतीति होनी चाहिए, और यह समझमें आ जाना चाहिए कि वह निर्विकार परब्रह्म सदा सब जगह प्रकाशित रहता है। उस परब्रह्मको ज्ञानकी दृष्टिसे देखना चाहिए और उसमें अनन्य या लीन होकर रहना चाहिए। इसीका नाम मुख्य आत्म-निवेदन है। आँखोंसे दृश्य दिखाई पड़ता है और भास मनको भासता है। पर वह अविनाशी

परब्रह्म दृष्टि और भास दोनोंसे परे है। यों देखनेमें वह परब्रह्म बहुत दूर जान पड़ता है, पर वह अन्दर बाहर सब जगह है। उसका कोई अन्त नहीं है और वह अनन्त है। भला उसकी उपमा किससे दी जा सकती है! जो चञ्चल है, वह कभी स्थिर नहीं रहता, और जो निश्चल है, वह कभी नहीं चलता। बादल आते-जाते रहते हैं, पर आकाश सदा ज्योंका त्यों रहता है। जो विकारके कारण घटता बढ़ता हो, उसमें शाश्वतता कैसे हो सकती है! कल्पान्तमें सभीका नाश हो जाता है। जिसके अन्तःकरणमें ही भ्रम हो और जो मायाके जालमें फँसा और भूला हुआ हो, वह इस विशाल चक्रका रहस्य कैसे समझ सकता है? सङ्कोचसे व्यवहार या सिद्धान्तका पता नहीं चलता और न अन्तःकरणमें बैठे हुए ईश्वरका पता चलता है। यदि रोगीको वैद्य पर विश्वास न हो और वह सङ्कोच भी न छोड़ सकता हो तो समझ लेना चाहिए कि वह नहीं बचेगा। जो असल राजाको पहचान लेता है, वह ऐसे वैसे आदमियोंको राजा नहीं कहता; और जो परमात्माको पहचान लेता है, वह परमात्माका ही स्वरूप हो जाता है। जिसे मायिकका भय होगा, वह नीच इस विषयमें क्या कहेगा! विचारपूर्वक देखनेसे सब बातें स्पष्टतया समझमें आ जाती हैं। सङ्कोच या भय मायाके इसी ओर रहता है और परमात्मा मायाके उस पार रहता है, बल्कि वह मायाके इधर और उधर दोनों ही तरफ है। मिथ्या पदार्थका भय करना और भ्रमसे औरका और कर बैठना विवेकका लक्षण नहीं है। जितनी मिथ्या और बुरी बातें हैं, वे सब छोड़ देनी चाहिएँ और सत्यको अनुभवसे पहचानना चाहिए। मायाका त्याग करके परब्रह्मको पहचानना चाहिए। आगे उसी मायाके लक्षणोंका निरूपण किया गया है। श्रोताओंको स्वस्थ-चित्त होकर उन पर विचार करना चाहिए।

दसवाँ समास

मायाका निरूपण

यद्यपि माया दिखाई पड़ती है, तथापि वह नष्ट हो जाती है। पर वह वस्तु (ब्रह्म) न तो दिखाई ही पड़ती है और न नष्ट ही होती है। माया यद्यपि सत्य जान पड़ती है, पर वास्तवमें वह बिलकुल मिथ्या है। अभागा आदमी पड़ा-पड़ा अनेक प्रकारकी कल्पनाएँ करता रहता है पर उसके किये कुछ भी नहीं होता।

ठीक यही दशा मायाकी भी है। किसीको स्वप्नके वैभवके समान बहुत-सा धन और सुन्दर स्त्री मिल जाती है और वह क्षण भरके लिए अनेक प्रकारके सुख तथा वैभव भोगता है। पर वास्तवमें जिस प्रकार वे सुख मिथ्या होते हैं, उसी प्रकार माया भी मिथ्या है। जिस प्रकार आकाशमें अनेक प्रकारके गन्धर्वनगर दिखाई पड़ते हैं, उसी प्रकार इस मायाके भी अनेक रूप और विकार दिखाई पड़ते हैं। बहुरूपियेका वैभव देखनेमें सच्चा जान पड़ता है; पर जिस प्रकार वह वस्तुतः मिथ्या होता है, उसी प्रकार माया भी मिथ्या होती है। दशहरेमें शमीके पत्र जो लोगोंको भेंट दिये जाते हैं, उन्हें सब जगह लोग "स्वर्ण" कहते हैं, पर वास्तवमें वे पत्ते ही होते हैं। ठीक यही बात मायाकी भी है। जैसे मृत पुरुषका महोत्सव करना, सतीका महत्त्व बढ़ाना और श्मशानमें रोना मिथ्या है, उसी प्रकार माया भी मिथ्या है। राखको भी "लक्ष्मी" (विभूति) कहते हैं; गर्भवती स्त्रियोंकी कमरमें गर्भकी रक्षाके लिए जो अभिमन्त्रित सूत्र या डोरी बाँधी जाती है, उसे भी "लक्ष्मी" कहते हैं; और तीसरी एक नाम मात्रकी भी लक्ष्मी होती है। इसी प्रकार माया भी है। जैसे किसी-किसी बाल-विधवा नारीका नाम जन्मसावित्री होता है और घर-घर घूमकर पेट पालनेवालेका नाम भी कुबेर होता है, वैसी ही माया भी है। जिस प्रकार नाटकोंमें द्रौपदीका अभिनय करनेवाले मनुष्यके मनमें फटे पुराने वस्त्रोंकी इच्छा उत्पन्न होती है, अथवा किसी नदीका नाम पयोष्णी होता है, वैसे ही माया भी है। जिस प्रकार बहुरूपिया रामचन्द्रका वेष धारण करके घर-घर लोगोंको अपना स्वाँग दिखाता फिरता है और लोगोंको महाराज कहकर अपना लघुत्व प्रकट करता है, वैसी ही माया भी है। किसीका नाम अन्नपूर्णा होता है, पर उसे घरमें खाने को भी नहीं मिलता और किसीका नाम सरस्वती होता है, जो लिखना-पढ़ना कुछ भी नहीं जानती और गोबर पाथती है। लोग कुत्तेका नाम "बाघ" रखते हैं, अपने लड़केका नाम "इन्द्र" रखते हैं और किसी बहुत कुरूप आदमीका नाम भी "सुन्दर" होता है। मूर्खका नाम "सकलकला" होता है, गधीका नाम "कोकिला" रखा जा सकता है और अन्धेका नाम "नयनसुख" होता है। किसी भिखमंगिनका नाम "तुलसी" (विष्णुकी पत्नी) या चमारीका नाम "काशी" होता है, या अति शूद्रिणीका नाम "भागीरथी" होता है। यही बात मायाकी भी है। जहाँ छाया और अन्धकार दोनों हों, वहाँ उनका अलग-अलग विचार करना व्यर्थ होता है और वहाँ

भास मात्र होता है। इसी प्रकार माया भी है। कभी कभी ऐसा होता है कि सूर्यकी किरणोंके कारण कान, उँगलियाँ, सन्धियाँ, हथेली आदि शरीरके कुछ भाग बहुत सुन्दर, लाल रंगके और चमकते हुए अंगारेके समान जान पड़ते हैं। ठीक यही बात मायाकी भी है। कभी-कभी भगवे रंगका वस्त्र देखने पर ऐसा जान पड़ता है कि आग-सी लगी है, पर विचार करनेसे उसकी वास्तविकताका निश्चय हो जाता है। यही बात मायाकी भी है। कभी कभी जलमें हाथ, पैर और उँगलियाँ आदि एककी कई, छोटी, बड़ी या टेढ़ी-मेढ़ी दिखाई पड़ती हैं। यही बात मायाकी भी है। पृथ्वी लट्टूकी तरह औंधी या घूमती हुई मालूम होती है; कमल रोगके कारण सब चीजें पीली दिखाई पड़ती हैं; और सन्निपातके रोगीको ऐसा अनुभव होता है कि पृथ्वीका बहुत जल्दी-जल्दी क्षय हो रहा है। यही बात मायाकी भी है। कभी-कभी कोई पदार्थ यों ही विकारके समान जान पड़ता है या उसका केवल भास ही होता है, अथवा वह कुछ औरका और हो दिखाई पड़ता है। यही बात मायाकी भी है।

पन्द्रहवाँ दशक

पहला समास

चतुरोंके लक्षण

अस्थि और मांसके बने हुए इस शरीरमें जीवेश्वर या जीवात्मा रहता है और वह अनेक प्रकारके विकारोंमें भी प्रवृत्त होता है। जीव समझता है कि क्या चीज ठोस है और क्या पोली है; और विचारपूर्वक समझता है कि मुझे किस चीजको आवश्यकता है और किसकी नहीं आवश्यकता है। कोई माँग-माँगकर लेता है और किसीको लोग बिना माँगे ही देते हैं। प्रतीतिमें सुलक्षणोंको पहचानना चाहिए। अपना मन दूसरे लोगोंके मनके साथ मिलाना चाहिए, आत्माको दूसरोंकी आत्मामें मिलाना चाहिए और इस प्रकार दूसरोंके मनकी बातें जाननी चाहिएँ। जब जनेऊ उलझ जाता है, तब वह ढीला हो जाता है; और यदि ठीक रहे तो देखनेमें अच्छा जान पड़ता है। इसी प्रकार मन भी ढीला रखनेसे सन्देहमें पड़ जाता है, और विवेककी सहायतासे ठीक रहता है। इस मनको दूसरोंके मनके साथ मिलाना चाहिए। सन्देहसे सन्देह बढ़ता है और संकोच या भयसे कार्य नष्ट होता है। इसलिए पहले मनमें प्रतीति उत्पन्न करनी चाहिए। जब तक दूसरोंके मनकी बातोंका पता न चले,

तब तक लोग किस प्रकार वश किये जा सकते हैं ? कुछ लोग बुद्धिको अलग छोड़कर भी दूसरोंको अपने वशमें कर लेते हैं, पर वे अपनी अपूर्णताके कारण जगह-जगह लोगोंकी दृष्टिमें हलके ही होते जाते हैं। जगदीश तो सारे संसारके लोगोंमें हैं; फिर धूर्तता या छल-कपटका व्यवहार किससे किया जाय ? जो विवेकपूर्वक सब बातों पर विचार करता हो, वही श्रेष्ठ है। अच्छे कार्य करनेवाला मनुष्य श्रेष्ठ होता है, और बनावटी या झूठे काम करनेवाला कनिष्ट या निकृष्ट होता है। प्राणी अपने कर्मोंके अनुसार ही अच्छे या बुरे होते हैं। राजा लोग राजमार्गसे और चोर सदा चोरोंके मार्गसे चलते हैं। पागल लोग अपनी मूर्खताके कारण अपने थोड़ेसे स्वार्थके लिए धोखा खाते हैं। मूर्ख समझता है कि मैं बुद्धिमान हूँ, पर वास्तवमें वह पागल और दीन होता हैं। अनेक प्रकारकी चतुराइयोंके लक्षण चतुर लोग ही जानते हैं। जो संसारके सब लोगोंके अन्तःकरणमें मिल जाता है, वह जगतका अन्तःकरण ही हो जाता है और उसे इस लोक या परलोकमें किसी बातकी कमी नहीं होती। बुद्धि ईश्वरकी देन है और बिना बुद्धिके मनुष्य कच्चा होता है। ऐसा आदमी राज्य छोड़कर भीख माँगता है। जो जहाँ उत्पन्न होता है, उसे वही स्थान अच्छा लगता है। अभिमानसे मनुष्य जगह-जगह धोखा खाता है। सभी लोग कहते हैं कि हम संसारमें सबसे अधिक बड़े, सुन्दर और चतुर हैं। यदि इस बातका विचार किया जाय तो फिर कोई छोटा कहला ही नहीं सकता। पर ज्ञाताकी समझमें सब बातें अच्छी तरह आ जाती हैं। अपने अभिमानके कारण लोग अनुमान पर ही चलते हैं। पर सब बातोंको विवेकपूर्वक देखना चाहिए। मिथ्याका अभिमान करना और सत्यको बिलकुल छोड़ देना मूर्खताके लक्षण हैं। जिसे सत्यका अभिमान हो, उसीको निरभिमान समझना चाहिए। न्याय और अन्याय दोनों कभी समान नहीं हो सकते। जो न्याय है, वह शाश्वत है; और जो अन्याय है, वह अशाश्वत है। वाहियात और अच्छे आदमी दोनों एक कैसे हो सकते हैं ? कोई खुले आम सुख भोगता है और कोई चोरी करके भागता फिरता है। किसीकी महन्ती तो खुली और अच्छी होती है और किसीकी निन्दनीय होती है। आचार और विचारके बिना जो कुछ किया जाता है, वह सब व्यर्थ होता है। इस बातका विचार चतुर और विचक्षण ही करते हैं। संसारमें बहुतसे लोग दिखाई देते हैं, पर वे चतुरोंके ही वशमें रहते हैं। चतुरोंके सामने साधारण लोगोंका कुछ भी

वश नहीं चलता। इसलिए मुख्य-मुख्य लोगोंके साथ ही मित्रता करनी चाहिये। इस प्रकार असंख्य साधारण लोग आ मिलते हैं। चतुरोंको चतुर ही अच्छे लगते हैं और चतुर चतुरोंसे ही मिलते हैं। और यों तो बहुतसे पागल व्यर्थ घूमा ही करते हैं। जब किसी चतुरको दूसरेकी चतुरताका पता चल जाता है, तब उसके मनसे उस चतुरका मन मिल जाता है। पर ये सब काम बहुतही गुप्त रूपसे करने चाहिएँ। यदि किसी समर्थके मनके अनुसार काम किया जाय (अर्थात्, इस प्रकार उसे प्रसन्न कर लिया जाय) तो साधारण और सज्जन सभी प्रकारके बहुतसे लोग आ मिलते और विनती करते हैं। परखसे परख करनी चाहिए और बुद्धिसे बुद्धि बढ़ानी चाहिए। नीति और न्यायसे पाखंडका मार्ग रोकना चाहिए। ऊपरसे पागलोंका-सा भेस बनाये रखना चाहिए और मनमें अनेक प्रकारकी कलाएँ होनी चाहिएँ। लोगोंका मन कभी दुःखी नहीं करना चाहिए। ऐसे लोग संसारमें बहुत कम हैं जो निस्पृह हों, नित्य नये स्थानोंमें घूमते हों, निश्चयात्मक ब्रह्मज्ञान रखते हों और प्रसिद्ध ज्ञाता तथा सज्जन हों। अनेक प्रकारकी उत्तम बातोंसे सब लोगोंका मन प्रसन्न होता है। इस प्रकार चारों ओर घूम-घूमकर सबको अपनी ओर खींचना चाहिए। यदि आदमी एक जगह बैठा रहे तो उसकी सारी ख्याति ही नष्ट हो जाय; इसलिए सावधान होकर सब लोगोंसे मिलते रहना चाहिए। लोगोंसे मिलना और उनके मनमें मिलनेकी उत्सुकता उत्पन्न करना चतुरोंके लक्षण हैं। उत्तम गुणोंसे मनुष्य मात्रका समाधान होता है।

दूसरा समास

निस्पृहताके लक्षण

संसारमें छोटे बड़े सभी प्रकारके बहुतसे मानवी शरीर हैं जो क्षण-क्षण पर अपने मनोविकार बदलते रहते हैं। जितने आदमी हैं उतनी ही प्रकृतियाँ हैं और वे प्रकृतियाँ कभी एक-सी नहीं होतीं। उनमें एकताका कोई नियम ही नहीं है। कोई कहाँ तक देखे और क्या कहे! बहुतसे लोग म्लेच्छ हो गये, बहुतसे फिरङ्गियों-में मिल गये और बहुतसे देशभाषाके कारण उनमें मिलनेसे रुके हुए हैं। इस प्रकार महाराष्ट्र देशमें यहाँके असल आदमी बहुत कम रह गये हैं; और जो लोग बचे हुए हैं, वे राजकीय कार्योंमें फँसे हुए हैं। उनके पास बहुतसे काम हैं और उन्हें भोजन करने तककी छुट्टी नहीं मिलती। बहुतसे लोग युद्धोंमें फँसे हुए हैं

और लड़ने-भिड़नेमें ही उन्मत्त हो रहे हैं। वे दिन-रात युद्धकी ही चर्चा करते हैं। व्यापारी लोग अपने काममें लगे हैं और पेटके धन्धेमें लगे रहनेके कारण उन्हें भी अवकाश नहीं मिलता। अनेक प्रकारके दर्शन, पाखण्ड और मत बहुत बढ़ गये हैं। संसारमें सब जगह लोग इन्हीं बातोंका उपदेश देते फिरते हैं। बचे-खुचे लोगोंको स्मार्तों और वैष्णवोंने अपने मेलमें मिला लिया है। इस प्रकार खूब गड़बड़ी मची हुई है। बहुतसे लोग कामनाओंके भक्त बनकर जगह-जगह आसक्त हो रहे हैं। युक्त और अयुक्तको कौन देखता है ! यदि कोई इस गड़बड़ीमें अपनी नई गड़बड़ी मचाना चाहता है तो वैदिक लोग उसे देख नहीं सकते। उनमेंसे भी बहुतसे लोग हरिकीर्तनमें लगे हुए हैं। अब प्रत्ययात्मक ब्रह्मज्ञानका विचार कौन करे ?

इन्हीं सब कारणोंसे ज्ञान बहुत दुर्लभ है। बड़े पुण्यसे यह अलभ्य लाभ होता है। पर विचारवानोंके लिए सभी बातें सुलभ हैं। यदि विचारकी बात ठीक तरहसे समझमें आ जाय तो वह कही नहीं जा सकती। बहुतसे विघ्न उपस्थित होते हैं और यदि मनुष्य उन्हें दूर करनेका उपाय करे तो और भी विघ्न आ खड़े होते हैं। पर उनमें भी जो चतुर होते हैं, वे एक क्षण भी व्यर्थ नहीं जाने देते। चतुर, तार्किक और विचक्षण पुरुषका सभी लोग आदर करते हैं। उसे बहुतसी अच्छी और बढ़िया बातें याद रहती हैं जो वह लोगोंके सामने धड़ाधड़ कहने लगता है। वह अपनी सामर्थ्यसे नीतिका मार्ग स्वच्छ और प्रशस्त करता है। वह प्रबोध शक्तिके अनन्त मार्ग और सब लोगोंके मनकी बात जानता है, इसलिए उसका निरूपण सभीको अच्छा लगता है। वह अपने अनुभवकी बातें बतलाकर सब मत-मतान्तरोंका अन्त कर देता है और लोकाचारका विचार छोड़कर सब लोगोंका मन अपने वशमें कर लेता है। वह प्रसङ्गके अनुसार नीतिकी प्रभावशाली बातें कहता है और तब अपनी उदासीन वृत्तिके अभिमानमें वहाँसे उठकर चल देता है। वह अनुभवकी बातें बतला जाता है, इसलिए लोग उससे फिर मिलनेके लिए बहुत उत्सुक होते हैं और अनेक प्रकारके मार्ग छोड़कर उसीकी शरणमें जाते हैं, पर वह कहीं मिलता ही नहीं। यदि उसका वेष देखा जाय तो वह दोनों और हीनोंके समान होता है। वह भिखारियोंका-सा वेष बनाकर बहुत बड़े-बड़े काम गुप्त रूपसे करता है, इससे उसका यश, कीर्ति और प्रताप असीम हो जाता है। वह जगह-जगह बहुतसे लोगोंको भजनमें लगाकर आप वहाँसे चल देता है और मत्सर

करनेवाले लोगोंका अपनेसे संसर्ग ही नहीं होने देता । वह ऐसी गुफाओं आदिमें जाकर रहता है जहाँ उसे कोई देख ही नहीं सकता और वहाँसे वह सदा सबकी चिन्ता करता रहता है । ऐसे दुर्गम स्थलोंमें, जहाँ आदमी बहुत कठिनतासे दिखाई पड़ते हैं, वह सावधान होकर रहता है और संसारके सभी लोग उसे ढूँढ़ते हुए वहाँ आते हैं । पर वहाँ किसीका कुछ भी वश नहीं चलता, किसीका अनुमान अणुमात्र भी काम नहीं देता । वह संघ-शक्ति बढ़ाकर लोगोंको राजनीतिक कार्योंमें लगाता है । वे लोग फिर और लोगोंको अपने वर्गमें सम्मिलित करते हैं, जिससे उनका समुदाय अमर्यादित या बहुत अधिक हो जाता है और इस प्रकार सारे भूमण्डल पर उसीकी सत्ता गुप्त रूपसे चलती है । जगह-जगह उसके बहुतसे संघ हो जाते हैं, मनुष्य मात्र उसकी ओर आकृष्ट होते हैं और चारों ओर पारमार्थिक भावोंका खूब प्रचार होता है । वह जगह-जगह उपासनाका प्रचार करता है और अपने अनुभवसे प्राणी मात्रका उद्धार करता है । वह इसी प्रकारकी बहुतसी युक्तियाँ जानता है जिनसे लोग चतुर हो जाते हैं, और सब जगह प्राणी मात्रको अनुभव होने लगता है । जो इस प्रकार कीर्ति कर जाता हो, उसीका इस संसारमें आना सार्थक है । दास कहता है कि यह विषय स्वभावतः संक्षेपमें कहा गया है ।

तीसरा समास

श्रेष्ठ अन्तरात्मा

मूल मायासे लेकर सारे संसारका जो यह प्रसार दिखाई पड़ता है, वह सब पंचभूतात्मक है; और इसमें सात्त्विकता जो सूत्र है, वह भी तत्त्व रूप या पंचभूतात्मक ही है । ऊँचे सिंहासन पर राजा विराजमान है और उसके दोनों ओर सेनाएँ खड़ी हुई हैं । इस बात पर अपने मनमें ही विचार करना चाहिए । जितने देह हैं, सब अस्थि और मांसके बने हैं । इसी प्रकार उस राजाका भी देह समझना चाहिए । मूल मायासे लेकर यह सारी सृष्टि और पंचभूतात्मक सृष्टिके सब काम उस राजाकी सत्तासे ही चलते हैं, पर हैं सब पंचभूतात्मक ही । हाँ, मूल मायामें ज्ञातृत्व शक्तिका कुछ अधिक अधिष्ठान है । बहुत अधिक विवेक होनेके कारण ही लोग अवतारी कहलाते हैं । चक्रवर्ती मनु आदि भी इसी प्रकार अवतारी हुए हैं । जिसमें जितना ही अधिक ज्ञान होता है, उसमें उतना ही अधिक ऐश्वर्य भी होता

है, और ज्ञानके अभावके कारण ही लोग अभागे या दरिद्र होते हैं। जो लोग रोजगार या काम-धन्धा करते और धक्के या चपेटें आदि सहते हैं, वही देखते-देखते भाग्यवान हो जाते हैं। आजकल बराबर ऐसा ही होता है, पर मूर्खोंकी समझमें नहीं आता। पर विवेकशील मनुष्य सब कुछ समझता है। लोगोंकी समझमें नहीं आता कि आदमी बुद्धिके कारण ही बड़ा या छोटा होता है। जो पहले जन्म लेता है, उसीको वे बड़ा कहते हैं। राजा चाहे अवस्थामें कम हो, पर फिर भी वृद्ध लोग उसे नमस्कार करते हैं। विवेककी गति विचित्र है। पर हाँ, लोगोंको उसका ज्ञान होना चाहिए। साधारण लोगोंका जो कुछ ज्ञान है, वह सब अनुमानके आधार पर ही है। और यही लोक-रूढ़िका लक्षण है। ऐसा न करनेके लिए हम किस-किससे कहें? साधारण मनुष्य ये बातें क्या जानें! किससे किससे कहा जाय और कहाँ तक कहा जाय! यदि कोई छोटा आदमी भाग्यवान हो जाय तो भी लोग उसे तुच्छ ही समझते हैं। इसलिए इन धृष्टोंको दूर ही रखना चाहिए। न तो लोग ठीक तरहसे कोई बात ही समझते हैं और न राजनीति ही जानते हैं। व्यर्थ ही मूर्खताके कारण अपने आपको बड़ा समझते हैं। कोई बात ठीक तरहसे उनकी समझमें नहीं आती और न उन्हें कोई श्रेष्ठ मानता ही है। यदि कोई केवल अवस्थामें बड़ा हो तो उसे कौन पूछता है! जो लोग कहते हैं कि बड़ोंमें बड़प्पन और छोटोंमें छोटापन नहीं है, वे समझदार नहीं हैं। जो बड़प्पन बिना किसी गुणके हो, वह बिलकुल अप्रामाणिक है। बड़प्पनका मुख्य लक्षण यही है कि मनुष्यमें अच्छे गुण हों। बड़ोंको मानना चाहिए और उनका बड़प्पन समझना चाहिए। नहीं तो आगे चलकर स्वयं अपने बड़प्पनके अभिमानके कारण कष्ट उठाना पड़ता है। यह तो स्पष्ट ही है कि जिसमें वह सबसे बड़ी अन्तरात्मा जाग्रत हो, उसीकी महिमा होती है और इस सम्बन्धमें हमें कुछ कहनेकी आवश्यकता नहीं है। इसलिए समझदारोंको विवेकशील होना चाहिए। यदि विवेकका अभ्यास न हो तो महत्व नहीं रहता। और यदि मनुष्यका महत्व नष्ट हो जाय तो समझ लेना चाहिए कि उसने जन्म लेकर कुछ भी नहीं किया। उसने मानों जबरदस्ती अपनी दुर्दशा कराई। ऐसे लोगोंको स्त्रियाँ तक बुरा भला कहती हैं, और लोग कहते हैं कि देखो, इसकी कैसी दुर्दशा हुई। उसकी मूर्खता सब पर प्रकट हो जाती है। ऐसा किसीको न करना चाहिए और सबको अपना जीवन सार्थक करना चाहिए।

ओर यदि इसका उपाय समझमें न आता हो तो अनेक ग्रन्थोंको पढ़कर उन पर अच्छी तरह विचार करना चाहिए। बुद्धिमानका सभी लोग आदर करते हैं और मूर्खको सभी लोग डाँटते हैं। यदि कोई सम्पत्ति प्राप्त करना चाहता हो तो भी उसे चतुर या बुद्धिमान बनना चाहिए। चतुरता प्राप्त करनेके लिए चाहे अनेक कष्ट ही क्यों न सहने पड़ें, पर फिर भी उसे प्राप्त करना चाहिए। चतुराई सीखना सबसे उत्तम है। जिसे बहुत-से लोग मानते हों, उसीको चतुर समझना चाहिए। चतुरके लिए संसारमें किसी बातकी कमी नहीं होती। इस संसारमें आकर जो अपना हित न करे, उसे आत्मघातक ही समझना चाहिए। उस मूर्खके समान और कोई पातकी नहीं है। जो चतुर होता है, वह कभी ऐसा नहीं कर सकता कि स्वयं ही संसारमें कष्ट भी उठावे और लोगोंका क्रोध भी सहे। साधकोंको यह बात सहज स्वभावसे बतला दी गई है। यदि उन्हें अच्छी लगे तो वे खुशीसे इसे मान लें, और यदि न अच्छी लगे तो इसे छोड़ दें। आप श्रोता लोग परम दक्ष ठहरे। आप लोग अलक्ष्यकी ओर लक्ष्य रखते हैं। यह तो बिलकुल प्रत्यक्ष और साधारण बात है जिसे आप सब लोग जानते ही हैं।

चौथा समास

ब्रह्म-निरूपण

पृथ्वीमेंसे पेड़ उगते हैं, उन पेड़ोंसे लकड़ियाँ बनती हैं, और वे लकड़ियाँ जलकर फिर पृथ्वी या मिट्टी हो जाती हैं। पृथ्वीमेंसे ही बेल उगती है, जो तरह तरहसे फैलती है। पर वह भी सड़-गलकर पृथ्वी ही हो जाती है। अनेक प्रकारके अनाजोंसे लोग तरह-तरहकी चीजें बनाकर खाते हैं, पर वे चीजें भी विष्ठा या वमन बनकर फिर पृथ्वी ही हो जाती हैं। अनेक प्रकारके पशु-पक्षी आदि जो कुछ खाते हैं, उसकी भी वही दशा होती है। उनका मल भी सूखकर मिट्टी या पृथ्वी ही हो जाता है। मनुष्य और कीड़े-मकोड़े आदि प्राणी भी मरकर पृथ्वी ही हो जाते हैं। अनेक प्रकारके तृण आदि भी सड़ गलकर मिट्टी ही होते हैं और सब तरहके कीड़े भी मरकर पृथ्वी ही होते हैं। सृष्टिमें अपार पदार्थ हैं। उनका कहाँ तक वर्णन किया जाय! पर सबके लिए इस पृथ्वीको छोड़कर और कोई ठिकाना नहीं है। पेड़, पत्ते और तृण आदि भी पशुओं आदिके पेटमें जाकर गोबर हो जाते हैं

और खाद, मूत्र तथा राख होकर फिर पृथ्वीमें ही मिल जाते हैं। जिन जिनकी उत्पत्ति, स्थिति और संहार होता है, वे सब पृथ्वीमें मिल जाते हैं, और जो कुछ उत्पन्न तथा नष्ट होता है, वह सब पृथ्वी ही हो जाता है। अनेक प्रकारके बीजों और अनाजोंके ढेर बढ़कर आकाश तक जा पहुँचते हैं, पर अन्तमें वे भी पृथ्वीमें ही मिल जाते हैं। लोग अनेक प्रकारकी धातुओंको गाड़ रखते हैं, पर बहुत दिनोंके बाद वे भी मिट्टी हो जाती हैं। सोने और रत्नों आदिकी भी यही दशा होती है। मिट्टीसे ही सोना और पत्थर या रत्न आदि होते हैं, पर प्रखर अग्निमें भस्म होकर वे मिट्टी ही हो जाते हैं। सोनेसे ही जरीकी चीजें बनती हैं, पर वे भी सड़ जाती हैं और रस होकर चारों ओर फैलकर फिर पृथ्वीमें ही मिल जाती हैं। पृथ्वीसे धातुएँ उत्पन्न होती हैं, अग्निके संयोगसे जिनसे रस बनते हैं, फिर वे रस भी कठोर हो जाते हैं। अनेक प्रकारके जलोंसे गन्ध निकलती है जिससे पृथ्वीका ही रूप प्रकट होता है। दिन पर दिन जल सूखता जाता है और फिर वही जल पृथ्वी हो जाता है। पत्र, पुष्प और फल उत्पन्न होते हैं जिन्हें अनेक जीव खा जाते हैं। अन्तमें वे जीव भी मरकर पृथ्वी ही होते हैं। संसारमें ये जितने आकार हैं, उन सबका आधार यह पृथ्वी ही है। सभी प्राणी उत्पन्न तथा नष्ट होते हैं और अन्तमें पृथ्वी हो जाते हैं। इस प्रकारकी बातें कहाँ तक बतलाई जायँ। विवेकसे ही सब बातें समझ लेनी चाहिएँ। उत्पत्ति तथा संहारका मूल भी ऐसा ही समझना चाहिए। आप या जल सूखकर पृथ्वी बनता है और फिर वह पृथ्वी जलमें ही मिल जाती है, क्योंकि वह अग्निके योगसे भस्म हो जाती है। आपकी उत्पत्ति तेजसे होती है, पर उसे भी वह तेज ही सोख लेता है। वह तेज वायुसे उत्पन्न होता है और वायुसे ही उस तेजका अन्त भी हो जाता है। वायुका निर्माण आकाशमें होता है और उसका लय भी आकाशमें ही होता है। इस प्रकार उत्पत्ति और संहारका रहस्य अच्छी तरह समझना चाहिए। जिसका जिससे निर्माण होता है, वह उसीमें लीन हो जाता है और इस प्रकार पाँचों भूतोंका नाश हो जाता है। भूत उसीको कहते हैं जिसका निर्माण हो और जो फिर नष्ट हो जाय। इन सबके बाद वही शाश्वत ब्रह्म बच जाता है। जब तक उस परब्रह्मका ज्ञान न हो, तब तक जन्म और मृत्युका अन्त नहीं होता। तब तक बराबर चारों खानियों और अनेक प्रकारके जीवोंमें जन्म लेना पड़ता है। अच्छी तरह विचारकर देख लीजिये, जड़का मूल

चञ्चल है, चञ्चलका मूल वह निश्चल है और उस निश्चलका कोई मूल नहीं है। जो कुछ होता है, वह पूर्वपक्ष है; जो नष्ट होता है, वह सिद्धान्त है; और जो इन दोनों पक्षोंसे रहित है, वह परब्रह्म है। यह बात अनुभवसे जाननी चाहिए और विचारसे इसके लक्षण पहचानने चाहिएँ। बिना विचार किये व्यर्थ परिश्रम करना मूर्खता है। जो ज्ञानी संकोचसे दबा हो, उसे निश्चल ब्रह्म कैसे मिल सकता है? वह व्यर्थ मायामें पड़ा हुआ गड़बड़ी करता है। विचक्षण लोगोंको इस बातका स्वयं विचार करना चाहिए कि मायाका बिलकुल नाश हो जाने पर जो स्थिति रह जाती है, वह कैसी होती है। मायाका निरसन होने पर आत्म-निवेदन हो जाता है। उस दशामें वाच्यांश नहीं रह जाता। फिर भला वह विज्ञान कैसे जाना जा सकता है? जो आदमी दूसरे लोगोंकी बातोंके फेरमें पडता है, वह सन्देहमें पड़कर ही डूब जाता है। इसलिए अनुभव पर बार-बार ध्यान देना चाहिए।

पाँचवाँ समास

चंचलके लक्षण

दोनों (प्रकृति और पुरुष) के अनुसार तीनों (गुण) चलते हैं; अगुणी या निर्गुणमेंसे अष्टधा प्रकृति उत्पन्न होती है, जो ऊपर और नीचेके दोनों स्थानोंको छोड़कर (अन्तरिक्षमें) इन्द्रधनुषके समान रहती है। पड़दादा (अग्नि) अपने पड़पोते (देह) को खा जाता है, लड़का (प्रत्येक तत्त्व) अपने बाप (उस तत्त्वको, जिससे वह स्वयं उत्पन्न हुआ है) को खा जाता है और चारों तत्त्वोंका राजा आकाश भूला हुआ या अदृश्य है। देवता (ईश्वर) देवालय (शरीर) में छिपा हुआ बैठा है, देवालयकी जो पूजा की जाती है (दूसरोंके शरीरको जो सुख दिया जाता है) वह उस देवता (आत्मा या ईश्वर) को प्राप्त होती है। यह बात सृष्टिके सभी जीवोंके सम्बन्धमें है। लोगोंने दो नामों (प्रकृति और पुरुष) की कल्पना कर ली है; पर यदि विचारपूर्वक देखा जाय तो वे दोनों एक ही हैं। वह न पुरुष है न स्त्री है। लोगोंने यों ही कल्पना कर ली है। यदि अच्छी तरह पता लगाया जाय तो कुछ भी नहीं है। सभी लोग नदीको स्त्री और नालेको पुरुष कहते हैं, पर विचारपूर्वक देखा जाय तो उनमेंसे किसीका कोई देह नहीं है। दोनोंमें केवल जल है। स्वयं अपने सम्बन्धमें ही किसीको कुछ पता नहीं लगता;

और यदि देखा जाय तो कुछ दिखाई नहीं देता। बहुत कुछ होने पर भी किसीको कुछ नहीं मिलता। वह एक अकेलेसे ही बहुत हुआ है और बहुत होने पर भी अकेला ही है। पर वह स्वयं अपनी मचाई हुई गड़बड़ी (माया) को सहन नहीं कर सकता। वह विचित्र कला या चेतना शक्ति एक होने पर भी सब जगह फैली हुई है और चारों ओर फैली हुई होने पर भी एक ही है। वह प्राणी मात्रमें व्याप्त है। वेलमें जल अदृश्य रूपसे सञ्चार करता रहता है। चाहे कुछ भी किया जाय पर वह वेल बिना आर्द्रताके ठहर ही नहीं सकती। यद्यपि वृक्षोंके चारों ओर थाले बाँध दिये जाते हैं, पर फिर भी वृक्ष मनमाने ढङ्गसे बढ़ते रहते हैं। बहुतसे पेड़ तो आकाश तक पहुँच जाते हैं। यद्यपि वे वृक्ष पृथ्वीसे बिलकुल अलग रहते हैं, तो भी वे नहीं सूखते; और जहाँ रहते हैं, वहीं खूब बढ़ते हैं। उस अन्तरात्माके कारण ही वृक्ष जीवित रहते हैं और अन्तरात्माके न रह जाने पर सूखी लकड़ी हो जाते हैं। यह बात स्पष्ट ही है और इसमें कोई बड़ा रहस्य नहीं है। वृक्षोंसे जो दूसरे वृक्ष उत्पन्न होते हैं, वे भी आकाशकी ओर बढ़ते हैं। पर उनकी जड़ कभी पृथ्वीमें नहीं होती। वृक्षोंको वृक्षोंकी ही खाद देकर बराबर उनका पालन किया जाता है और बोलनेवाले वृक्ष शब्द-मन्थन या शब्द-संघर्षसे विचार करते हैं। जो कुछ होना था, वह तो पहले ही हो चुका। पीछेसे लोग कल्पना करके कहते रहते हैं। पर ज्ञाता लोग सब बातें अच्छी तरह जानते हैं। यदि आदमी समझ लेता है तो बूझता नहीं, और यदि बूझ लेता है तो समझता नहीं। बिना अनुभवके कोई बात ध्यानमें नहीं आती। सबसे पहले यही समझना चाहिए कि इन सबका उत्पन्न करनेवाला कौन है। इतना समझ लेने पर ही मनुष्य स्वयं अपने आपको पा लेता है। अन्तर्निष्ठोंका दरजा बहुत ऊँचा है और बहिर्मुखों (जो केवल ऊपरी या बाहरी बातोंका विचार करते हैं और अन्तरात्माको नहीं देखते) का सङ्ग करना बुरा है। मूर्ख इन बातोंको क्या समझेंगे! हाँ, चतुर लोग अवश्य जानते हैं। यदि सबका मन प्रसन्न रखा जाय तो सभी लोग प्रशंसा करते हैं। और यदि सबका मन प्रसन्न न रखा जाय तो साग-भाजीके समान साधारण चीज भी नहीं मिल सकती। यह बात प्रत्यक्ष देखनेमें आती है। उसी अलक्ष्यमें लक्ष्य लगाना चाहिए। दक्षसे भेंट होने पर ही दक्षको प्रसन्नता होती है। मनसे मन मिलने पर अर्थात् उस ईश्वरमें अनन्यता होने पर ही उस निरञ्जनके दर्शन होते हैं। और माया

रूपी चञ्चल चक्रको पार करके मनुष्य उस ईश्वर तक पहुँच सकता है। जब एक बार मनुष्य वहाँ तक पहुँचकर उसे ज्ञान-चक्षुओंसे देख लेता है, तब फिर वह सदा अपने आस-पास ही दिखाई पड़ता है। पर चर्मचक्षुओंसे वह कभी दिखाई नहीं पड़ता। यह चञ्चल माया सदा सब शरीरमें हलचल मचाती रहती है और वह परब्रह्म सभी स्थानोंमें निश्चल रूपसे वर्तमान रहता है। जब चञ्चल एक ओर दौड़ता है, तब दूसरी ओर कुछ भी नहीं रह जाता। यह सम्भव नहीं है कि वह चञ्चल सभी स्थानोंमें बराबर बना रहे या सम्पूर्ण रहे। चञ्चलसे स्वयं चञ्चलका हो काम पूरा नहीं होता और न वह समस्त चञ्चलोंका विचार ही कर सकता है। फिर वह चञ्चल उस निश्चल तथा अपार परमात्माका कैसे अनुमान या विचार कर सकता है! आकाशमें छोड़ा हुआ आकाशबाण भला आकाशके उस पार कैसे जा सकता है? वह तो स्वभावतः बीचमें ही बुझ जायगा। मनोधर्म एकदेशीय है; उसके द्वारा उस वस्तु ब्रह्मका आकलन कैसे हो सकता है? ऐसा एकदेशीय मनोधर्म वाला अपयशी मनुष्य निर्गुणको छोड़कर सर्वब्रह्मकी बातें कहता है। जहाँ सारासारका विचार न हो, वहाँ बिलकुल अन्धकार ही समझना चाहिए। इस प्रकार मानों यह अज्ञान बालक सत्यको छोड़कर असत्यको ग्रहण करता है। ब्रह्मांडके महाकारण मूलमायासे ही इन पाँचों भूतोंकी उत्पत्ति हुई है। पर महावाक्यका विवरण इससे बिलकुल अलग ही है। महत्तत्व ही महद्भूत भी कहलाता है और उसीको भगवान समझना चाहिए। वहाँ पहुँचने पर फिर उपासना समाप्त हो जाती है। कर्म, उपासना और ज्ञानके त्रिकांडका वर्णन वेदोंमें है और इसीलिए ये तीनों प्रामाणिक हैं। परन्तु परब्रह्ममें पहुँचने पर ज्ञानका विज्ञान या अन्त हो जाता है।

छठा समास

चातुर्य-विवरण

पीत (दीपक) से कृष्ण (काजल) उत्पन्न होता है और वही काजल भूमंडल पर चारों ओर फैला हुआ है। यह संभव नहीं है कि बिना उसके कोई बात समझमें आ सके। उस काजलमें लक्षण तो बहुत ही अल्प हैं, पर वस्तुतः उसमें सभी कुछ है। अधम और उत्तम सब प्रकारके गुण उसीमें रहते हैं। पृथ्वीमें महीसुत (किलक, जिससे लिखनेकी कलम बनाई जाती है) उत्पन्न करते हैं और तब उसे बीचसे चीरते

हैं । उन्हीं दोनों—स्याही और कलमसे लिखने आदिके सब काम चलते हैं । जब श्वेत कागज और अश्वेत किलककी कलमका संयोग होता है और उन दोनोंके बीचमें कृष्ण (काजलकी स्याही) मिलता है, तभी इस लोककी सार्थकता होती है । इसका विचार करनेसे मूर्ख भी चतुर होते हैं । उनमें तत्काल प्रतीति उत्पन्न होती है और उन्हें परलोकका साक्षात्कार होता है । जो परब्रह्म सबको मान्य है, उसीको लोग सामान्य समझ लेते हैं और उसे सामान्य समझकर ही उसमें अनन्य नहीं होते । हाथमें उत्तम, मध्यम और कनिष्ठ तीन प्रकारकी रेखाएँ होती हैं और ललाटमें अदृष्टकी गुप्त रेखा होती है । पर इन चारोंका अनुभव एक-सा नहीं होता । जो लोग अपनी चौदह पीढ़ियोंकी कीर्तिका गीत गाने बैठते हैं, उन्हें हम चतुर कहें या पागल ? सुननेवालेको तो यह देखना चाहिए कि स्वयं हमसे भी कुछ होता है या नहीं । जब यह बात प्रत्यक्ष देखनेमें आती है कि सारी रेखाएँ मिटाई जा सकती हैं, तो फिर जान-बूझकर अपनी आँखें बन्द करके और भाग्यके भरोसे ही क्यों बैठे रहें ? जो लोग बहुतोंके कहनेमें लगते हैं, वे सन्देहमें डूब जाते हैं और अनुभवात्मक मुख्य निश्चय भूल जाते हैं । बहुतसे लोगोंकी बहुतसी बातें सुन लेनी चाहिएँ, पर अनुभवकी सहायतासे उन सब पर विचार करना चाहिए और तब अपने मनमें सच और झूठका निपटारा करना चाहिए । किसीसे कुछ न कहना चाहिए, अपाय और उपायको समझ लेना चाहिए और उनका अनुभव कर लेना चाहिए । बहुत बोलनेसे क्या लाभ ! चाहे कोई हठी और कच्ची बुद्धिका ही क्यों न हो, पर उसकी बात भी मान लेनी चाहिए । इस प्रकार बहुतसे लोगोंका मन रखना चाहिए । जिसमें अभिमान, द्वेष और मल हो, और जो इन्हीं सबको बहुत बढ़ाता चलता हो, उसे हम चतुर कैसे कह सकते हैं ? ऐसा मनुष्य दूसरोंको प्रसन्न नहीं कर सकता । जो मूर्खोंको भी चतुर बनाता हो, उसीका जीवन सार्थक और प्रशंसनीय है । व्यर्थ वाद-विवाद करना मूर्खता है । लोगोंमें मिलकर उनको अपनी ओर मिलाना चाहिए, पड़ या लेटकर उलटना चाहिए और विवेक-बलसे अपने मनकी बातका दूसरेको पता न लगने देना चाहिए । दूसरोंकी चालके अनुसार चलना और दूसरोंकी बातोंके अनुसार बोलना चाहिए और दूसरोंके मनोगत भावोंमें मिल जाना चाहिए । जो दूसरोंका हित करना चाहता है, वह उनके अहितका कोई काम नहीं करता और बहुत सुखपूर्वक तथा सहजमें दूसरोंका मन अपने अनुकूल कर-

लेता है। पहले दूसरोंका मन अपने हाथमें करना चाहिए और तब धीरे-धीरे अपने मनकी बातें उनके मनमें भरनी चाहिएँ। इस प्रकार अनेक उपायोंसे दूसरोंको अपने वशमें करना चाहिए। यदि हैकड़को हैकड़ मिलता है तो बहुत गड़बड़ी होती है और तब दोनोंमें कलह उठने पर चातुरीको कहाँ जगह मिल सकती है? लोग व्यर्थ ही डींग हाँकते हैं, पर कुछ कर दिखलाना बहुत कठिन है। शत्रुके स्थान पर अपना अधिकार जमाना, दूसरोंके मन पर अपना अधिकार करना, बहुत ही कठिन है। आदमी धक्का और चपेट सहता रहे और नीच शब्द सुनता चले, तभी दूसरे लोग पछताकर उसके अधीन होते हैं। प्रसंग देखकर बातें कहनी चाहिएँ, मनमें ज्ञातृत्वका अभिमान कभी उत्पन्न न होने देना चाहिए और हर जगह नम्र होकर जाना चाहिए। दुर्गम ग्राम और नगर, उनमेंके घर और उनके अन्दरकी छोटी-बड़ी सभी कोठरियाँ आदि सभी स्थान भिक्षाके बहानेसे बहुत अच्छी तरह देख लेने चाहिएँ। बहुत-सी चीजोंमेंसे कुछ न कुछ मिल ही जाता है और विचक्षणोंसे मित्रता होती है। खाली बैठकर आदमी न घूम सकता है और न ज्ञान ही प्राप्त कर सकता है। सावधानतापूर्वक सब बातें जाननी चाहिएँ, सब बातोंकी खबर पहलेसे ही रखनी चाहिए और जहाँ जाना निश्चित हो, वहाँ विवेकपूर्वक जाना चाहिए। तरह-तरहकी अच्छी बातें मालूम होने पर मनुष्य सबका मन प्रसन्न कर सकता है। और यदि वे बातें दूसरोंके उपकारके लिए लिख दी जायँ तो परम उत्तम है। उससे असीम लोकोपकार होता है। जिसे जैसे उपकारकी आवश्यकता हो, यदि उसके साथ वैसा ही उपकार किया जाय तो फिर उपकार करनेवाला श्रेष्ठ और सर्वमान्य हो जाता है। जिसे भूमण्डलमें सभी लोग मानते हों, उसे सामान्य आदमी नहीं कहना चाहिए। उसके पास बहुतसे लोग उसके अनन्य भक्त होकर रहते हैं। बस यही सब चातुरीके लक्षण हैं। जो अपनी चातुरीसे दिग्विजय कर ले, फिर उसे किस बातकी कमी हो सकती है! उसे सब जगह सब कुछ मिल जाता है।

सातवाँ समास

प्रकृति और पुरुषके लक्षण

अनेक प्रकारके विकारोंका मूल ही मूल माया है। उस अचञ्चल (परब्रह्म) में वह चञ्चल माया सूक्ष्म रूपसे रहती है। वह मूल माया ज्ञातृत्व-रूप और परब्रह्म-का प्रथम या मूल सङ्कल्प है। इसीको षड्गुणैश्वर समझना चाहिए। इसीको

प्रकृति और पुरुष, शिव और शक्ति तथा अर्धनारीनटेश्वर कहते हैं। पर वह समस्त जगज्ज्योति ही इन सबका मूल है। सङ्कल्पका चलन ही वायु या मायाका लक्षण है। वायुमें तीनों गुण और पाँचों भूत हैं। यदि आप किसी बेलको देखें तो इसकी जड़ बहुत गहराई तक होती है। और पत्र, पुष्प तथा फल उस मूलके कारण ही उत्पन्न होते हैं। इसके अतिरिक्त उस मूलमें और भी अनेक प्रकारके रङ्ग, आकार, विकार, तरंगें और स्वाद आदि रहते हैं। यदि उस जड़को तोड़ या फोड़कर देखा जाय तो उसमें कुछ भी नहीं दिखाई देता। पर जब वह ऊपरको बढ़ने लगती है, तब धीरे-धीरे सब कुछ दिखाई पड़ने लगता है। अगर किसी टीलेके ऊपर कोई बेल उगती है तो वह नीचेकी ओर बढ़ती हुई जमीन पर पहुँचकर चारों ओर खूब फैल जाती है। इसी प्रकार मूल मायाको भी समझना चाहिए। अनुभवके द्वारा यह सत्य बात जान लेनी चाहिए कि पाँचों भूत और तीनों गुण उस मायामें पहले-से ही रहते हैं। बेल बराबर खूब फैलती है और अनेक विकारोंसे शोभित होती है। फिर उन विकारोंसे और भी बहुत अधिक विकार उत्पन्न होते हैं। उसमें बहुतसी शाखाएँ आदि निकलती हैं और इस प्रकार संसारमें अनन्त बेलें बढ़ती जाती हैं। बहुतसे फल लगकर गिर जाते हैं और उनकी जगह पर नये फल लगते हैं। सदा ऐसा ही होता रहता है। एक बेल सूख जाती है और उसकी जगह दूसरी बेल निकल आती है। इस प्रकार न जाने कितनी बेलें निकलीं और नष्ट हो गईं। पत्ते भी झड़ते और निकलते हैं और पुष्पों तथा फलोंकी भी यही दशा होती है। इन्हीं फलों और फूलों आदिमें असंख्य जीव भी रहते हैं। कभी-कभी सारी बेल सूख जाती है और फिर उसी जड़से नई बेल निकलती है। इस प्रकार ये सब बातें प्रत्यक्ष अनुभवसे जान लेनी चाहिएँ। जब मूल या जड़ खोदकर निकाल दी जाती है तब, जब ज्ञानसे प्रत्यय निर्मूल कर दिया जाता है, तब फिर सब प्रकारकी बाढ़ रुक जाती है। मूल या आदिमें भी बीज रहता है, अन्तमें भी बीज ही रहता है और बीजमें जल रूपी बीज रहता है। इसी प्रकार यह सब स्वभावतः विस्तृत है। जो कुछ मूलमें रहता है, वही इस बीज-सृष्टिमें भी होता है। फिर जो अंश जहाँका होता है, वह वहीं चला जाता है। वह जाता है, आता है और फिर चला जाता है। इस प्रकार बारबार आता जाता रहता है। पर जो आत्मज्ञानी होता है, उसे जाकर फिर नहीं आना पड़ता। चाहे हम कह दें कि उसे आवागमनका कष्ट नहीं

भोगना पड़ता, पर फिर भी उसे कुछ न कुछ जानना ही पड़ता है। आत्मा होती तो सभीके अन्दर है, पर सबको उसका पता नहीं चलता। उसीके कारण लोग सब काम करते हैं, पर उसे नहीं जानते। जब वह दिखाई ही नहीं देती, तब लोग बेचारे क्या करें! विषयोंका भोग भी उसीके द्वारा होता है। यदि वह न हो तो कुछ भी नहीं हो सकता। अतः स्थूलको छोड़कर सूक्ष्ममें प्रवेश करना चाहिए।

जैसा हमारा अन्तःकरण है, वैसा ही सारे संसारका भी है। केवल शरीरभेदके विकार अलग अलग हैं। एक उँगलीकी वेदनाका पता दूसरी उँगलीको नहीं चलता। हाथ-पैर आदि अवयवोंकी भी यही दशा है। जब एक अवयव दूसरे अवयवकी पीड़ा नहीं जानता, तब एक आदमी दूसरे आदमीकी पीड़ा क्या जानेगा! इसीलिए दूसरेके मनकी बातका पता नहीं चलता। एक ही जलसे सब वनस्पतियाँ होती हैं, पर उन सबमें अनेक भेद दिखाई पड़ते हैं। जो टूटती हैं, वह सूख जाती हैं; बाकी हरी-भरी बनी रहती हैं। इसी प्रकार बहुतसे भेद हो गये हैं और एकका दूसरेको कुछ पता नहीं चलता। पर ज्ञान हो जाने पर आत्माओंमें कोई भेद नहीं रह जाता। देहकी प्रकृतिकी भिन्नताके कारण आत्मत्वमें भेद दिखाई पड़ता है, तो भी उसका वास्तविक रहस्य (एकता) बहुतसे लोग जानते हैं। लोग देख और सुनकर जान लेते हैं, समझदार लोग मनको परख लेते हैं और विचक्षण लोग गुप्त रूपसे ही सब कुछ समझ लेते हैं। जो बहुतोंका पालन करता है वह बहुतोंके मनकी बात भी जानता है और चतुरतासे सभी बातें समझ लेता है। पहले लोग मनोगत भावोंको देखते और तब विश्वास करते हैं। प्राणी मात्रका व्यवहार इसी प्रकारका होता है। यह प्रत्यक्ष अनुभवकी और बिलकुल ठीक बात है कि स्मरणके उपरान्त विस्मरण होता है। स्वयं ही रखी हुई चीज आदमी भूल जाता है। अपनी ही बात अपने आपको याद नहीं आती या अपनी कही हुई बात ही याद नहीं रहती। मनमें अनन्त कल्पनाएँ उठा करती हैं। उन सबका कहाँ तक स्मरण रह सकता है! यह चक्र ऐसा ही चंचल है। इसका कुछ अंश ठीक और कुछ वक्र या टेढ़ा-मेढ़ा है। चाहे रंक हो और चाहे शक्र (इन्द्र), स्मरण और विस्मरण सभीके साथ लगा हुआ है। स्मरणका मतलब है देवता और विस्मरणका मतलब है दानव; और मनुष्यके सब काम स्मरण और विस्मरण दोनों से ही चलते हैं। इसीलिए दैवी और दानवी दो प्रकारकी सम्पदाएँ कही गई

हैं। मनमें विवेकपूर्वक इनकी प्रतीति उत्पन्न करनी चाहिए। जिस प्रकार दर्पणमें नेत्रोंके द्वारा ही नेत्र देखे जाते हैं, उसी प्रकार विवेकसे विवेकको जानना और आत्मासे आत्माको पहचानना चाहिए। जिस प्रकार स्थूलसे स्थूलको खुजलाते हैं, उसी प्रकार सूक्ष्मसे सूक्ष्मको समझना चाहिए और संकेतसे संकेतको मनमें लाना चाहिए। विचारसे विचारोंको, अन्तःकरणसे अन्तःकरणको जानना चाहिए और दूसरेके अन्तःकरणमें प्रवेश करके उसकी बातें जाननी चाहिएँ। स्मरणमें होनेवाला विस्मरण ही भेदका लक्षण है। जो एकदेशीय हो, वह कभी परिपूर्ण नहीं हो सकता। आदमी आगे सीखता है और पहलेको सीखी हुई बात भूल जाता है। आगे उजाला और पीछे अँधेरा होता है। सब कुछ पहले याद आता और पीछे भूल जाता है। तुर्याको स्मरण और सुषुप्तिको विस्मरण समझना चाहिए। दोनों शरीरमें बराबर काम करती रहती हैं।

आठवाँ समास

सूक्ष्म जीव-निरूपण

कुछ कीड़े रेणुसे भी सूक्ष्म होते हैं जिनकी आयु बहुत ही कम होती है। उनमें युक्ति और बुद्धि भी बहुत ही कम होती है। इसी प्रकार और भी बहुतसे जीव होते हैं जो दिखाई भी नहीं पड़ते। पर उनमें भी अन्तःकरण-पंचककी स्थिति अवश्य होती है। उनकी आवश्यकताके लिए उनमें यथेष्ट ज्ञान होता है और उनके विषय तथा इन्द्रियाँ भी उन्हींके समान होती हैं। उनके सूक्ष्म शरीरोंको विचारपूर्वक कौन देखता है? उनके लिए च्यूँटी भी बहुत बड़े हाथीके समान होती है। लोग कहते भी हैं कि च्यूँटीके लिए मूत ही बाढ़ है। च्यूँटियोंकी तरह और भी बहुतसे छोटे-बड़े कीड़े होते हैं और उन सबमें जीवेश्वरका निवास होता है। सृष्टिमें इस प्रकारके अनन्त कीड़ोंकी भरमार है। अत्यन्त उद्योगी पुरुष ही उन सबका अच्छी तरह विचार करता है। अनेक नक्षत्रोंमें रहनेवाले जीव-जन्तु उन लोगोंको पर्वतके समान जान पड़ते हैं। वे उन जीवोंकी बड़ी-बड़ी आयुका भी पता लगा लेते हैं। पक्षियोंके समान न तो कोई छोटा है और न उनके समान कोई बड़ा होता है। साँपों और मछलियोंकी भी यही बात है। च्यूँटीसे लेकर बराबर बढ़ते हुए बहुतसे बड़े-बड़े जीव होते हैं जिनका विचार करनेसे भीतरी तत्त्वोंका पता लग जाता है। उनकी अनेक जातियाँ तथा रंग हैं और जीवनके

अनेक ढंग हैं। किसीका रंग अच्छा है और किसीका खराब। उन सबका कहाँ तक वर्णन किया जाय! जगदीश्वरने किसीको सुकुमार और किसीको कठोर बनाया है। किसी किसीके शरीर स्वर्णके समान देदीप्यमान होते हैं। इस प्रकार उन जीवोंमें शरीर, आहार, वाणी और गुणके अनेक भेद होते हैं, पर उन सबका अन्तःकरण बिलकुल एक-सा है और उसमें कोई भेद नहीं है। कोई जीव कष्टदायक और कोई प्राणघातक होता है। यदि अच्छी तरह देखा जाय तो इस संसारमें अनेक प्रकारके अमूल्य कौतुक दिखाई पड़ते हैं। पर ऐसा कौन प्राणी है जो इन सबका पूरा-पूरा और अच्छी तरह विचार करता हो? अपनी आवश्यकताके अनुसार लोग थोड़ा बहुत जान लेते हैं। इस वसुन्धराके नौ खण्ड हैं और इसके चारों ओर सात सागर हैं। पानी तो ब्रह्माण्डके बाहर भी है, पर उसे देखता कौन है? उस पानीमें जो असंख्य जीव रहते हैं, उन विशाल जीवोंकी स्थिति कौन जानता है? उत्पत्तिका यह स्वभाव ही है कि जहाँ जीवन (जल) होता है, वहाँ जीव भी अवश्य ही होते हैं। यदि देखा जाय तो इसका अभिप्राय बहुत बड़ा है। पृथ्वीके गर्भमें भी अनेक प्रकारके जल हैं। कौन जानता है कि उन जलोंमें छोटे-बड़े कितने प्रकारके जीव रहते हैं। कुछ प्राणी ऐसे हैं जो सदा अन्तरिक्षमें ही रहते हैं और जिन्होंने यह पृथ्वी कभी देखी ही नहीं। पंख निकलने पर वे ऊपरकी ओर ही उड़ जाते हैं। अनेक प्रकारके खेचर, भूचर, वनचर और जलचर और चौरासी लाख योनियाँ हैं। उन सबको कौन जानता है? एक उष्ण तेजको छोड़कर और सभी जगह जीवोंका निवास है। यहाँ तक कि कल्पनासे भी प्राणी उत्पन्न होते हैं। उन सबको कौन जानता है! कुछ जीव अनेक प्रकारकी सामर्थ्यों या शक्तियोंसे उत्पन्न होते हैं, कुछ इच्छामात्रसे उत्पन्न होते हैं और कुछको मुखसे वचन निकलते ही शाप-देह प्राप्त होती है। कुछ शरीर बाजीगरीके, कुछ गारुड़ी विद्याके और कुछ देवताओंके होते हैं। मतलब यह कि अनेक प्रकारके शरीर होते हैं। कोई शरीर क्रोधसे और कोई तपसे उत्पन्न होता है और कोई शापसे मुक्त होने पर अपना पूर्व शरीर प्राप्त करता है। ये सब ईश्वरके कार्य हैं, जिनका कहाँ तक वर्णन किया जाय! विचित्र मायाके कारण ही यह सब होता रहता है। इस मायाने ऐसे बहुतसे अद्भुत काम किये हैं जैसे न तो आज तक किसीने देखे होंगे और न सुने होंगे। उसकी सभी विचित्र कलाओंको समझना चाहिए। लोग थोड़ी बहुत बातें जान लेते हैं और पेट भरनेकी विद्या सीख लेते

हैं और अपने ज्ञाता होनेका अभिमान करके व्यर्थ ही खराब होते हैं। सबमें रहनेवाली अन्तरात्मा ही ज्ञानी और सर्वात्मा है। उसकी महिमा जाननेके लिए बुद्धि कहाँ तक काम कर सकती है! सप्तकंचुक ब्रह्मांडमें सप्तकंचुक पिंड है और उस पिंडमें भी बहुतसे प्राणियोंका निवास है। जब आदमीको स्वयं अपने शरीरकी ही सब बातोंका पता नहीं चलता, तब बाकी और सब बातोंका कैसे पता चल सकता है! पर लोग थोड़ेसे ज्ञानसे ही उतावले हो जाते हैं। अणु और रेणु सरीखे जो छोटे-छोटे पदार्थ हैं, उनके लिए तो हमीं विराट् पुरुष हैं। उनके हिसाबसे हमारी ही आयु बहुत बड़ी है। उनके व्यवहारकी बहुतसी प्रणालियाँ और रूढ़ियाँ हैं। ऐसा कौन है जो उन सबका कौतुक जानता हो? परमेश्वरकी करनी धन्य है, जिसका हम लोग मनमें अनुमान भी नहीं कर सकते। पर यह पापिनी अहन्ता व्यर्थ ही हम लोगोंको घेरे रहती है। अहन्ता छोड़कर ईश्वरके कार्यों पर भली-भाँति विचार करना चाहिए। पर इसके लिए मनुष्यका जीवन बहुत ही थोड़ा है। जीवन अल्प और शरीर क्षणभंगुर है। लोग व्यर्थ ही इसका गर्व करते हैं। इसे नष्ट होते देर नहीं लगती। मलिन स्थानमें इस शरीरका जन्म हुआ है और मलिन रसोंसे ही इसकी वृद्धि हुई है। फिर न जाने लोग इसे बड़ा कैसे कहते हैं! यह मलिन तथा क्षणभंगुर है और इसमें व्यथा तथा चिन्ता लगी रहती है। फिर भी लोग पागलपनके कारण व्यर्थ ही इसे बड़ा कहते हैं। काया या शरीर, माया या सम्पत्ति दो दिनकी है और इनमें आदिसे अन्त तक झगड़े और बखेड़े ही रहते हैं। तिस पर लोग इस निकृष्ट पदार्थ पर बढ़िया-सा परदा डालकर या व्यर्थ आडम्बर खड़ा करके अपना बड़प्पन दिखलाते हैं। चाहे इस पर कितने ही परदे क्यों न डाले जायँ, पर अन्तमें इसका वास्तविक रूप खुल ही जाता है और तब चारों ओर दुर्गन्ध फैलती है। अतः विवेकपूर्वक काम करनेवाला ही धन्य है। व्यर्थका ढोंग क्यों रचा जाय? अहन्ताके बखेड़ोंका अन्त करो। विवेकपूर्वक ईश्वरको ढूँढ़ना ही सबसे उत्तम है।

नवाँ समास

पिंडकी उत्पत्ति

चारों खानियोंके सब प्राणी जलके कारण ही बढ़ते हैं। इस प्रकारके असंख्य प्राणी जन्म लेते और मरते हैं। शरीर पाँचों तत्वोंसे बना है और आत्माके संयोगसे सब काम करता है। पर यदि इसका मूल ढूँढ़ा जाय तो वह जल रूप ही है।

स्त्री और पुरुष दोनोंके शरीरसे जलके समान जो वीर्य निकलता है, उसीके योगसे यह शरीर बनता है। फिर अन्नरस, देहरस, रक्त और शुक्रसे उनके थक्के बँधते हैं जो दोनों रसोंकी सहायतासे खूब बढ़ते हैं। इस प्रकार गर्भमें यह शरीर धीरे-धीरे बढ़ने लगता है, कोमलसे कठिन होता है और तब उसके भिन्न-भिन्न अङ्गोंमें जलका प्रवेश होता है। पूरा हो जाने पर गर्भ बाहर निकलता है और पृथ्वी पर गिरते ही रोने लगता है। सब लोगोंका सारा शरीर इसी प्रकार बना है। शरीर भी बढ़ता है और उसके साथ कुछ बुद्धि भी बढ़ती है; आदिसे अन्त तक सब कुछ होता है और देखते-देखते बनकर बिगड़ जाता है। ज्यों-ज्यों शरीर बढ़ता है, त्यों-त्यों कुछ विचार भी सूझने लगते हैं। जिस प्रकार फलोंमें बीज आते हैं उसी प्रकार देखने और सुननेसे मनुष्यमें बुद्धि और विचार आदि सब कुछ आता है। जलके योगसे बीजोंमें अंकुर होते हैं और जल न होने पर वे नष्ट हो जाते हैं। मिट्टी और जल दोनोंके एक जगह होनेसे ही सब काम होते हैं। जब मिट्टी और जलमें बीज पहुँचता है, तब वह भींगकर सहजमें अंकुरित होता है; और ज्यों-ज्यों वह बढ़ता है, त्यों-त्यों उसमें मजा आने लगता है। नीचेकी ओर जड़ खूब फैलती है और ऊपर शाखाएँ आदि फैलती हैं। पर वे दोनों होते बीजसे ही हैं। जड़ पातालकी ओर चलती है और फुनगियाँ आकाशकी ओर। वृक्ष अनेक प्रकारके पत्तों, फूलों और फलोंसे लद जाते हैं। फलोंके जनक फूल हैं, फूलोंके जनक पत्ते हैं और पत्तोंको उत्पन्न करनेवाली पेड़ियाँ हैं। पेड़ियाँ छोटी-छोटी जड़ोंसे उत्पन्न होती हैं, जड़ें जलसे होती हैं और जल सूख जाने पर केवल पृथ्वी रह जाती है। अनुभवसे यही बात सिद्ध होती है कि सबको उत्पन्न करनेवाली यही पृथ्वी है और इस पृथ्वीको उत्पन्न करनेवाली आपो-नारायणकी मूर्ति है। उन आपोनारायणके जनक अग्निदेव हैं, अग्निके जनक वायुदेव हैं और वायुदेवकी उत्पत्ति स्वभावतः अन्तरात्मासे होती है। इस प्रकार सबकी उत्पत्ति अन्तरात्मासे ही होती है और जो उसे न जाने, वह दुरात्मा है। दुरात्माका मतलब आत्मासे दूर रहनेवाला है। ऐसा मनुष्य आत्माके पास रहता हुआ भी उसे भूला रहता है, क्योंकि वह अनुभव करना नहीं जानता। प्रकृति उसे व्यर्थ ही उत्पन्न कर देती है और वह व्यर्थ ही चला जाता है। इसलिए सबको उत्पन्न करनेवाला वही परमात्मा है और उसमें अनन्य भाव रखनेसे प्रकृति या स्वभाव बदलने लगता है। स्वभाव बदल जाने पर मनुष्य अपना ही व्याख्ङ्ग करने लगता

है, उसका ध्यान कभी भंग नहीं होता और वह अपनी बातचीतमें व्यंग्य नहीं आने देता। उस परमपिताने जो कुछ बनाया है, उसे अच्छी तरह देखना चाहिए। पर उस पिताने तो बहुत-सी चीजें बनाई हैं। मनुष्य उनमेंसे क्या क्या देखे! जिसके हृदयमें वह परमपिता जाग्रत हो वही भाग्यवान है; और जिसमें कम जाग्रत हो, वह कम भाग्यवान है। उस नारायणका मनमें अखंड ध्यान करना चाहिए। बस फिर लक्ष्मी उसे छोड़कर कहाँ जा सकती है! नारायण सारे विश्वमें और सब जगह है; उसकी पूजा करते रहना चाहिए। इसलिए चाहे कोई काया हो, उसे संतुष्ट रखना चाहिए (सबको प्रसन्न और सुखी करना चाहिए)। जब हम उपासनाका विचार करते हैं, तब पता चलता है कि वह विश्वपालिनी है। उसकी लीलाका न तो पता चलता है और न कोई उसकी परीक्षा कर सकता है। परमात्माकी लीला उसके सिवा और कोई नहीं जानता। हम जो कुछ देखते हैं, उन सबमें परमात्मा ही दिखाई देता है। उपासना सभी जगह है। आत्माराम कहाँ नहीं है? इसलिए जगह जगह राम ही भरे हुए हैं। (अर्थात् उपासना, आत्माराम और राम एक ही हैं और सब जगह हैं।) मेरी उपासना तो ऐसी ही है। उसका अनुमान भी नहीं हो सकता पर वह उस निरंजनके भी उस पार ले जाती है। उसी अन्तरात्मा या जीवात्मासे ही सब काम होते हैं और उसीके कारण सब लोग उपासक बनते हैं और बहुतसे लोग ज्ञानी हो जाते हैं। अनेक शास्त्र और मत सब ईश्वरके ही कहे हुए हैं। लोग कर्मके अनुसार ही नियमका पालन करनेवाले अथवा न करनेवाले और व्यस्त अथवा अव्यस्त होते हैं। ईश्वरको सब कुछ करना पड़ता है। उसमेंसे मनुष्य जितना ले सके, उतना ले लेना चाहिए। अधिकारके अनुसार व्यवहार करना अच्छा होता है। उपासनामें आवाहन या ब्रह्मांडकी रचना और विसर्जन या ब्रह्मांडके संहारके ही विधान बतलाये गये हैं। यहाँ तक तो पूर्व-पक्ष हुआ। अब आगे सिद्धान्त बतलाया जाता है। वेदान्त या शास्त्र-प्रतीति, सिद्धान्त या गुरु-प्रतीति और धादान्त या आत्म-प्रतीतिमेंसे अन्तिम आत्म-प्रतीति ही मुख्य और प्रामाणिक है। पंचीकरणको छोड़कर हितकारक महावाक्यके अर्थ पर विचार करना चाहिए।

दसवाँ समास

सिद्धान्त-निरूपण

आकाशमें सभी कुछ होता रहता है, पर वह सब आकाशकी तरह ठहरता

नहीं। इसी प्रकार उस निश्चल (परब्रह्म) में वह चंचल माया भी बराबर होती है; पर वह परब्रह्मकी भाँति निश्चल नहीं है। घोर अन्धकार हो जाने पर आकाश भी काला हो जाता है और सूर्यकी किरणोंके फैलने पर सब कुछ पीला दिखाई पड़ता है। बहुत ठंढक होने पर इस प्रकारकी जितनी बातें मालूम होती हैं, वे सब होती भी हैं और उनका अन्त भी हो जाता है। यह कभी सम्भव नहीं कि वह आकाशकी तरह बराबर बना रहे। ज्ञातृत्व रूपी उत्तम बातको खूब अच्छी तरह समझ लेना चाहिए। आकाश निराभास है और भास मिथ्या है। जल और वायु दोनों फैलते हैं और आत्माका तो बहुत ही अधिक विस्तार होता है। जितने तत्त्व हैं, वे सभी फैलते हैं। अन्तःकरणको चंचल और निश्चल सभीका ज्ञान होता है। विचार करनेसे प्रत्येक प्राणीको सब बातोंका पता चल जाता है। लोग विचार या मनन करते करते अन्तमें निवृत्ति पदमें पूर्ण रूपसे लीन हो जाते हैं और तब वे उससे कभी अलग नहीं हो सकते। उस निवृत्ति पदमें ज्ञानका विज्ञान हो जाता है और मन उन्मन हो जाता है। विवेककी सहायतासे तत्त्वोंका निरसन होने पर मनुष्य उस ईश्वरमें अनन्य हो जाता है। जो उस अन्तरात्माका पता पा जाता है, वह चंचलसे निश्चल हो जाता है। उस दशामें देवताओंकी भक्तिका भाव नहीं रह जाता (अर्थात्, अनन्यता हो जाती है)। वहाँ ठौर ठिकाना या इस तरहकी और कोई चीज नहीं है। पदार्थ मात्र ही नहीं है। लेकिन फिर भी लोगोंको समझानेके लिए हम जैसे तैसे कुछ बतलाते हैं। अज्ञान शक्तिका निरसन और ज्ञान शक्तिका अन्त हो जाने पर अर्थात् वृत्तिके शून्य हो जाने पर देखना चाहिए कि क्या स्थिति होती है। वह मुख्य स्थिति ऐसी है जिसमें चंचल मायाका कोई सम्बन्ध ही नहीं रह जाता। वही निर्विकार या निर्विकल्प स्थिति है। जब चंचल मायाका विकार नष्ट हो जाता है और उस चंचलका अन्त ही हो जाता है, तब यह तो हो ही नहीं सकता कि चंचल और निश्चल दोनों मिलकर एक हो जाय। महावाक्य पर विचार करनेका अधिकार संन्यासियोंको ही है। जिस पर ईश्वरकी कृपा होती है, वही उस पर विचार करता है। सब प्रकारकी वस्तुओंका त्याग करनेवाला ही संन्यासी होता है। जितने विचारवान हैं, वे सभी संन्यासी हैं। यह निश्चित है कि प्रत्येक मनुष्यकी करनी उसीके हाथमें होती है। जहाँ जगदीश ही प्रसन्न हो जायँ, वहाँ फिर कौन सन्देह कर सकता है! अस्तु, ये सब बातें विचारी पुरुष ही

जानते हैं। जो विचारवान इन बातोंको अच्छी तरह समझ लेते हैं, वे निस्संग हो जाते हैं; और जिन्हें अपने देहका अभिमान बना रहता है, वे उस अभिमानकी रक्षामें ही लगे रहते हैं। जब वह अलक्ष ध्यानमें बैठ जाता है, तब पूर्वपक्ष या सन्देह नहीं रह जाता; और हेतु रूप अन्तर्साक्षी आत्मा भी उसी परब्रह्मके साथ मिलकर एकरूप हो जाती है। आकाश और पाताल दोनों ही अन्तरालके नाम हैं; और यदि बीचमेंसे दृश्य या पृथ्वीका परदा खींच लिया जाय तो दोनों मिलकर एक हो जाते हैं और उनमें कोई अन्तर नहीं रह जाता। वे दोनों हैं तो एक ही, परन्तु मन उपाधि पर ध्यान रखकर देखता है। और यदि उपाधिका निरसन हो जाय तो आकाश या पाताल नाम ही नहीं रह जाता। वह शब्द और कल्पनासे परे है और मन तथा बुद्धिसे अगोचर है। अपने मनमें अच्छी तरह विचार करके उसे देखना चाहिए। विचार करनेसे ही सब बातोंका पता चल जाता है। पर जो कुछ मालूम होता है, वह सब भी व्यर्थ ही हो जाता है (क्योंकि जब तक यह ज्ञान बना रहे कि मुझे कुछ मालूम है, तब तक वह मालूम होना व्यर्थ है)। यह बहुत ही विकट विषय है। यह कहकर कैसे बतलाया जाय! महावाक्यके वाच्यांशका विचार करने पर जो लक्ष्यांश निकलता है, वह भी उसी अलक्षमें लीन हो जाता है; और उसे समझ लेने पर फिर कुछ कहनेकी जगह ही नहीं रह जाती। जो उस शाश्वत या परब्रह्मको ढूँढ़ता है, वही सच्चा ज्ञानी होता है और विकारोंको छोड़कर उस निर्विकारमें मिल जाता है। सोनेके समय बहुतसे बुरे-बुरे स्वप्न दिखाई पड़ते हैं, पर जागने पर वे सब मिथ्या हो जाते हैं। और यदि उन दुःस्वप्नों-का फिर स्मरण हो, तब भी वे मिथ्या ही रहते हैं (अर्थात्, जब एक बार ज्ञान हो जाता है, तब फिर पहलेवाली अज्ञानकी दशा नहीं आ सकती)। प्रारब्धके योगसे चाहे शरीर रहे और चाहे न रहे, परन्तु अन्तःकरणका विचार अवश्य अटल रहता है। जब बीज आगमें भूना जाता है, तब वह और अधिक नहीं बढ़ सकता; उसकी बाढ़का अन्त हो जाता है। ज्ञाता हो जाने पर वासना रूपी बीजकी भी वही दशा हो जाती है। अर्थात्, वासना-रूपी बीज जब ज्ञान-रूपी अग्निसे जल जाता है, तब फिर उसमेंसे नया अंकुर नहीं निकल सकता। विचारसे बुद्धि निश्चल होती है और बुद्धिसे ही कार्यसिद्धि होती है। यदि बड़े और पूज्य लोगोंकी बुद्धि देखी जाय तो वह निश्चल ही होती है। जो निश्चलका ध्यान करता है, वह

निश्चल हो जाता है; और जो चंचलका ध्यान करता है, वह चंचल ही रहता है; और जो भूतोंका ध्यान करता है, वह केवल भूत ही होता है। जो अंत तक पहुँच चुका है (उस परब्रह्म तक पहुँच चुका है), माया उसका कुछ भी नहीं कर सकती। अन्तर्निष्ठोंके लिए जैसी बाजीगरी है, वैसी ही माया भी है। जब मायाके मिथ्यात्वका ज्ञान हो जाता है और विचारकी सहायतासे वह ज्ञान दृढ़ हो जाता है, तब अकस्मात् सारा भय नष्ट हो जाता है। अतः हमें उपासनाका प्रचार करके उसके ऋणसे मुक्त होना चाहिए, भक्तोंकी संख्या बढ़ानी चाहिए और विवेककी सहायतासे अपने मनमें ही सब बातें अच्छी तरह समझ लेनी चाहिएँ।

सोलहवाँ दशक

पहला समास

वाल्मीकि-स्तवन

धन्य हैं वह वाल्मीकि जो ऋषियोंमें पुण्यश्लोक हैं और जिनके कारण ये तीनों लोक पावन हुए हैं। आज तक यह कभी देखा नहीं गया कि किसीने भविष्यकी बातें कही हों और वह भी शत कोटि बातें कही हों। सारी सृष्टि छान डालिए, पर ऐसी बात कभी किसीने सुनी भी न होगी। यदि कभी किसीकी भविष्य-सम्बन्धी एक बात भी ठीक निकल आवे तो उस पर सारे भूमण्डलके लोग आश्चर्य करते हैं। जिस समय रघुनाथका अवतार भी नहीं हुआ था, उसी समय उन्होंने बिना शास्त्रोंके आधारके राम-कथाका विस्तार किया था। उनका वाग्विलास सुनकर महेश भी सन्तुष्ट हो गये थे और तब उन्होंने तीनों लोकोंमें रामायणकी सौ करोड़ प्रतियाँ बाँटी थीं। उनका कवित्व शंकरने ही भली भाँति देखा था; और लोग तो उसका अनुमान भी नहीं कर सकते थे। उससे रामके उपासकोंका परम समाधान हुआ। बड़े-बड़े ऋषि हो गये हैं और कविताएँ भी बहुतसे लोगोंने की हैं, पर वाल्मीकिके समान कवीश्वर न तो आज तक हुए और न आगे होंगे। पहले उन्होंने कुछ दुष्कर्म किये थे, पर पीछेसे वे रामके नामसे पावन हो गये थे। उन्होंने दृढ़ नियमसे राम-नामका इतना अधिक जप किया कि उनके पुण्यकी सीमा न रह गई, उन्हें असीम पुण्य हुआ। उलटा नाम जपनेसे ही उनके पापके पर्वत नष्ट हो गये और पुण्यकी ध्वजा सारे ब्रह्मांडमें फहराने लगी। वाल्मीकिने जिस वनमें तप

किया था, वह वन भी उनके पुण्यसे पावन हो गया और उनके तपोबलसे सूखे काठमें भी अंकुर निकल आये। वे पहले कोल जातिके थे और उनका नाम 'वाल्हा' था। वे इस संसारमें जीवोंकी हत्या किया करते थे, पर अब बड़े-बड़े विद्वान और ऋषीश्वर भी उनकी वन्दना करते हैं। जिसके मनमें उपरति और अनुताप उत्पन्न हो, उसके मनमें पाप कहाँसे बचा रह सकता है! देहान्त होने पर तपके प्रभावसे उनका पुण्य-रूप दूसरा जन्म हुआ। उन्होंने अनुताप करके ऐसा आसन लगाया कि उनके शरीर पर दीमकोंकी बाँबी बन गई और इसीलिए आगे चलकर उनका नाम वाल्मीकि पड़ा। दीमकोंकी बाँबीको संस्कृतमें वल्मीक कहते हैं, इसलिए उनका नाम भी वाल्मीकि ही उपयुक्त हुआ। उनकी तीव्र तपस्याका हाल सुनकर बड़े-बड़े तपस्वी भी काँप जाते हैं। वह तपस्वियोंमें भी और कवीश्वरोंमें भी श्रेष्ठ हैं और उनकी सब बातें स्पष्ट तथा निश्चयात्मक हैं। वे निष्ठोंके मण्डन और रघुनाथके भक्तोंके भूषण हैं। उनकी धारणा शक्ति असाधारण थी जो साधकोंको और भी दृढ़ करती है। समर्थके कवीश्वर और ऋषीश्वर वाल्मीकि धन्य हैं, और उन्हें मेरा साष्टाङ्ग नमस्कार है। यदि वाल्मीकि ऋषि राम-कथा न कहते तो हम लोग वह कथा कैसे जान सकते थे! ऐसे समर्थ महात्माका हम किस प्रकार वर्णन करें! उन्होंने रघुनाथकी कीर्ति सब लोगों पर प्रकट की जिससे स्वयं उनकी भी महिमा बढ़ी और भक्तोंकी मण्डली भी वह कथा सुनकर सुखी हुई। उन्होंने अपना समय सार्थक किया, स्वयं रघुनाथकी कीर्तिमें मग्न हो गये और भूमण्डलमें बहुतसे लोगोंका उद्धार भी किया। रघुनाथके और भी ऐसे बड़े-बड़े भक्त हो गये हैं जिनकी महिमा अपार है। रामदास कहता है कि मैं उन सबका किङ्कर या सेवक हूँ।

दूसरा समास

सूर्य-स्तवन

यह सूर्य वंश धन्य है और सब वंशोंमें श्रेष्ठ है। मार्त्तण्ड मण्डलका प्रकाश सारे भूमण्डलमें फैला हुआ है। सोमके शरीरमें लांछन है और वह एक पक्षमें क्षीण होने लगता है; और सूर्यकी किरणोंके फैलते ही अपनी कलाओंसे हीन हो जाता है। अतः सूर्यसे उसकी बराबरी नहीं हो सकती। सूर्यके प्रकाशसे ही प्राणी मात्रको प्रकाश मिलता है। अनेक प्रकारके उत्तम, मध्यम और अधम सभी तरहके धर्म, सुगम तथा दुर्गम कर्म और नित्य-नियम आदि सूर्यसे ही होते

है। वेद, शास्त्र, पुराण और मन्त्र, यन्त्र आदि अनेक प्रकारके साधन, सन्ध्या, स्नान और पूजा-विधान आदि बिना सूर्यके नहीं हो सकते। अनेक प्रकारके और असंख्य योग तथा मत सूर्यके उदय होने पर ही अपने मार्ग पर चलते हैं। चाहे सांसारिक कार्य हो और चाहे पारमार्थिक, बिना दिन चढ़े सार्थक नहीं होता; निरर्थक होता है। सूर्यका अधिष्ठान नेत्रोंमें है, और यदि नेत्र न हों तो सब लोग अन्धे रहें। इसलिए सूर्य बिना कोई काम नहीं चल सकता। यदि कोई कहे कि अन्धे भी कविता करते हैं, तो वह भी सूर्यकी ही गतिके कारण करते हैं। यदि हमारी मति ही ठंढी हो जाय तो उसका प्रकाश या बुद्धिका विकास कैसे हो सकता है! उष्ण प्रकाश सूर्यका और शीत प्रकाश चन्द्रमाका है। और यदि उष्णता न हो तो यह शरीर रह ही नहीं सकता। अतः सूर्यके बिना कोई काम सहसा नहीं हो सकता। श्रोता लोग बुद्धिमान हैं और स्वयं ही यह बात सोच सकते हैं। हरि और हरके अवतारों और शिवशक्तिकी अनन्य व्यक्तियोंके पहले भी सूर्य था और अब भी है। संसारमें लोग आते हैं, वे सब सूर्यके नीचे रहकर ही सब काम करते हैं और अन्तमें सूर्यके सामने ही शरीर त्यागकर इस लोकसे चले जाते हैं। चन्द्रमा तो सूर्यके बहुत बाद हुआ है और क्षीर सागरको मथकर निकाला गया है। वह चौदह रत्नोंमेंसे है और लक्ष्मीका बन्धु है। छोटे बड़े सभी जानते हैं कि यह सूर्य सारे विश्वका चक्षु है, इसलिए वह श्रेष्ठोंसे भी श्रेष्ठ है। उस समर्थ या ईश्वरकी इस सूर्यको यही आज्ञा है कि लोकोपकारके लिए तुम नित्य इसी प्रकार इस अपार आकाश मार्गमें आया जाया करो। दिन न रहने पर अन्धकार हो जाता है और किसीको सारासारका पता नहीं चलता। हाँ, यदि दिन न हो तो चारों ओर उल्लुओंका काम अवश्य चलता है। उस तेजोराशि और उपमारहित सूर्यके सामने और दूसरा कौन आ सकता है! यह सूर्य रघुनाथजीका पूर्वज है, अतः हम सब लोगोंका भी पूर्वज है। उसकी महिमा अगाध है। भला मनुष्यकी वाणी उसका कैसे वर्णन कर सकती है! रघुनाथके वंशमें लगातार बहुतसे बड़े-बड़े लोग हो गये हैं। ये सब बातें मुझ मतिमन्दको क्या मालूम हो सकती हैं! रघुनाथके समुदायमें ही मेरा अन्तःकरण लगा हुआ है। अतः उनके महत्वका वर्णन करनेमें मेरी वाक्शक्ति बहुत ही दुर्बल है। सूर्यको नमस्कार करनेसे सब दोषोंका परिहार होता है और उनके दर्शन करते रहनेसे शरीरकी स्फूर्ति निरन्तर बढ़ती है।

तीसरा समास

पृथ्वी-स्तवन

यह वसुमती भी धन्य है। इसकी महिमा कहाँ तक बतलाई जाय! प्राणी मात्र इसीके आधार पर रहते हैं। अन्तरिक्षमें रहनेवाले जीव भी इसीके आधार पर रहते हैं; क्योंकि बिना जड़ देहके जीव नहीं रह सकता, और जड़ता पृथ्वीसे ही होती है। लोग पृथ्वीको जलाते, खोदते, जोतते, छीलते और नोचते हैं, उसपर मल-मूत्रका त्याग तथा वमन करते हैं। सड़े-गले और रद्दी पदार्थोंके लिए पृथ्वीको छोड़कर और कोई ठिकाना नहीं है। मरने पर शरीर भी उसीमें जाता है। बुरे भले सभी पदार्थोंके लिए पृथ्वीको छोड़कर और कहीं ठिकाना नहीं है। अनेक प्रकारकी धातुएँ तथा दूसरे पदार्थ भी पृथ्वीके गर्भमें ही रहते हैं। एक दूसरेका संहार करनेवाले प्राणी भी पृथ्वी पर ही रहते हैं। और फिर पृथ्वीको छोड़कर वे जा ही कहाँ सकते हैं! गढ़, कोट, पुर, नगर और अनेक देश जो यात्रा करने पर दिखाई पड़ते हैं तथा देव, दानव और मनुष्य आदि भी पृथ्वी पर ही रहते हैं। अनेक प्रकारके रत्न, हीरे, पारस और धातुएँ तथा दूसरे पदार्थ पृथ्वीके सिवा न तो और कोई गुप्त ही कर सकता है और न प्रकट ही कर सकता है। मेरु, मन्दर और हिमालय, अष्टकुल पर्वत, अनेक प्रकारके पक्षी, मछलियाँ और साँप आदि भूमंडलमें ही रहते हैं। अनेक समुद्रोंके उस पार भूमण्डलके बहुतसे भाग हैं जो चारों ओर जलसे घिरे हुए हैं। उनमें छोटे-बड़े असंख्य गुप्त विवर हैं जिनमें घोर अन्धकार छाया रहता है। यह आवरणोदक अपार है। इसका पार कौन जान सकता है! उसमें बड़े-बड़े और अद्भुत जलचर भरे हुए हैं। उस पानीका आधार पवन है जो बहुत घना और सब जगह भरा हुआ है। पानी उसमेंसे किसी ओरसे फूटकर निकल नहीं सकता। उस प्रभञ्जनका आधार कठोर या अज्ञानमूलक अहंकार है। ऐसे भूगोलका पार कौन जानता है! अनेक पदार्थोंकी खानें, धातुओं और रत्नोंके समूह, कल्पतरु, चिन्तामणि, अमृतके कुण्ड, अनेक द्वीप, अनेक खण्ड और बहुतसी बस्तियाँ तथा ऊसर हैं जिनमें और ही तरहके अनेक प्रकारके जीव हैं। मेरुके चारों ओर पहाड़ियाँ हैं, भीषण अन्धकार छाया हुआ है और अनेक प्रकारके वृक्षोंके घने जंगल हैं। उनके पास ही लोकालोक पर्वत है जहाँ सूर्यका पहिया घूमता है।

चन्द्राद्रि, द्रोणाद्रि तथा मैनाक आदि बहुत बड़े-बड़े पर्वत भी वहीं हैं। अनेक देशोंमें पाये जानेवाले तरह-तरहके पत्थर और मिट्टियाँ, अनेक प्रकारकी सम्पत्तियाँ और छिपे खजाने और अनेक खानें इसी पृथ्वी पर हैं। यह वसुंधरा बहुतसे रत्नोंसे भरी हुई है। इस पृथ्वीके समान और दूसरा कौन-सा पदार्थ है! यह चारों ओर बहुत दूर दूर तक फैली हुई है। ऐसा कौन प्राणी है जो सारी पृथ्वी पर घूमकर उसे देख सके? इस धरणीके साथ और किसीकी तुलना नहीं हो सकती। अनेक प्रकारकी बेलें और फसलें जो भिन्न भिन्न देशोंमें होती हैं और जो देखनेमें प्रायः एकसी जान पड़ती हैं, इसी पृथ्वी पर होती हैं। स्वर्ग, मर्त्य और पाताल तीनों अपूर्व लोक बनाये गये हैं। पाताल लोकमें बहुत बड़े-बड़े साँप या नाग रहते हैं। अनेक प्रकारकी बेलों और बीजोंकी खान यह विशाल पृथ्वी ही है। उस कर्ताके कार्य बहुत ही अद्भुत हैं। सुन्दर गढ़ों, कोटों, नगरों और पत्तनों आदिमें सब जगह उस जगदीश्वर-का ही निवास है। ऐसे बहुतसे बलवान हो गये हैं जिन्होंने इस पृथ्वी पर बहुत क्रोध किया और इससे बहुत अप्रसन्न हुए; पर उनमें इतनी सामर्थ्य नहीं हुई कि वे इससे अलग हो सकें। यह पृथ्वी अपार है, इस पर अनेक जातियोंके जीव रहते हैं और इस पर अनेक अवतार हुए हैं। इस समय भी यह बात प्रत्यक्ष प्रमाणित होती है और इसके लिए किसी प्रकारके अनुमानकी आवश्यकता नहीं है। अनेक प्रकारके जीवनोंके लिए यह पृथ्वी ही आधार है। बहुतसे लोग कहते हैं कि भूमि हमारी है, पर अन्तमें वे स्वयं ही मर जाते हैं। न जाने कितना समय बीत गया और यह पृथ्वी अभी तक ज्योंकी त्यों बनी हुई है। यह है पृथ्वीकी महिमा। इससे हम और किसकी उपमा दें। ब्रह्मा आदिसे लेकर हम सबका यही आश्रय है।

चौथा समास

जल-स्तवन

अब हम उस आपोनारायणका वर्णन करते हैं जो सबका जन्म-स्थान है और सब जीवोंका जीवन है। पृथ्वीका आधार उसका आवरणोदक या वे समुद्र हैं जो उसे चारों ओरसे घेरे हुए हैं। सातों समुद्रोंका जल और अनेक मेघोंका जल इस पृथ्वी पर बहता है। बहुत-सी नदियाँ अनेक देशोंसे होती हुई सागरमें ही जाकर मिलती हैं। नदियाँ छोटी-बड़ी सभी तरहकी और पुण्यराशि हैं और उनकी महिमा

अगाध है। वे नदियाँ पर्वतोंसे निकलकर अनेक प्रकारकी घाटियों आदिमेंसे होती हुई और हहराती हुई बहती रहती हैं। सब देशोंमें बहुतसे बड़े-बड़े कूएँ, वापियाँ और सरोवर हैं जिनमें निर्मल जल उमड़ता रहता है। फुहारे ऊपरकी ओर उठते हैं, अनेक नाले और नहरें बहती हैं और झरनोंमें पानी बहता है। कहीं पाताल तोड़कर कूओंसे पानी निकलता है और कहीं पर्वतोंको तोड़कर बहता है। मतलब यह कि पृथ्वी पर अनेक प्रकारसे जल बहता रहता है। जितने पर्वत हैं उनमेंसे उतनी ही बड़ी-बड़ी धाराएँ बहती हैं और उन्हींमेंसे झरने, नदियाँ और नाले आदि भी उमड़कर निकलते हैं। पृथ्वी पर इतना अधिक जल है कि उसका पूरा वर्णन ही नहीं हो सकता। अनेक प्रकारके फुहारोंमें भी पानी बाँधकर लाया जाता है। दह, गड्ढे और छोटे तथा बड़े कुण्ड और पर्वतोंकी बहुत-सी कन्दराएँ भी जलसे भरी रहती हैं। भिन्न भिन्न लोकोंमें अलग-अलग प्रकारके जल हैं। एकसे एक बढ़कर महापवित्र तथा पुण्यदायक तीर्थ हैं, शास्त्रकारोंने जिनकी अगाध महिमा कही है। अनेक तीर्थोंमें पवित्र जलाशय, अनेक स्थानोंमें शीतल जलके जलाशय और बहुतसे स्थानोंमें गरम जलके सोते होते हैं। अनेक प्रकारकी बेलों, फलों, फूलों, कन्दों और मूलोंमें भी गुणकारक जल रहता है। खारा पानी, समुद्री पानी, जहरीला पानी और अमृतका पानी आदि अनेक भेद हैं और भिन्न-भिन्न स्थानोंमें अनेक प्रकारके गुणोंवाले जल होते हैं। अनेक प्रकारके ऊखों और फलोंके रस, अनेक प्रकारके गोरस, मदिरा, पारा और गुड़के रस भी उदक या जल ही हैं। मुक्ताफलों और अनेक प्रकारके रत्नोंमेंका पानी और अनेक प्रकारके शस्त्रोंमेंका पानी भी अलग-अलग गुणोंवाला पानी ही है। वीर्य, रक्त, लार, मूत्र, पसीना आदि उदक या जलके ही अनेक भेद हैं। यदि विचारपूर्वक देखा जाय तो इनका और भी विषद रूपसे पता चलता है। शरीर भी केवल उदकका है और भूमंडल भी उदकका ही है। चन्द्रमंडल और सूर्यमंडल भी उदकसे ही हैं। क्षारसिन्धु, क्षीरसिन्धु, सुरासिन्धु, घृतसिन्धु, दधिसिन्धु, इक्षुरससिन्धु और शुद्ध जलसिन्धु भी उदकके ही हैं। इस प्रकार आदिसे अन्त तक उदकका ही विस्तार है। वह बीच बीचमें कहीं तो प्रकट है और कहीं गुप्त है। जिन-जिन चीजोंमें वह मिश्रित होता है, उन्हींका स्वाद लेकर प्रकट होता है। जैसे ईख बहुत ही सुन्दर और मीठा रस लेकर प्रकट हुई है। यह शरीर उदकसे ही बना हुआ है और इसे निरन्तर उदककी ही आवश्यकता

रहती है। उदककी उत्पत्ति और विस्तारका कहाँ तक वर्णन किया जाय। उदक तारक, मारक और अनेक प्रकारके सुखोंका दाता है। यदि विचार किया जाय तो यह अलौकिक जान पड़ता है। पृथ्वी पर बराबर जल बहता रहता है जिसकी अनेक प्रकारकी सुन्दर ध्वनियाँ होती हैं। बड़ी-बड़ी धाराएँ हहराती हुई बहती रहती हैं। जगह-जगह दह उमड़ते हैं, बड़े-बड़े तालाब लबालब भरे रहते हैं और नदियाँ तथा नाले भी इसी तरह सदा जलसे भरे रहते हैं। कहीं गुप्तगंगा बहती है जिसमें बहुत पास ही जल रहता है और कहीं भूमिके अन्दर जोरोंका शब्द करनेवाले झरने बहते हैं। भूगर्भमें जलके बहुत बड़े-बड़े कुण्ड भरे हुए हैं जिन्हें न कभी किसीने देखा है और न जिनका वर्णन सुना है। बहुतसे स्थानोंमें तो बिजली गिरनेसे भी झरने बन गये हैं। पृथ्वीके ऊपर भी पानी भरा है, उसके अन्दर भी पानी खेल रहा है और उसके ऊपर भी बहुत-सा पानी (भापके रूपमें) है। स्वर्ग, मर्त्य और पाताल तीनों लोकोंमें एक नदी है और आकाशसे मेघका जल बरसता है। पृथ्वीका मूल जीवन या जल है; उस जीवन या जलका मूल अग्नि है; और उस अग्निका मूल पवन है जो बड़े-बड़े पदार्थोंसे भी बहुत बड़ा है। फिर उन सबसे बड़ा परमेश्वर है और उसीसे महद्‌भूतोंका विचार उत्पन्न हुआ है। और इन सबसे बड़ा वह परात्पर ब्रह्म है।

पाँचवाँ समास

अग्नि-स्तवन

धन्य है यह वैश्वानर। यह रघुनाथजीका श्वसुर, विश्वव्यापक, विश्वम्भर और जानकीका पिता है। भगवान इसीके मुखसे भोग लगाते हैं और यही ऋषियोंको फल देता है। यह अन्धकार, शीत तथा रोगका हरनेवाला और सारे विश्वके लोगोंका भरण करनेवाला है। लोगोंमें अनेक वर्ण और भेद हैं पर अग्नि जीवमात्र-के लिए अभेद है। ब्रह्मा आदिके लिए भी वह अभेद या भेद-रहित और परम शुद्ध है। अग्निसे ही सृष्टि चलती है, लोग तृप्त होते हैं और सब छोटे-बड़े जीवित रहते हैं। अग्निके कारण ही यह भूमंडल बना हुआ है और इसमें लोगोंके रहनेके लिए स्थान बना है। इसीसे जगह-जगह छोटे-बड़े द्वीप और अनेक प्रकारकी ज्वालाएँ बनी हैं। पेटमें जठराग्नि होती है जिससे लोगोंको भूख लगती है। अग्निसे ही

भोजनमें रुचि होती है। वह शरीरके सब अङ्गोंमें व्याप्त है, उससे सब लोग जीते हैं और उसके न रहने पर मर जाते हैं। प्राणी मात्रको इस बातका अनुभव होता है कि पहले अग्नि मन्द होती है और तब आदमी मरता है। यदि अग्निका बल हो तो शत्रु तत्काल जीत लिया जाता है; और जब तक अग्नि है, तभी तक जीवन है। जिन अनेक प्रकारके रसोंसे बहुत बड़े-बड़े रोग बातकी बातमें दूर हो जाते हैं, वे रस अग्निसे ही बनते हैं। सूर्य सबसे बड़ा है, पर उससे भी बढ़कर अग्निका प्रकाश है। रातके समय लोग अग्निसे ही प्रकाश पानेके लिए सहायता लेते हैं। कहा है कि यदि अन्त्यजके यहाँसे भी अग्नि लाई जाय तो उसमें कोई दोष नहीं है। सबके घरकी अग्नि पवित्र है। अग्निहोत्र और अनेक प्रकारके यज्ञ आदि अग्निसे ही पूरे होते हैं। यदि अग्निको तृप्त कर दिया जाय तो वह बहुत प्रसन्न होती है। देव, दानव और मनुष्य सबका काम अग्निसे ही चलता है। वह सभी लोगोंके लिए उपाय या सहारा है। धनवान लोग जब विवाह करने जाते हैं, तब अपने साथ अनेक प्रकारकी अग्नि-क्रीड़ा या आतशबाजियाँ ले जाते हैं। संसारमें बड़ी बड़ी यात्राओंकी शोभा अग्निक्रीड़ासे ही होती है। लोग जब बीमार होते हैं, तब उष्ण औषधोंका सेवन करते हैं और अग्निकी सहायतासे ही आरोग्य लाभ करते हैं। इस विषयमें कोई सन्देह नहीं है कि ब्राह्मणोंके सर्वस्व और पूज्य सूर्यदेव तथा हुताशन ही हैं। लोगोंमें जठरानल है, समुद्रमें बड़वानल है और भूगोलके बाहर चारों ओर आवरणानल है। शिवके नेत्र और विद्युल्लतामें भी अनल है। काँचकी बोतल और आग्नेय दर्पण या आतशी शीशेसे भी आग निकलती है और काठ तथा चकमक पत्थरकी रगड़से भी अग्नि उत्पन्न होती है। अग्नि सब जगह है और जोरसे रगड़नेसे ही प्रकट हो जाती है। मुँहसे आग उगलनेवाले साँपोंके कारण पर्वतोंकी कन्दराएँ तक जल जाती हैं। अग्निसे अनेक प्रकारके उपाय या काम भी होते हैं और अपाय या हानियाँ भी होती हैं। विवेकके बिना सब कुछ निरर्थक होता है। इस पृथ्वी पर छोटे-बड़े सबके लिए अग्नि ही आधार है। अग्निमुखसे ही परमेश्वर सन्तुष्ट होता है। अग्निकी ऐसी ही महिमा है। उसकी जितनी उपमाएँ दी जायँ, सब थोड़ी हैं। अग्निपुरुषकी महिमा अगाध है। अग्नि जीवित अवस्थामें मनुष्यको सुखी करती है और मरने पर उसके शवको भस्म करती है। वह सर्वभक्षक है। उसकी महिमा कहाँ तक कही जाय! प्रलयके समय सारी सृष्टिका

संहार अग्नि ही करती है। उससे कोई पदार्थ नहीं बचता। लोग बहुत तरहके होम करते हैं, घरोंमें बलिवैश्वदेव रखते हैं और अनेक तीर्थोंमें देवताओंके सामने दीपक जलाते हैं। दीपाराधन और नीरांजनसे लोग देवताओंको प्रसन्न करते हैं और अग्निमें हाथ डालकर सच-झूठकी परीक्षा की जाती है। अष्टधा प्रकृति और तीनों लोकोंमें अग्नि व्याप्त है। उसकी अगाध महिमा हम कहाँ तक कहें! शास्त्रोंमें जो यह कहा गया है कि अग्निके चार सींग, तीन पैर, दो सिर, सात जीभ और सात हाथ हैं, वह क्या यों ही बिना अनुभवके कहा गया है? ऐसी उष्ण-मूर्ति अग्निका मैंने अपनी बुद्धिके अनुसार वर्णन किया है। यदि इसमें कुछ न्यूनाधिक्य हो तो उसके लिए श्रोता मुझे क्षमा करें।

छठा समास

वायु-स्तवन

यह वायुदेव धन्य है। इसका स्वभाव विचित्र है। वायुके कारण ही संसारमें सब जीव अपना काम करते हैं। वायुसे ही श्वासोच्छ्वास और अनेक विद्याओंका अभ्यास होता है और शरीरमें गति होती है। चलन, वलन, प्रसारण, निरोधन, आकुंचन, प्राण, अपान, व्यान, उदान, समान, नाग, कूर्म, कृकल, देवदत्त, धनंजय आदि वायुके अनेक स्वभाव, कार्य तथा भेद आदि हैं। पहले ब्रह्मांडमें वायु प्रकट हुई और तब सारे ब्रह्मांड और देवताओंमें फैल गई, और तब अनेक गुणोंसे युक्त होकर सब पिंडोंमें प्रकट हुई। स्वर्ग-लोकके सब देवता, पुरुषार्थी दानव, मर्त्यलोकके मनुष्य, विख्यात राजा आदि नरदेहके अनेक भेद, अनन्त प्रकारके श्वापद, वनचर और जलचर आदि वायुके कारण ही आनन्दसे क्रीड़ा करते हैं। इन सबमें वायु खेलती है। सब पक्षी आदि इसीसे उड़ते हैं और अग्निकी लपटें इसीसे उठती हैं। वायु ही मेघोंको एकत्र करती है और फिर उन्हें तितर-बितर भी कर देती है। वायुके समान काम करनेवाला और कोई नहीं है। वह आत्माकी सत्ता है और शरीरमें रहकर सब काम करती है। व्यापकताके विचारसे इसकी शक्तिकी बराबरी और किसीसे नहीं हो सकती। वायुके बलसे ही पर्वतों परसे मेघोंकी बड़ी बड़ी सेनाएँ लोकोपकारके लिए चलती हैं, बादल गरजते हैं और बिजली तड़पती है। इस ब्रह्माण्डमें चन्द्रमा, सूर्य, नक्षत्रमाला, ग्रहमण्डल, मेघमाला और अनेक

प्रकारकी कलाएँ वायुके कारण ही हैं। एकमें मिली हुई बहुतसी चीजें अलग नहीं की जा सकतीं। फिर इस पंचभौतिक सम्मिश्रण या गड़बड़ीका कैसे पता चल सकता है! वायु सर्राटेसे चलती है, खूब ओले पड़ते हैं और जलके साथ बहुतसे जीव भी आकाशसे गिरते हैं। वायु रूपी कमलकला (?) ही जलका आधार है; और जलके आधारसे शेषनाग इस पृथ्वीको धारण करते हैं। शेषनागका आहार पवन है और उसी आहारसे उसका शरीर फूलता है जिससे वह भूमण्डलका भार अपने ऊपर लिये रहता है। महाकूर्मका विशाल शरीर देखनेमें ऐसा जान पड़ता है कि मानों ब्रह्मांड औंधाया हुआ हो। उसका इतना बड़ा शरीर भी वायुके कारण ही है। वराहने अपने दाँत पर जो पृथ्वीको धारण किया था, उसको इतनी शक्ति भी वायुके कारण ही थी। ब्रह्मा, विष्णु और महेश और यहाँ तक कि स्वयं जगदीश्वर भी वायु-स्वरूप हैं। यह बात विवेकशील लोग अच्छी तरह जानते हैं। तेंतिस करोड़ देवता, अट्ठासी हजार ऋषीश्वर और अनेक सिद्ध तथा योगी आदि भी वायुके कारण ही हैं। नौ करोड़ कात्यायिनियाँ, छप्पन करोड़ चामुंडाओं और साढ़े तीन करोड़ भूतोंकी खानियाँ भी वायुके रूपमें ही हैं। भूतों, देवताओं और दूसरी अनेक शक्तियोंकी व्यक्ति भी वायुके रूपमें ही होती है और भूमण्डलके और सब असंख्य जीव भी वायुके कारण ही हैं। वायु पिंड और ब्रह्मांड सबमें भरी हुई है और ब्रह्मांडके बाहर भी चारों ओर भरी हुई है। मतलब यह कि यह समर्थ वायु सभी जगह भरी हुई है। हनुमान इसी समर्थ पवनके पुत्र हैं जो तन और मनसे रघुनाथका स्मरण करते रहते हैं। हनुमान वायुके प्रसिद्ध पुत्र हैं और पिता-पुत्रमें कोई भेद नहीं है। पुरुषार्थमें दोनों ही समान हैं। हनुमानको प्राणनाथ कहते हैं पर उनमें यह सामर्थ्य वायुके ही कारण है। प्राणके बिना सभी व्यर्थ होता है। प्राचीन काल में जब हनुमानकी मृत्यु हुई थी, तब सारी वायु ही रुक गई थी; इसलिए सब देवताओंके प्राणान्तकी नौबत आ गई थी। अब जब देवताओंने मिलकर वायुकी स्तुति की, तब वायुने प्रसन्न होकर उनके प्राण बचाये थे। हनुमान ईश्वरके अवतार हैं और उनका प्रताप बहुत अधिक है। देवता लोग उनका पुरुषार्थ देखते ही रह गये। जब हनुमानने सब देवताओंको कारागारमें बन्द देखा, तब उन्होंने लंकाके चारों ओर संहार मचाकर सब राक्षसोंका नाश कर डाला। उन्होंने राक्षसोंसे देवताओंका बदला चुकाया। इन पुच्छकेतुके बड़े बड़े कौतुक देखकर आश्चर्य होता

है। जहाँ रावण सिंहासन पर बैठा था, वहाँ पहुँचकर इन्होंने उसकी भर्त्सना की। जब वे लंकामें प्रवेश करने लगे, तब समुद्र भी उन्हें न रोक सका। देवताओंको वे आधारके समान जान पड़े और उनका विकट पुरुषार्थ देखकर देवताओंने मन ही मन रघुनाथकी स्तुति की। उन्होंने सब दैत्योंका संहार करके तुरन्त देवताओंका उद्धार किया जिससे तीनों लोकोंके प्राणी मात्र सुखी हुए।

सातवाँ समास

महद्भूत-निरूपण

पहले यह बतलाया जा चुका है कि पृथ्वीका मूल जीवन (जल), जीवनका मूल अग्नि और अग्निका मूल पवन है। अब पवनका मूल सुनिए। पवनका मूल केवल यह अन्तरात्मा है, जो सबसे अधिक चंचल है। वह न तो आता-जाता दिखाई देता है और न स्थिर होकर बैठता है। वेद और श्रुतियाँ भी उसके रूपका अनुमान नहीं कर सकतीं। मूल या ब्रह्ममें सबसे पहले जो स्फुरण होता है, वही अन्तरात्माका लक्षण है। आगे चलकर उसी जगदीश्वरसे तीनों गुण हुए। उन तीनों गुणोंसे पाँचों भूत हुए और उन्होंने (सृष्टिका) स्पष्ट रूप प्राप्त किया। उन भूतोंका स्वरूप विवेकसे पहचानना चाहिए। उनमें मुख्य आकाश है जो चारों भूतोंसे श्रेष्ठ है। उसीके प्रकाशसे सब कुछ प्रकाशमान है। वास्तवमें विष्णु ही एक मात्र महद्भूत है और वही सब भूतोंका रहस्य है। पर इस बातका ठीक-ठीक अनुभव या ज्ञान होना चाहिए। इन सब भूतोंके सम्बन्धकी सब बातें विस्तारपूर्वक बतलाई जा चुकी हैं। उन भूतोंमें जो व्यापक है, उसका अनुभव विचारपूर्वक देखनेसे होता है। आत्माकी चपलताके सामने बेचारी वायु कुछ भी नहीं है। आत्माकी चपलता पर अच्छी तरह विचार करके प्रत्यक्ष देखना चाहिए। आत्माके बिना कोई काम नहीं हो सकता; पर वह न तो दिखाई देती है और न मिलती है। वह गुप्त रूपसे ही अनेक बातोंका विचार करती है। वह पिंड तथा ब्रह्मांडमें व्याप्त है, भिन्न-भिन्न शरीरोंमें विलास करती है और विवेकशील लोगोंको सभीके अन्दर भासती है। यह कल्पान्तमें भी सम्भव नहीं है कि बिना आत्माके शरीर चले। उसी-के द्वारा अष्टधा प्रकृतिके व्यक्तियोंको रूप प्राप्त हुआ है। आदिसे अन्त तक सब कुछ आत्मा ही करती है और उस आत्माके बाद निर्विकार परब्रह्म है। वह शरीरमें

रहकर सब काम करती है, सब इन्द्रियोंको चलाती है और शरीरके साथ रहकर अनेक प्रकारके सुख दुःख भोगती है। यह ब्रह्माण्ड सप्तकंचुक (पाँचों तत्त्वों, अहंकार और महत्तत्त्वका योग) है और उसमेंका पिंड भी सप्तकंचुक है; और उस पिंडमें रहनेवाली जो आत्मा है, उसे यथेष्ट विवेकपूर्वक पहचानना चाहिए। शब्द सुनाई पड़ने पर आत्मा ही उसका अर्थ समझती है, समझकर उसका उत्तर देती है और त्वचाके द्वारा कठोर, कोमल, शीत तथा उष्णका अनुभव करती है। वही नेत्रोंमें रहकर पदार्थोंको देखती है और मनमें अनेक प्रकारके पदार्थोंकी परीक्षा करती तथा ऊँच-नीच या भला-बुरा समझती है। वह क्रूरदृष्टि, सौम्यदृष्टि, कपटदृष्टि तथा कृपादृष्टि आदि दृष्टिके अनेक भेद जानती है। वह जीभमें रहकर अनेक प्रकारके स्वाद लेती है, भेदाभेद करना जानती है और जो कुछ जानती है वह विशद रूपसे कह सुनाती है। वह घ्राणेन्द्रियके द्वारा उत्तम भोजनों और अनेक सुगन्धों तथा फलोंका परिमल लेना जानती है। वह जीभके द्वारा स्वाद लेना और बोलना, हाथोंके द्वारा लेना-देना और पैरोंके द्वारा आना-जाना आदि कार्य बराबर करती रहती है। वह शिश्नके द्वारा सुरतिका भोग करती है, गुदाके द्वारा मलोत्सर्ग और मनसे सब बातोंकी अच्छी तरह कल्पना करती है। इस प्रकार वह अकेली ही तीनों लोकोंमें अनेक प्रकारके व्यापार करती रहती है। उसके महत्त्वका वर्णन किसी प्रकार नहीं हो सकता। उसे छोड़कर और दूसरा ऐसा कौन है जो उसकी महिमाका वर्णन कर सके ? उसकी जितनी अधिक व्याप्ति और विस्तार है, उतनी आज तक न तो और किसीकी हुई और न आगे होगी। बिना उसके चौदह विद्याएँ, चौंसठ कलाएँ, चातुरीकी अनेक कलाएँ, वेद, शास्त्र और पुराण आदि किसी प्रकार हो ही नहीं सकते। इहलोकका आचार, परलोकका सारासार विचार और दोनों लोकोंका निर्धार आत्मा ही करती है। अनेक प्रकारके मत, भेद, संवाद, विवाद और निश्चय तथा भेदाभेद आत्मा ही करती है। वही मुख्य तत्त्व सब जगह फैला हुआ है और उसीने सब पदार्थोंको रूप दिया है। उसके द्वारा सब कुछ सार्थक हुआ है। लिखना, पढ़ना, पाठान्तर करना, पूछना, कहना, अर्थ करना, गाना, बजाना और नाचना आदि सब काम आत्माके ही द्वारा होते हैं। वही अनेक सुखोंसे आनन्दित होती है, अनेक दुःखोंसे पीड़ित होती है और अनेक प्रकारसे देह धारण करती तथा उनका परित्याग करती है। वह अकेली ही अनेक प्रकारके देह धारण करती है और बराबर

अनेक प्रकारके नाट्य या कौशल करती है। उसके बिना नट-नाट्य और कला-कौशल आदि कुछ भी नहीं हो सकता। वह अकेली ही बहुतसे रूपोंमें हो जाती है और बहुतसे कार्य करती है। वही महाप्रतापी भी बनती है और कायर भी। उस अकेली-ने अपना कैसा विस्तार किया है! वही अनेक प्रकारके तमाशे देखती है। बिना दम्पतिके ही उसने अपना कैसा विस्तार किया है! स्त्रियोंको पुरुषोंकी और पुरुषोंको स्त्रियोंकी आवश्यकता होती है। तभी दोनोंका अभीष्ट सन्तोष होता है। स्थूल पदार्थोंका मूल यह लिंग-भेद ही है और लिंगके द्वारा ही ये सब कार्य होते हैं। इसी प्रकार यह जगत प्रत्यक्ष रूपसे चल रहा है। लिंग-भेदके कारण ही पुरुषोंको जीव और स्त्रियोंको जीवी कहनेका झगड़ा होता है। पर इस सूक्ष्म तत्त्वकी पहेलीको समझना चाहिए। स्थूल पदार्थोंमें ही ये भेद हैं; सूक्ष्ममें बिलकुल अभेद ही है, कोई भेद नहीं है। यह बात बिलकुल प्रत्यक्ष और अनुभवकी है। आज तक ऐसा कभी नहीं हुआ कि स्त्रीने स्त्रीका भोग किया हो। स्त्रीके मनमें पुरुषका ही ध्यान लगा रहता है। यह सम्बन्ध ही ऐसा है कि स्त्रीको पुरुषकी और पुरुषको स्त्रीकी अपेक्षा होती है। पुरुषके मनमें प्रकृतिकी और प्रकृतिके मनमें पुरुषकी इच्छा रहती है और इसीलिए उन्हें "प्रकृति-पुरुष" कहते हैं। पिंडकी तरह ही ब्रह्माण्डको भी समझना चाहिए और इस सम्बन्धमें अपनी प्रतीति कर लेनी चाहिए। यदि यह बात सहजमें समझमें न आवे तो इस पर बार-बार विचार करना चाहिए। द्वैत-भावकी इच्छा मूल या आदिमायामें ही थी; तभी तो वह इस भूमण्डलमें आई है। भूमण्डल और आदिमाया या मूलका मिलान करके देखना चाहिए। यहाँ यह एक बहुत बड़ा काम हो गया कि श्रोताओंकी आशंका दूर हो गई और प्रकृति तथा पुरुषके रूपका निर्णय हो गया।

आठवाँ समास

आत्माराम-निरूपण

उन मंगलमूर्ति गणपतिको नमस्कार करता हूँ जिनकी कृपासे बुद्धिमें स्फूर्ति होती है। लोग आत्माका ही भजन तथा स्तवन करते हैं। उस वैखरी वागीश्वरी (सरस्वती) को भी नमस्कार करता हूँ जो हृदयमें प्रकाश करती है और अनेक प्रकारके ज्ञानों या विद्याओंका विवरण या विस्तार करती है। रामका नाम सब नामोंसे

श्रेष्ठ है। उसीसे चन्द्रमौलि शिवका कष्ट दूर हुआ और उन्हें विश्राम मिला। नामकी महिमा बहुत अधिक है। उस परात्पर परमेश्वर और त्रैलोक्यधर्ताके नामके रूप उत्तरोत्तर कैसे बढ़ते जाते हैं! आत्माराम चारों ओर है और उसीके कारण लोग इधर-उधर चलते फिरते हैं। बिना आत्माके शरीर नष्ट हो जाता है और मृत्यु आ जाती है। समस्त देवों, दानवों और मनुष्योंमें वह जीवात्मा, शिवात्मा, परमात्मा, जगदात्मा, विश्वात्मा, गुप्तात्मा, आत्मा, अन्तरात्मा और सूक्ष्मात्मा व्याप्त है। आत्माके कारण ही लोग सब काम करते और बोलते-चालते हैं, और उसीसे सब अवतार तथा ब्रह्मा आदि होते हैं। उसे नादरूप, ज्योतिरूप, साक्षरूप, सत्तारूप, चैतन्यरूप, सत्स्वरूप और द्रष्टारूप समझना चाहिए। वही नरोत्तम, वीरोत्तम, पुरुषोत्तम, रघूत्तम, सर्वोत्तम, उत्तमोत्तम और त्रैलोक्यवासी है। अनेक प्रकारके काम-धन्धे, झगड़े-बखेड़े आदि सब उसीके द्वारा होते हैं। यदि वह आत्मा न हो तो सब कुछ नष्ट-भ्रष्ट हो जाय। बिना आत्माके शरीर व्यर्थ है और वह बेचारा मृत हो जाता है। बिना उसके शरीरको प्रत्यक्ष प्रेत ही समझना चाहिए। आत्मज्ञानी मनमें यह बात समझता है और सबको आत्मासे युक्त देखता है। बिना आत्माके तीनों भुवन उजाड़ हैं। उसीके कारण मनुष्य परम सुन्दर और चतुर होता तथा सब सारासारका विचार जानता है। यदि आत्मा न हो तो दोनों लोकोंमें अन्धकार ही रहे। सब प्रकारके सिद्ध, सावधान, भेद, वेध, खेद और आनन्द आदि उसीके द्वारा होते हैं। चाहे रंक हो और चाहे ब्रह्मा आदि देवता हों, सबको एक वही चलाती है। अतः नित्यानित्यका विवेक सभीको करना चाहिए। यदि किसीके घरमें परम सुन्दरी पद्मिनी स्त्री हो तो वह उस पर भी तभी तक प्रेम रखता है जब तक उसमें आत्मा रहती है। आत्माके निकल जाने पर भला शरीरमें सौन्दर्य कहाँ रह सकता है! आत्मा न तो दिखाई पड़ती है, न उसका भास होता है और न बाहरसे उसका अनुमान हो सकता है। आत्माके ही योगसे मनमें अनेक प्रकारकी कल्पनाएँ उत्पन्न होती हैं। आत्मा रहती तो शरीरमें है, पर वह सारे ब्रह्मांडकी बातोंका पूरा विचार करती है। उसीमें बराबर अनेक प्रकारकी वासनाएँ और भावनाएँ होती हैं, जिनका कहाँ तक वर्णन किया जाय! मनकी वृत्तियाँ अनन्त हैं और वह अनन्त प्रकारकी कल्पनाएँ करता है। प्राणी भी अनन्त हैं। उन सबके अन्तःकरणका कहाँ तक वर्णन किया जाय! आत्माके ही कारण मनुष्य अनेक राजनीतिक कार्य करता है, कुबुद्धि

और सुबुद्धिका विवरण करता है, दूसरोंको अपने मनकी बात नहीं समझने देता और उन्हें धोखा देता है। लोग एक दूसरेके सब काम अच्छी तरह देखते रहते हैं, मरते-खपते हैं और छिपते फिरते हैं। चारों ओर शत्रुताकी ही स्थिति और गति दिखाई पड़ती है। इस संसारमें बहुतसे लोग एक दूसरेको अपने जालमें भी फँसाते रहते हैं; और बहुतसे ऐसे भक्त भी होते हैं जो दूसरोंका उपकार करते हैं। आत्मा एक ही है, पर उसके भेद अनन्त हैं। वह देहके अनुसार स्वाद लेती है। वह है तो बिलकुल भेद-रहित, पर भेद भी धारण करती रहती है। पुरुषको स्त्रीकी और स्त्रीको पुरुषको आवश्यकता होती है। ऐसा कभी नहीं होता कि वधूको वधूकी आवश्यकता हो। आत्माके सम्बन्धमें यह झगड़ा नहीं है कि यदि पुरुषकी आत्मा हो तो वह जीव कहलावे और स्त्रीकी आत्मा हो तो जीवी कहलावे। जहाँ विषय-सुखका झमेला होता है, वहीं यह भेद भी होता है। जिस प्राणीका जो आहार है, वह उसीको प्राप्त करना चाहता है। पशुके आहारका मनुष्य निरादर करता है। आहार और देहके विचारसे गुप्त तथा प्रकट बहुतसे भेद हैं और उन भेदोंके अनुसार आनन्द भी अलग अलग हैं। समुद्र और भूगर्भमें जो जल है, उसमें भी बहुतसे शरीर हैं और आवरणोदकमें भी बहुत बड़े-बड़े जलचर रहते हैं। यदि सूक्ष्म दृष्टिसे विचार किया जाय तो शरीरके भेदोंका पता ही नहीं चलता। फिर अन्तरात्माका कैसे अनुमान हो सकता है! पर फिर भी यदि देह और आत्माके योगका विचार किया जाय तो कुछ न कुछ समझमें आ ही जाता है, पर स्थूल और सूक्ष्मका झमेला एक प्रकारका गोरखधन्धा ही है। इसी गोरखधन्धेको सुलझानेके लिए हमने अनेक प्रकारके निरूपण किये हैं और ये सब बातें उसी अन्तरात्माने कृपा करके अनेक मुखोंमे बतलाई हैं।

नवाँ समास

उपासना-निरूपण

शिष्य कहता है कि पृथ्वीमें अनेक प्रकारके लोग हैं और उनके लिए अनेक प्रकारकी उपासनाएँ हैं। लोग जगह जगह अपनी भावनाओंके अनुसार भजन करते हैं। सब लोग अपने-अपने देवताका भजन और अनेक प्रकारसे स्तवन करते हैं। पर फिर भी सब लोग उपासनाको निर्गुण कहते हैं। अतः आप कृपाकर मुझे इसका

अभिप्राय बतलाइए। इस पर वक्ता उत्तर देता है कि स्तुतिका स्वभाव ही ऐसा है। निर्गुणका अर्थ है बहुगुण; और अन्तरात्माको ही बहुगुणी समझना चाहिए। यह बात बिलकुल ठीक है और इसकी प्रतीति कर लो कि सब उसीका अंश है। यदि सब लोगोंको प्रसन्न किया जाय तो उसका सारा सुख उसी एक अन्तरात्माको प्राप्त होता है। पर अधिकारका विचार करके तब लोगोंको सुखी करना चाहिए। श्रोता कहता है कि यह ठीक नहीं जान पड़ता। प्रत्यक्ष देखनेमें तो यही आता है कि जड़में जो पानी दिया जाता है, वही सब पत्तों तक पहुँचता है। वक्ता कहता है कि यदि तुलसीके पेड़ पर लोटा भर पानी डाला जाय तो वह उस पर निमेष मात्र भी नहीं ठहरता, नीचे गिरकर भूमिमें ही समा जाता है। श्रोता पूछता है कि बड़े वृक्षोंके सम्बन्धमें क्या किया जाय? उसके सबसे ऊपरवाली फुनगियों तक लोटा कैसे पहुँचेगा? अतः हे देव, आप कृपाकर मुझे इसका अभिप्राय बतलावें। वक्ता कहता है कि वर्षाका जितना पानी गिरता है, वह सब जड़की ओर ही जाता है। जड़ तक हाथ तो पहुँचता ही नहीं। ऐसी दशामें क्या किया जाय? सब लोग इतना पुण्य कैसे कर सकते हैं कि उन्हें जड़ मिल जाय? हाँ, साधुओंका मन विवेककी सहायतासे अवश्य वहाँ तक पहुँच जाता है। लेकिन फिर भी जिस प्रकार वृक्षके ऊपर डाला हुआ पानी जड़ तक पहुँच जाता है, उसी प्रकार यह भी निर्विवाद सिद्ध होता है कि संसारके लोगोंकी सेवा करनेसे ईश्वर प्रसन्न होता है।

श्रोता कहता है कि मेरी पहली शंका तो दूर हो गई और उसका समाधान हो गया, पर अब यह बतलाइये कि सगुणको निर्गुण कैसे कह सकते हैं। कहा है कि चंचलताके कारण जिसमें विकार हो, वह सब सगुण है और इसके सिवा जो कुछ है, वह सब निर्गुण या गुणातीत है। वक्ता कहता है कि यह बात समझनेके लिए सारासारका विचार करनेको आवश्यकता होती है। यदि मनमें ठीक निश्चय हो जाय तो फिर गुणातीतका नाम भी बाकी नहीं रह जाता। जो विवेकशील है, वही सच्चा राजा है। अब कोई सेवक भी ऐसा हो सकता है जिसका केवल नाम "राजा" हो। उन दोनोंका अन्तर स्वयं ही समझ लो। इस सम्बन्धमें विवाद करना व्यर्थ है। कल्पान्तमें प्रलय होने पर जो बच रहता है, वही निर्गुण कहा गया है। बाकी जो और सब हैं, वे मायाके ही अन्तर्गत हैं। सेना, नगर, बाजार और छोटी बड़ी अनेक यात्राओंमें अपार शब्द होते हैं। उन सबका पृथक्करण कैसे हो सकता

है ? वर्षा ऋतुमें मध्य रात्रिके समय बहुतसे जीव बोलते हैं। उन सबके शब्द अलग अलग कैसे किये जा सकते हैं ? पृथ्वी पर असंख्य देश, भाषाएँ और मत हैं और बहुतसे ऋषियोंके भी बहुतसे मत हैं। उन सबका निर्णय कैसे हो सकता है ? वृष्टि होते ही सृष्टिमें अपार अंकुर निकलते हैं। उनके अनेक छोटे बड़े वृक्ष कैसे अलग किये जा सकते हैं ? खेचरों, भूचरों और जलचरोंके अनेक रंगोंके और चित्र-विचित्र बहुतसे शरीर होते हैं। वे सब कैसे अलग-अलग किये जा सकते हैं ? यह कैसे निश्चय किया जा सकता है कि दृश्यने किस प्रकार आकार धारण किया है, उसमें कैसे अनेक विकार हुए हैं और उनका इतना अधिक विस्तार कैसे हुआ है ? आकाशमें कभी कभी गन्धर्वनगर दिखाई पड़ता है और उसमें अनेक प्रकारके छोटे बड़े बहुतसे व्यक्ति दिखाई पड़ते हैं। वे सब कैसे जाने जा सकते हैं ? रात और दिनका भेद, चाँदनी और अन्धकार तथा विचार और अविचारका निर्णय किस प्रकार किया जाय ? विस्मरण और स्मरण, औचित्य और अनौचित्य तथा प्रतीति और अनुमानकी भी यही दशा है। न्याय और अन्याय, अस्तित्व और अभाव आदिका ज्ञान विवेकके बिना नहीं होता। यह पता चलना चाहिए कि कौन काम करनेवाला और कौन निकम्मा है, कौन शूर और कौन कुकर्मी है, कौन धर्मशील और कौन अधर्मी है, कौन धनवान और कौन दिवालिया है, कौन साव और कौन चोर है, कौन सच्चा और कौन झूठा है, कौन श्रेष्ठ और कौन कनिष्ठ है, कौन अन्तर्निष्ठ और कौन भ्रष्ट है और सारासारका विचार क्या है।

दसवाँ समास

गुणों और भूतोंका निरूपण

पाँचों भूतोंसे ही यह संसार चलता है और यह सब प्रसार पंचभूतोंका ही है। पंचभूतोंके नष्ट हो जाने पर क्या बाकी रह जाता है ? वक्तासे श्रोता कहता है कि आपने भूतोंकी तो इतनी महिमा बढ़ा दी, पर हे स्वामी, आप यह तो बतलावें कि तीनों गुण कहाँ चले गये। वक्ता कहता है कि अन्तरात्मा पाँचवाँ भूत है और तीनों गुण उसके अंगभूत हैं। इस बात पर सावधान होकर अच्छी तरह विचार करो। जो कुछ उत्पन्न हुआ है या जिसकी रचना हुई है, वह सब भूत है और उसीमें तीनों गुण भी आ गये। इतनेसे ही आशंकाका मूल नष्ट हो जाता है।

भूतोंसे भिन्न कुछ भी नहीं है, सब कुछ भूतोंसे ही उत्पन्न है। एकके बिना दूसरा कभी हो ही नहीं सकता। कहते हैं कि आत्मासे पवन उत्पन्न हुआ है, पवनसे अग्नि और अग्निसे जीवन या जल होता है। सूर्यकी किरणोंसे जल सूख जाता है और अग्नि तथा वायुके मिलनेसे यह भूमण्डल बनता है। यदि अग्नि, वायु और सूर्य ये तीनों न होते तो बहुत अधिक शीतलता होती। पर उस शीतलतामें भी इसी प्रकार उष्णता रहती है। परमात्माने बहुत चतुरतासे इस विलक्षण संसारकी रचना की है, तभी यह इतना पूर्ण हुआ है। देह मात्रकी सृष्टि इसी संसारके लिए हुई है। यदि बिलकुल शीतलता ही होती तो भी प्राणी मात्र मर जाते। अथवा यदि केवल उष्णता ही होती तो सारा संसार सूख जाता। जब सूर्यकी किरणोंके कारण सारा भूमण्डल सूख गया, तब ईश्वरने सहज ही और और उपाय किये। वर्षा ऋतु बनाई जिससे भूमण्डल ठंढा हुआ और तब कुछ उष्ण तथा कुछ शीतल शीत कालकी रचना हुई। फिर जब शीत कालसे लोगोंको कष्ट होने लगा और वृक्ष आदि सूख गये, तब उष्ण काल आरम्भ हुआ। उसमें भी प्रातःकाल, मध्याह्न और सन्ध्याके रूपमें उष्ण काल और शीत कालका निर्माण किया। इस प्रकार सब एकके बाद एक बने और सब बातें नियम-बद्ध हुईं, जिससे प्राणी मात्र जीवित रहने लगे। जब अनेक प्रकारके कठिन रोग होने लगे, तब औषधियोंका निर्माण किया गया। अब सृष्टिका भी कुछ विवरण मालूम होना चाहिए। देहका मूल रक्त और रेत हैं। उसी आप या जलसे दाँत होते हैं। अनेक प्रकारके रत्नोंकी भी भूमण्डलमें इसी प्रकार रचना होती है। सबका मूल जीवन या जल है और उसीसे सब काम चलते हैं। पानीके बिना सब कुछ हरि-गोविन्द (अर्थात्, कुछ भी नहीं) है; प्राणियोंकी तो बात ही क्या है। पानीसे ही मुक्ताफल, शुक्र तारेके समान चमकते हुए हीरे, माणिक, इन्द्रनील आदि रत्न होते हैं। हम किस किसकी महिमा बतलावें! सब मिलकर कर्दम या कीचड़-सा हो गया है। उन सबको हम एक दूसरेसे अलग किस प्रकार करें! पर लोगोंको वास्तविक बातका ज्ञान करानेके लिए कुछ बातें बतला दी गई हैं। तात्विक लोग ये सभी बातें समझते हैं। यह सम्भव नहीं है कि संसारकी सभी बातें समझी जा सकें। शास्त्रोंकी बातोंका आपसमें मेल नहीं मिलता; और अनुमानसे कुछ निश्चय नहीं होता। भगवानके गुण अगाध हैं जिनका वर्णन शेषनाग भी नहीं कर सकते। ईश्वरके बिना वेदविधि भी

कच्ची ही है। आत्माराम सबका पालन करता और तीनों लोकोंको सँभालता है। उस एकके बिना सब मिट्टीमें मिल जाते हैं। जहाँ आत्माराम न हो, वहाँ कुछ भी बाकी नहीं बच सकता। उस दशामें तीनों लोकोंके प्राणी मृतकके समान हो जायँ। आत्माके न रहनेसे ही मृत्यु आती है। भला बिना आत्माके जीवन कैसे हो सकता है! यह बात मनमें बहुत अच्छी तरह समझ लेनी चाहिए। बिना आत्माके कोई बात विवेकपूर्वक समझी भी नहीं जा सकती। सबको जगदीशका भजन करना चाहिए। जब उपासना प्रकट हुई, तभी लोगोंकी समझमें यह बात आने लगी। इसलिए ईश्वरकी उपासना करनी चाहिए। सबके लिए उपासना ही बहुत बड़ा आसरा है, उसके बिना सब निराश्रय हैं। फिर चाहे कितने ही उपाय क्यों न किये जायँ, कार्य-सिद्धि नहीं हो सकती। जिसे समर्थका सहारा नहीं होता, उसे जो चाहे, वही कूट मार सकता है। इसलिए उठते बैठते उसका भजन करना चाहिए। भजन, साधन और अभ्याससे ही परलोक मिलता है। दास कहता है कि मनमें इस बातका विश्वास रखना चाहिए।

सत्रहवाँ दशक

पहला समास

अन्तरात्माका भजन

निश्चल ब्रह्ममें चंचल आत्मा है। सबसे परे जो परमात्मा है वह चैतन्य, साक्षी, ज्ञानात्मा और षड्गुणैश्वर है। वह समस्त जगतका ईश्वर है, इसीलिए उसका नाम जगदीश्वर है। उसीसे यह सारा विस्तार हुआ है। शिवशक्ति, जगदीश्वरी, प्रकृति-पुरुष, परमेश्वरी, मूलमाया, गुणेश्वरी और गुणक्षोभिणी भी वही है। वह क्षेत्रज्ञ, द्रष्टा, कूटस्थ, साक्षी, अन्तरात्मा, सर्वलक्षी, शुद्ध, सत्त्व, महत्तत्व, परीक्षक और ज्ञाता साधु है। ब्रह्मा, विष्णु, महेश आदि नाना पिंडोंका वही जीवेश्वर है और उसे छोटे-बड़े सभी प्राणी भासते हैं। वह अन्तरात्मा देह रूपी मन्दिरमें बैठा हुआ है। यदि उसका भजन न किया जाय तो वह देहको मार डालता है, इसीलिए लोग उसके भयसे उसे भजते हैं। जो समय पर भजन करनेसे चूक जाता है, उसे वह वहीं पछाड़ देता है; इसीसे सब लोग उसे शौकसे भजते हैं। उसे जिस समय

जिस चीजकी इच्छा होती है, वह चीज उसे उसी समय दी जाती है। इसी प्रकार तीनों लोकोंके लोग उसे भजते हैं। जब उसे आवश्यकता हो, तब उसे पाँचों विषयोंका नैवेद्य लगाना पड़ता है। यदि ऐसा न किया जाय तो मनुष्य तुरन्त रोगी हो जाता है। वह ईश्वर या अन्तरात्मा जब नैवेद्य नहीं पाता, तब वह इस शरीरमें नहीं रह जाता और अनेक प्रकारके सौभाग्य, वैभव तथा पदार्थ आदि छोड़कर चला जाता है। जब वह जाने लगता है, तब किसीको पता भी नहीं लगने देता। स्वयं उस अन्तरात्माको छोड़कर और किसीको उसका अनुमान भी नहीं हो सकता। देवताके दर्शनोंके लिए देवालय ढूँढ़ने पड़ते हैं और देवालयमें ही कहीं न कहीं देवता प्रकट होता है। देवालयसे हमारा अभिप्राय भिन्न-भिन्न शरीरोंसे है। उन्हींमें जीवेश्वर रहता है। अनेक प्रकारके बहुतसे शरीर हैं और उसके अनन्त भेद हैं। इन्हीं चलते-फिरते और बोलते हुए देवालयोंमें वह रहता है। अतः जितने देवालय हैं, उन सबका ज्ञान होना चाहिए। मत्स्य, कूर्म और वाराह आदि बहुतसे ऐसे कराल, विकराल और निर्मल देवालय हो गये हैं जिन्होंने बहुत दिनों तक इस भूगोलको धारण किया है। वह बहुतसे देवालयोंमें रहकर ही सुखी होता है और सुखसे भर जाने पर भी समुद्रकी तरह ज्योंका त्यों भरा पूरा रहता है। पर वह सुख अशाश्वत है और सदा नहीं रहता। जिसके ये सब कृत्य हैं, वह अशाश्वतोंका शिरोमणि है। चाहे वह दिखाई न पड़े, पर वास्तवमें धनी वही है। उस उद्भवकी ओर ध्यान रखनेसे अभेदता होती है और उससे विमुख होने पर बहुत अधिक खेद होता है। प्रकृति और पुरुषका यह चक्र बराबर इसी तरह चलता रहता है। वह सबका मूल होने पर भी दिखाई नहीं पड़ता। भव्य और भारी होने पर भी उसका भास नहीं होता और वह निमेष भर भी एक जगह नहीं रहता। वह परमात्मा ऐसा ही अगाध है। उसकी महिमा कौन जान सकता है! हे सर्वोत्तम, अपनी लीला तुम्हीं जानते हो। जो नित्यानित्यका विवेक जानता हो, उसीका संसारमें आना सार्थक है। उसने मानो इहलोक और परलोक दोनों ही सिद्ध कर लिये। मननशील लोगोंके पास वह परमात्मा दिन रात अखण्ड रूपसे रहता है। विचारपूर्वक देखा जाय तो उनके समान पूर्व-संचित पुण्य और किसीका नहीं है। परमात्माके साथ उसका अखण्ड योग रहता है, इसलिए वह योगी है; और जिससे परमात्माका योग न हो, वह वियोगी है। पर वियोगी भी परमात्माके योगके बलसे योगी हो जाता

है। सज्जनोंकी यही महिमा है कि वे लोगोंको सन्मार्गमें लगाते हैं। यदि तैरनेवाला उपस्थित हो तो उसे डूबनेवालेको डूबने न देना चाहिए। भूमंडलमें ऐसे लोग बहुत कम हैं जो स्थूल तथा सूक्ष्मका तत्त्व समझते हों और पिंड तथा ब्रह्मांडका रहस्य समझकर अनुभव प्राप्त करते हों। वेदान्तके पंचीकरण पर निरन्तर विचार करते रहना चाहिए और महावाक्यके द्वारा अन्तःकरणका रहस्य समझना चाहिए। इस संसारमें जो विवेकशील लोग हैं, उनकी संगति धन्य है। उनकी बातें सुननेसे ही प्राणी मात्रकी सद्‌गति हो जाती है। जहाँ निरन्तर सत्संग और सद्‌शास्त्रोंका विवरण या व्याख्या होती रहती है, वहीं सत्संग और परोपकारके उत्तम गुण प्राप्त होते हैं। उत्तम कीर्तिवाले पुरुष ही ईश्वरके अंश हैं और धर्मस्थापनकी उत्कट कामना उन्हींमें रहती है। सारासारका विचार श्रेष्ठ है और उससे जगतका उद्धार होता है। संग-त्यागसे बहुतसे लोग अनन्य हो गये हैं।

दूसरा समास

शिवशक्ति-निरूपण

ब्रह्म आकाशकी तरह निर्मल और निश्चल है। वह निराकार, केवल और निर्विकार है। उसका कहीं अन्त नहीं है, वह अनन्त है। वह शाश्वत और सदा प्रकाशमान रहनेवाला है। वह अशान्त नहीं है, बल्कि सदा शान्त रहता है। वह परब्रह्म अविनश्वर है और आकाशकी तरह सब जगह व्याप्त है। वह न टूटता है और न फूटता है, सदा ज्योंका त्यों बना रहता है। वहाँ न ज्ञान है और न अज्ञान, न स्मरण है और न विस्मरण। वह अखण्ड, निर्गुण और निरवलम्ब है। वहाँ चन्द्रमा, सूर्य, अग्नि, अन्धकार या प्रकाश कुछ भी नहीं है। एक निरुपाधि ब्रह्म ही ऐसा है जो सब उपाधियोंसे अलग या रहित है। निश्चलमें जो स्मरण उत्पन्न होता है, उसीको चैतन्य मान लेते हैं और गुणकी समानताके कारण कहते हैं कि उसमें गुणसाम्य है। जिस प्रकार आकाशमें बादलोंकी छाया आ जाती है, उसी प्रकार परब्रह्ममें मूल माया भी आ जाती है। और आकाशके बादलोंकी ही तरह उस मूल मायाके उद्भव तथा लय होनेमें देर नहीं लगती। निर्गुणमें गुणका विकार होने पर वही षड्‌गुणेश्वर होता है और उसीको अर्धनारी-नटेश्वर भी कहते है। वही आदिशक्ति, शिवशक्ति और सबके मूलमें रहनेवाली सर्वशक्ति है। उसीसे

सब व्यक्तियोंका निर्माण हुआ है। शुद्ध सत्व, रज तथा तमकी उत्पत्ति भी उसीसे होती है और उसीको महत्तत्व तथा गुणक्षोभिणी भी कहते हैं। यदि यह कहते हो कि जब मूलमें व्यक्ति ही नहीं थी तब शिव-शक्ति कहाँसे आई, तो इसका उत्तर सावधान होकर सुनो। ब्रह्मांडके आधार पर पिंडका अथवा पिंडके आधार पर ब्रह्मांडका विचार करनेसे इसका निर्णय हो जाता है। यदि बीजको तोड़कर देखा जाय तो उसमें फल नहीं दिखाई पड़ता; पर जब बीज बढ़कर वृक्ष होता है, तब उसमें बहुतसे फल होते हैं। फलोंको तोड़ने पर तो बीज दिखाई पड़ते हैं, पर बीजको तोड़नेसे फल नहीं दिखाई देते। पिंड और ब्रह्मांडके सम्बन्धमें भी यही बात है। यह तो प्रसिद्ध ही है कि पिंडमें नर और नारी दोनों भेद होते हैं। यदि ये भेद मूलमें न होते तो आगे चलकर विकसित कैसे होते? अनेक प्रकारको कल्पनाएँ भी बीजरूप हैं। उनमें क्या नहीं होता? पर सूक्ष्म होनेके कारण सहसा उनका भास नहीं होता। स्थूलका मूल वासना है, पर वह वासना पहले दिखाई नहीं पड़ती। स्थूलके बिना किसीका अनुमान नहीं हो सकता। वेदों तथा शास्त्रोंमें कहा है कि यह सृष्टि कल्पनासे ही हुई है। पर हम उसे केवल इसलिए मिथ्या नहीं कह सकते कि वह दिखाई नहीं देती। जब हर बार जन्म होने पर एक नया परदा पड़ जाता है और इस प्रकार सैकड़ों जन्मोंमें सैकड़ों परदे पड़ गये हैं, तब फिर वास्तविक बातका कैसे पता चल सकता है! यह निश्चित है कि सिद्धान्तमें सदा गूढ़ता है। समस्त पुरुषों और स्त्रियोंमें एक ही जीव है, पर सबके शरीर स्वभावतः अलग अलग हैं। इसीलिए स्त्रीको स्त्रीकी आवश्यकता नहीं होती। पिंडसे ही ब्रह्मांडबीजका पता चलता है। वधूका मन वर पर और वरका मन वधू पर होता है और यह वासना बराबर मूलसे ही चली आती है। वासना आरम्भसे अभेद है और उसमें देहके कारण ही भेद होता है। देहका सम्बन्ध न रह जाने पर वह भेद भी मिट जाता है। नर-नारीका बीज कारण शिव-शक्तिमें समझना चाहिए। जन्म धारण करनेसे ही इस बातका पता चल जाता है। प्रीति-सम्बन्धी अनेक वासनाएँ आपसमें एक दूसरेको नहीं मालूम होतीं, पर हाँ, तीव्र दृष्टिसे विचार करने पर उसका कुछ अनुमान हो सकता है। बालकका पालन-पोषण उसकी माता ही करती है; पुरुषोंसे यह काम नहीं हो सकता। उपाधि स्त्रियोंसे ही बढ़ती है। माताको इस काममें घृणा या आलस्य नहीं होता और न उसे इसमें कोई कष्ट या घबराहट ही होती है।

माताको छोड़कर और किसीकी बालक पर इतनी ममता ही नहीं होती। वह अनेक प्रकारकी उपाधियाँ बढ़ाना जानती है, अनेक प्रकारकी ममताओंमें फँसना जानती है और अनेक प्रकारके प्रपंचोंके साथ तरह-तरहसे प्रीति लगाना भी जानती है। पुरुषको स्त्रीका विश्वास होता है और स्त्रीसे पुरुषका सन्तोष होता है। वासनाने दोनोंको एक दूसरेसे बाँध रखा है। ईश्वरने एक ऐसा भारी जाल बनाया है जिसमें सभी मनुष्य फँसे हुए हैं; और मोहकी ऐसी गाँठ बाँध रखी है जिससे छूटनेका उपाय ही किसीकी समझमें नहीं आता। इस प्रकार स्त्री और पुरुषमें परस्पर बहुत प्रेम हो जाता है और प्रेम बिलकुल आरम्भसे अर्थात् उस समयसे चला आता है जब ब्रह्ममें पहले-पहल स्फुरण हुआ था। यह बात विवेककी सहायतासे प्रत्यक्ष देखनी चाहिए। पहले केवल सूक्ष्मका निर्माण हुआ था, फिर वह बराबर स्पष्ट दिखाई देने लगा। उत्पत्तिका काम दोनोंके योगसे ही चलता है। आरम्भमें केवल शिव और शक्ति ही थी। आगे चलकर वधू और वर हुए जिनका विस्तार चौरासी लाख योनियोंमें हुआ। यहाँ शिव-शक्तिका जो रूप बतलाया गया है, वह श्रोताओंको अच्छी तरह मनमें समझ लेना चाहिए और बिना विचार किये केवल किसीकी कही हुई बात व्यर्थ समझनी चाहिए।

तीसरा समास

अध्यात्म-श्रवण

ठहरो, ठहरो; सुनो, सुनो; पहले ही ग्रन्थ हाथसे मत रख दो। जो कुछ बतलाया जाता है, वह सावधान होकर सुनो। सब श्रवणोंमें श्रेष्ठ अध्यात्मका श्रवण है, इसलिए इस बातका विचार चित्त शान्त करके करना चाहिए। श्रवण और मनन पर विचार और निदिध्यासनसे अवश्य ही मोक्षका नगद साक्षात् होता है; उधारका इसमें नाम ही नहीं है। अनेक प्रकारके रत्नोंकी परीक्षा करने, पदार्थोंको तौलने और उत्तम सोनेको तपानेके समय सावधान रहना चाहिए। अनेक प्रकारके सिक्के गिनने, अनेक प्रकारकी परीक्षाएँ करने और विवेकशील मनुष्यसे बातचीत करनेमें सावधान रहना चाहिए। लखौरी (कोई चीज गिनकर एक लाख चढ़ाने) का धान्य चुन चुनकर चढ़ाने पर ही देवताको मान्य होता है और बिना छाँटे एक ओरसे गिनते हुए चढ़ाये चलनेसे अमान्य होता है और

देवता क्षुब्ध होते हैं। यदि एकांतमें किसी बात पर सूक्ष्म विचार होता हो तो सावधान रहना चाहिए। और यदि अध्यात्म-ग्रन्थोंका विचार होता हो तो उससे करोड़ गुना अधिक सावधान रहना चाहिए। कहानियों, कथाओं, वार्ताओं, पँवाड़ों और अवतारोंके चरित्रोंसे अध्यात्म-विद्या कहीं अधिक कठिन है। कोई पुरानी कथा सुन लेनेसे क्या लाभ होता है? लोग कहते हैं कि पुण्य होता है। पर वह दिखाई तो नहीं पड़ता। पर अध्यात्म-विद्याके सम्बन्धमें यह बात नहीं है। यह तो प्रेमका विचार है। ज्यों ज्यों इसका ज्ञान होता है, त्यों त्यों सन्देहका संहार होता जाता है। जितने बड़े बड़े लोग हो गये है, वे सब आत्माके कारण ही सब काम करते रहते हैं। पर ऐसा कौन हुआ है जो उस आत्माकी महिमा बतला सकता हो? आत्मा अनेक युगोंसे अकेली ही तीनों लोकोंके सब काम चला रही है; उसका भली भाँति विचार करना चाहिए। बहुतसे लोग इस संसारमें आये और चले गये। उन्होंने जो जो काम किये, उन सबका वर्णन उन्होंने अपने इच्छानुसार किया। पर जहाँ आत्माका अखण्ड प्रकाश न हो, वहाँ बिलकुल सपाट ही होता है (अर्थात्, कुछ भी नहीं होता)। बिना आत्माके बेचारा काठ (शरीर) क्या जान सकता है! आत्मज्ञान इतना श्रेष्ठ है कि उसके समान और कुछ भी नहीं है। संसारके केवल विवेकशील और सज्जन ही यह बात जानते हैं। पृथ्वी, आप और तेजके सम्बन्धकी सब बातें इसी संसारमें समझमें आ जाती हैं; पर अन्तरात्मा जो सब तत्त्वोंका बीज है, सबसे अलग ही है। जो वायुसे भी और आगे या उस पार पहुँचकर विचार करेगा, उसे आत्मा अपने बहुत ही पास मिलेगी। वायु, आकाश, गुणमाया, प्रकृति, पुरुष और मूल मायाका सूक्ष्म रूपसे विचार करके उस पर विश्वास प्राप्त करना कठिन है। मायादेवीके फेरमें पड़कर भला सूक्ष्मके सम्बन्धमें कौन विचार करता है! पर जो सूक्ष्मका तत्त्व समझ लेता है, उसकी सन्देह-वृत्ति नष्ट हो जाती है। मूल माया ब्रह्मांडकी चौथी देह है और मनुष्यको उस देहसे रहित या विदेह होना चाहिए। जो साधु देहातीत होकर रहे, वह धन्य है। जो विचारके द्वारा ऊपरकी ओर चढ़ते हैं, उन्हींको ऊर्ध्व गति (मोक्ष) प्राप्त होती है और पदार्थ ज्ञानमें पड़े रहनेवाले बाकी सब लोगोंकी अधोगति होती है। पदार्थ देखनेमें तो अच्छे होते हैं, पर वे नष्ट हो जाते हैं; इसलिए उनके कारण लोग दोनों ओरसे भ्रष्ट होते हैं। इसलिए पदार्थ-ज्ञान और अनेक प्रकारकी वस्तुओंका विचार

छोड़कर उस निरञ्जनको ढूँढ़ना चाहिए। अष्टाङ्ग योग, पिंड-ज्ञान, उससे भी बड़े तत्त्वज्ञान और उससे भी बड़े आत्मज्ञानका विचार करना चाहिए। मूल मायाके भी बिलकुल अन्तमें या परले सिरे पर, जहाँ मूलमें हरिका सङ्कल्प उठता या स्फुरण होता है, उपासनाके योगसे पहुँचना चाहिए। उसके बाद निखिल और निर्गुण ब्रह्म है और उसकी पहचान यह है कि वह निर्मल तथा निश्चल आकाशके समान है। वह यहाँसे वहाँ तक सब जगह भरा हुआ है और प्राणी मात्रमें मिला हुआ है। वह पदार्थ मात्रमें संलग्न और सबमें व्याप्त है। उसके समान बड़ा और कोई नहीं है। उसके सूक्ष्मातिसूक्ष्म विचारका पता पिंड और ब्रह्मांडका संहार होने पर लगता है। अथवा यदि पिंड और ब्रह्मांडके रहते हुए भी विवेक-प्रलयको देखा जाय तो भी समझमें आ जाता है कि शाश्वत कौन है। पहले सावधानतासे सब तत्त्वोंका विचार करके और सारासारका निर्णय करके तब सुखसे यह ग्रन्थ छोड़ सकते हो।

चौथा समास

संशयका नाश

यदि कोई ऐसा उपाय पूछे, जिससे बहुतसे लोगोंका लाभ होता हो तो उससे वक्ताको दुःखी न होना चाहिए और बतलाते समय क्रम न छोड़ना चाहिए। यदि श्रोता कोई आशंका करे तो उसका तुरन्त समाधान करना चाहिए; और ऐसा न होना चाहिए कि अपनी ही बातसे अपनी बातका खंडन हो। ऐसा न होना चाहिए कि यदि आगे बढ़ा जाय तो पीछेका अंश बिगड़ जाय और यदि पीछेका अंश सँभाला जाय तो आगेकी बात गायब हो जाय और जगह जगह ऐसे ही फँसना पड़े। जो तैरनेवाला स्वयं ही गोता खाता हो, वह दूसरोंको कैसे उबार सकता है! ऐसी दशामें लोगोंका सन्देह ज्योंका त्यों बना रह जाता है। यदि हमने संहारके सम्बन्धकी सब बातें बतलाई हैं तो हमें सबका सार भी बतला देना चाहिए और दुस्तर मायाके उस पार पहुँच जाना चाहिए। हम जो जो सूक्ष्म नाम लें, उन सबके रूप भी प्रतिबिम्बित करके दिखला देने चाहिएँ; तभी हम विचारवान वक्ता कहे जा सकते हैं। ब्रह्म, मूल माया, अष्टधा प्रकृति और शिव-शक्ति कैसी है, षड्गुणेश्वर-की स्थिति कैसी है, गुणसाम्य कैसा है, अर्धनारी-नटेश्वर और प्रकृति-पुरुषका विचार, गुणक्षोभिणी और तीनों गुण कैसे हैं, पूर्व पक्ष कहाँसे कहाँ तक है और वाच्यांश तथा

लक्ष्यांशमें क्या अन्तर है, आदि सूक्ष्म बातोंका विचार करनेवाला साधु धन्य है। वह व्यर्थके बहुतसे झगड़ोंमें नहीं पड़ता, कही हुई बात बार-बार नहीं कहता और लोगोंके मनमें उस मौन्यगर्भ परब्रह्मका ठीक-ठीक रूप स्थापित कर देता है। जो कभी कहता हो कि एक ही विमल ब्रह्म है, कभी कहता हो कि सब कुछ ब्रह्म है और कभी कहता हो कि जो द्रष्टा, साक्षी और सब पर सत्ता रखनेवाला है, वही ब्रह्म है, जो यह कहता हो कि निश्चल ही चञ्चल हो गया है और जो चञ्चल है, वही केवल ब्रह्म है; जो इसी तरहकी झगड़ेकी बहुत-सी बातें कहता हो और कोई एक बात निश्चित रूपसे न बतलाता हो, जो चञ्चल और निश्चल सबको-चैतन्य बतलाता हो और कभी दोनोंके अलग-अलग स्वरूप स्पष्ट करके न बतलाता हो और जो व्यर्थ इसी तरहकी गड़बड़ी मचाता रहता हो, वह दूसरोंको कोई बात कैसे समझा सकता है? अनेक प्रकारके निश्चयोंसे बराबर गड़बड़ी बढ़ती ही जाती है। ऐसा आदमी भ्रमको परब्रह्म और परब्रह्मको भ्रम बतलाता है और ज्ञाता होनेका ढोंग रचता है। वह बीचमें शास्त्रोंकी बातें ले आता है और बिना अनुभवके ही निरूपण करने लगता है। यदि कोई बात पूछी जाय तो व्यर्थ ही बिगड़ खड़ा होता है। यदि वह ज्ञाता भी बनता हो और उसे पदार्थोंकी भी अभिलाषा हो तो वह बेचारा क्या बतला सकता है! असलमें तो सारासारका निर्णय होना चाहिए। वैद्य तो अपनी मात्राकी प्रशंसा करता हो, पर वह मात्रा कुछ भी गुण न करती हो; ठीक यही दशा उस ज्ञानकी होती है जिसमें प्रतीति न हो। जहाँ सारासारका विचार नहीं, वहाँ केवल अन्धकार है। वहाँ अनेक प्रकारकी परीक्षाओंका विचार नहीं हो सकता। वह पाप, पुण्य, स्वर्ग, नरक, विवेक और अविवेक सबको परब्रह्म कहता है। वह पावन और पतित दोनोंको समान मानता है और निश्चय तथा अनुमान दोनोंको ब्रह्म रूप बतलाता है। जब सब कुछ ब्रह्म रूप ही है, तब फिर उसमेंसे कौन-सी चीज निकालकर अलग की जा सकती है? जब सब कुछ शकर ही शकर है, तब कौन-सी चीज और किसमें डाली जाय? इस प्रकार जहाँ सार और असार दोनों मिलकर एकाकार हो जायँ, वहाँ अविचार प्रबल होता है और विचार रह ही नहीं जाता। जहाँ वन्दनीय और निन्दनीय एक हो गये हों, वहाँ क्या हाथ आ सकता है! जो मादक-द्रव्यका सेवन कर लेता है, वह जो जीमें आता है, वही बकता है। इसी प्रकार जो अज्ञान रूपी भ्रममें फँस जाता है, वह

सबको ब्रह्म बतलाकर ही निश्चिन्त हो जाता है और महापापी तथा सज्जन दोनोंको समान मानने लगता है। यदि सब प्रकारके सङ्गोंके त्याग और मनमाने विषय-भोगको हम समान मान लें तो फिर बाकी ही क्या रह गया? जो भेद स्वयं ईश्वरने कर रखे हैं, वे उस अज्ञानीके बापके मिटाये भी नहीं मिट सकते। अब यों चाहे कोई मुँहमें डाला जानेवाला ग्रास गुदा मार्गमें भले ही डाला करे। पर ऐसा हो कैसे सकता है? जिस इन्द्रियका जो भोग होता है, वही उसका ठीक ठीक भोग करती है। ईश्वरकी बनाई हुई सृष्टिमें उसके नियमोंका उल्लङ्घन करनेसे कैसे काम चल सकता है! यह तो भ्रांतिकी भूलभुलैया है। इसमें बिना प्रतीतिके सभी बातें मिथ्या हैं; जिस पर पागलपन सवार हो, वह भले ही ऊटपटाँग बका करे। जो अनुभवी तथा सावधान ज्ञाता हो, उसका निरूपण सुनना चाहिए। तभी मनुष्यमें आत्म-साक्षात्के लक्षण आते हैं। यह समझना चाहिए कि उलटा क्या है और सीधा क्या है; और जो अन्धा हो, उसे पैरोंसे टटोलकर ही पहचानना चाहिए और व्यर्थकी बातोंको वमनके समान त्यागना चाहिए।

पाँचवाँ समास

अजपा-निरूपण

अजपा या श्वासोच्छ्वासके साथ निरन्तर होनेवाले सोऽहं शब्दके जपकी संख्या इकीस हजार छः सौ नियत की गई है। यदि विचारपूर्वक देखा जाय तो सभी बातें सहज हैं। मुख और नासिकामें प्राण रहता है और उन्हींमेंसे होकर वह अखंड रूपसे आता-जाता रहता है। इसका विचार सूक्ष्म दृष्टिसे करना चाहिए। पहले यों देखने पर तो वह एक ही स्वर जान पड़ता है, पर उसमें तार, मन्द्र और घोर ये तीन भेद हैं। और अजपाका विचार इस घोरसे भी अधिक सूक्ष्म है। सा रे ग म प ध नि इन सातों स्वरोंको कहकर देखो और इनमेंसे किसीको पहला स्वर मानकर क्रमशः ऊपरकी ओर चलो। पराके स्थान नाभिसे ऊपर और पश्यन्तीके स्थान हृदयसे नीचे (अर्थात्, हृदय और नाभिके बीचमें) स्वरोंके उत्पन्न होनेका जो स्थान है, वहींसे वह अजपा जपका स्वर उठता है। इसके लिए एकान्तमें निश्चिन्त होकर बैठना चाहिए और इन सब बातोंको अच्छी तरह समझकर अखंड रूपसे श्वास लेना और छोडना चाहिए। कहा जाता है कि नाकसे श्वास लेने पर

'सो' और छोड़ने पर 'हं' के समान ध्वनि होती है। इसके लिए एकान्तमें मौन धारण करके बैठना चाहिए। उस समय यदि सावधानतापूर्वक देखा जाय तो ऐसा जान पड़ता है कि श्वासके साथ सोहं सोहं शब्द होता है। बिना उच्चारण किये ही जो शब्द हो, उसे सहज या स्वाभाविक समझना चाहिए। ऐसे शब्दोंका अनुभव तो होता है, उनमें नाद बिलकुल नहीं होता। और जो उन शब्दोंको भी छोड़ बैठे, उसे बहुत अच्छा मौनी समझना चाहिए। योगाभ्यासके सब झगड़े ऐसे ही हैं। यदि एकान्तमें चुपचाप बैठकर इस बातका ध्यान रखा जाय कि क्या शब्द होता है तो मनमें ऐसा जान पड़ता है कि सोहं सोहं शब्द हो रहा है। नाकसे श्वास लेने पर सो और श्वास छोड़ने पर हं शब्द होता है, और इस प्रकार निरन्तर सोहं सोहं शब्द होता रहता है। इसका विचार बहुत विस्तृत है। देह धारण करनेवाले जितने प्राणी हैं, चाहे वे स्वेदज हों और चाहे उद्भिज्ज हों, बराबर श्वास लेते और छोड़ते रहते हैं। बिना श्वास लिये भला वे कैसे जी सकते हैं! इस प्रकार इस अजपा जपका साधन सभीके पास है, पर उसका ज्ञान केवल ज्ञाताको ही होता है। ऐसी सहज बातको छोड़कर व्यर्थ परिश्रमके काममें न पड़ना चाहिए। सहज या प्राकृतिक ईश्वर सदा बना रहता है और परिश्रमसे बनाया हुआ या कृत्रिम देवता टूट फूट जाता या नष्ट हो जाता है। इसलिए ऐसा कौन है जो नष्ट हो जाने वाले देवता पर विश्वास करे? सारे जगतमें रहनेवाली अन्तरात्माके दर्शनसे सहजमें अखंड ध्यान लगता है। सब लोग उसी आत्माकी इच्छाके अनुसार सब काम करते हैं। उसका आहार भी वैसा ही हो जाता है जिससे आत्माका समाधान हो। और उस दशामें जो चीजें छोड़ दी जाती हैं, वे भी उसीको समर्पित होती हैं। पेटमें रहनेवाले अग्निपुरुष (जठराग्नि) को सभी लोग आहुति देते हैं और आत्माकी ही आज्ञामें रहते हैं। इस प्रकार स्वाभाविक रूपसे ही ईश्वरका जप, ध्यान और स्तवन आदि होता रहता है; और जो बात स्वभावतः होती हो, उसे ईश्वर मान्य भी करता है। इसी सहज या स्वाभाविक बातको समझनेके लिए लोग अनेक प्रकारके हठयोग आदि करते हैं, पर यह बात सहजमें समझमें नहीं आती। अपना ही रखा हुआ धन यदि आदमी भूल जाय तो वह दरिद्र हो जाता है। नीचे लक्ष्मी गड़ी हुई होती है और ऊपर आदमी रहता है, पर फिर भी लक्ष्मीका पता न होनेके कारण वह बेचारा क्या कर सकता है! तहखानेमें बहुत अधिक धन होता है,

दीवारोंमें धन चुना रहता है और खम्भोंके अन्दर भी धन रहता है, और उन सबके बीचमें आदमी रहता है। इस प्रकार वह अभागा चारों ओरसे लक्ष्मीसे घिरा रहता है, पर फिर भी उसकी दरिद्रता बढ़ती ही जाती है। उस परमानन्द परमपुरुषने यह कैसी आश्चर्यजनक बात कर रखी है। कोई खाता है और कोई सामने बैठा मुँह ताकता है। यही विवेककी गति है। प्रकृति और निवृत्तिकी भी यही दशा है। जब अन्तःकरणमें नारायणका निवास हो, तब लक्ष्मीकी क्या कमी है! जिसकी लक्ष्मी है, उस लक्ष्मीधर या नारायणको खूब जोरसे पकड़ रखना चाहिए।

छठा समास

देह और आत्माका निरूपण

आत्मा देहमें रहती है, अनेक प्रकारके सुख दुःखोंका भोग करती है और अन्तमें अचानक यह शरीर छोड़कर चली जाती है। युवावस्थामें शरीरमें शक्ति रहती है, इससे प्राणी अनेक प्रकारके सुखोंका भोग करता है और बुढ़ापेमें अशक्त होनेके कारण दुःख भोगता है। वह मरना तो नहीं चाहता, पर हाथ पैर पटककर प्राण छोड़ देता है। वृद्धावस्थामें उसे अनेक प्रकारके भारी कष्ट होते हैं। देह और आत्माका साथ रहने पर वे थोड़ा बहुत सुख भोग लेते हैं, पर देहान्तके समय तड़प-तड़प कर यहाँसे चले जाते हैं। आत्मा ऐसी दुःखदायक है। लोग एक दूसरेके प्राण लेते हैं, पर अन्तमें सब व्यर्थ होता है और कुछ भी फल नहीं होता। इस प्रकार जो दो दिनका भ्रम है, उसीको लोग परब्रह्म कहते हैं। लोगोंने अनेक प्रकारके दुःखोंको ही सुख मान लिया है। भला दुःखसे तड़पनेमें क्या समाधान होता है? यदि थोड़ासा सुख भोगा तो फिर बहुतसा दुःख आ पहुँचता है। यदि जन्मसे अब तककी सब बातोंका स्मरण किया जाय तो पता चल जाता है कि कितना अधिक दुःख मिला। उन दुःखोंकी कहाँ तक गिनती की जा सकती है! यही है आत्माकी सङ्गति जिसमें अनेक प्रकारके दुःख मिलते हैं और सभी प्राणी विकल हो जाते हैं। जब जन्म मिलता है, तब कुछ आनन्द भी होता है और कुछ खेद भी। अनेक प्रकारकी विरुद्ध और असम्बद्ध बातें होती रहती हैं। सोनेके समय खटमल और मच्छर अनेक प्रकारके कष्ट देते हैं; और यदि उन्हें दूर करनेका उपाय किया जाय तो उन्हें भी कष्ट होता है। भोजनके समय मक्खियाँ आती हैं और चूहे बहुतसी चीजें ले जाते हैं। फिर

बिल्ली उन चूहोंकी दुर्दशा करती है। जूएँ, किलनियाँ, बर्रे और कनसलाई आदि आपसमें एक दूसरेको कष्ट देते हैं। बिच्छू, साँप, शेर, चीते, मगर, भेड़िये और यहाँ तक कि स्वयं मनुष्य भी मनुष्योंको बहुत कष्ट देते हैं। आपसमें किसीको एक दूसरेसे सुख या सन्तोष नहीं है। जीवोंकी चौरासी लाख योनियाँ हैं जो सब आपसमें एक दूसरीको खाती हैं और इतनी अधिक पीड़ाएँ तथा दुःख पहुँचाती हैं जिनकी कोई गिनती नहीं। यही अन्तरात्माकी करनी है। पृथ्वी पर बहुत अधिक जीव हैं, पर सब आपसमें एक दूसरेका संहार करते हैं। सभी सदा रोते और तड़पते हैं और बिलख बिलखकर प्राण देते हैं और उन्हींकी आत्माको मूर्ख प्राणी परब्रह्म कहते हैं। परब्रह्म न तो कहीं जा सकता है और न किसीको दुःख दे सकता है। उसके लिए निन्दा और स्तुति दोनों ही कुछ नहीं है। यदि बहुतसी गालियाँ दी जायँ, तो वे भी अन्तरात्माको ही लगती हैं। विचार करनेसे इन सब बातोंका ठीक-ठीक ज्ञान हो जाता है। गालियाँ भी बहुत तरहकी हैं; कहाँ तक बतलाई जायँ। पर वे गालियाँ परब्रह्मको नहीं लग सकतीं। परब्रह्मके सामने कल्पनाका तो कोई बस ही नहीं चलता। असम्बद्ध ज्ञानको कोई नहीं मानता। सृष्टिमें सभी तरहके जीव हैं, पर उन सबके पास तो वैभव है नहीं। इसलिए ईश्वरने जिसे जिस योग्य समझा उसके लिए वैसी व्यवस्था कर दी है। साधारण लोग तो बहुत अधिक हैं। जो लोग आते हैं, वही कुछ दिनों तक जीवित रहते हैं। पर जितनी अच्छी बातें हैं, वे सब भाग्यवान लोग ही ग्रहण करते हैं। इसी प्रकार भोजन, वस्त्र, देवार्चन और ब्रह्मज्ञान भी भाग्यके अनुसार ही मिलता है। यों तो सभी लोग संसारकी सब बातोंमें सुख मानकर सुखी रहते हैं, पर राजा महाराज जो वैभव भोगते हैं, वह अभागोंको कहाँसे मिल सकता है! फिर भी अन्तमें सबको अनेक प्रकारके दुःख होते हैं। अन्तमें सभी मसान जाते हैं। पर जो लोग पहले अनेक प्रकारके सुख भोग लेते हैं, वे अन्तमें दुःख नहीं सह सकते। कठिन दुःख सहा नहीं जाता और प्राण यह शरीर छोड़ते नहीं; अतः मृत्युका दुःख सभीको दुःखी करता है। बहुतसे लोग अंगहीन हो जाते हैं और उन्हें उसी दशामें रहकर सब काम करने पड़ते हैं। अन्तमें सभी प्राणी दुःखी होकर इस संसारसे जाते हैं। सारा रूप और लावण्य चला जाता है, शरीरमें शक्ति भी नहीं रह जाती और यदि मरनेके समय कोई पास न हुआ तो और भी अधिक कष्ट होता है। अन्त समयका दुःख सबके लिए समान होता

है। यह आत्मा ऐसी ही चञ्चल, बुरे लक्षणोंवाली और दुःख देनेवाली है। इसपर भी लोग कहते हैं कि यह सब कुछ भोगकर भी अभोक्ता बनी रहती है। ऐसा कहना तो मानो इसकी और भी दुर्दशा करना है। लोग व्यर्थ ही बिना समझे बूझे इस तरहकी बातें कह बैठते हैं। अन्तकाल बहुत ही कठिन है। उस समय प्राण इस शरीरको नहीं छोड़ते और उस समय भी उसे अनेक प्रकारकी आशाएँ लगी रहती हैं।

सातवाँ समास

सांसारिक गति

पहले जल निर्मल रहता है, पर जब वह अनेक प्रकारकी वेलों आदिमें जाता है, तब उनकी संगतिके दोषसे खट्टा, तीखा और कडुआ आदि हो जाता है। मूलतः आत्मा शुद्ध रहती है और उसमें आत्मता रहती है, पर देहकी संगतिके कारण उसमें विकार आ जाता है और अभिमानमें आकर वह मनमाना रूप धारण कर लेती है। यदि अच्छी संगति मिल गई तो मानों ऊखमें मिठास आ गई और और नहीं तो वह लोगोंके प्राण लेनेवाली विष-वल्लीके समान हो जाती है। अठारह प्रकारकी वनस्पतियाँ हैं जिनके गुण कहाँ तक बताये जायँ। देहोंकी संगतिसे आत्माकी भी यही दशा होती है। उनमें जो अच्छी आत्माएँ होती हैं वे सन्तोंकी संगतिसे पार हो जाती हैं और विवेककी सहायतासे देहका अभिमान छोड़ देती हैं। वेलोंके जलका तो नाश हो जाता है, पर विवेककी सहायतासे आत्मा उस पार निकल जाती है। विवेकपूर्वक देखो, आत्माका ऐसा ही प्रत्यय है। जो सचमुच अपना हित करना चाहता हो, उसे हम क्या और कहाँ तक बतलावें। अपने अपने सम्बन्धमें सब लोग स्वयं ही अच्छी तरह समझ सकते हैं। जो स्वयं ही अपनी रक्षा करे, उसीको अपना मित्र समझना चाहिए। और जो स्वयं ही अपना नाश करे, समझ लेना चाहिए कि वह आप ही अपना वैरी है। जो स्वयं ही अपना अनहित करता हो, उसे कौन रोक सकता है ? ऐसा आदमी एकान्तमें जाकर स्वयं ही अपने जीव या प्राणोंकी हत्या करता है। जो स्वयं ही अपना घात करता हो, वह आत्महत्यारा और पातकी है; और जो विवेकशील है, वही साधु और धन्य है। लोग अच्छी संगतिसे पुण्यशील होते हैं और बुरी संगतिसे पापी बनते हैं। अच्छी और बुरी गति दोनों संगतिके ही कारण होती है। अतः उत्तम संगति करनी चाहिए, अपनी चिन्ता आप

ही करनी चाहिए और ज्ञाताकी बुद्धि पर अपने मनमें अच्छी तरह विचार करना चाहिए। ज्ञाताके लिए इहलोक और परलोक दोनों सुखदायक होते हैं और अज्ञाता विवेक-रहित होते हैं। ज्ञाता ईश्वरका अंश है और अज्ञाता राक्षस है। अब आप लोग स्वयं ही समझ लें कि इन दोनोंमें कौन बड़ा है। ज्ञाताको सभी लोग मानते हैं और अज्ञाताको कोई नहीं मानता। इनमेंसे जिसके कारण मनुष्य धन्य हो सकता हो, उसीको ग्रहण करना चाहिए। उद्योगी और बुद्धिमानकी संगतिसे मनुष्य उद्योगी और बुद्धिमान होता है और आलसी तथा मूर्खकी संगतिसे आलसी तथा मूर्ख होता है। अच्छी संगतिका फल सुख और नीच संगतिका फल दुःख है। फिर आनन्दको छोड़कर मनुष्य शोक क्यों ग्रहण करे? यह बात बिलकुल स्पष्ट रूपसे दिखाई देती है, क्योंकि लोग इन्हीं दोनों प्रकारकी संगतियोंमें रहते हैं। एकके कारण सब प्रकारके सुख और दूसरीके कारण सब प्रकारके दुःख मिलते हैं। अतः सब काम विवेकपूर्वक करने चाहिएँ। यदि मनुष्य अचानक किसी संकटमें पड़ जाय तो उसे तुरन्त उसमेंसे निकल जाना चाहिए। जब वह एक बार संकटसे निकल जाता है तो आगेके लिए परम सावधान हो जाता है। दुर्जनोंकी संगतिसे मनुष्यके मनमें क्षण-क्षण पर दुःख होता है, इसलिए अपना कुछ महत्व बनाये रखना चाहिए। बुद्धिमानको उसके प्रयत्नके कारण किसी बातकी कमी नहीं होती, उसे सुख तथा सन्तोष मिलता है और लोग उसकी प्रशंसा करते हैं। बस लोगोंकी यही दशा है और संसारमें यही देखनेमें आता है। पर यह काम उसीसे होता है जो इस तत्वको अच्छी तरह समझ ले। इस वसुन्धरामें बहुतसे रत्न हैं, अतः यहाँकी हर एक बात पर बहुत अच्छी तरह विचार करना चाहिए। समझनेसे ही मनमें विश्वास होता है। सृष्टिमें बराबर यही होता आया है कि कोई दरिद्र और कोई सम्पन्न होता है, कोई पागल या मूर्ख और कोई परम चतुर होता है। एक भाग्यवान या धनवान बिगड़ता है तो दूसरा भाग्यवान या धनवान बनता है। विद्या और व्युत्पत्तिके सम्बन्धमें बराबर यही होता रहता है। एक भरता है, दूसरा खाली होता है और वह खाली फिरसे भरता है। और समय पाकर भरा हुआ भी फिर खाली हो जाता है। यही सृष्टिका नियम है; सम्पत्ति दोपहरकी छाया है और फिर उमर भी धीरे-धीरे बीत रही है। बाल्यावस्था, युवावस्था और वृद्धावस्थाके सम्बन्धकी सब बातें लोग स्वयं ही जानते हैं। इन्हीं बातोंको समझकर सबको

अपना जीवन सार्थक करना चाहिए। इस शरीरको जैसा बनाया जाय, यह वैसा ही हो जाता है। यत्न करनेसे कार्य सिद्ध होता है। तो फिर लोग मनमें दुःखी क्यों हों?

आठवाँ समास

तत्त्व-निरूपण

जिस वाणीका नाभिसे उन्मेष या स्फुरण होता है वही परा है, और ध्वनि रूपी पश्यन्ती हृदयमें रहती है। कंठसे नाद होता है जिसे मध्यमा वाचा कहते हैं; और मुखसे अक्षरोंका उच्चारण होने पर उसे वैखरी कहते हैं। नाभि स्थानमें परा वाचा है और वही अन्तःकरणका स्थान है। इस अन्तःकरण-पंचकका निर्णय इस प्रकार है। जिस समय चित्त निर्विकल्प रहता है और किसी प्रकारके विकल्पके न होनेके कारण वृत्ति शून्याकार होती है, उस समय उसमें यों ही जो एक स्मरण-सा होता है, उसीको अन्तःकरण या चेतना शक्ति समझना चाहिए। अन्तःकरणका लक्षण स्मरण रहना है। फिर जिसमें यह भावना होती है कि ऐसा हो या न हो अथवा मैं ऐसा करूँ या न करूँ, वही मन है। मतलब यह कि जिसमें संकल्प-विकल्प होता है, वह मन है। इसीसे अनुमान या सन्देह उत्पन्न होता है, और तब जो निश्चय होता है, वह बुद्धिका काम है। वह बुद्धि ही है जो यह निश्चय करती है कि मैं यह काम अवश्य करूँगा अथवा न करूँगा। और यह बात विवेकसे अपने मनमें समझ लेनी चाहिए। जिस बातका निश्चय हो चुका हो, उस पर चिन्तन या विचार करनेवाला चित्त है। यह बात बिलकुल यथार्थ माननी चाहिए। फिर किसी कामके सम्बन्धमें अहंकार करना अथवा यह निश्चय करना कि यह काम अवश्य किया जायगा और यह सोचकर उस काममें लग जाना अहंकार है। यही अन्तःकरण-पंचक है और इसमें पाँच वृत्तियाँ एकमें मिली हुई हैं। कार्यके विचारसे इनके अलग अलग पाँच भाग हो गये हैं। यह बात भी पाँचों प्राणोंकी तरह है। कार्यके विचारसे प्राणके अलग-अलग पाँच भाग हो गये हैं; और नहीं तो वायुका रूप तो एक ही है। यह निश्चित समझना चाहिए कि सर्वाङ्गमें 'व्यान', नाभिमें 'समान', कंठमें 'उदान', गुदामें 'अपान' और मुख तथा नासिकामें 'प्राण वायु' रहती है।

प्राण-पंचकके सम्बन्धकी बातें तो बतला दी गईं, अब ज्ञानेन्द्रिय-पंचककी बातें

सुनिए। श्रोत्र (कान), त्वचा (खाल), चक्षु, जीभ और नासिका ये पाँच ज्ञानेन्द्रियाँ हैं। वाचा (वाणी), पाणि (हाथ), पैर, शिश्न और गुदा ये पाँच कर्मेन्द्रियाँ हैं। शब्द, स्पर्श, रूप, रस और गन्ध ये इन पाँचों ज्ञानेन्द्रियोंके विषय हैं। अन्तःकरण-पंचक, प्राण-पंचक, ज्ञानेन्द्रिय-पंचक, कर्मेन्द्रिय-पंचक और विषय-पंचक इस प्रकार ये पाँच पंचक हैं। इस प्रकार इन पचीस गुणोंके योगसे सूक्ष्म शरीर बनता है। इनका कर्दम या मिश्रण भी बतलाया गया है जो श्रोताओंको सुन लेना चाहिए। अन्तःकरण, व्यान, श्रवण, वाचा और शब्द विषय आकाशके रूप हैं। इसके आगे वायुका विस्तार बतलाया गया है। मन, समान, त्वचा, पाणि और स्पर्श ये पवनके रूप हैं। इन सबको समझनेके लिए कोष्ठक बना लेने चाहिएँ। बुद्धि, उदान, नयन, चरण और रूप-विषय अग्निके रूप हैं। ये बातें संकेतसे बतलाई गई हैं। इन्हें मनमें अच्छी तरह समझ लेना चाहिए। चित्त, अपान, जिह्वा, शिश्न और रस-विषय ये जलके रूप हैं। अब आगे पृथ्वीका रूप सावधान होकर सुनिए। अहंकार, प्राण, घ्राण, गुदा और गन्ध-विषय ये पृथ्वीके रूप हैं। यह निरूपण शास्त्रोंके अनुसार किया गया है। यही सूक्ष्म देह है और इसका विचार करनेसे लोग सन्देहसे मुक्त होते हैं। जो इस पर अच्छी तरह ध्यान देता है, उसीकी समझमें यह विषय आता है।

इस प्रकार यहाँ सूक्ष्म देहके सम्बन्धकी सब बातें बतलाई गई हैं। अब स्थूल देहका निरूपण किया जाता है। अब यह देखिये कि स्थूल शरीरमें आकाश अपने पाँचों गुणोंके साथ किस प्रकार रहता है। काम, क्रोध, शोक, मोह और भय ये पाँचों आकाशके गुण हैं। अब वायुकी पाँचों चीजें बतलाई जाती हैं। चलन, वलन, प्रसारण, निरोधन और आकुंचन ये पाँच लक्षण वायुके हैं। क्षुधा, तृषा, आलस्य, निद्रा और मैथुन ये पाँच गुण तेजके हैं। अब आगे आपके लक्षण बतलाये जाते हैं। शुक्र, शोणित, लार, मूत्र और स्वेद ये पाँचों आपके भेद हैं। अब आगे पृथ्वीके लक्षण बतलाये जाते हैं। अस्थि, मांस, त्वचा, नाड़ी और रोग ये पाँच पृथ्वीके धर्म हैं। इस प्रकार स्थूल देहका मर्म बतलाया गया है। पृथ्वी, आप, तेज, वायु और आकाश इन पाँचोंके पचीस तत्वोंके योगसे स्थूल देहका निर्माण हुआ है।

तीसरी देह कारण ज्ञान है और चौथी देह महाकारण ज्ञान है। इन चारो देहोंका निरसन हो जाने पर विज्ञान-रूप परब्रह्म बच रहता है। यदि विचारपूर्वक

चारों देहोंको अलग कर दिया जाय तो तत्त्वोंके साथ अहं-भाव भी चला जाता है; और परब्रह्ममें अनन्य आत्मनिवेदन हो जाता है। विवेक हो जाने पर मनुष्य जन्म और मृत्युसे छुटकारा पा जाता है, इस नर-देहमें रहकर ही बहुत बड़े-बड़े कार्य सिद्ध कर लेता है और भक्तिके योगसे कृतकृत्य हो जाता तथा अपना जन्म सार्थक कर लेता है। यह पञ्चीकरणका विवरण हो चुका। इसपर बार-बार और अच्छी तरह विचार करना चाहिए। पारसके योगसे लोहा भी सोना हो जाता है। पर यह पारसका दृष्टान्त भी इसके लिए ठीक नहीं होता, क्योंकि पारस किसी चीजको अपने समान पारस नहीं बना सकता। पर साधुकी शरणमें जाने पर मनुष्य स्वयं ही साधु हो जाता है।

नवाँ समास

तनु-चतुष्टय

स्थूल, सूक्ष्म, कारण और महाकारण ये चार प्रकारके शरीर हैं; और जाग्रति, स्वप्न, सुषुप्ति और तुर्या ये चार अवस्था हैं। विश्व, तैजस, प्राज्ञ और प्रत्यगात्मा ये चार अभिमान हैं; और नेत्र, कंठ, हृदय तथा मूर्धा ये चार स्थान हैं। चारों देहोंके स्थूलभोग, प्रविविक्तभोग, आनन्दभोग और आनन्दावभासभोग ये चार भोग हैं। चारों देहोंकी आकार, उकार, मकार और अर्धमात्रा ये चारों मात्राएँ हैं। तम, रज, सत्व और शुद्ध सत्व ये चारों उनके गुण हैं। क्रिया-शक्ति, द्रव्य-शक्ति, इच्छा-शक्ति और ज्ञान-शक्ति ये चारों उनकी शक्तियाँ हैं। इस प्रकार ये बत्तीस तत्त्व और स्थूल तथा सूक्ष्म देहोंके पचास तत्त्व सब मिलकर बयासी तत्त्व हुए। इसके सिवा अज्ञान और ज्ञान या कारणदेह और महाकारणदेह भी हैं। इन सब तत्त्वोंको अच्छी तरह समझ लेना चाहिए और इन्हें मायिक मानना चाहिए और अपने आपको इनका साक्षी मानकर इस प्रकार इनका निरसन करना चाहिए। साक्षीका मतलब है ज्ञान। उसी ज्ञानसे अज्ञानको पहचानना चाहिए। और शरीरकी तरह ही ज्ञान तथा अज्ञानका भी निरसन कर देना चाहिए। ब्रह्मांडमें जिन देहोंकी कल्पना की गई है, वे विराट् और हिरण्यगर्भ कहलाते हैं; और विवेक तथा आत्मज्ञानसे उनका भी निरसन हो जाता है। आत्मा और अनात्माका विवेक तथा सारासारका विचार करनेसे यह ठीक ठीक पता चल जाता है कि पाँचों भूत मायिक हैं। अस्थि, मांस,

त्वचा, नाड़ी और रोम ये पाँचों पृथ्वीके गुणधर्म हैं। इस बातका रहस्य स्वयं अपने शरीरको देखकर ही कर लेना चाहिए। शुक्र, शोणित, लार, मूत्र और स्वेद ये पाँचों आपके भेद हैं। इन तत्त्वोंको अच्छी तरह समझ लेना चाहिए। भूख, प्यास, आलस्य, निद्रा और मैथुन ये पाँचों तेजके गुण हैं। इन तत्त्वोंका भी बराबर निरूपण करते रहना चाहिए। चलन, वलन, प्रसारण, निरोध और आकुञ्चन ये पाँचों वायुके गुण हैं। काम, क्रोध, शोक, मोह और भय आकाशके गुण हैं। पर बिना पूरे विवरणके सब बातें समझमें नहीं आतीं।

इस प्रकार यह स्थूल शरीर इन पचीस तत्त्वोंसे बना है। अब सूक्ष्म देहके सम्बन्धकी बातें बतलाई जाती हैं। अन्तःकरण, मन, बुद्धि, चित्त और अहङ्कार ये पाँचों आकाशके गुण हैं। अब शान्त होकर वायुके भेद या गुण सुनिए। व्यान, समान, उदान, प्राण और अपान ये पाँचों वायुके गुण हैं। श्रोत्र, त्वचा, चक्षु, जिह्वा और घ्राण ये पाँचों तेजके गुण हैं। अब सावधान होकर आपके गुण सुनिए। वाचा, पाणि, पाद, शिश्न और गुदा ये आपके गुण प्रसिद्ध हैं। अब पृथ्वीके गुण बतलाये जाते हैं। शब्द, स्पर्श, रूप, रस और गन्ध ये पृथ्वीके गुण हैं। इस प्रकार सूक्ष्म देहके पचीस तत्त्वभेद हुए।

दसवाँ समास

मूर्ख और साधुके लक्षण

पृथ्वीको घेरे रहनेवाले समुद्र या आवरणोदकके हाटकेश्वरको नमस्कार है। इस पाताल-लिङ्गकी महिमा बहुत अधिक है। पर वहाँ तक आदमी जा नहीं सकता और इस शरीरसे उनके दर्शन नहीं कर सकता, इसलिए उस ईश्वर या देवताका विवेकसे ही अनुमान करना चाहिए। सात समुद्रोंका घेरा है और उनके बीचमें बहुत विस्तृत भूमि है। उन समुद्रोंके पास भूमण्डलके पहाड़ निकले हुए हैं। सात समुद्रोंको लाँघकर कोई वहाँ कैसे जा सकता है? अतः साधुओंसे ही समझ लेना चाहिए। जो बात हमें न मालूम हो वह किसी ज्ञातासे पूछ लेनी चाहिए। यह तो हो ही नहीं सकता कि मनोवेगसे शरीरका सञ्चालन किया जाय। जो चर्मचक्षुसे न दिखाई दे, उसे ज्ञानचक्षुसे देखना चाहिए और ब्रह्माण्डके मननसे अपना समाधान करना चाहिए। बीचमें भूमिका परदा है, इसीलिए आकाश और पाताल

दोनों अलग-अलग हो गये हैं। यदि यह परदा न रहे तो चारों ओर आकाश ही आकाश हो। जो स्वभावतः उपाधियोंसे रहित हो, उसीको परब्रह्म कहना चाहिए। वहाँ दृश्यमायाके नाम बिलकुल शून्य ही है। जो दृष्टिसे दिखाई पड़ता है वही दृश्य है और जो मनसे दिखाई पड़ता है, वह भास है। जो मनसे भी परे और निराभास है, उसे विवेकसे देखना या जानना चाहिए। जहाँ दृश्य और भाससे काम नहीं चलता, वहाँ विवेक पहुँचता है। पर भूमण्डलमें सूक्ष्म दृष्टिवाले ज्ञाता कम हैं। वाच्यांश वाचासे कहा जाता है; और जो वाचासे न कहा जा सके, उसे लक्ष्यांश समझना चाहिए; और गुणके योगसे ही निर्गुणका अनुमान करना चाहिए। सभी गुणोंका नाश होता है पर निर्गुण अविनश्वर है। स्थूलको देखनेकी अपेक्षा सूक्ष्मको देखना कहीं अच्छा है। जो दृष्टिसे न दिखाई पड़े, उसे सुनकर समझना चाहिए। श्रवण और मननसे सभी बातें विदित हो जाती हैं। अष्टधा प्रकृतिके बहुतसे पदार्थ हैं जिनका पूरा-पूरा पता नहीं चलता। संसारके सभी पदार्थोंका ज्ञान किसीको नहीं हो सकता। यदि सब पदार्थोंकी स्थिति एक-सी हो जाय तो फिर परीक्षाके लिए कहीं जगह ही न रह जाय। जो स्वाद नहीं जानता, वह सभी खाद्य पदार्थोंको एकमें मिला देता है। मूढ़ कभी गुणग्राहक नहीं होता और मूर्खको विवेककी बात नहीं मालूम होती। ऐसे लोग विवेक और अविवेकको एक समान बतलाते हैं। जिसे ऊँच और नीचका पता न चले, उसके लिए अध्ययनका कोई उपयोग ही नहीं हो सकता; और बिना अध्ययन या अभ्यासके मनुष्यका मोक्ष नहीं हो सकता। जो पागल हो जाता है, उसे सब कुछ एक-सा जान पड़ता है। पर उसे मूर्ख समझना चाहिए। वह विवेकशील नहीं है। जिसका बराबर नाश होता रहता है, उसीको ऐसे लोग अविनाशी कहते हैं। ऐसे बकवादियोंको क्या कहा जाय! ईश्वरने बहुतसे भेद किये हैं और उन्हीं भेदोंसे सारी सृष्टिका काम चलता है। पर जहाँ परीक्षक ही अन्धा हो वहाँ भला क्या परीक्षा हो सकती है! जिस समुदायमें परीक्षाका अभाव हो, वह समुदाय ही मूढ़ है। जहाँ गुण ही नहीं है, वहाँ गौरव कहाँ रह सकता है! जब भला और बुरा दोनों एक समान कर दिया गया, तब विवेकका ही क्या फल हुआ? साधु लोग असारको छोड़कर सारको ग्रहण करते हैं। दुष्ट दृष्टिवाला उत्तम वस्तुकी परीक्षा कैसे कर सकता है? दीक्षाहीनके पास दीक्षा कैसे आ सकती है? जो अपने गन्दे स्वभावके कारण मल-त्याग करने

के उपरान्त शुद्ध होना न जानता हो, वेद, शास्त्र और पुराण उसका क्या उपकार कर सकते हैं ! पहले आचार रखना चाहिए और तब विचार देखना चाहिए॥ आचार और विचारसे मनुष्य भव-सागरके उस पार पहुँच जाता है। जिस बातका ज्ञान नियमपूर्वक रहनेवालेको भी न हो सकता हो, उसका ज्ञान मूर्खको कैसे हो सकता है ! जहाँ दृष्टिवाले ही धोखा खाते हों, वहाँ अन्धोंसे क्या काम निकल सकता है ! यदि पाप और पुण्य, स्वर्ग और नरक सभी एक समान मान लिये जायँ तो विवेक और अविवेकका क्या महत्व हो सकता है ! यों अमृत और विषको एक कह लीजिए, पर विष पीनेसे प्राण निकल जाते हैं। कुकर्मोंसे दुर्दशा होती है और सत्कर्मोंसे कीर्ति बढ़ती है। जहाँ इहलोक और परलोकका पूरा-पूरा विचार न हो, वहाँ सब निरर्थक है। इसलिए बराबर सन्तोंकी सङ्गति करनी चाहिए, सत् शास्त्र सुनने चाहिएँ और अनेक प्रकारके यत्न करके उत्तम गुणोंका अभ्यास करना चाहिए।

अठारहवाँ दशक

पहला समास

विविध देवता

हे गजवदन, मैं तुम्हें नमस्कार करता हूँ। तुम्हारी महिमाका पता नहीं चलता। छोटे बड़े सबको तुम्हीं विद्या और बुद्धि देते हो। हे सरस्वती, तुम्हें नमस्कार करता हूँ। तुम्हींसे चारों वाचाओंका स्फुरण होता है। तुम्हारा वास्तविक स्वरूप जानने-वाले लोग बहुत थोड़े हैं। हे चतुरानन, तुम धन्य हो ! तुम्हींने सृष्टिकी रचना की है और अनेक वेद तथा शास्त्र प्रकट किये हैं। हे विष्णु, तुम धन्य हो। तुम्हीं पालन करते हो और एक ही अंशसे सब जीवोंको दिन पर दिन बढ़ाते रहते हो और उनसे सब काम कराते हो। हे भोले शङ्कर, तुम धन्य हो। तुम्हारी देनका अन्त नहीं है और तुम निरन्तर रामका नाम जपते रहते हो। हे इन्द्रदेव, तुम धन्य हो। तुम सब देवताओंके भी देवता या उनमें मुख्य हो। भला इन्द्रलोकका वैभव मैं कैसे बतला सकता हूँ। हे धर्मराज, तुम धन्य हो। तुम धर्म और अधर्म सब जानते हो। तुम प्राणी मात्रके मनकी बात जान लेते हो। हे व्यङ्कटेश, तुम्हारी महिमा बहुत अधिक है। अच्छे लोग तुम्हारे यहाँ खड़े होकर अन्न खाते हैं और बड़े, मुँगौड़े

आदि अनेक पकवानोंका स्वाद तथा सुगन्ध लेते हैं। हे वनशङ्करी, तुम धन्य हो। तुम अनेक प्रकारके शाक खाती हो। तुम्हारे सिवा और ऐसा कौन है जो इस प्रकार चुन चुनकर भोजन करता हो। हे परम बलवान हनुमान, तुम धन्य हो। तुम उड़दके बड़ोंकी बहुत बड़ी माला पहनते हो। तुम्हारे दही-बड़े खानेसे सब लोग सुखी होते हैं। हे खंडेराव, तुम धन्य हो। हलदीसे तुम्हारा शरीर पीला रहता है और तुम्हारे यहाँ प्याजके पकौड़े खानेके लिए लोग सदा तैयार रहते हैं। हे तुलजा-भवानी, तुम धन्य हो। तुम भक्तों पर सदा प्रसन्न रहती हो। तुम्हारे गुण-वैभवकी गणना कौन कर सकता है! हे पांडुरंग, तुम धन्य हो। तुम्हारे यहाँ बराबर कथाकी धूम मची रहती है और अनेक प्रकारसे राग रङ्ग होते रहते हैं। हे क्षेत्रपाल, तुम धन्य हो। तुमने बहुतसे लोगोंको भक्ति-मार्गमें लगाया है। यदि भावपूर्वक तुम्हारी भक्ति की जाय तो फल मिलनेमें देर नहीं लगती। रामकृष्ण आदि अवतारोंकी महिमा तो अपार ही है। उन्हींके कारण बहुतसे लोग उपासनामें तत्पर हुए हैं।

पर इन सब देवताओंका मूल केवल यह अन्तरात्मा है। भूमण्डलके सब लोग इसीको प्राप्त होते हैं। यही अनेक प्रकारके देवताओंके रूप धारण करके बैठा है, यही अनेक शक्तियोंके रूपमें प्रकट हुआ है और यही सब वैभवोंका भोग करनेवाला है। विचार करनेसे जान पड़ता है कि इसका विस्तार बहुत अधिक है। यही अनेक देवताओं और मनुष्योंका रूप धारण करके बराबर आता-जाता रहता है। कीर्ति और अपकीर्ति, बहुत अधिक निन्दा और बहुत अधिक स्तुति सबका भोग यह अन्तरात्मा ही करता है। कौन कह सकता है कि यह किस देहमें रहकर क्या करता है और किस देहमें रहकर क्या भोगता है। भोगी, रागी और वीतरागी सब कुछ यही आत्मा है। लोग अभिमानमें भूले रहते हैं और केवल अपने शरीरका ही ध्यान रखते हैं और शरीरके अन्दर रहनेवाली इस मुख्य आत्माको नहीं जानते। भूमंडलमें ऐसा कौन है जो इस आत्माकी सारी गति-विधि देखता हो? हाँ, अगाध पुण्यसे उसका थोड़ा बहुत पता चलता है। इस आत्मानुसन्धानके साथ ही साथ सब कल्मष या पाप जल जाते हैं। अन्तर्निष्ठ ज्ञानी ही इस पर पूरा-पूरा विचार करते हैं। अन्तर्निष्ठ ही भवसागरसे तरते हैं और अन्तर्भ्रष्ट इसीमें डूब जाते हैं; क्योंकि वे बाहरी लोकाचारमें ही डूबे रहते हैं।

दूसरा समास

सर्वज्ञकी संगति

अनजानमें जो हो गया वह तो हो गया, पर आगे नियमपूर्वक और समझ-बूझकर सब काम करने चाहिएँ। ज्ञाताकी संगति तथा सेवा करनी चाहिए और धीरे धीरे उसकी सद्‌बुद्धि ग्रहण करनी चाहिए। उससे लिखना-पढ़ना सीखना चाहिए और सब बातें पूछनी चाहिएँ। उसका उपकार करना चाहिए, उसके लिए शारीरिक कष्ट सहने चाहिएँ और यह देखना चाहिए कि उसका विचार कैसा है। उसकी सङ्गतिमें रहकर भजन करना चाहिए, कष्ट सहना चाहिए और अनेक प्रकारके विषयोंकी बराबर चर्चा करके आनन्द लेना चाहिए। उसके पास रहकर गीत गाने और बाजे बजाने चाहिएँ और उससे अनेक प्रकारके आलाप सीखने चाहिए। उसके सहारे पर रहना चाहिए, उससे औषध लेना चाहिए और वह जो पथ्य बतलावे, पहले वही लेना चाहिए। उससे परीक्षाका ढङ्ग सीखना चाहिए, उसके सामने व्यायाम करना चाहिए और उससे तैरना सीखना चाहिए। वह जो कुछ बतलावे, वही कहना चाहिए; वह जैसे ध्यान करता हो, वैसे ही ध्यान करना चाहिए; जैसे कहे वैसे चलना चाहिए और उसको कथाएँ सीखनी और युक्तियाँ समझनी चाहिएँ; और उसकी प्रत्येक बात पर अच्छी तरह विचार करना चाहिए। उसके ढङ्ग और युक्तियाँ समझनी चाहिएँ और जिस प्रकार वह सब लोगोंको प्रसन्न रखता है, उसी प्रकार स्वयं भी रखना चाहिए। उसके सम्बन्धकी घटनाओंको अच्छी तरह समझना चाहिए, उसका रङ्ग-ढङ्ग ग्रहण करना चाहिए और उसके स्फूर्तिदायक विचारों पर अच्छी तरह विचार करना चाहिए। उसकी उद्योगशीलता ग्रहण करनी चाहिए, उसकी तर्क-प्रणाली सीखनी चाहिए और उसके बिना बोले ही उसका अभिप्राय समझना चाहिए। उसकी विशिष्ट चातुर्यपूर्ण और राजनीतिक बातें तथा कला-निरूपण ध्यानसे सुनने चाहिएँ। उसकी कविताएँ सीखनी चाहिएँ, गद्य और पद्यको पहचानना चाहिए और मधुर वचनोंको मनमें अच्छी तरह समझना चाहिए। उसके प्रबन्ध देखने चाहिएँ और वचनभेद तथा अनेक प्रकारके सम्वाद अच्छी तरह समझने चाहिएँ। उसकी तीक्ष्णता, सहिष्णुता और उदारता समझनी चाहिए। उसकी अनेक प्रकारकी कल्पनाएँ, दूरदर्शिता और विवेचना समझनी चाहिए। यह देखना

चाहिए कि वह किस तरह अपना समय सार्थक करता है और उसका अध्यात्म-विवेक तथा अनेक प्रकारके गुण ग्रहण करने चाहिएँ। भक्ति-मार्ग और वैराग्य-योगके सम्बन्धकी सब बातें उससे समझ लेनी चाहिएँ। उसका ज्ञान देखना चाहिए, ध्यान सीखना चाहिए और सूक्ष्म रहस्य समझने चाहिएँ। ज्ञाता भी एक अन्तरात्मा ही होता है। उसकी महिमा हम क्या बतलावें! उसकी विद्या, कला और गुणकी सीमा कौन बतला सकता है! परमेश्वरका गुणानुवाद करते हुए उसके साथ बराबर बातें करते रहना चाहिए। इससे बहुत अधिक आनन्द मिलता है। परमेश्वरकी बनाई हुई सब चीजें सदा दृष्टिके सामने बनी रहती हैं। विवेकशीलोंको उचित है कि उन पर अच्छी तरह विचार करके उनके सम्बन्धकी सब बातें समझ लें। जो कुछ निर्माण हुआ है वह सब ईश्वरने ही किया है। उन सब निर्मित पदार्थोंको अलग कर लेना चाहिए और तब उसका निर्माण करनेवाले ईश्वरको पहचानना चाहिए। वह सबका निर्माण तो करता है, पर देखनेसे दिखाई नहीं पड़ता। अतः विवेकके द्वारा उसे अनुमानमें लाना चाहिए। यदि उसका अखंड ध्यान किया जाय तो वह कृपा करके भोजन या दर्शन देता है। उसके अंशसे सदा सम्भाषण करते रहना चाहिए। जो उसका ध्यान नहीं करता, वह अभक्त है; और जो उसका ध्यान करे, वह भक्त है। वह अपने भक्तोंको इस संसारसे मुक्त करता है। उपासनाकी समाप्ति पर ईश्वर और भक्तकी ऐसी भेंट होती है जो सदा बनी रहती है। यह अनुभवकी बात अनुभवी ही जानता है।

तीसरा समास

निस्पृह शिक्षा

इस दुर्लभ शरीरमें पूर्ण आयुष्य और भी दुर्लभ है, इसलिए इसका व्यर्थ नाश न करना चाहिए। दास कहता है कि विवेककी बात पर बहुत अच्छी तरह विचार करना चाहिए। यदि उत्तम विवेकका ध्यान न रखा जाय तो सब काम अविवेकताके हो जाते हैं। विवेकहीन प्राणी परम दरिद्र-सा जान पड़ता है। अपना हित अथवा अनहित मनुष्य आप ही करता है। आलस्यसे मनुष्यका सर्वस्व नष्ट हो जाता है और बुरी संगतिसे देखते देखते सब कुछ डूब जाता है। यदि मूर्खताका अभ्यास हो तो मनुष्य किसी कामका नहीं रह जाता और युवावस्थामें चाण्डाल

काम सवार होता है। यदि युवावस्थामें कोई मूर्ख और आलसी हो तो वह सभी बातोंमें बहुत दुःखी रहता है और उसे कुछ भी नहीं मिलता। उसे जिन चीजोंकी आवश्यकता होती है, वही चीजें उसे नहीं मिलतीं; उसके पास अन्न और वस्त्र तक नहीं होता और न मनमें कोई उत्तम गुण ही होता है। न उसे बात करना आता है और न उठना-बैठना आता है। कोई प्रसङ्ग उसकी समझमें नहीं आता और न शरीर अथवा मन ही अभ्यासकी ओर लगता है। उसे लिखना, पढ़ना, कुछ पूछना या बताना भी नहीं आता, उसमें स्थिरता या नियमितता नहीं होती और वह मूढ़ बना रहता है। न तो उसे स्वयं ही कुछ आता है और न वह दूसरोंके उपदेश ही मानता है। वह आप तो पागल होता है और सज्जनोंकी निन्दा करता है। जिसके मनमें कुछ और हो और बाहर कुछ और हो, उसका परलोक कैसे सुधर सकता है! वह अपनी घर-गृहस्थी चौपट कर देता है और तब मनमें पछताता है। लेकिन इतना सब कुछ हो जाने पर भी तो मनुष्यको विवेकका अभ्यास करना चाहिए। मनको एकाग्र करके दृढ़तापूर्वक साधन करना चाहिए और प्रयत्नके समय आलस्यका नाम भी न आने देना चाहिए। सब अवगुण छोड़ देने चाहिएँ और उत्तम गुणोंका अभ्यास करना चाहिए। गूढ़ अर्थोंवाले प्रबन्धोंका पाठ भी करते रहना चाहिए। पद-प्रबन्ध, श्लोक-प्रबन्ध, अनेक प्रकारकी शैलियों, कविताके लक्षणों, छन्दों और प्रसङ्गोंके ज्ञानसे आनन्द प्राप्त होता है। यह समझ लेना चाहिए कि किस प्रसङ्ग पर क्या कहना चाहिए। व्यर्थ बोलकर कष्ट क्यों उठाया जाय! दूसरोंके मनका भाव समझना चाहिए और दूसरोंकी रुचि देखकर अपना मत प्रकट करना चाहिए। जो कुछ मनमें आवे, वही गाते चलना मूर्खता है। जिसकी जैसी उपासना हो, उसे उसीके अनुसार ईश्वरके गुण गाने चाहिएँ और रागों तथा तालोंका अभ्यास करना चाहिए। प्रसङ्ग या अवसरका ध्यान रखते हुए साहित्य लौर सङ्गीतके साथ कथाको धूम मचा देनी चाहिए और श्रवण तथा मननके आधार पर गूढ़ अर्थ निकालते रहना चाहिए। खूब पाठ या अध्ययन होना चाहिए, सदा उन पाठोंका उद्धरण होना चाहिए और दूसरोंकी कही हुई बातें सदा मनमें स्मरण रखनी चाहिएँ। अखंड रूपसे एकांतका सेवन करना चाहिए, सब ग्रन्थोंकी अच्छी तरह छान-बीन करनी चाहिए और जिस अर्थ पर अपना विश्वास जमे, वही ग्रहण करना चाहिए।

चौथा समास

दुर्लभ शरीरका महत्व

इस शरीरके ही द्वारा गणेशजीका पूजन और शारदाकी वन्दना होती है। इसीसे गुरु, सज्जनों, सन्तों और श्रोताओंकी सेवा होती है। इसीसे कविता होती है और अनेक प्रकारकी विद्याओंका अभ्यास तथा अध्ययन होता है। इसीसे ग्रन्थ लिखे जाते हैं, अनेक प्रकारकी लिपियाँ पहचानी जाती हैं और अनेक प्रकारके पदार्थोंकी खोज होती है। महाज्ञानी, सिद्ध, साधु, ऋषि, मुनि सब इसी शरीरके द्वारा होते हैं और इसीके कारण लोग घूम-घूमकर तीर्थाटन करते हैं। इसीसे आदमी श्रवण और मनन करता है और इसीसे मुख्य परमात्मा तक पहुँचता है। कर्म, उपासना तथा ज्ञान-मार्गके सब काम भी इसीसे होते हैं। योगी, वीतराग, तापस आदि शरीरसे ही अनेक प्रकारके प्रयत्न करते हैं और इसीसे आत्मा प्रकट होती है। इहलोक और परलोक दोनों इसीसे सार्थक होते हैं। इसके बिना सब व्यर्थ है। पुरश्चरण, अनुष्ठान, गोरांजन, धूम्र-पान, शीतोष्ण और पंचाग्नि-साधन सब इसीसे होते हैं। इसीसे मनुष्य पुण्यशील या पापी और उच्छृङ्खल या पवित्र होता है। अवतारी और वेषधारी भी इसीसे होते हैं, और इसीसे लोग अनेक प्रकारके उपद्रव तथा पाखंड करते हैं। विषयोंका भोग भी इसीसे होता है और सब बातोंका त्याग भी इसीसे होता है। अनेक प्रकारके रोग भी इसीके कारण आते और जाते हैं। नौ प्रकारकी भक्तियाँ, चारों प्रकारकी मुक्तियाँ और अनेक प्रकारकी युक्तियाँ तथा मत इसी शरीरसे होते हैं। इसीसे दान और धर्म होता है और अनेक प्रकारके रहस्य समझमें आते हैं और लोग कहते हैं कि इसीके कारण पूर्वकर्मोंका फल भी मिलता है। इसीसे अनेक प्रकारके अर्थों और स्वार्थोंका साधन होता है और इसीसे सारा, जीवन व्यर्थ होता है या मनुष्य धन्य होता है। अनेक प्रकारकी कलाएँ, त्रुटियाँ विशेषताएँ इसीसे होती हैं और इसीसे भक्ति मार्गमें मनुष्यका पूरा-पूरा मन लगता है। अनेक प्रकारके अच्छे मार्गोंका साधन इसीसे होता है और बन्धन भी इसीसे टूटते हैं। इसीसे आत्मनिवेदन होता और मोक्ष मिलता है। यह शरीर सबसे उत्तम है और इसीमें आत्माराम रहता है। विवेकशील जानते हैं कि पुरुषोत्तम सभी घटोंमें निवास करता है। इसीसे अनेक प्रकारकी कीर्ति भी होती है और अपकीर्ति

भी; और इसीसे अवतार-मालिकाएँ भी होती रहती हैं। अनेक प्रकारकी मान-मर्यादा और सम्भ्रम इसीसे होते हैं और लोग उत्तमोत्तम पद भोगते हैं। सब कुछ इसीसे है और इसके बिना कुछ भी नहीं है। आत्मा तो अपने स्थानसे इस प्रकार लुप्तप्राय हो जाती है कि मानों कभी वहाँ थी ही नहीं। यही शरीर परलोक तक पहुँचानेवाला और सब गुणोंका आगार है। अनेक प्रकारके रत्नोंका विचार इसीसे होता है। इसीसे गायन तथा संगीत-कलाका ज्ञान होता है और अन्तर्कलाका भी पता चलता है। यह ब्रह्माण्डका फल और बहुत ही दुर्लभ है, पर इसको अच्छी तरह ज्ञान प्राप्त कराना चाहिए। इसीके द्वारा सब छोटे-बड़े अपने सब काम करते हैं और इसीसे लोग छोटे या बड़े होते हैं। जो इस संसारमें शरीर धारण करके आये, वे कुछ न कुछ कर ही गये और हरि-भजनसे कितने ही लोग पावन हो गये। अष्टधा प्रकृतिका मूल केवल संकल्प-रूप है और वही अनेक प्रकारके संकल्प देह रूपी फल लेकर यहाँ आये हैं। आरम्भमें हरिका जो संकल्प था, उसीको अब फलके रूपमें देख लो। भिन्न-भिन्न शरीरोंमें ढूँढ़नेसे ही इसका तत्त्व मालूम होता है। बेलका मूल बीज है और वह बेल उदक-रूप होती है; और आगे चलकर फलमें भी मूलका अंश बीज रहता है। मूलके कारण फल लगते हैं और फलोंके कारण मूल होता है। इसी प्रकार भूमण्डलमें सब काम होते रहते हैं। चाहे कोई काम हो, शरीरके बिना कैसे हो सकता है? इसलिए देहको उत्तम कार्योंमें लगाकर सार्थक करना ही अच्छा है। आत्माके कारण शरीर हुआ है और शरीरके कारण आत्मा अपने सब काम करती है। दोनोंके योगसे ही सब काम होते हैं। चोरीसे या गुप्त रूपसे भी जो कुछ किया जाता है, उसका पता आत्माको लग ही जाता है, क्योंकि सारा कर्तृत्व आत्मासे ही होता है। शरीरमें ही आत्मा रहती है और शरीरको पूजनेसे ही आत्मा संतुष्ट होती है और यदि शरीरको पीड़ा दी जाय तो वह क्षुब्ध होती है। न तो शरीरके बिना पूजा प्राप्त होती है और न उसके बिना पूजा लगती है। जनोंमें ही जनार्दन रहते हैं, इसलिए जनोंको ही सन्तुष्ट करना चाहिए। पहले बहुत अधिक विचार प्रकट होता है और तब धर्मकी स्थापना होती है। और ऐसे ही पुण्यात्मा शरीरोंको पूजनीय होनेका अधिकार होता है। यदि सबका समान रूपसे पूजन करना आरम्भ कर दिया जाय तो मूर्खता प्रकट होती है। यदि गधेकी पूजा की जाय तो वह उसे क्या समझ सकता है! जो पूज्य है, उसीको पूजे जानेका

अधिकार है। फिर भी सब लोगोंको सन्तुष्ट रखना और किसीका जी न दुखाना ही अच्छा है। यदि समस्त जगतके अन्तःकरणमें रहनेवाला ईश्वर क्षुब्ध हो जाय तो उसे क्षुब्ध करनेवालेको रहनेके लिए कहाँ स्थान मिलेगा ? लोगोंको छोड़कर हमारे लिए और कोई उपाय ही नहीं है। परमेश्वरमें अनन्त गुण हैं। मनुष्य उसके लक्षण क्या बतला सकता है ! पर अध्यात्म-सम्बन्धी ग्रन्थोंका श्रवण करनेसे सब बातें समझमें आ जाती हैं।

पाँचवाँ समास

समाधानका उपाय

चाहे कितना ही अनाज कहीं तौलकर क्यों न रख दिया जाय, पर वह सारा अन्न तुरन्त ही खानेके काममें नहीं आता। वह यों ही पड़ा रहता है। इसी प्रकार ग्रन्थ और उनके विषय भी बहुतसे हैं; और जबतक उन विषयोंका पूरा मनन न किया जाय, तब तक वे ग्रन्थ और विषय भी काममें न आनेके कारण यों ही पड़े रहते हैं। कुछ लोग ऐसे होते हैं जो किसी ग्रन्थका पाठ धाराप्रवाहकी तरह करते चले जाते हैं, पर यदि उनसे उसका अभिप्राय पूछा जाय तो वे कुछ भी नहीं बतला सकते। यदि उनसे अनुभवकी कोई बात पूछी जाय तो वे बड़े फेरमें पड़ जाते हैं। वास्तवमें शब्दरत्नोंकी परीक्षा करनी चाहिए, अनुभवकी बातोंको ग्रहण करना चाहिए और बाकी व्यर्थकी बातें छोड़ देनी चाहिएँ। पहले नाम और रूप आदि सब उपाधियोंको छोड़कर तब अनुभव प्राप्त करना चाहिए। सार और असार दोनोंको एक कर देना मूर्खता है। पहले यह सोचना चाहिए कि जो कुछ पढ़ा जाय, वह अच्छी तरह समझना चाहिए या यों ही बराबर पढ़ते चलना चाहिए। जहाँ कोई समझनेवाला नहीं होता, वहाँ बहुत गड़बड़ी होती है। यदि अज्ञानी वक्तासे कुछ पूछा जाय तो वह क्रोध करता है। बहुतसा शब्दज्ञान तो प्राप्त कर लिया और उसका ठीक आशय नहीं समझा। सभा-समाजमें प्रसङ्ग पड़ने पर उसका वह सारा शब्दज्ञान व्यर्थ है। यदि अनाजकी मुट्ठी जल्दी-जल्दी भरकर चक्कीमें डाली जाय तो उससे कभी महीन आटा नहीं निकल सकता। मुँहमें ग्रास पर ग्रास डालते गये और चबानेका अवकाश नहीं मिला। सारा मुँह तो भर गया। अब आगे काम कैसे चले ? अब वक्ता या व्याख्याताके लक्षण सुनो। उसे एक क्षण

भी ऐसे न जाने देना चाहिए जिसमें श्रोताओंको आनन्द न हो। उसे सबको बराबर प्रसन्न करते रहना चाहिए। उसे सूक्ष्म बातोंकी व्याख्या तो अवश्य करनी चाहिए, पर उन सबका स्वरूप पहले स्वयं अच्छी तरह समझ लेना चाहिए और तब श्रोताओंको समझाना चाहिए। जब श्रोताओंका सन्देह दूर कर दिया जाता है, तब वे बहुत सुखी होते हैं और वक्ताकी क्षण-क्षण पर प्रशंसा करते हैं। यदि उनका सन्देह दूर हो गया तो वे प्रशंसा करते हैं, और यदि सन्देह दूर न हो तो निन्दा करते हैं। ऐसी दशामें वक्ता उन पर नाराज क्यों हो? शुद्ध सोना अच्छी तरह परखकर लिया जाता है और कसौटी पर कसकर तपाया जाता है। इसी प्रकार श्रवण और मननसे अनुभवकी बातोंका ज्ञान होता है। यदि वैद्य पर विश्वास न हो और रोग दूर न हो तो लोगों पर व्यर्थ ही क्रोध क्यों किया जाय? झूठी बातसे कहीं काम नहीं चलता और न उसे कोई पसन्द ही करता है। इसलिए मनमें सदा सत्य बातें ही लानी चाहिएँ। यदि बिना लिखना पढ़ना जाने ही कोई व्यापार किया जाय तो वह कुछ दिन चलता तो है ही, पर जब कोई अच्छा हिसाब जाँचनेवाला मिल जाता है, तब उसके सब दोष प्रकट हो जाते हैं। यदि सारा हिसाब ठीक रखा जाय और उसके साथ प्रमाण तथा साक्षी भी रहे तो हिसाब जाँचनेवाला कुछ भी नहीं कर सकता। जो स्वयं ही भ्रममें पड़ा हो, वह दूसरोंको कैसे समझा सकता है! अज्ञानी मनुष्य सदा आपत्तिमें फँसता या दुःखी होता है। जो शरीरमें बल न रहने पर भी युद्धमें जायगा, वह अवश्य ही अपना सर्वस्व गँवावेगा। इसमें दूसरेको कैसे दोषी ठहराया जा सकता है! यदि किसी सच बातका अनुभव हो जाय तो उसे बहुत आदरपूर्वक ग्रहण करना चाहिए। बिना अनुभवको बात बिलकुल थोथी समझनी चाहिए। यदि कोई शिक्षा देने लगे तो क्रोध चढ़ता है, पर आगे चलकर उस शिक्षाका फल अच्छा होता है और लोगोंका मिथ्या निश्चय तुरन्त दूर हो जाता है। जो सत्यको छोड़कर मिथ्याको ग्रहण करता है, वह दूसरोंके साथ छल करनेमें कब कसर कर सकता है! पर ईश्वरने तीनों लोकोंमें न्यायकी स्थापना की है। उस न्यायको छोड़ने पर सारा संसार निन्दा करने लगता है। अब वह किससे लड़े और कष्ट उठावे? आज तक यह कभी देखा या सुना नहीं गया कि अन्यायसे किसीका भला हुआ हो। पागल व्यर्थ ही असत्यका अभिमान करते हैं। असत्य ही पाप है और सत्य परमात्माका स्वरूप है। अब स्वयं

सोच लो कि इन दोनोंमें किसे ग्रहण करना चाहिए। बोलना-चालना सब कुछ मायाके ही अन्तर्गत है। यदि माया न हो तो बोलना-चालना कुछ भी न हो सके। इसलिए निःशब्दका मूल ढूँढ़ना चाहिए। वाच्यांशको समझकर छोड़ देना चाहिए और लक्ष्यांश पर अच्छी तरह विचार करके उसे ग्रहण कर लेना चाहिए। इसी प्रकार निःशब्द मूलका पता चलता है। अष्टधा प्रकृति पूर्वपक्ष है। उसे छोड़कर अलक्ष्यकी ओर लक्ष करना चाहिए। मननशील और परम दक्ष ही यह बात जानता है। भूसी और अनाजको एक ही बतलाना ठीक नहीं है। भला कौन ऐसा समझ-दार है जो रसको छोड़कर छिलकेका सेवन करेगा? पिंडोंमें नित्यानित्यका विवेक करके और ब्रह्मांडमें सारासारका विचार करके और सबको अच्छी तरह जाँचकर एक मात्र सार पदार्थ ग्रहण करना चाहिए। अन्वय और व्यतिरेक सब मायाके ही कारण हैं। यदि माया न हो तो विवेक कैसे किया जा सकता है? सब तत्वोंकी परीक्षा करनी चाहिए, महावाक्योंका ठीक-ठीक अभिप्राय समझना चाहिए और आत्मनिवेदन करके समाधान प्राप्त करना चाहिए।

छठा समास

उत्तम पुरुषोंके लक्षण

जिस प्रकार तरह तरहके वस्त्रों और आभूषणोंसे शरीरका शृङ्गार किया जाता है, उसी प्रकार विवेक, विचार और राजनीतिसे अन्तःकरणका शृङ्गार करना चाहिए। शरीर चाहे कितना ही सुन्दर, सतेज और वस्त्रों तथा आभूषणोंसे सजा हुआ क्यों न हो, पर यदि अन्तःकरणमें चातुर्यका बीज न हो तो कभी उसकी शोभा नहीं होती। जो मुँहजोर, हेकड़, कटुभाषी और सदा अभिमानी बना रहता है, जो कभी अपने मनमें न्याय और नीति ग्रहण नहीं कर सकता, जो दुष्ट सदा बहुत जल्दी क्रोध कर बैठता है, कभी मर्यादाके अन्दर नहीं रहता, राजनीतिक बातोंमें सम्मिलित नहीं होता, जो इतना भारी बेईमान होता है कि उसकी बातोंमें कभी सत्यका नाम भी नहीं होता, उसे परम पापी और राक्षस समझना चाहिए। सदा एक-सा समय नहीं आता और न कोई एक नियम सदा चलता है। सदा एक ही और निश्चित नियम रखनेसे राजनीतिक विषयोंमें धोखा होता है। इसलिए विवेक-शीलको कहीं अति न करनी चाहिए, अवसर देखकर उसके अनुसार काम करना

चाहिए और दुराग्रह न करना चाहिए। बहुत हठ करनेसे खराबी होती है। अन्त सभी बातोंका होता है। चाहे हम पर ईश्वरकी और तुलजा भवानीकी विशेष कृपा ही क्यों न हो, पर फिर भी सब काम अच्छी तरह विचारपूर्वक और देख सुनकर करने चाहिएँ। बराबर सावधान रहना चाहिए। अब अधिक क्या बतलाया जाय! पर फिर भी कुछ बातें समझा देना उचित है। समर्थ व्यक्तिके पास बहुतसे लोग आते और रहते हैं। उसे सबकी प्रतिष्ठा रखनी चाहिए। ऐसा करनेसे लोग उसके पास अपना भाव निश्चल करके रहते हैं। अब यहाँ म्लेच्छ, दुर्जन बहुत बढ़ गये हैं और उन्होंने बहुत दिनोंसे उपद्रव मचा रखा है। इसलिए बराबर बहुत सावधान रहना चाहिए। वह ईश्वर ही सकलकर्त्ता है। उसने जिसे अंगीकार कर लिया हो, उसकी बातें विरला ही जान सकता है। न्याय, नीति, विवेक, विचार आदि रखते हुए और अनेक प्रकारके प्रसंगोंका ध्यान रखते हुए दूसरेके मनकी बातें जाननेकी शक्ति ईश्वरकी देन है। बहुत बड़ा उद्योगी और सावधान होना, समय पर धैर्य रखना और अद्भुत कार्य करनेकी शक्ति रखना भी ईश्वरकी देन है। यश, कीर्ति, प्रताप, महिमा, असीम उत्तम गुण, अनुपमता, देवता और ब्राह्मण पर श्रद्धा, आचार-विचार, बहुतसे लोगोंको आश्रय देना, सदा परोपकार करना, इस लोक और परलोक दोनोंका ध्यान रखना, सदा सावधान रहना, बहुतसे लोगोंकी बातें सहना, ईश्वरका पक्ष ग्रहण करना, ब्राह्मणोंकी चिन्ता रखना और बहुतसे लोगोंका पालन करना आदि बातें ईश्वरकी देन हैं। धर्मकी स्थापना करनेवाले लोग ईश्वरका अवतार होते हैं। ऐसे जो बहुतसे लोग हो गये हैं, इस समय हैं और आगे होंगे, वे सब ईश्वरकी देन हैं। उत्तम गुणोंकी ग्राहकता, तीक्ष्ण तर्क और विवेक, धर्म-वासना और पुण्यश्लोकता सब ईश्वरकी देन है। सदा अच्छी अच्छी बातें सोचते रहना और उन पर विचार करते रहना सब गुणोंका सार है और इन्हींसे मनुष्यका इहलोक तथा परलोक दोनों सुधरते हैं।

सातवाँ समास

लोगोंका स्वभाव

लोगोंका स्वभाव लालची होता है। वे आरम्भमें ही कहते हैं—"देव"। अर्थात्, उनकी यही वासना रहती है कि हमें कुछ दो। वे बिना भक्ति किये ही देव

या ईश्वरकी प्रसन्नता चाहते हैं। इस प्रकार वे मानों स्वामीकी बिना कोई सेवा किये ही उससे (वेतन) माँगते हैं। बिना कष्ट किये न तो कोई फल मिलता है और न राज्य; और बिना किये कोई काम पूरा नहीं होता। यह तो प्रत्यक्ष देखनेमें आता है कि आलस्यसे काम बिगड़ता है, पर फिर भी हीन लोग परिश्रम नहीं करते। जो लोग पहले परिश्रमका दुःख भोगते हैं, वही आगे चलकर सुखका फल भोगते हैं। जो लोग पहले आलसी बने रहकर ही सुख भोग लेते हैं, उन्हें आगे चलकर दुःख मिलता है। चाहे इस लोकका काम हो और चाहे परलोकका; दोनोंके लिए समान रूपसे विवेककी आवश्यकता होती है। मनुष्यको समझ लेना चाहिए कि दूरदर्शितासे क्या क्या उत्तम फल मिलते हैं। जो लोग अपनी सारी कमाई खा डालते हैं, वे कठिन समय आने पर मर जाते हैं। पर जो दूरदर्शितासे काम लेते हैं, वे अच्छे रहते हैं। इस लोकके लिए धनका और परलोकके लिए परमार्थका संचय करना चाहिए। जो लोग ऐसा संचय नहीं करते, वे मानों जीते जी मरे हुए हैं। और फिर एक ही बार मरनेसे तो छुटकारा हो नहीं जाता। इस प्रकार बार बार जन्म लेना और कष्ट भोगना पड़ता है। इस प्रकार जो बार बार अपने आपको मारता है और अपनी रक्षा नहीं करता, वह आत्महत्या करनेवाला होता है। वह प्रत्येक जन्ममें आत्मघात करता है। कौन कह सकता है कि इस प्रकार कितनी बार उसे आत्मघात करना पड़ता है! इस प्रकारके जन्म और मृत्युका कैसे अन्त हो सकता है? सब लोग यही कहते हैं कि सब कुछ ईश्वर ही करता है। पर उस ईश्वरसे किसीकी कदाचित् और अकस्मात् ही भेंट होती है। जब मनुष्यमें विवेक आ जाता है, तब उसे ईश्वर मिल जाता है और विवेकी पुरुषोंको ही विवेक मिलता है। देव है तो एक, पर वह अनेककी सृष्टि करता है। उन अनेक (दृश्य)को एक (ईश्वर) न कहना चाहिए। ईश्वरके कर्तृत्वका भी और स्वयं ईश्वरका भी अभिप्राय मालूम होना चाहिए। अपनी चतुराई दिखानेके लिए बहुतसे लोग बिना समझे-बूझे ही व्यर्थ बातें किया करते हैं। वे मूर्खताके कारण ही ऐसा करते हैं। पर भर-पेट भोजन हो जाने पर तृप्तिके लिए और कोई उपाय नहीं करना पड़ता। (अर्थात् यदि मनुष्य वास्तवमें चतुर हो तो उसे अपनी चतुराई प्रकट करनेके लिए कोई विशेष प्रयत्न नहीं करना पड़ता।) जो बहुत परिश्रम करता है, वह सौभाग्यका सुख भोगता है, और अभागे लोग व्यर्थकी बातें ही करते रहते हैं। विचक्षण

लोग अभागोंके बुरे लक्षण समझ लेते हैं, पर अभागोंको भाग्यवानोंके लक्षणोंका पता नहीं चलता। अभागेकी तो कुबुद्धि ही बढ़ जाती है। उसे ज्ञान कहाँ रहता है! उसे तो कुबुद्धि ही सुबुद्धि जान पड़ती है। जो अपने होशमें ही न हो, उसकी कौन-सी बात ठीक मानी जाय! वहाँ तो विचारके नाम पर शून्याकार है। विचारसे यह लोक और परलोक दोनों सुधरते हैं, इसलिए विचारसे ही नित्यानित्यका विवेक करना चाहिए।

आठवाँ समास

अन्तर्देव-निरूपण

ब्रह्म निराकार और निश्चल है और आत्मा विकारी तथा चञ्चल है। पर फिर भी सब लोग उसीको देव या ईश्वर कहते हैं। पर असल देवका पता ही नहीं चलता और किसी एक देवका निश्चय नहीं होता। बहुतसे देवोंमेंसे एक देवका पता ही नहीं चलता; इसलिए विचार करके देव या ईश्वरको ढूँढ़ना चाहिए और बहुतसे देवोंकी गड़बड़ी न मचने देनी चाहिए। लोग किसी तीर्थमें देवताकी प्रतिमा देखते हैं और घर आकर उसी तरहकी धातुकी और प्रतिमा बना लेते हैं। इस प्रकार संसारमें यह प्रथा ही चल गई है। अनेक प्रकारके प्रतिमा-देवोंका मूल यही तीर्थदेव हैं। अतः संसारके अनेक तीर्थोंको ढूँढ़कर उन्हें देखना चाहिए। तीर्थोंके देवता पत्थरके होते हैं, और विचार करने पर पता चलता है कि उनका मूल अवतारोंसे है। अब तक जो देवताओंके अवतार हो गये हैं और जिन्होंने देह धारण करके अनेक प्रकारके कार्य किये हैं, वे सब तो हो गये। ब्रह्मा, विष्णु और महेश उनमें भी बड़े गिने जाते हैं। पर इन तीनों देवताओं पर जिसकी सत्ता है, वह यही अन्तरात्मा है। वास्तवमें प्रत्यक्ष कर्ता और भोक्ता वही है। अकेला वही अनेक युगोंमें तीनों लोकोंका सब काम चलाता है। यह निश्चयका विवेक वेदों और शास्त्रोंमें देखना चाहिए। जो आत्मा शरीरमें रहता है, वही ईश्वर है और चेतना रूपसे विवेकके द्वारा सब शरीरोंका काम चलाता है। लोग उस अन्तर्देवको भूल जाते हैं और दौड़-दौड़कर तीर्थोंमें जाते हैं। इस प्रकार बेचारे प्राणी ईश्वरको न जाननेके कारण कष्ट उठाते हैं। तब वे मनमें सोचते हैं कि जहाँ देखो, वहीं पत्थर और पानी हैं और व्यर्थ जङ्गल-जङ्गल घूमनेसे कुछ नहीं होता। जिसे इस प्रकारका ज्ञान हो

जाता है वह सत्सङ्ग ग्रहण करता है। सत्सङ्गसे बहुतसे लोगोंको ईश्वरकी प्राप्ति हुई है। ये सब विवेककी बातें हैं और विवेकशील ही इन्हें अच्छी तरह जानते हैं। अविवेकी लोग भ्रममें भूले रहते हैं और उन्हें इस बातका पता नहीं चलता। जो अपने मनमें ईश्वरका अच्छी तरह ध्यान लगा सकता है, वही अन्दरकी बात भी जान सकता है। जो केवल ऊपरी या बाहरी बातें देखता है, वह कुछ भी नहीं जान सकता। इसीलिए विवेकशील और बुद्धिमान अन्दर या अन्तःकरणकी खोज करते हैं। जो भक्ति बिना विवेकके की जाती है, वह होने पर भी न होनेके समान है। कहा भी है कि 'मूर्खस्य प्रतिमा देवः'। अर्थात् मूर्खोंके लिए प्रतिमा ही देवता है। जो सब कुछ अन्त तक बराबर अच्छी तरह देखता, सुनता और समझता रहता है, वही अच्छा और विवेकशील है और वही तत्त्वोंको छोड़कर उस निरञ्जनको प्राप्त करता है। जो किसी प्रकारका आकार प्राप्त करता है, वह सब नष्ट हो जाता है; और जो इन सब झमेलोंसे अलग है, उसीको परब्रह्म समझना चाहिए। देव चञ्चल और ब्रह्म निश्चल है, और उस परब्रह्ममें कोई भ्रम नहीं है। अनुभवजन्य ज्ञानसे ही मनुष्यका भ्रम दूर होता है। बिना प्रतीतिके जो कुछ किया जाता है, वह सब व्यर्थ हो जाता है और प्राणी कर्मोंके झगड़ेमें पड़ा रहकर कष्ट भोगता हुआ मर जाता है। यदि कर्मसे अलग न होना हो तो फिर देवताके भजनकी क्या आवश्यकता है? विवेकशील यह बात स्वभावतः जानते हैं, पर मूर्ख नहीं जानते। थोड़ा-सा विचार करनेसे ही पता चल जाता है कि इस जगतके भीतर ईश्वर है और सगुणसे निर्गुण-की अवश्य प्रतीति होती है। यदि सगुणका विचार करते हुए मनुष्य उसके मूल तक पहुँच जाय तो वह सहजमें ही निर्गुणको प्राप्त कर लेता है और सङ्ग त्याग करके मुक्त और उस ब्रह्मके समान हो जाता है। परमेश्वरके अनुसन्धानमें लगकर मनुष्य पावन होता है और मुख्य ज्ञानसे विज्ञान या मोक्ष मिलता है। विवेक-सम्बन्धी इन सब बातोंका शुद्ध अन्तःकरणसे विचार करना चाहिए, क्योंकि नित्य और अनित्यके विवेककी बातें सुननेसे ही जगतका उद्धार होता है।

नवाँ समास

निद्रा-निरूपण

अब मैं उस आदिपुरुषकी वन्दना करके निद्रा-विलासकी बातें बतलाता हूँ।

अच्छी तरह नींद आ जानेपर वह जल्दी नहीं जाती। जब शरीर निद्रासे व्याप्त होता है, तब आलस्यसे अङ्ग टूटने लगते हैं और जँभाई आती है, जिससे आदमीसे बैठा नहीं जाता। बराबर जँभाई पर जँभाई आती है, चटाचट चुटकियाँ बजने लगती हैं और मनुष्य झुक-झुककर ऊँघने लगता है। कोई बार बार आँखें मूँदता है, किसीकी आँख लग जाती है और कोई चौंककर चारों ओर देखने लगता है। कोई कोई उलटकर गिर भी पड़ता है। उस समय चाहे कोई ब्रह्मवीणा बजाते बजाते तोड़ डाले और चाहे हुडुक (एक प्रकारका बाजा) के टुकड़े-टुकड़े कर डाले, पर उनकी नींद नहीं खुलती। कोई सहारेसे बैठ जाता है और वहीं खर्राटे लेने लगता है और कोई चित्त होकर खूब मजेमें पसर जाता है। कोई हाथ पैर ढीले करके पड़ रहता है, कोई किसी करवट होकर पड़ जाता है और कोई चक्करकी तरह चारों ओर घूमता है। कोई हाथ हिलाता है, कोई पैर हिलाता है और कोई दाँत किरकिराता है। कोई वस्त्र निकल जानेके कारण नङ्गा ही लोटने लगता है और किसीकी पगड़ी खुलकर चारों ओर बिखर जाती है। कोई अस्त-व्यस्त होकर पड़ जाता है और मुरदे-के समान दिखाई पड़ता है और किसीके दाँत निकलकर ऐसे बुरे जान पड़ते हैं जैसे किसी भूतके दाँत हों। कोई बड़बड़ाता हुआ उठ बैठता है, कोई उठकर अँधेरेमें इधर-उधर घूमने लगता है और कोई कूड़े-करकटके ढेर पर जाकर सो रहता है। कोई मटका उठा लेता है, कोई जमीन टटोलने लगता है और कोई उठकर जिधर जीमें आता है उधर चल पड़ता है। कोई बड़बड़ाता है, कोई सिसक सिसककर रोता है और कोई खूब खिलखिलाकर हँसता है। कोई किसीको पुकारने लगता है, कोई जोरसे चिल्लाता है और कोई चौंककर अपनी जगह पर ही पड़ा रह जाता है। कोई रह रहकर खरोंचता है, कोई सिर खुजलाता है और कोई काँखने लगता है। किसीके मुँहसे लार गिरने लगती है, किसीके मुँहसे पीक गिरती है और कोई पेशाब ही कर देता है। कोई पादता है, कोई डकारता है और कोई खकारकर थूक देता है। कोई मलत्याग करता है, कोई वमन करता है, कोई खाँसता है, कोई छींकता है और कोई उनीदे स्वरमें पानी माँगता है। कोई बुरा स्वप्न देखकर घबरा जाता है, कोई अच्छा स्वप्न देखकर प्रसन्न होता है और कोई सुषुप्तिके कारण खूब बेहोश होकर पड़ा रहता है। फिर तड़का होते ही कोई उठकर पढ़ने लगता है और कोई प्रातःस्मरण या हरिकीर्तनमें लग जाता है। कोई ध्यानमूर्त्तिका स्मरण करता

है, कोई एकान्तमें बैठकर जप करता है और कोई अनेक प्रकारसे अपना पाठ घोखता है। सब लोग अपनी अपनी विद्या और कलाका अभ्यास करते हैं। कोई तान अलापता हुआ गान-विद्याका अभ्यास करता है। पिछली निद्राका अन्त होता है और मनुष्य जाग उठता है और तब सब लोग अपने अपने कार्यमें लग जाते हैं। उधर ज्ञाता तत्त्व या दृश्यके उस पार जा पहुँचता है, तुर्याके उस पार हो जाता है और आत्मनिवेदनके द्वारा ब्रह्मस्वरूप हो जाता है।

दसवाँ समास

श्रोताओंके अवलक्षण

जब आदमी किसी काममें लगता है, तब बीचमें कुछ न कुछ विघ्न होता ही है। पर यदि समयने सहायता की या वह अनुकूल हुआ तो वह काम आपसे आप हो जाता है। जब काम चल पड़ता है, तब मनुष्यका मन उसमें लग जाता है और दिन पर दिन उसे अच्छे विचार सूझने लगते हैं। जब कोई प्राणी जन्म लेता है, तब कुछ न कुछ समय उसके अनुकूल होता ही है और ईश्वर कृपा करके दुःखके बाद सुख देता ही है। यदि सारा समय अनुकूल ही रहे तो सभी लोग राजा हो जायँ। पर कुछ समय अनुकूल रहता है और कुछ प्रतिकूल। चाहे इहलोक हो और चाहे परलोक, प्रत्येकके साधनमें विवेककी आवश्यकता होती है। पर अद्भुत और स्वाभाविक विवेक ईश्वरकी देन है। आज तक संसारमें न तो कभी ऐसा देखा गया और न सुना गया कि किसीको बिना सुने ही किसी बातका ज्ञान हो गया हो या कोई बिना सीखे ही समझदार हो गया हो। सब बातोंका ज्ञान सुननेसे ही होता है और ज्ञान होने पर ही वृत्ति शुद्ध होती है और सारासारकी सब बातें ठीक तरहसे समझमें आ जाती हैं। श्रवणका अर्थ है सुनना और मननका अर्थ है किसी बात पर मनमें बराबर विचार करना या उसे मनमें धारण करना; और इन्हीं दोनों उपायोंसे तीनों लोकोंके सब काम चलते हैं। श्रवणमें जो बहुत प्रकारके विघ्न होते हैं, उनका वर्णन कहाँ तक किया जाय। पर सावधान रहनेसे सभी बातोंका अनुभव हो जाता है। कथा-श्रवणके समय जो लोग बैठते हैं, वे वक्ताके बोलते बोलते एकाग्र हो जाते हैं। पर जो लोग कथा आरम्भ होनेके बाद बीचमें आते रहते हैं, उनके चित्त एकाग्र नहीं होते। जो मनुष्य बाहर घूम आता है, वह अनेक प्रकार-

की बातें सुन चुका होता है; इसलिए वह चुपचाप नहीं रह सकता और कुछ न कुछ खोद-विनोद करता ही रहता है। प्रसंग या अवसर देखकर काम करनेवाले लोग बहुत कम होते हैं। अस्तु; अब यह सुनो कि कथा-श्रवणके समय कौन कौनसे विघ्न होते हैं।

जब लोग कथा सुनने बैठते हैं, तब पहले तो उन्हें अँगड़ाई आने लगती है और नींद आनेके कारण वे जँभाई पर जँभाई लेते हैं। कोई मनको एकाग्र करके बैठता है, पर उसका मन ही नहीं सुनता (लगता)। वे पहले जो अनेक प्रकारकी बातें सुन चुके होते हैं, वही बातें अपने मनमें लिये बैठे रहते हैं। वे शरीरको तो श्रवणके लिए तत्पर रखते हैं, पर उनके मनमें दूसरे-दूसरे विचार उठते हैं। उनके मनमें उठनेवाली कल्पनाओंका कहाँ तक वर्णन किया जाय! कथामें जो-जो बातें होती हैं, यदि वे सब अच्छी तरह समझ ली जायँ, तभी निरूपण कुछ सार्थक होता है। यदि मन दिखाई पड़े तब तो उसे कोई पकड़ ले। प्रत्येक मनुष्यको अपना मन स्वयं ही अपने वशमें रखना चाहिए और तब उसे अर्थों पर विचार करनेकी ओर प्रवृत्त करना चाहिए। जो मनुष्य बहुत अधिक भोजन करके कथामें आता है, उसे बैठते ही प्यास लग आती है। वह पहले पानी मँगाता है और खूब पानी पीता है जिससे उसका जी मिचलाने लगता है और वह वहाँसे उठ जाता है। खट्टी डकारें और हिचकियाँ आने लगती हैं; और यदि कहीं अपान वायु निकल जाय तो और भी दुर्दशा होती है। बहुतसे लोगोंको बार-बार उठकर पेशाब करनेके लिए जाना पड़ता है। कोई शौच जानेके लिए घबराता है और सब कुछ छोड़कर उठ भागता है और इस प्रकार कथा-निरूपण छोड़ जाता है। यदि दृष्टान्तमें कोई बढ़िया बात आ गई तो किसीका मन उसी बातमें लगा रहता है और उसके बाद जो कथा होती है, वह उसकी समझमें ही नहीं आती। किसीको कथामें आकर बैठते ही बिच्छू डंक मार देता है जिससे वह व्याकुल हो जाता है। फिर कहाँकी कथा और कहाँकी वार्ता! किसीके पेटमें दर्द होने लगता है, किसीकी पीठमें चमक उठती है और किसीसे पैरके वात रोग, बिवाई या खुजली आदिके कारण बैठा नहीं जाता। किसीका मन पिस्सू काटनेके कारण नहीं लगता और कोई कहीं गड़बड़ी या बकवाद होती देखकर वहाँ जा पहुँचता है। कुछ विषयी लोग जब कथामें आते हैं, तब वे स्त्रियोंकी ओर ही देखते रहते हैं; और जो चोर होते हैं, वे जूते ही उठा ले

जाते हैं। कभी-कभी श्रोताओंमें यह विवाद उठ खड़ा होता है कि अमुक बात ऐसी है या नहीं; और इसीमें बहुत खेद उत्पन्न होता है, यहाँ तक कि गाली-गलौजकी भी नौबत आ जाती है। कुछ लोग कथामें बैठकर खूब बातें करते हैं। उधर कथा कहनेवाले महाशय पेटके लिए टें टें किये चलते हैं। यदि बहुतसे ज्ञाता एक जगह इकट्ठे हो गये तो एक-एक करके सभी बोलने लग जाते हैं और श्रोताओंके आशय-का वहाँ पता ही नहीं रह जाता। कुछ लोगोंकी ऐसी आदत होती है कि वे अपनी ही बात सदा ऊपर रखते हैं और दूसरेकी बात मानते ही नहीं। ऐसे लोग न्याय और नीति छोड़कर अन्यायकी ओर चल पड़ते हैं। कोई अपना बड़प्पन जतलानेके लिए कहनी-अनकहनी सभी बातें कह चलता है। जिसमें न्याय न होगा, वह अन्तमें परम अन्यायी तो ठहरेगा ही। कुछ श्रोता ऐसे होते हैं, जिनमें अभिमान भी बहुत होता है और जो बहुत शीघ्र उत्तेजित भी हो जाते हैं। कौन जाने, ऐसे श्रोता सच्चे होते हैं या झूठे। इसलिए जो विचक्षण ज्ञाता होते हैं, वे पहले ही अनजान बन जाते हैं और कहते हैं कि हम तो मूर्ख हैं, मूढ़ हैं, कुछ भी नहीं हैं। जो यह समझ लेता है कि परमात्मा हमसे बहुत बड़ा है, वह सब लोगोंको यह समझकर सन्तुष्ट रखता है कि सबके अन्दर परमात्मा है। यदि कथाके समय कोई झगड़ा-बखेड़ा खड़ा हो गया तो सब लोग निरूपण करनेवाले ज्ञाताको ही दोषी ठहराते हैं और कहते हैं कि यह कैसा योगी है जिसने लोगोंको प्रसन्न करना नहीं सीखा! वैर करनेसे वैर ही बढ़ता है और स्वयं दुःख भोगना पड़ता है। अतः चतुर पुरुषको गूढ़ विचारोंका ज्ञान होना चाहिए। बड़े लोग बराबर अपने आपको सँभालकर चलते हैं (अपना आचार-विचार बहुत शुद्ध रखते हैं), तुच्छ बातोंको अपने पास नहीं आने देते और उनमें क्षमा तथा शान्ति अवश्य ही होती है। जब गुणी किसी अवगुणीके पास बैठता है, तब उसके अवगुण तुरन्त ही समझ लेता है; और विवेक-शीलके सब काम विवेकपूर्ण होते हैं। जो अपने विवेक-बलसे अनेक प्रकारके बड़े बड़े उपाय और प्रयत्न करता है, उसकी वह महिमा और कोई नहीं जान सकता, वह आप ही अपनी महिमा जानता है। जो वाद-विवादमें दुर्जनोंसे हार जाता हो, तुच्छ लोगोंकी बातोंके जालमें फँस जाता हो और इस प्रकार विवेकसे च्युत हो जाता हो, उसे विवेकशील कैसे कह सकते हैं? न्याय, उचित मार्ग और उपायके विषयमें मूर्ख लोग क्या जानें! मूर्खोंके कारण सभामें बहुत गड़बड़ी होती है, पर

समझदार लोग उस बिगड़ी हुई दशाको भी सुधार लेते हैं। वे स्वयं सहनशील होते हैं और दूसरोंको भी सहनशील बनाते हैं। वे स्वयं भी अच्छे काम करते हैं और लोगोंसे भी कराते हैं। यों तो संसारमें बहुतसे लोग भरे पड़े हैं, पर उनमें थोड़ेसे लोग ही सज्जन होते हैं जो प्राणी मात्रका समाधान करते हैं। वे दूसरोंके मनका भाव जानते हैं; मान, प्रसङ्ग और समय भी जानते हैं; और सन्तप्त लोगोंको अनेक प्रकारसे सुखी तथा शान्त करना जानते हैं। वे अच्छे ज्ञाता होते हैं, उनकी विवेक-शक्ति प्रबल होती है और उनके कार्योंका किसीको पता नहीं चलता। वे बहुतसे लोगोंका संचालन करते हैं और अनेक मंडलियोंको काममें लगाये रहते हैं। ऐसे ही लोग अपने विवेकके कारण समर्थकी पदवी प्राप्त करते हैं। पर विवेक एकान्तमें ही करना चाहिए, जगदीशको मनमें धारण करना चाहिए और यह नहीं कहना चाहिए कि अमुक आदमी हमारे अपने हैं और अमुक पराये हैं। एकान्तमें ही विवेक उत्पन्न होता है, एकान्तमें ही यत्न या उपाय सूझता है और एकान्तमें ही किया हुआ तर्क सारे ब्रह्माण्ड तक पहुँचता है। एकान्तमें स्मरण करनेसे भूला हुआ विधान भी स्मरण हो आता है। अतः एकान्तमें बैठकर अन्तरात्माका कुछ न कुछ साथ करना चाहिए। जिसे एकान्त अच्छा लगने लगता है, उसे सब बातें पहले ही मालूम हो जाती हैं। बिना एकान्तके महत्व नहीं प्राप्त होता।

उन्नीसवाँ दशक

पहला समास

लेखन-क्रिया

ब्राह्मणोंको बालबोध (नागरी) अक्षर बहुत सुन्दरताके साथ लिखनेका अभ्यास होना चाहिए। उनका लेख ऐसा होना चाहिए जिसे देखकर चतुरोंको आनन्द हो। चटकीली स्याहीसे उन्हें गोल, स्पष्ट और अलग-अलग अक्षर लिखने चाहिएँ और उनकी पंक्तियाँ एक सरीखे मोतियोंकी मालाके समान होनी चाहिएँ। जितने अक्षर हों वे सब स्पष्ट हों, सब शब्दोंके बीचमें समान अन्तर हो और मात्राएँ तथा रेफ आदि स्पष्ट हों। पहला अक्षर जैसा लिखा जाय, पुस्तकके अन्त तक बराबर वैसे ही अक्षर रहने चाहिएँ और ऐसा जान पड़े कि आदिसे अन्ततक एक ही टाँकसे लिखा गया है। अक्षरोंका कालापन, टाँककी मोटाई और अक्षरोंका

घुमाव तथा गोलाई आदि सब समान होनी चाहिए। पंक्तिके साथ पंक्ति न मिल जाय, रेफ और मात्राएँ आदि एक दूसरीको काटती हुई न हों और अक्षर इतने लम्बे न हों कि नीचेके अक्षरोंके साथ जा मिलें। कागजके पत्रों पर शीशेसे लकीरें खींच लेनी चाहिएँ और तब उन पर बहुत अच्छी तरह लिखना चाहिए। सब पंक्तियोंमें समान अन्तर होना चाहिए, कहीं कम और कहीं अधिक न होना चाहिए। लिखे हुएमें कहीं संशोधन करनेकी आवश्यकता न पड़नी चाहिए, भूल ढूँढ़ने पर भी न मिले और पढ़नेवालेको फिर लेखकसे कुछ पूछनेके लिए उसके पास न जाना पड़े। छोटी अवस्थावालोंको और भी सँभालकर लिखना चाहिए जिसमें उनका लेख देखकर सब लोग मोहित हो जायँ। बहुतसे लोग युवावस्थामें इतने छोटे अक्षर लिखते हैं जिन्हें वे वृद्धावस्थामें स्वयं ही नहीं पढ़ सकते। अतः सदा मझोले आकारके ही अक्षर लिखने चाहिएँ। पत्रके चारों ओर थोड़ी-थोड़ी जगह छोड़ देनी चाहिए और बीचमें चमचमाते हुए अक्षर लिखने चाहिएँ। कागज भले ही गल-सड़ जाय, पर अक्षर ज्योंके त्यों बने रहें। इस प्रकार बहुत सावधानीसे ग्रन्थ लिखना चाहिए जिसे देखकर प्राणी मात्रको वैसा ही लिखनेको इच्छा हो और लोग ग्रन्थ देखकर कहें कि इसके लेखकको देखना चाहिए। यथेष्ट शारीरिक परिश्रम करना चाहिए, बहुत बड़ी कीर्ति छोड़ जानी चाहिए और लोगोंके मनमें अपने सम्बन्धसे किसी न किसी प्रकारका उत्साह उत्पन्न कर जाना चाहिए। मोटा कागज लाकर उसे अच्छी तरह घोंटना चाहिए और लिखनेकी सब सामग्री बहुत अच्छी होनी चाहिए। चाकू, कैंची, लकीर खींचनेकी तख्ती, शीशा, घोंटा और तरह-तरहकी अच्छी स्याहियाँ देखकर लानी चाहिएँ। अनेक देशोंकी चिकनी, पतली, सीधी और अनेक रङ्गोंकी किलक या लिखनेकी कलमें आदि रखनी चाहिएँ। कलमकी टाँक या कत बनानेकी सामग्री, रेखाएँ खींचनेकी अनेक प्रकारकी सामग्री और तरह तरहकी शीशेकी गोलियाँ आदि होनी चाहिएँ। ईंगुरका संग्रह होना चाहिए और तरह-तरहके रङ्ग देखकर लेने चाहिएँ और अनेक प्रकारकी स्याहियाँ रूईमें भिंगोकर रखनी चाहिएँ। अन्तमें जहाँ इतिश्री हो, वहाँ विदेशोंसे लाई हुई फलियोंसे खूब घोंटकर अनेक प्रकारके अच्छे-अच्छे चित्र बनाने चाहिएँ। पुस्तकोंको सुरक्षित रखनेके लिए अनेक प्रकारके बन्धन, बेठन, लाल रङ्गके मोमजामे, पेटियाँ, ताले आदि सब सामग्री होनी चाहिए।

दूसरा समास

अर्थभेदका ज्ञान

पहले लेखन-भेद बतलाया गया है, अब अर्थ-भेदकी बातें सुनो। सभी प्रकारकी बातें समझ रखनी चाहिएँ। शब्दभेद, अर्थभेद, मुद्राभेद, प्रबन्धभेद और अनेक शब्दोंके शब्दभेद जान लेने चाहिएँ। अनेक प्रकारकी आशङ्काएँ, प्रत्युत्तर, प्रतीतियाँ, साक्षात्कार आदि ऐसी सभी बातें जान लेनी चाहिएँ जिनसे सब लोगोंका मन प्रसन्न होता है। अनेक प्रकारके पूर्व-पक्ष, सिद्धान्त, अनुभव आदि अच्छी तरह जान लेने चाहिएँ और केवल अनुमानके आधार पर ऊटपटाँग बातें न कहनी चाहिएँ। चाहे प्रवृत्ति हो और चाहे निवृत्ति, बिना प्रतीतिके सब भ्रान्ति ही है। भला ऐसे अयोग्य तथा अनुपयुक्त पात्रमें जगज्ज्योति किस प्रकार चेत सकती है! दूसरेका हेतु समझकर तब उत्तर देना चाहिए और दूसरेके मनकी बात समझनी चाहिए। चातुर्यके यही मुख्य लक्षण हैं। बिना चातुरीके सब प्रयत्न और विद्याएँ व्यर्थ हैं। बिना चातुर्यके लोग सभा-समाजमें व्यर्थका झगड़ा करते हैं। भला उनसे लोगोंका क्या समाधान हो सकता है! बहुतसी बातें सुननी चाहिएँ और चुपचाप रहकर सबके मनकी बात अच्छी तरह समझनी चाहिए। तुच्छ और निकम्मे लोगोंमें नहीं बैठना चाहिए, उद्धतके साथ झगड़ना न चाहिए और अपने लिए औरोंका समाधान या शांति भङ्ग न करनी चाहिए। अपने आपको बराबर अज्ञान समझना और कहना चाहिए और अपने ज्ञानके कारण फूल न जाना चाहिए। मीठे शब्दोंसे सबका हृदय प्रसन्न रखना चाहिए। अवसर-कुअवसर अच्छी तरह समझना चाहिए और बहुतसे लोगोंके साथ वितण्डावाद न करना चाहिए। कभी-कभी सच बातसे भी समाजमें खलबली मच जाती है (अतः ऐसी बातसे भी बचना चाहिए)। किसी बातकी जाँच-पड़ताल करनेमें आलस्य न करना चाहिए, भ्रष्ट लोगोंमें न बैठना चाहिए और यदि उनमें बैठना ही पड़े तो वहाँ लोगों पर व्यर्थके और मिथ्या दोष न लगाने चाहिएँ। आर्त या दुःखी मनुष्यके मनकी अवस्थाका पता लगाना चाहिए, थोड़ा पढ़कर ही प्रसङ्ग समझना चाहिए और अच्छे लोगोंके मनमें स्थान करना चाहिए। सभा समाजमें अधिक न बैठना चाहिए, और जहाँ सार्वजनिक रूपसे सब लोगोंको अन्न या भोजन मिलता हो वहाँ न जाना चाहिए, क्योंकि

ऐसे स्थानोंमें जानेसे अपनी हीनता होती है। यदि अपने उत्तम गुण प्रकट किये जा सकें, तभी अच्छे आदमियोंके साथ बातें करनेमें शोभा है। भले आदमियोंको देख और समझकर अपना मित्र बनाना चाहिए। अपनी उपासनाके अनुसार बातें करनी चाहिएँ, सब लोगोंको सन्तुष्ट रखना चाहिए और सबके साथ प्रतिष्ठापूर्ण व्यवहार करना चाहिए। पहले अनेक स्थानों पर सब बातोंका पता लगा लेना चाहिए और तब किसी गाँवमें प्रवेश करना चाहिए और प्राणी मात्रके साथ आत्मीयताका भाव रखकर बातें करनी चाहिएँ। किसीको ऊँच या नीच न कहना चाहिए, सबका हृदय सन्तुष्ट रखना चाहिए और सूर्यास्तके समय कहीं न जाना चाहिए। मनुष्य अपनी वाणीके कारण ही संसारके सब लोगोंका मित्र हो सकता है। जहाँसे हो, सत्पात्रोंको ढूँढ़ निकालना चाहिए। जहाँ कथा होती हो, वहाँ जाकर दीनोंकी तरह दूर बैठना चाहिए और वहींसे सब बातोंका तत्त्व समझना चाहिए। वहाँ अच्छे-अच्छे लोग मिलते हैं और बड़े बड़े व्यापक लोगोंका पता चलता है। इसी प्रकार धीरे धीरे उन लोगोंमें प्रवेश करना चाहिए। सबसे श्रेष्ठ श्रवण है और श्रवणसे भी बढ़कर मनन है। मननसे बहुतसे लोगोंका समाधान होता है। चतुरतासे सब बातें जान लेनी चाहिएँ और मन ही मन समझ लेनी चाहिएँ। बिना समझे हुए कष्ट क्यों उठाया जाय?

तीसरा समास

अभागोंके लक्षण

अब सुचित मनसे अभागोंके लक्षण सुनो। इन्हीं लक्षणोंका त्याग करनेसे मनुष्यमें भाग्यवानोंके लक्षण आते हैं। पाप करनेसे मनुष्य दरिद्र होता है और दरिद्र होनेके कारण पाप सञ्चित करता है। यह बात सदा होती रहती है। अतः अभागोंके लक्षण सुनकर उनका त्याग करना चाहिए। इससे मनुष्यमें भाग्यवानोंके कुछ लक्षण आ जाते हैं। अभागोंको आलस्य अच्छा लगता है, उद्योग या परिश्रम करना अच्छा नहीं लगता और उनकी वासना सदा अधर्ममें ही रहती है। वह सदा भ्रमिष्ट और निद्रालु रहता है, यों ही ऊटपटाँग बातें करता है। उसकी बात किसीको अच्छी नहीं लगती। वह लिखना-पढ़ना नहीं जानता, सौदा-सुल्फ खरीदना नहीं जानता, हिसाब-किताब नहीं रख सकता और उसमें धारणा शक्तिका अभाव होता है। वह

अपनी चीजें खोता है, छोड़ देता है, गिराता है, फोड़ता है और भूलता-चूकता है और उसमें अनेक अवगुण होते हैं। उसे भलोंकी संगति कभी अच्छी नहीं लगती। वह वाहियात आदमियोंका साथ करता है, कुकर्मियोंको अपना मित्र बनाता है और नटखट, चोर तथा पापी लोगोंको अपने पास इकट्ठा करता है। वह सबसे लड़ाई झगड़ा करता है और सदा चोर, परघातक तथा डाकू रहता है। उसमें दुरदर्शिता नहीं होती, न्याय और नीति उसे अच्छी नहीं लगती और उसके मनमें सदा दूसरोंकी चीजें लेनेकी अभिलाषा रहती है। वह आलसी होकर अपने शरीरका पालन करता है, पर पेट न भरनेके कारण उसका काम नहीं चलता और उसे पहनने-ओढ़नेके लिए चिथड़े भी नहीं मिलते। वह अपने आपको बहुत आलसी बना लेता है, सदा कोख खुजलाता रहता है और अपने घरमें निद्राका सुकाल कर लेता है (बहुत अधिक सोता है)। वह लोगोंसे मित्रता नहीं करता, अनेक प्रकारके कठोर वचन कहता है और अपनी मूर्खताके कारण किसीके मना करने पर भी नहीं मानता। वह पवित्र लोगोंमें जानेसे हिचकता है और निकृष्ट लोगोंकी ओर निःशंक भावसे दौड़ता है; और जिन कामोंकी संसार निन्दा करता है, वही उसे सबसे अधिक अच्छे लगते हैं। कहाँका परोपकार, वह बहुतोंका संहार करता है और सब प्रकारसे पापी, अनर्थी और दुष्ट होता है। वह जबान सँभालकर बातें नहीं करता, मना करनेसे नहीं मानता और उसकी बातें किसीको अच्छी नहीं लगतीं। वह किसीका विश्वास नहीं करता और न किसीके साथ उसकी मित्रता होती है। विद्या, वैभव आदि भी उसमें कुछ नहीं होता और वह यों ही अकड़ता है। वह इस प्रकारकी अच्छी बातें नहीं सुनता कि जब मनुष्य बहुतसे लोगोंको प्रसन्न करता है, तभी वह भाग्यवान होता है। स्वयं उसे तो कुछ भी ज्ञान नहीं होता और किसीके सिखानेसे वह सीखता नहीं। ऐसे पुरुषके लिए चाहे कितने ही उपाय क्यों न किये जायँ, पर क्या होता है! वह बड़ी-बड़ी बातें सोचता है, पर उनका फल कुछ भी नहीं होता और वह सदा संदेहमें ही पड़ा रहता है। जब वह पुण्य-मार्ग बिलकुल छोड़ ही देता है, तब उसके पाप कैसे दूर हो सकते हैं! वह कुछ भी निश्चय नहीं कर सकता और सन्देहमें उसका सब कुछ नष्ट हो जाता है। वह कोई विषय पूरी तरहसे नहीं जानता, पर फिर भी सभामें बिना बोले नहीं मानता; इसलिए सब लोग समझ लेते हैं कि यह वाहियात और बकवादी है। इस

संसारमें वही मनुष्य सर्वमान्य होता है, जिसके सम्बन्धमें बहुतसे लोग यह समझ लेते हैं कि इसका कुछ निश्चित सिद्धान्त है और यह प्रामाणिक है। बिना कष्ट सहे कीर्ति कैसे मिल सकती है! प्रतिष्ठा मुफ्तमें नहीं होती। बुरे लक्षणोंसे तो चारों ओर निन्दा ही होती है। जो अच्छे लोगोंकी संगति नहीं करता और अपने आपको बुद्धिमान नहीं बनाता, वह स्वयं ही अपना शत्रु होता है और अपना हित करना नहीं जानता। लोगोंके साथ जो भलाई की जाती है, उसका बदला तुरन्त ही मिल जाता है। पर यह बात उसकी समझमें नहीं आती। मनुष्यमें उत्तम गुणोंका न होना ही अभागे होनेका लक्षण है। जो बात बहुतोंको अच्छी न लगे, वह स्वभावतः अवलक्षण है। कार्य-कारणवाला सम्बन्ध सभी जगह होता है और बिना किये कुछ भी नहीं होता। वह निकम्मा दुःखोंके प्रवाहमें बराबर बहता ही चला जाता है। बहुतोंमें जिसकी प्रतिष्ठा न हो, उसके पापोंकी और कोई बराबरी नहीं कर सकता और वह सदा निराश्रित होकर इधर-उधर दीन भावसे पड़ा रहता है। इसलिए अवगुणोंका त्याग और उत्तम गुणोंको ग्रहण करना चाहिए। इससे सभी बातें अपने मनके अनुकूल हो जाती हैं।

चौथा समास

भाग्यवानोंके लक्षण

पहले अभागोंके लक्षण बतलाये गये हैं। वे सब लक्षण विवेकपूर्वक छोड़ देने चाहिएँ। अब भाग्यवानोंके लक्षण सुनिए जो परम सुख देनेवाले हैं। भाग्यवानमें आपसे आप बहुतसे गुण उत्पन्न होते हैं और वह अनेक प्रकारसे लोगोंका उपकार करता और सदा सबको प्रिय होता है। वह सुन्दर अक्षर लिखना जानता है, शीघ्रतापूर्वक और शुद्ध पढ़ना जानता है और सब बातोंके गूढ़ अर्थ बतलाना जानता है। वह किसीका जी नहीं दुखाता, भले आदमियोंकी सङ्गति नहीं छोड़ता और दूसरे भाग्यवानोंके लक्षण समझकर ग्रहण करता है। उसे सब लोग चाहते हैं और वह जहाँ जाता है, वहाँ नित्य नया बना रहता है। वह मूर्खतापूर्वक संदेहके जालमें नहीं फँसता। जिसमें अनेक उत्तम गुण होते हैं, वही सत्पात्र संसारमें सबका मित्र होता है। उसकी बहुत कीर्ति होती है और वह सदा स्वतन्त्र रहता है, कभी पराधीन नहीं होता। वह सबका मन रखता है, बहुत अधिक अध्ययन

करता है और अपनी दृढ़ता कभी नहीं छोड़ता। वह नम्रतापूर्वक पूछना और अच्छी तरह अर्थ बतलाना जानता है और जो अच्छी बातें उसे बतलाई जाती हैं, उन्हींके अनुसार आचरण करता है। जिसे बहुतसे लोग मानते हों, उसे फिर कोई कुछ नहीं कह सकता। वह महापुरुष उज्ज्वल पुण्यराशि होता है। वह बराबर परोपकार करता रहता है और सबको उसकी आवश्यकता बनी रहती है। भला ऐसे आदमीको संसारमें किस बातकी कमी हो सकती है! उसकी प्रतीक्षामें बहुतसे लोग रहते हैं और वह ठीक समय पर सबके सामने जा पहुँचता है। वह किसीकी हीनता सहन नहीं कर सकता। वह चौदहों विद्याएँ, चौसठों कलाएँ और संगीत तथा गायन कला जानता है, और उसमें आत्मविद्याकी भी बहुत अधिक शक्ति होती है। वह सबसे नम्रतापूर्वक बोलता है, सबको सन्तुष्ट रखकर अपने सब काम करता है और किसीको किसी बातकी कमी नहीं होने देता। वह न्याय, नीति, भजन, मर्यादा आदिमें ही सदा अपना समय सार्थक करता है। भला दरिद्रताकी आपत्ति उसके सामने कैसे आ सकती है! वह उत्तम गुणोंसे अलंकृत और बहुतसे लोगोंमें शोभित होता है और अपने प्रकट प्रतापसे सूर्यके समान उदित रहता है। जहाँ ज्ञाता रहता है, वहाँ कलह कैसे उठ सकता है! जो उत्तम गुणोंसे रहित होता है, वही अभागा है। वह सांसारिक बातोंमेंसे राजनीति जानता है और परोपकारके लिए उसका पूरा उपयोग करता है। परमार्थके लिए वह अध्यात्म-सम्बन्धी सब बातें जानता है और सबसे श्रेष्ठ गुणोंका भोक्ता होता है। उसका यह ढङ्ग कभी नहीं होता कि सामने कुछ और कहे और पीछे कुछ और कहे। उसकी अपूर्वता सभी जगह रहती है। वह कोई ऐसा आचरण नहीं करता जिससे दूसरेका मन दुःखी हो, बल्कि वह हर जगह अपना विवेक ही प्रकट करता है। कर्म-विधि, उपासना-विधि ज्ञान-विधि, वैराग्य-विधि और विशाल ज्ञातृत्वकी बुद्धि उससे दूर कैसे हो सकती है! उसके सभी गुण उत्तम होते हैं। फिर उसे कौन बुरा कह सकता है! वह आत्माकी भाँति सभी घटोंमें पूर्ण रूपसे व्याप्त रहता है। जिस प्रकार छोटे बड़े सब लोग अपने कार्यमें तत्पर रहते हैं, उसी प्रकार वह भी सदा मन लगाकर परोपकार करता रहता है। वह दूसरोंके दुःखसे दुःखी और सुखसे सुखी होता है और सदा यही चाहता है कि दूसरे लोग सुखी रहें। जिस प्रकार छोटे-बड़े सभी लड़कों पर पिताका समान स्नेह रहता है, उसी प्रकार वह महापुरुष भी

सबकी समान चिन्ता रखता है। जो किसीका दुःख नहीं देख सकता, बिलकुल निस्पृह रहकर उनका भला चाहता है और किसीके धिक्कारने पर भी दुःखी नहीं होता, वही महापुरुष है। यदि किसीने उसके मिथ्या शरीरकी निन्दा भी कर दी तो उसका क्या बिगड़ा ? भला ज्ञाताको कहीं देहबुद्धि जीत सकती है ? ऐसा कभी हो ही नहीं सकता। ज्ञाता तो देहबुद्धिसे बिलकुल दूर और अलग रहता है। लोगों पर किसी न किसी तरह अपने उत्तम गुण प्रकट करने चाहिएँ। उत्तम गुण लोगोंके हृदयमें स्थान कर लेते हैं और बुरे गुणोंसे लोगोंको खेद होता है। ये तीक्ष्ण बुद्धिकी बातें सीधे सादे लोग क्या जानें ! जब लोगोंको यह विश्वास हो जाता है कि अमुक व्यक्ति सबको बहुत अधिक क्षमा करता है, तब वे अनेक प्रकारसे उसकी सहायता करते हैं। बहुतसे लोग अपने आपको बड़ा समझते हैं; पर वास्तवमें बड़ा वही होता है जिसे सब लोग बड़ा मानें। महापुरुष, धीर, उदार और गम्भीर होते हैं। जितने उत्तम गुण हैं, वे सब समर्थके लक्षण हैं; और जितने बुरे गुण हैं, वे सब स्वभावतः अभागोंके लक्षण हैं।

पाँचवाँ समास

शरीरका महत्व

मिट्टी, पत्थर, सोने, चाँदी, काँसे, पीतल, ताँबे आदिके देवता तथा सुगन्धित द्रव्योंसे बनाये हुए देवताओंके चित्र, जिन्हें चित्रलेप कहते हैं, पूजे जाते हैं। कपासकी लकड़ीके देवता, मूँगेके देवता, बाण, ऊबड़-खाबड़ पत्थरोंके टुकड़े, नर्मदेश्वर, शालिग्राम, काश्मीरी देवता, सूर्यकान्त और चन्द्रकान्त भी पूजे जाते हैं। कुछ लोग देवार्चनके समय ताँबे और सोनेके सिक्के भी पूजते हैं और चक्रतीर्थसे चक्रांकित मूर्तियाँ ले आते हैं। इस प्रकार उपासनाके बहुत अधिक भेद हैं जिनका कहाँ तक वर्णन किया जाय ! सभी लोग अपनी अपनी पसन्दके देवता पूजते हैं। पर पहले इन सबके मूल कारण स्मरणका विचार करना चाहिए और सब देवता उसी स्मरणके अंश हैं। सबके मूलमें एक वही द्रष्टा ईश्वर है और उसीसे अनेक देवता हुए हैं। विवेकपूर्वक देखनेसे यह बात अच्छी तरह समझमें आ जाती है। बिना देहके भक्ति नहीं हो सकती और न ईश्वर ही मिल सकता है, इसलिए भजनका मूल देह ही है। यदि शरीरको पहलेसे ही मिथ्या या व्यर्थ समझ लिया जाय तो

फिर भजन कैसे हो सकता है ? इसलिए भजनका साधन शरीर और आत्माका योग ही है। बिना शरीरके ईश्वरका भजन और पूजन या महोत्सव आदि किस प्रकार हो सकते हैं ? अतर, चन्दन, पत्र, पुष्प, फल, ताम्बूल, धूप, दीप आदि भजनके जो बहुतसे साधन हैं, उनका उपयोग शरीरके बिना कैसे हो सकता है ? देवताका चरणामृत कैसे लिया जा सकता है; उसे चन्दन कहाँ लगाया जा सकता है और उस पर पुष्प आदि कैसे चढ़ाये जा सकते हैं ? अतः शरीरके बिना कोई काम पूरा नहीं हो सकता और शरीरके रहने पर ही मनुष्य कुछ भजन कर सकता है। देव, देवता, भूत और दैवत सबमें वही परमात्मा है, अतः अधिकारके अनुसार सबका भजन करना चाहिए। अनेक देवताओंका जो भजन किया जाता है, वह उस मूल पुरुषको ही प्राप्त होता है। इसलिए सबका सम्मान और पूजन करना चाहिए। यह मायाकी वेल खूब फैली हुई है और अनेक प्रकारके शरीर रूपी फलोंसे लदी हुई है; और उन्हीं फलोंमें मूलकी चेतनाका पता चलता है। अतः आलस्य न करना चाहिए और जो कुछ देखना हो, वह यहीं देख लेना चाहिए; और प्रतीति हो जाने पर समाधानपूर्वक रहना चाहिए। लोग घर-बार छोड़ देते हैं, ईश्वरको चारों ओर ढूँढ़ते फिरते हैं और जगह-जगह सन्देहमें पड़ते हैं। कुछ लोग तो अपने स्थान पर रहकर ही देवार्चन करते हैं और कुछ लोग घूम-घूमकर तीर्थोंके देवताओंके दर्शन करते हैं। कुछ लोग अनेक अवतारोंकी कथाएँ सुनकर ही मनमें निर्धारण करते हैं। पर वे सब कथाएँ आदि भी बहुत बढ़ गई हैं। कोई ब्रह्मा, विष्णु और महेशकी कथाएँ सुनकर उन्हींको मुख्य देवता मानते हैं। पर सबसे पहले उस गुणातीत जगदीश्वरको पहचानना चाहिए। पर उस ईश्वरका कोई निश्चित स्थान तो है ही नहीं, इसलिए उसका भजन कहाँ किया जाय ? इस दृष्टिसे सन्देह और भी बढ़ जाता है। यदि ईश्वरके दर्शन ही न होंगे तो हम पावन कैसे होंगे ? अतः वे साधु धन्य हैं जो सब बातें जानते हैं। संसारमें बहुतसे देवता हैं जिन्हें छोड़ा नहीं जा सकता; और सब कुछ करने पर भी उस ईश्वरका ठीक-ठीक ज्ञान नहीं होता। उचित यह है कि पहले उस ईश्वरके कर्तृत्व (माया) या दृश्यको अलग कर दिया जाय और तब उस ईश्वरको देखा जाय; तभी उस गोप्य और गुह्यका कुछ पता चल सकता है। वह न दिखाई देता है और न भासता है। पर वह कल्पांतमें भी नष्ट नहीं होता और बिना सत्कर्म किये मनमें

उस पर विश्वास नहीं होता। कल्पनासे मनमें बहुत-सी बातें उठती हैं, वासनासे बहुत-सी बातोंकी इच्छा होती है और मनमें अनेक प्रकारकी तरंगें उठती हैं। इसलिए जो वस्तु कल्पना-रहित है, वही शाश्वत है। उसका कोई अन्त नहीं है, इसीलिए उसे अनन्त कहते हैं। उसे ज्ञान दृष्टिसे देखना चाहिए और देख लेने पर उसीमें रह जाना चाहिए और निदिध्यासन तथा सङ्ग-त्याग करके उसीके समान या तद्रूप हो जाना चाहिए। उसकी बहुत-सी लीलाएँ और बहुत-सी विचित्रताएँ हैं जिन्हें यह बेचारा जीव क्या समझ सकता है! पर सन्तोंकी सङ्गति और स्वानुभवसे वह स्थिति प्राप्त हो जाती है। उस सूक्ष्म स्थितिकी गतिका ज्ञान हो जानेसे अधोगतिका अन्त हो जाता है और सद्‌गुरुकी कृपासे तत्काल सद्‌गति प्राप्त होती है।

छठा समास

बुद्धि-वाद

परमार्थी और विवेकशीलके काम सभीको अच्छे लगते हैं, क्योंकि वह सब बातों पर बहुत अच्छी तरह विचार कर चुका होता है और अपने निरूपणमें कहीं भूल नहीं होने देता। जिस काममें लोगोंको सन्देह होता है, वह काम वह कभी करता ही नहीं। वह आदिसे अन्त तक सभी बातें अच्छी तरह समझ लेता है। जिसमें स्वयं निस्पृहता नहीं होती, उसकी बात कोई नहीं मानता; और जनता रूपी जनार्दनको प्रसन्न रखना बहुत कठिन है। कोई स्वयं ही जबरदस्ती उपदेश देता है और कोई किसीको मध्यस्थ बनाकर उपदेश देकर गुरु बनता है। पर ऐसे लोग अपने लालचके कारण स्वभावतः ही लोगोंकी दृष्टिसे गिर जाते हैं। जिसे लोगोंको विवेककी बातें बतलानी चाहिएँ, यदि वही प्रतिकूल हो जाय तो फिर आगेके सब काम तो आप ही नष्ट हो जायँगे। जब भाई ही अपने भाईको उपदेश देकर उसका गुरु बन जाता है, तब और भी अधिक दुर्दशा होती है। अतः अपनी जान-पहचानके लोगोंमें अपनी महन्ती न फैलानी चाहिए। जिसका आरम्भ तो बहुत धूमधामसे हो, पर शीघ्र ही जो नष्ट हो जाय, उसे विवेकशील कैसे मान्य कर सकते हैं? हाँ, जैसे तैसे कुछ अविवेकी वहाँ आकर अवश्य इकट्ठे हो जाते हैं। यदि पति तो शिष्य हो जाय और पत्नी गुरु बन बैठे तो यह और भी विलक्षण बात है। जैसी और अनेक प्रकारकी भ्रष्टकारी बातें हैं, वैसी ही यह भी है। लोग विवेककी बातें स्पष्ट

करके नहीं बतलाते; जो कुछ बतलाते भी हैं, उसे लोगोंसे गुप्त रखनेके लिए कहते हैं और मनमें कोई मुख्य निश्चय होने ही नहीं देते। वे अपनी मौज और अभिमानमें भरे रहते हैं और यदि कोई विवेककी बात बतलाता है तो उसे ग्रहण नहीं करते। ऐसे लोग दूरदर्शी साधु नहीं हो सकते। किसीसे कुछ न माँगना चाहिए, भगवद्भजनका यथेष्ट विस्तार करना चाहिए और विवेक-बलसे लोगोंको भजनकी ओर प्रवृत्त करना चाहिए। दूसरोंको प्रसन्न रखनेका काम बहुत ही कठिन है। लोगोंको विवेकपूर्वक अपनी इच्छासे अपने धर्म तथा लोकाचारके अनुसार रहना चाहिए। यदि स्वयं किसी तुर्क या म्लेच्छको गुरु बनाकर चमार शिष्योंकी मंडली एकत्र कर ली तो मानों नीच जातिके लोगोंकी सहायतासे समाजका नाश किया। वास्तवमें इस संसारमें ब्राह्मणोंकी मंडली एकत्र करनी चाहिए, भक्तोंकी मंडलीका सम्मान करना चाहिए और सन्तोंकी मंडली ढूँढ़नी चाहिए। केवल उत्कट और भव्य बातें ही ग्रहण करनी चाहिएँ, समस्त संदेहपूर्ण बातें छोड़ देनी चाहिएँ और निस्पृहतापूर्वक संसारमें प्रसिद्धि प्राप्त करनी चाहिए। लिखना, पढ़ना, ठीक-ठीक गूढ़ अर्थ बतलाना, गाना, नाचना और पाठ करना आदि सभी बातें अच्छी होनी चाहिएँ। दीक्षा और मैत्री अच्छी होनी चाहिए, राजनीतिक बातोंमें अच्छी और तीक्ष्ण बुद्धि होनी चाहिए और अपने आपको सब प्रकारसे अलिप्त रखना चाहिए। सदा हरि-कथामें लगे रहना चाहिए, जिसमें सब लोगोंमें नामके प्रति प्रेम उत्पन्न हो और सूर्यके समान प्रकट उपदेश होना चाहिए। दुर्जनोंको ठीक मार्ग पर लगाकर नियन्त्रणमें रखना चाहिए, सज्जनोंको प्रसन्न करना चाहिए और सबके मनकी बात ठीक-ठीक जाननी चाहिए। ऐसे ही लोगोंकी संगतिसे मनुष्यकी प्रवृत्ति बदल जाती है और उनमें तत्काल उत्तम गुण उत्पन्न होते हैं और समाज अखण्ड रूपसे सद्-ग्रन्थोंके अध्ययनमें लग जाता है। ऐसा साधु जब जहाँ जाता है, तब वहाँ लोगोंको नया ही जान पड़ता है और सब लोग उसे अपने पास रखना चाहते हैं। पर वह अपने आपको लालचके जालमें नहीं फँसने देता। वह जगह-जगह उत्कट भक्ति, उत्कट चातुर्य, उत्कट भजन और उत्कट योगानुष्ठानका प्रचार करता है। जो उत्कट निस्पृहता धारण करता है, उसकी कीर्ति दिग्दिगन्तमें व्याप्त हो जाती है; और उत्कट भक्तिसे सभी लोगोंका समाधान होता है। बिना कोई उत्कट गुण हुए मनुष्यकी कभी कीर्ति नहीं हो सकती। व्यर्थ जङ्गल-जङ्गल घूमनेसे क्या होता है!

शरीरका कोई भरोसा नहीं; न जाने जीवनका कब अन्त हो जाय और आगे कैसा प्रसंग आ पड़े। इसलिए सावधान रहना चाहिए, जहाँ तक हो सके अच्छे काम करने चाहिएँ और भगवानकी कीर्तिसे सारे भूमण्डलको भर देना चाहिए। जो बातें अपने अनुकूल या वशकी हों, वे तुरन्त कर डालनी चाहिएँ; और जो न हो सकती हों, उन पर विवेकपूर्वक विचार करना और उन्हें समझना चाहिए। ऐसी कोई बात ही नहीं है जो विवेकमें न आ सकती हो। यदि एकान्तमें बैठकर विवेकपूर्वक विचार किया जाय तो सभी बातें समझमें आ जाती हैं। जहाँ सदा अच्छे-अच्छे उपाय सोचे जाते हों, वहाँ किस बातकी कमी हो सकती है? और बिना एकान्तके मनुष्यको बुद्धि ही कैसे आ सकती है? अतः एकान्तमें बैठकर विचार करना चाहिए और आत्मारामको पहचानना चाहिए। तब फिर आदिसे अन्त तक कहीं कोई गड़बड़ी न रह जायगी।

सातवाँ समास

यत्न-निरूपण

हरि-कथाकी धूम मचा देनी चाहिए, अध्यात्म-सम्बन्धी तत्त्वोंकी खूब व्याख्या करनी चाहिए और किसी विषयमें कमी न होने देनी चाहिए। यदि उपदेशक या ज्ञानी कहीं चूक जाता है तो वह स्वयं ही अपनी भूल समझ सकता है। बेचारे अज्ञानी लोग तो उसकी ओर चुपचाप टुकुर-टुकुर देखा करते हैं। यदि श्रोता देखते हैं कि वक्ताको किसी बातका उत्तर देने या समाधान करनेमें देर लगती है तो उनके मनमें वक्ताका महत्व नहीं रह जाता। वक्ताको थोड़ीसी ही बातें कहकर श्रोताओंका समाधान कर देना चाहिए। यदि किसी समय श्रोताओं पर क्रोध भी किया तो पीछेसे उन्हें प्रसन्न कर लेना चाहिए और सबका मन वशमें कर लेना चाहिए। जो सहनशील नहीं होता बल्कि चिड़चिड़ा होता है, उसकी तामस वृत्ति सब लोगों पर प्रकट हो जाती है और उस परसे श्रोताओंका सारा प्रेम नष्ट हो जाता है। लोगोंको बराबर देखना और यह समझते रहना चाहिए कि हमने किसे प्रसन्न किया और किसे अप्रसन्न। शिष्य तो तरह-तरहकी शंकाएँ करके भटकता फिरता है और गुरु उसके पीछे-पीछे लगा फिरता है। यदि विचारपूर्वक देखा जाय तो यह सारा विकल्प ही है। जो महन्त आशाबद्ध और क्रियाहीन हो और जिसमें चातुरीके

लक्षण न हों, उसकी महन्ती बहुत ही दुर्दशापूर्ण होती है। ऐसे गोस्वामियोंका महत्व नहीं रह जाता और वे सब जगह कष्ट पाते हैं। फिर भला उनके साथके लोग कैसे सुख पा सकते हैं! सब काम लोगोंको प्रसन्न रखकर इस प्रकार करने चाहिएँ कि चारों ओर कीर्ति फैले और सब लोगोंके मनमें उत्कंठा उत्पन्न हो। पराये लोगोंमें रहकर सारे समुदायको देखते रहना चाहिए और कभी किसीसे कुछ माँगना न चाहिए। यह समझ रखना चाहिए कि जिस ओर जगत होता है, उसी ओर जगन्नाथ भी होता है। विवेकशील सदा सब लोगोंको सँभाले रहते हैं। कुछ लोग यह समझते हैं कि संसारमें जितने आदमी हैं, सभी नष्ट या खराब हैं। भला यह कैसे हो सकता है कि और सब लोग तो नष्ट हों और एक हम्हीं अकेले अच्छे और भले हों! जहाँ सारा देश ही उजाड़ हो वहाँ क्या देखा जाय? जनतासे अलग होकर मनुष्य कहाँ रहे? अतः मिथ्या बातोंको छोड़कर सत्यको ग्रहण करना चाहिए। जिसे लोगोंके साथ ठीक तरहसे व्यवहार करना न आता हो, उसे महन्तीसे कोई मतलब न रखना चाहिए। उसे उचित है कि केवल परत्र-साधनके उपाय ही सुनता रहे। जिसे स्वयं तैरना न आता हो, वह दूसरोंको क्यों डुबावे? ऐसी अवस्थामें प्रेम तो बिलकुल व्यर्थ हो जाता है, विकल्प ही विकल्प रह जाता है। या तो योग्यता प्राप्त करके महन्त बनना चाहिए और या तो चुपचाप मुँह छिपाकर पड़े रहना चाहिए। लोगोंमें प्रकट होकर उन्हें चौपट करना अच्छा नहीं है। जो स्वयं ही धीरे धीरे चलता हो, वह तेज चलनेवालेको कैसे सँभाल सकता है? स्वयं ही समझ लो कि अरबी घोड़ेको फेरनेवाला चाबुक-सवार कैसा होना चाहिए। ये सब काम बहुत कठिन हैं। भला जिन रहस्योंको समझनेके लिए तीक्ष्ण बुद्धिकी आवश्यकता हो, वे रहस्य भोले-भाले लोगोंकी समझमें कैसे आ सकते हैं! यदि खेत बोकर उसकी रखवाली न की जाय, जवाहिरातका व्यापार करके भ्रमण न किया जाय और लोगोंको एकत्र करके उनके मन पर अधिकार न किया जाय तो कैसे काम चल सकता है? जब अनुराग और उत्साह बराबर बढ़ता चलता है, तभी परमार्थकी सिद्धि होती है। व्यर्थ घिस-घिस करनेसे सारा समुदाय बिगड़ जाता है। यदि हमारी बात लोगोंको अच्छी न लगे और लोगोंकी बात हमें अच्छी न लगे तो फिर सब विकल्प ही विकल्प है। ऐसी अवस्थामें समाधान कैसे हो सकता है? जहाँ सर्वनाश करनेवाले दीक्षक या गुरु और ठग शिष्य हों, वहाँ विवेक कैसे ठहर सकता है? और जहाँ

अविवेक प्रबल हो, वहाँ रहना बुरा है। प्रायः बहुत दिनों तक परिश्रम करने पर भी अन्तमें सब व्यर्थ हो जाता है। अतः यदि अपनेसे कुछ न हो सकता हो तो व्यर्थके झगड़े क्यों बढ़ाये जायँ ! यदि कोई कार्य क्रमसे चलाया जाय तब तो ठीक है, नहीं तो केवल सन्ताप ही होता है। क्षण-क्षण पर जो बाधाएँ पड़ती हैं, उनका कहाँ तक वर्णन किया जाय ! मूर्ख तो अपनी मूर्खताके कारण भटकते फिरते हैं और ज्ञाता अपने ज्ञातृत्वके अभिमानमें आकर कलह मचाते हैं और इसलिए जनतामें दोनोंकी ही दुर्दशा होती है। ये लोग काम तो ठीक तरहसे चला नहीं सकते और चुपचाप बैठे भी नहीं रह सकते। पर इसके लिए ये दूसरोंको दोष क्यों दें ? वस्तुतः नष्ट होनेवाली उपाधियोंको छोड़ देना चाहिए और चारों ओर भ्रमण करके अपना जीवन सार्थक करना चाहिए। जो न तो भ्रमण करता है और न दूसरोंकी बातें सह सकता है, उसे विकल्पकी बहुत बड़ी-बड़ी यातनाएँ भोगनी पड़ती हैं। अतः सब कुछ अपने ही हाथ में है। स्वयं अपने मनमें अच्छी तरह सोच लेना चाहिए और तब जैसा अनुकूल जान पड़े, वैसा ही व्यवहार करना चाहिए।

आठवाँ समास

उपाधियोंके लक्षण

सृष्टिमें बहुतसे लोग हैं जिनका कौतुक भ्रमण करनेसे दिखाई पड़ता है और अनेक प्रकारके नये विचार मिलते हैं। इनमें बहुतसे ऐसे गृहस्थ हैं, जिनकी वृत्ति सदा उदासीन रहती है और सुख अथवा दुःखमें जिनका समाधान नष्ट नहीं होता। वे स्वभावतः कम बोलते हैं, नियमपूर्वक चलते हैं और उनकी बातचीतका ढङ्ग ऐसा अपूर्व होता है जिसे सब लोग पसन्द करते हैं। उन्हें स्वभावतः ताल और रागका ज्ञान होता है और वे न्याय तथा नीतिके लक्षण समझते रहते हैं। उसमें कोई कोई ऐसा वीर भी होता है जो सबको प्रसन्न रखता है, और जिसके सम्बन्धमें प्राणी मात्रका प्रेम नित्य नया बना रहता है। इस संसारमें अचानक बहुत-सी चीजें मिल जाती हैं। कभी किसी महापुरुषके दर्शन हो जाते हैं और महन्तके सब लक्षण उसीमें दिखाई पड़ते हैं। ऐसे महापुरुषके मिलने पर उसका नियमित आचरण और भाषण आदि देखकर गुण-ग्राहक लोग मोहित हो जाते हैं। सब अवगुणोंसे बढ़कर अवगुण यह है कि मनुष्यको अपने अवगुण भी गुण जान पड़ें। यह

बहुत बड़ा पाप है और इससे अभागापन कभी दूर नहीं होता। जो काम बहुत अधिक परिश्रम करनेसे भी नहीं होता, वही कभी-कभी बहुत सहजमें और स्वाभाविक रीतिसे हो जाता है। उसमें दाव-पेंचकी आपत्तियाँ सामने नहीं आतीं। किसीको कोई काम अभ्यास करने पर भी नहीं आता और किसीको आपसे आप आ जाता है। भगवानकी इस महिमाका किसीको पता नहीं चलता। बड़ी-बड़ी राजनीतिक चालें व्यर्थ हो जाती हैं और उनमें विघ्न होते हैं, जिससे चारों ओर निन्दा होती है। इसलिए कहीं भूल न करनी चाहिए, यही सबसे बड़ा उपाय है। भूल होते ही उपाय भी अपाय बनकर हानि करता है। यह पता ही नहीं चलता कि क्या भूल हुई; जिधर चाहिए उधर मनुष्यका मन ही प्रवृत्त नहीं होता और अभिमानके कारण दोनों ही लोकोंमें दुर्दशा होती है। सब कुछ किया कराया नष्ट हो जाता है, लोगोंका मन दुःखी होता है और पता ही नहीं चलता कि युक्तिमें कहाँ भूल हुई। बिना अध्यवसायके जो काम किया जाता है, वह बराबर बिगड़ता ही जाता है, क्योंकि उसके लिए दूरदर्शितासे बुद्धिका बाँध नहीं बाँधा जाता। कुछ लोग ऐसे मूढ़ होते हैं कि उनके सभी काम पागलपनके होते हैं। ऐसे लोग विकल्पके बहुतसे जाल फैला देते हैं। फिर वे स्वयं तो उन जालोंको समेट नहीं सकते और दूसरोंकी समझमें कुछ आता नहीं। विकल्पकी कल्पनाएँ जगह-जगह नाचती हैं। वे गुप्त कल्पनाएँ किसे मालूम हो सकती हैं? कौन आकर उन्हें सँभाले? जिसने कल्पनाओंके ये जाल फैलाये हों, उसे अपनी बुद्धि सबल करनी चाहिए। जो उपाधियोंको सँभाल ही न सकता हो, उसे उपाधियाँ बढ़ानी ही नहीं चाहिएँ और अपना चित्त सावधान करके मनमें समाधान रखना चाहिए। पर लोग दौड़-दौड़कर उपाधियोंके पास पहुँचते और उन्हें गले लगाते हैं। वे स्वयं भी कष्ट उठाते हैं और दूसरोंको भी कष्ट देते हैं। पर इस प्रकार उपाधियोंको बढ़ानेकी कोई आवश्यकता नहीं है। इससे लोगोंको भी और अपने आपको भी बहुत अधिक कष्ट होता है। तो फिर व्यर्थ ही यह झगड़ा क्यों खड़ा किया जाय! यह उपाधियोंका काम कुछ तो अच्छा भी है और कुछ टेढ़ा या खराब भी; इसलिए सब बातोंको समझकर ही कोई काम करना अच्छा है। सब लोगोंमें भक्ति नहीं होती, अतः हमें उचित है कि हम उन लोगोंको जाग्रत करें। पर साथ ही अन्तमें किसी पर दोष न आने देना चाहिए। सब कामोंका उत्तरदायित्व अन्तरात्मा पर ही होता है, निर्गुण पर

किसीका भार नहीं हो सकता। अनेक प्रकारके दोष चञ्चल या आत्मामें ही होते हैं। केवल वह निर्मल और निश्चल ही शुद्ध विश्रान्तिका स्थल है। वहाँ सब विकार निर्विकार हो जाते हैं, सब उद्वेगोंका अन्त हो जाता है और मनको विश्राम मिलता है। विवेकसे ऐसे दुर्लभ परब्रह्मकी स्थिति प्राप्त करनी चाहिए। यह समझ लेना चाहिए कि हममें कोई उपाधि ही नहीं है; हमें जो कुछ मिला है, वह सब कर्मोंके बन्धन या फलसे ही मिला है और उनके आने अथवा चले जानेसे हमारी कोई हानि नहीं है। जो उपाधियोंसे दुःखी हो, उसे शान्त होकर बैठना चाहिए। जो बात अपने हाथमें न हो, उसके लिए व्यर्थ झगड़ा क्यों किया जाय! कभी झगड़े-बखेड़े रहेंगे और कभी शांति रहेगी और उन्हीं दोनोंके बीचमें किसी तरह समय व्यतीत करते रहना चाहिए जिससे हमें विश्राम करनेका समय मिले। उपाधियाँ सदा पीछे नहीं लगी रहतीं और समाधानसे बढ़कर दूसरी चीज नहीं है। और यह मनुष्यका शरीर भी सदा नहीं मिलता।

नवाँ समास

राजनीति-निरूपण

जो ज्ञानी और उदास हो और जो समुदाय एकत्र करना चाहता हो, उसे सदा एकान्तका सेवन करना चाहिए। एकान्तसे अच्छे-अच्छे उपाय सूझते हैं, बहुतसी युक्तियाँ निकलती हैं और प्राणी मात्रकी स्थिति तथा गतिका पता चलता है। यदि वह कोई चेष्टा ही न करेगा तो उसकी समझमें कुछ भी न आवेगा। हाँ, दिवालिया अवश्य अपना हिसाब-किताब या आय-व्यय नहीं देखता। कोई तो बहुत बड़ी सम्पत्ति प्राप्त करता है और कोई अपने पासकी सम्पत्ति भी गँवा बैठता है। ये सब उद्योगकी ही बातें हैं। जो जो बातें मनमें उठें, यदि वे पहले ही अच्छी तरह समझ ली जायँ तो उनमेंसे मिथ्या या निरर्थक बातोंका स्वयं ही अन्त हो जाता है। बराबर साथ रहनेसे घनिष्ठता उत्पन्न होती है। कहा भी है कि अति परिचयसे अवज्ञा उत्पन्न होती है; इसलिए एक ही स्थान पर अधिक समय तक न रहना चाहिए। आलस्य करनेसे सब काम नष्ट हो जाते हैं और समाज या लोकसंग्रहके वास्तविक उद्देश्यका ही अन्त हो जाता है। अतः उपासना के बड़े-बड़े काम नित्य नियमपूर्वक करनेके लिए लोगोंके साथ लगा देने चाहिएँ जिससे कृत्रिम

उपासनाओंके लिए उनके पास अवकाश ही न रह जाय। चोरको भण्डारी तो बना देना चाहिए, पर ज्यों ही वह कोई गड़बड़ी करे तो उसे तुरन्त सँभालना चाहिए और धीरे धीरे उसकी सारी मूर्खता दूर कर देनी चाहिए। ये सब पुरानी और अनुभवकी बातें हैं। किसी प्राणीको कष्ट न होने देना चाहिए और राजनीतिका पालन करते हुए सब लोगोंका संघटन करना चाहिए। नष्ट मनुष्यके लिए नष्ट मनुष्यकी योजना करनी चाहिए, वाचालके सामने वाचालको खड़ा कर देना चाहिए और विकल्पका जाल अपने ऊपर न पड़ने देना चाहिए। काँटेसे ही काँटा निकालना चाहिए, पर साथ ही इस बातका किसीको पता भी न लगने देना चाहिए। अपने ऊपर कलह करानेका अभियोग भी न आने देना चाहिए। जो काम इस प्रकार किया जाता है कि किसीको उसका पता भी न चले, वह तुरन्त हो जाता है; पर गड़बड़ीमें पड़नेसे वह काम उतनी सुन्दरतासे नहीं होता। किसीका यश सुनकर उसपर अनुराग करना चाहिए, उसे देखने पर वह अनुराग और भी दृढ़ होना चाहिए और उसके साथ घनिष्ठता बढ़ाकर अपनी गणना उसके सेवकोंमें करानी चाहिए। हर एक काम करनेसे पूरा होता है और न करनेसे पिछड़ जाता है; इसलिए किसी काममें ढिलाई न होने देनी चाहिए। जिसने दूसरे पर विश्वास किया, उसके सब काम चौपट हो गये। जो अपने कामके लिए स्वयं ही परिश्रम करे, वही अच्छा है। यदि हमारी सब बातें सभीको मालूम हो जायँ तो हमारे सभी उद्योग व्यर्थ हो जायँगे; इसलिए ऐसा न होने देना चाहिए। मुख्य सूत्र स्वयं अपने हाथमें रखना चाहिए और बाकी सब काम दूसरे लोगोंसे कराने चाहिएँ और इस प्रकार राजनीतिके गूढ़ प्रश्नोंका निराकरण करना चाहिए। बहुत बोलनेवालों, पहलवानों और लड़ाई झगड़ा करनेवालोंको भी अपने हाथमें रखना चाहिए। लेकिन ऐसा न हो कि राजनीतिक वर्गमें सब दुर्जन ही भर जायँ। विपक्षियोंको भेद नीतिसे वशमें करना चाहिए और तब उन्हें रगड़कर पीस डालना चाहिए। पर अन्तमें उन्हें सँभाल भी लेना चाहिए और बिलकुल ही नष्ट न हो जाने देना चाहिए। जो दुष्टों और दुर्जनोंसे डर जाता है, वह राजनीतिका महत्त्व नष्ट कर देता है और उसकी अच्छी तथा बुरी सभी बातें लोगों पर प्रकट हो जाती है। साथमें बहुतसे लोग तो होने ही चाहिएँ, पर सैनिक शक्ति भी यथेष्ट होनी चाहिए। पर बड़ा समुदाय एकत्र करके उसके सामने अपनी अकड़ न दिखलानी

चाहिए। मनमें समझ लेना चाहिए कि कौन दुर्जन है, पर अपना वह भाव किसी पर प्रकट न करना चाहिए; बल्कि सज्जनोंकी ही तरह उनका सम्मान करके उन्हें प्रसन्न और अपनी ओर मिलाये रखना चाहिए। यदि सब लोगोंमें यह प्रकट हो जाय कि अमुक व्यक्ति दुर्जन है, तो बहुतसे झगड़े और बखेड़े खड़े होते हैं; इसलिए समझ-बूझकर वह मार्ग ही छोड़ देना चाहिए। राजा ऐसा परमार्थी और धर्मात्मा होना चाहिए, जिसके साथ रहनेवाले शूर-वीरोंकी भुजाएँ शत्रुकी सेनाको देखते ही फड़कने लगें। ऐसे राजाको देखते ही दुर्जन दहल जाते हैं। वह अनुभूत चालें चलता है और उसके द्वारा उपद्रव तथा पाखण्डका बहुत सहजमें नाश हो जाता है। ये सब बहुत चालाकीके काम हैं। राजनीतिमें नियम और दृढ़तापूर्वक सब काम होने चाहिएँ, कहीं शिथिलता न होने देनी चाहिए। चतुर राजनीतिज्ञ कहीं दिखाई नहीं पड़ता, लोगोंके सामने नहीं आता, पर जगह जगह उसकी बातें होती हैं और वह अपने वाग्विलाससे सारी सृष्टिको मोहित कर लेता है। मूर्खके साथ मूर्खको लगा देना चाहिए, मूढ़के सामने मूढ़को खड़ा कर देना चाहिए और बुद्धूके सामने बुद्धू खड़ा कर देना चाहिए। हृष्ट-पुष्टके सामने हृष्ट-पुष्टको, उद्धतके सामने उद्धतको और नटखटके सामने नटखटको रखना चाहिए। जब जैसेको तैसा मिलता है, तब खूब आनन्द आता है। ये सब बातें तो होती रहें, पर फिर भी किसीको यह पता न चलना चाहिए कि इस प्रकारकी चालें चलनेवाला और काम करनेवाला कौन और कहाँ है।

दसवाँ समास

विवेकके लक्षण

जो बराबर अनेक प्रकारके उद्योग करता रहता है, अनेक प्रकारके विचार करता रहता है और मनमें बराबर राजनीतिक चालें सोचता रहता है, वह मानो संसारके सभी उत्तम गुणोंका निरूपण करता है और एक क्षण भी निरूपणसे खाली नहीं जाने देता। वह शास्त्रोंके आधार पर बहुत-सी वक्तृताएँ देता है, अनेक प्रकारकी चर्चाएँ करता है, आशंकाओंके उत्तर देता है और यह बतलाता रहता है कि कौन-सी बात सत्य और कौन-सी मिथ्या है। उसे भक्ति-मार्गका विशद ज्ञान होता है, वह उपासना-मार्गका ग्रहण या संग्रह करता है और मनमें ज्ञानकी बातों पर विचार

करता है। उसे वैराग्य बहुत पसन्द होता है, उदासीन वृत्ति उसे अच्छी लगती है और बड़ी-बड़ी उपाधियोंको भी छोड़ देता है और अपने पीछे नहीं लगने देता। वह अनेक प्रबन्धोंका पाठ करता है, बातोंका उचित उत्तर देता है और अपनी नियमित तथा ठीक बातोंसे सबका मन प्रसन्न रखता है। बहुत-से लोग उससे प्रेम रखते हैं और उसके सामने किसीकी कुछ भी नहीं चलती। यद्यपि उसका परिचय बहुत-से लोगोंसे होता है, पर उसके गूढ़ विचारोंका भी किसीको पता नहीं चलता। वह उपासनाको आगे रखकर चारों ओर अपनी ख्याति कर लेता है और संसारमें सभी जगहके लोग उसे जानते हैं। उसे जानते तो सब हैं, पर वह किसीको मिलता नहीं। अनेक देशोंके लोग उसके पास आते जाते रहते हैं, पर किसीको यह पता नहीं चलता कि वह क्या करता है। वह उन सब लोगोंके मन पर अधिकार रखता है, उनमें विवेक और विचार भरता है और उन्हें अनेक प्रकारकी युक्तियाँ समझाता है। यह पता ही नहीं चलता कि उसके साथ कितने आदमी हैं और उसके पास कितना समुदाय है। वह सभी लोगोंको श्रवण और मननमें प्रवृत्त करता है। वह अपने पास बैठनेवाले लोगोंको बराबर शिक्षा देता रहता है, उन्हें गद्य और पद्य बतलाता रहता है और सदा सबको प्रसन्न रखता है। जिसकी ऐसी रहन-सहन होती है और जो सदा विवेक पर दृष्टि रखता है, उस सावधानके सामने भला अविवेक कहाँसे आ सकता है! जो कुछ अपने आपको ज्ञात हो, वह सब दूसरोंको धीरे-धीरे बतला देना चाहिए और इस प्रकार बहुत-से लोगोंको बुद्धिमान बना देना चाहिए। सबको बराबर शिक्षा देते रहना चाहिए, यह बतलाते रहना चाहिए कि कब क्या-क्या अड़चनें पड़ती हैं और निस्पृह लोगोंको चुन-चुनकर अपने पास रखना चाहिए। जहाँ तक हो सके, सब काम स्वयं करने चाहिएँ; और जो काम अपने किये न हो सकें, वह लोगोंसे कराना चाहिए। पर भगवद्भजन किसी दशामें छोड़ना धर्म नहीं है। भजन स्वयं भी करना चाहिए और दूसरोंसे भी कराना चाहिए। स्वयं भी धार्मिक बातोंका विवरण करना चाहिए और दूसरोंसे भी कराना चाहिए। भजनके मार्ग पर स्वयं भी लगना चाहिए और दूसरोंको भी लगाना चाहिए। यदि पुराने लोगोंमें रहते रहते जी घबरा जाय तो किसी नये प्रान्तमें चले जाना चाहिए। जो कुछ अपनेसे हो सकता हो उसमें कभी आलस्य न करना चाहिए। जो देह या पञ्चीकरणका अभ्यास अथवा अध्ययन न करता हो, समझ लेना चाहिए

कि उसकी महन्ती डूब गई। जल्दी-जल्दी नये लोगोंको बुद्धिमान बनाते रहना चाहिए। न तो उपाधियोंमें फँसना चाहिए और न उनसे घबराना चाहिए। आलस्य किसी विषयमें न करना चाहिए। जो काम बिगड़नेवाला होता है, वह बिगड़ ही जाता है और लोग यों ही पागलोंकी तरह खड़े देखते रह जाते हैं। जो आलसी और हृदयशून्य होगा, वह काम करना क्या जानेगा! यह धक्कमधक्केका काम है। भला अशक्तोंसे कैसे हो सकता है? इसीलिए केवल सशक्तको ही अनेक प्रकारकी बुद्धिमत्ताकी बातें बतलानी चाहिएँ। जब तक कोई काम हो, तब तक कहीं रहना चाहिए; और काम हो जानेपर वहाँसे चले जाना चाहिए और आनन्दसे इधर-उधर घूमना चाहिए। जो उपाधियोंसे छूट जाता है, उसकी निस्पृहता और भी बढ़ जाती है, और जिधर जीमें आता है, उधर ही वह आनन्दपूर्वक चला जाता है। यदि कीर्तिको देखा जाय तो सुख नहीं मिलता, और यदि सुखको देखा जाय तो कीर्ति नहीं होती; और बिना किये कोई काम नहीं होता। कोई बात यों ही नहीं रहती। जो कुछ होनेको होता है, वह हो जाता है। यह स्पष्ट है कि प्राणी मात्र अशक्त हैं। पर यदि पहले ही साहस छोड़ दिया जाय, बीचमें ही धैर्य छूट जाय, तो फिर कोई इस संसारसे कैसे पार हो सकता है! संसार तो आरम्भसे ही बुरा है, पर उसे विवेकसे अच्छा बना लेना चाहिए। पर तमाशा यह है कि उसे जितना ही अच्छा बनाया जाय, वह उतना ही फीका होता जाता है। अच्छी तरह विचार करने पर संसारका यह रूप या स्वभाव समझमें आ जाता है, पर इसके लिए किसीको धैर्य न छोड़ना चाहिए। धैर्य छोड़नेसे कोई लाभ नहीं होता; और सब कुछ सहना ही पड़ता है। बुद्धिमान लोग अनेक प्रकारकी बुद्धियाँ और मत जानते हैं।

बीसवाँ दशक

पहला समास

पूर्ण और अपूर्ण

प्राणी, मन, पृथ्वी, आप, तेज, वायु, आकाश, तीनों गुण, अन्तरात्मा और मूल माया सब व्यापक हैं। निर्गुण ब्रह्म भी व्यापक है। इस प्रकार सभी व्यापक हैं। तो फिर क्या ये सब एक ही से हैं या इनमें कुछ भेद है? फिर इसमें भी कुछ

सन्देह ही होता है कि आत्मा ही निरंजन है। आत्मा सगुण है या निर्गुण या निरंजन ? श्रोता इन्हीं सब सन्देहोंमें पड़ा है। उसका सन्देह बढ़ गया और उसकी समझमें ही नहीं आता कि कौन क्या और कैसा है। अच्छा तो अब इस आशंकाका उत्तर सुनो। सबको एकमें मिलाकर गड़बड़ी मत मचाओ और विवेकसे काम लेकर इन बातोंका अनुभव प्राप्त करो। शरीर और शक्तिके अनुसार ही प्राणीकी व्यापकता होती है, पर वह मनके समान चपल नहीं होता। चपलता एकदेशीय होती है और उसमें पूर्ण व्यापकता नहीं होती। यदि देखा जाय तो पृथ्वीकी व्याप्ति भी परिमित है। इसी प्रकार आप और तेज भी स्वभावतः अपूर्ण दिखाई देते हैं। वायु भी चपल और एकदेशीय ही है। हाँ, आकाश और निरंजन अवश्य ही पूर्ण व्यापक हैं। उनके पूर्ण व्यापक होनेमें किसी प्रकारका सन्देह नहीं है। तीनों गुणों और उनको प्रकट करनेवाली गुणक्षोभिणी माया भी मायिक हैं और उनका भी नाश होगा। अतः वे भी अपूर्ण तथा एकदेशीय हैं और उनमें पूर्ण व्यापकता नहीं हो सकती। आत्मा और निरंजन ये दोनों शब्द दोनों ही तरफ लगते हैं (क्योंकि ये जीवात्मा और शिवात्माके भी बोधक हैं), अतः पहले इनका अर्थ और प्रयोग भी समझ लेना चाहिए। आत्मा या मन बहुत चपल है, तो भी वह व्यापक नहीं है। यह बात मनको विमल और ठीक करके समझनी चाहिए। मन जब आकाशमें रहता है तब पातालमें नहीं रहता और जब पातालमें रहता है तब आकाशमें नहीं रहता। अर्थात्, वह चारों ओर पूर्ण रूपसे नहीं रहता। जब वह आगे देखता है, तब पीछे नहीं रहता और जब पीछे देखता है, तब आगे नहीं रहता। दाहिने, बाएँ और दसों दिशाओंमें उसकी व्याप्ति नहीं होती। यदि चारों ओर झण्डे रख दिये जायँ तो वे एक साथ कैसे सीये जा सकते हैं ? इसलिए ये सब बातें स्वयं अपने अनुभवसे ही समझ लेनी चाहिएँ। यदि परब्रह्मकी उपमा सूर्यके प्रतिबिम्बसे दी जाय, अर्थात् यदि यह कहा जाय कि जिस प्रकार उदय होनेवाले सूर्यका प्रतिबिम्ब जलमें पड़ता है, उसी प्रकार यह जीव भी उस परब्रह्मका प्रतिबिम्ब है, तो वह भी ठीक नहीं है, क्योंकि ब्रह्मका रूप निर्गुण कहा जाता है। हाँ, यदि घटाकाश और मठाकाशसे तुलना की जाय तो अवश्य ही उस निर्गुणसे साम्य हो सकता है। ब्रह्मका अंश आकाश और आत्माका अंश मन है और इन दोनों ही बातोंका यहाँ ठीक-ठीक अनुभव कर लेना चाहिए। अब आकाश और मन ये दोनों समान

कैसे हो सकते हैं ? जो मननशील महापुरुष हैं, वे सभी बातें जानते हैं। यदि मन आगे बढ़कर भटकता है तो पीछेका स्थान बिलकुल खाली पड़ा रहता है; उसमें मन नहीं होता। फिर पूर्ण आकाशसे उसकी समानता कैसे हो सकती है ? परब्रह्म भी अचल है और पर्वतको भी अचल कहते हैं। पर यह कैसे कहा जा सकता है कि वे दोनों एक ही हैं ? ज्ञान, अज्ञान और विपरीत ज्ञान तीनों समान कैसे हो सकते हैं ? इस बातका ज्ञान मनन द्वारा प्राप्त करना चाहिए। ज्ञानका अर्थ है जानना, अज्ञानका अर्थ है न जानना, और विपरीत ज्ञानका अर्थ है कुछको कुछ समझना या देखना। यदि ज्ञान और अज्ञान दोनोंको अलग कर दिया जाय तो केवल स्थूल पंचभौतिक ही बाकी बच जाता है और उसीको विपरीत ज्ञान समझना चाहिए। द्रष्टा, साक्षी, अन्तरात्मा और जीवात्मा ही शिवात्मा है और आगे चलकर शिवात्मा ही जीवात्मा होकर जन्म लेता है। आत्मतत्वमें जन्म और मरण होता है, जन्म और मरणका भंग नहीं होता। गीतामें भगवानने कहा भी है—"सम्भवामि युगे युगे"। एकदेशीय मनुष्य विचार करनेसे विश्वम्भर हो जाता है। पर विश्वका पालन करनेवाले विश्वम्भरसे संसार छूट ही कैसे सकता है ! ज्ञान और अज्ञान दोनों वृत्ति रूपसे समान हैं और निवृत्ति रूपसे उनका विज्ञान होना चाहिए। ज्ञानने ही इतना बड़ा ब्रह्माण्ड बनाया और यह सब विस्तार किया है। ज्ञान अनेक प्रकारके विकारोंसे भरा हुआ है। ब्रह्माण्डकी आठवीं देह या मूल माया ही वास्तवमें ज्ञान है। मनुष्यको उचित है कि वह उससे भी परेका विज्ञान रूपी विदेहका पद प्राप्त करे।

दूसरा समास

तीन प्रकारकी सृष्टियाँ

यदि चञ्चल मूल माया न हो तो फिर निर्गुण ब्रह्म उसी प्रकार निश्चल है, जिस प्रकार चारों ओर फैला हुआ आकाश है। दृश्य आता-जाता रहता है पर ब्रह्म चारों ओर छाये हुए आकाशकी तरह निश्चल है। जिधर देखा जाय, उधर ही उसका पार नहीं मिलता; वह अपार है। वह एक ही प्रकारका और स्वतन्त्र है, उसमें द्वैत नहीं है। अपने आपको ब्रह्मांडके ऊपर पहुँचाना चाहिए, यह समझकर देखना चाहिए कि ब्रह्मांड है ही नहीं; आकाशको यह समझकर देखना चाहिए कि वह है हीं नहीं; तब वहाँ चञ्चल और व्यापकके नामसे बिलकुल शून्याकार ही दिखाई देगा।

यदि विवेकसे दृश्यको अलग कर दिया जाय तो फिर सब जगह ब्रह्म ही भरा हुआ दिखाई देगा; पर कोई उसका पूरा पूरा अनुमान नहीं कर सकता। नीचे, ऊपर और चारों ओर जिधर देखिए, उधर निर्गुण ब्रह्म ही दिखाई पड़ेगा। उसका अन्त देखनेके लिए मन किधर दौड़ेगा? दृश्य चलता है, पर ब्रह्म नहीं चलता; दृश्य जान पड़ता है, पर ब्रह्म नहीं जान पड़ता; दृश्यकी कल्पना होती है, पर ब्रह्म कल्पनामें नहीं आता। कल्पना तो कोई चीज ही नहीं है; हाँ, ब्रह्म जगह जगह भरा हुआ है। महावाक्यके तात्पर्य पर विचार करते रहना अच्छा है। परब्रह्मके समान और कोई श्रेष्ठ नहीं है, श्रवणसे बढ़कर कोई साधन नहीं है और बिना ज्ञान हुए समाधान नहीं होता। यदि मनुष्य पिपीलिका मार्ग ग्रहण करे, च्यूँटीकी चालसे चलकर धीरे धीरे अभ्यास करे तो उसे धीरे धीरे ज्ञान होता है; और यदि विहङ्गम मार्गका अवलम्बन करे, तेजीके साथ दृढ़तापूर्वक अभ्यास करता हुआ जल्दी जल्दी ब्रह्मकी ओर बढ़े, तो उसे शीघ्र ही फल मिलता है। साधकके लिए मनन करना ही अच्छा है। परब्रह्मके समान सत्य और कोई पदार्थ नहीं है। परब्रह्ममें निन्दा और स्तुति कुछ भी नहीं है। इस प्रकार परब्रह्म बिलकुल अकेला और निरुपम है; उसके साथ किसीकी तुलना नहीं हो सकती। महानुभाव और पुण्यराशि ही उसमें प्रवेश कर सकते हैं। चञ्चलसे केवल दुःख ही मिलता है और निश्चलमें जितनी विश्रान्ति है, उतनी और किसीमें नहीं है। महानुभाव अनुभवसे ही निश्चलको देखते हैं। जो आदिसे लेकर अन्त तक बराबर विचार ही करता रहता है, उसीके मनमें अनुभवका निश्चय होता है। कल्पनाकी सृष्टिका तीन प्रकारसे भास होता है। उसे तीक्ष्ण बुद्धिसे मनमें लाना चाहिए। मूल मायासे ही तीनों गुण होते हैं जो सब एकदेशीय हैं; और पञ्चभूतोंकी स्थूलता तो स्पष्ट ही दिखाई पड़ती है। पृथ्वीसे ही चारों खानियाँ होती हैं और उन चारोंके कार्य भी अलग अलग हैं। बस, सारी सृष्टिका कार्य यहींसे आरम्भ होता है।

अब सृष्टिके त्रिविध लक्षण विशद रूपसे बतलाये जाते हैं। श्रोताओंको मन सुचित करना चाहिए। चेतनावाली मूल माया आरम्भसे ही सूक्ष्म कल्पनाकी है। उसकी स्थिति भी वाचाकी ही स्थितिके समान है। अष्टधा प्रकृतिका मूल केवल मूलमाया है और सब बीज आरम्भसे ही उसमें सूक्ष्म रूपमें रहते हैं। वही जड़ पदार्थोंको चैतन्य करती है और इसीलिए उसे चैतन्य कहते हैं। सूक्ष्म रूपसे

और संकेतसे ही ये सब बातें समझ लेनी चाहिएँ। प्रकृति और पुरुष, अर्धनारी-नटेश्वर और अष्टधा प्रकृति सब कुछ वही है। तीनों गुण भी गुप्त रूपसे उसीमें रहते हैं, अतः उसे महत्तत्त्व कहते हैं। शुद्ध सत्वगुण भी गुप्त रूपसे उसीमें रहता है। जिससे तीनों गुण प्रकट होते हैं, उसीको गुणक्षोभिणी कहते हैं। वे साधु धन्य हैं जो तीनों गुणोंके रूप समझते हैं। उन गुणोंमें एक छिपी हुई समानता होती है, इसलिए उसे गुण-साम्य कहते हैं। यह विचार बहुत ही सूक्ष्म और अगम्य है। तब भला इसे बहुतसे लोग कैसे समझ सकते हैं? मूल मायासे ही तीनों गुण हुए हैं, पर वे चञ्चल और एकदेशीय होते हैं। ध्यानपूर्वक देखनेसे यह बात मनमें आ जाती है। इसीके बाद पाँचों भूतोंका इतना अधिक विस्तार हुआ है, जिसके अन्तर्गत वसुन्धराके सातों द्वीप और नौ खण्ड हैं। इन्हीं तीनों गुणोंसे पृथ्वी पर प्रकृतिके और सब प्रकार या भेद हुए हैं। तीनों गुणों और पाँचों भूतोंके बाद एक और तीसरी चीज है। अब उसका हाल सुनो। पृथ्वीमें अनेक प्रकारके पदार्थोंके बीज हैं। अंडज, जारज, स्वेदज और उद्भिज ये चारों खानियाँ और चारों वाणियाँ इसीसे उत्पन्न हुई हैं। ये खानियाँ और वाणियाँ बराबर होती जाती हैं, पर पृथ्वी ज्योंकी त्यों रहती है। हाँ, उसमें बहुतसे प्राणी उत्पन्न होते तथा मरते रहते हैं।

तीसरा समास

सूक्ष्म नाम

आदिसे अन्त तक अनेक प्रकारके विस्तार बतलाये गये हैं। उनका विचार करते हुए वृत्तिको फिर पीछेकी ओर ले जाना चाहिए। चारों वाणियाँ, चारों खानियाँ, जीवोंकी चौरासी लाख योनियाँ और अनेक प्रकारके प्राणी जन्म लेते हैं। ये सब पृथ्वीसे ही उत्पन्न होते हैं और फिर पृथ्वीमें ही मिलकर नष्ट भी हो जाते हैं। इस प्रकार यहाँ बहुतसे प्राणी आते जाते रहते हैं, पर पृथ्वी ज्योंकी त्यों है। यह तो सबसे ऊपरवाले भागकी बात हुई। उसके बाद दूसरी सीढ़ी पाँचों भूतोंकी है और तीसरी सीढ़ी या विभागमें अनेक सूक्ष्म नाम और अभिधान हैं। सब स्थूलोंको छोड़कर सूक्ष्म रूपोंको पहचानना चाहिए और तीनों गुणोंसे पहलेवाली अवस्था पर सूक्ष्म रूपसे विचार करना चाहिए। पहले यह समझ लेना चाहिए कि चेतन और अचेतन ये दोनों गुणोंके रूप हैं। सूक्ष्म सृष्टिका चमत्कार इससे

आगे आता है। शुद्ध अचेतन तमोगुणसे है, शुद्ध चेतन सत्वगुणसे है और चेतना-चेतन रजोगुणके कारण मिश्रणसे होते हैं। तीनों गुणोंके यही रूप हैं। आगे चलकर इनका जो कर्दम या मिश्रण होता है, उसे गुणक्षोभिणी कहते हैं। जहाँ रज, तम और सत्व तीनों मिलकर गुप्त रूपसे कर्दमके रूपमें रहते हैं, वही महत्तत्व है। प्रकृति-पुरुष, शिव-शक्ति और अर्धनारी-नटेश्वर उसीको कहते हैं और उसका स्वरूप तीनों गुणोंके कर्दम या मिश्रणके समान है। जिसमें सूक्ष्म रूपसे गुणोंकी समानता रहती है, उसे गुण-साम्य कहते हैं। इसी प्रकार चैतन्य मूल माया भी सूक्ष्म ही है। यह कर्दम या मिश्रित मूल माया ही ब्रह्मांडकी महाकारण काया है। इस प्रकारके सूक्ष्म अन्वयोंका बराबर विवेचन करते रहना चाहिए। चारों खानियों, पाँचों भूतों और चौदहों सूक्ष्म सङ्केतोंमें ही सब कुछ ढूँढ़कर देखा जा सकता है। यह बात यों ही ऊपरसे देखने पर नहीं जान पड़ती और न प्रयत्न करने पर समझमें आती है; इसलिए लोगोंके मनमें अनेक प्रकारके सन्देह उत्पन्न होते हैं। मूल मायाके चौदहों नाम और पाँचों भूत मिलकर उन्नीस हुए और चारों खानियोंके मिलनेसे वे तेईस हुए। इनमेंसे मूल चौदह नामों पर बार-बार विचार करना चाहिए। जो अच्छी तरह विवरण करके इन बातोंको समझ लेता है, उसके लिए कोई सन्देह बाकी नहीं रह जाता; और न समझनेके कारण जो गड़बड़ी होती है वह व्यर्थ ही होती है। सारी सृष्टिके बीज स्वभावतः मूल मायामें रहते हैं और इन्हीं सब बातोंको समझ लेनेसे परमार्थका साधन होता है। जो समझ लेता है, वह व्यर्थकी बकबक नहीं करता; जिसे निश्चय हो जाता है, वह फिर सन्देह नहीं करता और कभी अपना परमार्थ नहीं बिगाड़ता। उस शब्दातीतके सम्बन्धमें जो कुछ कहा जाता है, उसे वाच्यांश कहते हैं। पर शुद्ध लक्ष्यांशको विवेकसे देखना चाहिए। इसमें पूर्वपक्ष माया है जिसका सिद्धान्तमें लय हो जाता है। मायाके न रह जाने पर जो कुछ बच रहता है, उसे क्या कहा जाय? अन्वय और व्यतिरेक दोनों पूर्वपक्षसे सम्बन्ध रखनेवाली बातें हैं (अर्थात्, सब मायाकी बातें हैं)। शुद्ध सिद्धान्त केवल एक ही होता है और उसमें दूसरा कोई नहीं होता। यदि नीचेकी ओर मुख किया जाय (माया पर दृष्टि रखी जाय) तो केवल भेद ही बढ़ते हैं; और ऊपरकी ओर देखनेसे (परब्रह्म या परमार्थ पर दृष्टि रखनेसे) भेदोंका नाश होता है। जो निःसङ्ग और निर्गुण है, वही महायोगी है। जब यह पता चल जाय

कि माया मिथ्या है, तब फिर उसका भय क्यों किया जाय ? मायाके डरके कारण ही तो स्वरूप-स्थिति प्राप्त नहीं होती। मिथ्या मायाके भयसे सत्य परब्रह्मको क्यों छोड़ा जाय ? और आत्मस्वरूपका ठीक ठीक निश्चय हो जाने पर व्यर्थ इधर उधर भटकनेकी क्या आवश्यकता है ? पृथ्वीमें बहुत-से लोग हैं और उनमें कुछ सज्जन भी होते हैं, साधुको साधुके बिना और कोई पहचान नहीं सकता। इसलिए पहले गृहस्थी छोड़नी चाहिए और तब साधुका पता लगाना चाहिए; और चारों ओर घूमकर साधुओंकी सेवामें पहुँचना चाहिए। बहुत-से साधुओं और सन्तोंको ढूँढ़ना चाहिए; उन्हींमें कोई अनुभवी महन्त भी मिल जाता है। बिना अनुभवके कभी स्वहित नहीं हो सकता। चाहे गृहस्थीकी बातें हों और चाहे परमार्थ हो, बिना अनुभवके सभी व्यर्थ हैं। जिसे अनुभवपूर्ण ज्ञान हो, वही सबसे अधिक समर्थ है। रात दिन अर्थ पर विचार करते रहना चाहिए, क्योंकि जो अर्थ पर विचार करता है, वही समर्थ होता है और वही अपने परलोकका स्वार्थ सिद्ध कर सकता है। इसलिए एक बार देखी या समझी हुई बातको बार-बार देखना या समझना चाहिए और ढूँढ़ी हुई चीज भी फिरसे बार-बार ढूँढ़नी चाहिए। जब सब बातोंका ज्ञान हो जायगा, तब सब सन्देह आपसे आप दूर हो जायँगे।

चौथा समास

आत्माका निरूपण

सब लोगोंसे प्रार्थना है कि वे व्यर्थ ही अपना मन उदास न करें और अनुभव-की जो बातें बतलाई गई हैं, उन्हें अच्छी तरह स्मरण रखें। यदि लोग अनुभवको एक ओर छोड़कर जिधर जीमें आवेगा उधर भागते फिरेंगे तो सारासारका निर्णय कैसे होगा ? यदि सृष्टिको यों ही देखा जाय तो उसमें बहुत कुछ गड़बड़ी दिखाई पड़ती है, पर उस ईश्वरीय सत्ताकी बात कुछ निराली ही है। पृथ्वी पर जितने शरीर हैं, वे सब उसी भगवानके घर हैं और उन्हीं शरीरोंके द्वारा उसे अनेक प्रकारके सुख मिलते हैं। उसकी महिमा कौन जान सकता है ! वह कृपालु जगदीश माताकी भाँति प्रत्यक्ष रूपसे सारे जगतकी रक्षा करता है। उसकी सत्ता पृथ्वी भरमें बँटी हुई है और सब जगह उसकी कलासे इस सृष्टिके सब काम चलते हैं। उस मूल ज्ञाता पुरुषकी सत्ता वास्तवमें सब शरीरोंमें विभक्त है और सारी कलाएँ

और चतुराइयाँ उसीमें रहती हैं। समस्त शरीर रूपी नगरोंका वह ईश्वर सारे जगतमें है और वही भिन्न-भिन्न शरीरोंमें रहकर आनन्दसे सब काम करता है। यों देखनेसे ज्ञान पड़ता है कि यह सारी सृष्टि किसी एकके कारण नहीं चलती, पर वास्तवमें वही एक ईश्वर अनेक प्रकारके शरीर धारण करके उसका संचालन करता है। वह न तो ऊँच नीचका विचार करता है और न अच्छा बुरा देखता है। वह केवल यही चाहता है कि सब काम चलते रहें। यह पता नहीं चलता कि अज्ञानियों-की रचना उसने संसारके काममें बाधा डालनेके लिए की है या उन्हें अध्ययनमें लगानेके लिए की है। वह आप ही अपनी बातें जानता है। संसारके लोगोंके अन्तःकरणका अच्छी तरह अनुसन्धान करना और उसे देखना ही ध्यान है और ध्यान तथा ज्ञान दोनों एक ही चीज हैं। जब प्राणी इस संसारमें आ करके कुछ बुद्धिमान होता है, तब वह भूमण्डलकी सब बातों पर विचार करने लगता है। रामका झंडा फहरा रहा है और वह आत्माराम ज्ञानघन है। वह विश्वम्भर है तो सब जगह, पर उसका पता बड़े भाग्यसे चलता है। हम ज्यों ज्यों उपासनाका रहस्य जानना चाहते हैं, त्यों त्यों वह हमसे और भी दूर होती जाती है। यह ठीक ही कहा गया है कि उसकी महिमा जानी नहीं जाती। द्रष्टाका अर्थ है देखनेवाला, और साक्षीका अर्थ है जाननेवाला। उस अनन्त रूपी अनन्तको पहचानना चाहिए। यदि भलोंकी संगति हो और भगवानकी कथामें प्रीति हो तो मनको कुछ विश्राम मिल सकता है। साथ ही ऐसा अनुभवजन्य ज्ञान भी होना चाहिए, जो सब संदेहोंका नाश कर दे, क्योंकि बिना अनुभवके समाधान नहीं हो सकता। मूल संकल्प हरि-संकल्प है, और संसारके अन्तःकरणमें मूल मायाके ही कार्योंका रूप दिखाई देता है। उपासना ज्ञान स्वरूप है, और ज्ञानमें चौथी देहका आरोप है। अतः सब प्रकारके संकल्प छोड़ देने चाहिएँ। फिर आगे वही विशाल परब्रह्म है जो आकाशकी तरह व्यापक, सघन और कोमल है। उपासनाका अर्थ है ज्ञान, और ज्ञान से ही निरंजन मिलता है जिससे योगियोंका समाधान होता है। यदि विशेष विचारपूर्वक देखा जाय तो हम स्वयं ही उपासना हैं। हमारा उपासक रूप तो चला जाता है और उपास्य रूप शरीर धारण करके बना रहता है। परम्परासे बराबर यही झमेला चला चलता है और अब भी उसी प्रकार उत्पत्ति तथा स्थिति होती रहती है। वन पर वनचरोंकी, जल पर जलचरोंकी और भूमण्डलमें भूपालोंकी सत्ता

है। हलचल या प्रयत्नसे ही सामर्थ्य प्राप्त होती है; पर जो कुछ किया जाय, उसमें ईश्वरका अधिष्ठान होना चाहिए। यह ठीक है कि कर्ता जगदीश ही है, पर मनुष्योंके रूपमें उसके अलग अलग विभाग हो गये हैं, और उन्हींके द्वारा सब काम अलग अलग कराये जाते हैं; इसलिए किसीको अभिमान न करना चाहिए कि हम्हीं कर्ता हैं। "हरिर्दाता हरिर्भोक्ता" वाला सिद्धान्त ही सब जगह काम करता है। पर इस बातको अच्छी तरह विचार करके देखना चाहिए। सब कुछ करनेवाला ईश्वर ही है। यह समझना बिलकुल मायिक है कि हम सब कुछ करते हैं। उसकी ओरसे जैसे विचार मनमें उत्पन्न हों, उन्हींके अनुसार और सबके अनुकूल रहकर काम करना चाहिए। आत्माके समान चपल और ब्रह्मके समान निश्चल और कोई नहीं है। बराबर एक एक सीढ़ी चढ़ते हुए मूल तक पहुँचना चाहिए।

पाँचवाँ समास

चारों पदार्थ

यदि आदिसे अन्त तक सब देखा जाय तो केवल यही चार पदार्थ दिखाई देते हैं—एक ब्रह्म, चौदह मूलमाया, पाँच भूत और चार खानियाँ। परब्रह्म इन सबसे निराला और अलग है और सब प्रकारकी कल्पनाओंसे रहित है। परब्रह्मका विचार सब कल्पनाओंसे परे है। वह निर्मल, निश्चल, निर्विकार और अखंड है। एक परब्रह्म ही मुख्य पदार्थ है और उसके साथ किसीकी तुलना नहीं हो सकती। दूसरा पदार्थ मूल मायाकी अनेक कल्पनाएँ हैं। वह बहुत ही सूक्ष्म और कर्दम या मिश्रणके रूपमें है, और उसके मूलमें संकल्पका आरोप होता है (अर्थात्, वह संकल्पसे ही उत्पन्न है)। आरम्भिक हरि-संकल्प ही सबका आत्माराम है। मूल मायाके चौदह नाम और विवरण इस प्रकार हैं। पहले निश्चलमें चंचल चैतन्य होता है, इसीलिए उसे चैतन्य कहते हैं। गुणोंकी समानताके कारण गुण-साम्य होता है। वही अर्धनारी-नटेश्वर, षड्गुणेश्वर, प्रकृति-पुरुष तथा शिव-शक्ति है। इसके बाद शुद्ध सत्व गुण, अर्ध मात्रा और गुणक्षोभिणी होती है और तब सत्व, रज तथा तम ये तीनों गुण प्रकट होते हैं। और तब मन, माया तथा अन्तरात्मा है। यही मूल मायाकी चौदह चीजें हैं और इन सबमें ज्ञानात्मा वर्तमान है। इस प्रकार दूसरे पदार्थ मूल मायाकी ये चौदह चीजें हो गईं। अब तीसरे पदार्थ पंच-महाभूतोंको लीजिए।

उनमें ज्ञातृत्व कम होता है और उनका आदि तथा अन्त प्रत्यक्ष ही है। चौथा पदार्थ चारों खानियाँ हैं। इन चारों खानियोंमें अनन्त प्राणी हैं और उनमें ज्ञातृत्व बहुत अधिक है। इस प्रकार इन चारों पदार्थोंका वर्णन यहाँ समाप्त होता है।

बीज बहुत थोड़ा-सा बोया जाता है, पर आगे चलकर उससे बहुत कुछ उत्पन्न होता है। चारों खानियों और चारों वाणियोंके प्रकट होने पर यही दशा आत्माकी होती है। इसी प्रकार सत्ता प्रबल हुई है और थोड़ीसे बहुत हुई है और मनुष्योंके वेषमें अनेक प्रकारसे सृष्टिका भोग करती है। श्वापद या जङ्गली जानवर प्राणियोंको मारकर खाते और इस प्रकार अपना निर्वाह करते हैं। इसके सिवा वे और कुछ भी नहीं जानते। पर अनेक प्रकारके भोग मनुष्य शरीरसे ही होते हैं। अनेक प्रकारके शब्द, स्पर्श, रूप, रस, गन्ध आदिका विशेष रूपसे भोग करना मनुष्यका शरीर ही जानता है। अमूल्य रत्नों, वस्त्रों, यानों, शस्त्रों, विद्याओं, कलाओं और शास्त्रोंका ज्ञान नर-देहको ही होता है। सारी पृथ्वीमें ईश्वरकी सत्ता व्याप्त है, वह सत्ता जगह-जगह भरी हुई है और उसीसे अनेक प्रकारकी विद्याएँ, कलाएँ और धारणाएँ उत्पन्न हुई हैं। नर-देह प्राप्त होने पर सभी दृश्य देखने चाहिएँ, सभी स्थानों और मानोंको सँभालना चाहिए और सारासारका विचार करना चाहिए। इहलोक, परलोक, अनेक प्रकारके विवेक और अविवेक मनुष्य ही जानता है। अनेक प्रकारके पिंडों और ब्रह्मांडकी रचना, अनेक प्रकारके मूलोंकी कल्पनाएँ और धारणाएँ, आठों प्रकारके भोग (सुगन्ध, वनिता, ताम्बूल, वस्त्र, गायन, भोजन, शय्या और द्रव्य), नौ रस (शृङ्गार, वीर, रौद्र, करुण, भयानक, हास्य, वीभत्स, अद्भुत और शान्त), अनेक प्रकारके विलास, वाच्यांश, लक्ष्यांश और सारांश मनुष्य ही जानता है। मनुष्यने इन सबका संग्रह किया है और उस मनुष्यका ईश्वर पालन करता है। इन सब बातोंका ज्ञान भी नर-देहसे ही होता है। नर-देह परम दुर्लभ है। इससे अलभ्यका भी लाभ होता है और दुर्लभ भी सुलभ हो जाता है। और सब देह रद्दी और निरर्थक हैं, नर-देह सबसे अधिक लाभदायक है। पर हाँ, इसमें यथेष्ट विवेक होना चाहिए। नर-देह पाकर जिसने आलस्य किया और विवेक-बलसे ईश्वरको नहीं पहचाना, उसने मानों अपना सर्वस्व गँवा दिया। नर यदि विश्वास-पूर्वक श्रवण करे और अपने अन्तःकरणको सदा मननशील बनाये रखे तो वही नारायण है। जो स्वयं तैरना जानता है, उसे दूसरेका सहारा नहीं लेना पड़ता।

अतः स्वतन्त्रतापूर्वक ही सब बातोंका पता लगाना चाहिए। जो सब बातोंका पता लगा चुकता है, उसे किसी प्रकारका सन्देह नहीं रह जाता। इसके उपरान्त उसकी जो अवस्था होती है, उसका हाल वह स्वयं ही जानता है (अर्थात्, उसकी वह दशा अनिर्वचनीय होती है)।

छठा समास

आत्माके गुण

यदि भूमण्डलको देखा जाय तो उसमें जगह-जगह जल भरा हुआ है; और बहुतसे ऐसे सपाट या रेतीले मैदान भी हैं जिनमें जल बिलकुल नहीं है। इसी प्रकार इस दृश्यका विस्तार है। इसके कुछ पदार्थोंमें तो चेतना शक्ति शोभित है और कुछ बिना चेतनाके हैं। चार खानियाँ, चार वाणियाँ और जीवोंको चौरासी लाख योनियाँ हैं जिन सबका ठीक-ठीक वर्णन शास्त्रोंमें दिया जाता है। कहा है—

जलजा नवलक्षाश्च दशलक्षाश्च पक्षिणः।
कृमयो रुद्रलक्षाश्च विंशल्लक्षा गवादयः॥
स्थावरास्त्रिंशल्लक्षाश्च चतुर्लक्षाश्च मानवाः।
पापपुण्यं समं कृत्वा नरयोनीषु जायते॥

इस प्रकार शास्त्रोंमें मनुष्यके चार लाख, पशुओंके बीस लाख, कीड़े-मकोड़ोंके ग्यारह लाख, खेचरोंके दस लाख, जलचरोंके नौ लाख और स्थावरोंके तीस लाख भेद कहे गये हैं। यही चौरासी लाख योनियाँ हैं। जो प्राणी स्वयं जितना है, उतना ही वह जानता है। प्रत्येक योनिमें अनन्त शरीर हैं, जिनकी कोई सीमा या गिनती नहीं है। अनन्त प्राणी उत्पन्न होते और मरते हैं, पर उन सबका अधिष्ठान यह पृथ्वी ही है। बिना पृथ्वीके उनकी स्थिति ही कैसे हो सकती है! अब पाँचों भूतोंको लीजिए। जब वे स्पष्ट दशाको प्राप्त होते हैं, तब उनमेंसे कुछ तो आकार धारण करके जीवित रहते हैं और कुछ यों ही गुप्त रहते हैं। अन्तरात्माकी पहचान यही है कि उसमें चपलता हो। अब सावधान होकर यह सुनो कि ज्ञातृत्वका अधिष्ठान कहाँ होता है। जीव सुख और दुःखका ज्ञान रखनेवाला है और शिवको भी ऐसा ही समझना चाहिए। अन्तःकरण-पञ्चक उस अपूर्व आत्माका ही अंश है। स्थूलमें आकाशके जो गुण हैं, उन्हें आत्माका ही अंश समझो; और सत्व, रज तथा तम

आत्माके गुण हैं। अनेक प्रकारकी चेष्टाएँ, धैर्य या धृतियाँ, नौ प्रकारकी भक्तियाँ, चार प्रकारकी मुक्तियाँ, अलिप्तता और सहज स्थिति, द्रष्टा, साक्षी, ज्ञानघन, सत्ता, चैतन्य, पुरातन, श्रवण, मनन, विवरण, दृश्य, दर्शन, ध्येय, ध्याता, ध्यान, ज्ञेय, ज्ञाता, ज्ञान, वेदों, शास्त्रों और पुराणोंके अर्थ, गुप्त रूपसे होनेवाले परमार्थ, सर्वज्ञताकी सामर्थ्य, बद्ध, मुमुक्षु, साधक, सिद्ध, शुद्ध विचार करनेकी शक्ति, बोध, प्रबोध, जागृति, स्वप्न, सुषुप्ति, तुर्या, प्रकृति, पुरुष, मूल माया, पिंड, ब्रह्मांड, आठों प्रकारकी काया, परमात्मा, परमेश्वरी या मूलमाया, जगदात्मा, जगदीश्वरी, महेश, माहेश्वरी ये सब आत्माके ही गुण हैं। जितने सूक्ष्म नाम और रूप हैं वे सब आत्माके ही स्वरूप हैं। उसके इतने सङ्केत, नाम और रूप आदि हैं जिनकी कोई सीमा नहीं है। आदि-शक्ति, शिव-शक्ति, मुख्य मूल माया, सर्व-शक्ति, अनेक प्रकारके पदार्थोंकी उत्पत्ति और स्थिति, पूर्वपक्ष, सिद्धान्त, गाना-बजाना, सङ्गीत, अनेक प्रकारकी अद्भुत विद्याएँ, ज्ञान, अज्ञान, विपरीत ज्ञान, असद् और सद्-वृत्तियाँ, सब प्रकारकी ज्ञप्तियाँ या ज्ञान, अलिप्तता, पिंड, ब्रह्मांड, तत्त्व-विवरण, अनेक तत्त्वोंका निर्णय, स्पष्ट विचार करनेकी शक्ति, अनेक प्रकारके ध्यान और अनु-सन्धान स्थितिय ज्ञान, अनन्य आत्म-निवेदन, तेंतिस करोड़ देवता, अट्ठासी हजार ऋषीश्वर, अपार भूत और खेचर, साढ़े तीन करोड़ भूतावली, छप्पन करोड़ चामुंडाएँ, नौ करोड़ कात्यायिनी, चन्द्रमा, सूर्य, तारामंडल, अनेक नक्षत्र और ग्रहमंडल, शेष, कूर्म, मेघ-मंडल, देव, दानव, मानव, अनेक प्रकारके जीव, सब प्रकारके भाव और अभाव आदि सब आत्मा ही के गुण हैं। इस प्रकार आत्माके तो अनेक गुण हैं पर ब्रह्म निर्विकार और निर्गुण है। पूर्ण ज्ञान और एकदेशीयता भी आत्माके ही गुण हैं। आत्मारामकी उपासना करनेसे मनुष्य उस निरंजन परमात्माको प्राप्त करता है और तब उसके शरीरमें सन्देहके लिए कोई स्थान ही नहीं रह जाता।

सातवाँ समास

आत्म-निरूपण

समाधान चाहे अनिर्वचनीय ही क्यों न हो, पर फिर भी उसके सम्बन्धमें कुछ कहना आवश्यक है। क्योंकि यह तो होगा ही नहीं कि केवल बतलानेके कारण

ही समाधान चला जाय। इसके लिए न कुछ छोड़ना पड़ता है और न कुछ जोड़ना पड़ता है; केवल विचार करनेसे ही सब मालूम हो जाता है। मुख्य काशी विश्वेश्वर, सेतुबन्ध रामेश्वर, मल्लिकार्जुन, भीमाशंकर आदि आत्माके ही गुण हैं। मुख्य बारह लिंगोंके सिवा और भी बहुतसे लिंग हैं; और संसार जानता है कि ये सब आत्माके ही गुण हैं। संसारमें जो अनन्त शक्तियाँ, साक्षात्कार, चमत्कार और अनेक देवताओंकी सामर्थ्य मूर्तियाँ हैं, वे सब आत्माके ही गुण हैं। अनेक प्रकारके सिद्धों, मन्त्रों, मोहरों, बल्लियों, तीर्थों और क्षेत्रोंकी सामर्थ्य तथा भूमंडलकी और सब शक्तियाँ आत्माके ही गुण हैं। जितने उत्तम गुण हैं वे सब आत्माके ही लक्षण हैं। संसारमें जितनी अच्छी और बुरी बातें हैं वे सब आत्माके ही कारण हैं। शुद्ध आत्मा उत्तम गुणोंवाली और शबल या उपाधि युक्त आत्मा बुरे लक्षणवाली होती है। अच्छे और बुरे सब काम आत्माके ही हैं। आत्माके कारण ही लोग अनेक प्रकारसे अभिमान करते हैं, अनेक प्रकारकी प्रतिसृष्टियाँ रचते हैं और अनेक प्रकारके शाप तथा उपशाप दिये जाते हैं। पिंडोंके सम्बन्धमें अच्छी तरह अनुसन्धान करना चाहिए और तत्त्वोंके पिंडका पता लगाना चाहिए। तत्त्वोंकी खोज करनेसे सब पिंडोंका ज्ञान हो जाता है। यह जड़ शरीर पाँचों भूतोंसे बना है और इसमें जो चंचलता है वह आत्माका गुण है। पर उस निश्चल ब्रह्मसे खाली कोई जगह नहीं हो सकती। पिंडोंमें निश्चल या ब्रह्म, चंचल या आत्मा और जड़ या भूतका निर्णय करना चाहिए। बिना अनुभवके कोई बात ठीक तरहसे नहीं कही जा सकती। जब पिंडमेंसे आत्मा निकल जाती है तब सब निर्णय हो जाता है और देखते देखते इस जड़ शरीरका अन्त हो जाता है। जितने जड़ पदार्थ होते हैं उन सबका नाश हो जाता है, जो कुछ चंचल है वह निकल जाता है और जड़ तथा चंचलका रूप समझमें आ जाता है। यह देखनेके लिए तो कोई परिश्रम करना ही नहीं पड़ता कि वह निश्चल सभी जगह है और उस निश्चलमें गुण या विकार कुछ भी नहीं है। यह भी स्पष्ट समझमें आता है कि जैसे पिंड है वैसा ही ब्रह्मांड भी है। जड़ और चंचल दोनोंके न रह जाने पर केवल श्रेष्ठ परब्रह्म बाकी रह जाता है। महाभूतोंको एकमें मिलाकर उसमें आत्मा डाल दी जिससे यह पुतला या शरीर बन गया। बस इसी तरह सृष्टिका सारा क्रम चलता है; विकार तो उत्पन्न करती है आत्मा और माया, पर उसका आरोप किया जाता है ब्रह्म पर। जो इन बातोंका

अनुभव प्राप्त करके विवरण करता है वही श्रेष्ठ है। ब्रह्म अखण्ड रूपसे व्यापक है और सब व्यापकताएं खंडित हैं। यदि अच्छी तरह विचार किया जाय तो यह बात समझमें आना कुछ भी कठिन नहीं है। आकाशके टुकड़े-टुकड़े नहीं किये जा सकते। यदि महाप्रलय और सृष्टिका संहार भी हो जाय तो आकाशका क्या बिगड़ेगा? जिसका संहार या नाश हो सके वह स्वभावतः नश्वर है। ज्ञाता ही यह गाँठ सुलझा सकते हैं। जब तक कोई बात मालूम न हो तब तक वह बहुत कठिन रहती है और मालूम हो जाने पर वह स्पष्ट दिखाई पड़ने लगती है। इसलिए एकान्तमें बैठकर विचार करना चाहिए। अनुभवी सन्तोंका समागम एकान्तसे भी बढ़कर सुखदायक है। चित्त सावधान करके उनके साथ अनेक प्रकारकी चर्चाएँ करनी चाहिए। बिना विचार किये किसी बातका ज्ञान नहीं होता और मालूम होते-होते सन्देह नष्ट हो जाता है। यदि विवेकपूर्वक देखा जाय तो कहीं माया-जाल नहीं रह जाता। जिस प्रकार आकाशमें बादल आते और फिर चले जाते हैं, उसी प्रकार आत्माके कारण दिखाई पड़नेवाले दृश्य भ्रमका नाश होते ही नष्ट हो जाते हैं। विवेकशील अपने विवेकके द्वारा आदिसे अन्त तक सभी बातोंका विवरण करता है और इस प्रकार उसका निश्चय ऐसा दृढ़ हो जाता है कि कभी टलता नहीं। साधारण लोग केवल अनुमानके आधार पर निश्चय करते हैं; क्योंकि अनुमान करके कोई बात कहनेमें कुछ खर्च तो होता ही नहीं। पर ज्ञाता और अनुभवी लोग केवल अनुमानसे कही हुई बात नहीं मानते। यों ही कही हुई बात अनुमानकी होती है पर वह किस कामकी? पर यहाँ ब्रह्मके निरूपणमें इस प्रकारके फालतू विचारोंसे काम नहीं चलता। ऐसा फालतू और गड़बड़ीका विचार तो अविचार है और बहुतसे लोग कहते हैं कि यह तो सबको एकाकार करना है। इस प्रकार एकाकार करके भ्रष्टाकार नहीं करना चाहिए। सब कृत्रिम बातें छोड़ देनी चाहिएँ और शुद्ध बातें ग्रहण कर लेनी चाहिएँ और सब बातोंका ज्ञान प्राप्त करके सारासारका विचार करना चाहिए।

आठवाँ समास

देह-क्षेत्र-निरूपण

ब्रह्माका यह प्रपंच रूपी वृक्ष बढ़ा और बढ़ता बढ़ता इतना विस्तृत हुआ।

जब उसमें फल लगे तब बहुतसे प्राणी उससे सुख पाने लगे। उसमें अनेक प्रकारके रसाल फल लगे, बहुतसे पदार्थोंमें मधुरता आई। उस मधुरता या मिठास-का आनन्द लेनेके लिए उसने अनेक प्रकारके शरीरोंका निर्माण किया। उत्तम-उत्तम पदार्थ तो बन गये, पर बिना शरीरके उनका भोग नहीं हो सकता था इसलिए बहुतसे शरीर भी बनाये गये। भिन्न-भिन्न गुणोंवाली ज्ञानेन्द्रियोंका निर्माण हुआ। वे सब एक ही शरीरमें लगी हुई होती हैं पर सब अलग-अलग रहती हैं। श्रोत्रेन्द्रिय या कानमें जो शब्द पड़ता है उसके लिए ऐसा उपाय है कि उस शब्दका अर्थ ज्ञात हो जाय। त्वगेन्द्रियसे गरमी और सरदीका ज्ञान होता है और आँखोंसे सब कुछ दिखलाई पड़ता है। इस प्रकार सब इन्द्रियोंमें अलग-अलग गुण हैं। जीभमें रसोंको चखनेकी और नाकमें सुगन्ध लेनेकी शक्ति है। इस प्रकार सब इन्द्रियोंमें अलग-अलग गुण बनाये गये हैं। वायुपंचक या प्राणपंचकमें अन्तःकरणपंचक मिलकर निःशंक भावसे सारे शरीरमें घूमता है और समस्त ज्ञानेन्द्रियों तथा कर्मेन्द्रियोंको आनन्दसे देखता रहता है। कर्मेन्द्रियोंके द्वारा जीव विषयोंका भोग करता है। संसारमें यह उपाय ईश्वरने ही किया है। बहुतसे अच्छे विषयोंका तो निर्माण हो गया, पर बिना शरीरके उनका भोग कैसे हो? इसीलिए अनेक प्रकारके शरीर बनाये गये हैं। अस्थि और मांसके इस शरीरमें बहुतसे गुण हैं। शरीरके समान और कोई यन्त्र नहीं है। इस प्रकार छोटे बड़े अनेक प्रकारके शरीर बनाकर विषय भोगके द्वारा बढ़ाये गये हैं। उस जग-दीश्वरने अस्थि और मांसके शरीर बनाकर उनमें विवेक और विचार उत्पन्न किया है। अस्थि-मांसका यह पुतला अपने ज्ञानके द्वारा सभी कलाएँ जानता है। पर शरीर भी तो जगह-जगह और बहुतसे हैं। ये सब भेद आवश्यकताके अनुसार ही किये गये हैं और इस भेद-स्थापनमें बहुतसे गुण हैं। पर बिना तीक्ष्ण बुद्धिके इन बातोंका क्या ज्ञान हो सकता है। सबका कर्ता ईश्वर है और इसीलिए इतने भेद हुए हैं। पर जब आदमी उर्ध्वमुख (ईश्वरकी ओर ध्यान) करे तो इन भेदोंके लिए कोई जगह ही नहीं रह जाती। सृष्टिकी रचनाके समय तो अवश्य ही बहुतसे भेद रहते हैं, पर संहारके समय वे भेद सहजमें दूर हो जाते हैं। भेद और अभेद केवल मायाके कारण होता है। इसी मायामें अन्तरात्मा है जिसकी महिमाका किसीको पता नहीं चलता। यहाँ यदि चतुर्मुख ब्रह्मा आवें तो वे भी

सन्देहमें पड़ जायँ। अन्तरात्मा पर विचार करते समय पग-पग पर बड़े-बड़े तर्क उठते हैं और पेचीली बातें सामने आती हैं जिनसे चित्त विकल हो जाता है। आत्मतत्वमें तो ये सब बातें होती हैं, पर निरंजनमें इनमेंसे कुछ भी नहीं होता। यह विषय एकान्तमें बैठकर समझना अच्छा होता है। शरीरकी शक्तिके अनुसार ही ईश्वर सब कुछ करता है और जिस शरीरमें अधिक सामर्थ्य होती है उसीको अवतार कहते हैं। शेष, कूर्म, वाराह आदि जो हो गये हैं, वे सब बड़े बड़े शरीर-धारी ही थे, और उन्हींके कारण सृष्टिकी सारी रचनाएँ होती रहती हैं। ईश्वरने ऐसा सूत्र निकाला है जिससे सूर्य बराबर चक्कर लगाता रहता है और बादलोंसे पानीको अगाध धाराएँ निकलती हैं। पर्वतके समान बादल उठते हैं जो सूर्यको आच्छादित कर लेते हैं। पर तुरन्त ही वहाँ वायुकी गति प्रकट होती है। हवा ऐसी तेजीसे बहती है कि मानों कालका हरकारा दौड़ा चला जा रहा हो। वही हवा बादलोंको हटाकर सूर्यको मुक्त करती है। बिजली ऐसे जोरोंसे कड़कती है कि प्राणी मात्र अचानक बहुत डर जाते हैं और ऐसा जान पड़ता है कि आकाश कड़कड़ाकर इस पृथ्वी पर टूट पड़ेगा। एकको रोकनेके लिए दूसरेको ढालके रूपमें बना दिया गया है और इस प्रकार महद्भूतसे ही महद्भूतका लय कर दिया जाता है। इसीसे सृष्टिकी सारी रचनाएँ समान रूपसे चल रही हैं। इस प्रकार आत्माके अनन्त भेद हैं। ऐसा कौन है जो उन सबको जानता हो। इन सब बातोंका विचार करते करते मनकी धज्जियाँ उड़ जाती हैं। उपासक लोग मेरी इस प्रकारकी उपासनाको अपने मनमें स्थान दें। इसकी अगाध महिमा चतुरानन भी नहीं जान सकते। आवाहन और विसर्जन या ब्रह्मांडकी रचना और संहार ही भजनका लक्षण है। सज्जन तो सभी कुछ जानते हैं। अब मैं उनसे और क्या कहूँ।

नवाँ समास

सूक्ष्म-निरूपण

मृत्तिकापूजन करके उसे तुरन्त ही विसर्जित कर देना स्वभावतः मनको अच्छा नहीं लगता। यह बात मनमें ठीक नहीं जान पड़ती कि पहले तो किसीको पूजा की जाय और तब उसे फेंक दिया जाय। इस बातका विचार सबको अपने

मनमें करना चाहिए। देव न तो बनाया ही जा सकता है और न फेंका ही जा सकता है इसलिए इस बात पर कुछ विचार करना चाहिए। देव अनेक प्रकारके शरीर धारण करता है और फिर उन्हें छोड़ देता है। विवेकसे पहचानना चाहिए कि वह देव कैसा है। सब साधन और निरूपण उस देवको ढूँढ़नेके लिए ही हैं; और ये सब बातें अपने मनमें समझनी चाहिएँ। जब तक ब्रह्मका स्वयं ज्ञान न कर लिया जाय तब तक वह ज्ञान दूसरोंको नहीं कराया जा सकता। वह कोई पदार्थ तो है ही नहीं जिसके सम्बन्धमें कहा जा सके कि लो, इसे ले जाओ। सब लोग मनमें यही चाहते हैं कि मुझे ईश्वरके प्रत्यक्ष दर्शन हो जायँ। पर विवेक प्राप्त करनेका उपाय कुछ और ही है। जो विचारकी कसौटी पर ठीक न उतरता हो उसे देव नहीं कह सकते। पर क्या किया जाय लोग मानते नहीं। महापुरुषोंके मर जाने पर लोग उन्हींकी मूर्त्तियाँ बनाकर उनके दर्शन करते हैं। इस उपासनाकी भी ऐसी ही दशा है। यदि कोई आदमी बड़ा व्यापार छोड़कर छोटा-मोटा और तुच्छ व्यापार करे तो भला उसे राज-सम्पदा कैसे मिल सकती है। इसलिए भोलेपनसे की जानेवाली जितनी भक्ति है वह सब अज्ञानका फल है। और उस अज्ञानतासे देवाधिदेव कैसे मिल सकता है। अज्ञानको ज्ञान अच्छा नहीं लगता और ज्ञाताको अनुमान अच्छा नहीं लगता; अतः सिद्धोंके लक्षण ग्रहण करने चाहिएँ। मायाको छोड़कर मूल या आदि पुरुषकी ओर जानेसे ही समाधान होता है। और यदि ऐसा न किया जाय तो व्यर्थ इधर उधर भटकना पड़ता है। मायाको पार करनेके लिए ईश्वरने अनेक उपाय बनाये हैं; और विश्वासपूर्वक अध्यात्म श्रवणके मार्ग पर चलना चाहिए। ऐसा न करनेसे बहुत बड़ी भूल होती है। सच्ची और झूठी स्थिति पहचाननी चाहिए। बुरे मार्ग पर न जाना चाहिए, बुरे लोगोंकी संगति न करनी चाहिए और किसी बुरी बात या पदार्थका संग्रह न करना चाहिए। जो खोटा या बुरा है वह सदा खोटा या बुरा ही रहेगा। खरेके सामने खोटा कभी ठहर नहीं सकता। अपना जो मन नीचे या मायाकी ओर जाता है उसे ऊपर या ब्रह्मकी ओर ले जाना चाहिए। अध्यात्मका श्रवण करते रहना चाहिए जिससे सब कुछ मिलता है और अनेक प्रकारके जाल टूट जाते हैं। जैसे उलझा हुआ सूत सुलझाया जाता है, वैसे ही मनको भी सुलझाना चाहिए और धीरे धीरे मूल या ब्रह्मकी ओर ले जाना चाहिए। यह सृष्टि अनेक प्रकारके पदार्थोंका मिश्रण या कर्दम

है और उसी मिश्रणसे यह सब कुछ हुआ है और वही मिश्रण सब शरीरोंमें विभक्त है। उसका रूप इसी शरीरमें देखना चाहिए और इसीमें ढूँढ़कर पता लगाना चाहिए कि वह कैसा है। सूक्ष्म या मूल मायाके चौदह नाम भी यहीं समझ लेने चाहिएँ। एक निर्गुण और निर्विकार ही सब जगह व्याप्त है। अतः देखना चाहिए कि वह निष्कलंक इस शरीरमें है या नहीं। संकल्प रूप मूल माया ही अन्तःकरण या मनका स्वरूप है और जो चैतन्य रूप जड़ोंमें चेतना उत्पन्न करता है वह भी इस शरीरमें ही है। गुणोंका समान होना ही गुण साम्य है। सूक्ष्म विचार अगम्य है। सूक्ष्मका रहस्य जाननेवाले समस्त साधुओंको मैं प्रणाम करता हूँ। शरीरमें दो भाग दिखाई देते हैं, एक दाहिना और दूसरा बायाँ। पिंडोंमें अर्धनारी नटेश्वरका भी यही रूप समझना चाहिए। उसी कर्दमको प्रकृति, पुरुष, शिव-शक्ति और षड्गुणैश्वर कहना चाहिए। जिसमें तीनों गुणोंका गूढत्व है उसीको महत्तत्व कहना चाहिए; और अर्ध मात्रा, शुद्ध, सत्व तथा गुणक्षोभिणी भी वही है। यह तो प्रत्यक्ष दिखाई देता है कि तीनों गुणोंसे ही शरीरके सब काम चलते हैं। मूल मायाका, कर्दमका शरीर भी ऐसा ही समझना चाहिए। शरीरमें मन, माया और जीवका होना तो स्वाभाविक ही है। इस प्रकार चौदहों नामोंका तत्त्व पिंडमें ही ढूँढ़ना चाहिए। पिंडके नष्ट होने पर और सब तो उसके साथ ही चला जाता है, केवल परब्रह्म रह जाता है और उसीको शाश्वत समझकर दृढ़तापूर्वक धारण करना चाहिए।

दसवाँ समास

विमल-ब्रह्म-निरूपण

यदि परब्रह्मको हम पकड़ना चाहें तो वह पकड़ा नहीं जा सकता और छोड़ना चाहें तो छोड़ा नहीं जा सकता; वह सब जगह है ही। वह इधर-उधर सब जगह है। यदि हम उससे विमुख होना चाहें तो भी वह हमारे सम्मुख रहता है और उसकी सम्मुखता किसी तरह हटाई नहीं जा सकती। यदि कहीं बैठा हुआ मनुष्य वहाँसे उठ जाय तो भी वहाँ आकाश रहता ही है। आकाश चारों ओर है। जिधर देखिए वह सामने ही रहेगा। मनुष्य जिधर चाहे उधर भागकर चला जाय, फिर भी आकाश उसके चारों ओर रहेगा। अपना सारा बल लगाकर भी कोई आकाशके बाहर नहीं जा सकता। वह जिधर देखता है उधर ही उसे आकाश सामने

दिखाई देता है और दोपहरके सूर्यकी तरह सबके सिर पर भी रहता है। पर सूर्य एकदेशीय है, इसलिए परब्रह्मसे उसका दृष्टान्त नहीं दिया जा सकता। यहाँ तो केवल चमत्कार लानेके लिए ही उसका दृष्टान्त दिया गया है। अनेक तीर्थों और देशोंको देखनेके लिए कष्ट करके वहाँ तक जाना पड़ता है, परन्तु परब्रह्मके लिए कहीं जानेका कष्ट नहीं उठाना पड़ता। हम जहाँ बैठे रहें वहीं वह हमारे पास रहता है। मनुष्य चाहे बैठा रहे और चाहे खूब तेजीसे दौड़े, परब्रह्म सदा उसके साथ रहता है। जब पक्षी उड़कर आकाशमें जाता है तब उसके सब ओर आकाश ही आकाश रहता है। इसी प्रकार ब्रह्म भी प्राणीके सब ओर व्याप्त है। परब्रह्म पोला भी है और सघन भी है। वह अन्तका भी अन्त है। वह सदा सबके पास बना रहता है। वह दृश्यके बाहर और अन्दर भी है और ब्रह्मांडके उदरमें भी भरा हुआ है। उस विमलकी उपमा किससे दी जाय! वह वैकुण्ठ, कैलास, स्वर्ग, इन्द्रलोक, चौदहों लोकों और सर्पों आदिके पाताल लोकमें भी है। काशीसे रामेश्वर तक सभी जगह वह खूब अच्छी तरह भरा हुआ है। चाहे जितनी दूर बढ़ते चले जाइए उसका कहीं पारावार नहीं है। वह परब्रह्म है तो बिलकुल अकेला ही, पर फिर भी उसने सबको व्याप्त कर रखा है और सबको सब जगह स्पर्श किये हुए है। वह न तो वर्षासे भींगता है न कीचड़में सनता है। वह प्रवाहमें रहने पर भी उसके साथ बहता नहीं। वह सामने, पीछे, दाहिने, बाएँ, ऊपर, नीचे सभी जगह समान रूपसे भरा हुआ है। आकाशका जलाशय भरा हुआ है जो कभी उमड़ता नहीं। वह हर तरफ इतना फैला हुआ है कि उसका कहीं अन्त ही नहीं है। आकाश तो एकदेशीय और शून्य है, लेकिन परब्रह्ममें दृश्याभास है ही नहीं। वह निराभास है और उसका भास नहीं होता। सन्त, साधु, महानुभाव, देव, दानव, मानव सबके लिए विश्रामका स्थान केवल ब्रह्म ही है। किस ओर उसका अन्त ढूँढ़ा जाय और किधर उसे कैसे देखा जाय। जिसकी कोई मर्यादा ही न हो उसकी सीमा कैसे निश्चित की जाय। न वह स्थूल है, न सूक्ष्म है और न किसीके समान है। पर जब तक ज्ञानकी दृष्टि न हो, तब तक उसके सम्बन्धमें समाधान नहीं हो सकता। पिंड और ब्रह्मांडका निरसन हो जाने पर केवल निराभास ब्रह्म ही रह जाता है। यहाँसे वहाँ तक सब जगह आकाश ही भरा हुआ है। यह ठीक है कि ब्रह्म व्यापक है पर यह बात तभी तक है जब तक दृश्य है। यदि व्याप्त या दृश्य न हो तो किसीको व्यापक ही कैसे

कह सकते हैं ! ब्रह्मके लिए शब्दोंसे काम नहीं चल सकता और न उसकी कल्पना ही हो सकती है। उस कल्पनातीत निरंजनको विवेकसे पहचानना चाहिए।

शुद्ध और सारका श्रवण करने तथा शुद्ध और प्रत्ययपूर्ण मनन करनेसे विज्ञानकी अवस्था प्राप्त होती है और तब मन सहजमें ही उन्मन हो जाता है; सब वृत्तियोंसे रहित हो जाता है। और जब साधनका यह फल मिल गया तब मानों संसारमें आना सफल हो गया। और मनमें मानों उस निश्चल निर्गुण ब्रह्मकी छाया आ गई। मायाका हिसाब तै हो गया और तत्त्वों या भूतोंका भी निपटारा हो गया। जब साध्य ही पूरा हो गया तब साधनके लिए स्थान ही नहीं रह गया। स्वप्नमें जो कुछ देखा था जाग्रति होने पर वह सब नहीं रह गया, अतः स्वभावतः वह अनिर्वचनीय दशा प्राप्त हो गई जिसके सम्बन्धमें कुछ कहा ही नहीं जा सकता। ये सब बातें विवेकसे जाननी चाहिएँ और प्रत्ययपूर्वक उन लक्षणोंको धारण करना चाहिए। फिर जन्म और मृत्युके नाम शून्य रह जायगा।

अपने भक्तोंके अभिमानी दाशरथी (राम) ने कृपा की। उस समर्थकी कृपासे जो वचन निकले उन्हींका संग्रह यह "दासबोध" है। इस बीस दशकोंवाले "दासबोध"का जो अच्छी तरह श्रवण करेगा और इसकी बातों पर अच्छी तरह विचार करेगा उसका परमार्थ सिद्ध होगा। इन बीस दशकोंका, जिनमें दो सौ समास हैं, साधकोंको अच्छी तरह अध्ययन करना चाहिए। इस पर अच्छी तरह विचार करनेसे इसकी विशेषताएँ समझमें आने लगती हैं। ग्रन्थकी प्रशंसा की जाती है पर उस प्रशंसाकी क्या आवश्यकता है। यह तो अनुभवकी बात है और इसका अनुभव ही कर लेना चाहिए। यह शरीर पाँचों भूतोंका बना है और इसमें आत्मा कर्त्ता है। ऐसी दशामें इसमें जो कविता * की गई है वह मनुष्यकी कृति कैसे हो सकती है। जब सब कुछ ईश्वर ही करता है तब फिर ऐसी मिथ्या बात क्यों कही जाय कि यह ग्रन्थरचना मनुष्यकी (मेरी) की हुई है। यदि शरीरको अच्छी तरह देखा जाय तो वह तत्त्वोंसे ही बना है और जब तत्त्व ही नष्ट हो जाते हैं तब फिर किस पदार्थको अपना कहा जाय ? ये सब विचारकी बातें हैं। यों ही भ्रममें पड़कर भटकना नहीं चाहिए। जगदीश्वरने ही क्रमशः यह सब किया है।

* इति *

---

* मूल पुस्तक मराठी-पद्यमें है।